대한민국 스타트업 교과서

발명과 창업

양원동 지음

문운당

양원동 교수의 발명과 창업을 발간하며

최근 계속되는 경기 불황과 청년 실업 대규모 베이비부머(Baby boomer)의 퇴직으로 인하여 창업에 대한 관심이 어느 때보다 높아지고 있다. 무엇보다 창업비용은 적게 하고 안정적인 매출과 수익을 올릴 수 있는 아이템을 선호하고 있다.

창업 시장에서는 점포 비를 포함해 1억 원 미만의 자금을 투자하는 것을 소자본 창업이라고 하는데 사람들의 경제 능력과 상황에 따라서 이 자금은 적게 또는 크게 느껴질 것이다.

대부분의 소규모 창업자들은 자신의 기술(Skill)이나 노하우(Knowhow)가 전무한 상태인지라 비교적 리스크(Risk)가 적은 가맹점 창업을 선호하고 있는 실정이다.

이들 창업자는 상호, 특허 상표, 기술 등을 보유한 제조업자나 판매업자인 본사가 소매점과 계약을 통해 특허나 상표의 사용권, 제품의 판매권, 점포명 등을 허여하게 된다.

그리고 본사는 매장 내 실내장식이나 집기 등을 공급하고 음식점인 경우는 레시피(Recipe)나 식재료 등을 제공하고 이에 상응한 대가를 받는 시스템을 보유한 자인 프랜차이저(Franchisor,본사)와 계약을 하고 프랜차이지(Franchisee,가맹점)을 하게 된다.

그러나 이러한 프랜차이즈는 창업이 쉽다는 장점이 있지만 가맹점이 크게 늘면서 경쟁도 그만큼 치열해 지고 있고 창업 한지 불과 1년도 못 버티고 폐업하는 업소도 크게 늘고 있다.

자신이 많은 자금이 있다면 유동 인구가 많은 특A급 상권에 대규모의 시설을 하고 인지도가 높은 브랜드를 가지고 창업을 한다면 승산이 있지만 자금력이 부족한 상태에서 상권이 약한 곳에 시작한 프랜차이즈는 자신만의 특별한 노하우가 없는 한 결국 쓰라린 폐업의 길로 돌아서게 된다.

그러나 자신이 기술을 개발하거나 발명을 하여 갑의 위치인 프랜차이저가 된다면 상황은 달라진다는 것이며 자신만의 지식 재산권을 갖고 사업을 전개하므로 블루오션(Blue Ocean)이 될 수 있다는 것이다.

한편 현대 사회를 살아가면서 발명의 중요성은 아무리 강조하여도 지나치지 않다. 발명은 인류역사와 함께 시작되었으며 하늘 아래 창조나 진화를 제외하고는 인간의 산물인 발명과 관련되지 않는 것은 찾아볼 수 없다.

발명의 핵심인 특허제도는 유형의 재산권 못지않게 무형의 재산권이 중요해지면서 특허권 등을 비롯한 지식 재산권(Intellectual Property)에 대한 관심이 국내는 물론 전 세계적으로 나날이 고조되고 있다.

우리나라는 자랑스럽게 도 세계 3-4위를 다투는 산업 재산권 강국이며 인구 대비로의 전제로서 살펴 볼 때는 자타가 공인하는 1위가 틀림없다.

이러한 지식 재산권을 둘러싼 여러 형태의 분쟁 사례도 갈수록 늘어나고 있으며 무형의 재산권 제도를 잘 알고 잘 활용하면 이른바 대박을 터뜨리는 사업 성공의 기폭제로 삼을 수 있다.

하지만 이를 잘 몰라서 특허 권리의 획득과 행사를 게을리 할 경우 뒤늦게 땅을 치며 후회할 수도 있고 무심결에 남의 권리를 침해했다가 감당 불능의 책임을 뒤집어쓰고 사업마저 접어야 하는 횡액을 당할 수도 있다.

이처럼 사업자에게 있어 명약이 될 수도 있고 반대로 독약이 될 수도 있는 무형의 지식 재산권을 바탕으로 창업이나 기업 성장에 성공한 사례들을 이 저서를 통하여 중요성을 짚어 본다.

번뜩이는 아이디어인 특허는 제대로 활용하면 황금 알을 낳는 거위이며 로열티 제도나 프랜차이즈 제도를 통하면 막대한 수익으로 연결할 수 있으며 본연의 직장 생활을 영위하며 투잡(Two Job)으로 활용하기에는 최상의 안성맞춤 이다.

또한 특허는 독자적인 기술 즉, 발명을 보호할 수 있는 통로이자 창구이다. 하지만 그 역할이 단순한 발명의 보호를 떠나 수익 창출로 곧바로 이어지기 때문에 그 중요성은 더욱 증대되고 있다.

생활 속 작은 아이디어를 제품화해 대박을 터뜨린 사례를 우리는 주위에서 종종 볼 수 있으며 제품의 핵심 기술만 보유하고도 놀랄 만한 '로열티'나 창업으로 수익을 벌어들이고 있는 기업도 주위에서 흔하게 볼 수 있다.

그런 대박 사례 뒤에는 특허의 영국의 경제학자인 애덤 스미스(Adam Smith, 1723.6.5 ~ 1790.7.17)의 이론처럼 '보이지 않는 힘'이 작용한다. 만약 특허로 특정 제품을 보호하지 않았다면 유사 상품의 등장으로 독자적인 판매 영역을 확보할 수 없었을 것이고, 특허등록 권리 하나로 앉아서 '로열티'를 받는 행운도 없을 것이며 따라서 특허를 잘 활용하면 일약 '돈방석'에 앉을 기회를 얻게 될 수도 있는 것이다.

발명은 오로지 인간만이 가진 창조적인 사고의 산물이다. 그러나 발명은 최종적으로 실물과 가치의 형태로 현실적인 효용성을 가져야만 그 가치가 인정되며 이를 현실화"즉, 창업을 위하여서는 아무리 훌륭한 발명품이라도 냉철한 기획력과 마케팅(Marketing)이 뒤따라 주어야 성공할 수 있다.

모두가 알다시피 미국 MS사의 빌 게이츠(Bill Gates, 1955.10.28 ~)는 윈도즈라는 컴퓨터 프로그램의 발명과 개발로 매켄토시(Mcintosh)의 애플사를 가볍게 제치고 세계 최고의 갑부였던 샘 월튼(Samuel Moore Walton) 전 월마트 회장까지 물리치고 다년간 세계 최고의 재벌이 되었다

우리나라 역사를 보더라도 빌게이츠보다 훌륭한 지적 능력과 창의력을 가진 사람이 매우 많으며 빌 게이츠 같은 세계적 발명가를 5명만 배출된다면 우리나라는 앞으로 자손만대 먹

고 살 걱정을 안 하는 세계 최고의 복지국가가 될 것이란 생각이 들며 우리나라도 이러한 위대한 발명가가 당대에 나올 수 있도록 모든 국민이 최선을 다해야 한다고 생각한다.

본 저서는 누구나 자신의 발상을 구체화하여 기록하면 쉽게 특허를 출원하여 발명가의 반열에 오를 수 있게 하였으며 그간 저자가 다년간 발명 활동을 통하여 1,000여 건(해외특허 포함)이상의 특허를 직접 출원 하면서 느낀 여러 가지의 사례와 경험을 바탕으로 발명을 통하여 자신이 취득한 특허를 스펙으로 활용할 수 있는 취업을 비롯하여 창업과 경영을 할 수 있는 다양한 방법들을 알기 쉽고 실시할 수 있도록 수록하였다.

2016년 2월
저자 양 원 동

목 차

Chapter 1 창의력만이 살길이다.

Chapter 2 나의 발명과 창업 이야기

Chapter 3 특허의 탄생과 발전

Chapter 4 미국의 발명가들

Chapter 5 특허 바로알기

Chapter 6 발명과 동시에 특허로 고고싱

Chapter 7 지금은 발명 시대

Chapter 8 취업보다 창업 한번 해볼까?

Chapter 1

창의력만이 살길이다.

Ⅰ. 21세기는 창의력 시대
1. 자랑스러운 大韓民國의 상위권 산업들
2. 우리도 천재적인 발명가를 배출하자.

지금은 창의력이 대세이다.

발명과 창업의 저자인 나는 결코 TV 속에 가끔 등장하여 발명품이랍시고 자전거 튜브로 운동기구를 만들었다고 쇼를 하는 괴짜 발명가나 기인 발명가는 아니다.

그렇다고 하나의 제대로 된 발명이 대박이 나서 돈방석에 앉은 것도 물론 아니며 발명을 삶 일부로 생각하며 조그마한 소기업을 운영하면서 대학에서 학생들을 가르치는 평범한 사람이다.

저자가 생각건대 우리나라의 발명에 대한 매스컴 보도에 문제가 있다고 생각한다.

가끔 TV에 나오는 발명가를 보노라면 허름한 창고나 지하실에서 전문적인 지식이나 학식이 없는 분이 자신의 전 재산을 다 털어서 앞서 말한 자전거 튜브 같은 이상한 운동기구(산업상 이용가치)가 전혀 없는 이상한 물건을 만드는 사람을 취재하여 보도되고 있다.

이는 발명가를 기인이나 괴인으로 치부하여 발명가의 위상을 더없이 추락시키는 것이다. 주변 사람들에게 발명가는 괴짜이고 이상한 사람의 잣대로 평가받게 하는 세상에 모든 것은 인간의 창의력인 발명으로 이루어지는데 방송의 초점을 이제는 바꿔야 한다.

주로 발명으로 성공한 사람들을 취재 대상으로 삼아야 발명가들의 저변이 확대되고 이를 바탕으로 나라가 발전한다. 저자는 역사상으로 위대한 발명가는 에디슨이지만 그리고 현재 우리와 동시대에 사는 미국 MS사 빌 게이츠를 정말 훌륭한 발명가라 생각한다.

아마 가장 존경하는 발명가를 꼽으라면 저자는 망설임 없이 빌 게이츠를 선택할 것이다.

잠시 빌 게이츠의 발명을 소개하겠다.

훌륭한 발명가 빌 게이츠

먼저 모두 알겠지만, MS사 회장인 빌 게이츠(William H. Gates)를 간단하게 설명하면 빌 게이츠(1955~)는 소형 컴퓨터를 발명한 미국의 기업가이다. 그는 미국 워싱턴 주의 시애틀에서 태어났으며 변호사의 아들로서 1967년 레이크사이드에 입학하면서 컴퓨터를 배웠다.

이곳에서 마이크로소프트사의 공동 창업자인 폴 앨런(Paul Allen)을 만났다. 1973년 하버드 대학교 법학과에 입학하지만, 수학과로 옮겼다. 빌 게이츠는 1981년 당신 세계 최대의 컴퓨터 회사인 IBM사로부터 개인용 컴퓨터에 사용할 운영 체제 프로그램(DOS) 개발을 의뢰받은 것을 계기로 하여 지금의 기틀을 마련하였다고 할 수 있다.

오늘날의 마이크로소프트사는 1975년 4월 4일 "모든 책상과 가정에 컴퓨터를"이라는 비전 아래 윌리엄 H. 게이츠 3세(빌 게이츠)와 폴 G. 앨런(Paul G. Allen)에 의해 공동 설립되었으며 1981년 6월 25일에 주식회사를 설립하게 되었다. 빌 게이츠는 1995년 8월 윈도즈 95를 출시하면서 개인용 컴퓨터 운영 체제의 획기적인 전환을 해 왔다. 이 상품은 발매 한지 4일 만에 전 세계적으로 100만 개 이상의 실적을 올리는 대기록을 세웠다. 미국의 격 주간 경제 잡지인 포브스지(Forbes)에 의하면 1994년과 1995년 미국 갑부 제 1위에 오르기도 하였다.

한편 컴퓨터는 1946년, 미국 펜실베이니아 대학의 모글리와 에커트에 의해 세계 최초의 컴퓨터인 '에니악' 탄생하였다 컴퓨터가 처음 발명하여 나온 후로 모든 과정이 DOS 란? 초기 컴퓨터인 DOS는 Disk operating system의 약자이며 DOS는 컴퓨터의 기본적인 운영 체계이며 지금의 윈도(Window)보다 먼저 이용했던 OS 프로그램이다.

거의 윈도 98까지도 DOS는 그나마 많이 사용되어 왔는데 컴퓨터를 종료할 때 MS-DOS로 나가는 명령이 있었고, 윈도와 다른 점은 마우스를 이용 클릭 방식이 아닌 특정 명령어를 직접 입력하여 프로그램을 구동하는 방식이다. 지금 윈도에도 MS-DOS가 포함되어 있으며 기능을 변경하면 일반 도스로 나갈 수 있다.

그 당시 빌 게이츠가 윈도즈라는 컴퓨터 프로그램의 발명과 개발로 그 당시까지 컴퓨터 업계의 지존 이였던 매킨토시의 애플사를 가볍게 제치고 세계 최고의 갑부였던 샘 월튼(Samuel Moore Walton) 전 월마트 회장까지 물리치고 다년간 세계 최고의 재벌이 되었다.

이들은 앞으로 PC가 모든 사무실과 가정에서 중요한 틀이 될 것이라는 예지력과 믿음을 가지고 PC용 소프트웨어를 개발하기 시작했다. 개인용 컴퓨터에 관인용 컴퓨터의 비전은 마이크로소프트와 소프트웨어 산업 성공의 핵심이 되었고 소프트웨어 기술을 진보, 향상하게 시켜 사용자가 편리하도록 사용할 수 있게끔 하는 아주 훌륭한 발명이 된 것이다.

이후 윈도즈는 개인용 컴퓨터의 발달과 함께 개발되어 디지털 작업에 없어서는 안 되는 중요한 상품이 되었다. 현재 빌 게이츠는 마이크로소프트의 사장 겸 회장을 맡고 있으며 세계 최고의 부자이라고 할 수 있다.

우리나라에도 역사적으로 위대한 발명가 장영실, 이순신 장군 최무선과 최근 컴퓨터 백신 개발자 안철수 대표 등이 위대한 발명가이며 빌 게이츠보다 훌륭한 지적 능력과 창의력을 가진 사람이 매우 많다. 그리고 우리나라는 세계가 놀랄 만한 한강의 기적을 이루었으며 세계 1 등화 제품이 다양하다. 그럼 우리나라가 현재 세계에서 1위를 차지하고 있는 것들을 먼저 알아보고자 한다.

I
21세기는 창의력시대

1 자랑스러운 大韓民國의 상위권 산업들

[1] 조선 산업(선박 건조1등)

[그림 1] 우리의 석유 운반선

최근 일본과 중국이 조선 산업을 자신들이 1위라고 떠들지만, 기술력이나 역사로 가늠하여 볼 때 아직도 우리나라의 조선 산업은 1위라 자부할 수 있다. 여기서 조선 산업이란 선박 즉, 배를 만드는 산업이다. 사람이나 화물을 적재하고 물에서 항행하는 구조물로 정의되는 배는 부양성, 적재성, 이동성의 세 가지 특징을 갖고 있다. 일반적으로 Ship은 대형 선박을 말하고, Boat는 소형선박을 말하며, Vessel은 대형선과 소형선 모두를 포함하는 것으로 불리고 있다.

(1) 이순신 장군과 정주영 회장

역사적으로 가장 훌륭한 기업가 정신을 발휘한 위인은 명량이라는 영화에도 나왔듯이 이순신 장군이다. 이순신 장군은 인류가 최초로 만든 철갑선으로 공인받는 거북선을 발명했다. 이순신 장군은 위기를 기회로 삼고 약점을 강점으로 만드는 전략가였다.

이순신 장군이 지닌 기업가의 안목은 오늘날 많은 CEO가 가장 존경하는 인물로 손꼽는 이유이기도 하다. 오늘날 한국의 조선업을 세계 1위로 올려놓은 고 정주영 회장의 거북선 인용 일화는 유명하다.

고(故) 정주영 명예 회장은 아무런 경험도 자본도 없는 상황에서 조선 사업에 뛰어들기로 하고 1971년 차관을 도입하기 위해 영국 런던으로 날아갔다.

독일에서 "나무배나 만들라"는 조롱 섞인 거절을 포함해 두 번이나 차관에 실패한 상황이었지만 정 회장은 포기하지 않았다.

그는 영국의 금융회사 'A&P 애들도어사'의 찰스 브룩 롱바텀 회장을 만났다. 사업 계획을 들은 그는 "누가 배를 사줄지도 모르고, 한국의 상환 능력이나 잠재력 자체에 의문이 많아 곤란하다"라고 난색을 보였다. "현대의 능력으로는 이 사업이 무모하다는 평가인 듯했다.

그는 맥이 쭉 빠졌다. 지금 같으면 주요 인사와 면담을 할 때, 그에 앞서 무슨 이야기를 할 것인 미리 준비도 하고 했을 테지만, 그때는 그럴 여유도 경험도 없었다.'라고 그는 회상한다. 그때 정주영 회장은 바지 주머니 속에 있던 '500원짜리 지폐'가 생각났다.

지금은 쓰이지 않는 500원 지폐의 앞면에는 이순신 장군의 모습과 거북선이 그려져 있었다.

"보십시오. 앞에 거북선이 그려진 500원짜리 지폐를 내보였다. 정 회장은 "우리는 벌써 1500년 대에 이런 철갑선을 만들었소! 영국의 조선 역사가 1800년대이면, 한국은 그보다 300년이나 앞섰다"고 강하게 호소하였다. 다만 통상수교거부정책 때문에 산업화가 늦어졌고, 그동안 아이디어가 녹슬었을 뿐이오. 한번 시작한다면 몇 백 년 동안 잠자던 잠재력이 터져 나올 것이오." 롱바톰 회장은 고개를 끄덕였고 영국에서 8,000만 달러를 유치한 뒤 1972년 현대 중공업은 그렇게 설립되었다.

[그림 2] 과거 500원권 지폐

여기서 '만약에'라는 상상을 해보자. 정주영 회장은 그의 저서에서 당시 롱바폼 회장과의 만남을 위해 좀 더 구체적인 설득 자료를 준비하지 못했다고 말했었다. 롱바톰 회장에게 '많이 곤란하다'는 말을 듣었을 때 만약에 추가로 준비한 설득 자료를 보여줬다면 어떻게 되었을까? 이성적인 판단으로 일단 '어렵다'라는 판단을 내린 사람에게는 반전을 시킬 만한 자료를 내놓지 않는 한 의견을 뒤집기란 거의 불가능하다. 그런데 임기응변(臨機應變)식으로 꺼낸 500원짜리 지폐 속에 그려진 '거북선은 반전을 가했고 그 상황에서 적절한 비유의 대상이었던 이순신 장군이 없었다면 우리나라가 세계에서 조선 1위를 하는 기적은 일어나기 어려웠을 것이다.

(2) 그리스 선박 2척 수주

그러나 차관을 도입하는 데는 성공했지만 만들 배가 없다는 것이 문제였다.

정주영 회장은 그리스에서 대형 선박을 발주한다는 계획을 입수하고 스콧리스고 조선소에서 26만 톤짜리 선박 설계 도면을 한 장 빌려 마침 파리에서 휴가 중인 세계적인 선박왕 리바노스를 찾아갔다.

그리고 마침내 "현대가 만드는 첫 배를 당신한테 바치는 영광을 달라."는 정 회장의 '맨주먹 마케팅'에 감탄한 그리스 3대 선주의 한 사람인 리바노스가 선박 건조 경험은커녕 조선소조차 없는 현대에 26만 톤급 유조선 두 척을 선듯 주문했다.

울산의 한쪽에는 조선소를 짓고 다른 한쪽에서는 유조선을 만들면서 2년 3개월 만에 배를 완성했다. 현대 조선소의 착공과 조선 사업의 발전은 우리나라 수출 경제에 날개를 달아 줬다. 정부가 조선공업을 중화학공업 핵심 산업의 하나로 선정해 중점적인 지원을 시작한 제3차 경제 개발 계획 기간에 조선 수주량은 급격히 증가하기 시작했다.

로이드 선급협회에서 발표하는 세계 신조선 통계를 보더라도 우리나라의 건조 실적이 1973년부터 게재되고 있다. 한국 조선공업 협회가 집계한 우리나라의 신조선 건조 실적은 1973년에 34척에 1만2천 GT, 800만 달러에 불과했으나, 5년이 지난 1978년에는 208척에 76만9천 GT, 6만4천800만 달러로 몇십 배나 증가했다.

국내선보다는 수출선의 건조 비중이 매우 높았다. 이는 거의 모든 산업이 내수를 바탕으로 성장한 뒤 수출에 진출한 것과는 달리 성장 초기부터 수출을 위주로 발전했기 때문이다. 단지 우리 물건을 실어 나르는 배를 건조하는 것을 넘어서 배 자체를 수출하는 것으로 처음부터 가닥이 잡혔다.

(3) 현대 조선소의 성장

1974년에 첫 번째 선박을 인도한 현대 조선소는 1974년의 건조 실적 13만

7천 692GT에서 1979년에는 38만 3천 762GT로 2.8배 성장했다. 1978년 현대 조선소는 현대 중공업(주)으로 이름을 바꾸고 1983년 용접 기술 연구소도 세웠다. 이어 1984년 수조 시험장을 완공하고 그해 10월 선박 해양연구소를 준공함으로써 부가가치가 높은 배를 건조하는 바탕을 마련했다.

현대 중공업은 해양개발·플랜트·엔진·로봇·중장비 기계 같은 비조선 부문을 강화하거나 신설함으로써 1980년대 중반기의 구조적 불황기를 극복해 나갔다. 그리고 1986년 7월 국제 수조 회의에 가입하고 1987년에는 덴마크의 B&W사에 유조선 설계 도면을 수출하기에 이르렀으며, 1987년에는 캐나다로부터 시추선 모형 시험 용역을 의뢰 받아 이를 수행했다. 그런가 하면 1991년 9월 28일에는 LNG선 건조 공장을 준공하고 1994년 6월 10일에는 국내에서는 처음으로 LNG 운반선을 인도했다.

지난 1974년 제1호선의 명명식을 한 뒤 10년 만인 1984년에 총 231척에 1천만 톤(DWT)을 인도하는 기록을 세워 기네스북에 오르기도 했다. 그로부터 4년 뒤인 1988년에는 2천만 톤, 1991년에는 3천만 톤, 1994년에는 4천만 톤의 선박 인도 기록을 돌파함으로써 세계 조선 사상 가장 짧은 기간에 최고의 건조 실적을 올리는 기록을 남겼다.

현대 중공업은 엄청나게 많은 연구 인력을 바탕으로 조선 기술에 꾸준히 노력을 기울였다. 그러던 1999년 한국 최초로 해외(나이지리아)로부터 13만 8천m^2짜리 LNG선을 수주해 주목을 받았으며, 최근에는 스웨덴 선주로부터 수주한 쌍 축형 초대형 유조선 두 척을 성공적으로 인도하는 등 세계 제1 조선소로서 터를 탄탄히 다졌다.

우리나라는 공적 개발 원조[1](公的開發援助, official development assistance)를 '받는 나라에서 주는 나라'로 세계 유일하게 탈바꿈한 나라다.

또 지난해에 이어 올해도 무역 1조 달러를 달성하며 세계 8위의 무역 강국으로 도약했다. 유럽의 재정 위기와 환율 하락, 부존자원이 없는 현실에서 석유제품·반도체·화학제품을 앞세워 무역 1조 달러를 일군 비결은 끊임없는 기술 혁신과 세계를 하나의 시장으로 개척한 고 정주영 회장의 기업가 정신의 힘이라고 할 수 있고 그의 배짱과 뚝심은 한국형 기업가 정신의 상징으로 꼽힌다.

---

1) 선진국의 정부 또는 공공 기관이 개도국의 경제·사회 발전과 복지 증진을 주목적으로 하여 개도국(또는 국제기구)에 공여하는 증여(Grant) 차관을 말한다. 정부 개발원 조라 고도 한다. 원조는 증여, 차관, 기술 원조 등의 형태로 제공되며 높은 금리가 적용되는 민간 원조보다 조건이 좋기 때문에 원조를 받는 쪽에서 유리하다. 정부 개발 원조의 실시에 있어서는 국제연합 헌장의 모든 원칙(특히 주권, 평등 및 내정 불간섭) 및 이하 모든 점을 상대국의 요청, 경제·사회 상황, 양국 간 관계를 종합적으로 판단한 후에 신중히 결정 한다. 출처 : 위키백과

선박 건조공정

일반적으로 선박은 일반 건축물보다도 규모가 훨씬 크고 공정 면에서도 복잡하며, 수많은 부재와 기자재를 조립하여 하나의 움직일 수 있는 제품을 만드는 과정을 거친다. 또 선박은 계획 생산이 아닌 선주로부터 주문을 받아 건조하게 되는 주문생산(OEM) 방식을 취한다.

선주는 발주하기 전에 건조할 선박의 종류와 크기, 항로와 속도, 국적 및 선급과 같은 기본적인 사항을 사전에 정해 놓고 여러 가격을 선주 측에 제시해서 상담에 응하게 된다.

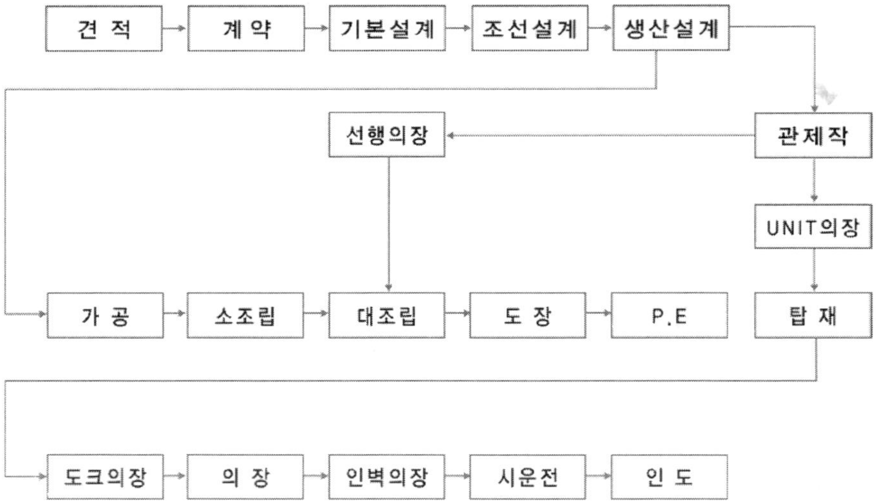

[표 1] 선박 건조 공정

(4) 선박 산업이 1등인 이유

우리가 조선 산업에서 1등하는 이유로는 설계 기술, 연구 개발, 역발상 등을 이유로 들고 있다. 하지만 저자의 개인적인 생각으로는 집중력과 손놀림이 좋고 숙달된 현장 생산직의 능력이 아닐까 싶다.

기술적 측면

최근 선박 수주량 1위라고 우기는 중국은 유럽, 일본, 미국 등과 비교를 하면 설계 기술, 연구 개발, 특허 등 모든 면에서 떨어진다.

FPSO[2]의 설계는 대부분 미국 설계 회사에서 가져온다. 게다가 중국 조선소 같은 데서는

한국 엔지니어를 고용하면 설계 및 연구 개발 능력은 간단히 해결 될 것이나 우리나라 기술자들이 중국에 가기를 꺼려하고 있다.

노동력 측면

중국은 우리나라보다 아직은 저가의 노동력이 풍부하다. 그래서 지금의 중국은 세계의 공장이 된 것이다. 전자 제품의 대부분은 중국에서 생산되고, 자동차 또한 대량으로 생산되고 있다.

베트남, 필리핀 등의 나라도 저가의 노동력이 풍부하다. 하지만 이러한 나라들의 조선 산업이 크게 되지 못하는 이유는 작업자의 기초학력과 지식이 떨어지고, 책임감이 부족하며, 우리 민족처럼 부지런하지도 않다.

조선소는 규모가 워낙 크기가 크기 때문에 관리자가 전부 관리할 수 없다.

작업자 개개인의 양심과 사명감, 책임감, 우수한 기술이 없으면 일이 되지 않는다.

설사 배를 짓는다고 해도 품질 문제가 많이 발생하게 될 것이다. 최근 중국에서는 배를 완성하고도 인도되지 않는 배가 많이 발생하는 것도 이런 문제 때문이라고 볼 수 있겠다.

반면에 한국 작업자들의 능력은 임금 대비 최고라고 할 수 있다.

전 세계에 여러 나라 중에 작업자의 기초학력이 우수하고 책임감이 크고 부지런한 나라는 대한민국이 최고라고 생각하며 결코 선박의 발주 실적만 가지고 일본이나 중국이 우리를 따라올 수는 없을 것이다. 이러한 이유로 조선 산업이 늘 1등을 할 수밖에 없다고 생각한다.

[2] 반도체 생산율

우리 수출액의 1위(11.8%)를 차지하는 반도체[3]는 열이나 불순물을 혼합함

2) Floating Production Storage Offloading : 부유식 원유 생산, 저장, 하역 설비를 말하는 것으로, 석유시추선

3) 반도체(半導體, Semiconductor)란 전기가 잘 통하는 도체와 통하지 않는 절연체의 중간적인 성질을 나타내는 물질이다. 오늘날 전자기기에 널리 사용되는 반도체들은 열, 빛, 자장, 전압, 전류 등의 영향으로 그 성질이 크게 바뀌는데, 이 특징에 의해 매우 다양한 용도로 활용되고 있다. '반도체'라는 말은 'Semiconductor'의 'semi-(반)'와 'Conductor(도체)'라는 단어에서 유래한 것이다. 초기의 반도체 재료는 주기율표에서 4족 원소인 게르마늄이 사용되었으나, 오늘날에는 대부분 실리콘을 주원료로 사용하고 있다. 미국의 윌리엄 브래드포드 쇼클리(William Bradford Shockley)는 도체나 진공 속으로만 다니던 전자가 완전 도체도 절연체도 아닌 반도체라는 고체 안에 존재하면서 흥미로운 특성을 얻게 된다는 사실을 처음으로 발견하였다. 출처 : 위키백과

에 따라 전기가 통하는 정도가 달라지며 전자 산업 전 분야에 걸쳐 광범위하게 사용되고 있다.

정보를 저장하는 용도로 사용되는 비메모리 반도체는 연산, 논리 작업 등과 같은 정보 처리를 목적으로 이용된다.

[그림 3] 반도체 사진

D램, S램, V램, 롬 등이 메모리에 속하며, 중앙 처리장치(CPU), 멀티미디어 반도체, 주문형 반도체(ASIC), 복합형 반도체(MDL), 파워 반도체, 개별 소자, 마이크로프로세서 등 메모리 이외의 모든 반도체를 비메모리라고 부른다.

메모리 반도체는 인간의 기억, 기록 능력을 전자적 수단에 의해 실현하는 장치이며 컴퓨터의 과반수가 기억 계로 이루어져 있으며 정보를 저장, 보관하고 필요한 시점에서 빼낼 수 있는 장치를 메모리라고 부른다.

메모리 분야는 짧은 기간 동안 많은 자본을 집중하여 새로운 버전의 메모리 구현에 성공하면, 이를 대량생산하여 비교적 작은 이윤으로 대량생산 및 판매하는 시간 및 자본 집약적 산업으로 우리나라가 주력해 왔고 반도체가 우리나라 단일 품목으로는 사상 처음 연간 수출 600억 달러를 돌파했다.

(1) 메모리 반도체 20년간 6배 증가

지난 1994년 수출 100억 달러 달성 이후 20년 만에 6배 증가했는데 반도체 수출 600억 달러는 300 mm 웨이퍼 약 2,000만 장을 생산한 수준이다. 이를 면적으로 환산하면 잠실 종합 운동장(29만 5,000 m^2)의 두 배 넓이인 69만 m^2 이상을 포장할 수 있는 규모이다.

반도체는 지난 1994년 수출 100억 달러 돌파를 시작으로 2000년 200억 달러, 2013년 500억 달러를 달성하며 성장세를 이어왔다. 1988년에서 지난해까지 우리 전체 수출이 9배 성장하는 동안 반도체 수출은 18배 증가하며 주력 수출산업으로 자리 잡았다.

지난 2015년 삼성전자 약 58조와 SK 하이닉스는 약 5조 원의 매출을 올린다.

두 회사의 D램 세계시장 점유율을 합치면 66.6%(삼성전자 40.9%, SK 하이닉스 25.7%)나 된다.

반도체는 2005년부터 선박, 석유제품과 번갈아 가며 우리나라 수출 품목 1

위를 차지했다. 2011~2012년엔 선박과 석유제품에 1위 자리를 내줬으나 지난해에 이어 올해까지 3년 연속 1위에 오르며 최대 수출 품목으로 다시 자리매김하는 양상이다. 올해 연간 반도체 수출은 작년 대비 7.6% 늘어난 약 700억 달러에 이를 것으로 예상한다.

반도체는 주요 산업의 근간

우리 반도체 산업은 메모리 시장 과점화 체제 진입, 모바일을 비롯한 신규 수요 증가에 따른 가격 안정화 등에 힘입어 성장세를 지속하고 있다. 지난해 말 기준 삼성전자· SK 하이닉스 두 국내 메모리 업체의 D램 시장 점유율은 60%를 넘었다고 한다.

정부는 올해에도 반도체 수출 호조세가 계속될 것으로 예상했다. 메모리 분야 시장 경쟁력이 견고하고, 첨단 공정 도입을 통한 신규 시장 개척 등 수출 환경도 개선될 것이라는 배경에서다.

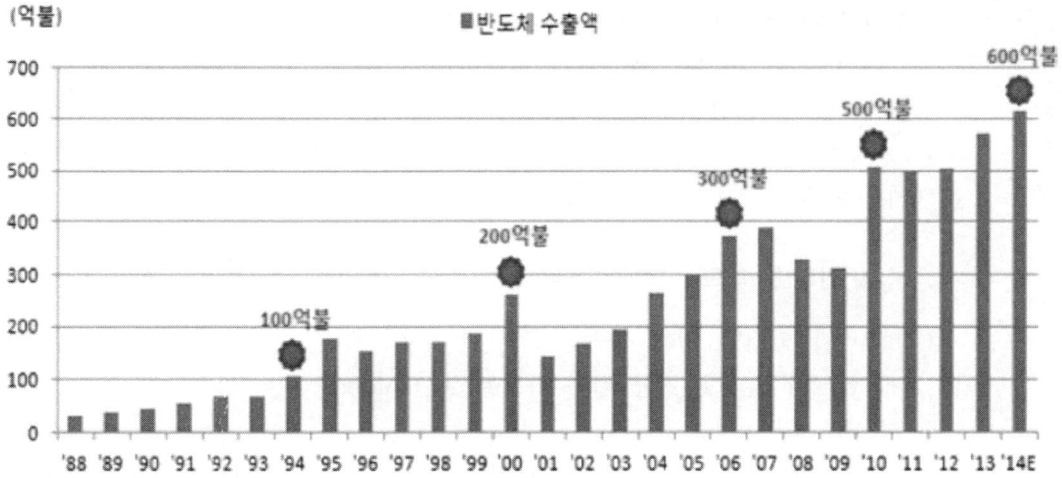

[표 2] 반도체 수출액

(2) 초고속 인터넷 보급률과 인터넷 접속, 다운 로딩 속도

인구 100명당 인터넷 가입자는 세계 6위

우리나라는 국토의 면적이 작고 전화국이 가까이 분포되어 있으므로 오지나 산골에서도 인터넷망 연결이 매우 쉽고, 안정적이고, 빠르다. 또한 다른 나라에서는 아직도 모뎀이나 ISDN 등을 쓰지만 우리나라는 얼마 전부터 광대역

[그림 4] LTE의 속도

LTE를 사용한다. 이미 1GB 속도의 인터넷을 저렴하게 사용가능하고 영국/독일 등은 같은 가격을 내고도 한국의 1/5 속도의 인터넷을 사용한다.

지난해 무선 초고속 인터넷 보급률 순위에 따르면 우리나라는 인구 100명당 가입자 103.8명으로 OECD 회원국 중 핀란드·호주·일본·스웨덴·덴 [그림 4] 광대역 LTE. 마크에 이어 6위를 차지했다.

1위인 핀란드는 123.3, 호주는 114.4, 일본은 111.8, 스웨덴 109.8, 덴마크 107.3 순이다. 보급률만 보면 여전히 100%가 넘지만, 순위 면에서는 다소 밀리는 상황이다. OECD는 34개 회원국을 대상으로 매년 2차례(6월·12월) 국가별 통계 자료를 취합해 유선과 무선으로 나눠 초고속 인터넷 보급률 순위를 발표하였고 우리나라는 2009년 4월부터 6회 연속 1위를 지켰었다.

이번 조사에선 유선 초고속 인터넷 보급률 순위도 한 단계 하락했다. 우리나라의 인구 100명당 유선 초고속 인터넷 가입자 수는 37.5명으로 스위스(44.9)·네덜란드(40.4)·덴마크(40.0)·프랑스(37.6)의 뒤를 이어 5위다. 지난 조사에서는 스위스·네덜란드·덴마크에 이어 4위였다.

인터넷 속도는 압도적 1위

그러나 인터넷 평균 접속 속도 부분에서는 한국이 압도적인 1위를 유지했다. 한국의 인터넷 평균 접속 속도는 24.6 Mbps로 2위 홍콩(15.7 Mbps)과는 8.9 Mbps의 격차를 보였다.

이 밖에도 한국은 초고속 인터넷(10 Mbps 이상) 도입률과 광대역(4 Mbps 이상) 도입률에서도 지난해 같은 기간보다 각각 72%와 11% 성장하며 1위를 점유했다.

초고화질(UHD) 방송을 위한 4 K 준비도(15 Mbps 대역폭 확보 여부)에서도 한국은 조사 대상 51개국 중 가장 높은 62%를 차지했으며, 홍콩(34%)과 일본(33%)이 뒤를 이었다.

한편, 세계 인터넷 평균 접속 속도는 4.6 Mbps를 기록해 처음으로 광대역(광대역) 기준 속도인 4 Mbps를 넘어섰다. 우리나라 국민 특유의 역동성과 신속함을 좋아하는 성향이 빠르고 큰 파급력을 지니는 IT와 결합하여 시너지 효과를 발휘했고, 이를 기반으로 여러 산업도 성장하게 되었다. 하지만 그 1위라는 이름 아래에서 다시 조금만 더 살펴보면 우리의 인터넷 질과 수준은 어느 정도인지 다시 한 번 생각해봐야 할 문제이다.

전 세계 휴대전화 4대중 1대는 우리나라 제품

최근 스마트 폰 출시로 약간 주춤거리고 있지만 2005년 전 세계 휴대전화 시장의 80%를 5개 기업이 차지하고 있으며, 이 중에서 우리나라 기업이 각각 3위와 5위를 기록하며 22.1%를 점유하고 있음, 따라서 전 세계 휴대전화 4대 중 1대가 우리나라 제품이며 CDMA 휴대전화 시장에서는 세계 1위이다.

2015년 전체 스마트폰 판매량은 약 12억 9,300만대가 판매되었는데 이중에서 중국 업체가 판매한 스마트폰은 5억 3,900만대로 전체 42%에 달하고 있다. 이런 추세를 반영하듯이 상위 10개 제조사 중에서 삼성, 애플, LG를 제외하면 7개 모두 중국 기업이며 1위인 삼성은 판매량이 3억 2,000만대로 2014년에 비해 1.8% 판매량이 감소하였다.

바짝 따라붙은 중국

다음으로 '중국의 애플'이라 불리는 중저가 스마트폰 제조업체인 샤오미(Xiaomi, 小米)가 있는데 불과 2013년 창업한 샤오미는 피처 폰은 생산하지 않는 스마트 폰 전문 회사이며 거대한 중국 인구를 등에 업고 무시무시하게 성장하고 있다.

뒤를 이어 화웨이(4.9%), 소니(4.5%), ZTE(4.3%)가 3~5위를 기록하며 Top 5를 형성하였는데, 화웨이와 ZTE 등의 중국 기업의 상승세가 이어지는 것을 확인할 수 있었다.

상기 휴대전화 제조업체 화웨이, 레노버, 샤오미는 탄탄한 내수 시장을 바탕으로 어느새 삼성전자와 애플을 위협할 정도로 급성장하였고 지난해 중국에서는 삼성이 1위 자리를 결국 샤오미에 내주고 말았다. 이렇듯이 세계 스마트 폰 제품 5대 중 1대가 중국산 제품으로 세계 최강인 우리나라를 호시탐탐 위협한다.

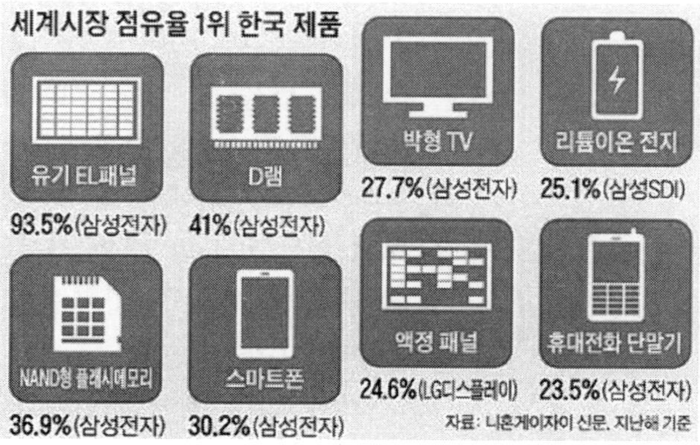

[그림 5] 세계시장에서 한국 제품의 선전

더불어 화웨이와 ZTE는 2013년 초 개최된 CES(세계 가전 박람회)와 MWC

(모바일 월드콩그레스)에서 플래그 쉽 스마트 폰을 선보이기도 하였는데, 앞으로 두 기업의 시장 점유율이 추가적인 확대가 있지 않을까 예상되기도 한다. 한편 Top5 안에는 이름을 올리지 못했지만 최근 G시리즈, F시리즈, L시리즈로 선전하고 있는 우리의 LG전자의 건승을 기대해 본다.

(3) 철강 경쟁력 1위 포스코

포스코가 세계에서 가장 경쟁력 있는 철강사로 5년간 연속 7회로 1위로 선정되었다.

세계적인 철강 전문 분석 기관인 WSD(World Steel Dynamics)는 최근 제29차 글로벌 철강 전략 회의(SSS ; Steel Success Strategies)를 개최하고 세계에서 가장 경쟁력 있는 철강사(World-Class Steelmaker Rankings) 선정 결과를 발표 했다.

[그림 6] 철강 1위 포스코

포스코사는 기술 혁신, 인적 자원 등 4개 항목에서 최고 점수를 획득하는 등 7.91의 점수를 받아 종합 1위를 기록했다. 특히 포스코는 내실 있는 성장을 목표로 추진하고 있는 고부가가치 제품 판매 확대와 기술 기반의 솔루션 마케팅 활동 등 본원 경쟁력 강화를 위한 전략 측면에서 높은 점수를 획득했다. 이날 발표 결과에서 최근 선진국 철강 경기 회복세와 셰일 가스 개발 혜택을 얻고 있는 미국의 대표 회사인 뉴코아는 2위, 아베 노믹스로 수출 경쟁력이 높아진 일본의 신일철 주금과 JFE가 각각 3위와 8위를 차지하여 저년 대비 상승세를 보였다.

반면 전년 10위권에 포함되었던 세일(SAIL), 진달(Jindal) 등 인도계 철강사가 10위권

밖으로 밀려났으며, 현대 제철과 터키의 에르데미르가 새롭게 Tap 10에 진입했다

버지니아 대, 포스코 사랑 받는 기업

미국 버지니아 대 경영 대학 '사랑받는 기업' 연구팀은 포스코의 파이넥스(FINEX) 기술개발, QSS 혁신 활동, 감사 나눔 활동 등 3건의 사례연구 보고서를 통해 포스코가 규모 및 경쟁력에서 글로벌 최고 수준일뿐더러 사회적 책임을 다하는 기업이라고 평가했다.

특히 친환경 제철 기술인 FINEX, 포스코 고유의 혁신 활동 QSS, 포스코형 기업 문화인 감사 나눔 운동을 대표적인 이해관계자 경영 활동으로 소개했다.

공급사 눈높이 맞춤 동반 성장 프로그램

포스코는 지난해 동반 성장 지수 평가에서 최고 등급 '최우수'를 획득했다. 포스코는 권오준 회장 취임 이후 공급사를 방문하여 공급사의 눈높이에 맞춘 동반 성장 프로그램을 도입 운영하였다. 포스코는 중소기업 경영 컨설팅을 지원하는 '임원 동반 성장 지원단'에 포스코 임원뿐만 아니라 공급사의 요구에 맞는 해당 분야 사내 전문가들도 참여시켜 맞춤형 지원으로 운영한다. 또한, 공급사에 먼저 다가가 작은 소리에도 귀를 기울여 내실 있는 동반 성장이 될 수 있도록 하겠다.고 약속하고 "많은 사람의 지혜와 조언을 모아 더 큰 성공을 이룰 수 있다"는 의미의 '집사 광익(集思廣益) 생각을 모아 이익을 더한다.'라는 뜻으로, 여러 사람의 지혜를 모으면 더 큰 효과와 이익을 얻을 수 있음을 비유하는 고사 성어다. 중국 삼국시대 초(蜀)나라의 제갈량(諸葛亮)이 쓴 글에서 유래되었고 위의 동반 성장으로 나가겠다는 방침을 제시했다.

포스코 건설, 풍진동 원격 모니터링

포스코 건설은 초고층 건물의 풍진동(風振動)을 원격에서 모니터링 하는 시스템을 발명하여 송도 더샵 퍼스트 월드와 부산 더샵 센텀 공원에 확대 적용했다고 10일 밝혔다.

풍진동이란 바람에 의해 건물의 최상층이 흔들리는 현상이다. 초고층 건물의 특성상 지진 또는 강한 바람이 불어올 때 건물은 좌우로 흔들리게 된다.

심할 경우 구토 및 어지러움을 유발해 일상생활에 막대한 지장을 초래할 수 있어 이를 제어하고 지속해서 관리해야 한다는 목소리가 커지고 있다.

우선 풍진동을 제어하기 위해선 제진 장치(진동 흡수)가 필요하다. 작동 원리는 비교적 간단하다. 건물 꼭대기에 설치된 질량체가 관성의 법칙에 따라 건물과 반대 방향으로 움직여 건물의 흔들림을 최소화한다.

포스코 건설은 지난 2013년 자사 송도 사옥에 양방향 TMD(Tuned Mass Damper : 동조 질량형 감쇠기)를 설치했다. 그리고 풍진동 모니터링 시스템을 같은 해 국내 최초로 송도 사옥에 적용했다.

이 시스템은 실시간으로 송도 사옥의 움직임을 측정하고 제진 장치의 성능을 검증하고 있다. 실제 지난 2013년 큰 피해를 안겼던 태풍 '곤파스'가 상륙했을 때 제진 장치가 약 40%의 감쇠 효과를 나타내기도 했었다.

화학(합성고무)분야도 경쟁률 1위

금호석유 화학이 글로벌 합성고무 기업들과 치열한 1위 쟁탈전을 벌이고 있다.

타이어, 산업용 벨트 등에 쓰이는 범용 합성 고무 시장은 금호석유, 랑세스(독일), 시노펙(중국)의 '3강 체제'가 구축돼 있으며 생산 능력 순으로 매년 1·2위가 엎치락뒤치락하고 있다. 금호 석유의 범용 합성고무 생산 능력은 지난해 말 기준으로 102만 톤(Ton)이다. 이는 전 세계 생산량의 약 10%에 해당한다. 102만 톤 중 70%(84만 톤)는 타이어의 주원료인 스타이렌뷰타다이엔 고무(SBR)과 부타디엔고무(BR)가 차지하고 있으며 30%(18만 톤)는 운동화 밑창, 벨트 등 일반 산업용 고무 제품이다. SBR은 2016년 말에는 현재 세계시장의 10%를 점유하며 세계 1위 경쟁력을 확보하고 있다고 하며 BR의 경우 세계 3위다.

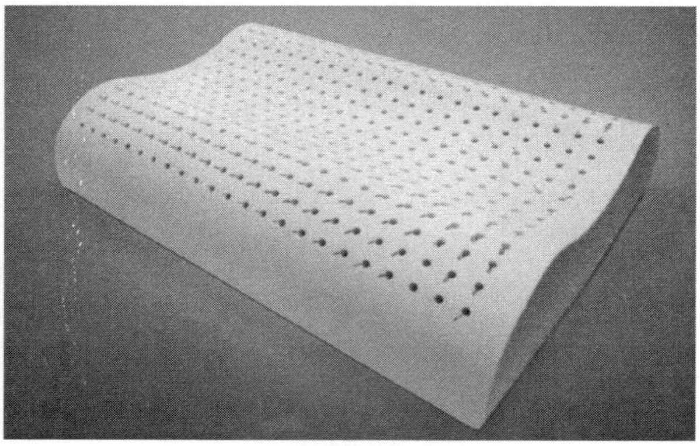

[그림 7] 합성고무로 만든 베게

금호석유는 2015년까지 매년 약 3,300억 원을 투자해 세계 합성고무 시장에서 1위 자리를 굳힐 계획이다. 특히 차세대 합성고무인 솔루션 스타이렌부타디엔고무(S-SBR)생산 공장 조기 증설을 통해 자존심 지키기에 나선다.

S-SBR은 다음 달부터 유럽 연합(EU)을 시작으로 미국, 일본, 한국 등 선진국에 점진적으로 도입되는 타이어 라벨링 제도가 요구하는 친환경 타이어의 핵심 속성을 제공하며 회전 저항력 및 젖은 노면 접지력 등이 우수한 기능을

가지고 있다.

(4) 그밖에 경쟁률 1위(긍정적인 것)

우리나라의 좋은 것 1위(아시아, 또는 세계 절대치는 아님)

- 냉동 컨테이너, 에어컨 생산율 세계 1위
- 스키 장갑, 오토바이 헬멧, 정수기, 손톱 깎기, 낚싯대, 텐트 생산율 세계 1위
- 휴대전화 문자 보내기, 문자 메시지 초당 7.25타, 세계 1위
- 인구당 스마트 폰 보급률, 세계 1위
- 가장 많은 발음을 표기 할 수 있는 문자 세계 1위(24개 문자로 11,000개의 소리를 표현)
- 네티즌 참여율. 인터넷 내려 받기 속도 파일을 다운로드 하거나 웹사이트에 접속하는 속도는 세계 1위지만 반대로 업로드 속도는 그리 높지 않다.
- 스포츠 분야 : 쇼트트랙, 피겨, 여자골프, 양궁, 바둑, 태권도, 비보이, 걸그룹 세계 1위.
- 평균 아이큐(IQ)가 세 자리를 넘는 3국가 중 하나(홍콩이 1위지만 홍콩의 정식 명칭은 중화인민 공화국 홍콩특별행정구로 국가가 아님).
- 민족 대 이동 세계 1위(국민의 75%정도가 명절 때 이동).
- 교육열, 대졸자 학사 비율, 비 문맹률 최상(99.9%) 문맹률이 가장 낮은 나라 세계 1위.
- 인천 공항 서비스율 세계 1위.
- 국민들이 국기를 가장 많이 가지고 있는 나라 세계 1위.
- 평균 신장 크기 아시아 1위.
- 스타크래프트, 리그오브 레전드 세계 랭킹 1위~ 상위권 대다수 독점, 온라인 게임 산업.
- 중국 옆에 있던 나라 중 한 번도 지도에서 중국이라고 표기된 적이 없었던 나라.
- 아나바다 운동을 시작한 첫 번째 나라.
- IMF를 최단 기간에 극복한 나라.
- 유럽 통계에 세계에서 여자가 가장 예쁜 나라 1위.
- 세계 몇 안 되는 단일 민족 국가.

아나바다 운동은 IMF 구제 금융 요청 사태가 발생한 이듬해인 1998년 등장한 대한민국 국민들이 불필요한 지출을 줄이자고 만든 운동으로 '아껴쓰고 나눠쓰고 바꿔 쓰고 다시 쓰자'의 준말이다.

- 미국도 무시하지 못하는 일본을 완전히 무시하는 배짱 있는 나라.
- 세계 10번째 경제력, 9위의 군사력을 보유하고도, 개발도상국, 중진국이라며 선진국을 본받자는 발전적인 나라.
- 세계 2,3번째 경제력을 가진 일본을 개 무시하는 나라.

군사력 순위

1위-미국 2위-러시아 3위-중국 4위-인도 5위-영국 6위-프랑스 7위-독일 8위-터키 9위-대한민국 10위-일본 11위-이스라엘 등

- 미국, 러시아(인구 대비)를 제외한 포병 강국/3세대 전차 보유량 1위
- 백색 가전 산업

냉장고 세탁기 등 가전제품 산업 역시나 삼성과 LG 등으로 인해 1위였지만 최근 중국 기업의 저가 공세로 인해 1위는 아님.

우리나라의 나쁜 것 1위(아시아, 또는 OECD, 세계 절대치는 아님)

- 자살률 10년 연속 OECD 1위(평균적으로 하루당 한국에서 자살자 수는 40명이 넘음).
- 사교육비, 급격한 출산율 저하 세계 1위
- 나라 분단 시간 세계 1위
- 스트레스 지수, 결핵, 당뇨, 고혈압, 암 환자 세계 1위
- 이혼율, 성폭행 발생률, 사이버 폭력 세계 1위.
- 포르노 사이트 접속률 1위.
- 차량 교환 시기 및 중고차 수출 세계1위.
- 청소년 여성 흡연율, 술 소비량 및 음주 운전자 비율 세계 1위.
- 중소기업 부도 확률 세계 1위.
- 인구 당 핸드폰 교환 시기 세계 1위.
- 화장품 소비량, 인구 대비 치과 임플란트 및 성형수술 비율 세계 1위.
- 주당 노동 시간 세계 1위(OECD).
- 노래방 숫자, 유흥업소 숫자 및 종사자 세계1위.

- 학생이 학교에 가장 많이 있는 시간 세계 1위.
- 욕이나 속어 문화 지수 1위.
- 교통 사고율이 1위지만 차량 수를 비례했을 때 교통 사고율은 24위.

세계 10위권 이내 大韓民國

그밖에 보유 외환, 타이어 생산, 닷컴 도메인 보유율, 전자저울, 지하철 총 길이, 합성고무 수출, 단일 회사 항공 화물 수송률, TV 수상기, 시멘트 생산, 탄화수소, 유도체 수출,

인조섬유 직물 수출, 음성 비디오 재생기, 반도체, 트랜지스터, 전자악기, 곡면 절단기, 자동차 생산율, 가정용 냉장고, 세탁기, 가죽 수출, 양식 수산물 생산량, 인터넷 뱅킹 이용률, 산림 면적 비율, 연평균 실질 GDP 증가율, 도시별 컨테이너 처리량(부산항), 벌크선 보유, 석유정제 설비, 미국 내 학자, 내국인 특허 등록 건수, 일하는 시간이 세계 2위, 세계 3위인 잠 없는 나라이기도 하다. 위에서도 볼 수 있듯이 한국이 드디어 OECD 국가 중 자살률, 이혼율, 저 출산 1위라는 불명예를 낳았다.

무엇이든 세계 최고, 혹은 1등이라야 한다는 강박관념과 심각한 열등의식을 내포하고 있는 한국 문화의 어두운 모습을 여러 곳에서 보지만 이것들마저 1등을 한다는 것은 정말 심각하게 생각하고 대처하여야만 되는 문제라고 생각된다.

이처럼 우리나라는 머리가 좋기로 세계 1위이고 IT 강국이며, 군사강국에 스포츠에서도 누구에게도 뒤처지지 않는 나라이다.

물론, 세상에는 순기능과 역기능이 있듯이 좋은 것에서만 1위를 하는 것은 아니지만, 항상 새로운 것을 개척해 나가고, 열정과 노력과 부지런함이 가득한 나라가 아닐까 생각이 든다. 앞으로도 젊은이들이 기성세대처럼 목표를 가지고 도전하고 실천한다면, 우리나라가 조만간 세계 최강의 으뜸 나라가 될 것이다.

2 우리도 천재적인 발명가를 배출하자

앞에서 말했듯이 만일 빌 게이츠나 고 스티브 잡스와 같은 세계적 발명가를 우리나라가 5명만 아니 3명만이라도 배출한다면? 앞으로 100년 이상은 먹고 살 걱정을 하지 않는 세계 최고의 복지국가가 될 것이 저자의 지배적인 생각이다.

천재는 확률적으로 인구 10만 명에 한 명 나올 정도의 사람이기에 대한민국에서 잘해야 500명이다. 그런데 이런 천재들은 보통 사람들과의 의사소통이 절대 쉽지 않다.

일반적인 종래 주입식 입시 위주의 교육으로는 그들은 적응하지 못하고 천재성을 오히려 죽이는 결과를 초래하게 된다.

더 근본적인 문제는 소수의 인재들을 어릴 적부터 잘 선별하여 모으고 조기교육으로 창의력을 가득 채워 놓고 천재적인 발명가로 키우는 것도 고려해야 한다.

예컨대 발명이란 과목을 초등이나 중등 정식 교과목으로 집어넣는 것도 바람직하다고 할 수 있다. 그리고 우리보다 선진국인 일본 유럽 미국의 천재 교육 시스템 중 어느 것이 좋은지 연구해서 우리 교육제도에 맞추어 접목하게 시키는 노력이 시급하다.

2015년 미국 M/S사 빌 게이츠의 공식적 재산이 약 835억 달러(91조 7,164억 원)이라고 밝혔다. 이는 우리나라의 2014년 예산인 375조 원의 4/1이나 되는 엄청난 돈이 개인 한 사람이 윈도 프로그램이란 것을 발명하여 번 돈이다.

그리고 빌 게이츠를 통한 고용 효과와 기부 금액을 비롯하여 M/S와 연계된 자회사나 협력 회사 등의 간접 매출을 모두 합친다면 아마도 우리나라 1년 예산을 뛰어넘는 천문학적인 금액이 될 것이다.

위에서 말한 빌 게이츠가 만일 우리나라에서 태어났다면 우리나라가 얼마나 부강하여 졌을까! 아울러 세계적인 마이크로소프트사가 과연 우리나라의 토양에서도 탄생할 수 있었을까?

빌 게이츠는 전술하였듯이 1975년 4월 4일 19살이던 게이츠는 하버드대를 중퇴하고 21살의 앨런과 함께 뉴멕시코 주 앨버커키에서 자본금 1,500달러를 갖고 마이크로소프트를 창업했다.

마이크로소프트라는 이름은 마이크로컴퓨터와 소프트웨어의 앞부분을 합친 것. 창업 초기에는 하이픈으로 연결한 이름(Micro-Soft)이었으며, 1975년 11

월 29일 게이츠가 앨런에게 보낸 편지에서 하이픈 없는 형태로(Microsoft) 처음 쓰였고, 그 형태로 1976년 11월 26일 회사를 등록했다.

만일 빌 게이츠가 아버지 직업인 변호사처럼 하버드 법대를 졸업하고 법조인이 되었다면 오늘날 윈도 프로그램은 아직 탄생하지도 않았으며 우리 생활에 컴퓨터가 이처럼 발전하지도 않았을 거란 생각이 된다. 우리나라에도 그런 천재 발명가가 나오지 말라는 법은 없다.

그러나 현재의 교육 제도나 사회 인식에서는 매우 어렵다고 생각한다. 우리나라도 그런 천재 발명가 3명만 나오면 우리 경제는 차원이 달라지며 그런 천재 3명의 사람을 찾아 기른다는 것이 이제는 교육의 목표는 되어야 하며 정부와 학교 산업체는 시스템과 잘 짜인 네트워크를 구성하여 이를 뒷받침하기 위해 최선을 다해야 한다고 생각한다.

Chapter 2

나의 발명과 창업 이야기

I
순간의 아이디어가 창업으로

1 나의 창업

나의 창업에 대하여 책을 쓰면 아마 열권은 족히 될 것이지만 교재인지라 간단 요약하여 본 교재의 취지에 맞게 저술하여 보았다.

때는 94년 12월 다년간 다니던 산업용 정수 장치를 주로 취급하던 수 처리 회사가 경영난에 문을 닫자 퇴직금도 못 타고 갑자기 실업자가 된 나는 그 당시 깊은 좌절에 빠졌다.

그 당시 임신 8개월인 아내의 보증금 1,000만 원에 1,000만 원에 월세 30만 원과 저축 200만 원이 나의 가진 것의 전부였다. 신문에 게시된 여러 곳의 회사에 원서를 넣었지만 모두 가보면 건강식품이나 출판 등의 판매직이 전부였다

두 달 후면 아이도 태어나는데 한심하게 놀고 있는 그런 아빠의 모습이 정말 싫었다.

만삭인 아내가 힘들어할까 봐 매일같이 출근하는 복장으로 출근하였고 매일매일 힘든 자신과 싸움을 하며 그렇게 지내고 있었다.

하루는 마음을 달래려 점심을 먹고 자주 가던 관악산에 올라갔는데 내려오는 중 이 생각 저 생각 하던 중 구두가 돌부리에 걸려 나는 앞으로 꼬꾸라지고 말았다. 그 바람에 입고 있던 옷들도 죄다 흙으로 범벅되고 말았다.

나는 속으로 '정말 되는 일 없군.'하며 툭툭 옷을 털며 내려오려고 일어서는 순간 "악 소리와 함께 다시 주저앉아 버렸다. 엎친 데 덮친 격으로 아까 넘어지면서 왼쪽 발목을 그만 접질린 것이었다.

어쩔 수 없이 얼마간을 풀밭에 앉아 있다가 쩔뚝거리며 산에서 내려와 근처 한의원에 들러서 침대에 누워 발목에 침을 맞는데 때마침 한의원에 일하는 간호사가 "원장님 환자 물 얼마나 넣을까요?" 라고 묻자 침을 놓던 그 한의사는 "어 8천 넣어" 라고 대답을 하였다.

나는 침을 다 맞고 치료비를 계산하면서 간호사에게 궁금해서 물었다.

아까 원장님이 "8천 넣으라고 하는데 그 물을 어디에 넣는데요?" 하고 내가

물어봤더니 간호사는 한약 달일 때 쓰는 수돗물의 양인 8,000 CC라고 하였다.

순간 뭔가 스치는 생각이 들었다

'맞아 바로 그거야!' 당시에는 한약을 달일 때 대다수 한의원이 수돗물을 바로 받아서 약을 달였었다. 수돗물에는 염소와 특히 오래된 배관 송출 과정에서 흙 녹 등의 이물질이 함유될 수 있어 좋은 탕약을 만들기는 결코 좋은 물이 아니었다.

동의보감의 허준은 좋은 약을 달이기 위하여 동트기 전 새벽녘에 풀잎에 맺힌 이슬을 모아서 약을 달였다는 것을 책을 통하여 본 것 같았다.

[1] 사업 시작 및 배경과 에피소드

그 후 나는 수일에 걸쳐 관련 자료도 찾아보고 한의원에 약을 달일 수 있는 한의원용 대용량 정수기를 단독 개발하기에 이르렀으며 전에 직장에서 배운 지식이 결코 헛것이 아님을 실감하였다.

그리고 어느 정도의 나름대로 시장 조사 후 아내의 만류를 무릅쓰고 나의 허름한 월세 방에서 사업자를 내고 전화 하나 달랑 놓고 배불뚝이 아내를 경리 직원으로 하고 나이 30의 어린 나이에 멀고도 험한 사업에 들어가게 된 것이다.

먼저 제품 카탈로그를 찍고 부품을 구하고 전국 한의원 주소를 어렵게 입수하여 만삭인 아내와 나는 그때 당시 전국 8,000여 곳의 한의원의 일일이 주소를 쓰고 우편번호를 찾고 카탈로그를 넣고 우표를 붙이는 작업을 밤새 손이 부르트도록 하여 일주 일 만에 전국 한의원에 한방용 정수 장치 개발 및 판매라는 문구를 넣어 발송하였다.

7일이 지나자 '꿈은 이루어진다.라는 말처럼 열화와 같은 반응이 일어났으며 마침 모 기업의 낙동강 페놀 사건 1991년 3월 14일 경상북도 구미시 구포동에 있는 두산전자의 페놀 원액 저장 탱크에서 페놀수지 생산 설비로 통하는 파이프가 파열되어 발생했다. 30톤의 페놀 원액이 옥계 천을 거쳐 대구 상수원인 다사 취수장으로 흘러듦으로써 수돗물을 오염시켰다. 다사 취수장을 오염시킨 페놀은 계속 낙동강을 타고 흘러 밀양과 함안, 칠서 수원지 등에서도 잇따라 검출되어 부산, 마산을 포함한 영남 전 지역이 페놀 파동에 휩쓸리게 되었다.

도 터지고 보니 약을 달이는 물인 탕전 수의 깨끗한 물의 필요성이 한의사의 요구에 맞게 되었나 보다.

[그림 8] 저자가 발명한 한방 탕전 정수기

특히나 기억에 남는 것은 경상도 부산에 주문이 들어와 설치를 해주고 시험 운전을 한 후 대금의 반을 받고 서울로 올라오는 도중 대전쯤 오는데 장모님께서 연락이 왔다.

처가 진통이 와서 병원에 갔다고 언제 올 수가 있느냐고 하였다.

드디어 나의 2세가 태어나나 보다. 나는 쉬지 않고 운전하여 서울 요금소 매표소를 막 들어오는데 휴대전화로 부산의 그 원장님의 목소리가 들려왔다. 기계가 전혀 작동하지 않는다고 하였다.

나는 전원을 확인해 보고 수도 원수 가랑을 보라고 했지만, 이상 없다고 하며 큰소리로 당장 뛰어오라고 하였다.

나는 서울에 도착하였고 집사람이 지금 아내가 출산 중이라고 말을 했지만, 막무가내이고 “그럴 거면 기계를 떼가!!” 라고 오히려 더 성화이었다. 할 수 없이 눈물을 머금고 즉시 차를 돌려 다시 부산으로 향했다.

부산에 도착하니 어느새 밤은 깊었고 한의원에 기다린다는 간호사도 없고 황당하였다.

나는 여관에 가기도 그렇고 혼자 차에서 잠을 청했는데 잠은 오지 않고 남편도 없이 혼자 진통을 하고 있을 집사람 생각에 내가 너무도 야속하고 한심해 보였다.

새벽 2시인가. 어머님의 득남 소식을 듣고 너무 기뻤지만, 아내에게는 한없이 미안했다.

다음 날 아침 9시에 한의원이 문을 열었고 나는 한의원에 가서 정수 장치를 살펴보니 이상이 없고 전기 콘센트 전원을 빼고 전기를 테스터기로 찍어 보니 전원이 공급이 안 되었다.

순간의 허무함. 알고 보니 그 콘센트를 단속하는 차단기가 불량이었다.

그 깐깐한 원장님이 10시 넘어서 오는데 나는 인사를 하고 누전 차단기가 이상이 있어서 기계 작동이 안 되었다고 하니까 다른 차단기는 문제가 없는데 왜 그 차단기만 문제냐고 기계에 문제가 있는 게 아니냐고 오히려 기계 탓만 하는데 도저히 대화의 상대가 안 되었다.

생각 같아선 기계 때 버리고 욕이라도 한번 하고 올라가려는 마음이 굴뚝같았는데 참는 게 이기는 거고 득남의 기쁨으로 참고 전파사에 가서 누전 차단기를 사서 교체하여 주었다.

한의원 간호사에게 조용히 물어보니 거기 콘센트 차단기가 고장 나서 자주 떨어진다고 하였다 차단기만 올려 주었으면 됐는데 정말 씁쓸한 마음으로 서울로 올라온 후 돈을 아끼려 봉고차 시트를 눕히고 침낭 속에서 자고 휴게실에서 세수를 하고 휴일도 없이 혼자서 전국을 무대로 죽도록 뛰고 보니 그 결실이 금방 나타났다.

[2] 치과용 워터 시스템의 발명 동기

그러던 중 나와 집사람이 우연히 사랑 이를 빼러 동네 치과에 가게 되었는데 사랑니를 뺀 다음날부터 마치 왕사탕을 입에 문 것처럼 두 사람 모두가 잇몸이 부풀어 오르고 계속 피가 나고 열이 났는데 시간이 갈수록 집사람의 증세가 더욱 심하여 밤에 잠도 못 잘 지경이었다.

그 다음날 치과를 가서 원인을 따졌더니 그 치과 원장님은 드라이 소켓[4]에 걸렸다는 전문 용어를 쓰고 면역이 약해서 세균에 감염이 되었다고 하고 약과 주사를 주었다.

그리고 나는 화장실에 가서 소변을 본 후 손을 씻는데 건물이 오래 돼서 그런지 수도 배관이 녹이 나서인지 세면대의 물이 다량의 녹물이 나오는 것이 아닌가. 나는 거기에 대하여 연구를 하고 잘 아는 한의사의 소개로 친구인 고마우신 치과 의사를 만날 수 있었고 치과 용수의 중요함을 알게 되었으며 무상으로 광고도 서 주었다.

치과에서 환자를 치료함에 있어서 물과 공기를 가지고 치료를 하는데 물의 사용 용도는 핸드 피스[5]라는 것을 이용한다. 치과용 드릴을 회전시킬 때 이 회전속도가 1분에 50만 번으로 회전하며 치아를 삭제 하거나 치아에 천공을 시킨다. 이때 치아와의 마찰로 발생하는 열을 식혀 주는 역할을 하는 핸드 피스와 쓰리 웨이 실린지[6] 는 물이 필수적이다. 그밖에 입 헹굼 시와 타구에도 사용을 한다.

---

4) 드라이 소켓(Alveolar osteitis, dry socket)은 감염이 아니다. 피가 응고된 것이 떨어지거나, 완전히 아물지 않거나, 응고가 안 된 것이다. 이런 일이 왜 일어나는지는 아직 밝혀지지 않고 있다. 일부는 환자가 어떻게 노력한다고 해결 되는 것이 아니다. 그러나 일부는 환자가 의사의 지시를 잘 따르지 않아서인 경우도 있다. 예를 들면 흡연을 하거나, 침을 뱉거나 빨대를 사용하는 것, 악기를 연주하는 것 등, 즉 상처 부위의 압력을 크게 바꾸는 것이 이의 원인이 될 수 있다. 드라이 소켓의 가능성은 흡연자에게 높고, 이미 드라이 소켓이 나타났던 경험이 있는 경우도 높다. 이를 뽑은 자리는 염증이 생기고 아프며, 이와 맞물려 있던 뼈에 염증이 생긴다. 출처 : 의학사전

5) 충치 따위를 깎을 때 쓰는 기계

6) 치아를 건조시키거나 세척하기 위해서 쓰이는 기구

특히 핸드 피스라는 드릴은 거의가 수입 제품 이고 대당 가격도 한 개에 100만 원이 넘는 고가이며 핸드 피스 내부에 관의 기공이 1 mm 이하이므로 오염된 물을 사용 시 내부 관이 막히게 되면 핸드 피스 수명을 다하게 된다.

그리고 본제품은 유닛 체어[7]가 필요로 하는 압력 2.5 kg~3.0 kg의 압력을 자동으로 정확하게 맞추어 준다.

나의 발명품이 세상에 나오기 전에는 치과에서 워터 탱크 즉, 콜라 탱크를 사용하여 환자를 치료 하였는데 워터 탱크는 소독이나 청소를 할 수가 없으며 콤프레셔[8]의 공기를 동력으로 물을 밀어 내어 사용하기에 세균이 발생하며 모든 원인은 그 물에서 비롯된다는 것을 알았다.

나는 즉각 97년 개발에 착수하여 98년 본 제품인 치과용 압력 수 공급 장치를 국내 특허와 해외 18개국에 특허 출원하고 시제품을 출시하여 치과와 화학 시험 연구원 실험 후(수질검사서) 만족한 데이터를 가지고 시판에 들어갔다.

그러다 보니 자금과 인력이 부족하였고 자금은 중기청에서 특허 사업화 자금 1억 원이란 거액을 저금리로 지원을 받을 수 있었다.

[3] 영업 및 판매

상기하였듯이 본 제품이 전무하던 치과 시장에 센세이션(Sensation)을 일으켰으며 주로 마케팅은 치과의사들이 주로 구독하는 치과 기관지인 치의 신문 등에 기재 하여 광고를 하였고 각 치과대학 동창회 및 학회를 세일 타깃으로 하여 발로 뛰고 머리로 파는 영업을 하였다. 출시되자마자 이 제품만 월 30~40대가 나가고 직원들도 20명 이상이나 늘게 되었고 정부자금 대출로 어엿한 공장 시설도 갖추게 되었다.

[그림 9] 저자가 발명한 대형 치과병원용으로 정수 공급 장치.

그 후 국내와 미국 특허 등록이 되었고 특허의 도움으로 신기술 개발 벤처기업이 되었고 기업 부설 연구소도 인가가 나고 수출 유망 중소기업 등록과 병역 특례 업체로 등록이 되어 고학력 직원들을 저임금으로 사용할 수 있고 CE 마크도 받게 되어 매출은 년 20억 가량을 달성 하였다.

---

7) UNIT chair(유니트체어) : 치과 진료용 의자

8) 에어 탱크에 공기를 압축시켜 저장시켜 놨다가 진료를 하면서 소모하고 다시 저장하기를 반복하는 기계

그러나 관리의 결정적 문제점이 하나둘씩 생기곤 하였다.

본 제품이 서울 경기만이 판매되는 것이 아니라 전국적으로 판매가 되는 까닭에 영호남 끝에 서 주문이 들어오면 안 팔수도 없고 혹 A/S가 생겨 물이라도 안 나오는 날에는 치과 구조상 환자를 볼 수 없으니 당장 비행기를 타고 좇아가야 했다. 그리고 처음에는 이미지를 좋게 하기 위해 직원들이 보름 씩 영호남의 중심부에 기거하면서 A/S를 해주었고 서울에서 비행기 타고 가는 일도 허다하였다.

그래서 서둘러 영남과 호남 대전의 지사를 현지 직원을 채용하여 설립하게 되었다.

[4] 추락하는 것은 날개가 없다

인사가 만사이다. 기업은 오로지 사람과의 연속적인 싸움이다

이렇게 발명으로 특허를 받은 제품을 창업과 연계하여 순조롭게 나가자 회사를 더욱 키우고 싶은 욕심과 야욕이 생기게 되었다

인력은 전에 내가 다니던 직장의 영업부 직원인 K란 사람이 마침 놀고 있어 회사 이사로 영입해 왔으며 어느새 직원이 40명이 되는 중견 기업으로 발돋움하였다.

그런데 위의 K란 사람은 절신한 기독교 신자이고 나중에 목회자가 되는 것이 꿈이라고 하였다.

그리고 기존의 직원들을 이러이러한 이유를 달아 계속 정리하고 자신이 데려온 같은 교회에 직원으로 회사를 점차 바꾸어 가고 있었으며 기존의 남은 직원들과 K 이사의 직원들의 보이지 않는 완력과 갈등이 점차 커져 나가고 있었다.

특히 전체 회식이라도 하게 되면 메뉴 때문에 문제가 많았다.

K이사가 데려온 그 교회 사람은 다른 교회 사람들과 비교하면 식성이 너무 까다로웠다.

성경에 돼지고기를 먹지 말라는 구절이 있어 돼지고기를 못 먹는다는 거였고 돼지고기가 들어간 햄, 소시지, 돈가스 등을 모두 못 먹었고 햄버거를 먹더라도 소고기 패드로만 제조된 햄버거만 먹었고 특히 김밥을 먹을 때는 김밥의 햄을 빼고서 먹었다.

그리고 비늘이 없는 물고기인 오징어, 낙지, 붕장어 등은 쳐다보지도 않았다.

그러니 회식을 하다 보면 오로지 소고기, 집으로만 가게 되었다. 또한, 그들

은 아침에 출근하면 자신들만 모여서 기도를 하였고 퇴근할 때도 그랬으며 일요일이 되면 부모가 돌아가셔도 움직이지 않으니 그리 알라고 하였다.

그러다 보니 회사가 점차 이상한 모습으로 변해 가고 있었다.

그러던 중 어느 날 K 이사는 내 방에 오더니 갑자기 이상한 서류를 하나 주는 것이 아닌가?

제목을 보니 동업 계약서가 아니던가!

자신이 나의 회사에 와서 일조하였으니 자신에게 25%의 지분을 주고 동업자로 인정하여 달라는 것이었다.

혼자 며칠을 고민하다가 경험과 연세가 많으신 거래처 사장님께 서류를 보여주며 자문하자 그 사장님은 말도 안 되는 소리라고 자기가 공짜로 일하였냐고 말씀하시며 K 이사 월급이면 더 능력 있는 사람 2명을 쓸 수 있다고 당장 정리하라고 큰소리로 말씀하셨다.

나는 동업은 어렵다고 K 이사에게 말했더니 그럼 회사를 관두겠다고 말하고 자신이 데리고 온 공장장과 기타 직원을 데리고 모두 회사를 자진 퇴사하였다.

그리고 자신이 데려온 여직원은 회사에 남겨 두었고 회사의 모든 일거수일투족이 K 이사에게 전하여 주었음은 물론이다.

특히 간부들 회의를 할 때는 문 앞에서 문에 귀를 대고 엿듣는 상황도 발생하게 되었다.

나는 그 여직원을 불러서 K 이사 나갈 때 "왜" 안 나갔느냐 라고 물었더니 K 이사가 나간다고 해서 나도 나간다는 것은 잘못된 생각이라 말하고 교회는 나의 종교일 뿐이고 내가 회사에 있고 싶어서 있는 것이라고 말했고 정말 열심히 일하겠다고 주장하였다.

그리고 시력이 나빠서 눈을 라식 수술을 해야 하므로 회사에 2주일간만 휴가를 내달라고 하였다. 나는 그 여직원의 내심을 알 수 없었고 2주일간의 유급 휴가와 수술비의 50%를 대주었다.

2주일간의 병가를 마치고 오고 삼 일간 근무를 더 하더니 시골집에 어머니가 수술하여 병간호를 하여야 하기 때문에 회사를 다닐 수 없다는 사직서를 내고 회사를 관두었다.

물론 그 여직원이 회사에 다니며 첩자 짓을 하여 회사의 모든 정보를 모두 빼서 K 이사에게 간 것은 물론이고 지금 생각해보면 참으로 바보짓을 한 것으로 생각한다.

그리고 나간 지 3개월도 채 안 되어 K 이사의 나의 회사 모방 제품이 치과계에 선을 보였다. 블루오션에서 레드 오션으로 제품의 무한 경쟁이 시작된 것이다.

그때의 배신감은 이루 말할 수가 없었으며 지금도 다시는 보고 싶지 않은 사람들이다. 결국, 나는 인사관리측, 내부 고객(직원) 관리를 못 하여 이 지경에 이르렀다.

그리고 나의 제품이 특허등록 제품인지라 K 이사의 D 회사를 특허법 위반의 소송을 진행하게 되었는데 그때 변리사 명의만 빌려서 변리 업무를 하는 사람을 지인의 소개로 만나게 된 것이다.

특허 송사도 단 한 번도 진행해 보지 않은 그 사람은 무조건 민형사상으로 검찰과 법원에 고소하고 거액을 요구했다.

그때 K의 사무실에는 K와 K의 부인 눈 수술 시켜 준 여직원 그리고 공장장과 그밖에 나의 회사에서 나간 모든 직원들이 오히려 나를 경멸의 눈초리로 쳐다보고 있었다.

K는 법원 집달 관에게 나는 여기서 월급 받는 사람이고 사장님은 따로 있다고 하며 가압류를 피해 갔다. 그간 3년에 걸쳐서 길고긴 법정 싸움을 하였고 초기 대응을 제대로 못한 나는 공동 발명자 중 1인의 출원에 의한 무효라는 사실과 다른 어이없는 판결을 받았다.

이하 법원의 나의 판결문

【특허법원 2003. 5. 00, 선고, 2001허0000판결】

원고 단독 명의로 출원되고 특허 등록된 이 사건 특허발명은 원고의 독자적인 발명에 의한 것으로는 보이지 아니하는 이상(공동 발명으로 인정), 이 사건 특허발명은 무효다.

– 등록 무효 –

주문 : 원고의 청구를 기각한다(무효다).

원고 : 양원동

피고 : 000

〈기초 사실〉

(1) 이 사건 특허발명

1) 원고는 '치과용 유닛 체어의 압력수 공급 시스템 및 공급 장치'라는 명칭의 이 사건 특허발명(등록 번호 제255790호, 1998 9 26 출원 /2000 2 16 등록)의 권리자이다
2) 이 사건 특허발명은 치과용 유닛 체어에 사용되는 물을 정수하여 일정한 압력을 유지하면서 지속적으로 공급할 수 있도록 하는 치과용 유닛 체어의 압력수 공급 시스템 및 공급 장치에 관한 것이다

(2) 이 사건 심리 결정의 경위

피고는 원고를 상대로 이 사건 특허발명은 특허법 제33조에 위반하여 권한 없는 자에 의하여 출원된 것으로 그 등록이 무효로 되어야 한다는 등록 무효 심판을 청구하였고, 특허심판 원은 위 심판 청구 사건을 2000당865호로 심리하여 2001. 4. 30. 아래 (3)항과 같은 이유로 피고의 심판청구를 인용하고 이 사건 특허발명을 무효로 하는 이 사건 심리 결정을 하였다.

〈판 단〉

(1) 인정 사실

1) 원고와 피고는 원래 1993 3경부터 같은 정수기 판매회사에서 함께 일하며 친분을 가지게 된 사이로, 원고는 1997 1경 '월드린'이라는 상호로 독립하여 정수기 제조, 판매업을 시작하였고, 함께 일하자는 원고의 제의에 따라 같은 해 12 1경부터 피고는 '월드린'의 영업 이사로 일하게 되었다.
2) 원고는 1997년 말경 한의사인 정ㅇㅇ을 통하여 치과의사인 ㅇㅇㅇ을 만나게 되었는데, ㅇㅇㅇ은 원고에게 한의원에서 사용하는 한약을 달이는 기계와 같이 정수기로부터 직접 물을 공급받는 장치를 치과의원에도 응용하여 유사한 장치를 개발하는 구상에 대해 이야기하고 원고에게 자신의 치과 의원으로 방문할 것을 권유하였다.
3) 원고는 ㅇㅇㅇ의 구상에 흥미를 가지고 1998 2경 피고와 함께 ㅇㅇㅇ의 치과 의원을 방문하여 그 기공실에서 ㅇㅇㅇ로부터 치과 의료용 기구에 물이 공급되는 과정에 대한 자세한 설명과 '치과용의 정화된 압력수 공급 장치'(이하 치과용 정수기라고 한다)에 대한 구체적인 구상을 듣게 되었고, 그 사업 가능성에 대하여 피고와 의논하게 되었다.
4) 피고는 ㅇㅇㅇ의 치과 의원에 설치된 기존의 치과용 유닛 체어 물탱크의 구조와 시스템을 살펴보고 기술적인 사항에 대한 ㅇㅇㅇ과의 문답을 거친 후, 원고의 허락 아래 ㅇㅇㅇ의 구상을 구체화하기 위하여, 물 공급원으로부터 물을 공급받아 정수 및 살균 처리하여 일정한 압력으로 치과용 유닛 체어에 물을 공급하는 치과용 정수기에 관하여 그 외부 케이스와 부품 배치 등 제품의 구성을 설계한 후 설계도를 작성하고 직접 시제품을 제작하였다.
5) 피고는 1998 4 9 원고의 명의로 위 치과용 정수기에 대하여 제98-5867호로 실용신안 출원을 한 후, 같은 해 9 26 위 실용신안등록 출원을 기초로 우선권을 주장하여 위 치과용 정수기에 대하여 특허출원을 하였고, 특허청 심사관으로부터 특허 결정을 받아 2000 2

16 원고 명의의 이 사건 특허등록을 마쳤다.

6) 원고는 1998 5 24 치과의사 체육대회에서 위 치과용 정수기의 실제 제품을 전시하여 좋은 반응을 얻었으며, 같은 해 6 13 서울 여의도에 있는 63빌딩의 서울시 치과의사 학술 대회에서 전시 및 현장 판매를 하는 등 위 치과용 정수기의 판매를 위하여 많은 노력을 들였고 그에 따라 판매량도 다소 늘어났다.

7) 한편, 피고는 1999 9경 치과용 정수기의 판매량이 늘어나는 등 '월드린'의 사업이 궤도에 들어서자 원고에게 '월드린'에 관하여 25%의 지분을 요구하였고, 원고가 이를 거부하여 다툼이 생기자 '월드린'을 퇴사하였다.

8) 그 후 원고는 치과용 정수기 사업을 계속하여 2000 4 1경에는 '월드린'을 주식회사로 만들었고, 피고 역시 1999 11경부터 000와 함께 치과용 정수기 사업을 시작하였다.

〈판 단〉

위 인정 사실에 의하면, 원고 단독 명의로 출원되고 특허 등록된 이 사건 특허발명은 원고의 독자적인 발명에 의한 것으로는 보이지 아니하는 이상, 이 사건 특허발명은 구 특허법(2001. 2. 3. 법률 제6411호로 개정되기 전의 것, 이하 같다) 제33조 제1항 내지 제2항에 위반하여 출원된 것으로서 같은 법 제133조 제1항 제1호 내지 제2호에 의하여 무효로 되어야 할 것이다.

하여튼 저자가 발명하고도 특허법원에서 공동 발명이라는 이유로 재판에 폐소를 하였는데 비록 나와 다툼이 있었던 적이었지만 그때 피고 대리인(변리사)의 실력이 정말 대단하였음을 실감하였다.

그 후 대법원에 상고하였는데 하필이면 담당 변호사 사무실이 이사 기일에 있어 15일 안에 상고 이유서를 보내야 하는 데 이를 보내지 못하여 특허법원에서 결국 종지부를 찍었고 현재 특허는 아무런 존재 가치가 없게 되었다

그 후로 K 씨를 비롯하여 좁은 치과 시장에 10개가 넘는 정수 처리 업체가 난립하게 되었으며 수요는 없는데 공급이 많아지다 보니 자연히 과당 경쟁으로 이루어진 레드 오션(Red Ocean) 시장이 되고 말았으며 점차 쇠퇴기를 맞이하게 되었다.

그러던 중 우연히 알게 된 00대 의대 P 교수와 우연히 만나 수중 분만기가 앞으로 뜰 것 같으니 한번 사업을 해보라는 건의를 받았고, 당대 잘 나가는 톱 탤런트 C 씨의 분만도 나의 수중 분만키로 하게 되었고 방송도 타게 되었다.

수중 분만기는 그 크기가 웬만한 욕실에는 꽉 찼고 욕조만 중량이 무려 500 kg이 되었다

거기에 들어가는 금형, 전기장치, 컨트롤, 히터를 포함한 제조비용은 내가 여태까지 번 돈과 집 담보 주위의 사람 돈을 모두 끌어와도 부족할 정도였고 빈 독에 물 붓기 식이고 돈 먹는 하마였다. 시장 흐름을 몰랐고 허황한 꿈을 안고 기계를 완성하여 시장에 내놓았다.

의사들이 모이는 학회도 꾸준히 쫓아다니고 홍보도 열심히 하였다. 그때 S대 출신의 한 산부인과 의사의 말이 생각난다! 사장님이 재벌 아들이냐고 묻었다. 그 말을 당시는 몰랐는데 나중에 깨달았다. 시장성이 전혀 없다는 말이 이었다.

공급은 쌓여 있지만 수요가 없는 이 기계는 위에서 언급하였듯이 그간 치과 정수 장치를 모아 논 돈과 집을 담보로 하여 엄청난 비용을 들인 것이 화근이었다.

꿈에 부픈 수중 분만기가 어렵사리 탄생하였지만, 시장 수요가 없어 단 3대를 팔고 사업을 접게 되었으며 그간 만들었던 제작품은 보육원과 양로원에 모두 기부를 하였다.

그러다 보니 그간 벌었던 모든 돈을 다 탕진하며 주위 사람들에게 거액의 빚까지 지게 되었다. 결국, 초기 특허 소송에 제대로 대응을 못 하였고 귀가 얇은 탓에 후속 아이템을 잘못 선정하는 바람에 2차 도약을 하여야 하는데 결국 구렁텅이에 빠져서 사업은 슬프게도 존폐의 길에 서게 되었다.

잘못된 나의 판단으로 말미암아 직원들 급여와 세금, 거래처 채무가 밀리게 되었다. 회사가 문을 닫을 지경이 되자 제일 먼저 세무서와 4대 보험 은행에서는 연 채 금액에 대하여 자동차와 은행 통장에 채권 확보를 하였다.

채권자와 직원들이 돈을 달라고 닦달하였으며 채권자는 협박 전화는 물론이고 심지어 집까지 쳐들어오는 사람도 있었다.

[그림 10] 나를 추락하게 만든 문제의 수중 분만기

사람은 진정 어려워져 봐야 그간의 사람들을 알 수가 있다고 하였던가.

그간 친했던 거래처 채권자들은 법원에 가압류를 신청하였고 엎친데 겹친 격으로 직원들은 한꺼번에 노동부에 밀린 급여를 비롯하여 퇴직금, 시간 외 수당, 연 월차비 등을 모두 정산하여 달라고 진정을 신청하여 날마다 법원으로 노동부로 가 봤자 별 뾰족한 대안이 없었다.

엊그저께까지 말도 못 붙이고 사장님 사장님하고 부르던 젊은 직원과 노동부 여성 조사관 앞에서 마주 보며 죄인처럼 조서를 꾸미는 것은 진짜 못 할 짓이었다.

특히 노동부는(지금은 달라졌지만) 회사가 정상 시에는 "사장님, 사장님" 하며 대우를 해주더니 회사가 어려워지고 임금 체납 진정이 계속 들어오니 양원동씨 하며 호통도 치고 관공서다운 면모를 보이며 매우 딱딱하게 대하였고 심지어 범죄자 신분으로 전락한 느낌도 받았다.

언제까지 해결을 못 하면 검찰에 넘긴다고 협박조로 위협도 하기도 하였다.

물론 급여를 미지급한 나의 잘못이 가장 크지만 말이다.

그땐 정말로 삶이 매우 피곤하여지고 인생의 회의를 느끼었다. 특히 내 밑에 있을 때 간이라도 빼 줄 것 같이 굽실거리던 모 부장의 말이 나의 폐부를 찔렀다.

"우리 급여는 안주고 당신만 잘 먹고 잘 살면 돼?" 라고 반말을 하였다.

나는 돈이 없으니 돈을 융통할 때까지만 기다려 달라고 했지만, 그 친구는 집이라도 팔아서 주어야 할 것 아니냐 하며 뼈 빠지게 일 시켜 놓고(사실 매출이 없어 거의 날마다 놀고 있었음) 월급을 떼먹을 거냐고 협박하기에 이르렀다.

그래서 노동부에 진정한 시간외 수당,연 월차비에 대한 진정은 빼 달라고 하자 그 직원은 거기에 대한 이자까지 민사로 청구한다고 하였다.

세상은 참 그렇다 거래처와 직원들 급여도 정산을 못하여 주는데 사장이 과연 나 살기 위하여 자기 집에는 빼돌려 잘 먹고 잘 살수가 있을까? 오히려 사업자에게는 집보다 사업체가 우선인데 말이다!

집은 대출로 꽉 차 있어 껍데기만 있고 먼저 생활비는 아예 없었고 한참 배워야 할 아이들 학원을 모두 끊었다.

날마다 술이 없으면 잠을 못 이루었고 잠을 자면 악몽에 시달리고 가위 눌림도 당하였다. 전화도 아는 전화 아니면 받지를 못했다. 결국 5년 동안 금연한 담배도 다시 피게 되었다.

이 땅의 사장들은 정말 불쌍하다. 회사의 중대사를 직원들과 머리를 맞대고 해결 가능한 상황도 있지만 하루도 쉼 없이 무언가를 혼자서 판단하고 의사결정해야 하는 일상이 매우 피곤하며 스트레스가 생겨도 그 누구에게도 위로받지를 못한다.

그리고 직원이 잘못을 저질러도 사장이 모두 책임을 떠맡아 처벌을 받아야 하며 자칫 회사가 어려워지거나 문을 닫으면 모든 책임을 사장 스스로 져야 하며 그땐 사장으로서 인격적 대우를 받는다는 것을 생각하지 말아야 하며 그저 채무자일 뿐이다. 또한 자신은 재기불능의 상태가 되기까지 한다.

[표 4] 저자가 받은 노동부 소환장과 압류장

[별지 제29호 서식(을)](2001.3.31 개정)

우 153-703 서울 금천 독산 953-9 전화 전송 (02)

과장 계장 담당자

채 권 압 류 통 지 서

채권자 (체납자)	성 명		주민등록번호	
	상 호(법 인 명)	주식회사 월드린	사업자등록번호	119-81-36932
	주 소 또는 거 소	서울 금천 독산 954		
채무자	성 명	비씨카드		
	주 소 또는 거 소	서울시 서초구 서초3동 1587		
압류채권의 표시		비씨카드에서 주식회사 월드린(119-81-36932)에게 지급할 신용카드 결제대금중 체납액 상당액 이하여백		
압 류 연 월 일		2006 년 02 월 17 일 압류		

압류에 관계된 체납액의 내용

세목코드 / 세 목 명	관리번호 / 납부기한	연도.기분 / 계	내 국 세 / 교육(방위)세	농어촌특별세 / 가 산 금
200506-7-41	01044	2005.01 중간예납 / 예정고지	1,867,330	0
부가가치세	2005.06.30	1,979,330	0	112,000
200509-5-41	04440	2005.01 정기분고지	5,249,970	0
부가가치세	2005.09.30	5,249,970	0	0
	합 계	2 건	7,117,300	0
		7,229,300	0	112,000

위와 같이 체납액을 징수하기 위하여 비씨카드 에 대한 채권을 압류하였음을 국세징수법 제41조 제3항의 규정에 의하여 통지합니다.

2006 년 02 월 17 일

금천 세무서장

출 석 요 구 서

출석자 : 양원동(월드린)

귀하에 대한 퇴직금 체불진정사건(진정인 : 박영경)에 관하여 문의할 일이 있으니 서울관악지방노동사무소 근로감독과로 출석하여 주시기 바랍니다.

▣ 출석요구일시 : 2004년12월28일 (17:00)

출석하실 때에 반드시 이 출석요구서와 주민등록증(또는 운전면허증)및 도장, 그리고 아래 증거자료와 기타 귀하가 필요하다고 생각하는 자료를 가지고 나오시기 바랍니다.

지참서류 : 1) 근로계약서, 임금대장 및 출근부
2) 사업자등록증(법인인 경우 법인등기부등본 포함) 사본
3) 미불금품 내역 및 산출근거
4) 영업허가증
5) 임금대장등 근로자 채용관련 서류
6) 기타 귀하의 주장을 입증할 근거자료
7) 위임장(대리인 출석시)

지정된 일시에 출석할 수 없는 부득이한 사정이 있거나 이 출석요구서와 관련하여 궁금한 점이 있으면, 근로감독과(전화:(02)3282-9030)에 연락하여 출석일시를 조정하거나 궁금한 사항을 문의하시기 바랍니다.

▣ 지하철 2호선 구로디지털단지(구:구로공단) 역하차 2번출구 도보로 5분거리 이마트 맞은편

2004년 12월 21일

서울관악지방노동사무소

특별사법경찰관
근 로 감 독 관 (인)

노동부

서울관악지방노동사무소

수신지 월드린 양원동

서울특별시 금천구 독산본동 954 삼주빌딩A-101

제목 금품 지급지시

1. 귀 사업장에서 근로하다 퇴직한 근로자 명성규가 귀하를 상대로 제기한 진정 사건을 조사한 바, 귀하가 진정인의 체불금품 2,280,430원을 지급하지 아니한 사실을 확인하여 지급지시 하니 2005.05.03 까지 해당금품 전액을 지급하고 그 결과를 관련자료(지급영수증 또는 무통장입금증) 첨부하여 당소 근로감독과로 제출해 주시기 바라며.

2. 만약 위 기일까지 지급하지 않을 경우에는 노동관계법 위반 혐의로 사법처리 할 예정이오니 이점 유념하시기 바랍니다. 끝.

서울관악지방노동사무소장

재산(추가)압류 예고 통지서

사업장 관리번호	118-01-11839-0	사업장명칭	월드린
체납기간(월)	200809~200811 (3개월)	체납액	금 4,492,010 원

1. 귀사의 국민연금보험료 체납은 가입자들의 정당한 권리 침해는 물론 우리 공단의 업무 수행에도 많은 지장을 초래하고 있습니다.

2. 따라서 우리공단에서는 미납시마다 독촉고지서 유의사항을 통해 "독촉 기한내에 납부하지 않으면 국민연금법 제95조 제3항[연금보험료의 독촉 및 체납처분]의 규정에 의하여 체납처분의 예에 따라 강제 징수할 수 있습니다." 라고 명기하여 체납 시 강제징수 할 수 있음을 예고하였음에도

3. 3개월이 체납된 현 시점에서 다시 한번 더 압류예고 통지를 하오니 납부기한(2009년1월12일)까지 보험료를 납부하여 주시기를 간곡히 부탁드립니다.

4. 아울러 미납이 지속될 경우에는 부득이 국세체납처분의 예에 따라 귀사의 자동차, 부동산, 동산, 예금 및 납품대금 채권 등을 행정상 강제력에 의해 압류, 점유, 매각, 추심하여 체납액에 충당할 수 있음을 알려드리오니 이점 양해를 바랍니다.

부득이한 사정이 있는 경우 납부기한 내에 보험료의 일부를 납부해 주시거나 납부계획등을 담당자와 상의해 주십시오.(자동이체 사업장인 경우 이중 출금될 수 있으니 전화문의후 납부바랍니다.) 이 통지서를 받기 전에 납부(2008. 12. 10 수납 반영)하신 사업장은 폐기하여 주시기 바랍니다.

2008. 12. 31.

국민연금공단 구로금천지사장

[5] 특허로 다시 재기

그렇게 어려운 생활을 하루하루 엮어 나가는 과정에도 희망은 있었다.

내가 의료 장비 사업을 하다 보니 무엇보다 힘든 것이 앞에서 말한 A/S이었다.

다 그렇지는 않지만 어떠한 의사들은 A/S 조금 늦으면 난리가 난다. 툭하면 인터넷에 올린다, 소비자원에 고발한다. 불매 운동한다는 엄포를 자주 놓았다.

서울 경기에 3,000곳의 병원을 A/S 직원 7명이 감당하다 보니 어떨 때는 포천에서 평택까지도 왕복하여야 하고 차는 막히고 시간은 없고 대기업의 A/S 망처럼 그 동네 국한하면 좋으련만 소기업 입장에서 동네마다 A/S 지사를 둘 수도 없는 형편이었다.

회사가 어렵기 전에 코엑스 태평양관에서 하는 국제 의료기 전시회에 출품하였다.

옆에 부스가 한방용 침을 만드는 회사였는데 의사가 주문하면 택배로 배달하는 시스템이고 일회용이며 재고와 A/S도 발생하지 않는다는 말을 들었다. 아주 좋은 아이템이란 생각해 내가 끼어들어 갈 틈새시장이 있나 고민하여 보았다.

마침 방송에서 한방 침을 맞은 후 감염이 되었다는 방송을 보게 되었다.

감염이라! 감염을 막는 침을 만들자 그러려면 침 자체가 항균력을 가져야 한다.

항균력을 갖춘 물질을 어떤 것이 있을까 여러 가지 중에 은이 가장 매력적이었다.

제조 공정도 까다롭지 않고 항균력도 계속 지속하고 침의 품질도 높일 수 있고 그래서 나노실버 관련하여 여러 가지 특허도 출원하게 되었고 나노실버 침도 열흘간을 연구하여 특허 명세서를 직접 작성하여 특허청에 제출하였다.

특허 심사 기간(2년)에 결국 회사가 어려워진 것이다.

나노실버 침의 사업 계획서를 만들어 그간 알고 지내던 지인들을 찾아갔는데 특허가 출원 중이라 모두 고개를 저었다. 특허청 심사관에게 빨리 특허 결정을 해 달라고 애걸하여 보았지만 남보다 먼저 출원한 출원인부터 하고 앞으로도 2~3개월이 지나야 심사를 한다고 하였고 거절 사유가 발생하면 6개월까지도 늦어질 수 있다는 말을 들었다.

과연 6개월을 어떻게 버틸까? 그때까지 살아남을 수 있을까?

나노실버 침의 특허는 심사관의 말대로 한 번의 의견 제출서와 보정 과정을 거쳐 7개월이 훨씬 지나서야 등록이 되었다. 7개월의 고통을 과연 글로써 모두 표현할 수 있을까?

나는 거의 반 노숙자 신세가 되었고 결국은 집에도 못 들어가고 초라한 고시촌에서 생활하였다. 그리고 침을 만들기 위하여 계획을 짰다. 그리고 그때 내가 사용한 사업 계획서에는 아래와 같은 글을 썼다.

(1) 나노실버 침 사업 계획서 일부 요약

나노실버 침은 유리처럼 정교하게 연마되어 통증은 물론 감염 우려도 없다. 또한, 중풍, 구완와사 등의 경련, 마비 질환은 물론 두통이나 노이로제 등과 같은 스트레스성 질환에도 유의성이 클 것이라 생각한다.

더불어 나노실버 입자의 강력한 항, 살균 작용 때문에 관절염 등의 염증성 질환, 특히 염좌 치료 시 사혈하고자 할 때 매우 효과적이다

그리고 비만 환자의 지방 분해 전기침 시술이나 경련이나 통증 완화를 위해 전기침 시술을 할 때 스테인리스 스틸과 비교하면 전기전도율이 15배 이상 높은 은으로 나노 코팅된 침이 사용되면, 당연히 적은 전류로도 의사가 원하는 치료 자극을 구현하기 쉬울 뿐만 아니라 환자가 느끼는 치료 자극 또한 부드럽게 느껴진다. 또한, 은은 높은 전기전도율과 마찬가지로 냉열 전도성이 아주 높아 침술 치료의 기본 원리인 기혈 소통이나 한의사의 기 전달 효과가 커서 치료 효과 증진이 기대된다. (끝)

이렇게 사업 계획서를 제출하고 특허증을 받으니 냉담하던 사람들의 의식이 바뀌어 특허증 하나가 천군만마를 얻은 것 같았고 사업이 급물살을 타게 됐으며 다시 삶에 활력이 돌아왔다.

투자 업체가 갑자기 3~4군데가 생겼다. 하나는 한의사 집단 하나는 건설회사, 하나는 의료기 회사, 하나는 무역 회사였으며 서로 자기와 계약하자고 하였다.

전화위복이라 했던가! 아니면 하늘이 무너져도 솟아날 구멍이 있다는 말이 맞을까 정말 행복한 고민이 갑자기 생기게 되었다.

결국은 아니 당연하게 한의사 집단을 택하여 거액의 투자를 받았으며 그분들에게도 진심으로 감사를 드린다.

그 후에 저자가 개발한 나노실버 침은 한의사들의 공동 개발로 인체에 해가 없는 은을 사용하였고 특히 나노(10^{-9}m) 크기의 은 나노 입자는 항, 살균력이 수 십~수 백 배가 증가 하는데, 나노실버 침은 살균력을 지닌 은을 나노 크기로 침체에 증착되어 보관이나 시술 중에 항 살균력을 유지 발휘하도록 하였다. 또한 침 시술을 보조해 주는 간호사나 한의사가 시술 시 알코올 솜으로 손을 닦아도 완벽한 소독이 쉽지 않았지만, 나노실버 침을 사용하게 되면 종래의

여러 문제점을 해결할 수 있다.

나노실버 침을 특허를 받고 투자를 받았다고 해서 의료기기인 침을 식약처의 허가 없이 바로 팔 수는 없었다. 생각지도 않은 복병이 숨어 있었는데 그것은 침의 제조 문제와 식약처 의료기 허가 문제 또 동물 및 임상 시험 문제가 사업의 걸림돌로 또 나타났다.

(2) 저자 관련 특허 소송 건

나의 특허청 특허 거절에 대한 특허법원과 대법원의 나 홀로 소송 원고 승소 의건

최근 특허청과 특허 심판원에 특허 거절에 대한 저자의 나 홀로 소송 건에서 특허법원과 대법원에서 원고 승소의 판결을 받고 거절된 특허가 법원의 판결 때문에 다시 등록된 건을 기재한다.

특허청의 심사관에 대한 특허 거절 일심 재판부인 특허 심판원에서 특허 거절이 발생하였다고 하여도 잘못된 기재 불비나 종래 기술에 대하여 다르다는 기술적 구성의 자료와 자신의 강한 의지만 있으면 특허법원에 한번 소를 제기할 만하다.

물론 나 홀로 소송인지라 인지대(30~40만 원)만 들고 자신이 작성하여서 할 서류가 매우 많고 어려움을 고려하면 되며 정말 신속 공평하게 재판부에서 판가름하여 준다.

나는 상기 특허법원(대전)에 딱 두 번을 갔었고 사건은 매우 빠르고 정확하게 진행되었다.

다음은 본인이 나 홀로 재판을 한 청구 소송(2007허7037)에 대하여 인터넷 자료와 판결문을 아래와 같이 기재를 하였고 대법원에서도 내가 승리했음은 물론이다.

저자의 소송 건 관련 내용

특허출원 거절 결정 불복… 소송 제기할 때 심판 청구서에만 보정 취지 기재해도 된다.

특허법원 "별도 보정서 제출하지 않았다고 재심 기각은 부당"

특허출원 거절 결정을 받고 이에 불복해서 소송을 낼 때 처음 지적당했던 부분에 대해 별도로 보정서를 제출하지 않고 심판 청구서에만 보정의 취지를 기재했다는 이유만으로 재심을 기각한 것은 부당하다는 판결이 나왔다.

특허법원 제○부(재판장 김○○ 부장판사)는 14일 원고 양원동씨가 특허청장을 상대로 낸 거절 결정 취소 청구 소송(2010허○○○○)에서 원고 승소 판결을 내렸다.

특허법원의 재판부는 판결문에서 "거절 결정 불복 심판 청구의 기회에 하는 보정은 그 보정의 정확을 기하고 특허청의 업무 착오 등을 방지한다는 측면에서 별도의 보정서를 제출하는 것이 바람직하다"면서도 "불복 심판 청구의 기회에 하는 보정은 불복 심판 청구와 동시에 해도 무방하고 그 보정의 상대방도 특허심판 원이며 심판 청구서와 별도로 보정서를 제출해야 한다는 법령상 제한이 없으므로 심판 청구인이 심판 청구서와 별도로 보정서를 제출하지 않고 불복 심판 청구서 자체에 보정의 취지를 기재한 경우에도 이를 보정으로 취급해야 한다고 밝혔다.

재판부는 이어 "비록 보정 취지로 심판 청구에 '보정'이 아니라 '정정'이라는 표현을 사용하고, '청구 범위의 수정'이라는 기재 아래 발명의 상세한 설명에 해당하는 '발명의 효과' 부분을 수정하는 내용의 기재가 있는 점 등의 부정확한 부분은 있다"면서도 "그 취지가 보정서에 기재된 발명의 상세한 설명 중 시험 결과에 관한 부분을 바로잡는 것임을 충분히 알 수 있으므로 특허 심판원으로서는 위 보정을 기한 내에 제출한 것으로 취급해 다시 심사받을 기회를 부여했어야 한다. 고 덧붙였다.

양원동씨는 특허출원을 하면서 2009년 4월 출원 발명의 명세서 등을 바로잡았는데 특허청은 2009년 1월 그 청구 범위 등이 최초로 첨부된 명세서의 범위를 벗어났으므로 의견이 있으면 제출하라고 통지했다. 양 씨는 2009년 2월 다시 명세서 등을 바로잡았으나 특허청이 "새로운 보정도 부적당하다"는 이유로 거절 결정하자 특허 심판원에 심판을 청구했다. 양 씨는 심판 청구서에 거절 결정에서 지적당한 점을 정정해 재심을 요구한다는 취지를 기재했으나, 특허 심판원이 별도로 보정서를 제출하지 않았다는 이유로 이를 다시 기각하자 소송을 냈다.

양원동(저자)이 특허 거절에 대하여 제기한 소송의 특허법원 판결문

제 5 부

판 결

사 건	2009허0000 거절 결정(특)
원 고	개인
피 고	특허 청장
소송 수행자	000
변 론 종 결	2010. 4. 16.
판 결 선 고	2010. 5. 14.

주문

1. 특허심판원이 2007. 7. 12. 2006원○○○○호 사건에 관하여 한 심리 결정을 취소한다.
2. 소송비용은 피고가 부담한다.

청구 취지

주문과 같다.

이유

1. 기초 사실

[인정 근거 : 다툼 없는 사실, 갑 제1 내지 8호증, 변론 전체의 취지]

원고는 2009. 9. 3. (우선권 주장일 : 2009. 5. 31.) 명칭을 "나노실버 마우스피스라는 발명(출원 번호 : 제2004-70159호, 이하 "이 사건 출원을 특허출원하였다.

이 사건 출원 발명은 나노실버가 함유되어 강력한 살균력을 가지는 마우스에 관한 것으로, 원고는 2009. 4. 19. 이 사건 출원 발명의 명세서 등을 보정하였는데, 특허청은2009 1. 24. 원고에게 위 보정은 그 청구 범위와 발명의 상세한 설명에 특허 출원서에 최초로 첨부된 명세서 또는 도면에 기재된 범위를 벗어나 다수의 신규 사항을 추가 하고 있어 특허를 받을 수 없으니 그에 대한 의견이 있으면 제출하라는 내용의 의견 제출통지를 하였다.

원고는 위 의견 제출 통지를 받고 2009. 2. 7. 그 명세서 등을 보정하였으나 특허청은2009. 6. 15. 원고의 새로운 보정에도 그 발명의 상세한 설명에 "황색포도상구균, 폐렴균 및 MRSA에 대한 시험 결과"가 개시되어 있어, 이 역시 "일반 세균, 대장균, 곰팡이 균에 대한 시험 결과"만이 개시된 최초 명세서의 기재 사항의 범위를 벗어난 신규 사항을 포함하고 있다는 이유로 이 사건 출원 발명에 대하여 거절 결정을 하였다.

원고는 위 거절 결정에 대하여 불복 심판을 청구하면서 그 심판 청구서에 거절 결정에서 신규 사항으로 지적된 시험 결과 부분을 최초 명세서에 기재된 시험 결과로 정정하여 재심을 요구한다는 취지를 기재하였다.

특허 심판원은 위 심판 청구서에 기재된 보정의 취지에 대하여 명세서 등의 보정은 심판 청구서와 별도로 보정서를 제출하여야 한다는 이유로, 이를 보정으로 취급하지 아니함으로써 심사 전치 절차에 회부하지 아니한 채, 거절 결정의 적법 여부에 관하여 판단한 결과 원고의 심판 청구를 기각하는 내용의 주문 기재 이 사건 심리 결정을 하였다.

2. 판단

가. 특허법 제173조에 의하면, 특허심판 원장은 특허 거절 결정을 받은 자가 거절 결정 불복 심판 청구를 하고 그 청구일 로부터 30일 이내에 그 청구에 관한 특허 출원서에 첨부된 명세서 또는 도면을 보정한 때에는 심판을 하기 전에 이를 특허 청장에게 통지하여야 하고, 그 통지를 받은 특허 청장은 그 청구에 관한 특허출원을 심사관에게 다시 심사하게 하여야 한다.

그리고 거절 결정 불복 심판 청구의 기회에 하는 보정은 그 보정의 정확을 기하고, 특허청의 업무 착오 등을 방지한다는 측면에서 별도의 보정서를 제출하는 것이 바람직하다

고 할 것이나, 불복 심판 청구의 기회에 하는 보정은 불복 심판 청구와 동시에 하여도 무방하고, 그 보정의 상대방도 심사관이 아니라 특허심판원이며, 심판 청구서와 별도로 보정서를 제출하여야 한다는 법령상의 제한이 없으므로, 심판 청구인이 심판 청구서와 별도로 보정서를 제출하지 아니하고 불복 심판 청구서 자체에 보정의 취지를 기재한 경우에도 이를 보정으로 취급하여야 할 것이다.

결정의 당부에 관하여 바로 판단한 이 사건 심리 결정은 부적법하다.

그렇다면, 이 사건 심결의 취소를 구하는 원고의 이 사건 청구는 이유 있으므로, 이를 인용하기로 하여 주문과 같이 판결한다.

재판장 판사 김○○ ____________________

판사 오○○ ____________________

판사 노○○____________________

별지

(보정과 관련된 심판 청구서의 기재)

위에서 말했듯이 독자 여러분의 금쪽같은 특허가 특허청과 특허 심판원에서 모두 거절 결정을 받았다고 하여 해당 건이 완전하게 끝났다고 자포자기할 것이 아니다.

상기에서처럼 자신이 작성한 특허 명세서에 무엇보다 기재 불비와 같은 오류가 없었는지 확인해 볼 필요가 있다. 또한, 심사관이 인용참증 기술로 제시한 종래 인용 기술에 대하여 거절된 경우 본인의 강한 주장 외에도 주위의 특허 전문가들에게도 한 번쯤 본인의 기술과 인용참증 된 기술이 과연 정말 다른 것인가를 꼼꼼하게 따져 보아야 한다.

만약 정말 다른 기술이라면 특허법원에 거절 결정 불복 심판을 한번 해볼

만하다. 자신의 기술에 대하여 가장 잘 아는 사람은 소송을 맡은 대리인(변호사, 변리사) 이 아니고 출원인인 바로 자신이기 때문이다. 그러므로 한 번 도전해 볼 만한 충분한 가치가 있다.

이에 저자는 특허출원뿐만 아니라 특허침해 소송, 특허 거절 불복 심판 등을 모두 홀로 진행해 봐서 특허와 관련해서는 이제 걸음마 수준은 벗어났다고 생각한다.

현재 저자의 1993년 첫 특허출원을 시작으로 지금까지 출원한 특허(해외 특허, 상표, 디자인 포함)는 모두 1,000건 이상이 되며 현재 300여개 이상의 특허가 등록된바 있다.

우리 산업계에는 기술을 특허로 연결하고 또 이를 경영으로 이끌어 낼 수 있는 인재가 부족하기 때문에 미래 산업 역군이 될 학생들에게 특허와 경영을 접목시켜 국가 산업 발전에 작은 보탬이 되고 싶은 바램이다.

또한 저자에겐 작은 바램이 있다.

바로 우리나라가 '1인 1발명' 즉, 우리나라 국민 이라면 누구나 자신의 이름으로 된 특허 한 개씩을 소유하는 것이다.

그리고 발명으로 시상 내역이 물리학, 화학, 생리·의학, 문학, 평화, 경제학이 있으니 물리나 화학의 혁신적인 기술을 발명하여 노벨상도 타 보자 그리고 노벨상 6개 부문에서 인류 문명의 발달에 공헌한 사람을 선정하여 수여하는 상이므로 올해의 최고 발명을 한사람을 대상으로 하여 노벨 발명상도 신설함이 어떤지를 주최 측인 스웨덴에 국가적으로 건의하여 봄도 바람직하다. 노벨도 액체 글리세린에서 고체 다이너마이트를 발명하였으니 말이다.

Chapter 3

특허의 탄생과 발전

I
특허의 탄생과 발전

1 특허를 발명하다

[1] 특허의 역사와 발전과정

산업 혁명과 더불어 본격적으로 등장한 특허에 대한 논의는 정형화된 제도를 통해 지식을 자신의 것으로 권리 화하는 문제이다.

특허 제도는 보이지 않는 아이디어나 창의적 노력의 무형 결과물을 권리 화하는 것이기에 각 사회의 고유한 가치가 중요한 판단 기준이 된다.

1990년대를 중심으로 한 서구 선진국들의 주장에 따라서 특허의 범세계적인 통일화가 가속되고 있지만, 자국의 실정에 따른 제도화가 아닌 강요에 따른 제도의 변화와 도입은 필연적으로 이런 가치 차이에 따른 문제를 일으키고 있다.

같은 제도이지만 그것을 운영하는 방식과 문화 주체가 다른데 그 차이를 인정하지 못하는 섣부른 통일화의 부작용이라 할 수 있다.

이러한 특허라는 단어는 원래 공개된 편지라는 뜻의 라틴어 'Litterae Patentes'로부터 유래되었다. 과거 르네상스 시대에 황제의 인장이 찍힌 편지는 모든 사람에게 공개되어 권리와 특권에 대한 결정적인 증거로 인정되었다.

이러한 의미를 가진 최초의 특허 체계는 르네상스 기의 이탈리아에서 만들어진 것으로 알려졌다 대륙에서는 지금으로부터 700여 년 전에 발명자에 대해 일정 기간 발명을 전용하는 권리를 부여한 사실이 있는데, 1236년에는 '다색무늬 직물'에 관한 특허가 세계 최초의 특허라고도 알려졌으며 세계 최초의 특허에 대해서도 여러 가지 설이 있다.

이러한 특허의 개념은 15세기 르네상스 시기의 이탈리아 베네치아에서 먼저 시작되었다. 당시 기술자들은 자신의 발명이 공개될 경우 발명에 대한 자신의 권리를 잃어버릴까 두려워했다. 그 결과 발명의 기술적 내용은 암호 등의 일반화되지 않은 방법으로 표현되었다.

그러나 이후 새로운 발명이 비밀로 숨겨져 있는 한 기술 등 지식의 발전이 어려울 것이라는 인식이 점차 확장되었고 권리를 국가가 보장하는 모습으로 나타났다.

이러한 '발명 특허'에 대한 최초의 기록은 서기 1421년에 이탈리아에서 세계 최초의 특허가 주어졌는데 필리포 브루넬에 치라(F. Brunelleschi)라는 설계사 겸 발명가에게 Duomo of Florence(피렌체 두오모 성당)라는 유명한 돔(Dome) 건설을 위해서 백색 대리석 운송선에 대해 주어진 특허가 바로 세계 최초의 특허라 할 수 있다.[1)]

이처럼 최초의 공식적인 특허는 이와 같이 이탈리아 1474년 베니스(Venice) 지방에서 제정되었으며, 이 당시 베니스는 현대 특허가 가지고 있는 발명에 대한 조건인 새롭고, 유용하며, 고안된 것이어야 한다는 조건을 요구했다. 특허의 보호 기간을 10년으로 하여, 누구든지 이 기간 동안은 특허 받은 발명을 모방하는 것을 금지시켰다.

이와 같이 활발한 무역이 이루어지고 있는 베니스 지방에서 최초의 특허가 나타난 것은 당시 뛰어난 재능과 기술을 가진 장인들을 외부로부터 끌어 모아 경제를 활성화시키려는 경제정책의 한 방편 이였다고 볼 수 있다.

이렇게 시작된 특허는 이후 16세기에 이르러 이탈리아 유리 제조업자를 중심으로 일반화되었다. 당시 이탈리아 유리 제조업자들은 자신의 기술이 가지는 재산적 가치를 인식하고 있었으며, 이 가치를 이탈리아 지역을 넘어 다른 지역에서도 보호받기를 원했다.

그 결과 베니스 유리 제조업자들의 활발한 무역 활동을 통해 전 유럽에 베니스의 특허가 급속하게 일파만파로 퍼지게 되었다.[2)]

그리고 우리에게 널리 알려진 1449년 영국 왕 헨리 6세는 유티남(Utynam) 출신의 존(John)이라는 사람이 발명한 유리 제조 기술을 개발하여 20년간의 독점권을 얻었다.

존은 독점권에 대한 대가로 영국 국민에게 그의 기술을 가르치도록 요구받기도 했고 특허법의 가장 기본적인 개념은 기술을 개발한 사람에게 어느 일정 기한 동안 그 기술을 개발한 공로로 그만이 누릴 수 있는 독점적인 권리를 부여한다.

동시에, 이런 권리를 타인에게 알리기 위하여 본인이 가지고 있는 기술을

---

1) Christine MacLeod(1991) "The Paradoxes of Patenting : Invention Its Diffusion in 18th – and 19th –Century Britain, France, and North America",Technology and Culture Vol. 32, No.4, October 1991, pp.885–910

2) Pamela O. Long Invention, Authorship(1991) "Intellectual Property and the Origin of Patents : Note toward a Conceptual History",Technology and Culture Vol. 32, No.4, October 1991, pp.846–885

공개토록 하였다.

즉, 다른 사람들이 이런 기술을, 지속적으로 기술개발을 실시하면서 산업적인 개발이 이루어질 수 있도록 하는 것이다. 그 시기 영국은 식민지 확장과 해외시장의 성숙으로 상품 수요량이 점점 확대되었고, 수공업 공장의 생산으로는 그 수요를 만족시키지 못하게 되는 상황에 접혀 있었다.

이처럼 발명과 창의력을 장려하기 위해 영국은 세계에서 가장 먼저 공식적인 특허법을 제정했다. 이런 상황은 영국의 전 국민이 발명과 생산, 무역에 열중하는 분위기를 만들어 주었다.

당시 뉴턴이 만유인력의 법칙을 발견한 후, 과학 정신은 빠르게 영국 사회로 침투해 들어갔고, 와트가 증기기관으로 가장 핵심적인 동력 문제를 해결한 후, 영국의 공업화는 놀라운 속도로 전면적으로 전개되었다.

그 후 애덤 스미스(A. Smith)가 국부론으로 자유경쟁의 시장 규칙을 제시한 후 영국인들은 자국의 강력한 공업 능력으로 자유무역을 추진하고 글로벌 시장을 개척했다.[3)]

이처럼 16세기에 유럽 전역으로 확장된 특허는 이후 18세기에 북아메리카와 유럽의 대부분 지역에서 제도가 변화하는 점진적인 과도기를 맞이한다. 1852년까지 영국에서는 16세기에 제정된 특허가 거의 변함없는 모습으로 사용되고 있었다.

영국은 16세기에 유럽 대륙에 있는 기술자들에게 독점적 배타 권을 부여하며 대륙의 기술을 영국으로 도입하기 위해 특허를 도입하였다.

종국에는 엘리자베스 1세 여왕 하에서 행정 수반이었던 윌리엄 세실(W. Cecil)에게로 왔는데, 영국에 대륙의 기술들을 도입하기 위해서 외국 장인들을 유인하기 위한 유인책으로 특허를 이용하였다.

그 시절 특허는 발명을 촉진하기 위한 것이 아니라 다른 사람으로부터 정보를 훔치기 위한 또 다른 수단으로 활용되었다고도 볼 수 있다.

이런 목적으로 시작된 영국의 특허는 이후 17세기와 18세기 초까지 특권층이 사적 이익을 충당하는 도구로 전락하였다.

그 당시와 현재의 특허가 갖는 차이점을 살펴보면 그 때는 외국 전문지식을 자신의 국가로 유인함으로써 정보에 대한 접근을 확대하려 했으며 오늘날은 경제가 점점 세계적으로 통합되는 과정에서 특허는 정보에 대한 접근을 점점 제한하는 역할을 했다.

산업혁명 이전에 영국은 유럽 대륙의 여러 국가들에 비해 산업이 뒤떨어져

3) 한국 경제신문(2004), "특허출원 신조류 국내 공인 1호는 유화 염료 제조법",국내 외 특허 1호 (2004/02/12)

있었다. 때문에 당시에 대륙에 사는 기술자의 입국을 유도하여 자국의 뒤진 산업을 발전시키기 위한 정책이 절실 했었다.[4)]

그러나 영국으로 이주해 온 기술자들은 상공인의 조합인 '길드(Guild)[5)] 조직'에 의해 자유로운 산업 활동에 많은 제약을 받고 있었으며, 왕실에서는 이들을 위하여 특정 분야에서 산업 활동의 자유를 보장 해주는 특권이 필요했다.

1624년 왕위를 계승한 제임스 1세[6)]가 '전매 조례(Statute of Monopolies)'로 성문화시켰으며 이것이 바로 특허의 효시가 되었다.

이후 영국의 산업혁명을 지켜보던 프랑스(1791), 독일(1877), 일본(1885) 등이 앞 다투어 특허법을 제정하고 자국의 산업 발달을 위해 허를 창출하기 위한 발명을 적극적으로 장려했다.

그 결과 이후 독점에 대한 무분별한 사용을 제한하는 '독점에 관한 법'이 만들어지고 여기서 특허는 몇 가지 제한을 가진 독점권으로 변하였다.

이후 크롬엘 정부[7)]가 들어서자 특허에 대해 다시 한 번 이의가 제기되었고, 이에 따른 특허의 변화 이후 실제적인 특허의 이용은 잠시 제한되었다. 제한의 주된 원인은 특허를 통해 일정 기간 독점권을 행사하기 위해서는 국가에 일정한 요금을 내야 하는 조항이 만들어졌기 때문이다.

그러나 영국의 특허는 프랑스에 비해 더 많은 자유를 보장하고 있었다. 영국의 경우 특허출원 자의 발명 내용에 대한 엄격한 사전 조사가 없었으며 대신 특허 분쟁이 발생하였을 경우에만 특허의 내용에 대해 면밀하게 조사하였다.

반면 나폴레옹 1세 시기와 혁명기를 거치면서 국가 개입 주의가 강화된 프

---

4) Liliane Hilaire-Perez(1991), "Invention and the State in 18th-Century France" *Technology and Culture*, Vol. 32, No.4, October 1991, pp.911-931

5) 길드(Guild)는, 10세기 중엽 내지 11세기 이후 유럽에 있어서의 상업 및 수공업의 독점적 배타적인 동업조합을 말한다. 길드는 도제제도의 직장에 의해 조직되어, 조합원의 경제적 공존과 보호를 목적으로 하였으나 경제적 목적뿐만 아니라, 사회적 종교적인 성격도 지니고 있었다. 유럽 외에 중세기 인도, 일본 등에도 길드 조직이 존재하였다. 그 중에서도 전형적인 자본주의화의 길을 걸어 온 영국에서의 길드는 17세기에 이르러 붕괴하기 시작하여 산업혁명의 진전과 더불어 거의 소멸 하였다. 출처 : "위키 백과사전"

6) 제임스 1세는 엘리자베스 1세 여왕의 뒤를 이은 왕이었다. 그는 잉글랜드의 제임스 1세인 동시에 스코틀랜드의 제임스 6세였고 엘리자베스 1세에 대한 반란으로 처형된 메리 스튜어트 스코틀랜드 여왕의 아들 이었다. 출처 : "위키 백과사전"

7) 크롬웰(Cromwell)은, "철기대(병)이라 불리는 신식군을 지휘하면서 유명세를 탔다", 당시 영국의 사정을 짧게 설명하자면 찰스2세의 왕당파와 의회 파간의 알력(권력)다툼이 상당히 심한 시기였다고 할 수 있다. 왕권은 신이 부여한 것이라는 것을 관철하려는 찰스2세와 그 권력을 견제 및 뺏어 오기 위한 의회 간의 다툼이었다고 한다. 이전에 이미 찰스 2세는 의회로부터 왕권을 무자비하게 휘두를 수 있는 성실청이라는 기관과 대법관 등의 기능을 상실한 상태에서 감정의 골이 깊어지다가 폭발한 것으로 볼 수 있다. 1827년 발표. 찰스 1세를 쓰러뜨리고 영국의 지배자가 된 공화주의자 크롬웰은 왕위에 앉기를 바라지만, 주위에 반역자가 있는 것을 알고, 대관식 날에 왕관을 거부함으로써 오히려 군중의 칭송을 받는다. "출처 : 네이버 백과사전"

랑스는 특허의 전 내용에 대한 엄격한 심사가 파리 아카데미에 의해 진행되었다.

18세기에 이르러 이런 관행은 제도화되었고, 파리 아카데미에 의한 발명 내용의 사전 조사는 특허를 출원 받기 전에 발명의 내용을 공공화 하는 효과를 가졌다.[8)]

프랑스는 영국과 다른 몇 가지 특징을 가지고 있었다. 먼저 프랑스의 특허는 특허를 가진 발명가에게 다른 사람이 그 발명을 발명하기 전까지 발명을 사용할 것을 요구하였다.

영국 특허법에도 16세기와 17세기에 이런 조항이 있었다. 18세기 영국 특허법은 특허권자가 영국에 거주하거나 또는 그의 특허를 실시할 것을 요구하지 않았다.[9)]

하지만 이런 자유로운 특허 조건에 대한 우려가 영국 내에서 커지자 이후 강제 사용 허락 조항(1883)과 강제 실시권 조항(1907)이 각각 영국 특허법 조항에 기술 되었다.

이런 영국 특허법의 특성은 당시 자유로운 사회 분위기의 영향과 함께 상당한 산업화를 초기에 이룬 영국이 가진 자신감의 표현일 수 있다.

반면 프랑스는 영국에 비쳐 뒤쳐진 산업을 강화하기 위해 영국 내 기술자들과 제조업자들이 프랑스에 정착하도록 정책을 폈다.

이런 산업 정책이 특허에도 점진적으로 반영되었다. 한편 특허 등장 이후의 세계사를 살펴보면, 특허 활동이 매우 왕성한 국가는 세계의 기술 패권을 차지하면서 점차 강대국이 되었던 것을 알 수 있었다.[10)]

(1) 특허의 발전 과정

1987년 노벨 경제학상을 수상한 로버트 솔로우(R, Solow)[11)]는 자본 이론과

8) 吉藤幸朔(2000), 「특허법 개설」, 대광 서림 출판사, 제13판, pp.34-37
9) 윤석식(1999), "지적재산권 제도의 역사적 배경과 사회적 역할에 관한 비판적 고찰",고려대학교 대학원, 석사 학위 논문, pp.3-5
10) 井上岳史(1995), 「特許か세계を塗り變える(특허가 세계를 바꾼다)」, NTT출판사, pp.12-13
11) 로버트 솔로우(Robert Merton Solow, 1924.8.23.~)는 미국의 경제학자로 새뮤얼슨과 공동으로 턴파이크의 정리(Turnpike theorem)를 증명하였다. 1987년 경제 성장 이론에 대한 연구로 노벨 경제학상을 받았다. 뉴욕 출생으로 이론경제학과 계량 경제학을 전공하여 하버드대학교에서 학위를 취득하였다. 1958년 매사추세츠 공과 대학 경제학 교수가 되었다. 학풍의 특징은 이론 분석과 통계적 리서치의 탁월한 역량의 결합에 있다. 업적은 이종의 자본재를 포용 하는 다 부문 모델의 분석과, 거시적 생산 함수의 경험적 연구로 대표된다. 이론 면에서는 새뮤얼슨과 공동 개발한 '턴파이크의 정리, G.카셀, A.월트 체계의'균형해의 존재 증명 등이 있으며, 거시적 생산 함수의 리서치면 에서는 '빈 테이지 모델(Vintage model)'이 알려져 있다. 실천면에서는 대통령 케네디의 경제 자문 위원회의 시니어 이코노미스트, 경제 협력 개발기구(OECD)의 경제 성장 촉진 추진 위원회 미국 대표 등으로 활동하였다. 주요 저서에(선형

성장 이론을 정립한 거시 경제학 계의 태두로 꼽힌다.

솔로우는 또한 케네디 대통령 시절 경제 자문 위원이며 린든 존슨(L, Johnson) 행정부에서는 대통령 기술 자문 위원에 이어 보스턴 연방 은행(Boston Federal Reserve Bank) 이사장까지 연임하였다. 그는 현실 참여에도 적극적이었던 경제학자이며 솔로우의 가장 알려진 업적은 역시 성장 이론이다.

경제 성장 이론의 원론적인 이론으로서 헤로드 도마 성장 모형(Harrod-Domar Growth Model)을 한층 발전시킨, '솔로우 성장 이론'은 완전고용 하의 균형 성장이 가능하지만 달성하기 는 어렵다고 하였다. 그리고 완전고용 하에서도 균형이 가능하다고 하였고 적정 성장률 자체가 불 안정적이라는 세 가지로 요약할 수 있다.

솔로우는 이 중 두 번째 특징인 불안정성이 노동과 자본의 대체 불가능성에 기인한다는 사실을 발견하고 생산 요소 간에 대체가 가능하다는 가정을 도입했다. 수확 체감의 법칙과 생산 요소 간 대체를 통한 성장 이론의 해석은 상기의 헤로드 도마 성장 모형의 불안정성을 해결하고 일반화했다는 평가를 받고 있다.

또한 솔로우는 또 미국의 20세기 전반 성장 패턴을 분석한 결과 예상과는 달리 노동 자본 기술의 세 가지 성장 요인 중 기술 진보가 50% 이상의 가장 중요한 견인차 역할을 했음을 지적하기도 했다.

신고전학파의 성장 이론으로 불리는 솔로우의 이론은 존메이너드 케인즈의 케인지언과 고전학파의 이론을 편견 없이 적절히 받아들이는 균형적인 경제관 아래 도출됐다는 점도 특징이다.

그래서 그는 일부 학자들에게 신고전학파 종합 이라고 불리기도 한다. 그는 거시 경제학이 현실과는 매우 동 떨어진 이론만을 위한 이론에 그치고 있는 것을 경제 이론가들의 편협성 때문이라고 비판하기도 했다.

그리고 시장의 불완전성, 외부 요인의 역할, 규모, 수확의 증가 법칙, 정보에 대한 시장의 비합리적 반응, 시점의 불일치 등을 솔직히 인정하였으며 모형에 적응시켜야 한다는 것이 그의 주장이었다.

아울러 솔로우는 미국 경제발전의 80%이상이 토지, 노동, 자본과 같은 전통적인 생산 요소에 의해서는 설명할 수 없다고 하면서 지식, 기술과 같은 즉, '특허와 같은 무형 자산의 증가에 의한 결과라고 분석하였다.[12]

계획과 경제 분석(Linear Programming and Economic A nalysis)(1958, R. 도먼, P. 새뮤얼슨과 공저),(자본 이론과 수익률 Capital Theory and the Rate of Return)(1963),(Growth Theory : An Extension)(1970) 등이 있다. 1987년 경제 성장 이론에 대한 연구로 노벨경제학상을 받았다. "출처 : 네이버 백과사전"

12) Robert Merton Solow(2002) "*American Economic Review*" Vol 92, No.4, pp.1205-1217

과거 1624년 영국에서 최초의 특허법이 시행된 이후, 특허를 행사하기 위해서는, 특허를 행사하기를 원하는 나라마다 그 나라 언어로 된 출원 명세서를 그 나라 특허청에 제출하였다.

그리고 그 나라 특허법에 따라 심사를 받아서 그 나라 특허청으로부터 등록을 받아야 한다는 속지주의 원칙이 수백 년 동안 지켜져 왔다.

이처럼 특허는 산업혁명이 일어난 영국에서 제일 먼저 발생되어 유럽에서 꽃 피우게 되었다.

그러나 20세기에 들어와서, 특히 2차 세계대전 이후 미국이 세계 경제를 지배하게 되자, 유럽 각국들은 미국의 거대한 경제 규모에 대항하기 위하여 여러 나라로 나뉘어져 있는 유럽 각국을 통합하여 하나의 경제적 공동체 EC (European Community)를 탄생시켰다.

그런데 하나의 경제 공동체를 만들기 위해서는, 자본, 기술, 인력 등이 자유롭게 이동되어야 하는데 각국의 서로 다른 특허 제도가 기술의 자유 이동에 방해가 되므로 유럽 각국의 서로 특허 제도를 통일하기 위하여 노력하게 되었다.

세계경제는 자본과 규모의 장치 산업 시대에서 새로운 기술과 정보의 지식 산업 시대로 넘어가고 있다. 이러한 새로운 패러다임의 지식 산업 시대에서는 눈에 보이지 않는 지식이 높은 부가가치를 얻게 되는데, 이러한 무체 재산을 상품화하는 수단이 바로 이 특허라는 것이다.

현재의 지식산업 시대는 무한 경쟁, 글로벌화가 특징이며 이에 특허의 보호 범위도 국내를 벗어나 전 세계를 대상으로 확장되고 있다. 전 세계의 특허는 미국, 유럽, 일본의 3개의 축에 의해 움직이고 있는 바, 이들 나라의 특허에 대해 이해한다면 전 세계 특허의 흐름을 대부분 이해하는 것이 된다고 할 수 있다.

이중 미국과 일본의 특허는 개별 국가에서의 진행이라는 점에서 우리나라 특허와 큰 차이가 없다. 특허를 받기 위하여 갖추어야 하는 특허 요건은 신규성, 진보성 및 산업상 이용 가능성과 특허 서식에 맞는 기재의 명확성으로 이 4가지만 만족되면 세계 어느 나라 특허청이든지 특허를 내주도록 되어 있다.

이러한 원칙은 전 세계적으로 동일하고 이들의 세부적인 조건은 조금씩 다르지만 각국의 특허제도는 속지주의를 채택하고 있다. 그러므로 발명자가 그의 발명을 여러 국가에서 보호 받고자 하는 경우에는 각국에 별도로 출원해야 하며, 각국의 특허청 역시 동일한 내용의 출원을 각국별로 심사하여 권리 부여를 결정하게 된다.

이 같은 특허의 출원과 심사에 있어서 출원인 및 각국 특허청이 부담하는 중복 노력을 국제 협력을 통하여 편리하고자 하는 목적으로 체결된 것이 바로 특허협력조약(Patent Cooperation Treaty)인 PCT인 것이다.

PCT에 의한 국제 특허출원 제도는 한 번의 출원으로 PCT 가입국 전체 또는 일부 지정하는 국가에 대하여 각각 그 나라에 국내 출원하는 효과가 있으며, 국제 출원일은 각국의 국내 출원일로 인정된다.[13)]

특허를 받고자 하는 나라의 특허청(지정 관청)의 심사에 앞서 국제 조사기관의 선행 기술 조사(강행 절차) 및 국제 예비 심사 기관의 특허성 유무에 관한 예비 심사(임의 절차)를 거치게 되며 공신력을 인정받게 된다.

[2] 미국 특허의 탄생

미국에 특허가 채용된 것은 1787년 헌법 제1장 제8조에 기원하고 미 의회는 유용한 기술 진보를 활성화하기 위하여 저작자와 발명자에게 일정 기간 각각 저작권 및 발명에 관한 권리를 독점하도록 할 권한을 가질 수 있도록 하였다.

이 헌법 규정을 근거로 1790년 4월 10일, 전 7조로 되어 있고 형식적 심사만을 하는 소위 무심사 주의를 채택한 미국 특허의 성문법이 비로소 제정되었다.

그 이후 1836년에 대 개정이 이루어져 세계 최초의 심사 제도를 채용하게 되며, 1870년에 종래의 특허 청구 범위의 해석에 관한 중심 한정 주의에서 현행의 주변 한정 주의에 택하게 한 것이며 이 주변 한정 주의는 오늘날 미국 특허의 실무상 중요한 의미가 있다.

미국 특허의 특징은 선 발명 주의 심사 주의, 일부 연속 출원과 특허 청구 범위의 다항제 출원 공고 제도 불채용, 이의 신청 제도 불채용 등의 다양한 특징을 들 수 있다.

선 출원 주의를 채택한 특허법 개정안이 미국 하원을 통과하였고, 조만간 상하 양원이 각각의 법안을 조정하는 입법 절차를 거쳐 연내 통합 법안을 채택할 것으로 예상된다.

한편 특허에서 공유지의 비극(Tragedy of the Commons)을 대비할 수 있는데 공유지의 비극이란 경제학에서 자주 사용하는 용어로 공공 자원을 사적 이익을 추구하는 시장이나 구성원의 자율에 맡겨 두면 자원이 고갈될 위험이 있다는 것을 설명하기 위한 개념이라고 볼 수 있다.

1968년 미국의 생물학자 개럿 하딘(G. Hardin)이 사이언스지에 1968년

---

13) 한국 특허청(2006), 「해외 지식 재산권 보호 가이드 북 미국편」, pp.15-16

Tragedy of Commons라는 제목의 논문을 게재한 이후 특히 경제학 분야에서 즐겨 사용하는 용어가 되었다.

이러한 공유지의 비극이라는 개념은 지하자원, 초원, 공기, 어장 등 공동체 구성원 모두가 사용해야 할 자원을 자율에 맡겨 둘 경우 인간의 이기심 때문에 당세 대에 고갈되어 시장 실패의 원인이 될 수 있으므로 정부나 조합 등의 제도적 관여가 필요하다는 의미다.

과거 지구 온난화 문제의 해결을 위해 현재 코펜하겐에 모여 있는 각국 지도자들의 갑론을박을 떠올려 보면 공유지의 비극이라는 개념이 쉽게 이해될 것이다.

반면 시민의 사유재산권만 확보해 두면 상호 제약을 통해 구성원들 스스로 이러한 문제를 해결할 수 있다고 보는 '공공 선택론'이라는 입장도 있다.

한편 대부분의 생물을 붕괴적 비극(Collapsing Tragedy)이 일어나기 전에 스스로 이익을 억제하는 구조를 가지고 있어 공유지의 비극은 부분적 비극(Component Tragedy)에 그치는 경우가 많다고 보는 진화 생물학적 입장도 있다.

이러한 비공유지의 비극(Tragedy of Anti-Commons Nordhaus 1969)은 특허와 관련하여 다음과 같은 상충 관계를 지적한다.

상대적으로 느슨한 재산권 설정은 지식의 과소 공급을 발생 시킬 위험이 있는 반면, 엄격한 재산권 설정은 독점에 의한 왜곡을 발생시키게 된다는 것이다.

그러나 최근의 특허 강화는 오히려 과소 공급의 위험을 불러일으키고 있다. 하딘은 Science지에 '공유지의 비극'이라는 비유를 통하여 과잉 인구와 공해 등의 문제를 설명 하였다.

즉, 공유지가 존재할 경우 개별경제 주체들은 이를 보존할 어떠한 동기도 가지고 있지 않기 때문에 이 자원을 과도하게 사용하게 된다는 것이다.

오늘날 하딘의 비유는 공공 자산의 민영화에 대한 중요 논제로 제시되고 있다. 그런데 공유지의 비극의 비유는 과잉 사용의 문제를 집중적으로 조명한 반면 민영화 과정에서 나타날 수 있는 과소비의 가능성은 간과하고 있다.

민영화는 공유지 비극에 대한 가능한 처방 중의 하나지만 또 다른 비극을 야기하고 있다.

예를 들어 구 사회주의 국가들이 시장경제로 이행하는 시기에 이들 국가의 국민들은 이전과는 달리 기업들의 민영화로 인해 대형 상점에 물건이 가득할 것이라고 예상하였다.

그러나 예상과는 달리 상점은 여전히 텅 비어 있었으며 오히려 개인들이 운영하는 상점에는 물건이 가득 하였다. 이것은 민영화 이후 대형 상점의 주주 구성(근로자들, 연방 및 지방 정부, 민영화 담당자들)이 파편화되어 이들 다양한 주주로부터 권한을 이양 받는데 있어 거래 비용이 매우 상승하였기 때문이다.

또한 과거에는 누구나 자유롭게 접근 가능하고 사용 가능했던 기초연구 결과물 들이 1980년 베이-돌 법(Bayh-Dole Law)[14] 법안 통과 이후 특허에 의하여 점차 보호 받게 되었다.

기초연구 결과에 대한 사유화는 위험성이 높은 연구 프로젝트에 참여할 동기를 유발하기도 하지만, 이러한 사유화로 인하여 수많은 사람들이 자신의 발견에 대하여 배타적인 권한을 소유하게 된다면 미래 연구에 대한 방해물로 작용하게 될 것이라는 문제가 제기되기도 하였다.[15]

이는 하나의 신제품을 개발하기 위해서는 특허에 의하여 보호 받는 다양한 투입물을 필요로 하는데 이에 대하여 모두 일일이 사용 허락을 받아야 한다면 거래 비용이 증가할 뿐만 아니라 기존에 지불하지 않아도 되었던 부분에 대한 추가 지급으로 생산비용도 증가하게 된다고 판단하였다.

즉, 이러한 특허의 강화 특히 기초연구 결과에 대한 특허 강화는 새로운 지식 생산에 필요한 비용을 상승시켜 신제품의 출시를 가로막거나 과소 사용을 가져오는 '비공유지의 비극'을 야기한다는 것이었다. 실제로 제약 회사들은 세계 각지에 분포되어 있는 장래성 있는 미생물, 식물, 동물 그리고 인간의 유전자를 탐색하여 확보하기 위하여 노력하고 있다.

즉, 유전자, 단백질, 기능 등에 대한 면밀한 조사 없이 모든 유전자를 경쟁적으로 특허 출원을 하고 있다. 이는 미리 유전자 정보를 확보하여 유전자 풀을 구성하며 이를 선점하려는 것이다.

따라서 이렇게 수많은 소유자들이 파편적으로 유전자에 대한 특허를 소유하게 됨으로써 신약 생산에 사회적으로 높은 거래 비용과 생산비용을 부담하게 되었다.

---

14) 베이-돌 법(Bayh-Dole Law)은 레이건 정부가 들어선 1980년, 미국 상원을 통과한 법으로 이 법안은 세금 지원을 받은 연구 결과가 공공 영역에 머무르지 않고, 대학이나 기업에서 특허를 출원하게 한 것으로 이는 결국 과학 기술 연구 풍토를 상업화하며, 특허 출원을 비약적으로 증가시켰다. 대학의 교수들은 세금을 지원받아 이룬 성과를 응용하여 바이오 기업을 설립했고, 이를 마케팅 할 능력이 있는 거대 제약사에게 특허를 팔았으며 최초 개발은 미국 국립 보건원(NIH)의 지원을 받은 듀크 대학교의 연구팀 이였다. 이들은 '트리메리스(Trimeris)'라는 바이오 기업을 설립했다. 출처 : "위키 백과사전"

15) Mowery, D. C. Sampat, B. N. and Ziedonis, A. A. (2001) ***Learning to Patent : Institutional Experience, Learning, and the Characteristics of U.S***, pp.46-48. "University Patents After the Bayh-Dole Act, 1981-1992" ***Management Science***, Vol. 48, pp.73-89

유전자만이 아니라 신약의 성능을 실험하기 위하여 사용되는 실험동물들에 대한 특허도 점진적으로 또 하나의 권리나 예정 가격 될 것이다.

즉, 신약의 약효와 부작용을 철저히 검사하기 위해서는 다양한 수용체를 대상으로 실험하여야 할 것이다.

그러나 이들 수용체가 특허 대상이 되고 이들에 대한 특허가 100건이 넘게 되었다.

제약회사들은 다양한 실험동물들에 대한 충분한 사전 실험보다는 분쟁의 여지와 로열티 지급이 적은 수용체만을 선택하여 실험하는 '비공유지의 비극'의 형태로 점차 변화하고 있다는 것이다.

이와 관련하여 또 다른 문제는 대학들이 새로운 기술에 대하여 특허를 출원하는 것보다는 이미 사업화되었거나 손쉽게 특허를 출원 할 수 있는 기술(예를 들어 데이터베이스)에 특허 출원을 집중화 하고 있다는 것이다.

예를 들어 코헨(Cohen)과 보이어(Boyer)의 유전자 재조합 기술 특허와 그리고 Axel의 공변환 장치(Co-transformation process)는 California 대학과 Stanford 대학 그리고 Columbia 대학에서 각각 특허를 출원하였다.

이는 이미 기업들이 이전에 광범위하게 사용하고 있는 기술들로 기술 이전보다는 라이선스(Licence)나 특허를 통하여 수입을 얻으려는 목적으로 대학들이 뒤늦게 출원한 경우이다.

이 두 경우는 산업으로의 기술 이전이 특허와 라이선스를 통하여 이루어진 것이 아니라 다른 경로를 통하여 이미 기술 이전과 사업화가 이루어진 기술에 대하여 대학들이 사후에 특허 등록을 함으로써 기업에게 세금을 물리고 있는 경우라 할 수 있다.

이러한 경우만 가지고 일반화 할 수 없지만 이 기술은 상기 Bayh-Dole 법안 통과 이후 대학들이 벌어들인 로열티 누적 수입의 15%를 차지할 정도로 매우 높다.

이러한 경우는 기술 이전이 특허 없이도 이루어지고 있는 경우이며, 다만 대학의 특허 등록은 오히려 사회적 비용만을 상승시켜 놓고 있을 뿐이라고 볼 수도 있다.[16)]

이러한 비공유지의 비극으로 대표되는 특허 강화에 따른 거래 비용의 증대는 특허 방호벽을 형성하여 지식의 확산을 촉진하기보다는 '거래 비용'을 높여 새로운 발견과 지식의 축적을 방해하고 있다.

그렇다면 특허에 과도하게 의존하기보다는 전통적인 시장 실패 보완책들을

16) Colyvas et al. (2002), "How Do University Inventions Get Into Practice?" *Management Science*, Vol, 48. pp. 61-72

다양하게 활용하는 균형 잡힌 해결책이 지식 경제와 확산의 촉진이라는 측면에서도 유리하다고 판단할 수 있을 것이다.[17)]

(1) 특허제도를 가장 잘 활용한 미국

미국인 최 강대국인 것은 미국은 세계에서 최고로 우수한 발명가들이 너무도 많이 배출되었다!

미국 특허는 지적 재산권 보호의 가장 강력한 형태이며 메커니즘(Mechanism)으로 지난 수백 년 동안 생산을 촉진하고 기술 지식의 보급의 활성화 도구로 널리 사용되었다고 볼 수 있다.

또한 과거와 현재에 아래와 같은 기라성 같은 발명가들이 즐비하게 있었다는 것이며 이러한 발명가들의 힘으로 오늘날 아무도 넘볼 수 없는 초강대국이 된 것이다.

17) 서환주(2005), "특허 강화의 기술 혁신 촉진 효과에 대한 최근 논의 : 미국의 경험을 중심으로", 정보통신연구진흥원 발표 자료, pp.11-16

Chapter 4

미국의 발명가들

I
미국 최고의 발명가들

1 오늘날 초강대국인 미국의 주춧돌 미국의 발명가들

[1] 벤저민 프랭클린 (BenjaminFranklin,1706~1790), 피뢰침의 발명

미국 돈 100달러에 새겨진 얼굴 그는 누구일까요? 미국인이라면 번개 하면 떠오르는 사람 하면 바로 정답을 맞힐 것이다. 미국뿐만 아니라 세계의 모든 화폐에는 그 나라의 위인들을 대부분 새겨놓는다.

우리나라 5만 원권에는 신사임당이 새겨져 있다.

미국의 화폐에 새겨진 위인들 1센트(페니) 에이브러햄 링컨(Abraham

Lincoln) 제16대 대통령.

- 5 센트(니켈) – 토머스 제퍼슨(Thomas Jefferson) 제3대 대통령.
- 10센트(다임) – 프랭클린 루스벨트(Franklin Roosevelt) 제32대 대통령.
- 25센트(쿼터) – 미국 국새(독수리).
- 1달러 지폐 – 조지 워싱턴(George Washington) 제1대 대통령.
- 5달러 지폐 – 에이브러햄 링컨(Abraham Lincoln) 제16대 대통령.
- 10달러 지폐 – 알렉산더 해밀턴(Alexander Hamilton) 워싱턴 정부 재무장관.
- 20달러 지폐 – 앤드루 잭슨(Andrew Jackson) 제7대 대통령.
- 50달러 지폐 – 울리세스 그랜트(Ulysses Grant) 제18대 대통령.
- 100달러 지폐 – 벤저민 프랭클린(Benjamin Franklin) 미국의 정치가·외교관·저술가·과학자.

참고로 새로 나온 1달러 동전에는 조지 워싱턴, 토머스 제퍼슨, 존 애덤스, 제임스먼로가 새겨져 있다. 한편 번쩍하고 하늘을 가르며 떨어지는 번개에 누구나 한 번쯤 놀란 적이 있을 것이다.

보도에 따르면 전 세계적으로 매일 평균, 초당 100개의 번개가 지상으로 떨어진다고 한다.

미국 최고가 화폐인 100불에 그려진 사람이 바로 미국의 과학자이자 정치가인 벤저민 프랭클린이며 번개가 전기라는 사실을 증명한 최초의 과학자이다. 벤저민 프랭클린은 1706년 1월 17일 비누와 양초를 만드는 집안의 아들로 태어났고 그의 아버지가 두 번 결혼한 까닭에 무려 17명의 자녀를 두었는데, 벤저민은 그의 두 번째 부인 애비아 폴저가 낳은 10명의 자녀 중 8번째였다

프랭클린은 가난한 집안 형편 때문에 초등학교도 졸업하지 못했다.

8세 때부터 2년간 학교에 다니며 읽고 쓰기와 산수를 배운 것이 전부였으며 나중에 그가 터득한 방대한 지식은 모두 책이나 경험을 통한 독학이었다.

프랭클린이 어렸을 때, 친구들과 함께 산딸기를 따러 갔었다. 서로 열심히 따고 있는데, 한 친구가 "저기에는 더 많다!"라고 하면서 달려갔다.

그러자 아이들이 우르르 따라갔다. 또 다른 친구가 "이리 와, 여기에는 온통 딸기 밭이야!"하고 외치자, 또 그리로 우르르 달려갔다. 프랭클린도 달려가고 싶었지만, 오기 전에 아버지께서 하신 말씀이 생각났다. "너는 한 곳에 이르거든 거기 있는 딸기를 다 딴 뒤 다른 곳으로 옮겨가고, 또 거기에 있는 것을

충분히 딴 뒤에 다음 장소로 옮겨가라." 돌아올 시간이 되었을 때, 친구들은 서로가 딴 딸기를 비교해 보았다. 모두 놀랐다. 제자리에서 따고 있던 프랭클린의 것이 가장 많았기 때문이었다. 프랭클린은 사회인이 되어서도 산딸기의 교훈을 잊지 않았다.

프랭클린은 열 살 때 아버지 일을 돕기 시작해 열두 살 때는 형의 인쇄소에 들어가 사회에 첫발을 내디뎠다. 평소 독서를 즐겼던 프랭클린은 글 쓰는 데에도 재능을 보였다. 프랭클린은 형이 발행하는 신문인 「뉴잉글랜드 커런트 New England Courant」지(紙)에 '사일런스 두굿'이라는 필명으로 여러 차례 칼럼을 투고해서 인기를 끌었다.

하지만 신문이 반정부적인 기사로 탄압을 받기 시작했고 설상가상으로 형과의 불화도 심해졌고 결국 1723년 필라델피아의 한 인쇄소에서 일하게 되어 그곳으로 거처를 옮겼다.

그는 열정적인 노력을 기울여 인쇄 기술을 습득하는 한편 글 솜씨도 늘려가기 시작하여 무일푼이었던 프랭클린은 빠른 시간에 인쇄업자로 성공해 부와 명성을 얻었다. 1729년에는 당시 미국 정치인들이 즐겨 읽던 「펜실베이니아 가제트」란 신문을 발행하고 대학과 도서관을 세우며 지역 발전에도 힘썼다. 1732년에는 「가난한 리처드의 연감. Poor Richard's Almanack」[1]이라는 책을 발간하는데 이 책은 당시 매년 1만부 이상이 팔린 베스트 셀러였다. 이 책을 통해 프랭클린은 큰 재산을 모았고 동시에 그의 이름을 모든 사람들에게 알릴 수 있었다. '한 푼을 저축해야 한 푼이라도 번다.', '빈 수레가 요란하다' 같은 유명한 경구들이 「가난한 리처드의 연감」에서 나온 말이다.

그리고 프랭클린은 자연과학에도 관심이 많았다. 1740년대 초 그는 기존의 난로보다 열효율을 크게 높인 일명 '프랭클린 난로'를 발명했다. 이 난로는 지금도 사용되고 있다. 42세가 된 1748년 프랭클린은 사업에서 손을 떼고 과학을 탐구하는데 더 많은 시간을 보냈고 특히 전기에 대한 관심이 남달랐다. '양전하'와 '음전하'를 비롯해 '전지,' '충전,' '도체' 등 전기와 관련한 용어도 대부분 프랭클린이 처음 제안한 것이라고 한다.

전기 연구를 계속하던 프랭클린은 '번개 역시 전기의 일종'이라는 가설을 세우고 이를 증명하기 위한 실험에 착수했다.

1752년 천둥과 번개가 치던 어느 날, 그는 커다란 연에 열쇠를 매달아 하늘에 띄워 올려 구름에서 전하를 이끌어 내는 '연의 실험'을 실행하였는데 결과는 대성공이었다. 프랭클린은 연줄을 통해 흐르는 전류로 초인종을 울림으로써

1) 이 책은 다가올 한 해의 날씨, 생활 정보, 간단한 지식, 삶의 지혜 등을 다룬 일종의 종합 안내서인데, 나오자마자 식민지 전역에서 선풍적인 인기를 끌었고 1958년까지 발행되었다.

자신의 이론을 증명해 보였다.

그는 이 원리를 이용해 세계 최초로 피뢰침을 발명했다. 전기가 잘 통하는 금속 막대로 번개의 방전을 땅 속으로 흘려보냄으로써 번개의 피해를 막을 수 있다고 생각한 것이었다.

'프랭클린의 막대'로도 불리는 피뢰침은 이후 세계 곳곳의 빌딩 꼭대기에 빠르게 설치되기 시작했다. 프랭클린의 실험과 발명은 지금까지도 격찬을 받고 있다. 번개와 전기의 유사성은 뉴턴을 비롯한 여러 과학자가 예견했지만, 어느 누구도 그와 같이 위험천만한 실험을 시도하지는 못했기 때문이다. 프랭클린은 '번개를 복종시킨 인물'로 유럽에까지 명성을 떨쳤다.

프랭클린은 피뢰침 외에도 다양한 발명품을 내놓았는데 지금도 널리 사용되고 있는 다초점 렌즈도 프랭클린의 대표적인 발명품 중 하나이다. 또한 유리잔으로 연주하는 악기 '하모니카'도 그의 손에서 탄생했으며 철저한 시간 관리 프로그램으로 유명한 프랭클린 플래너 다이어리도 그의 발명품이라는 것이다.

또한 프랭클린은 정치가로서의 능력도 탁월했다. 그는 영국과 협상해 식민지 강제 과세를 없애고 토머스 제퍼슨과 함께 '미국 독립선언서'를 기초하기도 했다.

언론, 자연과학, 정치, 외교 등 미국 역사에서 이루 열거할 수 없을 정도로 많은 업적을 남긴 프랭클린은 1790년 4월17일 84세의 나이에 세상을 떠났으며 는 삶을 마감한 후에도 '미국의 정신은 프랭클린의 정신'이라고 일컬어질 만큼 국민들로부터 추앙을 받고 있다.

[2] 데이비드 부쉬넬
(David Bushnell,1740~1824), 잠수함, 기뢰 발명

인류의 잠수함에 대한 꿈은 16세기 이전부터 시도되었지만, 잠수함의 역사가 시작된 것은 1776년 9월 데이비드 부쉬넬(David Bushnell)이 만든 1인 탑승용 반잠수정인 바다 거북이의 이름을 딴 '터틀(Turtle)'이다.

그는 가난 때문에 30대에 예일대를 다녔다. 수학과 과학의 재능이 특히 뛰어났던 그는 대학 시절인 1772년 교내 연못에 폭탄을 설치하고 수중에서도 폭탄이 터질 수 있음을 입증했다. 그다음 2년 후 이 폭탄을 어떻게 전함 밑바닥에 설치할 것인가를 고민하기 시작했다.

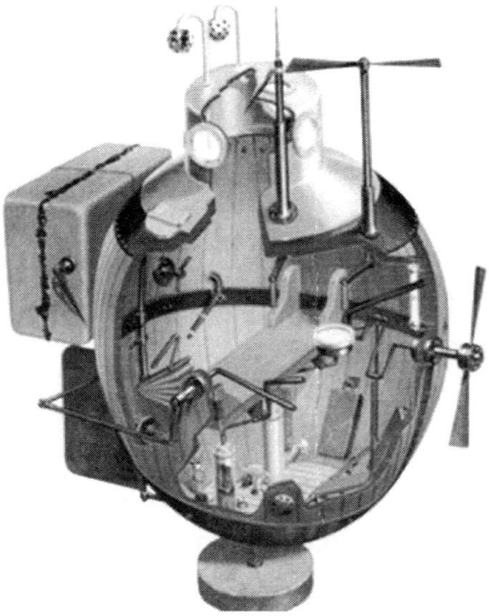

미국 독립전쟁이 터지면서 잠수 선박 연구는 적의 전함을 파괴하는 무기로서 개발이 매우 시급했다. 강한 화력을 자랑하는 영국 해군에 콧대를 꺾기 위해 수중으로 침투하여 폭약을 장치할 수 있는 '터틀(Turtle)'이라고 하는 공격용 잠수정을 만들게 되었다.

나무를 이어 붙이고 타르로 코팅을 한 공 모양의 잠수함은 사람의 힘으로 움직였다. 수중 5 m가량 내려가서 1시간에 5 km가량 이동할 수 있었다. 1776년 영국 함대가 뉴욕 항을 봉쇄했을 때 작전에 투입됐지만 전함을 폭파하는데 실패했다.

그가 제작한 터틀은 길이 7.5피트, 높이 6피트인 술통 모양의 1인승 잠수정으로 선체밖에 수평 프로펠러와 수직 프로펠러를 장치하여 전진 시에는 수평 프로펠러, 잠항 및 부상 시에는 수직 프로펠러를 돌려서 기동하였다. Turtle은 목재로 제작되어 잠수정 내의 공기 탓으로 물에 뜰 수밖에 없었고, 이 부력을 제어하기 위해서 밑바닥에 많은 양의 납덩이를 부착하였다.

그리고 선체 상부에 나사형의 드릴을 장치하여 적함의 밑바닥을 뚫고 폭약을 설치할 수 있게 하였다.

터들은 허드슨 강에서 영국 군함 '이글'(Eagle)을 공격하려 하였으나 송곳이 배 밑창의 금속 부분에 부딪혀 파손되어 실패하였다.

그리고 돌아오는 중 화약 상자가 이탈되어 갑작스러운 수중 폭발로 적을 놀라게 하였는데 이것은 잠수함에 의한 최초의 공격 사례로 남아 있다.

이듬해 뉴런던에서 영국 군함 '셀빌러스(Celvelas)'를 공격하려 했으나 폭발전에 화약 상자의 밧줄이 영국군에게 발견되어 갑판 상으로 끌어올려 조사하던 중 폭발하여 상당한 손상을 입혔다.

터틀은 나중에 뉴욕 항에서 발견되어 격침을 당하였으며, 이것은 최초의 대잠수함전이었고 대잠수함 공격의 첫 희생 이었다.

현재 미국 코네티컷에 있는 바넘박물관(The Barnum Museum)에 전시된 Turtle을 실험해본 결과 수영장 바닥에서 1시간 이상 잠수할 수 있었다고 한다. 하지만 실제로 잠수정 내의 승무원이 프로 펠레를 돌리는 운동을 한다면 늘어나는 이산화탄소와 산소 부족으로 얼마 되지 않아 질식하고 말 것이다.

[3] 레비 허친스
(Levi Hutchins,1761~1855), 자명종의 발명

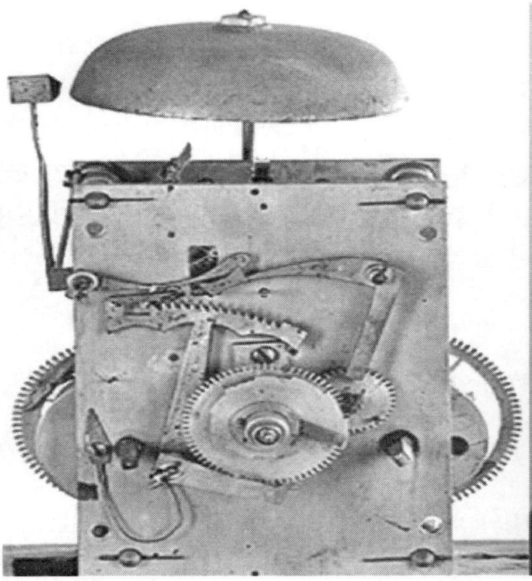

혹시 지금 댕댕~ 하는 소리와 함께 시간을 알려주는 자명종이 어떻게 만들어졌는지 알고 있는 사람이 있을까? 우리에겐 많이 생소한 미국의 레비 허친스라는 사람은 자명종과 시계를 결합한 자명종 시계를 발명하여 우리의 정확한 시간과 공간 디자인에도 많은 실용적 편리함을 주고 있다.

자명종 기능이 있는 시계 자체는 고대부터 꾸준히 구상되고, 만들어져 왔다. 과거 물시계를 쓰던 시절부터 이런 시계는 만들어졌다.

15세기에는 시계 판에 바늘을 꽂거나 빼는 식으로 시간을 설정해 종을 치게 하는 시계도 만들어졌지만, 이 시계는 너무 커서 탁상 위에 놓을 수 있는 구조

는 아니었다,

현대적인 의미에서의 탁상시계는 뜻밖에 늦어서 결국은 1787년에 미국 뉴햄프셔의 레비 허친스(Levi Hutchins)가 발명하였다. 그는 고든과 홀리 허친스에 의해 매사추세츠 주에서 태어났고 그의 알람시계가 세계 최초라 할 수 있다. 우리나라에 기계시계가 처음 전래된 때는 1631년(인조 9)인데, 정두원(鄭斗源)이이 명(明)나라 사신으로 갔다가 자명종을 가지고 들어온 데서 유래한다.

당시의 자명종은 지금의 자명종과는 달리 시간을 설정할 수 있는 기능이 없이 정해진 한 시각에만 종이 울리는 그런 시계였다.

서양식 자명종을 그대로 만들려는 노력으로는 1723년(경종 3) 왕명으로 만든 문신종(問辰鐘)[2]을 들 수 있다 낮과 밤 어느 때나 시간을 알 수 있는 이 시계는 청(淸)나라에서 진하사(陳賀使)가 가져온 것으로, 임금이 관상감에 보내 그대로 복제품을 만들도록 명한 것이었다

요즈음은 전자식(배터리) 자명종을 많이 쓰지만 반세기 전만 해도 태엽 식의 벽걸이 시계를 많이 사용하였다.

이 시계가 우리나라에 처음으로 들어온 것이 1870년대라는 기록이 있지만 사실은 그것보다 훨씬 이전인 1856년 철종 7년 프랑스 배가 기관 고장으로 표류하다 변산반도 고부 땅에 이르러 주민들의 친절에 대한 보답으로 프랑스제 자명종 탁상시계를 준 것이 한국에 최초로 들어온 것이라는 설도 있다.

[4] 새뮤얼 핀리 브리즈 모스 (Samuel Finley Breese Morse 1791~1872), 모스부호의 발명

모스 부호[3]를 발명한 모스는 1791년 4월 27일 매사추세츠 주 찰스 타운

---

2) 어두운 밤중에 빈도 고동을 누르면 때를 알려 주던 좌종(坐鐘)의 한 가지로 1723년 10월 9일 효종이 서양국(西洋國)의 문신종(問辰鍾)을 관상감(觀象監)에 내려 새로 만들게 하였다. 이 문신종(問辰鍾)은 진하사(進賀使) 밀창군(密昌君) 이직(李樴)이 돌아올 때에 청국(淸國) 임금이 우리나라에 보낸 것이다. 그 법(法)이 매우 정밀하고 교묘하여 밤이나 낮이나 비올 때나 흐릴 때나 쉽게 시각을 추측할 수 있는데 관상감에서 모형을 따라 새로 만들 것을 계청(啓請)하니 효종이 윤허하였다.

3) 부호는 단점(短點 : Dot)과 단점의 3배 길이인 장점(長點 : Dash)으로 구성되며, 문자와 기호 사이는 3단점 길이의 간격을 취한다. 구문(歐文)의 경우 어(語)와 어 사이는 7단점 길이의 간격을 두고, 국문의 경우 자(字)와 자 사이는 5단점의 길이를 둔다. 통신사가 키[電鍵]를 눌러서 전류의 단속(斷續) 또는 전압의 고저 등 변화를 가하여 전송을 한다. 수신 측에서는 도래 부호(到來符號)를 음향 또는 기록으로 받아 통신사의 청각 또는 시각으로 판별하는 수신 작업을 한다. 한국에서는 1885년 9월 28일 서로 전선(西路電線)이 개통되어 한성(漢城)과 인천 사이의 전신 업무가 개시될 때 일본과 청나라를 통하여 도입된 전신부호를 받아들였다. 전신 방식의 전기통신에서는 문자나 모양을 나타내기 위해 전류 단속의 장단(長短) 또는 전류의 강약을 배합하여 전송하는데, 이러한 것들이 전신부호이고 그 중에서 초창기부터 실용적인 것으로 채택된 것이 모스부호, 5단위 또는 6단위 부호이다. 국제간에 협정된 모스부호의 구성은 다음 규칙에 따르

에서 출생하였고 1872년 4월2일 미국 뉴욕 주에서 사망하였다.

아버지 제디 다이어는 유명한 조합 교회(組合敎會) 목사인 동시에 지리학자였다. 예일 대학교에서 수학하고 초상화가가 되었으며, 내셔널 디자인 아카데미의 초대 교장과 뉴욕 대학교의 미술 교수를 지내기도 했다.

1832년 이탈리아에서 미술 연구차 유학하다가 돌아오던 선상(船上)에서 최신 전자기학(電磁氣學)에 관한 내용을 알게 되어, 전신기를 만들어 보기로 결심, 대학 동료인 L.D.게일과 공장주(工場主) A.베일의 협력을 얻어 독자적인 알파벳 기호와 자기장치(自記裝置)를 1837년에 완성하였다. 그 기호가 개량된 것이 모스부호이다.

대부분 사람들은 한 가지도 성공하기가 힘든데 그는 워싱턴과 런던에서 미술을 공부했으며 왕립 아카데미에서 전시회를 할 정도로 화가로서도 빛을 발했으며 1835년에는 뉴욕에서 미술 교수가 되었다. 그러고 모스는 또 다른 분야에도 열정을 느꼈는데, 1825년 고향을 떠나 워싱턴D. C에서 미국 독립전쟁의 영웅 프랑스 라파예트 후작의 모습을 그리고 있을 때 허겁지겁 말을 타고 급히 달려온 메신저가 '아내가 아프다'는 내용의 아버지가 쓴 편지를 전해 줬다.

도록 규약 되어 있다. ① 선(dash)의 길이는 점(dot)의 3배일 것, ② 한 자를 형성하는 선과 점 사이의 간격은 1점과 같을 것, ③ 문자와 문자의 간격은 3점과 같을 것, ④ 어(語)와 어의 간격은 7점과 같을 것 등이다. 출처 : 두산백과

모스는 즉시 뉴 헤이븐의 집으로 돌아갔지만 이미 아내는 세상을 떠났고 장례식까지 끝난 뒤였다. 그는 아내의 임종을 하지 못한데 자책감을 빠지게 되고 어떻게 하면 소식을 빠르게, 멀리까지 전달할 수 있을까'라는 생각에 골몰한 끝에 모스 전신기를 연구하기 시작한다.

그는 전보문 전송은 숫자에 의해 하는 것이 좋겠다고 생각하고, 그 숫자는 점의 수와 점과 점 사이의 간격으로 표시하고자 하였다.

그리하여 모스는 숫자로 전문을 전송하기 위하여 일정한 숫자를 각 단어 및 간단한 문장에 맞추어 은어표(隱語表)를 생각해 내었다. 이 은어 표는 91페이지로 구성되어 있다.

각 페이지에는 단어와 상용 문구를 91개씩 기입하고 페이지와 행(行)을 지시함으로써 약 8,000어 정도의 어구(語句)를 전송할 수 있게 조립해 놓았다.

그 후 모스 전신기의 제작 동반자인 A.베일은 점의 수에 의한 숫자의 전송 방법이 불편하다는 것을 느끼고, 부호에는 점뿐만이 아니라 선을 더하여 통신하는 방법에 착안하였다.

이때까지의 전신기로는 단점만으로 표시하였던 것을 긴 직선을 이용해서 다양하게 조립을 한다면 보다 많은 부호를 만들어 낼 수 있다고 판단하였다.

그는 신문사 등에서 사용하는 문자의 빈도를 조사하는 등 연구에 착수하였다. 사용 도가 빈번한 문자는 아주 간단한 부호로 충당하였다.

1838년 원형(原型)이 구상되고 1843년에 실용되었다. 짧은 발신 전류(점)와 비교적 긴 발신 전류(선)를 배합하여 알파벳과 숫자를 표시한 것으로 기본적인 구조는 세계적으로 공통된다.

이 모스부호가 전신 연락용으로 사용된 것은 1844년 발명자인 모스에 의해서 워싱턴과 볼티모어 사이의 전신 연락에 사용된 것이 최초이다.

그는 국가 자금 유치와 유럽에서의 특허권 획득에 실패했으나, 1843년 워싱턴~볼티모어 간의 시험선(試驗線) 가설비 3만 달러의 예산을 획득하여, 이듬해 5월에 유명한 '하느님이 만드신 것'이라는 말을 베일 앞으로 송신하였다.

1856년, H.시플리가 웨스턴 유니언 전신 회사를 설립한 다음부터 모스는 특허를 통해 처음으로 그의 발명의 보상을 받았다.

이렇게 하여 성취된 것이 오늘날까지 사용되고 있는 모스부호의 근원이다. 이 모스부호는 1844년 워싱턴~볼티모어 사이의 전신 개통에 사용된 후 점진적으로 개량되어 국제간에서 널리 사용되는 모스부호가 되었다.

[5] 조세프 헨리 (Joseph Henry 1797-1878), 전자석의 발명

전자석의 철심과 자기장의 세기

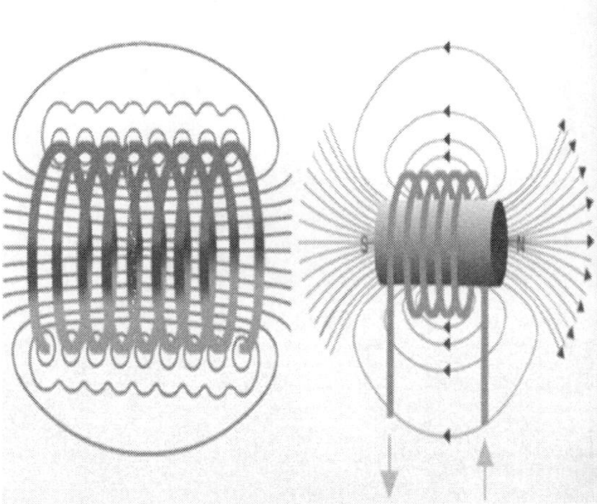

조세프 헨리(영어 : Joseph Henry, 1797년~1878년)는 미국의 물리학자이다. 원래 시계 기술자였으나, 후에 물리학을 연구하였다. 1830년에 패러데이와는 다르게 전자 유도와 전류의 자기 유도 현상을 발견하여 전자기학을 발전시키는 데 크게 이바지하였다.

유도 계수의 단위인 헨리는 그의 이름을 딴 것이다. 그는 무엇보다도 전자석을 감을 때 구리선에 피복을 입혀 여러 층 겹쳐서 감음으로써 가장 강력한 전자석을 만들었던 것으로 유명하다.

이때 그가 사용한 피복 재료가 그의 부인의 속옷에서 추출한 명주실이었다는 일화가 있다. 그는 패러데이와는 독자적으로 전자 유도 현상을 발견했던 것으로 간주된다.

헨리는 후에 다음과 같이 썼다.

"패러데이의 방법을 전혀 모른 채 나는 패러데이와는 다른 방법으로 전기 효과를 일으키는데 성공하였다……. 이어서 그의 자체유도 실험을 설명한 다음 …… 우리는 전기를 자기로 바꾸었고, 그 자기는 다시 전기로 변환된다 ……" 라고 결론지었다. 패러데이와 헨리 사이에 정확이 누가 먼저 얼마만큼의 발견을 하였는가는 확실하지가 않다. 그러나 하여튼 전자유도 법칙은 패러데이의 법칙으로 이름이 붙여졌고, 인덕턴스의 단위[4]로는 1893년에 열린 국제 전기 회의에서 헨리의 이름을 사용하기로 결정하였다.

[6] 엘리사 오티스
(Elisha Graves Otis,1811~1861), 엘리베이터의 발명

하늘 높은 줄 모르고 치솟는 초고층 빌딩을 가능하게 한 기술은 무엇일까?

구조역학을 토대로 한 다양한 첨단 건축 기술들이 동원됐겠지만, 결정적 한 가지가 있다. 바로 엘리베이터이다. 엘리베이터가 없었다면 아무리 높은 층을 쌓더라도 그 건물은 무용지물이다.

오늘날의 도시 생활은 엘리베이터를 빼 놓고는 이야기할 수 없다. 도시에서 사람들이 가장 일상적으로 이용하는 운송 수단은 자동차가 아니라 엘리베이터이다. 적어도 하루에 10억 명 이상이 엘리베이터를 이용하고, 72시간마다 전 세계 인구를 실어 나른다는 이야기가 있을 정도이다.

사오티스는 미국의 발명가로 1853년 뉴욕에서 열린 국제 박람회에 안전장치

4) 인덕턴스(Inductance)는 전류가 흐르는 다른 도체가 가까이 있을 경우 이 도체와 서로 작용하여 에너지 계를 형성하는데 이를 계수로 표현한 단위이다. 쇠막대에 절연된 코일을 감고 전기를 흘리면 전기적으로 연결이 없는 상태에서 쇠막대는 자석처럼 변하게 되는데 이것이 가장 쉬운 인덕턴스의 예이다. 다른 케이블에 있는 도체의 영향뿐 아니라 같은 도체의 다른 소선에 흐르는 전류에 의하여도 영향을 받는데 앞의 것을 상호인덕턴스(Mutual Inductance), 뒤의 것을 자기인덕턴스(Self Inductance) 라고 부른다. 출처 : 두산백과

가 설치된 엘리베이터를 발명·출품하였다. 1861년 오티스 엘리베이터사(社)를 창설하였으나, 이것이 실제로 사용된 것은 그가 세상을 떠난 후인 1889년 뉴욕에서였다. 오늘날 우리가 이용하는 엘리베이터는 여전히 오티스가 발명한 당시의 방식을 거의 그대로 이어받고 있다.

사실 엘리베이터는 고대부터 있었다. 엘리베이터의 기원은 B.C 236년경 그리스의 아르키메데스[5]가 개발한 도르래로 알려져 있다. 도르래는 애초 우물에서 물을 길어 올리는 데 사용되다가 점차 사람이나 화물을 수직으로 운반하는 엘리베이터로 발전했다.

로마에서는 콜로세움 경기장 안에 검투사나 동물들을 들여보낼 때 엘리베이터를 이용했다고 한다. 엘리베이터의 동력원은 오랜 기간 노예나 동물, 수력을 이용하다 18세기 산업혁명과 함께 증기기관을 거쳐 전기로 발전했다.

그러나 안전성 문제로 실용화하지 못했다. 줄이 끊어지면 곧바로 추락해 대형 사고가 발생하곤 했기 때문이다. 이 해묵은 숙제를 해결한 것이 바로 미국 버몬트 출신의 발명가 엘리사 오티스였다.

오티스가 '안전한 엘리베이터'를 발명하게 된 계기는 40살이던 1851년 제재소를 침대 프레임 제조 회사를 다닐 때였다. 그는 어떻게 하면 쉽고 안전하게 공장 3층으로 물품을 옮길 수 있을지 고민한 끝에, 자동적으로 안전장치가 작동되는 엘리베이터를 고안해 냈다.

운행 중 줄이 끊어지면 안전장치가 튀어나와 엘리베이터 양 옆의 가이드 레일에 있는 톱니에 걸리게 함으로써 추락을 방지한 것이다. 오늘날 초고층 빌딩을 가능하게 해준 기술이 탄생한 순간이다.

하지만 여타 많은 종류의 발명품과 같이 엘리베이터도 처음에는 단순하였다.

그는 2년 뒤인 1854년 뉴욕 세계 박람회에 엘리베이터를 직접 들고 나가 직접 시연을 해보였다. 박람회장 한가운데에 엘리베이터를 설치하고 자신이 직접 엘리베이터를 탄 뒤 관람객들 앞에서 줄을 끊어도 엘리베이터가 추락하지 않고 그대로 정지하는 모습을 보여준 것이다.

관람객들의 입을 벌어지게 만든 이 한 번의 시연으로 엘리베이터에 대한 일

5) 아르키메데스(고대 그리스어 : 'Αρχιμήδης, 현대 그리스어 : Arhoχιμήδης 아르히미디스, 약 기원전 287년~기원전 212년)는 고대 그리스 마그나 그라이키아의 일부였던 시라쿠사 출신의 철학자, 수학자, 천문학자, 물리학자 겸 공학자이다. 그의 생에 대해 남겨진 기록은 얼마 되지 않으나 고전 고대의 대표적인 과학자로 손꼽히고 있다. 아르키메데스는 물리학 분야에서 정역학과 유체정역학을 연구했으며 지레의 원리를 설명한 것으로 잘 알려져 있다. 또한 아르키메데스는 아르키메데스 나선양수기, 해상에 있는 배를 공격하기 위한 거울 등의 기계를 제작하기도 하였다. 또한, 아르키메데스는 고전 고대 시기의 가장 뛰어난 수학자 가운데 한 명으로 평가받고 있다. 수학과 관련한 아르키메데스의 업적으로는 실진법의 도입, 포물선으로 둘러싸인 도형의 넓이 계산, 원주율의 계산과 같은 것들이 있다. 출처 : 위키백과

반 대중들의 신뢰를 끌어 올리게 되었다.

이어 오티스는 엘리베이터 제조 회사를 설립하고 1861년 증기 엘리베이터에 대한 특허를 획득했다. 오티스 엘리베이터는 에펠탑(1887), 자유의 여신상(1900), 엠파이어스테이트 빌딩(1931),

유엔 본부 사무국 빌딩(1948) 지금은 사라진 세계 무역 센터 쌍둥이 타워(1967), Kasumigaseki[6] 빌딩(1968)에도 설치 항공모함용 엘리베이터도 제조하고 있다.

한편 유럽 최대 철강 그룹인 독일의 티센크루프(ThyssenKrupp)가 최근 하나의 대안을 내놨다. 지금과 전혀 다른 방식의 멀티(MULTI)라는 이름이 붙은 이 새로운 엘리베이터에는 로프가 달려 있지 않다. 자기부상 열차에서 보는 것과 비슷한 '리니어 모터'를 이용해 승강기를 움직이기 때문이다.

로프라는 굴레에서 벗어난 승강기는 위, 아래는 물론 옆으로도 이동이 가능해 건물 내 이동의 편의성과 효율성이 크게 높아졌다.

엘리베이터의 활동 공간이 1차원에서 2차원으로 격상된 셈이다. 이제 엘리베이터에 '승강기' 대신 다른 이름을 지어 줘야 할 것 같다. 한 외신은 이를 두고 영화 「찰리와 초콜릿 공장」에 등장하는 윌리 웡카 스타일의 엘리베이터를 보는 듯 하다고 전했다.

윌리 웡카의 엘리베이터는 영화에서, 로프 없이 설탕을 동력으로 삼아 초콜릿 공장과 하늘을 자유자재로 돌아다닌다.

티센크루프에 따르면, '멀티' 엘리베이터는 이동이 쉽도록 소재를 가볍고 튼튼한 탄소 복합 소재로 바꿔 엘리베이터 하중을 50%나 줄였다. 이로써 승강기별로 하나의 모터만으로 이동이 가능해졌다. 티센크루프는 새 시스템을 적용할 경우, 엘리베이터의 수송 능력은 50% 늘어나고, 엘리베이터가 차지하는 공간은 50% 줄어들 것이라고 말한다. 그에 따라 이용 가능한 빌딩의 공간도 최대 25% 늘어난다. 필요 공간이 줄어들므로 건축비가 절감되고, 활용 공간이 늘어나므로 임대료 수입이 늘어나게 되는 효과도 있다.

이 시스템이 이런 높은 효율을 낼 수 있는 것은 지금과 같은 고-스톱 방식

---

6) 가스미가세키 : 오슈카이도의 관문 역할을 하며, 중세부터 간토의 명소로 널리 알려져 있었다. 하지만 지금의 가스미가세키와 동일한 지역을 가리키는지는 이론이 있어 확실한 것은 아니다. 에도 시대까지는 다이묘야시키가 늘어서 있었다. 메이지 시대의 대화재로 인하여 지역이 전소되자, 이 지역에 외무성이나 해군성 등이 세진 계기로 많은 행정기관이 집적되면서 계획적인 정비가 진행되어 지금과 같은 관청가의 면모를 갖추게 되었다. 정식으로는 중앙관아지구(中央官衙地区) 또는 가스미가세키 1단지의 관공청 시설이라고도 불렸다. 이러한 과정을 통해 '가스미가세키'는 '일본의 중앙 관계(中央官界)'의 대명사로 자리잡게 되었다. 또한 그중에서도 가장 오래부터 위치한 '외무성'의 '관저(官邸) 외교'의 대명사로 '가스미가세키 외교'처럼 이용하게 되었다. 출처 : 위키백과

이 아니라 파터노스터(Paternoster)[7]같은 순환 방식에 기반을 두어 엘리베이터를 작동하기 때문이다.

파터노스터는 놀이 공원의 관람 차나 스키장의 리프트처럼 쉬지 않고 움직이는 엘리베이터를 가리킨다. 버튼을 누르는 대신, 기다리고 있다가 자신이 서 있는 곳에 엘리베이터가 도착하면 바로 탑승하고 원하는 층에 도착하면 내리는 방식이다.

이는 1884년에 선보인 기술인데, 독일에서는 지금도 시청, 도서관 같은 공공건물에서 사용하고 있다고 한다. 멀티 엘리베이터는 이 순환 시스템에 따라 하나의 엘리베이터 통로에서 여러 대의 승강기가 동시에 움직인다.

각각의 승강기는 초속 5미터의 속도로 움직이고, 50 m마다 환승 구가 있다. 따라서 엘리베이터를 타기 위해 오랜 시간 기다릴 필요가 없다. 아무리 오래 걸려도 15~30초 정도면 엘리베티어를 탈 수 있다고 티센크루프는 설명한다.

티센크루프 엘리베이터 부문 CEO인 안드레아스 시렌베크(Andreas Schie-renbeck)은 보도 자료를 통해 "매년 뉴욕 시 직장인들이 엘리베이터 탑승을 위해 기다리는 시간을 합치면 무려 16.6년, 엘리베이터 안에서 보내는 시간을 합치면 5.9년이나 된다. 이 수치는 도시에서 엘리베이터의 효율성 제고가 얼마나 시급한 사안인지를 보여준다."라고 말했다.

티센크루프는 일단 높이가 300미터 이상인 빌딩에 이 시스템을 적용할 것을 권한다. 물론 이 시스템이 특별히 빌딩 높이에 제한을 받는 것은 아니다.

다만 이동 인구가 작은 빌딩에서는 효율성이 그만큼 떨어질 뿐이다. 티센크루프는 곧 완공되는 독일 로트바일의 240 m 높이 빌딩에 이 멀티 시스템을 처음 적용한다고 밝혔다.

티센크루프의 '멀티' 엘리베이터 시스템은 앞으로 건축가들에게 새로운 차원의 건물 디자인에 대한 도전 욕구를 자극할 것으로 보인다.

수직으로, 한 통로에 한 대만 움직이는 기존 엘리베이터가 주는 공간 제약에서 벗어날 수 있기 때문이다. 이는 건축가들에게 이제까지 공간 활용의 제약으로 생각하지 못했던 건물 디자인을 가능하게 해줄 것이다. 새 엘리베이터 시스템이 어떤 건축 미학을 선보일지 벌써부터 궁금해진다.[8]

[7] 조세프 글리든

7) 파터노스터는 순환형 엘리베이터로 컨베이어 벨트와 유사한 장치이다. 승용 케이지를 여럿 설치하여 지속적으로 순환하는 방식으로 동작하게 된다. 건물의 각 층에 설치된 승강구에는 출입문 없이 케이지가 계속 한 방향으로 움직이는 구조가 되며, 이를 이용자가 타이밍 좋게 타는 방식으로 이용하는 구조이다. 출처 : 위키백과

8) 엘리베이터가 부르는 건축 혁명, 허핑턴 포스트

(Joseph F Glidden 1813~1906), **철조망의 발명**

인류 역사상 출시되었던 발명품 중에 가장 돈을 많이 번 것은 어떤 발명품일까?

시대적인 화폐적 차이는 있겠지만, 여러 발명품 중에 철조망 발명품이 가장 돈을 많이 벌었다고 전한다. 11명의 회계사가 1년 동안 계산을 해도 모두 계산할 수 없는 금액을 벌었다니 어마어마하다. 도대체 얼마를 벌었기에 11명의 회계사가 1년 동안 계산하여도 측정 불가한 금액일까?

이런 어마어마한 발명품도 세상에 빛을 보게 되는 데에는 생각보다는 너무도 초라하고 단순한 생활 속 아이디어에서부터 탄생되었다.

때는 1800년 초 미국 어느 시골 목장에 13세의 조세프 글리든(Joseph Glidden)이라는 양치기 목동이 있다. 남들은 초등학교 다닐 어린 나이에 목동을 하려니 얼마나 지루했을까? 하루 종일 양만 지키면서 한 마리의 양도 울타리 밖으로 나가지 못하게 지키는 목동은 아마 없을 것이다.

조세프도 가끔 딴전을 피우는 일이 있었는데, 그럴 때마다 양들이 울타리 밖으로 나가 이웃 농장을 망치곤 하였고 농장 주인에게 대단히 혼났고 이를 고민했다.

그러던 차에, 양들의 탈출 경로를 보게 되었다. 울타리를 자세히 살펴보니 양들이 나가는 곳이 장미 넝쿨이 있는 울타리로는 절대 나가지 않고 듬성등성 세워 놓은 철사 울타리로만 나가는 것이었다. 양들이 가시를 싫어한다는 사실을 발견한 것 이였다. 그는 다음날 다짜고짜 장미 나무를 베어 내기 시작하였다.

그리고 자른 장미 나뭇가지를 목책 주변에 심어 놓기 시작하였다. 이상한 행동에 동료이자 친구인 빌은 조세프 지금 뭐하는 거야? 하고 물었다. 조세프는 내가 지금 기가 막힌 것을 실험 중이야"라고 말했다.

잠시 후 조세프는 양들을 자신이 심어 놓은 장미 울타리로 내 몰았으나 양들은 장미 가시를 보고 옆에 접근하지 않았다. 맞아! 바로 이거야 하고 그날부터 집에 오면 창고에서 나갈 줄 모르고 무언가 열심히 만들기 시작하였다.

열심히 철사를 꼬고 여기에 날카롭게 절단한 못을 끼워 넣고 다시 단단히 벤치로 꼬기 시작했다. 한 달간의 작업을 마치고 완성된 철조망을 목책에 두르기 시작하였다.

그날 이후 양들은 조세프가 설치해 놓은 철조망 옆에는 얼씬도 하지 않았다.

그리고 그는 1874년 특허청에 특허를 신청하였다.

그가 특허를 낸 '더 위너(The Winner)'라는 철조망은 현재 쓰이고 있는 가시철조망의 원조이며 역사상 가장 성공적인 철조망으로 꼽힌다고 한다.

그는 커피 원두를 가는데 쓰이는 날카로운 금속 조각들을 다른 철사를 이용해 매달아 가시철조망을 발명했다. 이렇게 단순한 디자인도 발명이 될까 싶은데 그의 발명은 저렴하게 날카로운 울타리를 만들려는 숱한 시도들의 연장선상에 있었다.

한편 1859년 존 크렌니거(John Crenniger)라는 사람은 나무 울타리 위에 날카로운 금속 조각을 박아 넣었다. 1867년에 루시언 스미스(Lucien B. Smith)는 쇠기둥 사이에 줄을 잇고 돌이나 날카로운 금속 조각의 실패를 걸어 놓았다. 글리든 의 디자인과 크게 다를 바 없는 개념이었다.

1873년 헨리 로즈(Henry Rose)는 나무 난간에 날카로운 금속 조각들을 박은 울타리를 선보였고 글리든은 이 울타리를 응용해 잽싸게 특허를 출원했다.

글리든의 발명 이후에도 단순하기 그지없는 철조망에 무려 570 가지의 철조망 특허가 출원됐다고 하니 기술개발과 특허 선점에 대한 미국 사회의 편집증에 가까운 특허 집착을 알 수 있다. 한편 미국 텍사스 주 샌안토니오에 있는 알라모 요새 근처 시내 거리에는 '세계 최초의 가시철조망 시연 장소'라는 사적 표지판이 붙어 있었다.

전술한 바로 '더 위너'라는 목동 출신인 글리든의 제품이 처음 선보인 곳이었다. 이들은 광장에 철조망을 치고 소떼들을 몰아넣어 소떼들이 과연 철조망을 뚫고 나가는지를 사람들 보는 앞에서 시험했다. 소떼들은 '멍청하게도' 철조망을 뚫고 나가려다 상처를 입고는 움찔했다.

대성공. 그들은 '공기보다 가볍고, 위스키보다 세며, 먼지보다 값싼 울타리'라고 선전했다.

철조망을 발명한 글리든은 자신의 특허권을 팔아서 텍사스에 25만 에이커의 목장과 호텔, 신문을 구입, 철조망에 둘러싸여 여생을 보냈다. 철조망의 발명은 카우보이 시대에 종지부를 찍었다. '열린 목장'은 '닫힌 목장'에 밀려났다.

대평원에는 그 전까지 스페인의 전통적인 목축 방식인 트랜스휴먼스(Transhumance)가 통했다. 소떼를 이끌고 이곳저곳을 다니면서 풀을 먹이는 것이다. 라인 라이더(Line rider)라고 불리는 카우보이들은 소떼들이 곡식이 자라는 곳으로 가지 않도록 막고 또 멀리 달아나지 않도록 몰고 다녔다. 그런데 철조망이 소떼들의 자유로운 움직임을 봉쇄함에 따라 카우보이들은 일자리를 잃거나 낭만적 의미를 상실했거나 로데오 선수로 변신했다. 다른 말로는 철조망으로 인건비가 크게 절약됐다. 하루아침에 방목권을 상실한 사람들과 사유재산권을 철조망으로 지키려는 사람들과 충돌이 잇따랐고 캔자스는 울타리 법(Fence law)[9]를 제정해 분쟁을 조정해야 했다.

[8] 새뮤얼 콜트 (Samuel Colt 1814~1862), 권총의 발명

9) 캔자스의 울타리 법은 울타리 하나의 토지에 대한 의무,누가 울타리를 세우는가에 대한 책임, 울타리와 경계, 울타리와 취득 시효를 근간하는 미국의 법률. 출처 : 위키백과

새뮤얼 콜트(Samuel Colt, 1814년 7월 19일~1862년 1월 10일)는 미국의 발명가 및 공장 경영자이다. 47세의 나이에 사망한다. 서부 개척이 한창이던 1840년대 미국 군인들은 인디언들을 좀체 이기지 못했다.

총이 있었지만 기마전에서 번번이 패배했다. 인디언은 말을 타고 달리며 활을 쏴 공격했다. 그런데 머스킷 총[10]은 쏘고 나서 재 장전하는 데 시간이 많이 걸렸다.

오늘날 미국의 야구단과 이름이 같은 텍사스의 기마 부대인 텍사스 레인저스는 1845년 어느 날 획기적인 무장을 하게 되었다. 탄환 6발을 계속 쏠 수 있는 '리볼버'(탄창 회전식 다연발 권총)총이 발명이 된 것이다. 말을 타고 달리며 총을 연발로 쏘게 되자 전쟁의 판도가 바뀌었다.

이 권총을 개발한 사람이 새뮤얼 콜트(1814~1862)다. 콜트는 선원으로 일할 때 배의 엔진 기관에서 탄창 회전식 권총의 아이디어를 얻었다. 1836년 22세 때 회사를 세워 리볼버를 내놨지만 사람들의 오랜 습관을 바꾸기 어려웠다.

판매는 부진했고 결국 그의 첫 회사는 도산했다. 그런데 텍사스 레인저스 등이 콜트의 권총으로 승리를 거둔 사실이 알려지면서 새로운 기회가 왔다.

1847년 미국 군수부는 콜트에게 권총 1,000자루를 주문했다. 콜트는 남의 공장을 빌려 권총을 생산하기 시작했다.1851년엔 영국에도 공장을 세웠고 각종 국제 무역 전시회를 휩쓸었다.

콜트는 니콜라스 1세 러시아 황제 등에게 공식적으로 콜트 권총을 선물하며 국제적 마케팅에도 수완을 보였다. 1856년께 미국 10대 부자 반열에 올랐다.

콜트 특허 무기 생산 회사(현 콜트 파이어암스)를 설립하고, 리볼버 권총을 비롯하여

워커·드러군·네이비·아미 등의 각종 권총과 회전 탄창 라이플을 제조하였다. 권총의 부분품을 규격화하여 완전한 호환식 생산 방법을 채택하여 대량생산 방식의 효시가 되기도 하였다.

1861년 발발한 남북전쟁은 또 다른 기회였다. 원래 남부 지역에도 총을 팔았던 콜트는 전쟁이 터지자 북군에만 공급했다. 공장은 생산량을 못 댈 정도로 바빴다. 그해 직원 1,000명을 넘었고 이익은 25만 달러에 달했다. 콜트는 그

10) 머스킷 총은 총구로 장전되는 활강 총으로 어깨 높이에서 발사된다. 화승총보다 크며 받침대에 올려놓고 좌우로 회전시켜서 사용하는 경우가 많다. 머스킷 총이 언제 발명되었는지는 정확하게 알 수 없지만 고대 중국의 문서에 기록된 바에 따르면 14세기경으로 추정된다. 초기에 만들어진 대포는 중국인이 고안했고 중국의 무기 전문가들은 최초로 머스킷 총이라고 할 만한 무기를 만들어 냈다. 하지만 세계 역사상 무기의 혁명이 일어난 시기는 이 기술이 오스만 제국(이후에는 유럽)의 발달된 야금학 기술과 결합된 이후였다. 출처 : 위키백과

러나 건강 악화로 1862년 초 사망했다.

그가 생전 생산한 총은 40만정, 모은 재산은 1,500만 달러나 됐다. 천문학적인 금액이었다.

남북전쟁 당시 이런 말이 나돌았다. "링컨은 사람을 해방시켰고, 콜트는 그들을 평등하게 만들었다." 총이 사람들을 평등하게 만들었다는 뜻이었다. 정작 콜트는 이 말을 못 들었다고 한다.

콜트 사는 이후에도 기술과 디자인을 발전시키며 세계적 총기 회사로서 영향력을 키웠다. 1873년에 나온 콜트의 '피스 메이커'는 당시 서부를 휩쓸었다.

또 '45구경 권총'으로도 알려진 '콜트45'는 미군 장교들의 상징이 되기도 했다. 대한민국 남자 대부분이 쏴본 'M16'은 베트남전쟁에서 주력 화기로 쓰였다. 콜트 사가 경영난으로 파산 보호를 신청했다는 소식이다. 국방비가 삭감되면서 계약이 일부 취소된 탓이 크지만 각국의 총기 규제에 의한 수요가 줄어든 까닭이라 생각한다.

[9] 하이만 리프먼

(Hyman L Lipman 1817~1893), 지우개 달린 연필의 발명

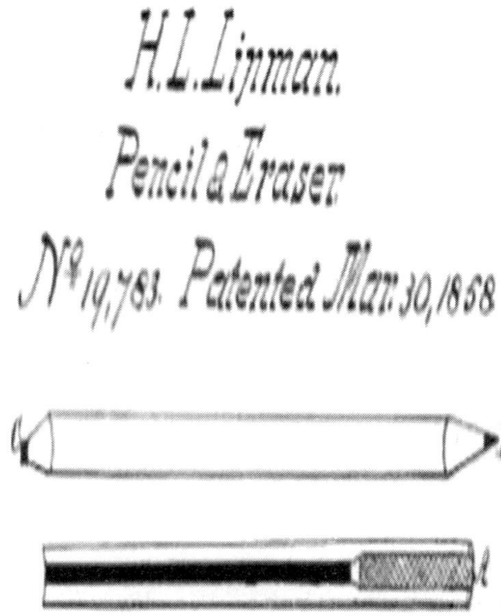

고대의 문자는 연(鉛)[11]을 동물 가죽 등에 묻혀서 사용했다. 나중에 연과 구리의 합금을 이용하여 겉에 나무를 두른 지금의 연필 원형이 만들어졌다. 이것과 같은 원리로 만들어진 것은 지금도 미술가들이

사용하고 있다. 이윽고 심 부분이 흑연으로 바뀌고, 깎아서 쓸 수 있게 되면서 현대 연필의 원형이 만들어졌다고 할 수 있다.

흑연을 사용한 연필이 최초에 글로 나타난 것은 1565년 스위스의 독일계 박물학자인 콘라드 게스너[12]의「특히 돌과 바위에 포함된 화석의 형태와 이미지에 대해」이다. 게스너가 사용한 연필의 본체는 둥근 통 모양의 나무로 돼 있어, 앞부분에 흑연 덩어리를 넣은 것이었다.

흑연이 없어지면 새 흑연을 다시 넣어서 사용했다. 책을 쓸 때 사용한 것은 극히 드물었던 듯하지만, 전해지는 바에 따르면 게스너는 그전부터 이 도구를 사용했다.

야외에서 화석을 기록할 때, 잉크병이 필요 없는 연필은 게스너에게 굉장히 편리한 물건이었다.

16세기말에는 영국의 보로데일에서 컴벌랜드 흑연광이 발견되어, 연필을 만들 수 있게 됐다.

게스너가 사용하던 것도 심은 컴벌랜드 산 흑연이었을 가능성이 높다. 초기의 연필은 게스너가 사용한 것처럼 나무나 금속으로 만든 축대 앞에 흑연 덩어리를 집어넣는 것이었다. 흑연을 나무 사이에 껴서 쓰거나, 철사로 두른 모양도 실재했다. 두 장의 가늘고 긴 나무판 사이에 심이 될 가늘고 긴 흑연 봉을 껴서 고정한 현대와 같이 깎아서 사용하는 연필은 1616년에 이르러 발명됐다.

기록에 남은 이 종류의 연필을 최초로 만든 제조업자는 독일의 뉘른베르크에 사는 프리드리히 슈타에틀러[Friedrich Staedtler후 스테들러(STAEDTLER)사의 창업자의 선조이기도 하다]로, 1662년에 마을 당국에 연필 제조 허가원을 냈지만, 마을에서는 이 작업은 소목장이의 일로 여겨 기각했다. 하지만, 1675년에는 스테들러와 동업자는 연필 제조업자 길드를 만드는 것을 허가받게 됐

---

11) 연은 화학 원소로, 기호는 Pb이고 원자 번호는 82이다. 무르고, 무겁고, 가단성의 독성이 있는 전후 금속으로, 자르고 난 단면은 푸르스름한 빛을 띠나 공기 중에서 변색되어 흐릿한 회색이 된다. 납은 건축, 납축전지, 총알 등에 사용되며, 땜납, 백랍 등의 가용 합금에 들어간다. 납은 안정 원소 중에 가장 원자 번호가 큰 원소이다. 녹는점이 낮아 납땜에 용이하고, 납중독을 일으키며, 흡수력이 좋다. 페인트 성분에도 함유되어 있다. 출처 : 위키백과

12) 콘라트 게스너(Conrad Gessner, 1516년 3월 26일~1565년 12월 13일)은 스위스의 박물학자이자 서지학자이다. 그가 총 세 권으로 쓴 「동물지」는 근대 동물학의 효시로 여겨진다. 취리히에서 모피상의 아들로 태어났다. 아버지가 카펠 전투(1531년)에서 전사한 후 그 경제적으로 쪼들렸다. 출처 : 위키백과

다. 깎아서 쓰는 연필은 당초 심은 네모났고, 축대는 8각형이었다. 단, 초기는 소목장이가 연필을 만들었기에 제조자에 따라서 원형이나 6각형을 만든 사람도 있었다.

길이는 6인치 혹은 7인치로, 폭과 두께는 1/3 내지 1/2인치였다. 현대의 것과 큰 차이는 없다.

흑연은 영국의 특산물로, 이 시대에 연필은 영국산 물건이 많이 사용됐다. 그리고 수출업자를 보호하기 위해 점차적으로 흑연 수출입을 금지하고 완성품인 연필만을 수출하는 정책을 펼쳤다.

영국의 흑연광은 19세기에 이르러 다 소진되어, 현재는 중국, 브라질, 스리랑카 등에서 흑연을 채굴하고 있다. 초기의 연필의 심은 중간까지만 박혀 있었다. 끝부분까지 깎아 버리면 집을 수 없어진다는 이유로 버릴 부분에는 애초에 심을 넣지 않았던 것이다.

이런 형태의 생산은 19세기까지 이어졌다. 연필이 보급되고, 흑연이 부족해지자 흑연을 절약하여, 흑연 찌꺼기도 활용하는 방법을 연구하게 됐다. 최초의 착상은 1726년에 이르러 독일에서 실현됐다. 흑연 찌꺼기와 유황을 섞어서 녹여 고체로 만드는 것이었지만, 필기할 때 매끄럽지 못하고 유연하게 써지지 않아, 나중에 카르노 식[13] 연필이 등장하자 바로 사라졌다.

1770년에 지우개가 발명됐고, 1793년, 영국과 프랑스 사이에서 전쟁이 일어나자 프랑스에서 흑연과 연필을 수입할 수 없게 됐다. 전쟁 대신이던 라잘 카르노는 기사인 니콜라 자크 콩테에게 대리품의 개발을 명했다.

1795년 콩테는 흑연과 점토를 섞어 가열하여 만드는 현재와 같은 형태의 심을 개발했다. 카르노가 개발한 방법으로는 흑연을 많이 절약할 수 있는 데다 흑연 찌꺼기도 이용할 수 있었다. 그리고 점토의 양에 따라 글씨 색의 명암을 변화시킬 수 있게 됐다.

그렇다면 지우개가 달린 연필은 누가 발명한 걸까?

그는 미국 필라델피아에 살던 하이만 리프만이라는 한 소년이 만들어 낸 발명품이다.

집이 가난해 상급 학교에 가지 못한 하이만은 뛰어난 그림 솜씨로 사람들의 인물화를 그려 주며 돈을 벌었다. 평소 건망증이 아주 심하여 매번 지우개를 찾느라 시간을 허비하는 경우가 많았다고 한다. 그러다가 손님들이 가 버리는 경우도 허다하여 동료 화가들이 혀를 차며 그에게 곱지 않은 시선을 보내는

13) 프랑스의 물리학자. 카르노사이클의 개념을 도입하여 온도차의 역할과 '열평형 회복'의 중요성을 지적하며 열역학 제 2 법칙의 기초를 닦았다. 유고(遺稿)에서 종래의 열 물질성을 탈피하여 열과 일의 당량 성을 제시하면서 열역학의 선구자가 되었다. 출처 : 위키백과

일이 잦았다 한다.

하이만은 문득 지우개를 잃어버리지 않을 방법을 궁리하다가 동료 화가가 "지우개가 달아나지 않게 아예 연필에 묶어 버리는 게 어때?"라는 말을 듣고 그날부터 연필에 지우개를 다는 방법을 궁리하기 시작했다.

결국 하이만은 여러 날을 연구 끝에 지우개를 연필에 달 수 있었다. 하이만은 지우개에 구멍을 뚫어 실로 묶은 뒤 화판에 매달아 보았으나 지우개는 곧 조각이 나서 사라지곤 했다.

그래서 손에 쥐고 있었더니 땀으로 범벅이 된 지우개는 그림을 오히려 더 지저분하게 했다.

어느 날, 잠시 쉬는 동안 연필로 지우개를 쿡쿡 찍으며 '어떻게 해야 지우개를 편리하게 보관할까 …' 생각에 잠겼던 하이만은 다시 그림을 그리려고 연필을 들다가 놀라운 모습을 보았다. 지우개를 실로 묶기 위해 뚫어 놓은 구멍에 연필 끝이 박혀 있었던 것이다.

'바로 이거야. 연필 뒤에 지우개를 붙이는 거야'하고 하이만은 조그만 양철 조각을 잘라 연필 끝과 지우개를 단단히 묶었다. 이 방법은 아주 효과적이어서 그 뒤로는 잃어버린 지우개를 찾느라 한눈팔지 않고 열심히 그림을 그릴 수 있었다.

우연히 하이만의 '지우개 달린 연필'을 본 친구 윌리엄은 특허를 내고 물건을 만들어 팔자고 제안했다. 지우개 달린 연필은 1867년 7월 드디어 특허를 받았고, 얼마 뒤 리버칩이라는 연필 회사에서 하이만을 찾아와 하이만의 아이디어를 사기를 원했다.

하이만은 연필 회사에 당시 100,000만 달러를 받고, 또 한 자루 팔릴 때마다 이익금의 2%를 받는 조건으로 특허권을 팔았다. 발명가 하이만과 리버칩 연필 회사는 '지우개 달린 연필'로 엄청난 돈을 벌었다[14] 동료 화가는 생각만 했지만 하이만은 그 실천을 실천에 옮겼기에 백만장자가 될 수 있었던 것이다.

[10] 토머스 애덤스 (Thomas Adams 1818~1905), 풍선껌의 발명

껌의 발상지는 초콜릿의 원료인 카카오 빈과 마찬가지로 멕시코로 알려져 있는데 AD 2세기경 마야 문명에서부터 유래 되었다고 전해진다.

14) 지우개 달린 연필 발명 이야기

기록에 의하면 서기 3백 년경 멕시코의 마야족은 사포딜라(Sapodilla)[15]나무의 수액을 채취해 끓여서 만든 치클(Chicle)을 씹었다고 전해진다. 마야족의 이러한 습관은 이후 아메리칸 인디언에게도 전파돼 아파치족, 코만치 족에 이어 케네벡 사람들에게 전수됐으며 이후 콜럼부스(Columbus, Christopher)에 의해 신세계 발견과 함께 널리 전파됐다.

한편 껌의 기원은 미국인의 미움을 받고 있는 알라모 대학살의 책임자인 멕시코의 육군 사령관 산타

안나로 거슬러 올라간다.

군인인 산타안나에게는 껌을 씹는 이유가 있었다. 1830 년 대 멕시코 영토였던 텍사스가 독립을 선언하자 산타안나는 멕시코 병사 5천명을 데리고 샌안토니오 마을을 공격했다. 그 전투에서 텍사스 군인들은 거의 전멸하고 알라모의 성벽으로 퇴각했다.

얼마 뒤 휴스턴 장군[16]이 이끄는 미국군은 "알라모를 잊지 말자"는 기치 아

15) 사포타과의 열대 교목. 높이는 20미터 정도이며, 잎은 긴 타원형으로 윤이 나며 두껍다. 흰 꽃이 잎겨드랑이에 피고 열매는 단맛이 있고 나무껍질에서 나오는 즙은 껌의 원료가 된다. 아메리카 대륙의 열대 지방이 원산지이다. 출처 : 식물백과

16) 샘 휴스턴(Sam Houston, 1793년 3월 2일~1863년 7월 26일)은 미국의 정치인이며 군인이다. 미국 텍사스 주 역사의 핵심적인 인물이다. 텍사스 주가 멕시코와 전쟁을 벌여 텍사스 공화국으로 독립 했을 때 대통령을 지냈고, 이후 텍사스 주가 미국 연방에 편입된 이후에는 상원 의원과 주지사를 역임했다. 텍사스 주의 가장 큰 도시 휴스턴은 그의 이름을 딴 것이다. 출처 : 위키백과

래 전쟁을 벌여 산타안나를 이기고 텍사스를 독립시켰다. 그 후 전범이었던 산타안나는 죽음을 면하고 뉴욕의 스타센 섬에 정착했다. 산타안나는 이 섬으로 추방될 때 멕시코의 정글에서 자라는 사포딜라 나무의 수액을 말린 커다란 치클 덩어리를 가지고 왔다. 산타안나는 아스텍족이 치클(Chictli) 이라고 부르는 이 아무 맛도 없는 것을 즐겨 씹었다.

그러다가 산타안나는 알게 된 발명가인 토머스 애덤스에게 치클을 보여주게 되었고, 애덤스는 이 수지를 합성고무로 만들어 팔려다가 실패하고 말았다.

그 후 애덤스는 아들인 호레쇼가 이 치클을 씹는 모습에 착안 해 당시에 씹는 과자로 팔리던 고형 파라핀 덩어리를 대신해 시장에 팔기로 했다. 1871년 애덤스의 이 치클 볼은 뉴저지 주의 한 약국에서부터 판매되기 시작했다. 처음부터 인기를 얻어 날개 돋친 듯 팔려 나가기 시작했다.

치클을 가장 처음 가공한 사람은 19세기경 미국인 애덤스로 치클을 타이어에 이용하려 했지만 탄력성이 부족하고 또 쉽게 굳어지지도 않아 그냥 강에 버리려고 했다.

그러던 중 약국에서 파라핀 왁스로 만들어진 츄잉껌을 보고 치클로 껌을 만들어 상품화했다. 같은 시기에 약국을 경영하던 콜간 이라는 사람이 치클에 향료를 넣어 만드는 일을 생각해 냈다.

이후 많은 사람들에 의해 치클에 향료, 설탕, 첨가물 등을 넣는 것이 고안되면서 오늘날과 같은 맛있고 기능이 뛰어난 껌이 탄생하게 된 것이다.

츄잉껌이 공업적으로 본격 생산된 것은 1890년대 초반 윌리엄 위그리가 회사를 설립하여 미국 전역에 판매하면서 부터이다.

그의 판매 전략은 이익의 대부분을 광고에 투자하여 소비자들로부터 위그리 "츄잉껌"을 인식시키는 것이었다.

이러한 판매 전략 덕분에 오늘날까지도 위그리는 전 세계 껌 시장을 석권하고 있다. 그 후 애덤스는 감초인 에센스를 넣은 껌을 만들어 블랙잭이란 상표로 팔았는데 이것이 현재 팔리는 껌 중 에서 가장 오래된 껌이다.

이 치클 볼에 이어 요즘의 모양과 유사하며 독특한 맛을 첨가한 껌이 나오기 시작한 것은 1875년 켄터키의 존 콜건에 의해서였다.

그가 치클 볼에 첨가한 것은 톨루엔이라는 약 성분이 든 수지였다. 콜건은 타피 톨이라는 이름을 붙였고, 그 후 다른 맛도 첨가해서 시판해 큰 인기를 얻었다.

1880년에는 오하이오 주의 어떤 회사가 페퍼민트 껌을 팔기 시작하여 가장 인기 있는 껌이 되었다. 애덤스도 뉴욕의 철도 플랫 홈에 껌 판매기를 만들어 팔기 시작했다.

요즘과 같은 근대적인 껌이 시판되기 시작한 것은 1890년대 이었다. 이때 가장 두각을 나타낸 것이 비누 영업사 원에서 추인 껌 제조업자로 변신한 윌리엄 리글레이 주니어였다.

리글레이는 1892년에 스피어민트 껌을, 그 다음해에는 쥬시 후르츠 껌을 내놓아 미국에서 가장 잘 팔리는 껌으로 만들었다.

리글레이[17]는 독특한 자신만의 방법으로 시장을 확산시켜 나갔다. 그는 누구나 공짜를 좋아한다는 생각 아래 손님을 잡기 위해 1915년에 150만 명에 이르는 전화가입자에게 공짜로 껌을 직접 보내기 시작했다. 그 후 전화 가입자가 700만 명에 이를 때도 공짜로 자신의 껌을 우송했다.

이후 급속도로 껌의 인기가 치솟았으나 비방의 목소리도 적지 않았다. 일부 엄격한 사람들은 껌을 씹는 것은 천박한 행위이며, 아무 곳이나 뱉어지며 도로를 더럽힌다고 비난하고, 흡연자들은 껌은 여자들이나 씹는 것이라며 외면하기 시작했다.

그리고 교사들도 학생들의 껌 씹는 것을 막았으며, 의사들은 껌이 목으로 넘어가는 것을 우려했고 또 너무 많이 씹으면 치아에도 좋지 않다고 경고하기에 이르렀다.

요즘 우리가 씹는 껌은 산타안나가 섬에서 씹던 치클이 아니라 부드러운 폴리비닐 아세테이트이다. 특별히 맛도 향도 없지만 미국인들은 매년 어마어마한 양의 껌을 씹어 대며, 전 세계적으로는 그 양을 추정키조차 힘들다.

한편 1880년대에는 새로운 껌이 등장한다. 프랑크 플리어와 헨리 풀리어 형제가 껌 업계에 뛰어들며 새로운 시도를 시작했다.

프랑크가 개발하려 했던 껌은 요즈음의 풍선껌이었다. 풍선을 불었다가 다시 씹고 또 불고하는 재미를 가미하려 했던 것이다.

그런데 풍선을 부풀리기 위해서는 표면장력과 탄력성이 있어야 하는데 탄력성이 약해 부푼 풍선이 금방 터져 버리곤 했다. 블리바 블리바 버블 껌이라고 이름 붙여졌던 최초의 이 풍선 껌은 금방 터져 버리고 너무 끈적끈적해 얼굴에 달라붙는 등의 이유로 실패하고 말았다.

그러나 동생인 헨리가 개발한 하얀 캔디 모양의 껌은 인기를 얻기 시작했다. 이 껌은 1910년에 치클렛 이라는 이름으로 나와 시판됐다. 프랑크는 드디어 1928년에야 더블 이라 불리는 풍선껌을 만드는데 성공했다. 그 후 이 껌은 다양하게 발전되어 갔고, 순식간에 그 인기가 전 세계로 퍼져 나갔다.

또한 세계 2차 대전 때는 미국군들의 전투 식량으로 그 역할을 톡톡히 했

17) 1890년 비누 회사 영업 사원 이였던 월리암 리글레이 주니어는 1892년 스피어민트 껌을 다음해에는 쥬시 후르츠껌을 출시하여 미국에서 가장 잘 팔리는 껌을 만들었다. 출처 : 위키백과

다. 그 후 에스키모인 에게까지 이 껌이 팔리기 시작했다. 우리가 흔히 씹는 껌이 한 전범에 의해 유래되어 전쟁 중에는 군인들의 야전 식량으로까지 활용되었다니 정말 흥미로운 일이 아닐 수 없다.

한국에서는 주한 미군의 주둔 이후 껌에 대한 폭넓은 수요가 일어났으며, 1956년 순수 국내 기술로 해태 제과에서 「해태 풍선껌」을 제조한 것이 우리나라 츄잉 껌의 시초라 할 수 있겠다.

[11] 리처드 조던 게틀링
(Richard Jordan Gatling 1818~1903), 기관총의 발명

게들링은 1818년 노스캐롤라이나 주 머니스넥(Money's Neck)이라는 작은 마을의 이민 가정에서 태어났다. 시골 학교의 교사로 있다가 마을에서 작은 가게를 열었다.

어려서부터 기계 조립에 남다른 재능이 있었으며, 주위에서 흔히 볼 수 있는 농기구의 작동 모습을 관찰하고 농업용 기계를 발명하는 데 많은 시간을 보냈다. 1839년 이앙기(移秧機)[18]를 발명하였고

그 몇 년 후 천연두에 걸렸다가 나은 뒤 오하이오 의과대학에 입학하여 1850년 의사 면허를 취득하였다. 같은 해 대마 파쇄기를 발명하였고, 1857년

18) 이앙기는 엔진이 장착된 모심는 기계를 말한다. 크게 걸으면서 작업하는 보행 이앙기와 탑승하고 하는 승용 이앙기로 나뉜다. 보행 이앙기는 사람이 이앙기를 뒤따라 걸어가면서 조작하는 이앙기를 말하며 승용 이앙기는 사람이 탄 채로 조작하여 이앙하는 것을 말한다.

에는 증기 경운기를 발명하여 특허를 받았다.

그는 미국 남북전쟁 당시인 1862년 세계 최초로 페달을 밟아 총을 쏘는 방식의 기관총을 만들었다. 1862년 개틀링은 여러 개의 총신을 묶어 수레에 얹은 형태의 개틀링 건을 만들게 된다.

이 총의 특징은 여러 개의 총신을 묶어 발사한다는 것에 있다. 총신들은 중력과 포 바로 위에 놓인 탄약통 용기가 회전운동을 왕복운동으로 바꾸는 작용에 의해 장전되며, 각 총신은 중심축 주위를 반 회전하는 동안 장전되고 폭발하며 소모된 탄피들은 2번째 반 회전하는 동안에 방출된다.

그러나 초기 모델은 수동으로 크랭크를 돌려 발사하도록 하였기 때문에 기술적으로는 기관총이라고 할 수는 없었다.

개량 형에는 전기 모터를 장착하여 그 성능을 향상시켰다. 개틀링 포는 남북전쟁에서 겨우 몇 자루가 사용되었을 뿐이었지만, 1866년 미 육군에 의해 정규 무기로 채택될 당시에는 분당 600 발을 발사할 수 있을 정도로 개량되었다.

1898년 시작된 미국-스페인 전쟁[19]에서는 육군과 해군이 사용하여 그 위력을 발휘하였다.

10개의 총신으로 구성된 개틀링 건은 사람이 수동으로 크랭크를 회전시켜 소총과 달리 빠른 속도로 탄환을 발사할 수 있었다.

기관총은 방아쇠를 당기면 탄환이 연속으로 발사되는 총을 얘기한다. 오늘날 전장에서 감초와 같은 역할을 맡고 있는 기관총은 전쟁의 흐름을 바꾸어 놓은 대표적인 무기 중 하나이다.

특히 기관총에 목숨을 잃은 사람의 숫자는, 인류가 개발한 최악의 병기인 핵폭탄에 의해 죽은 사람보다도 훨씬 많다.

기관총은 거듭된 발전 끝에 점점 가벼워지고 화력 또한 강력해지고 있다. 또한 기관총의 종류 역시 세월을 거치면서 다양해지고 있다. 이 가운데 경기관총은 분대 지원화기로도 불릴 정도로 보병 분대에서 화력을 담당하는 대표적인 무기 중 하나다.

개틀링 건의 위력은 우리의 역사 속에도 잘 나타나 있다. 1894년 11월 동학 농민군과 관군 및 일본군이 맞붙은 우금치 전투에서 개틀링 건은 화승총과 죽창으로 무장한 동학 농민군을 무참하게 학살한바 있다.

---

19) 쿠바 섬의 이해관계를 둘러싸고 미국과 스페인 사이에 일어났던 전쟁으로 미·서(美西)전쟁이라고도 한다. 1895년 쿠바인의 스페인 본국에 대한 반란으로부터 비롯되었다. 이 반란은 스페인 본국의 쿠바인에 대한 압정(壓政)과, 설탕에 대한 관세에 따른 경제적 불황이 그 직접 원인이었다. 이와 같은 쿠바인의 대(對)스페인 반란은 1868년과 1878년에도 있었으나, 그 당시는 미국이 쿠바인을 후원하지 않았기 때문에 실패로 끝났다. 출처 : 위키백과

한편 기관총의 시초는 개틀링 건이었지만, 현대적인 기관총의 원형으로 꼽히는 것은 다음으로 소개하게 될 하이럼 스티븐스 맥심(Sir Hiram Stevens Maxim)이 만든 맥심 기관총(Maxim gun)이다.

맥심 기관총은 개틀링 건과는 완전히 다른 작동 방식을 가지고 있었다. 탄환이 발사될 때 생기는 반동을 이용하여, 탄환의 장전과 발사 그리고 탄피의 배출에 이르는 일련의 동작을 기술개발에 의하여 완전 자동화 시킨 것이다.

또한 탄피를 이용해 탄환을 공급해, 개틀링 건을 뛰어넘는 막강한 화력을 자랑했다. 강력한 살상력을 자랑하는 맥심 기관총의 등장으로, 뛰어난 기동력을 자랑하던 기병들이 추풍낙엽처럼 쓰러지면서 제1차 세계대전은 종전까지 지루한 참호전이 지속된다.

맥심 기관총은 전쟁의 양상을 바꾸어 놓은 혁명적인 무기였지만, 보병이 휴대하기에는 너무 무거웠다. 무게가 27 kg에 달했고, 4명의 병사가 달라붙어야 겨우 운용이 가능했다.

미군이 사용한 M1918 BAR 경기관총은 제2차 세계대전 당시 분대마다 1~2정씩 배치되어 분대 단위 전투의 혁명을 가져왔다. 독일은 1930년대 공랭식 기관총인 MG 34를 개발한다.

제1차 세계대전에 활약했던 기관총 보다는 훨씬 가벼워졌다. 제1차 세계대전이 끝날 무렵 세계 각국은 경량화 된 신형 기관총을 개발하기 시작했고, 독일은 1930년대 공랭식 기관총인 MG 34를 개발한다.

맥심 기관총에 비해 무게가 절반 이상으로 줄어든 MG 34 기관총은 병사 1명이 도수 운반할 수 있었다. 제2차 세계대전 당시 등장한 MG 42 기관총은 MG 34 기관총을 개량한 기관총으로, 빠른 발사 속도와 독특한 발사음으로 히틀러의 전기톱이라는 별명을 얻기도 했다.

반면 연합군은 보병 1명이 운용이 가능한, 소총과 기관총의 중간 개념에 속하는 신형 기관총을 배치한다. 1938년 영국군이 채용한 부렌(Bren) 경기관총과 미군이 사용한 M1918 BAR(Browning Automatic Rifle)은 이러한 개념의 기관총으로, 제2차 세계대전 당시 분대마다 1~2정씩 배치되어 분대 단위 전투의 혁명을 가져왔다 이 방식은 현재까지도 쓰이고 있으며 여러 발을 쏠 수 있어 헬기 등에 장착하기도 한다.

[12] 일라이어스 하우
(Elias Howe 1827~1867), 재봉틀의 발명

인간이 버려야 할 것 중에 하나가 게으름이다. 게으른 사람은 주위 평판이나 신용도 떨어져 결코 사회에서 성공할 수 없다는 것이 저자의 지배적인 판단이다."단" '게으른 사람이 재벌 집에 태어나지 않는 이상 잘 산다는 것은 있을 수 없는 일이다.

과거에는 모든 일을 인간이 직접 수행해야 했는데 가축을 기르기 시작하자 획기적인 아이디어를 찾아 낸다. 바로 인간의 노동을 동물에게 전가하는 방법이다. 말이나 소, 낙타, 코끼리 등이 인간의 힘을 대신하도록 바퀴와 수레를 만들고, 이들을 보다 효율적으로 부려먹기 위해 여러 가지 도구들이 발명되었음은 물론이다.

고대의 농사 대부분을 동물을 이용해 경작하는 것도 같은 차원이다.

그러나 아무리 인간이 게으르게 살고 싶더라도 모든 것을 동물에게 전가시킬 수는 없는 일.

인간의 3대 기본 요건인 의·식·주에서 의복의 경우 동물의 가죽을 사용할 수는 있지만 동물에게 인간의 옷을 만들라고 할 수는 없는 법이다. 사실 인간의 3대 기본 요건에 의복이 들어 있다는 것은 그만큼 인간 생활에서 의복의 중요성을 말해 준다.

다시 말하면 의복이 없다면 인간이 생존할 수 없기 때문이다. 그러므로 고대

인들의 유물에서 거의 필수적으로 나오는 것이 바늘이다. 간단하게 보이는 바늘이 그토록 오래 전부터 사용됐다는 것은 의복을 만드는 데 바늘이 필수적이며 고대 가사노동 중에서 가장 많은 가사 시간을 차지했기 때문이다.

동서고금을 막론하고 어머니들이 삯바느질로 자식을 키웠다는 이야기가 나온다. 이 말은 삯바느질이 매우 어려운 작업이라는 것을 의미한다.

과거에는 한 바늘 한 바늘 손바느질로 한 벌의 옷을 짓기 위해서 수주일 동안 엄청난 바늘땀을 놀려야 비로 서 한 벌의 옷이 완성된다. 그 바느질에 얼마나 많은 어머니들의 한숨과 애환과 고통이 들어 있다는 것은 지금 생각해도 그다지 어려운 일이 아니다.

18세기 산업 혁명으로 방직·방적 공정이 산업화 되었음에도 불구하고 의복의 바느질은 모두 손으로 해결해야 했다. 그런데 가정 안에서의 혁명은 산업혁명[20]이라는 거대한 움직임이 시작된 지 거의 1세기를 기다려야 할 만큼 매우 늦게 시작되었다. 가장 큰 장애 요인은 무엇보다 집 안에 들여놓을 수 있을 만큼 기계의 크기가 작아져야 하는 것이었다.

최초의 발명자 영국인 토머스 세인트

수많은 사람들이 '바느질 기계' 개발에 도전했다는 것은 재봉틀이 그만큼 매력 있는 물건이기 때문이다. 1755년 독일의 바이젠탈(Chals Weisenthal)이 봉제할 수 있는 기계적 장치를 처음 제작했다. 그러나 최초의 재봉틀 발명으로 인정받은 사람은 영국인 토머스 세인트(Thmas Saint)였다.

그는 1790년 손뜨개질 용 코바늘로 구두를 꿰매는 기계를 발명했으나 별로 인기를 끌지 못하고 금세 잊혀졌다. 그 후 1800년 프랑스의 바세리미 크램(B. Kremas)이 하나의 실로 연결고리를 만들어 가는 재봉틀을 만들었다.

그로부터 30년 후인 1830년 프랑스인 시모니에(Barthelemy Thimonnier, 1793~1857)가 처음으로 재봉틀 같은 재봉틀을 만들어 냈다. 한 가닥의 실로 바느질이 되는 기계였다.

그의 발 디딤식 재봉틀은 수평으로 된 봉에 바늘이 연결되어 있어 천을 쉽게 밀어낼 수 있었다. 무려 1분에 200바늘, 즉, 손으로 꿰매는 것보다 대략 14배의 빠르기로 바느질을 할 수 있는 획기적인 가정용 기계였다. 18세기 이후에는 섬유산업이 급속히 발달하면서 수많은 방적기와 방직기의 혁신이 이루

---

20) 산업 혁명(産業革命)은 18세기 중반부터 19세기 초반까지 영국에서 시작된 기술의 혁신과 이로 인해 일어난 사회, 경제 등의 큰 변혁을 일컫는다. 산업 혁명은 후에 전 세계로 확산되어 세계를 크게 바꾸어 놓게 된다. 산업 혁명이란 용어는 아놀드 토인비가 「Lectures on the Industrial Revolution of the Eighteenth Century in England」에서 처음으로 사용했다. 출처 : 위키백과

어졌다.

이를 통해 의복을 생산하는 공정은 기계화되었지만, 바느질은 여전히 수작업에 의존하고 있었다. 사실상 바느질은 엄청난 시간과 손길을 요구하는 매우 비효율적인 노동이었다.

그러나 시모니에와 같이 발명가로서 비운의 사나이도 없다. 가사 노동을 획기적으로 줄여 주는 그의 발명은 진정으로 시기와 때를 잘못 만났다.

러다이트 운동(Luddite Movement)

산업혁명으로 기계가 사람의 노동을 대신하면서 많은 노동자들이 일자리를 잃어 생존에 위협을 받고 있었기 때문에 기계에 반대하는 운동이 불같이 일어났다. 이른바 러다이트 운동(Luddite Movement)의 소용돌이 속에 있었다.

사람들이 기계를 두려워하는 데는 나름의 이유가 있었다. 자본가들은 새로운 발명품을 만들어 값싼 상품을 시장에 내놓으면서 큰돈을 벌었지만 그들이 노동자들에게 주는 인건비는 그야말로 생계비에도 미치지 않는 착취 일뿐 이었다.

특히 사람이 아닌 기계를 이용한 생산 공정에는 숙련된 노동자가 필요 없었다. 자본가들은 보다 값싼 노동력을 이용하기 위해 어린아이까지 고용했다.

어린아이들의 싼 일자리는 많았지만 어른들은 실업자가 되어 갔다. 공장을 가진 자본가들만 큰돈을 벌고 서민들의 생활은 더욱 궁핍해졌다.

19세기 초에 일어났던 '기계 파괴운동' 즉, 러다이트 운동[21]에 참여한 사람들은 기계야말로 사회적으로 자본가 계급과 노동자 계급의 양대 계급으로 분열을 촉진시킨 주범이라고 생각했다.

이들에게 러다이트 운동은 자본주의에 항거하는 하층계급이 자기 생활을 지킬 수 있는 최후의 수단 이였다.

시모니에가 재봉틀을 발명한 것은 러다이트 운동이 결국은 노동운동으로 이어지는 와중이었다. 시모니에는 자신도 기계 파괴의 대상이 될지 모른다는 불안하고 초조한 생각에 거의 10년 동안 아무도 모르게 혼자서만 재봉틀을 사용

---

21) 러다이트 운동(Luddite)은 19세기 초반 영국에서 있었던 사회 운동이다. 1811년에서 1812년 사이에 있었다. 흔히 이 운동은 기계를 파괴하였다는 사실 때문에 민중들의 우매한 감정적 폭동으로만 잘못 여겨지지만, 실제로는 노동자들이 자본가에 맞서 계급투쟁을 벌인 노동운동이었다. 영국의 섬유 노동자들은 자본가로부터 하청을 받아 일하는 비정규직 노동자들이었는데, 일하는 노동에 비해 이윤의 분배가 적은 착취로 고통 받고 있었다. 실제로 그들이 받는 임금은 빵 한 개만 살 수 있어서 가족을 부양할 수 없었다. 더구나 영국 정부가 자본가와 결탁하여 단결 금지법을 제정했기 때문에, 19세기 영국 노동자들은 노동조합 결성, 단체교섭, 파업 등으로 단결하여 싸우는 노동운동을 하지 못했다. 그래서 노팅엄셔·요크셔·랭커셔를 중심으로 자본가에게 빌려 사용하던 기계를 파괴하여 자본가의 착취에 맞서 계급투쟁을 하였는데 이를 러다이트 또는 기계파괴 운동이라고 부른다. 출처 : 위키백과

했었다.

숨죽이고 때를 기다리던 그에게 드디어 절호의 기회가 찾아왔다. 때마침 전쟁이 일어나 군복등의 수요가 폭발적으로 늘어난 것이다. 프랑스 육군과 군복의 납품 계약을 한 그는 80대의 재봉틀을 갖춘 공장을 세웠다. 문제는 국방용 의복의 제작 이라는 간절한 그의 호소에도 불구하고 재봉사들이 자신의 생계를 위협하는 기계를 조직적으로 막고 나선 것이었다.

남녀 재봉사들은 그의 공장에 불을 질러 재봉틀을 완전히 다 태운 것은 물론 그에게 폭행과 집단 린치를 가하기까지 했다. 결국 시모니에의 공장은 파국을 맞았다. 1841년의 일이였다.

그는 좌절하지 않고 1848년 업그레이드된 재봉틀을 다시 만들었는데 이번에도 노동자들이 그의 재봉틀을 모두 불태웠다. 프랑스에서는 도저히 성공할 수 없다고 생각한 그는 다음해에 미국에서 특허를 획득했지만 이미 때늦은 일이 되고 말았다.

그는 재기하지 못하고 결국 1841년에 시모니의 공장은 파국을 맞이하고 말았다 결국은 가난과 절망 속에서 한 많은 발명가는 그렇게 세상을 떠나고 말았다.

시모니에가 사망했다는 소식이 알려지자마자 그의 특허를 주목하고 있던 미국의 자본가들은 곧바로 그의 아이디어를 복제하여 재봉틀을 만들어 시판하기 시작했다. 이와 같은 일이 벌어지게 된 것은 시모니에 에게도 일말의 책임이 있다.

다소 복잡한 기계인 경우 특허로 등록된 내용만 보고 제 3자가 제작하는 것은 간단한 일이 아니다. 당시 모든 사람들이 눈독을 들이던 재봉틀과 같은 기계인 경우 더욱 그러하였다.

미국 자본가들이 시모니에가 사망하자마자 그의 아이디어로 된 재봉틀을 만들 수 있었던 것은 간단하다. 한마디로 시모니에가 자본을 유치하기 위해 자본가들에게 자신의 특허를 자세하게 설명했는데 그가 살아 있을 때는 모두 외면하고 투자하지 않다가 그가 사망하자마자 그가 설명한 기계 설계도를 토대로 생전 그가 그렇게 어렵사리 발명한 재봉틀을 생산한 것이다.

많은 사람들이 시모니에의 재봉틀을 이용하기 시작할 무렵 오늘의 주인공인 미국의 일라이어스 하우(Elias Howe)가 과거 시모니에의 재봉틀에 대한 진보와 혁신에 주목했다.

아내의 고생에서 시작된 남편의 발명

한편 재봉틀의 혁신을 이룬 하우는 1819년 매사추세츠 주의 스펜서에서 가난한 농부의 아들로 태어났다. 그는 어릴 때부터 소아마비로 다리를 절어 농사일을 하는 것이 어려웠다. 하우는 18살 때 보스턴의 기계 기술자인 데이비스(Ari Davis)의 제자가 되어 정밀 기기를 제작하고 보수하는 일을 시작했다.

하우의 재봉틀에 대한 관심은 아내의 고생에서 비롯되었다. 하우의 수입이 가족들의 생계를 꾸리기에는 충분하지 않았기 때문에 아내는 삯바느질로 생계를 도왔다. 하우는 아내의 고생을 덜어 주기 위해 그때부터 바느질 기계를 만들기로 마음먹었었다.

바느질은 비슷한 작업을 반복해서 수행하는 성격을 띠고 있으므로 기계로 대신할 수 있다는 생각이었다. 곧이어 하우는 두 개의 실이 구멍을 통과하면서 함께 박히는 기계를 구상하기 시작했다. 문제 해결의 실마리는 꿈에서 얻어졌다.

"어느 날, 나는 이상한 꿈을 꿨다. 어찌 된 영문인지 나는 식인종들 앞에 끌려가 1시간 안에 재봉틀을 만들지 못하면 사형에 처한다는 엄명을 받았다. 아무리 궁리했으나 그 기계의 발명이 쉽지 않아 나는 사형장으로 끌려가고 말았다. 식인종이 창을 겨누며 다가왔다.

햇빛에 창끝이 반짝이고 있을 때, 나는 창끝의 조금 넓적한 부분에 구멍이 뚫려 있는 것을 보았다. 그 순간 나는 '바로 이거야!'라고 외치면서 번쩍 정신을 차려 그렇게 그는 위대한 꿈[22)]에서 깨어났다.

" 하우가 주목한 것은 바늘구멍의 위치였다. 보통 바늘은 실을 꿰는 구멍이 뒤쪽에 있는데, 식인종의 창에서는 앞쪽에 구멍이 있었던 것이다. 이러한 아이디어를 바탕으로 하우는 앞쪽 바늘구멍에 실을 꿰어 윗실과 밑실로 겹 바느질을 할 수 있는 방법을 드디어 찾아냈다.

보통 바늘은 실을 꿰는 구멍이 뒤쪽에 있었으나 원주민의 창은 앞쪽에 구멍이 있었던 것이다. 하우는 앞쪽 바늘구멍에 실을 꿰어 윗실과 밑실로 겹 바느질을 할 수 있는 2중 재봉 법의 묘안을 찾아 드디어 획기적인 재봉틀을 발명

---

22) 꿈을 통하여 영감을 얻은 창의적인 활동을 하는 사람들이 의외로 많다. 예를 들어 미국의 '스태프니 메이어(Stephanie Meyer)란 작가'는 어느 날 매혹적인 뱀파이어와 황홀한 사랑을 했던 꿈에서 영감을 받아 「트와일라잇」시리즈를 만들었다고 한다. 또한 독일 화학자인 아우구스트 케쿨레(KeKule)는 벨기에에서 벤젠을 구조를 고민하다가 낮잠을 자게 되는데, 그 자신의 꼬리를 물고 도는 뱀 한 마리를 보게 된다. 이 모습에서 영감을 얻어 벤젠이 사슬이 아닌 고리 모양이라는 가설을 통해 입증했다. 또한, 유명 소설가인 프랑스 베르나르 베르베르(Bernard Werber)도 창의력을 키우는 비법 중 하나로 꿈을 메모하는 것으로 들기도 하였으며, 자신의 꿈을 아침에 적는 것이 일상이라고 한다. 출처 두산백과

했다.

그는 친구로부터 돈을 빌려 시제품을 만든 후 1846년에 재봉틀에 대한 특허를 받았다. 두 가닥의 실로 바느질이 되는 오늘날의 재봉틀은 그가 개발한 방식인데 그의 기계는 1분당 300바늘의 봉제가 가능했다. 1850년대에는 1분당 600~1,000 바늘까지 봉제할 수 있을 정도로 발전했다.

그러나 하우 또한 시모니와 마찬가지로 커다란 반발에 부딪혔다. 하우가 보스턴의 양복점 주인들에게 자신의 재봉틀을 보여주자 그들은 "이 기계가 양복값을 떨어뜨리고 결국 양복점을 망하게 할 것"이라는 반응을 보였다. 갱단을 시켜 하우의 목숨을 협박하고 재봉틀을 파괴하는 사태도 일어났다.

하우는 영국으로 가면 새로운 기회가 열릴 것으로 생각했다. 형이 먼저 영국으로 갔고 하우는 1848년에 합류했다. 영국에서 하우는 재봉틀을 쓰는 한 명과 바늘을 쓰는 20명 중 어느 쪽이 빨리 박음질을 하는지에 대한 시합을 개최했다.

결과는 재봉틀의 승리였다. 이를 계기로 하우의 재봉틀은 널리 확산되기 시작했지만, 하우는 1년 뒤에 다시 미국으로 돌아오고 말았다. 후원자와 분쟁이 발생 한데다 아내의 건강도 나빠졌기 때문이었다.[23)]

한편 그의 아이디어에 매료된 영국인이 그의 특허를 사겠다는 말에 또다시 영국으로 달려갔다. 그러나 그의 설명을 들은 투자자, 소위 자본가들은 시모니에 투자 설명회서처럼 그의 이야기만 경청한 후 '투자'라는 말은 입 밖에도 꺼내지 않았다.

공연히 아이디어만 공개한 셈이 되었다고 생각하며 자본이 없는 그로서는 다시 빈손으로 미국으로 돌아왔는데 놀라운 일이 발생하였다. 그의 사랑하는 아내가 세상을 이미 떠나 버린 것이다. 평생 죽도록 삯바느질에 고생만 하고 말이다.

현재까지 판매되는 싱거 미싱

한편 상기의 러다이트 운동이 주춤해지면서 재봉사들의 저항이 차츰 잦아들 무렵 하우는 많은 사람들이 자신의 특허를 도용하여 떼돈을 벌고 있다는 사실을 알게 되었다. 그는 자신의 권리를 보호하기 위해 소송을 벌였다. 그 소송 상대 가운데 하나가 오늘날까지 판매되고 있는 싱거 재봉틀의 창업자인 아이작 메리트 싱거(Issac Meritt Singer)였다.

그는 당대에 이미 가정용 재봉틀의 이름과 동의어가 될 정도로 재봉틀 시장

---

23) 세상을 바꾼 발명과 혁신 송성수

을 완전히 석권하고 있었다. 원래 엔지니어였던 싱거는 하우가 발명한 재봉 기계의 설계도를 훔쳐내어 발 디딤 장치와 헝겊을 앞으로 밀어내는 장치를 개량해 잽싸게 미국 여러 주(州)에서 특허를 얻어냈다.

사업 수완이 뛰어난 싱거는 에드워드 클라크(Edward Clark)와 동업하여 재봉틀 홍보에 일대 혁신을 이루었다. 자신의 이름을 따 '싱거 재봉틀 전시회', '한 집에 한 대의 싱거 재봉틀을!', '싱거 재봉틀 빨리 돌리기 시합' 등 각종 이벤트를 만들어 홍보했고, 할부 판매라는 새로운 판매 기법을 도입했다. 이 방식은 훗날 현대 마케팅 기법에 크게 영향을 주게 된다.

싱거의 재봉틀은 순식간에 전 세계로 퍼져 나갔고 그는 곧바로 갑부 중의 갑부가 되었다. 이러한 거물과 특허 전쟁이란 한마디로 자살이나 마찬가지인데 호우는 절름발이라는 장애자라는 핸디캡을 가지고도 정직과 성실함을 인정받아 1854년 특허권 침해 소송에서 승소했다. 법원의 판결은 한마디로 싱거가 호우의 특허를 도용했다는 것이다.

호우는 싱거와의 협상에 매우 유리한 위치에 있었지만 유연하게 타협했다. 싱거가 그동안 자신의 특허로 이득을 본 것에 대해 특허료를 지불한다면 '싱거 재봉틀'을 계속 팔 수 있게 허용하겠다고 제안했다. 싱거는 주저하지 않고 하우의 제시 조건을 수락하고 거액의 배상금을 지불했다.

우선 1만 5천 달러를 하우에게 배상했고 미국에서 팔리는 재봉틀 1대당 5달러의 로열티를 지불하겠다고 했다. 싱거로서는 하우와 이전투구를 하는 것보다는 정당하게 특허료를 지불함으로써 더 큰 이득을 얻을 수 있었기 때문이다.

한편 남북전쟁(1861~1865)이 발발하자 하우는 절름발이임에도 불구하고 북군 병사로 입대했다. 치열한 내전 속에서 동원된 병사들은 월급도 받지 못해 여간 불만이 아니었고 군 생활도 엉망이었다.

그는 자신이 어렵게 생활했던 때를 생각하고 동료 병사들을 위해 선뜻 30만 달러(현재 가치로 약 4천만 달러)를 내놓았다. 그 돈은 싱거로부터 받은 엄청난 액수의 특허 로열티였다. 기술 개발의 열매가 얼마나 대단했는지를 보여주는 사례이다.

그 후로 재봉틀은 계속 개량되었다. 1856년 미국의 알렌 벤저민 윌슨은 북(베틀 북)의 앞뒤 움직임 마디에 이중 박음질이 가능한 장치와 실을 보내는 4가지 운동 구조를 고안했다. 미국인 제임스 깁스도 윌슨의 장치를 더욱 개량하여 오늘날과 거의 같은 재봉틀을 개발했다.

발판 대신 전동기가 쓰이면서 1분에 3천~4천 바늘, 즉 1분간에 40미터나 바느질할 수 있는 공업용 재봉틀도 등장했다. 1880년경 동부 스위스 어느 지방에서는 인구 20명 당 한 대 정도로 자수 재봉틀이 보급되었다고 한다. 마을 전체가 자수 공장으로 바뀌었다는 설명이다.

한편 재봉틀의 혁신은 계속되었다. 1854년에 미국의 발명가인 윌슨(Allen Benjamin Wilson)은 옷감을 앞으로 밀어 넣는 장치를 고안하여 재봉틀을 더욱 정교한 장치로 만들었다.

전기로 가동되는 재봉틀은 1889년부터 공장에서 사용되었으며, 1921년에는 가정용 전기 재봉틀도 등장했다.

급기야는 1970년대 중반에는 미리 입력된 패턴에 따라 자수를 놓는 컴퓨터 재봉틀도 모습을 드러냈다. 아울러 우리나라의 경우에는 1877년에 재봉틀이 처음 도입된 것으로 전해진다.

강원도 금화에 살던 김용원(독립 운동가 김규식의 부친)이 일본에 가서 싱가 재봉틀을 구입해서 한국으로 가지고 왔던 것이다. 이것을 본 당시 사람들은 마치 요술쟁이인 양 감탄을 금치 못했다고 한다.

우리나라도 미싱 열풍

이어 1896년에는 이화학당의 교과목 가운데에 재봉과 자수가 등장했고, 1905년에는 싱어 제조사의 한국 지점을 설치한다는 광고가 실렸다.

우리나라에서 재봉틀은 오랫동안 집안의 가보처럼 사용되다가 1960년대 중반부터 대중화되기 시작했다. 그 효시는 1965년에 출시된 브라더 재봉틀이었다.

브라더 재봉틀은 부산 정기 주식회사가 일본의 브라더 공업과 합작하여 생산한 재봉틀이었다. "꽃님이 시집갈 때 브라더 재봉틀"은 1970년대에 유행했던 광고 카피였다. 지금은 격세지감이 느껴지지만, 1970년대만 해도 재봉틀은 혼수품 목록 1호였던 것이다.[24)]

재봉틀이 현대 문명에 끼친 영향은 그 어느 산업 제품보다 크다는 데 주목할 필요가 있다. 각 가정에 도입된 재봉틀은 여성들의 가사노동을 획기적으로 감소시켜 여성이 가정으로부터 해방되는데 큰 공헌을 했을 뿐만 아니라 재봉틀은 현대 산업사회를 새로운 사회구조로 재편하는 계기를 제공했다.

과거 옷을 만드는 재봉사, 소위 전문 직업인들은 몇 대의 재봉틀을 갖고도 소규모 작업장을 만들어 생계를 유지했다. 그러나 그 중 몇몇 재주가 좋은 사람들은 반숙련공들을 고용하여 대규모 의류 사업을 벌여 많은 재물을 축적하기 시작 했다.

이것은 오늘날 "임금 착취"라는 형태로 이어졌다. 특히 미국에서는 의류 산

24) 재봉틀 – 가정에서 널리 사용된 최초의 기계(세상을 바꾼 발명과 혁신 출처 : 네이버 지식 백과

업이 노동 개혁의 초점이 되면서 낮은 임금과 열악한 근로 조건을 향상시키기 위한 노조가 결성되면서 자본주와 노동자라는 새로운 구도가 전개되기 시작 하였다. 이런 계기를 제공한 것이 바로 재봉틀이다.

실내에 있는 작은 기계 정도로만 여겨졌던 재봉틀이 인류 역사상 가장 중요한 물건이 되었다는 것은 그만큼 인간의 노동력을 절약시켜 주기 때문이다.

인간이 만든 발명품 중에서 과연 재봉틀 만큼 짧은 시간에 인간의 일상에 이토록 큰 영향을 미친 제품은 없다고 생각한다.[25)]

[13] 제임스레오나르드 플림 (James Leonard limpton 1828~1911), 롤러스케이트의 발명

롤러스케이트는 날씨가 따뜻해져 얼음 위에서 스케이팅을 할 수 없는 시기에 어떻게 하면 얼음판이 아닌 땅 위에서 스케이팅을 즐길 수 있을까? 하는 고민 끝에 고안된 것으로 생각된다.

바퀴(wheel)가 일렬로 장착된 현재와 같은 인라인 스케이트는 1760년대에 만들어진 것으로 기록되어 있으며 1800년대에도 바퀴의 정렬은 이것을 이것과 별 차이가 없었다고 한다.

1735년 9월17일 벨기에서 태어난 John Joseph Merlin(존 조셉말린)[26)]은

25) 이종호 과학 저술가

1760년 영국 런던에서 롤러스케이트를 고안하여 실제로 탔던 사람으로 기록되어 있다. 그는 악기의 제작과 각종 기계장치의 발명가로 잘 알려진 사람이었다.

당시 Merlin은 자신이 만든 스케이트를 신고 영국 런던의 칼라일 하우스(Carlisle-House)에서 열린 가장 무도회에 참석하였으며 잘 알려진 발명가였음에도 불구하고 스케이트를 잘 타지는 못했다고 한다. 속도를 제대로 제어하지 못했고 방향 전환이 서툴러 커다란 거울을 깨뜨리기도 했으며 무대의 배경으로 스케이팅을 했다.

1819년에 프랑스 파리(Paris)에서 M. Petitbled[27]가 나무로 만든 발판과 가죽 끈, 그리고 3개의 나무나 금속, 상아로 만든 바퀴가 일렬로 정렬된 스케이트로 처음 특허를 취득하였으며 이후 40년 동안 모든 인라인 스케이트는 바퀴의 개수와 디자인만 변경되었지 대부분 일렬로 정렬된 형태를 가지고 있었다.

그러나 1863년, 근대 롤러스케이트의 아버지라고 불리는 제임스 레너드 플림튼(James Leonard Plimpton)은 바퀴가 2개씩 옆으로 쌍을 이루고 4개의 바퀴를 장착한 롤러스케이트(quad skates)를 발명하는 혁신을 이루게 된다.

이 스케이트는 고무 쿠션을 이용하여 바퀴가 원호를 그리며 회전 할 수 있도록 하였다. 또한 타기 쉬워서 빠르게 롤러스케이트 업계를 점유하게 된다. 단지 스케이터가 가고자 하는 방향의 회전축 안쪽으로 몸의 무게 중심을 이동시키는 것만으로도 방향의 전환이 가능해졌다.

그는 자신이 만든 롤러스케이트로 1863년 1월 뉴욕 시에서 특허를 취득한다. 롤러스케이트의 대중화에 따라 많은 인라인 스케이트 생산자가 기존의 인라인 스케이트의 형태를 포기하였지만 그래도 일부의 생산자는 바퀴가 일렬로 정렬된 디자인을 고집하였다.

---

26) John Joseph Merlin은 1735년 9월17일 벨기에 Huys 에서 태어난 1760년 영국 런던에서 롤러스케이트를 고안하여 실제로 탔던 사람으로 기록되어 있다. 그는 악기의 제작과 각종 기계장치의 발명가로 잘 알려진 사람이었다. 당시 Merlin은 자신이 만든 스케이트를 신고 영국 런던 Carlisle-House에서 열린 가장 무도회에 참석하였으며 잘 알려진 발명가였음에도 불구하고 스케이트를 잘 타지는 못했다고 한다. 속도를 제대로 제어하지 못했고 방향 전환이 서툴러 커다란 거울을 깨뜨리기도 했으며 무대의 배경으로 스케이팅을 했다. 출처 : 위키백과

27) M. Petitbled는 1819년에 파리에서 나무로 만든 발판과 가죽 끈, 그리고 3개의 나무나 금속, 상아로 만든 바퀴가 일렬로 정렬된 스케이트로 처음 특허를 취득하였다. 이후 40년 동안 모든 인라인 스케이트는 바퀴의 개수와 디자인만 변경되었지 대부분 일렬로 정렬된 형태를 가지고 있었다. 롤러 스케이터들은 인라인 스케이트에 비하여 자신들이 타고 있는 롤러스케이트)를 '정통 롤러스케이트'라고 부르기를 좋아한다. 인라인 스케이트가 먼저 고안되고 특허를 취득하였다는 것은 역사적인 사실이다. 그러나 이렇게 바퀴가 일렬로 장착된 형태를 가진 당시의 디자인으로는 숙달되지 않은 스케이터가 방향 전환을 하기에는 매우 어렵다는 약점을 가지고 있었다. 출처 : 위키백과

1900년에는 Peck & Snyder라는 회사가 두 개의 바퀴가 일렬로 정렬된 형태의 스케이트로 특허를 낸다. 1905년, 미국의 뉴욕에서 John Jay Young이 신발에 달 수 있는, 길이의 조절이 가능한 인라인 스케이트로 특허를 취득했다.

1910년, Roller Hockey Skate Company는 가죽으로 만든 신발에 3개의 바퀴가 일렬로 정렬된 인라인 스케이트를 디자인하였으며, 1930년대에 Best-Ever-Built Skate Company에서 3개의 바퀴가 장착된 인라인을 생산하였다. 그러나 현재와 같은 디자인을 가진 인라인 스케이트는 1966년에 Scott와 Olson의 Chicago Roller Skate Company에서 만든 것이다.

Scott와 Olson의 인라인 스케이트에는 다음과 같은 재미난 이야기가 전해진다. "1979년 미국 미네소타 주의 어느 겨울 날 프로 아이스하키 선수인 스콧(Scott)과 브리넌 올슨(Brennan Olson)은 우연히 두개의 열에 바퀴가 4개 장착된 기존의 롤러스케이트와는 달리 바퀴가 일렬로 장착된, 독특하게 디자인된 아주 오래된 고물 인라인 스케이트와 마주치게 된다. 부츠는 허술하게 만들어졌으나 전체적인 모양이 아이스스케이트와 흡사했다. 그들 두 사람은 그 스케이트를 분해하여 바퀴를 아이스 스케이트 부츠에 달아보았다."

1983년 스콧과 올슨은 개인 투자자의 도움을 받아 롤러브레이드사의 모체인 Chicago Roller Skate Company를 설립하여 이후 10년 동안 가장 빠르게 성장하는 회사 중에 하나가 된다.

올슨(Olson)은 이 디자인을 기본으로 개선을 거듭하였으며 결국 인라인 스케이트의 역사에서 거의 비길 데 없는 대중적인 동기를 마련하는 공헌을 하게 된다.

롤러 블레이드 라이트닝 TRS는 최초로 성공한 인라인 스케이트 모델이었다. 라이트닝은 무게가 가벼운 파이버 글라스(Fiberglass) 러너(Runner)에 부속을 달 수 있게끔 형틀로 찍어 낸 두 조각(two piece)의 껍데기로 발목 지지에 알맞고 유연성이 좋게 발목 복사뼈 부위에서 경첩(hinged)으로 이루어지도록 만들어진 부츠였다.

TRS의 성공으로 롤러 블레이드 사는 다른 경쟁 회사보다 우위를 점유하게 되었으며 롤러브레이드사의 성공에 자극 받은 울트라 휠(Ultrawheels), 옥시젼(Oxygen), K2 등 다른 인라인 스케이트 제조 회사들은 곧 바로 자사의 고유한 모델을 생산, 판매하기 시작하였다.

[14] 리바이 스트라우스
(Levi Strauss 1829~1902년), 청바지의 발명

오늘날 최고의 의류로 꼽히는 것은 단연 청바지이다. 국경과 세대를 초월하여 젊음의 상징으로 자리 잡은 청바지는 리바이스의 역사가 청바지의 역사라고 해도 과언이 아니다.

현재 전 세계 젊은이들이 즐겨 입는 청바지는 실패를 딛고 일어선 대표적인 발명품으로 천막(텐트)천 생산 업자이자 리바이스 창업자인 "리바이 스트라우스"가 발명하였다.

리바이 스트라우스(Levi Strauss)는 미국으로 이주 정착한 유대계 독일인으로 청바지를 생산하는 공장을 세계 최초로 설립한 사람이다.

때는 바야흐로 1930년대 미국의 샌프란시스코에서는 많은 양의 금이 나오기 시작했고 자연히 금을 캐려고 모여드는 사람들로 '골드러시[28]'를 이루었고, 이에 따라 전 지역이 천막촌으로 변해 갔다. 이때에 천막촌 생산 업자이던 스트라우스는 밀려드는 주문으로 쏠쏠한 재미를 보고 있었다.

어느 날 그에게 군납 알선 업자가 찾아와 대형 천막 10만여 개 분량의 천막천을 3개월 안에 납품하도록 도와주겠다고 제의를 받고 뜻밖의 일생일대의 큰 행운을 잡은 스트라우스는 기뻐 날뛰며 여기저기 빚을 내어 즉시 천막의 생산 공정에 들어갔다.

워낙 수량과 납품 일자가 짧은지라 공장과 직원까지 대규모로 늘려서 밤낮

28) 19세기 미국에서 금광이 발견된 지역으로 사람들이 몰려든 현상. 1848~1849년 캘리포니아 주에서 발견된 금을 채취하기 위해 사람들이 몰려든 것이 시초이다.

으로 생산에 몰두하였고 그 결과 3개월 만에 주문 받은 수량을 모두 만들어 내었다.

하지만 ……. 빚까지 내어 생산을 마쳤으나 군납업자의 배신으로 갑자기 납품의 길이 막혀 버렸고 졸지에 스트라우스는 산더미로 쌓인 많은 양의 천막천과 함께 빚더미에 오르게 된다.

날이 갈수록 빚 독촉이 심해지고, 엎친 데 덮친 격으로 공장 직원들도 월급을 내놓으라고 하여 하루하루가 힘든 나날의 연속이었다.

스트라우스는 천막을 헐값에라도 팔아 밀린 빚과 직원들의 월급만이라도 해결하고 싶었으나 엄청난 양의 천막을 한꺼번에 사 줄만한 사람이 쉽사리 나오지 않았고 결국 모든 걸 불살라 버리고 권총으로 자살까지 생각하게 되었다.

다음날 금광 촌의 술집에서 낮부터 자포자기의 상태로 낮술을 마시고 있었는데 저녁때쯤 여러 명의 광부가 술집으로 들어와서 투덜대는 것을 듣게 되었다.

어제 아내가 사준 옷인데 오늘 돌에 걸려 찢겨 버렸네. 자네도 그래! 나도 그렇다네! “ 어디 안 찢어지는 바지 없을까!! 돈 벌어 바지 값으로 다나가니 일할 맛 안 나네 하고 푸념을 하였다.

이때 스트라우스의 머릿속에 섬광처럼 ‘맞아 바지를 나의 군용 천막 천으로 한번 만들어 보자는 번뜩이는 아이디어가 스쳐 지나갔고 이렇게 마음을 먹은지 1주일 후 스트라우스의 천막 천으로 만든 다소는 엉성하고 볼품없는 바지가 탄생하였다.

그러나 바지가 국방색이라 왠지 어울리지 않아 여기에 파란색 염료로 물을 들였더니 정말 그럴듯하였다. 완성된 청바지 몇 벌을 인근 금광 촌에 무상으로 주었더니 그 효과는 가히 폭발적 이였다.

산더미처럼 쌓인 골칫거리였던 천막 천들을 튼튼하고 실용적인 바지로 탈바꿈 되어 불과 수주일 만에 폭발적으로 소진되게 된 것이다.

그러던 어느 날, 리바이 스트라우스는 제이콥 데이비스[29]라는 사람과 손을 잡고 지금의 리바이스 상징인 ‘주머니 리벳(작은 금속 장식못)’의 아이디어가 더해지게 된다. 그들은 손을 합쳐 특허를 출원

하고 얼마후 얻게 되었다.

‘리벳’이 붙은 이 청바지는 판매를 시작한 첫해에만 2만1,600 여벌이 팔렸고, 그 다음에는 수백만 벌이 팔려 리바이스는 대박 행진 파워 브랜드[30]의 길

29) 제이콥 데이비스는 재단사로 청바지 주머니 모서리에 구리 리벳을 덧댄 청바지 아이디어를 냈다.1872년 리바이 스트라우스에게 그 아이디어에 대한 특허 신청을 제안했고 1873년 5월 20일 특허 획득에 성공했다. 출처 : 위키백과

로 오르게 되었다. 이렇게 해서 만들어진 발명품이 바로 오늘날 모든 청바지의 기원이 되었고, 이 바지는 리바이의 바지(Levi's pants)라는 이름으로 알려지기 시작한 것이다.

여기서 청바지의 소재에 대해 설명하면 청바지는 특별한 면직물 '데님'으로 만든 옷이다.

우리가 잘 알고 있는 '데님'이란, 목화솜에서 얻은 무명실을 두껍게 만들어서 질기고 해지지 않는 능직(직물 표면에 날실 또는 씨실로 빗 방향의 무늬로 짠 직물)이라는 방식으로 짜내어 만든다.

Jean이라는 용어는 이탈리아 도시 제노바에서 따왔고, Denim이라는 이름은 프랑스의 도시 이름에서 따왔다고 한다. 그리고 1930년, 미국의 할리우드 배우들이 앞 다투어 리바이스 청바지를 착용하는 바람에 청바지 대중화의 도화선이 되었다.

대표적으로 미국 배우인, 제임스 딘이 「에덴의 동쪽」과 「이유 없는 반항」에서 착용하며, 청바지는 고난한 노동자의 작업복이 아닌, 반항적인 젊음의 상징의 아이콘이 되었다.

[15] 존 보이드 던롭
(John Boyd Dunlop 1840년~1921) 타이어의 발명

최초의 타이어는 1888년에 발명과는 거리가 먼 영국의 에든버러 대학교 출

30) 브랜드가 소비자의 구매 행동에 미치는 영향력을 측정하는 지표

신인 수의사인 존 보이드 던롭(John Boyd Dunlop) 이 발명했다. 그런데 당시의 자전거 바퀴는 강철로 되어 잘나가지도 않고 접지력도 없었고 충격도 많이 받고 잔디밭에 깊은 흔적을 남겼다. 특히 비가 내리고 난후에는 바퀴가 땅에 박혀 애를 먹었다. 또한 땅과의 접지 력이 없으니 당연히 브레이크도 들지 않았다.

특히 던롭의 외아들 조니는 자전거 타기를 무척 좋아했다. 조니가 자전거를 타는 날에는 까지고 멍들고 다치지 않고 들어오는 날이 거의 없었다. 어느 날 던롭은 얼굴에 상처를 입고 울며 들어오는 조니를 애처롭게 바라보다가 마침 정원에 나뒹구는 축구공을 보게 되며 스치는 아이디어를 떠올리게 되었다.

"고무는 쇠보다 충격에 강하니까, 쇠 바퀴에 축구공의 주부처럼 고무를 덧대면 덜 통겨 오르지 않을까?" 그는 얇은 고무호스를 동그란 나무판에 붙였고 전체를 아마포 테이프로 덮었다.

그는 밸브로 고무젖꼭지를 사용했다. 그 속에 공기를 넣어 탄력을 갖도록 하면 좋을 것이란 생각을 한 것이다.그리고 '고무바퀴'에 공 펌프로 공기를 채워 넣었다.

결국 공기가 든 최초의 타이어를 만들어 조니의 자전거에 달았다. 이 엉성한 타이어는 탄력이 있어 승차감도 좋았고 바퀴도 비교적 잘 굴러갔고 조니의 마음을 흡족하게 하여 주었다.

공기 타이어를 발명한 던롭은 조니가 신나게 자전거를 타는 모습을 보며 "모든 사람들이 공기 타이어를 쉽게 이용할 수 있도록 해야겠다. 라고 마음먹었다.

이렇게 하여 오늘날 우리가 알고 있는 타이어에 한 걸음 성큼 다가섰다. 마침내 그는 1888년에 자신의 발명품으로 특허를 신청했다.

그런데 로버트 W.톰슨(Robert W. Thomson)은 이미 1845년에 타이어를 개발했는데, 던롭의 타이어와는 반대로 매일 사용하기에는 부족한 점이 많았다.

이후 수의사 일을 그만두고 타이어에 대한 특허를 얻은 던롭은 '던롭 공기타이어 회사'를 세웠다. 엄청난 인기를 끈 것은 말할 것도 없고, 유럽과 미국 등 전 세계에서 주문이 밀려왔다.

마침 자전거가 널리 보급되는 시기였기 때문에 매년 필요한 타이어 숫자만 해도 1억 개가 넘었다. 게다가 타이어는 당시 막 개발되기 시작한 자동차에 없어서는 안 될 부품이었고, 독일의 벤츠 자동차와 미국의 포드 자동차에 독점으로 공기 타이어를 납품했다.

아들을 사랑하는 마음에서 궁리한 타이어 덕분에 던롭은 평범한 수의사에서 대기업의 사장이 됐다. 그리고 던롭이 세운 회사는 지금도 세계적인 타이어 제조 회사로 명성을 이어가고 있다.

[16] 하이람 스티븐스 맥심
(Sir Hiram Stevens Maxim 1840~1916), 화약과 맥심 기관총의 발명

미국 메인 주(州)[31]에서 1840년에 출생하여 14세부터 직공으로 일하였으며, 자전거·가스·수도·전기에 관한 많은 발명을 하였다. 기관지염을 증세로 고생하던 관계로 박하 향이 나는 휴대형 흡입기를 발명하다. 또한 뉴욕을 전기 조명으로 밝힌 최초의 사람이자 전구의 발명 특허를 두고 에디슨과 싸우기도 했다. 심지어 나중에는 동력 비행(비행기)을 시도해 보기도 하며 사람들에게 비행의 즐거움을 느끼게 하려 유원지에서 빙빙 돌아가는 비행기 모양의 놀이기구 Maxim's captive flying machine도 만들어 냈다.

그 후 1884년 영국에 귀화하여 기관총을 완성하였으며, '머신 건(기관총)'이라는 이름으로 특허를 받았다. 완전연소 되는 갈색 화약 코다이트 피크린산[32]

31) 미국에서 가장 북동쪽에 있으며, 주도(州都)는 오거스타이다. 뉴잉글랜드 지방의 주(州)로, 동쪽으로 대서양과 접하고 북서쪽과 북동쪽으로 캐나다의 퀘벡 주(州), 뉴브런즈윅 주(州), 서쪽과 남쪽으로는 뉴햄프셔 주(州)와 각각 경계를 이룬다. 최대 도시는 포틀랜드이다.

32) 질산칼륨(초석)·황 및 갈색목탄(木炭)을 혼합하여 만든 갈색의 화약으로 코코아 화약이라고도 하며 일반 흑색화약에 비하여 발화가 더디나, 압력이 점차 강해지므로 탄환이 포구를 빠져나갈 때 속도를 가 해주며 군용으로 많이 쓰인다.

을 개량하여 코다이트 폭약[33]을 개발하였다.

맥심이 발명한 기관총은 각국에서 제조되어 전 세계에 보급되었으며, 그 때문에 그를 '기관총의 아버지'라고 한다. 영국에 귀화한 그는 1901년 기사 작위를 받았다.

그의 발명은 100가지가 넘는데, 그 중에 특히 유명한 것은 연기가 나지 않는 화약의 발명이었다.

또한 그의 아들인 하이럼 퍼시 맥심 총을 쏴도 소리가 나지 않는 총 소음기를 발명했다.

아버지는 기관총을 만들고 아들은 소음기를 만들고 아들 하이럼 맥심이 소음기를 발명했을 때, 당시 군대에는 특수 전에 대한 개념도 없던 시대였다.

그 총은 소리 없이 몰래 적을 죽이는 짓은 비신사적인 행위라고 생각했기에 군용이 아니라 민간용으로 개발했다는 말이 있다. 이웃에 시끄럽지 않게 조용히 사격 연습을 하라는 것이었다.

사실 맥심 기관총은 당시 처음 등장한 신무기는 아니었다. 맥심이 1883년에 특허를 출원하였던 것을 생각한다면 상당히 오래전부터 있었던 무기라 할 수 있다.

사격 시에 발생하는 반동을 이용하면 탄환을 자동으로 재 장전할 수 있을 것이라 생각하였다. 그리고 이런 작은 아이디어는 총기 역사에 획기적인 이정표를 세웠다. 당시 대부분의 총은 수동으로 재 장전하는 형태였으므로 연사 속도가 느릴 수밖에 없었다.

이것은 전투에 많은 인원이 필요할 수밖에 없음을 의미하였다. 계속 방아쇠를 당겨 쏘는 반자동 총이나 개틀링 건(Gatling Gun)처럼 일부 연사가 가능한 총들도 있었다.

이들은 수동식이었고 사용이 불편하였다. 연구 끝에 맥심은 새로운 개념의 총을 만들어 내는데 성공하였고 이를 맥심 기관총이라 명명하였다. 발사에서 장전에 이르는 모든 과정이 자동화 되었다.

사수는 오로지 목표물만 바라보고 사격만 하면 되었다.

이 때문에 맥심 기관총은 현대식 자동화기 또는 기관총의 효시로 보는데, 이전의 개틀링 건 방식과 달리 탄띠 급탄 식을 채택하여 분당 최대 650발의 발사 속도를 가졌다.

이는 숙련된 50명의 사수가 발사하는 소총의 화력과 맞먹는 것이었을 만큼 당시에는 상상하기 힘든 경이적인 수준이었다.

---

33) 니트로셀룰로오스와 니트로글리세린을 아세톤에서 성형한 코다이트(F. Abel)

처음에는 개인이나 식민지 정부 등에서 시험 삼아 구입하였고 1888년 11월, 영국의 식민지였던 시에라리온에서 원주민 탄압에 처음 사용되었다.

그럼에도 정작 군 당국에서는 이 혁신적인 화기에 대해 그리 관심을 두지 않아 맥심은 판매를 위해 직접 유럽 각국을 돌며 시범을 보여야 했다. 시범을 본 많은 이들은 빠른 발사 속도에 경악하며 관심을 표명하였고 속속 구매 의사를 보였지만 정작 주문량이 그리 많지는 않았다.

그 이유는 1889년 최초로 도입하였지만 대량 채용을 거부하였던 영국군의 생각에서도 충분히 알 수 있다. 오늘날의 기관총과 비교할 수 없을 만큼 무거웠던 맥심 기관총을 제대로 운용하려면 적어도 5~6명의 인원이 필요했고 수랭식 시스템을 채용하였음에도 종종 과열로 문제가 발생하였다.

따라서 강력한 화력을 인정하지만 일선에서 보병들이 사용하기에는 곤란한 무기로 판단한 것이었다. 하지만 그러한 와중에도 맥심 기관총의 위력을 여실히 보여준 사례들이 속속 등장하였다.

1893년 짐바브웨에서 원주민의 항거[34]가 벌어졌는데 4정의 맥심 기관총을 보유한 불과 50여 명의 경비대가 무려 4천여 명의 원주민의 공격을 막아내었다. 한마디로 학살이었고 이것은 제1차 대전의 비극을 예고하는 전주곡이었다. 특히 정규전이었던 1905년 러일전쟁 당시에 1정의 러시아군 맥심 기관총에 일본군 1개 대대가 도륙되기도 하였다.[35]

[17] 조지 웨스팅하우스 (George Westinghouse 1846~1914), 에어브레이크의 발명

조지 웨스팅하우스는 미국의 발명가이자 사업가이다. 1867년 공기 브레이크를 발명한 후 특허를 내어 '웨스팅하우스 공기 브레이크' 회사를 세웠다. 1882년 자동식 철도 신호기를 만들었으며, 1886년 웨스팅하우스 전기 회사를 세우고 라디오를 처음으로 만들기 시작하였다. 그밖에도 400여 개나 되는 특허가 있다. 미국의 발명가이자 사업가. 토머스 에디슨의 최대 맞수이며 니콜라 테슬라의 동료이자 사업 파트너이다.

---

34) 1893년 짐바브웨에서 항거가 벌어졌는데 4정의 맥심 기관총을 보유한 50여명의 경비대가 4천여 명의 원주민 공격을 막아내었다.

35) 유용원의 군사 세계 http://bemil.chosun.com/

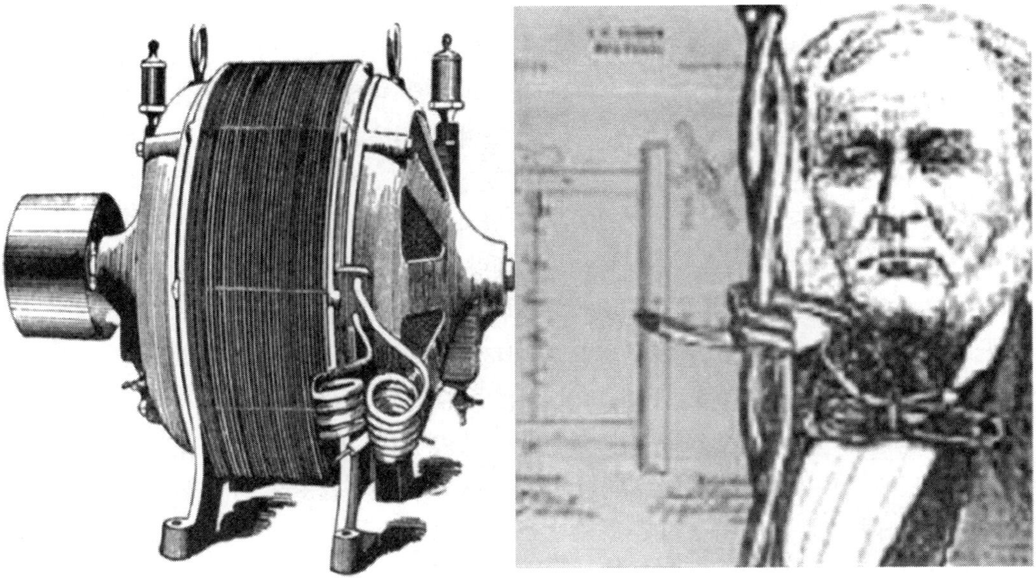

그는 미국 센트럴 빌리지라는 뉴욕 주의 작은 마을에서 태어났다. 농기계를 제작자의 아들이었는데, 그때부터 어느 정도 창의성을 발휘했다는 언급은 있지만 사실 어릴 때 온갖 기행을 저지르고 다녔던 경쟁자인 에디슨에 비해 딱히 눈에 띄는 일화는 없다.

1861년 남북전쟁이 발발하자 2년 후인 1863년에 북군에 입대해서 싸웠다. 전쟁에서 제대한 후 고향으로 돌아와 그의 첫 발명품을 제작 해냈는데, 이것이 바로 로터리 엔진[36]이였다.

당시에는 그다지 많이 쓰이지는 않았기 때문에 그렇게 큰 반향을 불러일으키지는 못했다.

1860년대 말, 끔찍한 열차 충돌 사고를 목격한 그는 철도 산업 발전에 있어서 중요한 것은 가속장치보다도 제동장치의 개발이라는 것을 깨달았다.

당시의 열차 브레이크는 자전거처럼 제동장치를 바퀴에 직접 밀착시켜 제동하는 방식이었기에 효율성이나 부품 내구성이 떨어지는 것은 물론이고 고속의 열차를 제대로 멈출 만큼 강력하지도 못했다.

36) 로터리 엔진은 피스톤 엔진이라고도 불리며, 리스프로 엔진이 크랭크 기구를 사용하여 직선운동에 의해 발생된 동력을 회전운동으로 변환시키는데 비하여 회전운동만으로 출력을 얻는다. 그러나 일반적인 전동 모터와는 달라 회전을 얻는 방법이 단순하지 않고 누에고치 형태를 한 케이스 속을 주먹밥 형태의 로터가 회전하여 그 회전을 로터 속에 설계된 기어에 의해 얻어내는 구조로 되어 있다. 출처 : 위키백과

이에 그는 "물체를 직접 마찰시키는 대신 압축공기를 마찰시키면 된다."라는 발상으로 공기 브레이크를 개발하고, 화제가 되었다.

1869년에는 아예 웨스팅하우스 "공기 브레이크 회사"라는 제작 사까지 차리고 열차들에 브레이크를 보급하기 시작했다. 이 공기 브레이크는 대형 육상 교통수단의 발전에 지대한 영향을 주었으며, 오늘날에도 쓰인다. 이후에는 공기 브레이크 관련 기술을 응용해서 현대에는 너무나도 당연하게 생각되는 천연가스의 파이프 운송에 관한 기술을 개발하기도 했다.

1880년대. 당시의 전기 보급은 직류 전기를 발전시킨 토머스 에디슨의 제너럴 일렉트릭 사가 꽉 잡고 있었다. 하지만 공기 브레이크의 성공으로 자신감을 얻고 야심에 차 있던 웨스팅하우스는 에디슨의 직류 전기 왕국을 무너트린다는 생각을 하게 되었다.

때마침 1881년에 유럽에서 성공적인 교류 전기 실험이 일어나자 웨스팅하우스는 교류 발전의 저력을 꿰뚫어 보고 1885년 공기 브레이크로 마련한 재산으로 골라르드-깁스 변압기와 지멘스 발전기를 수입하여 피츠버그에 전기 회사의 토대를 마련하였다.

때마침 제너럴 일렉트릭에서 뛰쳐나온 니콜라 테슬라[37)]를 비롯한 주변 연구자들의 도움을 받아 당시까지 실험적인 수준이었던 교류 발전 체계를 실용적인 수준까지 발전시키는 데 성공한다.

1886년에는 웨스팅하우스 전기 회사를 설립해 처음으로 전기 보급 시장에 진출했다. 테슬라가 개발한 교류 전동기의 특허를 구입해 생산하기 시작한 것도 이때의 일이다.

토머스 에디슨 전기 에도 나와 있다시피 테슬라와 동맹을 맺은 웨스팅하우스의 시장 진출에 대한 에디슨의 대응은 다소 지저분했다. 전기의자 사형을 비롯한 다소 끔찍한 실험들로 교류 전기가 위험하다며 중상모략을 한 것이 그 대표적인 예이다.

지금도 그렇지만 사실 자금력에서도 웨스팅하우스 전기 회사가 제너럴 일렉트릭에 압도적으로 밀렸다. 웨스팅하우스는 이에 대항하기 위해 "제대로 알면 두려움이 없어진다."는 생각으로 교류 전기 체계에 대한 교육을 대대적으로 벌이기 시작했다.

현대 전기 시스템의 대부분을 교류가 차지하는 걸 보면 짐작이 가능하겠지만, 결국 이 싸움에서 웨스팅하우스-테슬라 페어가 이겼다.

37) 니콜라 테슬라는 1856년 7월 10일, 오스트리아-헝가리 제국의 마을 스밀리안(오늘날 크로아티아 영역)는 세르비아계 미국인 발명가 및 연구가로서 대부분의 교류 장치의 근본이 되는 회전하는 자기장을 발견하고 이용했다.

싸움이 시작된 지 7년이 지난 1893년에 사실상 결판이 나는데, 시카고에서 열리게 되는 만국박람회의 점등 계약을 웨스팅하우스가 따냈던 것이다. 1895년에는 나이아가라 폭포에 발전소까지 세우면서 에디슨과 제너럴 일렉트릭은 "전기 전쟁"에서 완패하게 된다.

하지만 전기 생산은 웨스팅하우스에서 할 수 있었지만 제너럴 일렉트릭이 전선 등 송전 설비를 독점한 상황이었기 때문에 표면적으로는 웨스팅하우스가 승리하였으나 실질적으로는 서로 협력하고 기술을 공유하는 방향으로 나아갔다.

나이아가라 폭포 발전소 같은 경우, 발전소 공사는 웨스팅하우스가 맡았으나, 생산된 전기를 전송하는 전선은 제너럴 일렉트릭이 제작을 맡았다.

더 나아가 제너럴 일렉트릭이 웨스팅하우스의 독점 분야였던 철도 장치의 제작에 참여하고 웨스팅하우스가 GE의 독점 분야였던 전등 및 전력 기기를 생산하였다.

발명가, 기술자로써는 더할 나위 없던 그도 사업 수완은 아주 뛰어나지는 못했던 모양인지, 잘 나가다가 1907년에 경영 악화로 회사의 경영권을 잃어버린다. 그로부터 7년 뒤인 1914년에 모든 사업을 접은 상태에서 뉴욕 시에서 사망하였다.

남북전쟁 참전 용사였기에 알링턴 국립묘지에 그의 아내와 함께 안치되었다. 그의 사후에도 웨스팅하우스 전기 회사는 여러 가전제품을 생산하며 번영했지만, 근래에는 원자력 발전으로 주요 사업 분야를 전환했는데 이게 영 좋지 않은 결과를 가져와 일본의 도시바에 인수되고 말았다.

[18] 토머스 에디슨
(Thomas Edison,1847~ 1931), 축음기 외의 발명

발명하면 누구나 서슴없이 에디슨을 떠올린다.

발명의 황제 토머스 앨바 에디슨(Thomas Alva Edison, 1847년 2월 11일~1931년 10월 18일)은 미국의 발명가 및 사업가이다.

에디슨 연보

1847년 2월 11일 미국 오하이오 주 밀랜에서 태어났으며, 아버지는 캐나다 태생으로 재목상 겸 곡물상을 경영하였다. 소년 에디슨은 모험을 좋아하고, 호기심이 강하였다.

- 1879년 탄소 필라멘트를 사용한 백열전구를 완성함, 이해 12월 먼로파크 연구소에서 백열전구를 여러 사람들에게 공개함.
- 1880년 에디슨 전구 회사가 세워짐
- 1881년 파리에서 전기 전시회가 열려 최고상인 레종 도뇌르 명예상을 받다.
- 1882년 35세 뉴욕시의 월 가에 전등 점등.
- 1884년 37세 메리 부인 세상을 떠나다. 먼로파크 연구소를 닫다.
- 1886년 39세 미녀 밀러와 재혼.
- 1887년 웨스트 오렌지 연구소를 세움. 평반 축음기를 발명함.
- 1929년 백열전구 발명 50년 기념 축하회가 미국을 비롯한 세계 여러 곳에서 열림. 축제 도중 병으로 쓰러지다.
- 1930년 병이 무거워 졌으며, 1931년 10월 18일 84세의 생을 마감함.

① 에디슨의 어린 시절

토머스 엘바 에디슨(애칭은 엘)은 미국 오하이오 주 미란이라는 곳에서 2월 11일 태어났으며 에디슨은 어린 나이에도 실험을 시작할 정도

로 호기심이 많은 소년이었다.

19세기 초에 에디슨이 살고 있는 곳인 미란은 휴런 호수와 강이 있었고 이강은 대서양으로 흘러가는 구조였는데 미란은 중요한 항구 역할을 하였다. 그러나 철도가 오하이오로 들어오게 되면서 미란을 지나지 않게 되자 교통 중심으로서의 이곳의 중요성도 줄어들게 되었다. 에디슨이 7살이 되었을 때 미시간 주의 휴런 항구도시로 이사를 했다. 이곳에서 에디슨의 아버지는 여러 가지 일을 했는데 돈을 벌기 위해 집 옆에 큰 관측 탑을 세웠다. 관광객들이 돈을 내고 탑에 올라 휴런 호수의 경치를 볼 수 있었지만 큰돈은 벌 수 없었다.

② 발명의 시작

휴런 항구와 가장 가까운 큰 도시인 디트로이트를 연결하는 기차 철도를 보며 12살인 에디슨은 증기 기관에 매혹되어 기차에서 신문과 사탕을 파는 일을 하게 되었다. 에디슨은 기차에서 팔고 있는 과학책, 신문, 잡지, 소설, 등을 전부 읽으며 그는 도서관에 있는 모든 책을 읽고 말겠다고 결심했지만 10권정도 읽다가 포기했다. 이쯤에 에디슨은 귀가 잘 안 들린 다고 느꼈고 점점 악화되었다. 에디슨은 그의 귀가 안 들리는 것이 큰 재산이라고 했다.

귀가 안 들리니까 일을 하는데 덜 산만하고 외부 잡음에 영향을 받지 않고 잠도 깊게 잘 수 있었기 때문이다. 귀는 안 들렸지만 그에게 주어진 새로운 기회들을 잘 활용했다. 휴런 항구에서 신문과 잡지를 파는 가판대를 두 개나 운영하면서 다른 소년들을 고용했고 1862년에 6개월간 그 자신의 신문인 위크리 헤럴드를 발행했다.

이 신문은 지역 뉴스와 철도 관련 기사를 실었는데 기차를 이용하는 많은 독자들이 읽었다. 이렇게 번 돈으로 기차 짐칸에 작은 실험실을 만들게 되었다. 실험실에는 병, 전지, 시험관들로 가득 했는데 화학물질인 인을 실험하다 화재가 나서 실험실과 인쇄기를 철도 직원이 모두 내려 버렸다.

그러나 에디슨은 계속 철도에서 일을 해 나갔고 그의 인생에서 예기치 않은 전환점이 일어났다.

어느 날 역장의 어린 아들이 화물 기차가 오고 있는데 철도에서 놀고 있는 것을 목격한 에디슨은 생각할 틈도 없이 철도로 뛰어가 아이를 안전하게 구출해 내었다.

그에 대한 보답으로 역장은 에디슨에게 아주 복잡한 철도 전신 기술을 가르쳐 주었고 에디슨은 16살에 전기 기사로서 새로운 일을 시작하게 된 것이다. 이 일은 전신 부호를 말로 말을 부호로 바꾸는 빠른 판단력과 기술을 요하는 일로 빠른 판단력이 요구되는 일이었다.

③ 그의 생애를 변화시킨 전보

기차를 타면서부터 에디슨은 새로운 전신 기술을 배웠다. 1840년에 특허를 받은 모르스 전신 기술은 19세기의 월드와이드 웹에 해당하는 것으로 에디슨은 정보 고속도로를 항해할 모든 기술을 배우고 싶어 했다.

그 당시의 전신 기술은 여러 나라들을 연결 해주고 있었기 때문이다. 수년간 에디슨은 남부와 중서부 지역을 옮겨 다니며 순회 전신 기술자로 일을 했다.

전신 기사들은 문자나 숫자를 전기 신호로 바꾸어 전선을 통해서 정보를 주고받고 하는데 이들은 메시지를 주고받고 하는 일뿐 아니라 전신 기계를 정상적으로 작동하도록 유지하는 일도 해야 했다.

에디슨은 실용적인 전기 기술에 대해 많이 배웠고 어떻게 축전지가 작동하고 전기회로 전자기학에 대해서도 알게 되었다. 이런 호기심이 그의 발명에 있어서 큰 힘이 된 것이다.

④ 그의 발명 경력의 전환점

2년 후에 1871년에 그는 뉴저지 주의 도시인 뉴어크에서 공장과 실험실을 차렸다.

1874년 에디슨은 첫 번째 경제적인 성공을 거두게 되었다. 동일 회로에 의한 4중 송신 기계장치를 개발했다.

이것은 전선 하나로 한 방향으로 하나 이상의 통신문을 보낼 수 있는 방식으로 동시에 반대 방향으로 2개 통신문을 보낼 수 있는 것으로 당시 전신 회사 에게는 획기적인 발명이었다.

왜냐하면 전선을 적게 쓰고도 많은 통신문을 보낼 수 있어 경비도 절감하고 많은 이윤을 낼 수 있었기 때문이다. 에디슨은 웨스턴 유니온 회사와 경제적으로 아주 유리한 계약을 맺고. 이 돈으로 뉴저지 시골에서 "발명 공장"이라 불리는 멘로파크에 거대한 실험실을 지어 많은 발명을 시작 하였다.

에디슨의 특징

① 발명가로써의 에디슨(축음기와 전등)

1876년 에디슨은 실험실을 뉴어크에서 멘로파크로 옮겨, 76~81년 이곳에서 머물렀다. 이 시기에 발명 사업은 번창하고 월스트리트의 부자들은 그의 특허를 손에 넣으려고 다투었다.

1876년에는 미국 독립 100주년 기념 세계 박람회가 필라델피아에서 개최되어 A.G.벨의 전화기 실연이 크게 호평 받았으며 그는 벨의 기기를 개량하여 탄소 알갱이에 의한 가변 저항형 송화기를 고안하여 78년에 특허를 받았다.

이것은 오늘날 송화기의 원형이 되었다. 또한 전화의 음성을 재생하는 방법을 연구하여 1877년에 최초의 축음기를 조립하게 되었다. 녹음에는 처음에 주석 박을 사용했는데 78년에 이것을 납관으로 바꾸었다. 그는 축음기를 그가 가장 아끼는 발명품으로 기술하였고 다음 그의 연구 과제는 전등의 실용화였다.

이미 1870년대에는 탄소선 사용이 유망해져서 78년부터 백열전구의 연구에 몰두한 그는 수은 배기펌프의 개량과 탄소 필라멘트의 채용으로 79년 10월 21일 40시간 이상 계속해서 빛을 내는 전구를 만들었다.

빛을 내는 핵심인 필라멘트 재료로는 대나무가 적당하다는 것을 알고 전 세계의 대나무 산지로 사람을 보내 가져오게 한 결과 일본 교토 부근의 야와타(八幡)의 대나무가 가장 좋다는 것이 입증되어 약 10년간 이 대나무가 사용되었다.

또한 그는 전구 소켓, 안전퓨즈, 적산전력계, 지하케이블, 정전압 직류 발전기, 배전반 등 전등의 부대설비에서 발, 송전, 배전에 이르는 전기 체계를 고안하였다.

1882년에 세계 최초의 중앙 화력발전소가 런던과 뉴욕에 설치되어 에디슨 전등 회사가 창립되게 되었다. 또한 83년 전구의 실험 중에 발견한 〈에디슨효과〉는 20세기에 들어와 열전자 방출 현상으로서 연구되어 진공관에 응용되었다.

그 기술은 오늘날 전자공업 발전의 기초가 되었다. 그는 자신이 만든 발전기와 배전 설비를 이용하여 독자적인 전기기관차를 만들어 1883년부터 전기철도 사업의 기초를 다졌다.

② 사업가로서의 에디슨

1887년 그는 실험실을 웨스트 오렌지로 옮겼기고 그곳에서는 45~60명의 직원들이 그의 발명에 협력하여 그 무렵 세계 최대의 연구 개발 기관이 되었다.

88년에 축음기를 개량하였다, 91년에는 영화의 촬영기, 영사기, 1891~1900년에는 자력선광법, 1900~10년에는 에디슨 축전지 등을 차례로 발명하였다.

그러나 에디슨의 회사는 전등 특허권을 둘러싼 소송으로 많은 비용이 들게 되어 에디슨은 회사로부터 쫓겨나게 되었다. 결국 전등 소송에서는 이겼지만 전력 수송의 장래에 대하여 고압 교류 방식이 유리함을 간파하지 못한 것은 그의 실수로 남게 되었다.

③ 창조에 대한 신조

"천재란 1%의 영감과 99%의 땀이다"라는 그의 일생 동안의 신조는 지금까지도 잘 알려져 있다. 대학 강의를 경멸했고 보통교육에 관해서도 현재의 시스템은 두뇌를 하나의 틀에 끼워 넣는다.

독창적인 사고가 길러질 수 없다. 중요한 것은 물건이 만들어지는 과정을 보는 것이다 라고 비판하였다. 만년에는 나는 발명을 계속할 돈을 손에 넣기 위해 항상 발명하는 것이다 라고 술회하여 끊임없이 창조 활동을 계속하였던 끈질긴 발명가의 심경을 엿볼 수 있다.

밀란에 있는 그의 생가는 사적이 되었고, 미시간 주 디어본으로 옮긴 멘로파크 실험실과 웨스트 오렌지 실험실은 각각 박물관이 되었다.

1929년 10월 21일은 백열전구 실험에 성공한 지 50년째가 되는 해로서, 국제적인 전등 50주년제가 실시되었으며, 그가 사망한 31년에도 성대한 에디슨 추도회가 거행되었다.

에디슨의 발명품들

① 전화기의 개량

1876년 3월, 벨은 전화를 발명하여 특허를 얻었는데, 그것은 뉴욕, 워싱턴 간(약 330㎞)의 통화는 불가능한 것이었다.

이 사실을 전해 듣자, 에디슨은 연구를 하였고 그 결과 오늘날 사용되고 있는 전자석 식의 수신기와 똑같은 스피커를 송신에도 쓰고 있는 점에 있다는 것을 알아내고, 그 개량에 고심하였다. 그리고 탄소판을 음성 자동판과 고정 금속판 사이에 끼워 음성 진동판의 진동에 의해서 일어나는 아주 작은 압력의 변화에 의하여, 사이에 끼운 탄소판의 전기 저항에 큰 변화가 일어나도록 궁리했다.

그리고 이 송화기에 대고 말을 할 때, 음성에 따라 생기는 송화기 속의 저항의 변화에 의하여 볼타(Volta)의 전지에서 나오는 전류를 변화시켜, 이것을 유도 코일로 확대해서 수화기에 도달하도록 했다(1877년).

이 방법은 벨의 최초의 방법(벨 자신도 그 후 여러 가지로 개량하였다)보다는, 훨씬 원거리의 통화가 가능한 것이었다. 에디슨의 이 방식도 얼마 후에 나타난 우수한 여러 가지 개량에 의해서 바뀌었지만, 그가 탄소를 사용하여 그 저항의 변화를 이용했던 것은, 전화기에 하나의 새로운 방향을 열어 준 것으로서, 커다란 가치를 지닌다.

② 축음기

같은 해에 에디슨은 축음기를 발명하였다. 이것은 탄소 송화기의 연구와 자동 전신기의 실험에서 힌트를 얻어 생각해 맨 것으로서, 이에 관하여 에디슨은 다음과 같이 말하고 있다. “아무리 작은 바다 물결이라도, 잔물결이 나아갈 때에 생기는 곡선의 표지를, 해안의 모래에 정확하게 그리고 있는 데에 우리는 놀라움을 느낀다.

그리고 모래알을 유리판이나 매끄러운 나무 널빤지에 얇게 뿌려서 피아노 위에 놓으면, 소리의 진동에 따라서 여러 가지 직선과 곡선이 나타난다는 것도 알고 있다. 이들 예에서, 고체의 잔 알갱이가 액체나 기체나 소리의 약한 물결에도 영향을 받는다는 것을 알 수 있다.

이 현상은 이전부터 알려져 있었지만, 사람이 내는 소리의 물결도 바다의 물결이 모래사장에 표지를 만드는 것과 똑같은 표지를 어떤 물질에 부여할지도 모른다는 사실을 내가 생각해 낸 것은 겨우 몇 년 전의 일이었다.” 에디슨은 전신의 중계기로서 사용할 목적으로 모스 부호가 종이테이프 위에 흔적을 내고, 그 흔적이 다시 발신기로 들어가서 모스 부호를 발신하는 것과 같은 것을 생각하고 있었다. 그래서 이 종이 테이프의 흔적이 모스 부호의 소리를 재현할 수 있을 것이라고 생각했다.

여러 가지로 고심 끝에, 주석 박을 원통에 붙이고, 여기에 소리의 진동을 흠으로 새겨, 거기에 바늘을 대어 소리를 재생하는 축음기를 발명하였다. 일단 이와 같이 해서 성공하자, 그는 적극적으로 그 개량에 고심하였다. 그리고 원통 모양의 레코드로부터 원판 레코드가 되기까지, 축음기의 발명 개량에 대해서 얻은 특허는 100가지를 넘기에 이르렀다.

③ 전등

당시 어느 정도 실용적인 전등이라면, 2개의 탄소 막대 사이에 아크 방전을 시키는 아크등 밖에 없었는데, 이것은 탄소 막대가 얼마 안 가서 다 타 버리기 때문에 끊임없이 바꾸어 주지 않으면 안 되었다.

또한 옥외 전등으로서는 어느 정도 쓸모가 있었지만 옥내에서는 빛이 너무 강하고 눈이 부셔서 눈에도 해로웠다. 30여 년 전에, 도선에 타 버리면서 열을 발생하고, 융점이 높은 도선이라면 백열 시킬 수 있다는 것이 밝혀진 이래, 발명가들은 옥내용의 전등을 만들고자 여러 가지 고안을 해 왔는데, 실제로 쓸모 있는 백열전등을 만드는 데는 성공하지 못했다.

그리고 그 무렵에 다 등용의 가열 물질로서 용의 가열 하는 것이 첩경이라는 사실을 이미 많은 연구자들이 알고는 있었지만, 가공 물질의 가공에 곤란이 있었다.

가열할 때에는 끊임없이 진공 속, 혹은 적어도 산의 가 포함하지 않은 기체 속에 두지 않으면 안 된다는 어려운 문제도 있었다. 그리고 가느다란 탄소 막대를 이 목적에 사용하려고 시도한 몇 사람의 연구자도 있었다. 이와 같은 상태 속에서, 에디슨은 1878년에 이 연구를 시작한 것이다.

그는 가느다란 탄소 막대를 사용하지 않고 가열 물질을 먼저 필라멘트형태인 선조 모양으로 만든 다음, 그것을 탄화하려고 시도했다. 처음에 시험한 것은 탄화한 종이이었다.

당시 제작되고 있던 진공펌프로 얻은 진공구 속에서는 아직 충분히 산소를 제거할 수 가 없어, 이 필라멘트는 10여 분 동안 빛을 낸 데 불과했다. 그래서 한때는 금속 필라멘트를 고안한 적도 있었다.

그러나 그것도 여의치 않아서 다시 탄소로 돌아가, 종이 대신에 무명실을 탄화하였으나 수없이 실패를 거듭하였다.

이리하여 간신히 1879년 10월 21일에 하나의 탄소 필라멘트를 만들어, 40시간 이상이나 계속 빛을 발하는 전구를 만들 수 있었다.

이에 힘을 얻어, 좀 더 좋은 필라멘트의 재료를 찾은 결과, 1880년에 대나무가 가장 좋다는 것을 알아내어 대나무 가운데서도 제일 알맞은 것을 찾아내는 일에 착수하였다.

그래서 10만 달러나 소비하여, 대나무의 산지로 알려진 중국, 일본, 말라이제도, 인도, 중앙아메리카 및 남아메리카 등의 각지에 사람을 보내어 여러 가지 재료를 수집했는데, 마침내 일본 교토 부근의 야와타 에서 나는 대나무가 가장 좋다는 것을 알았다. 그 후 금속으로 대체되기 전까지 약 10년 동안, 이 대나무가 백열전등의 필라멘트로서 사용되었다.

이와 같이 해서 최초의 실용적인 탄소 필라멘트 백열전구가 그의 손으로 만들어진 것은 1880년이었는데, 이것을 점화하기 위해서는 아무래도 강한 전류가 필요해 졌다.

그러려면 효율이 높은 발전기의 제작, 배전반의 설계, 그 밖의 배전방식의 설정, 적산전력계의 고안, 케이블 공사 등에서부터 전구에 부속된 스위치, 소켓류, 퓨즈 등 일체를 준비하지 않으면 안 되었다. 그리고 에디슨은 이와 같은 것들을 새로 만들어 내었을 뿐만 아니라, 전등 회사를 창립하여 그 선전 보급에도 힘을 써, 마침내 누구나 전등을 이용할 수 있는 데까지 이끌어 갔다. 이 사실은 매우 큰 업적이라 하지 않을 수 없다. 말할 것도 없이, 위에 든 여러 가지 전기 기구의 제조도, 전기 기술의 빛나는 진보였다.

이 무렵(1883년), 그는 전구의 내부에 한 장의 금속판을 유리구의 벽을 통해서 봉해진 철사로 받치도록 한 결과, 필라멘트가 직류로 백열되었을 때 이 판과 필라멘트의 양극 사이에 약한 전류가 흐르고, 음극과의 사이에는 전류가 흐르지 않는다는 사실을 발견하였다. 이것은 에디슨 효과라 불리고 있다. 이에 대해서 에디슨은 그 이상 깊이 파고들어 가지는 않았고 또 실용화도 시도하지 않았지만, 20세기에 들어서자 많은 사람들에 의하여 이것이 열전자 현상으로서 연구되어 라디오의 진공관에 응용되었으며, 다시 더욱 놀랄 만한 발명으로까지 발전하였다.

④ 기타

영화의 촬영기와 영사기의 고안(1891년), 자기 선광기의 발명(1891～1900) 및 에디슨 전지의 발명(1900～1910) 등이 있다. 제1차 세계대전이 일어난 후, 미국의 참전과 함께 한때 사업을 중단하고 미합중국 해군 고문 위원회 회장이 되어 군사 과학상의 문제에 전념했다.

전쟁이 끝난 후 다시 웨스트 오렌지의 실험소와 공장으로 돌아가서 정력적인 일을 계속하여, 자신의 발명품의 개량 발전에 힘을 기울였다. 이 일은 그의 죽음(1931년 10월 18일)에 이르기까지 계속되었다.

독자께서는 발명의 대명사인 에디슨의 어린 시절부터 각종 발명품의 탄생까지 이야기를 잘 읽었겠고 아마 양이 많아 지루함을 느꼈을 수도 있을 것이다. 여기서 저자가 독자 분들께 질문 하나 하겠다. 독자 분들은 과연 전구를 누가 발명하였을까?

아, 저자의 질문은 독자 여러분들이 모를까 봐 던진 질문이 아니다.

저자의 질문에 당연히 10명중 9명은 에디슨을 생각했을 것이다. 하지만 에디슨을 떠올렸다면 모두 틀렸다. 에디슨은 최초로 전구를 발명하지 않았다. 전구를 최초로 발명한 발명가는 영국의 험프리 데비[38] 라는 사람이다.

에디슨보다 71년 앞서 만들었고 에디슨의 부하인 테슬라의 조사 자료와 발명 계획이 적힌 종이를 훔쳐가 먼저 발명한 것이라는 설도 있다.

확실한 것은 기존의 전구를 개량 발명을 통하여 A(최초 전구)+B(필라민트)=백열전구를 만든 것이며 그리고 상업화시켰다. 그래서 다들 전구 발명가를 에디슨으로 착각하는 것이다.

에디슨의 엄청난 실수

역사 속 위대한 발명가로 이름을 떨치고 있는 에디슨은 노벨상을 받지 못했다.

많은 사람들이 에디슨은 우리 생활에 필요한 많은 것을 발명한 발명가이자 과학자라고 알고 있는데 이것은 잘못 알려진 사실이다.

에디슨은 과학자가 아닌 돈 챙기기에 바빴던 사람이었다. 지금 우리 생활에 제일 많이 쓰이는 전구를 에디슨이 모두 발명했다고 알고 있을 텐데 이것은 에디슨이 발명한 것이 아니라 그 발명 아이디어를 대부분 구매하였고 개량 발명을 하여 상업적으로 대중화 시킨 인물이라 할 수 있다.

에디슨이 전구를 발명 한 것이 아니라니? 여태껏 학교에서도, 책에서도 에

38) 아크등은 영국의 화학자인 험프리 데비(Humphry Davy, 1778~1829)라는 사람이 1808년에 발명하였는데, 이것은 가정에서 사용하기에는 너무 밝다는 단점이 있었다. 또한 부피가 크고 설치 장치가 복잡하지만, 그에 비해 효율이 높고 백색광에 가까운 빛을 내기 때문에 런던에서는 현대의 조명 기구들이 발명된 이후에도 계속 사용되어 왔다. 출처 : 위키 백과

디슨은 전구를 발명했다고 배워 왔고 또 그렇게 알고 있기 때문에 의아해 할 수 밖에 없다.

여기서 전구에 얽힌 에디슨의 중대한 실수를 알려주겠다. 에디슨은 전구 발명 아이디어를 산 뒤 뉴욕 거리에 가로등을 설치해 주기로 하고 엄청난 돈을 받고 거래를 하였다.

그 시절엔 밤에도 환한 거리를 본 사람들이 없었기 때문에 그 거리는 세계 여러 사람들이 찾아와 구경하는 관광 명소가 되었다.

그런데 여기서 에디슨이 엄청난 실수를 했다. 그 실수란 바로 그 엄청나게 많은 가로등을 작업하기 편하기 위하여 모두 직렬 연결해 버렸다.

직렬연결. 연결 중 한군데가 끊어지면 전체 회로가 끊어지게 되는 것인데 그 시절 가로등 전구의 수명은 지금보다 길지도 못했다. 그러니 며칠이 지나고 전구가 수명이 다 되서 하나가 꺼지니 직렬연결 되어 있던 가로등들이 모두 다 꺼지는 상황이 발생한 것이다.

그때서야 에디슨은 직원들을 시켜 수명이 다된 전구들을 일일이 갈게 했다.

하지만 그 많은 가로등의 전구들을 일일이 확인 해가며 교체 하는 게 얼마나 인력 소모에 시간 또한 오래 걸렸다. 또한 하루 밤 사이에 수십 번씩 꺼졌다 켜졌다 하는 가로등 때문에 나중에는 아예 거리에 직원들을 밤새 배치하거나 그곳에 살게 했다고 한다. 결국 에디슨은 직렬로 연결한 실수 때문에 쫄딱 망하게 되었다고 한다.

아마 여러분들이 알고 있던 사실과 너무 다르지 않은가? 저자 또한 에디슨의 실수를 보고 놀라움을 감출 수가 없었다. 여기 에디슨에 관한 또 다른 진실이 있다. 독자 분들이 알고 있는 에디슨에 대한 알려진 이야기와는 전혀 다른 진실이 숨어 있다.

에디슨에 대한 궁금증

① 에디슨은 청각 장애를 앓고 있었다?

집안이 가난하였기 때문에 12세 때에 철도의 신문팔이, 과자 팔이 등을 하면서도 시간을 절약하기 위하여 화물차 안으로 실험실을 옮겨 실험에 열중하였다. 신문팔이를 하던 어느 해 기차 안에서 실험을 하다가 화재를 일으켜 차장에게 얻어맞은 것이 귀에 청각 장애를 일으키게 되었다. 그 후부터는 사람들과의 교제도 끊고 연구에만 몰두하기 시작하였다.

그러나 사실이 아니다. 단순한 에디슨의 거짓말에 지나지 않는다. 에디슨은 선천적으로 귀속의 반고리 관에 장애가 있었다고 한다. 또 유년 시절, 에디슨은 몸이 약해서 여러 번 심한 감기에 걸려 만성적인 기관지염을 앓았다. 사실상 에디슨의 귀가 들리지 않은 시기는 정확하게 6세정도로 추정되며 주변의 소음과 단절되어 오히려 무언가를 발명하가에는 전화위복이 되었는지도 모른다.

② 에디슨은 돈을 좋아한다?

에디슨은 청각 장애를 앓고 있었다. 때문에 학업을 계속할 수 없었다. 귀가 안들린 이유로 초등학교 때 아이들에게 손가락질을 받았으며, 선생님께도 '이상한 아이'로 낙인찍혀 퇴학을 당하게 되었다. 이때부터 에디슨은 마음에 상처를 받고 자신의 귀에 대한 원망을 하였을 것이다. 그리고는 자신이 남들에게 무시당하지 않을 수 있는 수단은 오직 돈밖에 없다는 생각을 하였을 것이다.

③ 에디슨의 명언에 대한 진실

에디슨의 명언 중에는 '천재는 1퍼센트의 영감과 99퍼센트의 노력으로 이루어 졌다.' 라는 유명한 명언이 있다. 하지만 이 명언의 의미는 신문기자들이 잘못 듣고 기사 보도 한 것에서 비롯되었다. 에디슨은 자신의 82세 생일날 기자회견을 열었다. 그 때 기자들은 생일을 축하해주지 못 할망정 후버 신 정권의 경제, 군사 정책에 대한 의견을 물었다. 그 이유는 옆에 있는 차기 대통령의 대답을 끌어들이기 위한 것이었다.

에디슨은 그 때문에 화가 나 있었기 때문에 예 혹은 아니오 로 대답하였다. 마지막에 에디슨이 열 받았다는 사실을 눈치 챈 한 기자가 물었다. "지금까지 발명 중 가장 영감 있었던 발명은 무엇 입니까?" 화가 머리끝까지 나있던 에디슨은 홧김에 기자에게 나쁜 의미의 말을 던졌다.

"음. 아마도 태어 난지 얼마 안 되는 아기들의 두뇌 속에서 천재성을 발견했다는 것이다. 갓 태어난 만큼 천재성이 머물기 좋은 자리는 없다."

⇨ 의미 : (어릴 때 배울수록 천재가 될 확률이 높다).

"어른이 된 후에는 자신의 천재성을 발견하기 힘들다. 하지만 1퍼센트의 영감과 99퍼센트의 노력만 있다면 가능할지도 모르겠다."

⇨ 의미 : (어른일 때 배우면 때는 늦었다. 하지만 많이 노력하면 가능할지도).

이 에디슨의 말을 기자들이 이해를 못하여 마지막 대사. 1퍼센트의 영감과 99퍼센트의 노력이라는 것만 듣고 노력만 하면 된다는 소리로 기사를 집필하여 에디슨을 더욱 위대한 과학자로 부각시켰다. 이 대화를 이해했다면 기자들도 화가 났었겠지만 에디슨의 생일날 이상한 질문만 한 기자들의 책임이므로 에디슨을 비판 할 수는 없다. 어찌되었던 발명왕은 왕이니까!

이것이 에디슨에 대한 진실이다. 분명 '에이 ……. 아닐 거야', '저게 사실이겠어?' 하고 생각하는 사람들도 많을 것이다. 하지만 이것은 확실하다. 에디슨은 청각 검사 비슷한 것을 받아서 나온 결과이며 자신이 가난해서 치료를 못 받았다는 말을 하기 힘들어서 고막이 찢어졌다는 어처구니없는 거짓말을 한 것이란 걸 말이다.

에디슨은 노벨상을 받았다? 그렇지 않다. 노벨상과는 인연이 없었다. 수많은 업적과 세계적인 명성에도 불구하고 노벨상을 받지 못했다. 후보에 올랐지만 상복이 없었다. 이에 대해서는 여러 가지 설이 있다. 한때 에디슨의 연구 동료였던 니콜라 테슬라와의 갈등 때문이라는 설이 유력하다.

[19] 알렉산더그레이엄 벨
(Alexander Graham Bell,1847~ 1922), 전화의 발명

알렉산더 그레이엄 벨(Alexander Graham Bell, 1847년 3월 3일~1922년 8월 2일) 은 스코틀랜드에서 태어난 미국인 과학자이자, 발명가였다. 최초의

'실용적인' 전화기의 발명가로 널리 알려져 있지만 전화를 최초로 발명한 사람은 이탈리아의 안토니오 무치로 벨보다 무려 16년이나 앞서서 전화기를 발명했다. 그는 스코틀랜드의 에든버러에서 태어났고 1882년 미국으로 귀화하였다. 영국 왕립 고등학교를 졸업 후, 런던에서 발음에 관한 연구를 하였다.

대학교 졸업 후에 발성법 교사로 있다가 교육자인 아버지를 도와 청각 장애인의 발음 교정에 종사하였다. 런던 대학교에서 생리 해부학 강의를 들은 후, 캐나다를 거쳐 미국의 보스턴에 가서 청각 장애인 학교를 세우고 보스턴 대학교의 발성학 교수가 되었다.

그가 음성의 연구에서 전기적인 원거리 통화 법을 고안하였다고 알려져 있었으나 이것은 잘못된 것으로써 1837년에 이미 전화에 대한 기본적인 개념은 제시되어 있었다.

전화기의 발명가로 널리 알려져 있지만, 이는 사실이 아니다. 최근 연구 결과로는 실제로 전화기를 발명한 사람은 안토니오 무치[39]이다. 무치가 자석식 전화기를 발명한 뒤 특허를 내기 위하여 웨스턴 유니언 전신 회사(Western Union Telegraph Company)와 의논하는 동안 설계도와 전화기 모델을 잃어버렸고, 이후 벨이 무치가 발명한 것과 비슷한 전화기로 특허를 취득한 것으로 알려졌다. 무치는 소송을 제기하였으나, 패소하였다.

하지만 발명품을 자신의 이름으로 등록하기 위해서는 돈이 필요했는데 안토니오 무치는 가난해서 임시 특허 등록을 해야만 했다. 그러다가 벨이 전화기를 발명하여 정식으로 자신의 발명품으로 특허등록을 하자 무치는 이를 문제 삼아 소송을 건다.

그러나 승소 직전 안토니오 무치가 도중 심장마비로 사망하면서 공식적으로 벨이 전화기를 발명한 것으로 결정되었던 것이다.

아무튼 2002년에 6월 미국 의회는 무치를 전화 발명자로 공식 인정하였다. 산 용액을 이용한 음성 전달이라는 알렉산더 그레이엄 벨의 실험 자체는 완벽한 도둑질에서 시작된 것이었다.

애당초 벨은 18세에 헬름홀츠의 소리굽쇠 측심기에 대한 연구를 하고 있었는데, 독일어 실력이 부족했던 벨은 배터리가 소리를 전신선으로 전달한다고

39) 안토니오 무치(Antonio Meucci, 1808년 4월 13일 – 1889년 10월 18일)는 인류역사 상 최초로 전화기를 발명한 발명가이다. 알렉산더 그레이엄 벨 보다 무려 16년 앞서서 먼저 발명하였으나, 가난하여 특허를 임시 특허로 할 수밖에 없었다. 그 이유는, 자기 이름으로 등록하기 위해서는 돈이 필요했는데 돈이 없어서 정식 등록을 하지 못했다. 그런데 알렉산더 그레이엄 벨이 전화기를 발명해서 이것을 문제 삼아 소송을 걸었지만, 승소 직전 심장마비로 생애를 마쳤다. 그래서 알렉산더 그레이엄 벨이 전화기를 발명한 것으로 정식 등록 한 것이었다. 본래 전화기 발명가는 안토니오 무치가 맞다. 출처 : 위키백과

착각을 하고 있었다.

그리고 이 착각은 1870년에 영국을 떠나면서 착각을 알게 되었는데, 이러한 벨의 착각은 1928년 출간된 벨의 조수인 캐서린 맥켄지가 쓴 전기에 자세히 나와 있다.

아무튼 의혹이 제기 된 것은 벨의 노트에서 2주가량의 공백이 있은 뒤 갑자기 배터리가 아니라 산 용액을 통한 실험이 나타났다는 사실에서였다.

그것은 1876년 3월 10일에 실험에 성공한 것으로 되어 있었다. 허나 정작 벨은 2월에서 3월 초순까지 워싱턴에서 로비를 벌였다는 점에서 시작된다.

그리고 벨의 사기극을 밝힌 가장 큰 근거는 아이러니하게도 벨의 실험 노트였다. 그는 2월 14일에 특허를 신청했는데, 기이하게도 당시 상원에서는 발명품을 제시하지 않아도 되는 입법에 대한 청문회가 열렸다.

그리고 3월 7일에 연구실로 돌아가지도 않은 상태에서 특허권이 3주 만에 나오는데, 이는 전례가 없는 일이였다. 이러한 빠른 특허의 배경에는 벨과 완전히 동일한 특허를 신청한 엘리샤 그레이의 전화기와 실험 보고서 때문이었다.

엘리샤 그레이는 빈손으로 찾아온 벨과 달리 2월 14일에 전화기와 보고서를 들고 특허를 신청했고, 거기서 그레이의 발명 특허권 보호 신청서 3페이지에는 벨의 노트에 그려진 것과 똑같은 실험 기구들이 그려져 있었다.

당시 특허 심사관이었던 세나 피스크 윌버는 자신이 빚을 지고 있었던 벨의 특허를 맡은 법률 회사의 동업자인 마셀러스 베일리에게 빚을 지고 있었다.

베일리의 요구로 윌버는 벨의 특허 서류가 먼저 도착한 것으로 고치고, 1876년 2월 26일에는 아예 베일리의 협박으로 그레이의 특허 도안과 전파 송수신 방법을 벨에게 모두 공개했다고 진술했다.

그러나 당시에는 윌버가 알코올 중독자였고, 자주 진술을 바꿔서 증거로 채택되지 못했으나, 최종진술서의 원본을 피해자인 엘리샤 그레이에게 보내었고, 자신의 진술이 취해 있던 아니던 진짜임을 강력히 주장했다는 편지를 남겼다.

이후 벨은 이러한 의혹을 적극 부정했으나 1910년 벨과 그의 아내 메이블이 사위인 길버트 그로스가 쓰고 있는 벨의 전기에 쓰일 원고를 보냈다 거기서 벨은 윌버의 진술이 거짓임을 밝히기 위해 자신은 그레이의 서류를 전혀 보지 못했다.

윌버가 1876년 2월 14일에 그레이와 자신의 특허 사이에서 충돌이 발생한 단락을 보여주었다면서 그 단락을 인용했는데, 결과적으로 벨 자신이 실험한 3월 10일 이전에 2월 14일에 그레이가 실험한 내용의 핵심 비밀을 사전에 알게 되었다는 사실을 결국 인정한 것이 되었다.

또한 이미 1877년 당시에 그레이는 벨이 「시카고 트리뷴」[40]지에 기고한 기사에 대해 철회를 요구했다. 당시 벨은 특허 관련 문서가 공개되기 직전이었음에도 불구하고 그레이에게 당신의 특허 내용이 뭔지는 모르지만, 액체에 전선을 담가 소리를 전달하는 방식인걸. 다 안다. 라고 핵심 내용을 알고 있음을 실토했다.

즉, 특허 관련 문서가 공개되기 직전임에도 불구하고 자신은 불법적인 방법으로 특허 기밀문서를 확인했다고 자백한 셈이다.

거기다가 벨의 특허 신청서 원본 사진을 보면, 벨의 특허의 핵심인 가변저항 개념은 본문이 다 이 쓰인 뒤에 서류의 여백에 덧 씌워져 있다. 앞에 기재한 사진을 보더라도 벨의 인상은 관상학적으로 볼 때 매우 야비한 성격의 소유자처럼 여겨진다.

이에 대해 1915년 영국의 엔지니어인 존 킹스베리는 발명가가 자신의 발명품에 가장 큰 기여를 한 핵심 요소를 마지막 순간까지 빠트리고 있었다는 사실이 말이 된다고 생각하나? 라고 일침을 가하기도 하였다.

그 후 계속 청각 장애인과 발성 문제, 축음기, 광선 전화 등의 연구를 하고 만년에는 항공기의 연구에 전념하였다. 1880년에 「사이언스」[41]지를 창간하였다.

많은 사람들은 그를 '청각 장애인의 아버지'로 불렀고 영국의 유니버시티 칼리지 런던(University College London : UCL)에서 음성학 학사를 받았으며, 훗날 이곳에서 강의를 하였다.

아무튼 그는 비열한 방법으로 특허권을 따내 1877년 미국 전기 전신(American Telephone & Telegraph)를 설립하였으며, 이 발명으로 받은 볼타상을 기금으로 볼타 연구소를 창설하여 농아교육에 전력하였다. 그밖에 광선 전화의 연구 외 여러 방면의 업적을 남겼다.

---

40) 시카고 트리뷴(영어 : Chicago Tribune)은 미국의 일리노이 주 시카고를 중심으로 하는 주요 일간신문으로, 트리뷴 퍼블리싱이 이 신문사를 소유한다. 이전에는 스스로 "세상의 가장 위대한 신문"으로 스스로 칭했으며, 시카고 대도시 지역과 미국 중서부 지역의 중요한 일간신문으로 남았으며, 미국 내에서 10번째로 가장 규모가 큰 일간 신문사 중 하나이다. 출처 : 위키백과

41) 미국 과학 진흥 협회(AAAS)에서 발행하는 과학 전문 주간지로 1880년 에디슨(Thomas Alva Edison)이 투자한 1만 달러로 창간한 뒤, 1900년 미국 과학 진흥 협회가 인수하면서 미국을 대표하는 과학 잡지로 자리잡았다. 영국의 과학 잡지 「네이처 Nature」와 함께 세계 과학저널의 쌍두마차로 불릴 정도로 과학계에 미치는 영향력이 크며 그 내용은 물리학·화학·생물학·우주 과학 등 종합과학을 다룬다. 출처 : 두산백과

[20] 찰스 앨저넌 파슨스 (Charles Algernon Parsons 1854~1931), 증기 터빈 엔진의 발명

찰스 앨저넌 파슨스 경(Sir Charles Algernon Parsons, OM, KCB, FRS, 1854년 6월 13일~1931년 2월 11일)은 영국의 기계 기술자이자 발명가이다. 케임브리지 대학교를 졸업하고, 1883년 증기 터빈을

발명하여 그 개량에 힘썼다. 그는 물의 흐름과 증기의 흐름이 비슷한 점에 착안하여,

물 대신에 증기를 쓸 수 있는 기관을 연구하였다. 즉,증기의 힘으로 바퀴를 돌리는 증기 터빈은 역시 증기의 힘으로 피스톤을 왕복시키는 증기 기관보다 증기의 낭비가 적어, 적은 양으로도 큰 힘을 낼 수가 있다. 이후 이 증기 터빈[42]은 공장·발전소·기선 등에 널리 이용되었다.

또 그는 1884년 반동(反動) 증기터빈을 만들어 특허를 획득하였다. 1889년 뉴캐슬 근처의 히튼에 C.A.파슨스 터빈 회사를 설립하고, 터빈의 개량에 힘썼다.

1891년 복수기(復水器)가 달린 터빈을 만들고, 또한 선박의 추진 기관(推進

42) 보일러에서 발생한 고압의 과열 증기를 노즐로부터 분출시켜 고속의 증기 분류로 이것을 회전하는 임펠러에 접촉시켜 동력을 얻는 일종의 열기관, 즉 증기를 연속적으로 팽창시킴으로써 증기가 보유한 열에너지를 속도 에너지로 바꾸어, 기계적 에너지로서 추출하는 원동기로서 발전이나 선박 등에 이용되고 있다. 출처 : 위키백과

機關)으로서의 터빈의 실용화를 기도하였고 1897년 세계 최초로 증기 터빈을 장치한 시속 63 km의 속력을 낼 수 있는 터빈 선(船)인 터비니아호(號)를 건조하였다. 1910년의 기어 감속(減速) 터빈과 자동차 타이어가 미끄러지는 것을 멈추게 하는 체인도 발명하였으며, 1911년 작위(爵位)를 받았고 1931년 자메이카로 가는 도중 배 안에서 죽었다.

[21] 조지 이스트먼

(George Eastman 1854~1932), 두루마리 필름의 발명

코닥(Kodak)사를 창업한 조지 이스트먼은 1882년, 뉴욕 로체스터 은행 서기였던 시절 현대식 필름의 초기 형태를 발명해 내고 1883년에는 세계 최초의 감광필름[43]을 발명하여 이것을 양산화하는데 성공함으로써 본격적으로 시작되었다.

창업자인 조지 이스트먼은 알파벳 'K'가 소비자나 사용자 모두에게 강한 인상을 주고 있다는 믿음을 가지고 있어 알파벳 'K'를 앞뒤에 반복하여 사용하여 Kodak이라는 이름으로 사업을 시작했다

코닥은 1888년부터 "당신은 찍기만 하세요, 나머지는 저희가 알아서 하겠습니다."(영어 : You press the button, We do the rest)라는 광고 카피를 사

43) 감광필름(感光film)이란 얇은 셀룰로이드 판에 감광제를 바른 촬영용 필름. 일반 촬영용 외에 영화용 필름, 적외선 필름, 엑스선 필름 따위가 있다.

용하여 카메라의 판매에 뛰어든다.

그러나 당시로써는 카메라가 대중화되지 않았기 때문에 코닥이 개발한 카메라와 필름은 일부 전문 사진사 계층에게만 호응을 얻었다.

그러나 당시 경영학에서는 '이벤트'로 그치던 광고라는 것에 세계 최초로 지속적인 투자 및 광고를

결정함으로써 잠재 시장을 빠르게 넓혀 갔다. 또한 당시에는 파격적인 의상인 파란 줄무늬 원피스를 입은 'Mrs. Kodak'이라는 캐릭터를 광고에 기용해 사진이 전문가의 전유물이 아니라는 이미지를 심어 주었다.

결과적으로 급속도로 대중에게 사진과 카메라를 전파하게 되어 필름 시대의 황금기를 개척하게 된다. 1910년대부터 필름을 코닥이라고 부를 정도로 필름의 대명사가 될 만큼 회사는 급성장했지만, 이러한 영광을 뒤로 한 채 조지 이스트먼은 1932년 "친구들이여, 나의 일은 모두 끝났다. 무엇을 더 바라겠는가?(영어 : To my friends : my work is done. Why wait?)"라는 엉뚱한 유언을 남기고 77세를 일기로 자살한다. 그러나 코닥은 1930년대 후반, 현대적인 필름을 개발함으로써 또 다시 시장을 개척하는데 성공하는 등의 발전을 이룬다.

1950년대에 카메라 시장이, 카메라 바디, 렌즈, 필름으로 세분화되어 감에 따라 독일의 칼 자이스, 라이카와 일본의 니콘, 캐논, 펜탁스 등이 등장하게 되면서 점차 입지가 줄어들기 시작했다.

하지만 코닥은 필름 사업에서 고정적인 수입을 올리고 있었기 때문에 이러한 분위기에도 흔들리지 않을 수 있었다.

결과적으로 필름 시대가 끝나 가는 1990년대 이르렀을 때에는 매년 1억대가 넘는 일회용 카메라를 판매하고, 각종 특허와 디지털 기기를 개발하는데 성공하는 등 대내외적으로도 큰 성장을 이뤄 냈고, 미국 25대 기업에 이름을 올리게 된다.

1975년 코닥의 전자 사업부 엔지니어였던 스티브 세손(Steve J. Sasson, 1950년 7월 4일~)은 세계 최초로 디지털 카메라(CCD)를 만들어 냈다.

그러나 코닥은 이 디지털 카메라가 향후 아날로그 필름 시장 전체를 바꿔놓을 것이라고 결론 내리고, 이것에 대한 상용화를 중지시켰으며, 필름 시장의 붕괴를 우려해 간간히 디지털 카메라의 시험작만을 출시하며 디지털 카메라의 출현을 억지로 늦추려고 시도했다.

이러한 억제 전략은 20여 년간 이어졌지만, 1998년, 디지털 카메라의 대중성을 예측한 일본 카메라 기업들이 보급형 디지털 카메라를 출시하기 시작하면서 필름 카메라는 급속도로 사장되기 시작했고, 이러한 시장 역전에 코닥의 입

지와 수익성은 극단적으로 줄어들기 시작했다. 코닥은 2000년 이후 필름 사업부와 디지털 카메라 사업부를 제때 매각하지 않아 심각한 재정난을 겪게 되었다.

결국 수익성이 악화된 코닥은 끝내 2012년 1월 19일에 끝내 사업을 중국에 매각하고 Chapter 11, Title 11, United States Code에 의한 파산 보호 신청을 하게 된다.

이후 코닥은 연방 정부에서 US $844만 지원 받았으며 인쇄의 기술적 지원, 전문가들을 위한 그래픽 커뮤니케이션 서비스 분야만을 남겨 두게 되었다. 미 정부는 코닥의 수익성이 성공적으로 재고됨을 인정해 2013년 9월 4일 파산 보호에서 벗어나게 되었다.

[22] 에드윈 홀
(Edwin Herbert Hall 1855~ 1938), 자기장의 발명

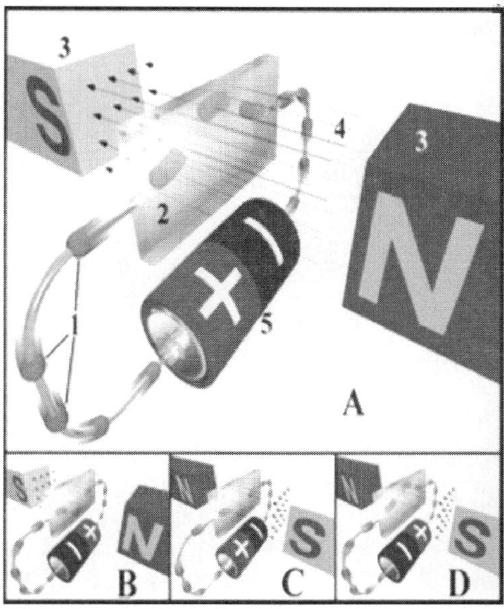

에드윈 홀은 미국의 물리학자이며 존스 홉킨스 대학을 거쳐 하버드 대학 물리학 교수가 되었다(1895).자기장(磁氣場)내의 전류의 성질을 연구하여 1879년 전류자기횡효과(電流磁氣横效果 : 홀효과)를 발견하였다. 이 효과는 전도전자(傳導電子)가 자기장에 의해 받는 작용에 의해 생기는 것으로 전도의 본성을 아는 데 중요하다.

자장(磁場) 속에 반도체를 놓고 전류를 통하면 반도체의 단면에 전하가 발생하여 초 전력(超電力)이 생기는 현상을 말한다.

도체에 전류를 흘리고 전류와 수직 방향으로 자계를 가하면 플레밍의 왼손 법칙에 따라 전류와 자계 양쪽의 직각 방향으로 로렌츠의 힘을 받아 하전 캐리어는 편향된다.

도체편(導體片)에서는 전류와 자계 양쪽의 직각 방향으로 기전력이 생기고, 양옆의 중앙 점에 설치한 전극을 홀 전압으로서 꺼낼 수가 있다.

홀 효과는 캐리어의 종류의 판별이나 캐리어 농도, 캐리어 이동도의 산출 등 고체의 물리적 성질 측정이라든가, 홀 소자, 자기 저항 소자 등의 자기 센서에 응용되고 있다.

그가 현대 물리학 특히 반도체를 포함한 전자 산업에 끼친 영향은 놀라울 정도로 크다고 할 수 있다. 그는 1879년 그가 미국의 존스 홉킨스 대학에서 로란드(Henry A. Rowland)밑에서 대학원 학생으로 있을 때 홀 효과를 발견하였다.

이는 톰슨(J. J. Thomson)에 의해서 음극선(전자)이 자기마당에 의해 휘는 것을 찾아내기 18년전 이었으며, 밀리칸에 의해 전자의 전기량이 밝혀지기 훨씬 전이었다.

홀은 전류가 흐르는 도선이 자석에 의해 힘을 받는 것을 알고서 도선 전체가 힘을 받는 것이지 아니면 도선 내의 전자(전류)만이 힘을 받는 것인지 알고 싶어 했다.

그는 후자가 맞을 것이란 생각에, 만약 고정된 도선 내의 전류 자신이 자석에 끌린다면, 전류는 도선의 한쪽으로 흘러나와야 하겠기에 도선의 전기저항이 증가할 것 이란 가정에 따라 실험을 행하였다.

그의 실험은 결국 자기저항 효과(Magnetoresistance effect)[44]을 찾는 것으로 당시의 실험 정밀도로는 알기 어려울 정도로 변화가 작아서 실패하였다.

그는 여기에 낙담하지 않고 만약 자석이 전류를 당기더라도 도선 바깥으로

---

44) 금속이나 반도체에 자기장을 걸어 주면 일반적으로 전기저항이 증가하고 그 증가량은 약한 자기장에 대해서는 자기장 세기의 제곱에 비례하는 현상이다. 단결정(單結晶)을 이용하여, 전기저항이 전류나 자기장의 방향에 따라 어떻게 변화하는지를 조사함으로써 전도대(傳導帶)에 대한 정보를 얻을 수 있다. 1883년 영국의 L.켈빈에 의해 발견되었다. 자기장의 방향에 대하여 전류의 방향이 수직인 경우를 가로 효과, 평행인 경우를 세로효과라고 하는데 보통 가로 효과가 뚜렷하다. 약한 자기장의 가로 효과는 운반체의 유동 속도 방향에 실효 질량·전하·수명 등의 차이가 반영되어, 로런츠의 힘에 의한 산란이 생기고 전류 방향과 어긋남으로써 일어난다. 단순한 금속에서는 금속전자의 산란 기구와 페르미면(面)의 형태에 좌우된다. 자기장이 강한 원운동의 효과가 나타나면 슈브니코프-드하스효과를 볼 수 있고, 또 강한 자기장에서는 뚜렷한 비등방성이 일어난다. 간혹 전기저항이 자기모멘트를 갖는 원자에 의해 산란될 경우, 자기장애에 의해 모멘트의 방향이 모여서 산란이 약해지고 저항이 약해지는 것을 음의 자기저항이라고 한다. 출처 : 두산백과

끄집어낼 수 없는 정도라면 도선 내에 한 쪽 벽으로 전기적인 응력이 생겨날 것이고 이 응력은 전압(전위차)으로 나타날 것이라고 가정하여 전위차를 측정해 보게 되었다.

이것이 홀 전압이고 이로써 홀 효과가 발견되었다. 이 홀 효과는 1900년 초 금속의 전자 특성을 이해하는데 한 몫을 하였고 그 후 반도체의 발견에 따라 엄청난 기여를 하게 되었다.

홀 효과를 몰랐었다면 지금과 같은 전자 산업은 꿈도 꾸지 못했을 것이다. 더욱이 근자에는 매우 낮은 온도, 순수한 재료 및 높은 자기장 아래서 새로운 양자 홀 효과가 발견되어 그 영역을 더욱 확장하고 있다.

[23] 킹켐프 질레트 (King Camp Gillette 1855~1932), 면도기의 발명

성인 남자들치고서 일회용 면도기를 사용 해보지 않는 사람은 없을 것이며 최근에는 여성들도 다리털을 제거하느라 많이 사용되고 있다.

아주 간단해서 쉽게 발명되었을 것 같은 이 면도기가 세상에 선을 보인 것은 겨우 불과 100여 년 전이었다. 인류역사를 대충 1만 년 전으로 잡는다면 무려 9,900년 동안은 뺨이나 목덜미에 치명적인 상처를 입힐 수도 있는 위험한 칼로 면도를 했다는 말이 된다.

일회용 면도기는 킹 질레트에 의해 발명되었다. 지금도 그가 세운 회사가 면도 업계를 장악하고 있다. 세계 인구 73억 여 명중에서 20억 명이 질레트면도기를 사용한다고 하니, 그 수치는 남자의 3분의 1에 해당되는 엄청난 것이다. 그렇다면 이처럼 대단한 면도기를 발명한 킹 질레트는 실로 상당한 능력과 배경을 갖춘 인물일 것이라 생각하기 쉬울 것이다.

하지만 그는 하루 종일 발품을 팔아야 간신히 입에 풀칠을 할 수 있는 고단한 세일즈맨이었다.

그가 다른 사람들과 다른 점이 있다면 불편함은 반드시 해결되어질 수 있다는 생각을 품고, 문제점을 해결하기 위해 환경과 타협하지 않고 치열한 노력을 경주했다는 것이었다.

그의 출생에 대하여 살펴보면 킹 캠프 질레트(King Camp Gillette)는 1855년 위스콘신 주의 폰드락(Fond du Lac)이란 작은 마을에서 태어났다. 매디슨에서 자동차로 한 시간 가량 떨어진 한적하고 아름다운 곳이었다. 매디슨, 밀워키 같은 큰 도시에 직장을 가진 사람들이 주로 사는 곳이었다. 킹의 아버지처럼 수입이 일정치 않은 사람들에게는 살기에 그리 녹녹치 않은 지역이었다. 그래서 아버지는 킹이 4살로 접어들었을 때 북중부 지역의 최대 도시인 시카고로 이주하기로 결정했다.

가난한 사람은 대도시에서 벌어먹을 것이 더 많다는 생각에서였다고 한다.

아버지는 하드웨어 비즈니스를 벌였다. 그러면서도 시간이 날 때마다 뭔가를 발명하기 위해 창고에 틀어박혔다. 어머니는 어머니대로 새로운 음식을 개발한다고 연기와 냄새를 피워 댔다.

킹은 그런 부모님이 보기에 좋았다. 자신도 어른이 되면 부모님처럼 뭔가를 연구해야겠다고 결심했다. 아버지의 꾸준한 노력 덕분으로 가정 형편도 차츰 좋아졌다.

부자는 아니었지만 부족한 것이 없을 만큼을 살게 되었다. 하지만 일보 후퇴 없는 지속적인 성장은 존재하지 않는가 보다.

그가 16살 때인 1871년 세계적인 대참사였던 시카고 화재[45]가 발생한 것이

45) 19세기 최악의 피해를 끼친 재해 중 하나인 시카고 화재는 10월 8일에 시작되었다. 원인은 알 수 없다. 캐서린 올리어리라는 이주민의 소가 등불을 걷어찬 데서 비롯되었다는 설이 있었지만, 이는 기자가 꾸며낸 이야기였다. 여러 가지 다른 설도 있지만 일반적으로 인정받는 설은 없다. 전 주에 20건의 화재를 다루었던 소방 부서는 신고가 들어왔을 때 신속히 대응하지 못했고, 소방관들이 도착했을 때는 많은 수의 목조 주택과 농장이 불길에 휩싸였고 강한 바람이 불길을 걷잡을 수 없이 퍼뜨리고 있었다. 목조 건물, 도시에 쌓여 있는 많은 양의 재목, 나무로 된 보도가 불길이 타오르는 데 일조했다. 불은 시카고 강을 건너 상수도 시설을 파괴했고, 따라서 소방관은 더욱 애를 먹었다. 10월 9일 월요일 이른 오전에는 중앙 상업 지구가 황폐해지고 새로 지은 오페라 하우스와 법원 건물도 불탔다. 수천 명이 불길을 피해 피난했고, 화재는 시카고 시의 건물 3분의 1 가량을 전소시키고 10만 명을 이재민으로 만들었으며 300명의 생명을 앗아가고 나서야 사그라졌다. 소위 '불타 버린 지역'은 길이 6.4 km에 너비

었다. 부모님은 다른 시카고 시민들과 다를 바 없이 하루아침에 모든 것을 잃고 말았다. 아버지는 언제까지고 실의에만 빠져 있는 것이 가족에게 하등 도움이 되지 않는다는 것을 깨달았다. 가장인 자신이 살길을 마련하지 않으면 온 가족이 노숙자가 될 수도 있겠다는 경각심이 그의 뇌리를 때렸다.

아버지는 밑천 하나 없이 빈손으로 벌어먹을 수 있는 곳으로 뉴욕을 생각해 냈다. 생각하고 결심하면 바로 실천으로 옮기는 성격인 아버지는 가족을 대동하고 뉴욕으로 이주하였고, 얼마간의 발품을 판 끝에 발명하면서 축적한 노하우를 발휘할 수 있는 변리사 사무실에 취직할 수 있었다.

아버지는 집에 돌아오면 밤늦도록 각종 발명품의 설계도를 거실 가득히 펼쳐 놓고 연구에 몰두했다. "제대로 된 발명 하나 하면 우리 집안은 대대로 먹고 살 수 있다고."어머니도 새로운 요리법 개발에 열중했다. "저렴한 비용으로 얼마든지 맛있고 영양가 있는 음식을 만들 수 있는데, 사람들이 그런 것을 모르니 답답하구나. 엄마는 반드시 그런 음식을 개발하여 세상 사람들에게 알려줄 거야."아버지가 직장에 다니고는 있다지만 그렇다고 자녀를 대학에 보낼 만한 형편은 아니었다. 상당한 재력가가 아니면 자녀들을 대학에 보낼 수 없었던 시절이었다.

킹은 17살이 되면서 대 대수의 청소년들이 그랬던 것처럼 공부를 중단하고 돈을 벌기 시작했다. 세일즈맨으로 각종 물건들을 팔아서 그 수당을 버는 일이었다.

문전박대를 당하는 것은 보통이요, 때로는 인격 모독적 발언도 들어야 했다. 하지만 세일즈맨으로 성공하기 위해선 그 어떤 소리를 들어도 참아야 한다고 생각했다. 그는 여러 회사들을 전전하며 주로 생활 용품 같은 것을 팔았다.

일확천금을 노리지 않고 인내하며 노력하는 자세를 보여준 부모님은 차츰 그 결실을 보기 시작했다. 아버지는 점점 더 많은 수입을 올리기 시작했고, 어머니는 킹이 32살 때인 1887년 「백악관 요리법(White House Cookbook)」이란 요리책을 출판했다. 이 책은 미국 가정주부들로부터 폭발적인 인기를 모으면서 최고의 요리책이란 찬사를 받았는데, 그로부터 100년이 훨씬 지난 지금도 꾸준히 팔리는 베스트셀러로 인정받은 상태이다.

나이가 들면서까지 부지런히 연구하는 부모님으로부터 자극을 받은 킹은 세일즈맨 생활을 하면서도 시간이 날 때마다 발명에 매달렸다. 그렇게 해서 1890년, 그러니까 그가 35살이 될 때까지 발명품 4가지를 완성하여 특허권을 따내지만 그것들을 제품화하겠다고 나서는 업체는 전혀 없었다.

1.2 km에 이르렀으며, 8 km^2 넓이에 34개의 블록, 45 km 길이의 도로, 190 km 길이의 보도, 2천 개의 가로등을 포함했다. 출처 : 위키백과

그는 실의에 잠겼다. 가능하다면 자신의 자본으로 발명품을 제품화시키고 싶은데 그럴 수 없는 현실이 안타까웠다. 자신을 실패자로 규정하기 시작한 그는 러시아와 유럽을 강타한 사회주의 사상에 빠지게 되었다. 그러면서 발명에 쏟아야 할 시간을 사회주의 연구에 쏟아 부었고, 그 결과로 엉뚱하게 「인간적 이동(The Human Drift)」라는 책을 출판하게 되었다.

그는 그 책을 통해 치열한 경쟁을 벌여야 생존 가능한 비즈니스, 그리고 부유층을 비난하였고 경쟁은 모든 악의 뿌리라고 소리 높여 부르짖었다. 그는 경쟁이 완전히 제거된 유토피아 사회를 꿈꾸었고, 산업혁명으로 인한 벌집 같은 주택들로 이어진 황량한 도시가 인간이 살기에 쾌적한 도시로 탈바꿈되어져야 한다는 환상을 갖고 있었다.

그렇다고 해서 그를 동정하거나 돕겠다는 나서는 사람은 없었다. 그는 책 출판으로 인해 더욱 깊은 좌절의 늪에 빠져 들었다. 이 세상을 아무리 원망해도 세상 사람들은 그의 주장에 전혀 귀를 기울이지 않았다. 하지만 그는 좌절 속에서 세월을 낭비하고 있을 수만은 없었다.

그에겐 이루어야 할 꿈이 있었기 때문이었다. 40살이 되던 1895년 고향인 폰두락으로 돌아가 크라운 코크 앤 실 컴퍼니(Crown Cork & Seal Co.)[46]의 세일즈맨으로 일하기 시작했다.

사장은 코크 병마개를 발명한 사람으로서 킹이 발명으로 성공하고 싶어 한다는 사실을 잘 알고 있었다. 그는 킹을 불러 이렇게 조원했다. "발명으로 돈을 벌고 싶으면 사용하고 금방 내버릴 수 있는 일회용 제품을 발명하라고. 오래 사용하는 것으로는 돈을 벌지 못해."그 말을 들은 지 얼마 되지 않아 매사추세츠 주로 출장 여행을 떠났다.

과다한 업무를 보고 모텔에 들면서 종업원에게 다음날 아침 일찍 깨워 달라고 부탁했다. 중요한 거래처와 약속이 잡혀 있었기 때문이었다. 방을 잡자마자 잠에 골아 떨어졌는데 종업원이 문을 노크하며 깨우는 것이었다. "손님, 어서 일어나세요. 아침에 중요한 약속이 있다고 그러셨잖아요."

킹은 벌떡 일어나 시계를 바라보았다. 약속 시간이 코앞으로 다가와 있었다.

그는 세면대로 달려가 면도하기 시작했다. 그러나 너무나 조급한 상태였던지라 손이 떨리는 바람에 그만 목의 살점을 베고 말았다. "뭐 이따위 면도기가 다 있어! 만물의 영장이라는 인간이 아직도 이따위 면도기를 쓰고 있다니…"

---

46) 금속, 종이, 플라스틱 포장재 제품을 생산 공급하는 기업으로 포장용 기기도 생산하며 제지 공장을 소유하고 있다. 3개의 깡통 제조 회사를 흡수하여 1913년 법인이 되었고, 다른 여러 깡통 및 제지 회사들을 흡수한 뒤 콘티넨털캔(Continental Can Company)이 되었다. 그러나 1976년 삼림 관계 제품 및 보험업 등 회사의 사업 다각화를 반영하여 지금의 이름으로 바뀌었다. 출처 : 위키백과

그는 그렇게 투덜거리다가 면도하는 손길을 멈추고 말았다.

"그래! 서둘러도 베지 않는 면도기를 개발하면 성공할 수 있을 거야. 그리고 한번 쓰고 버릴 수 있으면 더욱 좋고. 이 면도기는 사용할 때마다 숫돌이나 혁지(革砥)[47]에 갈아야 하는 것이 성가셔. 또 위험하기도 하고 무겁기도 해." 그렇지 않아도 기차 여행 중, 작두날 같은 면도기로 면도를 하다가 한두 번 얼굴이나 목을 베어 보지 않은 사람이 없었다.

심지어 무기로도 사용할 수 있을 만큼 위험천만한 흉기이기도 했다.

어디 그뿐인가… 가방에 면도기와 함께 숫돌이나 혁지(革砥)을 가지고 다니는 것이 이만저만 불편한 것이 아니지 않은가. 킹은 생산 업자가 날카롭게 날을 세운 면도날을 사용하다가 무뎌지면 부담 없이 내버릴 수 있는 면도날을 개발하면 성공할 것이라는 생각에 사로 잡혔다.

그는 시간을 내어 MIT공대를 찾아가 세계적인 공학 교수들에게 수염을 깎을 수 있을 정도로 날카롭고, 둔해지면 버릴 수 있을 정도로 경제적인 스틸 판을 만들 수 있는지를 물었다. 하지만 교수들은 한결같이 절대 불가능하다는 답만 늘어놓았다.

결국 킹은 혼자서 연구에 몰두했고, 실패는 계속되었다. 남들은 '이러다간 인생을 망치게 된다. 면서 연구 중단을 권유했지만 그는 포기하지 않았다. 자신은 비록 대학 교육을 받지 못했고, 또한 금속에 대한 지식은 전혀 없었지만 인간이 생각하는 것은 반드시 현실화될 수 있다는 믿음의 끈을 놓지 않았다.

그는 어느 날 우연히 이발소에 들렀다가 이발사가 빗으로 머리카락을 누른 후 빗을 뚫고 나온 머리카락을 자른다는 사실을 발견하였다. 면도기도 그런 식으로 개발하면 절대로 살을 베지 않을 것 같았다.

그는 새로운 아이디어로 무장하고 연구하다가 윌리엄 에머리 니커슨(William Emery Nickerson)라는 발명가이자 개발자를 만나게 되었다. 그와 파트너십을 맺고 공동으로 연구하기 시작했다.

그들은 5년이란 세월과 엄청난 개발비를 쏟아 부은 끝에 결국 자신들이 원하는 면도날을 만들어 낼 수 있었다. 그리고 그러한 면도날을 대량 제작할 수 있는 기계 제조 회사도 찾아낼 수 있었다.

그들은 1901년 특허를 획득한 후 아메리칸 세이프티 레이저 컴퍼니(American Safety Razor Company)를 설립하였고, 1903년 이중 날, 손잡이가 움직일 수 있는 헤드가 달린 면도기를 생산하여 판매하기 시작했다. 그가 48살 때였다.

47) 지금은 사라진 면도칼을 가는 가죽 띠로 벽에 고정하여 면도칼을 가는데 사용하였다.

그렇다고 해서 그가 그때부터 탄탄대로의 길로 들어선 것은 아니었다. 대량 생산을 할 정도로 인기를 끈 것이 아니었기 때문에 판매가가 생산가에 미치지 못했던 것이다.

그런 상태가 지속되면서 적자가 누적되었다. 나중에는 더 이상 회사를 꾸려 나갈 수 없을 정도였다. 첫해에 팔린 질레트면도기의 숫자는 겨우 51개, 면도날은 168개에 불과했다.

그때 질레트의 머리를 스치는 생각이 있었다. 보다 많은 단골 고객을 확보하기 위해 우선 무료로 면도날을 나눠주어 사용케 하자는 것이었다. 질레트 면도날의 편리함을 알게 되는 사람들은 자연스럽게 고객이 되어 줄 것이라는 가정에서 벌인 모험이었다.

이 아이디어는 대성공을 거두었다. 1년 만에 면도기는 9만개, 면도날은 무려 1,240만개가 팔렸다.

그는 1904년 이중 면도날에 대한 특허를 획득하고, 회사의 이름을 질레트 안전 레이저(Gillette Safety Razor Company)으로 개명했다.

많은 회사들이 질레트의 아이디어를 도용하여 유사 제품을 생산하기 시작했다. 질레트는 자신의 권리를 지키기 위해 엄청난 시간과 비용을 희생하지 않을 수 없었다. 그러다가 경쟁 회사들을 사들이기도 했다. 그는 55살이 되던 1910년에 면도 업계를 완전 평정했다. 그는 이미 갑부로 부상한 상태였다.

상품 포장에 얼굴이 새겨지는 바람에 어딜 가나 알아보는 사람들로 불편함을 느낄 정도였다.

그는 자신의 노력으로 큰 성공을 거두었음에도 불구하고 반자본주의적 사고를 버리지 않았다.

여전히 엔지니어들이 주도하는 유토피아적 사회를 꿈꾸고 있었던 것이다.

그는 자신의 이상을 펼치기 위해 테니 루주 벨트 대통령과 자동차 왕 헨리 포드를 설득하려 했지만 보기 좋게 거부되고 말았다.

기세등등하던 그는 예상치 못한 1929년의 대공황으로 쓰러지고 말았다. 처음부터 질레트면도기에 투자를 했지만 킹을 못마땅하게 여겨 왔던 존 조이스가 이끄는 중역들의 농간에 휩싸여 자신의 입지를 상실하고 말았다.

그는 그 후 질레트사의 명예 이사직을 유지하면서 석유 발굴에 힘쓰다가 성공은 거두지 못한 체 1932년 77살의 나이로 세상을 떠났다.

질레트는 그 후 세계적인 전기면도기 업체 브라운(Braun), 오랄-B(Oral-B) 칫솔, 두라셀(Duracell) 건전지, 파카 만년필, 워터맨, 문구 같은 일류 브랜드를 매입하여 자회사로 둘 장도로 성장 가도를 달렸다. 하지만 개혁과 재조정의 기회를 놓치고, 그로 인한 위기로 2005년 세계 최대의 생활 용품 업체인 프록

터앤 갬블(Procter & Gambel)[48]사에 흡수 되었다.

질레트는 현재 200여 개국이 지사를 두고 있고, 15개국에 32개의 제조 시설을 갖추고 있으며, 3만 여명의 직원을 두고 있다. 질레트는 발명으로 세상에 자신의 이름을 남기고 싶다는 욕망을 갖고 있었다. 그는 세계적인 전문가들로부터 절대 불가능하다는 조언을 들었음에도 불구하고 사용하다가 무뎌지면 언제든지 버릴 수 있는 면도날 개발에 매진했고, 결국 개발에 성공하여 큰 성공을 거두었다.

그는 후세들에게 다음과 같은 교훈을 남겨 주었다.

- 청년같이 새파란 아이디어는 종종 잘못된 것이란 오해를 받는다.
- 두 눈을 부릅뜨고 기회를 찾아내라.
- 기가 막힌 아이디어는 일상적인 문제들에서 나온다.
- 당신의 아이디어를 포기하지 말라.
- 시장을 확보하기 위해선 과감히 돈을 투자하라.

[24] 니콜라 테슬라
(Nikola Tesla 1856~1943), 발전, 교류 전기

니콜라 테슬라(세르비아의 : Никола Тесла, 영어 : Nikola Tesla, 세르비아인, 1856년 7월 10일~1943년 1월 7일 경)는 오스트리아 헝가리 제국 출신 미국의 발명가, 물리학자, 기계 공학자이자 전기공학 자이다.

그는 상업 전기에 중요한 기여를 했으며, 19세기 말과 20세기 초 전자기학의 혁명적인 발전을 가능케 한 인물로 잘 알려져 있다. 테슬라의 특허와 이론적 연구는 전기 배전 자동화 시스템[49]과 교류 모터를 포함한 현대적 교류 시스템의 기초를 형성하였다.

그의 이러한 연구는 2차 산업 혁명을 선도하는 역할을 하였다. 테슬라의 부친은 정교회 사제였다. 테슬라는 어릴 때부터 시를 즐겨 썼으며 나중에 미국으로 이민을 갈 때 시들 중 일부를 가져가기도 했다. 다만 그는 자신의 시가 공개되는 것을 대단히 꺼려했으며 지극히 개인적인 이유로 시를 즐겼다. 테슬라

48) 프록터 앤드 갬블은 미국 신시내티에 본사를 둔 다국적 기업이다. 비누, 샴푸, 칫솔, 기저귀 등 다양한 종류의 소비재를 제조 판매한다. 줄임말로 P&G라고 부른다. 2007년 기준으로, P&G는 매출액으로 따져서 미국에서 25번째로 큰 기업이며, 이익 규모로는 18번째로 큰 기업이다. 미국 경제전문지 포춘이 발간한 가장 존경 받는 기업 목록 TOP 500에는 10위에 올라 있다. 프록터 & 갬블의 브랜드 관리는 경영 분야에서 이름이 높다. 출처 : 위키백과

49) 통신 장치를 통해 배전 설비의 현장 정보, 전류와·전압 등의 고장 유무를 실시간으로 취득·모니터링하고 원격으로 제어함으로써 정전 구간 축소 및 고장 정전 시간을 단축할 수 있는 종합 시스템을 말한다.

는 평생 동안 특별한 일이 있을 때마다 시 쓰기를 계속했다.

테슬라는 아주 어렸을 때부터 발명을 하기 시작했다. 그가 가장 처음으로 발명한 것은 다섯 살 때 만든 작은 수차였다. 이는 오랜 시간이 흐른 후 독특한 터빈을 고안할 때 이용되었다고 알려져 있다. 테슬라의 발명품 중에는 여러 실패작들도 많았다.

대표적으로 '열여섯 마리 풍뎅이로 움직이는 장치'가 있다. 테슬라는 발명에만 관심이 있던 것이 아니라 여느 아이와 같이 장난치기를 좋아하는 호기심 많은 소년이었다.

언제는 마을에 사는 부인이 입고 있던 긴 치마 위로 떨어져 치마를 찢어 놓은 적도 있었으며, 살아날 가망이 없다는 판정을 세 번이나 받았을 정도로 위험한 장난을 많이 쳤다고 한다.

물에서 놀다가 익사할 뻔한 적도 있었으며, 뜨거운 우유 통 속에 들어가 산 채로 익을 뻔한 적도 있었다고 한다. 이처럼 테슬라는 매우 위험한 상황에 자주 놓였었다.

테슬라의 형 다니엘은 열두 살에 불의의 사고로 죽었다. 테슬라의 자서전에 따르면, 아버지의 친구가 선물해 준 말 때문에 다쳐 죽었다고 한다. 이러한 비극적인 사건으로 인해서 테슬라는 어렸을 때부터 마음속으로 무서운 생각을 자주 했는데, 이는 후에 테슬라가 병적인 공포증과 강박관념을 가지게 되는 데 큰 영향을 끼쳤다.

테슬라는 어렸을 때부터 상당히 유별난 성격을 가지고 있었다. 대표적인 예로 그는 식사를 할 때 항상 음식의 부피를 잰 후에야 먹기를 시작했는데, 그렇지 않으면 그는 식사에 아무런 흥미를 느낄 수 없었다고 한다.

뿐만 아니라 그는 반짝이는 크리스털이나 날카롭게 각진 면을 보면 흥미를 느끼곤 했지만 여자들의 귀걸이에는 격렬한 반감을 일으켰다. 또한 그는 신체적 접촉과 관련해 매우 민감했는데, 유명한 예로 그는 '누군가를 총으로 겨누고 있다면 모를까, 그렇지 않은 경우라면' 절대로 다른 사람의 머리카락을 만지지 않았다고 한다.

테슬라는 대단히 천재적인 재능을 가지고 있었다. 그는 언어적으로 모국어인 슬라브어뿐만 아니라 영어, 프랑스어, 독일어, 이탈리아어 까지도 구사할 수 있었다, 수학에도 상당히 뛰어난 소질을 가지고 있었다. 또한 그에게는 특별한 노력을 기울이지 않아도 순식간에 답을 알아 버리는 경우가 종종 있었는데, 이에 대해 그는 "이런 느낌이 들면 내가 문제를 해결했고, 결국에는 원하는 결과를 얻을 수 있다는 것을 직감적으로 알 수 있었다."고 말했다.

테슬라는 열 살 때 유럽의 중등학교 기관인 김나지움[50]에 입학하였다. 테슬라는 많은 실험 장비들을 갖춘 물리학 실험 시간에 큰 관심이 있었다.

이 학교에서도 그의 수학적인 재능은 큰 빛을 발했다. 이 밖의 수업에는 관심이 없었던 테슬라를 본 그의 아버지는 그를 상급학교로 진학시키기 위해 많은 노력을 하였다.

결국 테슬라는 크로아티아의 할슈타트에 있는 상급 학교에 진학했다. 이때 테슬라는 말라리아 등 여러 건강 적인 문제를 겪고 있었는데, 아버지의 권유로 1년 동안 산에서 생활하게 되었다.

1875년 그는 산 속 생활을 마치고 오스트리아의 그라츠에 있는 종합 기술학교에 입학했다. 첫해에는 군 당국으로부터 장학금을 받았기 때문에 경제적인 어려움이 별로 없어 새벽 3시부터 밤 11시까지 거의 쉬지 않고 열심히 공부했다.

하지만 다음해 경제 사정이 극도로 악화되면서 결국 공부를 다 마치기 전에 학교를 그만두어야 했고 독학을 시작했다.

---

50) 프랑스의 리세(lycée), 영국의 퍼블릭스쿨(public school)과 비슷하며, 스웨덴에도 같은 이름의 고등학교가 있다. 어원은 그리스어의 김나시온(Gymnasion : 체육장)이다. 독일에서는 16세기에 고전적 교양을 목적으로 하는 학교를 김나지움이라 하였는데, 이는 19세기 초에 대학입학을 위한 준비교육기관이 되었다. 그 후 사회의 발전과 근대과학의 발달에 따라 외국어나 자연과학을 가르치는 각종 김나지움이 생겼다가, 나치스시대에 김나지움 1종으로 통합되었다. 초등교육 수료 후 중등교육기관으로 김나지움 외에 하우프트슐레(Hauptschule : 주요학교)·레알슐레(Realschule : 실과 학교)·게잠트슐레(Gesamtschule : 종합학교)가 있다. 김나지움은 19세까지의 9년제를 원칙으로 하고 있으며, 수료 때에는 아비투르(Abitur)라는 국가시험을 통하여 대학에 진학할 수 있다. 출처 : 위키백과

이때 테슬라는 독일인 교수 포에쉴로부터 전기 장치에 흥미를 가지게 되었으며 이것이 교류 전기 장치 개발의 시초가 되었다.

테슬라는 흥분할 때마다 반짝이는 빛과 같은 환상을 보곤 했다. 그는 이를 '때때로 강한 빛과 함께 나타나는 이미지들 때문에 겪게 되는 특이한 고통'이라고 표현했다.

그는 이러한 고통스런 형상에서 벗어나기 위해 엄청난 정신적 훈련을 거듭했고 그 결과 그는 머릿속에 자신만의 상상의 세계를 가지게 되었다. 이를 바탕으로 그는 특별한 설계도나 모델이 있지 않아도, 또 실험을 하지 않고도 발명에 필요한 모든 과정을 머릿속으로만 해결할 수 있었다. 그는 새로운 발명품을 만들 때, 항상 모든 과정을 머릿속으로 실제처럼 구현을 한 후에야 행동에 옮겼다고 한다.

이 외에 고전압 유도코일(라디오, 텔레비전에 들어가는)로 널리 쓰이는 테슬라 코일을 발명한 사람이다. 니콜라 테슬라의 큰 업적 중 하나로 꼽히는 것이 정류자[51]를 쓰지 않는 모터이다.

직류 모터의 브러시 정류자에서는 모터가 1회전 하는 동안 전류 방향을 두 번 바꿔 주며 생겨나는 스파크가 일어나는데 테슬라는 정류자 자체를 쓰지 않는 모터를 개발하여 스파크 문제를 해결하게 된다.

이를 위한 주된 개념은 모터의 자석이 바뀌는 대신에 고정자의 자기장을 회전시키면 회전자에 대응되는 전기장이 유도되고 이에 따라 회전자가 회전하게 된다는 것이다.

자기장을 회전시키기 위해 직류 대신 교류를 이용하는 방법을 고안했다. 이 착상 자체는 일찍 떠올렸지만 실제로 이뤄 내는 데는 5년 이상이 걸렸다고 한다.

테슬라는 1884년에 에디슨의 기계공장에서 일하면서 아크조명 장치의 설계를 개선하는 일을 했고 하지만 이후 상급자와 사이가 틀어져서 회사를 그만두고 사기도 당하면서 많은 고생을 한다. 또 다른 인연으로 마침내 1887년에 2상전류로 작동되는 교류 모터의 특허들도 출원하고 이 특허들 중에 여러 위상의 교류를 장거리 전송하는 내용도 있다.

이 아이디어들은 웨스팅하우스사에 팔렸다.

웨스팅하우스는 테슬라의 모터를 재고하고 60Hz 삼상교류 시스템을 개발해 낼 뿐만 아니라 나이아가라에 수력 발전소를 세워 새로운 기술을 극적으로 중

51) 정류자(Commutator)는 정류자 전동기의 전기자(회전 부분) 권선에 교류를 가할 때 언제나 일정 방향의 회전을 얻기 위해 필요한 것이며, 1조의 브러시를 통하여 계자 권선과 전기적으로 접촉하고 있다. 출처 : 네이버 지식백과

명하고 25마일 떨어진 공장에 전력까지 공급하는 업적을 새운다. 결론적으로 테슬라의 아이디어가 오늘날의 전력 공급 시스템의 기초를 형성했다고 생각한다.

[25] 허만홀러리스

(Herman Hollerith 1860~1929), 천공 카드, 계산기의 발명

허먼 홀러리스(Herman Hollerith, 1860년 2월 29일~1929년 11월 17일)는 독일계 미국인이자 통계학자였다. 그는 수백만 조각의 자료로부터 통계를 빠르게 도표화시키기 위하여 천공 카드를 기반으로 한 공학용 도표 작성 기계를 개발하였다. 홀러리스가 창립한 전산 제표 기록 회사는 IBM의 전신이라고 볼 수 있다. 누구든 대부분 학창 시절 시험을 볼 때 OMR 카드를 이용해 봤을 것이다.

특정한 패턴을 보이는 종이에 검은색 사인펜으로 마킹을 하고 판독기에 넣으면 순식간에 정답인지 오답인지 판독하여 점수를 알려 주는 추억의 OMR 카드 말이다.

지금도 중, 고등학교는 물론이고 운전면허 및 토익 같은 각종 시험에 유용하게 그리고 필수적으로 사용되고 있다. 이런 OMR 카드의 원조는 천공 카드라고 할 수 있다. OMR 카드는 문서에 빛을 비추어 검게 마킹된 부분을 인지하지만 천공 카드는 카드에 구멍을 뚫어서 데이터를 입력했다.

천공 카드의 유래는 1890년대 미국으로 시간을 거슬러 올라간다. 그 당시 미국은 한 번 인구조사를 하고 통계를 내는 데 거의 10년이나 걸렸다. 그럴 수밖에 없는 것이 인구조사는 성별, 연령 등의 다양한

정보를 수기로 적어 인력과 시간 낭비가 만만치 않을 수 없었다. 뾰족한 수를 찾지 못해던 미국 통계청은 급기야 국민들에게 상금을 걸고 공모전을 개최했다.

홀러리스는 역에서 역무원들이 승차권에 구멍을 내는 것을 보면서 기발한 아이디어를 떠올렸다. "일정 크기의 규격 종이에 조사 항목을 적고 규칙적으로 구멍을 뚫으면 어떨까?" 그는 자신이 고안한 아이디어의 이름을 '천공 카드시스템(Punched Card System)'이라고 불렀고, 결국 이 아이디어는 공모전에서 대상을 차지했다.

홀러리스는 종이 카드에 구멍을 뚫어 데이터를 수집한 뒤 이를 자동으로 분류하고 집계하는 자동 분류 및 계산기기를 고안했고 천공 카드시스템을 도입한 결과는 획기적이었다. 겨우 6주 만에 첫 조사 결과가 나오고 그해에 인구조사를 모두 마칠 수 있었다.

세간의 주목을 받은 홀러리스는 천공 카드시스템의 사업성을 파악한 후, 특허를 취득하게 된다.

그러나 인구조사가 없는 해에는 당연히 정부로부터 주문이 없었다. 사업을 지속하기 위해서는 무언가 대책이 필요했다. 홀러리스는 이를 철도청과 같은 공공 기관과 기업에 임대하는 사업을 고안했다.

임대 사업은 즉각 효과를 발휘했다. 수익은 기계 임대료에서만 발생한 것이 아니었다.

천공 카드를 쓸 정도의 작업이라면 대량의 천공 카드가 필요했다. 게다가 천공 카드는 일회용이라는 특성 때문에 기계를 대여해 주면서 소모품인 천공 카드를 비싸게 팔 수 있는 장점이 있었다.

홀러리스는 단기간에 꽤 많은 돈을 벌었다. 그의 천공 카드시스템은 몇 십 년간 사실상 산업계의 표준으로 사용되었다. 대량의 데이터를 처리하는 데 상업적인 기계가 도입된 역사적인 사건이었다.

하지만 1911년 천생 발명가였던 홀러리스는 건강에 이상이 생긴 데다 천공 카드시스템의 특허 만료 시점이 다가오면서 경쟁사들이 생기자 뉴욕의 금융가 찰스 플린트[52]에게 회사를 매각했다.

52) 찰스 R. 플린트는 전산 제표 기록 회사, IBM의 전신의 창시자였다. 사업가와 금융인인 플린트는 홀러리스로부터 회사를 넘겨받아 1907년 컴퓨터 스케일 컴퍼니(기계식 저울 제조 회사)와 인터내셔널 타임 리코딩 컴퍼니(시계 제조 회사)와 합병을 하여 컴퓨터 태블레이팅 리코딩 컴퍼니 CRT를 출범하게 되었다. 플린트는 1930년 은퇴 할 때까지 이사의 클릭률(CTR)의 이사회의 구성원으로 남아 있었다. 출처 : 위키백과

찰스는 이 회사를 컴퓨터 스케일 컴퍼니(기계식 저울 제조 회사)와 인터내셔널 타임 리코딩 컴퍼니(시계 제조 회사)와 합쳐, 컴퓨터 태블레이팅 리코딩 컴퍼니 CRT를 출범하게 되었다.

CRT는 1914년 당시 유능한 영업 사원으로 유명세를 타고 있던 토머스 왓슨

(Thomas John Watson, 1874~1956)을 최고 경영자로 고용했고 1924년 CRT는 회사명을 인터내셔널 비즈니스 머신스 코퍼레이션(International Business Machines Corporation), "즉, IBM으로 변경했고 오늘날 다국적 거대 기업인 IBM이 탄생하게 된 것이다.

[26] 라이트 형제 형

(윌버라이트 WilburWright, 1867~1912, 동생 오빌 라이트Orville Wright, 1871~1948), 비행기의 발명

모든 비행기들의 조상인 세계 최초의 동력 비행기를 제작하여 성공시킨 미국인 윌버 라이트와 오빌 라이트 형제를 일컫는 말로, 항공계의 개척자로 통하기도 한다.

라이트 형제가 없었어도 1906년 파리에서 "출발할 때 동력 장치가 필요 없는 비행기"를 최초로 날린 브라질의 프랑스계 발명가 아우베르투 산투스 두몽(Alberto Santos Dumont, 1873~1932)같은 인물이 있었기 때문에 비행기 그 자체는 발명 되었을 것이다.

참고로 두몽의 기체는 헬리콥터에 더 가까웠다. 두몽은 그 외에도 손목시계를 발명하고 수륙양용기 또한 시도한 뛰어난 발명가였다.

하지만 그는 늘 우울증에 시달렸고, 자신이 만든 비행기가 제1차 세계대전에서 전투기로 사용되는데 큰 충격을 받았다. 결국 1932년 상파울루에서 자살로 삶을 마감하였다.

다만 라이트 형제가 비행기의 역사에 남긴 발자취는 매우 거대하며, 만일 이들이 없었다면 우리가 타는 비행기는 지금과는 상당히 다를지도 모른다.

라이트 형제의 아버지인 밀턴 라이트(1827~1917)는 영국계 목사였으며 어머니는 수전 캐서린 코너(1831~1889)는 독일계 이었다. 대체로 라이트 형제라고 하면 윌버와 오빌만 잘 알려져 있지만, 실은 로런스 필립 라이트(1861~1920), 토머스 라이트(1865~1938), 누이동생인 막내 캐서린 라이트(1874~1929)가 있었다.

이 세 사람도 이들의 발명을 적극 도왔음에도 실질적인 비행기 제조에 나선 이 두 사람만 알려졌다. 한 때 다섯 남매는 지역 신문사를 경영하면서 호황을 누리기도 했으나 메이저 대기업 신문사의 진출로 파산하여 자전거 완구 가게를 하면서 겨우 벌어먹곤 했다.

틈틈이 작은 글라이더 놀이를 즐기면서 이걸 크게 만들면 어떨까 하는 호기심을 가졌고 독일의 오토 릴리엔탈(Otto Lilienthal, 1848~1896)이 글라이더로 하늘을 날았다는 소식에 자신들도 연구하면 할 수 있다고 믿고 독자적으로 연구를 하기 시작했다.

그러나 얼마 안가 릴리엔탈이 글라이더 시험비행 중 돌풍에 의해 추락한 것을 알고 글라이더 말고 다른 것은 안 될까 하여 비행기 연구를 시작했다.

이들은 독자적인 연구만으로는 도저히 어렵다고 판단하여 미국 스미스소니언 협회(Smithsonian Institution)[53]를 찾아가 전문적인 과학자들에게 여러 정보를 듣기도 하며 열심히 노력한다.

결국 두 형제가 주로 비행기 연구 및 개발, 시험비행에 나서기로 하고 로런스와 토머스가 자전거 가게와 기계 완구 가게를 맡고 캐서린은 초등학교 선생으로 벌어먹으면서 연구 자금을 도와주었다.

바람의 크기 및 일정 속도의 바람이 부는 곳을 찾아 헤맨 끝에 노스캐롤라이나 주에 있던 인구 100명도 안 되는 작은 마을 키티호크로 찾아간다.

그 곳을 연구 거점으로 삼아 3년에 걸친 온갖 시행착오 끝에 마침내 1903

53) 워싱턴 D. C.에 있는 박물관, 미술관, 연구소, 도서관 등 문화 기관의 집합체. 영국의 과학자 제임스 스미슨(James Smithson, 1765~1829)의 유산 50만 불을 기금으로 1846년에 설립. 현재는 연방 정부와 민간단체, 개인의 자금 원조를 받고 있다. 그 산하에는 내셔널 갤러리, 예술 산업관(Arts and Industries Building), 프리어 미술관, 미술초상관(Fine Arts and Portrait Galleries), 렌위크 갤러리(Renwick Gallery), 미술관, 조각정원 등이 있고 동물원, 역사 기술관, 자연 박물관, 항공 우주관 등도 설치되어 있다. 출처 : 위키백과

년 12월 17일 프랑스계 글라이더 조종사이자 비행기 연구가인 옥타브 샤뉘트(Octave Chanute, 1832~1910)를 포함한 5명이 보는 자리에서 라이트 형제를 태운 최초의 동력 비행기 플라이어 1호는 하늘로 날아올랐고 약 12초 동안의 짧은 비행에 성공했다.

바람이나 수소 같은 기체(氣體)의 도움을 받지 않고 스스로의 힘으로 난 인류 최초의 비행 성공 기록이었다.

수천 년간 사람들이 바라 온 꿈이 이뤄지는 순간. 1903년 12월 17일, 플라이어(Flyer) 1호가 힘차게 하늘을 날은 것이다. 인류의 숙원과도 같았던 스스로 하늘을 난다는 꿈을 이루어 냈고 그 이후 모든 게 바뀌었다.

글라이더 비행에 성공한 랭글리는 이미 1897년부터 동력 비행기 개발에 힘을 기울여 왔는데 풋내기 아마추어 형제들이 자신을 제쳐두고 비행에 성공했다는 소식에 분노했다.

하필이면 1899년 라이트 형제는 그를 찾아와서 동력 비행기에 대한 정보를 들었기에 랭글리 박사는 자신의 영광을 듣보잡 두 놈이 훔쳐 갔다고 이를 갈았다.

게다가 1903년 12월 8일 랭글리 박사는 동력 비행기 시험비행에 나섰다가 추락했기에 자신이 실패하고 라이트 형제가 성공했다는 걸 믿지 못했다.

그리하여 1904년 7월. 랭글리 대 라이트 형제의 대결이 벌어진다. 둘이 동력 비행기를 타고 2만 명이 넘는 사람들 앞에서 누가 잘 날아가나 시범을 보였던 것이다.

그리고 결과는 라이트 형제 완승하였다. 랭글리의 비행기는 힘없이 강물에 추락했지만, 라이트 형제가 탄 비행기는 잘만 날아갔다.

그것도 15분씩이나 400미터 위를 쌩쌩 날아갔기에 미국 언론은 이번이야말로 “라이트 형제 하늘을 날다!”라고 확인 보도를 해 버렸다. 결국 랭글리는 패배에 충격을 먹고 좌절하여 모든 활동을 멈추고 폐인처럼 지내다가 오래가지 못해 죽게 된다.

하지만 랭글리의 제자들이 주축이 된 스미소니언 과학 협회는 라이트 형제가 스승의 아이디어 및 여러 가지를 도용한 것이라고 주장하여 라이트 형제는 1년이 넘는 온갖 조사와 수사를 받아야 했다.

물론 결과는 무죄. 어떤 증거도 없었으며 무엇보다 똑같다면 왜 랭글리 비행기는 추락하고 저들이 만든 비행기는 잘 나는데? 라는 결과가 이를 입증했던 것이다.

이렇게 무죄가 입증되고 이들은 계속하여 여러 단점을 고쳐 나가면서 개량된 비행기를 만든다. 1905년에 이들이 만들어 낸 ‘플라이어 Ⅲ’은 선회·방향전환·원운동·8자비행이 가능했고, 30분 이상 날 수 있었다.

그러나 이럼에도 스미소니언 협회는 라이트 형제가 도용했다는 악필을 계속 했고 이런 여파 때문인지 이들이 만든 비행기는 일절 팔리지 않았다. 하다못해 이들은 미군 측에 시험비행도 여러 번 했지만 미군 측은 별 관심을 보이지 않았다.

이런 주제에 잘도 최강의 공군을 보유하다니, 되레 유럽이나 아르헨티나(당시에는 세계적인 경제 부국이었다.) 심지어 일본에서까지 관심을 보이며 생산 공장을 자국 안에 만들자고 온갖 조건을 제시하며 유혹했다.

그런 가운데, 라이트 형제를 꾸준히 지지하던 옥타브 샤뉘트[54]가 조국이었던 프랑스에 열심히 이들을 알렸고 동력 비행기에 대한 걸 홍보한 끝에 결국 1908년 프랑스가 세계 최초로 동력 비행기 공장을 만들게 되었고 미군 측은 제시하는 시험비행을 성공시키면 구입하겠다는 조건을 제시하여 시험비행을 성공시켰지만 그럼에도 여러 조건이 안 맞는다면서 거부했다.

그래서 프랑스에서 생산에 주력하지만 결국 공짜는 없다는 듯이 제조 기술이 유출되어 버린다.

이 일로 프랑스는 독자적인 비행기 제작에 들어가고 더더욱 새로운 기술 등에 여러 모로 노력하면서 라이트 형제와의 관계는 끊어지게 되었다.

게다가 이때 앞서 말한 두몽과의 최초 발명 여부가 논쟁거리가 되었으며 10여 년간 스승이자 친구였던 옥타브 샤뉘트[55]가 기술 유출에 연루된 게 드러나서 라이트 형제와 샤뉘트는 서로 다툰 후 결국 갈라섰다.

이런 와중에 미국에선 글렌 커티스(Glenn Curtiss, 1877~1930)라는 이가 라이트 형제의 비행기와 비슷한 걸로 특허를 내고 공장을 차렸고 되레 라이트 형제가 자신의 기술을 도용했다고 라이트 형제를 괴롭혔다.

어처구니없게도 조국인 미국은 커티스의 주장에 동조하여 원조인 라이트 형제는 온갖 고생을 해야 했으며, 기나긴 소송이 시작되었다.

소송을 맡았던 것은 형인 윌버였는데 잦은 여행과 재판으로 인해 건강이 쇠

---

54) 두몽에 있는 커피 재배가의 집안에서 태어났으며, 18세 때 프랑스로 건너가서 평생의 대부분을 그 곳에서 보냈다. 1898년에 가솔린 기관을 이용한 연식(軟式) 비행선을 처음으로 만들어 실험 비행을 하였다. 1901년 상 쿠르와 에펠탑(塔) 사이를 30분 동안에 왕복 비행하여 10만 프랑의 상금을 받았고, 1903년 누이이에 세계 최초의 비행선 기지를 건설하였다. 미국의 라이트 형제가 성공을 거둔 뒤, 그는 1906년 9월에 유럽 최초의 공개 비행을 하였으며, 그 해의 10월에는 220 m를 21초 동안에 날았다. 그러나 자기가 발명한 비행기가 제1차 세계대전에서 무기로 사용된 것을 몹시 괴롭게 여겼다. 게다가 1928년에 배를 타고 모국으로 돌아오는 도중에 일어난 호위기의 사고 등에 대하여 고민한 끝에, 상파울루에서 자살하였다. 출처 : 두산백과

55) 옥타브 Chanute(1832년 2월 18일, 파리-1910년 11월 23일, 시카고, 일리노이)프랑스에서 태어난 항공 선구자이며 라이트 형제에게 많은 조언과 도움을 주었다. 출처 : 위키백과

약해진 상태였다. 1912년 보스턴으로 사업차 여행을 다녀온 후에, 티푸스 열 진단을 받았고, 몇 주 동안 혼수상태로 있다가 끝내 45세 한창 나이로 윌버는 사망했다.

1914년에 미국 상급 법원에서는 라이트 형제의 손을 들어주었지만, 이번에는 세간에서 라이트 형제가 탐욕을 부린다는 식으로 비난을 퍼붓게 된다.

조국에서의 푸대접과 윌버 형의 죽음으로 슬픔과 절망에 빠진 오빌은 다른 형인 로런스와 같이 미국을 떠난다. 슬픔을 떨치고자 그는 비행기 생산에 전력을 다했고 더 나은 발전을 위하여 연구했으며 프랑스 및 독일, 영국, 네덜란드와 멀리 아르헨티나를 오고가면서 비행기 홍보를 했다.

오빌은 1918년도에 1911년 모델 B형을 마지막으로 조종하고는 비행기를 조종하지 않았다. 대신 그는 여러 항공 위원회에서 우대받으며 위원으로 활동을 했었는데 그 중에는 NASA의 전신인 NACA도 있었으며, 28년간 몸을 담았다.

1928년 오랜만에 미국으로 돌아온 오빌은 자신들을 괴롭혔던 커티스가 사업 실패로 부도에 빠지자 그의 생산 공장을 돈으로 사면서 복수에 성공했다.

이들을 고소하고 사기꾼으로 몰던 커티스(Glenn Curtiss)[56]는 비참하게 살다가 오래 못가 1930년 허무하게 세상을 떠났다.

오빌은 비행기 공장의 성공 및 온갖 로열티를 인정받아서 경제적으로 어려움은 없었으나 오빌은 살아생전에 미국이 외면하는 것을 잊지 않았다. 심지어 오빌은 1933년 키티호크에 세계 최초 동력 비행 기념비를 세우고 30주년을 기념하는 자리도 주로 유럽 측 자금으로 지을 정도였다.

오빌은 "영국과 프랑스, 독일, 그리고 네덜란드, 벨기에 ……. 유럽 각지에서 나(오빌)와 세상에 없는 윌버 형에게 훈장과 표창장, 명예시민, 명예 교수, 명예 학자로 인정했지만, 조국 미국은 그래 본 적이 없다"고 서운해 하였다.

참고로 세계 최초 동력 비행기인 플라이어 1호는 바로 영국 자연사 박물관에 전시되었는데 오빌이 스스로 영국에 임대 기증한 것이었다. 단, 조국인 미국에서 원한다면 언제라도 돌려준다는 조건을 달아서 언젠가 미국이 자신들을 알아줄 것이란 전망을 했다.

한편 1944년 록히드 항공사가 만든 두 번째 비행기가 캘리포니아 주의 버뱅

56) 1878 년 뉴욕에서 태어난 그의 만족할 줄 모르는 호기심, 기계적인 능력과 야망이 대단했다. 그는 자전거 레이서이였고, 상품명, "헤라클레스"란 상표로 오토바이를 제조 하였다. 오몬드 비치, 플로리다에서 측정 된 커티스의 V8의 오토바이의 속도는 공식적으로 136.3 마일을 기록하게 되었고 육상에서 가장 빠른 사람이란 호칭을 얻었다. 또한 미국에서 비행기의 최초의 "공중 비행"으로 300피트 이상을 비행했다 세계 대전에서 미국과 캐나다 조종사의 95 %를 훈련했고 52세의 나이에 요절했다. 그는 라이트 형제처럼 항공 산업에 업적을 남겼고 커티스는 해군 항공의 아버지와 미국의 항공기 산업의 창시자로 기억된다. 출처 : 위키백과

크(Burbank)에서 워싱턴까지의 거리를 6시간 57분으로 주파했다.

이 비행기를 조종한 사람 중 한 명이 하워드 휴즈였었다. 돌아오는 도중 이 비행기는 라이트 비행장에 멈춰 섰고, 오빌은 생애 마지막 비행을 했다. 잠깐이나마 조종간도 잡았는데, '비행기의 날개 길이가 내가 처음 날았던 때보다 길어졌군.'이라는 말을 남겼다.

1948년 1월 30일, 태어난 고향인 오하이오 주 데이턴 시에서 오빌도 눈을 감았다. 향년 76세. 첫 비행을 시작한지 만으로 44년 만이었다.

며칠 전부터 혼수상태이던 그의 유언은 "바람은 높아……. 이제 날 수 있겠어." 마치 옛날 40여 년 전을 회상하듯, 그 비행기를 띄울 때 모든 걸 잊고 비행기 연구에 전념하고 드디어 하늘을 날 때 벅차던 그 시절을 되새기며 눈을 감았다.

라이트 형제인 윌버와 오빌 모두 결혼을 하지 않아 자식은 없었다.

오빌이 죽고 10년도 안 돼 미국에선 라이트 형제 붐이 일어난다. 2차 대전 승리와 대영제국으로 알아주던 영국의 약화, 영국을 대신한 미국의 강세 속에 위대한 미국 붐이 일어나면서 미국이 자랑할 이야기들이 떠오르며 미국은 뒤늦게 라이트 형제를 찾아 나선다.

1955년에서야 라이트 형제의 위인전이 출판되었고 미국은 영국에 전시 중이던 플라이어 1호를 돌려 달라는 요구를 한다.

이미 오빌은 영국 측에게 미국이 돌려 달라면 언제라도 돌려줄 것을 조건으로 임대 해준 것이었기에 별일 없이 미국으로 돌아올줄 알았으나 영국 대영과학박물관에서는 라이트 형제를 무시할 때는 언제고 이제 와서 돌려주라고 하냐고 하며 플라이어 1호를 돌려주기를 거부했다.

그런데 나치의 런던 폭격으로 기체를 지키기 힘들어지자 그제야 아쉬운 듯 비행기를 미국에 보내게 된다.

[27] 굴리엘모 마르코니
(Guglielmo Marconi 1874~1937), 무선 전신 체계의 발명

마르코니는 볼로냐 근교에서 지주인 주세페 마르코니의 둘째 아들로 태어났다. 그의 어머니 애니 제임스는 아일랜드계/스코틀랜드 계였다. 볼로냐와 피렌체에서 교육을 받고 리보르노의 기술학교로 가서 물리학 공부를 했다. 거기서 전자기파 기술을 연구했다. 1895년에 마르코니는 볼로냐 근처에 있는 아버지의 간단한 도구로 헤르츠의 전자기파 이론에 기초하여 실험을 했다. 전압을 높이는 유도 코일과 불꽃 방전기와 수신기가 달린 코히러가 부착된 기구로 실험을 했다. 짧은 거리에서 예비 실험을 한 후 코히러[57]를 개량하고 안테나를 사용하여 신호 전달의 범위를 증가시키는 것도 알아냈다. 이러한 실험을 거듭하여, 무선 전신 장치를 발명하고, 이듬해 영국으로 가서 특허를 얻었으며, 9마일 떨어진 지점 사이의 무선 송수신에 성공하였다.

또 영국 해군 훈련에서 약 120 km 거리 사이의 통신에 성공하고, 1899년에는 그의 무선 통신기를 이용해 영국에서 조난 구제에 처음으로 성공하였다. 1901년에는 대서양을 사이의 통신에 성공하여 이 무선은 함선을 비롯한 각종

57) 코히러(coherer)는 무선 신호 검출기의 초창기 형태이다. 무선 전신 시대의 첫 번째 수신기로 사용되었다. 전신기에서 사용은 1890년 프랑스 물리학자 브랑리의 발견에 기초하였으며 다른 물리학자와 발명가들에 의해 이후 10년 동안 개량되었다. 이 장치는 약간의 간격을 둔 두 개의 전극이 달려 있는 튜브, 또는 캡슐로 전극 사이의 공간은 금속 조각들로 채워져 있다. 전파 신호가 장치에 가해지면 금속 조각들은 서로 얽히거나 응집되어 장치의 처음의 높은 저항을 감소시키고 이것으로 인해 전류가 흐르게 만든다. 수신기에서 이 전류는 소리를 만들거나 신호를 테이프에 입력시키는 등의 형태로 수신된 신호를 기록한다. 코히러 내부의 금속 조각은 신호가 끊긴 이후에도 전기를 통하게 하기 때문에 코히러는 신호가 수신 될 때 마다 톡톡 쳐주는 등의 방식으로 금속 조각의 응집을 끊어야 한다. 코히러는 약 1907년, 진공 검파기와 같은 더 민감한 장치로 대체될 때 까지 널리 사용되었다. 출처 : 위키 백과

통신에 실용화되고, 1907년에는 유럽과 미국 사이의 공공 통신 사업이 그에 의해 시작되었다.

그 후 그는 1909년에는 독일의 카를 페르디난트 브라운과 함께 노벨 물리학상을 공동수상하였다.

1943년에 미국 대법원은 마르코니의 무선전신 특허보다 니콜라 테슬라가 1897년에 획득한 특허 번호 645576가 우선함을 인정했다. 마르코니의 특허 번호는 763772로 1904년에 획득했으며, 테슬라보다 약 7년 늦은 것이었다.

그는 1914년에 이탈리아 원로원 의원이 되었으며, 1929년에 비토리오 에마누엘레 3세로부터 후작 작위를 받았다. 말년의 마르코니에 대한 역사적인 평가는 그리 좋은 편이 되지 못한다. 1923년에 베니토 무솔리니[58]가 검은 셔츠단으로 불리는 보수 우익 단체를 위시한 파시스트당을 중심으로 한, 일당제 체제를 수립하였을 때, 마르코니는 이에 동참하여, 이미 1923년에 파시스트당[59]의 당원이 되었다.

그리고 1930년에는 당내에서의 활동을 인정받아 무솔리니로부터 이탈리아 왕립 학회의 학회장으로 임명되기도 하였다. 따라서 그는 파시스트 대(大)평의회 의원이 되었다.

그리고 1931년에 발발한 제2차 이탈리아-에티오피아 전쟁에서의 승전을 바탕으로 강대국들의 묵인 하에 에티오피아 제국을 파시스트 이탈리아에 합병한다는 결정이 무솔리니에 의해 선포되었다.

마르코니는 이에 열렬한 지지를 보내기도 했다. 이러한 마르코니의 친(親)파시즘적[60]인 행동은 그의 인생과 사후에도 두고두고 오점을 남기고 말았다.

---

58) 베니토 안드레아 아밀카레 무솔리니(이탈리아어 : Benito Andrea Amilcare Mussolini, 1883년 7월 29일~1945년 4월 28일)는 파시즘을 주도한 이탈리아의 정치인이다. 국가 파시스트당을 창당하였고 1922년 이후 이탈리아 왕국의 국무총리였다. 1925년부터 무솔리니는 최고 통치자를 뜻하는 두체(Duce)라는 칭호를 사용하였다. 1936년 이후 무솔리니의 공식칭호는 정부 수반이자 파시즘의 두체이며 제국의 설립자이신 불세출의 베니토 무솔리니였다. 또한 무솔리니는 스스로 제국 제일 원수 계급을 제정하고 국왕 비토리오 에마누엘레 3세와 함께 이 칭호를 사용하여 이탈리아 군의 통수권을 행사하였다. 1943년 연합국에 패배한 후 도주하여 망명정부인 이탈리아 사회주의 공화국을 세우고 그 수반이 되었다. 무솔리니는 국가주의, 협동조합주의, 생디칼리즘, 팽창주의, 사회진화론, 반공주의와 같은 다양한 정치 이념들을 조합하여 이탈리아 파시즘을 만들었다. 그는 공산주의자들의 체제 전복 시도를 막기 위한 검열의 필요성을 선전하였다. 출처 : 위키 백과

59) 국가 파시스트당(Partito Nazionale Fascista)은 베니토 무솔리니가 창당한 이탈리아 왕국의 파시즘 정당이었다. 1921년부터 1943년까지 이탈리아 왕국의 집권당으로서 권위주의, 국가주의 및 전체주의에 입각한 파시즘 통치를 하였다. 국가 파시스트당은 1921년 11월 9일 로마에서 결성되었으며, 이탈리아 파시스트의 전투라는 정당이자 준군사조직을 모체로 하여 베니토 무솔리니가 창당 하였다.1922년 10월 27일 무솔리니와 국가 파시스트당은 검은 셔츠단을 앞세워 군사 쿠데타인 로마 진군을 통해 권력을 잡았다. 출처 : 위키 백과

60) 파시즘(이탈리아어 : Fascismo 파시스모, 영어 : fascism 패시즘, 문화어 : 파쑈) 또는 결속 주

[28] 개릿 오거스터스 모건 시니어
(Garrett A Morgan 1877~1963), 신호등의 발명

개릿 모건은 미국에서 인종차별과 갈등이 심하던 시절 드물게 아프리카에서 건너온 노예의 후손이다. 모건은 버번위스키가 처음 주조된 켄터키 주 패리스에서 도시가 정착되던 시기에 심한 인종차별을 받으며 정말 힘들게 유년 시절을 보냈다. 15세 때 오하이오 주 신시내티로 이주하였다가 1895년 클리블랜드에 정착하였다.

그의 첫 직업은 1907년 재봉틀 판매 및 수리를 전문으로 자신의 사업을 하였다 그리고 1년 후 1908년 마리아와 결혼하여 슬하에 세 아들이 있었다.

얼마 후 모건은 자신의 원단 가게를 오픈하고, 그는 모자와 벨트 드라이브 클러치와 같은 여러 물건을 발명하며 새로운 제품에 대한 실험을 계속했다. 국제 박람회에서 수많은 상을 받았다

1912년 방독면을 개발한 모건의 장치는 머리 위에 쓰는 기밀성 씌우개를 포

의(結束主義)는 정치적으로 급진적이며 반공주의, 국가주의, 전체주의, 권위주의, 국수주의적인 정치 이념이자 국가 자본주의, 협동조합주의 경제 사상이다. 파시즘은 끊임없이 개개인의 자치 능력을 강조하기 때문에 평등을 부정하며 불평등이 존재하거나 또는 유발돼야 국가가 발전할 수 있다고 믿는다. 후기 파시즘에서는 남성은 여성에 비해 신체가 우월하고, 징병으로 사용할 수 있다는 점에서 남성 우월주의를 주장한다. 또한 이들의 정치적 직접 행동에 있어서 남성적 카리스마를 요구 또는 분출하기도 한다. 이러한 점에서 파시즘은 양성 평등을 주장하는 민주주의, 사회진보주의, 전통적인 사회주의, 공산주의와 개인의 자유가 우선시되는 자유주의의 반대가 되는 사상이라고 할 수 있다. 출처 : 위키 백과

함한다. 그 씌우개는 특별 호흡 튜브에 연결되었다. 미국의 많은 경찰·소방 국들은 모건의 방독면을 구비하였다.

1916년 모건은 그의 장치를 클리블랜드의 연기로 채워진 수로 터널에 덫에 걸린 20명 이상의 근로자들을 구출하는 데 이용하였다. 이로써 쉬이 알려지지 않았던 그의 방독면은 이 사건으로 인해 정부 부처에서 큰 반응을 얻는다. 그는 1923년 자신의 교통 신호등 특허권을 얻었다. 그의 장치는 오늘날에 쓰이고 있는 교통 신호들과 매우 달랐다.

그러나 근대의 신호들처럼 모건의 장치는 빨간색, 노란색, 초록색의 불빛을 가지고 있었다.

모건이 신호등의 특허권을 얻으면서 GE사에 자신의 권리를 고작 40,000 달러에 판매하였고 1963년 8월 27일 클리블랜드에서 녹내장[61]으로 그는 자신의 시력의 대부분을 잃고 1963년에 향년 86세의 나이로 사망 하였다.

[29] 휴그무어

(1887~1972 Hogh Moor), 종이컵의 발명

61) 녹내장(綠內障, 문화어 : 녹내장, 영어 : glaucoma)이란 시신경 위축 증의 형태를 띠면서 망막 신경총 세포를 포함 시신경에 생기는 질환의 총칭이다. 주로 눈 안의 안방수의 증가로 인한 유체 압력 상승과 관련되어 있다. 출처 : 위키 백과

우리나라에서만 한 해 사용되는 종이컵은 120억여 개인데 과연 이 종이컵은 어떻게 탄생하게 된 것일까? 깨지지 않고 물에 젖지 않아요, 생수 자판기 발명한 형 위해 종이컵 개발 세계적인 생활 필수 용품이자, 음료 자판기 시대를 꽃피운 종이컵은 미국 캔자스에서 태어난 휴그무어가 발명했다. 1907년 하버드 대학교 1학년이었던 그가 종이컵을 발명하게 된 것은 발명가인 형 때문이었다. 당시 한 살 위인 형 로렌스 루엘랜은 '생수 자동판매기'를 발명하여 명성을 떨치고 있었다. 그러나 생수 자동판매기는 도기로 된 컵을 사용하고 있어서 하루에도 몇 개의 컵이 깨지는 문제가 있었다. 형의 자동판매기는 차츰 인기가 떨어졌다.

"그렇다면 깨지지 않는 종이컵을 만들면 되잖아!"이를 안타깝게 바라보던 휴그무어는 기발한 아이디어를 떠올렸다. 그러나 종이는 물에 젖으면 힘이 없어 그대로 찢어져 버렸다. 그는 생각에 생각을 거듭했고, 실험을 되풀이하며 물에 쉽게 젖지 않는 종이를 찾아냈다. 바로 종이에 비닐이 코팅된 종이였다.

물에 젖지 않는 종이컵 발명에 성공한 휴그무어는 대학을 그만두고 생수 공급 회사를 설립했다. 사람이 모이는 곳마다 형이 발명한 자동판매기를 설치하고, 자기로 만든 컵 대신 자신이 발명한 종이컵을 사용했다.

하지만 생수 장사만으로는 회사 운영이 어려워 회사가 문을 닫을 위기에 몰렸다. 바로 그때 W. T그래함이라는 자본가가 '20만 달러를 지원하겠으니 종이컵 회사를 설립하는 것이 어떻겠느냐'는 제안을 했고, 휴그무어는 반갑게 받아들였다.

휴그무어의 종이컵은 '건강 컵'이라는 이름으로 널리 생산됐고, 호기심 많은 소비자들에게 팔려 나갔다. 그러던 중 휴그무어에게 엄청난 행운이 찾아왔다.

민간 보건연구소에 근무하는 사무엘 크럼빈 박사가 '인간을 바이러스로부터 구하는 길은 오직 1회용 컵을 사용하는 것뿐'이라는 연구 결과를 발표한 것이다.

그 후로 휴그무어의 종이컵은 엄청난 호응을 얻으며 광고 한 번 없이 날개돋친 듯 팔려 나갔다. 종이컵 발명으로 큰돈을 모은 휴그무어는 1920년에는 아이스크림을 담을 수 있는 '종이 그릇'까지 발명해 세계적인 발명가로 떠올랐다.

현재 전 세계적으로 널리 퍼져 사용되고 있는 종이컵은 환경 파괴의 주범으로 몰리고 있다.

원료가 나무이며 생태계 파괴에 종이컵이 완전히 없어지는데 20년 이상이 걸린다는 이유로 말이다.

최근에는 텀블러[62] 같은 개인용 컵을 다시 사용하는 운동이 일어나고 있다.

[30] 존 로지 베어드 (John Logie Baird,1888~1946), 텔레비전의 발명

존 로지 베어드(John Logie Baird, 1888년 8월 13일~1946년 6월 14일)는 스코틀랜드의 엔지니어로, 최초로 동작하는 전기 기계적 텔레비전 시스템을 발명한 사람으로 알려져 있다.

베어드는 목사의 아들로 스코틀랜드에서 태어났으며 글래스고 대학교에서 수학을 공부하였다. 그러나 제1차 세계 대전으로 인해 졸업하지는 못하였다.

1924년 2월, 런던에서 베어드는 닙코브[63] 원판을 이용해 인형의 상을 맺히게 함으로써 반 기계적인 아날로그 텔레비전이 가능함을 보였다. 이 최초의 시스템은 매우 원시적이어서, 상을 보여주기도 어려웠을 뿐만 아니라, 이 상도

62) 한국에서 '텀블러'라 하면 손잡이가 없는 보온 머그잔을 부르는 경우가 많고 이는 일본도 비슷하다. 반면 미국 등 영어권 국가에서 tumbler는 유리잔까지 포함하게 된다.

63) 1884년 독일 전기기술자 파울 고틀리베 닙코프(1860-1940)가 고안한 원판 이다. 그는 셀렌 광 전지판 앞에 24개의 구멍을 뚫은 원판을 두고 이를 모터로 돌렸다. 구멍을 통해 물체의 이미지를 담은 빛이 순차적으로 광전지에 도달하기 때문에 여기서 발생하는 신호 역시 순차적으로 나올 수밖에 없다는 원리를 이용한 것이다. 그 결과 수많은 광전지에서 발생한 신호를 한 개의 전선으로 다른 곳에 보낼 수 있었다. 전기신호를 수신하는 쪽에서는 역의 방법으로 이미지를 재생하면 된다. 그가 개발한 주사 방식(왼쪽 위 화소에서 오른쪽 아래 화소까지 이미지를 순차적으로 보내는 방식)은 텔레비전 발전에 징검다리 역할을 했다. 닙코프의 영상 전달 장치는 '전기망원경'(Electric telescope)이라고 불렸다 : 출처 http://tip.daum.net/openknow/49168947

갈색의 빛을 띠고 있었다.

1925년 10월 30일, 베어드는 최초의 움직이는 인형의 상을 만들었다. TV의 발명은 많은 발명가가 이뤄 놓은 업적들(베어드를 포함해 폴 고트립 니코브, 보리스 로징 등)을 통해 이뤄졌으나 베어드는 이 분야의 선구자였다. 그는 이 분야에서 이룬 다른 업적보다도 살아서 움직이는 하프톤의 텔레비전 상을 처음으로 만든 사람으로 알려져 있다.

처음으로 대중에 움직이는 그림자 이미지를 보여준 것은 1925년 런던의 셀프리지 백화점에서였다. 빛의 그러데이션과 그림자를 가진 최초의 제대로 된 텔레비전 시스템은 1926년 1월 26일 런던의 소호 구에서 영국 왕립 학회와 더 타임스의 리포터들에게 시연하였다.

1925년 10월 30일, 존로지 베어드는 연구실에서 최초의 텔레비전 상을 투사하는 데 성공하였다. 그는 이 성공을 알리기 위해 데일리 익스프레스 신문[64]을 찾아갔으나 그 신문의 편집장은 이를 보고 무서움에 떨었다고 한다. 나중에 베어드는 그의 직원에게 그 편집장이 이렇게 말했다고 했다. "제발 프런트로 가서 거기 있는 미친 사람을 좀 쫓아내! 그 사람은 자기가 무선으로 볼 수 있는 기계를 만들었대! 그 사람 어쩌면 면도칼을 들고 있을지 몰라. 조심하라고!"

1927년 베어드는 런던과 글래스고 사이의 704 km에 놓인 전화선을 이용해 장거리 텔레비전 신호를 전송하였다. 그리고 그는 베어드 텔레비전 개발사를 만들어 대서양을 횡단하여 런던의 BBC로부터 하츠데일과 뉴욕 주에 텔레비전을 방영하였다. 이 시스템은 1931년 엡섬 더비라는 프로그램을 처음으로 전송하였다.

1929년과 1935년 사이에 BBC는 30라인 베어드 시스템을 이용해 방송을 하였다. 이후 1936년 240라인으로 바뀐 뒤, 1937년 베어드 시스템으로의 전송을 중단 하였다.

이 후 베어드의 텔레비전 시스템은 아이작 쇤버그가 만든 EMI–마르코니 사에 의해 개발된 전기 텔레비전으로 대체되었다. 이 텔레비전은 A.A. 캠프벨–스윈턴이 고안하고 칼밀 티하니가 1926년에 개선한 텔레비전 또는 블라디미르 즈보리킨과 RCA가 만든 텔레비전과 비슷했다.

64) 데일리 익스프레스는 영국의 보수 성향의 타블로이드판 신문이다. 익스프레스 뉴스 페이퍼 사의 주력 신문이고 현재는 리처드 데스몬드가 소유하고 있다. 2008년 12월 기준, 발행부수는 728,296부 이다. 익스프레스 뉴스 페이퍼 사의 발행신문은 「데일리 익스프레스」, 「선데이 익스프레스」(1918년 발행), 「데일리 스타」와 「데일리 스타 선데이」가 있다. 출처 : 위키백과

[31] 에드윈 하워드 암스트롱 (Edwin Howard Armstrong,1890~1954), FM-라디오의 발명

암스트롱은 불운한 과학기술자에서 가장 중요한 인물이자 20세기의 가장 위대한 기술자 중 하나이다고 볼 수 있다. 위대한 기술자는 보통 하나, 또는 두 개의 중요한 기술 혁신으로 이름을 떨쳤다.

그는 미국의 마지막 발명가 영웅이며 지극히 미국적인 최후(변호사에 의한 법적 살해)를 맞았다.

또한 그가 마지막에 벌인 법적 투쟁은 오늘날까지 풀리지 않은, 왜 AM라디오가 FM에 밀려 사라지지 않았는지 와 같은 의문을 낳았다.

암스트롱은 1890년 맨해튼의 개신교를 믿는 대가족에서 태어났다. 그의 가족은 활기 넘치고 친절했지만 눈에 드러나는 창의성은 없는 사람들이었다. 어린 시절에 다른 수백만의 중산층 아이들과 다른 점이

있었다면 9살 때 걸린 성 비투스 무도병(류머티즘 열병) 뿐 이었다.

이 때문에 2년간 학교를 다니지 못했고 평생 동안 어깨와 턱에 경련이 남게 되었다. 학교 공부는 금방 따라잡았지만 언제나 진지한 아이였다. 마르코니의 업적에 열광했고 얼마 안 되어 무선통신에 관해 알려진 모든 것을 배웠다.

암스트롱은 콜롬비아 대학 전기공학과에 입학했다. 그리고 1913년, 아직 재학생일 때 첫 번째 위업인 재생법을 발견했다. 이 때는 리드 포레스터가 개발

한 최초의 삼극진공관, 오디온 진공관이 나온 지 몇 년이 되었지만 누구도 이걸로 별 성과를 거두지 못했다.

너무나 조잡한 증폭기(앰프)였기에 드 포레스터 자신도 어떻게 작동하는지 알지 못했기 때문이다. 암스트롱은 삼극 증폭기의 입력에 대한 출력 비율이 양의 피드백으로 증폭기 출력의 일부를 다시 입력하면 매우 크게 증가함을 발견했다.

충분한 피드백이 주어지면 증폭기는 무선 송신기에 적합한 안정적이고 강력한 발진기가 되었다. 약간 약한 피드백을 준다면 증폭기는 당대의 그 어떤 다른 제품보다 더 민감한 무선수신기가 된다. 다른 학자들도 같은 시기에 피드백 현상을 경험했지만 이를 특징짓고 이해하여 실제 사용할 수 있게 만든 사람은 암스트롱이었다.

드 포레스터는 암스트롱의 성과를 듣고, 즉시 자신의 연구 방향을 재생법으로 바꾸었다. 재빨리 관련 기술에 대한 특허를 출원했고 그 다음, 1920년부터 암스트롱의 특허를 공격하기 시작했다.

그는 그토록 젊은 사람이 자기가 개발한 진공관을 자신보다 더 잘 이용했다는 점에 격노했다.

드 포레스터는 이 기술에 대한 공로를 자신의 것으로 하려 했는데 회사를 25번 창립했지만 파산했고 세 번 결혼하고 이혼한 터였기 때문이다.

그가 성공한 기술은 오디온 진공관뿐이었기에 어떻게든 권리를 취득하려 했다. 무선기(라디오)의 핵심 회로를 장악해 큰 이익을 보려 한 AT&T사[65]가 뒤를 봐주었다.

특허 분쟁은 14년을 끌었고 소송비용은 100만 달러를 넘은데다 대법원에 올라가기도 여러 번 이었다. 드 포레스터의 증거는 특정 회로가 일정 주파수에서 웡웡거리는 소리가 냈다는 1912년 실험 기록뿐이었다. 웅웅 하는 소리는 피드백(Feedback)으로 회로에서 발진 현상이 일어나기 때문이지만 당시 포레스터는 원인을 이해하지 못했고 관련 연구를 진행한 적도 없다.

그렇지만 AT&T 측 변호사는 기술에 무지한 필라델피아 판사들에게서 유리한 판결을 받는데 간신히 성공했다. 그 판결로 이미 다 끝난 재판이라 주장하여 다른 항소에서 이길 수 있었다. 대법원은 너무나 애매한 소송이라 항소를 들으려 하지 않았기에 드 포레스터는 거기서도 승소했다.

65) AT&T는 미국 최대의 전화 회사이다. 초고속 인터넷 접속 서비스와 가입형 텔레비전 서비스도 제공하고 있다. 또한 미국 제2위의 이동전화 서비스 제공자이다. 총 고객 수는 1.5억 명이 넘는다. 1885년 뉴욕 시에서 전화기의 발명가 알렉산더 그레이엄 벨에 의해 설립되었다. 20세기 초엽 미국 정부와 협상의 결과 전화사업의 독점권을 확보한다. 이러한 독점적 상태는 1970년대 초 반독점 소송의 결과로 결국 해체되게 된다. 출처 : 위키백과

그리하여 그들은 암스트롱의 특허를 파기했다. AT&T 홍보 담당자들은 이를 대대적으로 선전해 오늘날 우리는 드 포레스터가 재생법을 발견한 것으로 알고 있다.

다행스럽게도 암스트롱에겐 다른 아이디어가 많았다. 1차 대전 육군에서 연구하는 도중 수신 감도와 튜닝을 동시에 향상시키는 정교하고 훌륭한 슈퍼헤테로다인[66] 기술을 발명했다.

무선기에서 쓰는 고주파에 맞는 증폭기를 만들기는 상당히 어려웠고 한 주파수 대역에서 좁은 대역의 주파수를 선택할 수 있는 튜닝 필터를 만드는 것도 그러했다. 필터를 한 주파수에 맞추면 다른 주파수는 모두 차단해야 하고 그런 다음 다른 주파수로 변경할 수 있어야 했다.

그렇지만 주파수를 바꿀 수 있는 발진기를 만드는 건 쉬웠다. 발진기 신호가 수신 신호에 더해지지만 두 신호와 다른 주파수를 가진 진동 신호가 발생한다. 고정 좁은 대역에서 이 진동 주파수를 선택할 수 있고 이를 저주파 증폭기로 필터를 만들어 보낸다.

발진 주파수가 변함에 따라 다른 무선 주파수들이 진동 주파수로 떨어져 내려와 선택된다. 다르게 말하면, 가변 발진기와 좁은 주파수 필터가 있으면 가변의 좁은 주파수 필터 역할을 할 수 있다는 뜻이다. 이 기술은 현재 사실상 모든 무선기에 쓰이고 있다.

한편 웨스팅하우스는 슈퍼헤테로다인 기술 권리에 수십만 달러를 지불했다. 암스트롱은 또한 이와 비슷할 정도로 혁신적인 슈퍼 재생 수신기로 RCA와 계약을 맺었다. 이 수신기는 증폭기를 거의 발진 직전 상태까지 만들어 진폭 이득을 없애 잡음을 방지한다.

20 khz가 넘으면 귀가 진폭 이득의 편차를 알아차릴 수가 없고, 한 진공관에서 더 많은 진폭 이득을 얻을 수 있다. 이 기술은 그의 다른 혁신만큼 대단하지는 않지만 덕분에 많은 RCA 주식을 얻었으며 다른 발명에서보다 훨씬 더 많은 돈을 벌었다.

암스트롱은 평생 동안 누군가의 직원이 된 적이 없다. 콜롬비아 대학 연구교수였지만 연봉은 1달러였다. 대학에서 줄 수 있는 것보다 특허로 버는 돈이 많았기 때문이다. 학생을 가르친 적은 없지만 학생들은 그가 교수인 것을 영광스럽게 생각했다.

---

66) 슈퍼 : 오디오 신호 주파수 이상, 헤테로다인 : 주파수를 섞는 것(주파수 변환/믹싱)으로 무선 수신기 구조 중의 하나로 반송파(Carrier) 주파수를 기저 대역(Baseband) 주파수로 직접 변환하지 않고 RF 신호에서 선택된 신호대역만을 중간 단계로 1차적인 IF(Intermediate Frequency) 신호로 변환한 후 다시 기저 대역으로 변환하는 수신 방식을 말한다. 출처 : 정보통신 기술 용어해설

그 덕에 많은 지식인들과 연구 자원을 접하게 되었다. 암스트롱은 학교 건물 지하에 연구실을 열었다. 그는 회사를 세운 적이 없으며 조수 몇 명만 데리고 모든 연구를 했다. 조수 중 일부는 따로 자신만의 중요한 연구를 수행하게 되었다.

드 포레스터와 벌인 특허 분쟁은 너무나 힘들고 굴욕적이었다. 재판에서 지고 홍보가 들이 그를 '사기꾼 발명가'라고 말하자 암스트롱은 뭔가 보여주고자 했다. 이 때가 1930년대 초였고 암스트롱은 40대 초반이었을 때다. 보통 기술자라면 창의성에서 전성기가 지났을 때지만 암스트롱은 그의 가장 위대한 혁신인 주파수 변조방식(FM)을 발명해 냈다.

재래식 진폭변조방식(AM)에서는 무선 신호의 세기가 발신되는 음성신호의 세기에 비례한다. 문제는 자연계는 비슷한 변조 신호로 가득 차 있고 이는 잡음으로 나타난다. FM방식에선 주 신호의 진폭이 아닌 주파수가 변동한다.

FM신호처럼 변동하는 자연 전파는 거의 없기에 간섭이 훨씬 덜 하다.

FM방식은 20년대에 개발 시도가 있었지만 포기되었다. 주어진 주파수 대역에 더 많은 신호를 반송하기 위한 방법으로 생각했었다. 상세한 수학 분석 결과 대역 좁은 FM신호는 같은 세기의 AM신호보다 언제나 음질이 더 나쁘다고 나왔다.

암스트롱은 FM신호 대역이 꼭 좁을 필요는 없다고 통찰했다. FM신호는 AM신호의 5배나 되는 넓은 대역에서도 변동할 수 있었고 신호 대비 잡음 비율도 훨씬 좋았다.

FM방식에 대한 수학적 계산은 정확했으나 의미가 한정되어 있었다. 실험과 물리적 추론에 의지하여 암스트롱은 방정식을 넘어섰다.

그는 1933년에 처음 FM 연구 성과를 그의 기술에 대한 라이선스 대부분을 취득한 RCA에 공개했으나 이상하게 관심을 보이지 않았다. 당시 RCA는 AM[67]방식에 막대한 투자를 했다. 그들의 송신기 전부와 수백만 대의 라디오가 팔려 사용 중이었고 아직 투자비용을 뽑기 전이었다.

라디오는 일상생활 용품이 되었고 품질이 아닌 가격으로 팔리는 물건이었다. RCA는 소비자는 라디오에서 음악이 어떻게 들리는지는 관심 없고 그냥 싸게만 구하고 싶어 한다고 자체 결론을 내렸다. 몇 년간 기술평가를 한 뒤 라이선스 취득을 거절했고 암스트롱은 포기했다.

---

67) 변복조 시스템을 논할 때 가장 기본이 되는 진폭변조(AM)시스템은 구조가 간단하고 구현하기도 쉽기 때문에 여러 분야의 통신에 광범위하게 사용되어 왔다. 「그림 2-1-1」에서 보이듯이, AM은 신호 파형이 변화하는 양을 높은 주파수의 반송파(carrier)의 조밀한 파장 단위 높낮이에 맞추어 실어 보내게 된다. 출처 : http://www.rfdh.com/bas_com/2-1.htm

규모가 작은 회사와 라이선스 계약을 맺었다. 송신기와 안테나, 수신기를 포함한 전 시스템을 설계하고 1939년엔 뉴욕과 뉴잉글랜드에서 시험 방송에 들어갔다. 사람들은(음질에)넋을 잃을 정도로 좋아했다. 당시로썬 축음기 보다 훨씬 좋은 최고 수준의 음질이었고 독일이 테이프를 완성하기 까지 그러했다.

RCA는 즉각 연방 통신 위원회(FCC)[68]에 아직 걸음마 단계였던 TV에 FM용 주파수(50 MHz 전후)를 할당해 달라고 청원했다. 이 공격의 의도는 너무나도 뻔했기에 뉴딜 주의자였던 통신 위원장 플라이는 대신 44 MHz 부터 50 MHz까지의 주파수대역을 FM에 할당해 주었다.

원래 이 대역은 TV 제 1채널이 될 예정이었는데 오늘날까지 TV다이얼에서 빠져 있다. 그는 또 TV소리는 FM방식으로 전송 돼야 한다는 결정을 내렸다.

RCA는 이길 수 없게 되자 같은 편에 서려고 했다. 암스트롱에게 특허료로 100만 달러를 주겠다고 제의했으나 로열티는 어렵다고 했다. 암스트롱은 이를 거부했다. 다른 모든 라이선스社는 로열티를 지급했었고 이런 계약은 그에게 적대하지 않고 같이 일 해준 회사들에게 불공평하다고 생각했던 것이다. 분쟁이 가열되기 전에 더 2차 세계대전이 발발했다.

전쟁 중엔 누구나 FM을 사용했다. 암스트롱이 전쟁 기간 동안 군대가 그의 특허 기술을 로열티 없이 쓸 수 있도록 허용했던 것이다. 어떤 회사도 만들지 못하고, 그 또한 실험실 경비로는 만들기 어렵다는 제스처였다. 휴대용 FM 통신 기술은 유럽과 태평양 곳곳에서 벌어진 전투에서 엄청난 가치가 있었다. 암스트롱 자신은 연속파 레이더를 연구했다. 하지만, 전쟁이 끝나기 전까지 실전 배치는 못했다. RCA는 이 기회를 놓치지 않았다. 1945년 RCA와 다른 일군의 라디오 회사는 FM 대역을 44-50 MHz에서 오늘날과 같은 88-108 MHz로 옮겨야 한다고 연방 통신 위원회를 설득했다.

명목상 이유는 '전리층 교란'을 막기 위함이었지만 누구도 이를 확신하지 못했다. 50 MHz 바로 위의 TV채널(FM 소리 채널도 딸렸음)은 별 문제를 겪지 않았던 것이다.

이 결정으로 벌어진 건 그 때까지 만들어진 모든 FM 송신기와 수신기가 일시에 쓸모없게 된 거였다. 설상가상으로 연방 통신 위원회는 중앙 방송국에서

68) 연방 통신 위원회(聯邦通信委員會, 영어 : Federal Communications Commission, FCC)는 의회가 만들어 지휘하는 미국 정부 부서이다. 대부분의 결정 사항은 현 대통령이 관할한다.FCC는 1934년의 통신법에 따라 제정된 것으로, 연방 무선 시설 위원회의 뒤를 밟으며, 라디오 스펙트럼(라디오 포함)과 텔레비전 방송), 그리고 각 미국 주의 전자 통신(유선, 위성, 케이블) 및 미국 안에서 시작되고 끝나는 모든 국제 통신의 사용을 비연합 정부의 자격으로 규제한다. 다시 말해, 유무선 통신 산업을 규제할 목적으로 만들어졌다. 미국 전자 통신 정책에 있어 중요한 요인이다. FCC는 주 연합 위원회로부터 유선 통신 규제를 받는다.FCC는 미국 소유와 콜롬비아 특별구, 다시 말해 50개 주에 한꺼번에 결정 사항을 적용한다. 출처 : 위키백과

산정상 안테나 사이의 라디오 중계소를 불허하여 FM 방송 범위를 크게 제한했다.

대신 FM 방송국은 방송 내용을 터무니없는 가격으로 AT&T社의 동축케이블을 통해 송출해야 했다. 모든 것이 의도 한대로 FM 방송을 마비시키는 결과로 이어졌다. 이런 음모로 인해 AM방식이 오늘날까지 살아남은 것이다. 음질을 고려해야 하는 어떠한 프로그램도 AM방식을 쓰지 않는다.

AM방식은 이미 60여 년 전에 시대에 뒤떨어졌지만 타성과 규제 때문에 얼마 전까지 사용하게 된 것이다. 이 싸움에 진 이후 암스트롱은 울분을 삼키며 모든 시스템을 다시 설계하기 시작했다.

1948년에 높은 주파수에서 작동하도록 만들었지만 이것이 그의 마지막 기술적 성과가 되었다. RCA는 암스트롱에게 한 푼도 주지 않고 그의 특허를 이용하여 8년 전부터 FM 수신기를 만들고 있었다. 그의 특허 기간은 겨우 2년밖에 남지 않았다.

RCA가 특허료를 지불해야 하는 시점이었다. 그는 1949년에 특허침해 소송을 걸었다. 암스트롱 스스로가 제 1증인으로 나섰다. RCA측 변호사는 재판 기간 내내 사소한 걸로 트집 잡고 말도 안 되는 질문을 던져 댔고 오히려 산더미처럼 많은 FM 관련 연구를 밝히라는 요구를 법원으로부터 받았다. 이후, 암스트롱은 아무 합의 제의를 받지 못했다.

1953년, 암스트롱의 라이선스 계약과 특허가 둘 다 만료되었다. 어마어마한 소송비용과 연구비용으로 암스트롱은 거의 무일푼이 되고 말았다. 추수감사절에 아내와 크게 싸운 이후 아내는 그를 떠나 코네티컷에 사는 누이한테 가고 말았다.

1954년 1월 31일, 암스트롱은 아내에게 보내는 편지 2쪽을 써서 책상 위에 올려 놓았다.

슈트와 오버코트, 신사모, 스카프, 장갑으로 정장을 한 다음 아파트 13층 창문에서 투신자살로 막을 내렸다. 그의 몸은 3층 돌출부에 떨어졌기에 그 다음 날 아침까지 미처 발견되지 않았다.

아내인 메리언은 남편의 자살에 대한 불타는 복수의 일념으로 소송을 계속했다. 외골수적인 암스트롱과는 달리 그의 아내 매리언은 타협에 적극적이었다. 백만 달러에 RCA와 합의를 보았고 실배니아와 CBS와 같은 암스트롱의 특허를 침해한 다른 회사를 상대로 소송을 계속해 나갔다.

매리언은 재판에서 계속 승리를 거두었고 수백만 달러를 받았다. 모토롤라는 끝까지 저항했지만 1967년 대법원 재판에 졌다. 암스트롱이 죽은 지 13년이 되는 해였다.

[32] 헨리F, 필립스
(Henry F Phillips,1890~1958), 십자나사못의 발명

전통적인 접시 머리 나사못(Flat-head screws)은 17세기 후반 이후부터 사용됐지만 두 가지 단점이 있었다. 하나는 못의 홈과 스크루 드라이버가 정확하게 밀착되어야 한다는 점과, 다른 하나는 스크루 드라이버가 원심력으로 인해 못의 머리에서 쉽게 미끄러질 수 있다는 점이었다.

1900년대 초, 오리건 주 포틀랜드 출신의 헨리 F. 필립스(1890~1958)는 중학교 2학년 때 필립의

아버지는 병에 걸려 돌아가시고 말았다. 학교 성적이 우수한 필립은 학교에서 학비를 전액 면제해 주겠다고 제의를 했지만 필립은 좋은 조건에도 불구하고 학교를 그만 두어야 했다. 어머니와 어린 동생을 위해 돈을 벌어야 했기 때문이다. 중학교를 중퇴한 필립은 선생님의 추천으로 조그만 전파사에 취직했고, 1년 동안 피눈물 나는 노력 끝에 마침내 어엿한 소년 기술자가 되었던 것이다. 비록 가난하여 남들만큼 공부를 할 수는 없었지만 필립은 자신의 처지를 당당하게 받아들였다. 또한 기술자로서의 인생도 그만큼 가치 있고 소중하다고 믿었다. 그는 유난히 손재주가 아주 뛰어나 망가진 라디오나 전자 제품들을 수리하는데 아주 뛰어난 재능이 있었다고 한다.

기술자가 된 다음에도 필립은 자만하지 않고 열심히 일했다. 전파사의 주인

도 그런 필립을 매우 아껴 주었고 필립은 어떤 문제에 부딪히면 끈질기게 물고 늘어지는 성격 이였다.

하루는 고장 난 라디오를 고치기 위해 나사를 푸는데, 나사 머리가 닳아 쉽게 풀 수가 없었다. 당시 모든 나사가 일자 나사(—)였기 때문이다. 어떤 나사는 손쉽게 뺄 수도 있지만 어떤 경우는 홈이 망가져 빼내기도 어려웠고 경우에 따라서는 손상이 되어 낭패를 보는 경우도 많았다.

전자 제품 수리 엔지니어였던 그에게는 어찌 보면 개선해야 할 당연하고도 명확한 의도가 생긴 것이라 할 수 있다. 어찌하면 일자나사못을 쉽게 망가지지 않게 빼내어 수리할 수 있을까?

이러한 그의 집념이 곧 커다란 행운을 가져다주게 되었다. 어느 날이었어요. 그 날도 필립은 열심히 라디오 수리를 하며 필립은 중얼거리며 드라이버를 집어 들었다. 드라이버를 일자나사못에 끼우고 돌렸다 그런데 좀처럼 나사못이 빠지지 않았다. 나사못의 일자 홈이 뭉그러져서 드라이버가 자꾸 헛돌기만 한 것이다. 바로 그때 머릿속에 반짝하고 섬광이 지나갔다. 일자인 홈에 세로 방양으로 홈을 하나 더 내어 만들면 힘을 더 많이 받을 수가 있겠구나! …….

십자의 경우는 드라이버로 돌리는 힘을 잘 받을 수 있을 뿐만 아니라 덜 마모가 되게 될 것은 당연한 이치인 것이다. 그때부터 필립스는 일자나사못에 홈을 하나 더 파서 십자나사못을 만들어 쓰기 시작했고 이를 조이고 푸는 십자 드라이버도 만들었다.

필립스는 이 발명품을 개발하고 1933년에 전 세계에 특허출원을 하고 자기의 이름을 딴 필립스 스크루사(社)를 설립하였고 1934년과 1936년 사이에 다섯 개의 미국 특허를 취득하였다.

그는 십자 홈 모양의 나사못을 대량 생산할 수 있는 방법을 개발하였지만, 50만 달러에 달하는 개발 비용 부채가 있었다.

GM사(社)가 1936년 캐딜락 모델에 십자 홈 나사못을 사용한 다음에야 부채를 청산할 수 있었다. 이 회사에선 십자나사못과 십자드라이버를 생산하여 엄청난 돈을 벌어 들였다.

필립이 세운 회사는 계속 공장을 확장하여 마침내 세계적인 대기업으로 성장했고 필립스 나사못은 대량으로 쓰여 제2차 세계대전 중 탱크, 지프, 스피트파이어 전투기 등을 생산하는 속도를 높여 주었다. 일자나사못에 홈을 하나 더 만들어 대기업의 창업주가 된 필립은 세계 발명 사에 길이 남을 위인이 되었다.

[33] 퍼시 스펜서
(Percy Spencer, 1894~1970), 전자레인지의 발명

퍼시 스펜서! 우연한 기회에 마이크로웨이브 오븐을 발명하다

미국의 공학자이자 발명가였던 퍼시 스펜서는 미국 메인주(州) 시골 마을에서 태어났다. 그는 어릴 때 아버지가 돌아가시고 얼마 뒤 어머니에게도 버림받아 남의 손에서 자라야 했다. 어려운 가정 형편으로 초등학교 5학년 정도의 교육만 받은 채 생계 전선에 뛰어들어 이른 새벽부터 저녁까지 제지 공장에서 일했다. 밤에는 공부를 하며 기계에 대한 순수한 호기심을 채워 나갔다. 그렇게 '주경야독(晝耕夜讀)' 생활을 하던 중, 16세 무렵 그의 재능을 발휘할 기회가 찾아온다. 당시 제지 공장에서는 전기를 설치하기 위해 관련 기술자를 모집하고 있었다. 퍼시는 책으로만 알던 내용을 직접 시험해 보기 위해 사장을 설득했고, 갖은 시행착오 끝에 전기를 설치하는데 성공한다.

관련 서적을 독학해 얻은 실력임에도 다른 기술자들이 하지 못한 일을 해낸 것이다. 그 후로 그는 매사추세츠 주에서는 제법 알아주는 전기 기술자로 통했다.

해군에 입대해서는 학력을 속이고 무전병과를 지원해 삼각함수, 미적분, 화학, 물리학, 야금학 등을 배우게 된다. 관련 분야의 교육을 체계적으로 받은 그의 실력은 나날이 늘어 갔다. 제대 후 25세의 나이로 레이시온[69] 이라는 무

69) 레이시온(Raytheon)은 1922년에 설립된 미국의 대표적인 군수 업체이다. 매사추세츠 주 월텀에 본사가 있다.

전 장비 회사에 들어간다.

1945년, 겸손하고 성실한 자세로 근무하던 그에게 일생의 사건이 일어난다. 당시 레이시온에서는 마그네트론을 제조하고 있었는데, 마그네트론이 작동 중이던 실험실에 들어갔던 퍼시가 주머니에 넣어 둔 초콜릿 바가 녹은 것을 발견한 것이다. 마그네트론은 마이크로파 신호를 생성하기 위한 진공관으로 당시 레이더에 필수적인 장치였다.

이 우연한 사건에 호기심을 느낀 퍼시는 초콜릿 바가 녹은 이유와 마이크로파와의 상관관계를 밝히기 위해 연구를 진행한다. 우선 옥수수 알맹이를 마그네트론 옆에 놓아두었다.

그러자 알맹이가 터지며 팝콘으로 튀겨졌다. 다음날은 달걀을 옆에 두어 달걀을 익게 만들었다. 이를 본 퍼시는 마이크로파가 음식 조리에도 쓰일 수 있다고 추측하고 오늘날 전자레인지라고 불리는 상자를 만들어 냈다.

레이시온은 이 발명을 요리에 적용하기로 결정하고 보스턴의 한 레스토랑에 설치하는 것을 시작으로 다양한 실험과 개량을 통해 마침내 1947년 첫 번째 전자레인지인 '레이더랜지(RaderRange)'를 만들어 냈다. 최초의 전자레인지는 높이가 무려 167 cm, 무게는 340 kg에 달하는 '거구'의 장치였다. 가격은 무려 5,000 달러로 가정용으로는 보급될 수 없는 사양이었다.

하지만 냉동식품을 빨리 해동할 수 있다는 장점으로 인해 레스토랑이나 항공사 등에서 이용됐다. 그러나 요리 전문가들은 오븐의 단점을 발견했다. 고기가 갈색으로 변화되며 감자튀김은 흰색과 푸석푸석하게 만들어져 사기를 꺼려하는 음식점들이 많았다.

가정용으로 보급되기 시작한 시기는 1952년부터였다. 그러다가 본격적으로 팔려 나간 시기는 1970년 이후였는데, 이미 퍼시가 사망한 다음이었다. "교육받은 과학자들은 무엇이 가능하고 무엇이 불가능한지에 대해 미리 예단해 버리는 경향이 있다. 하지만 퍼시는 무엇이 불가능한지에 대해선 전혀 모르고 있었다."

퍼시의 동료 과학자는 그를 이렇게 표현했다. 정식으로 교육받지 못했지만 아이 같은 호기심과 끊임없는 노력으로 세기의 발명품을 탄생시킨 것이다. 전자레인지 외에도 그는 생전에 무려 225개의 특허를 획득했고 76세에 사망했다.

자신의 부족에도 불구하고, 마이크로웨이브 에너지 분야에서 세계 최고의 전문가 중 한사람이 되었다. 사후 그는 국립 발명가 전당에 올라가 토머스 에디슨, 라이트 형제와 조지 워싱턴과 같은 위대한 발명가와 함께 역사에 남게 되었다.

[34] 월리스 흄 캐러더스
(Wallace Hume Carothers, 1896~ 1937), 나일론 발명

월리스 흄 캐러더스는 듀폰에서 일한 미국의 화학자이다. 오늘날 '나일론'이란 말을 들으면 아마도 맨 먼저 생각나는 것이 '나이롱환자'나 '나이롱 신자'는 아닐까. 이 단어가 관용적 표현으로 '가짜'나 '엉터리'라는 뜻을 내포하게 된 것은 천연 섬유가 아니라 합성 섬유라는 사실 때문이겠지만, 나일론이 20세기 최고의 발명품 가운데 하나였으며, 우리의 생활에 큰 영향을 끼친 물건이라는 사실을 생각해 보면, 어딘가 부당한 오명일 수도 있다. 최초의 나일론 제품은 칫솔이었지만, 나일론의 명성을 확립해 준 상품은 바로 여성용 스타킹이었다.

1940년 5월 15일, 최초 시판일 에는 백화점 앞에 사람들이 장사진을 이루고 수십만 개가 금세 동이 나는가 하면, 간신히 스타킹을 구입한 여성들이 기뻐하며 주위시선에 아랑곳하지 않고 즉석에서 치마를 걷어 올리고 신어 보는 진풍경이 벌어지기도 했다.

하지만 나일론의 명성에 비하자면 그 개발자의 이름은 오히려 그늘에 가려져 있는 편이다. 그 비운의 주인공은 월리스 흄 캐러더스라는 화학자다. 1896년 4월 27일, 미국 아이오와 주 디모인에서 태어난 캐

러더스는 타키오 대학과 일리노이 대학에서 유기화학을 공부했다. 박사 학위

를 취득하고 모교의 강사로 일하던 캐러더스는 1926년 하버드 대학으로 자리를 옮겼다.

그는 안경잡이에 흐트러진 머리카락, 그리고 큰 키에 구부정한 걸음걸이로 '괴짜 과학자'의 전형적인 외모를 하고 있었다. 하지만 두뇌 하나만큼은 명석해서 대학 시절에는 친구들 사이에서 '교수(Prof)'라는 별명을 얻었다. 대학원 시절에는 학위를 따기 전부터 '박사(Doc)'로 통했다. 성격은 점잖고 공손한 편이어서 어느 누구와도 불화를 빚은 적이 없었지만, 천성적인 무대 공포증[70] 때문에 남들 앞에 나서는 것은 좋아하지 않았다.

캐러더스의 인생에서 중요한 기회가 찾아온 것은 1927년에 듀폰 사[71]로부터 영입 제의를 받으면서부터였다. 당시 듀폰 사에서 일하던 유기 화학자 찰스 스타인(Charles M. A. Stine)은 유망한 젊은 과학자들을 영입해 기초 과학 연구를 지원하게 되었다. 기업의 실리 추구와 이미지 개선이라는 두 마리 토끼를 모두 잡을 수 있다고 생각했다.

왜냐하면 제1차 세계대전 당시에 연합국 측이 사용한 폭약 가운데 절반 가까이를 공급한 결과, 듀폰은 막대한 이익과 함께 '죽음의 상인'이라는 불명예스러운 별명도 얻었기 때문이다.

듀폰은 이후 생활 용품 사업 쪽에 주력하며 자선사업을 크게 펼치기도 했지만, 당시의 여러 대기업과 마찬가지로 초기에는 여러 가지 부정적인 모습을 남긴 것도 사실이었다.

당시의 미국에서는 화학 회사뿐 아니라 화학자도 크게 인정을 받지 못했다. 약품이나 원료는 국내 개발보다 해외 수입이 더 간단했기 때문이다. 제2차 세계대전으로 유럽과 아시아로부터의 약품과 원료 공급이 끊어지기 전만 해도 이런 상황은 크게 달라지지 않았다.

캐러더스가 듀폰의 영입 제안을 단박에 받아들인 것은 아니었다. 당시에만 해도 과학자들은 연구의 자율성과 순수성이 저해될 것을 우려해 기업에 들어가기를 꺼렸다.

캐러더스 역시 대학에서 학생들을 가르치는 일을 오히려 더 마음에 들어 했고, 마지막까지도 자신의 지식으로부터 어떤 금전적 이득을 얻는다는 생각을

70) 여러 사람 앞에서 이야기할 때 느끼는 두려움 증이나 불안감. 그 주요 원인으로는 낯선 환경이나 사람들을 대할 때 불안감, 다른 사람들로부터 평가나 심판을 받게 된다는 부담감, 혹시 실수하면 어쩌나 하는 걱정 들을 들 수 있다. 그러나 가장 큰 원인으로는 여러 사람 앞에서 말하기의 경험이나 훈련 및 충분한 사전 준비의 부족을 들 수 있다.

71) 듀폰(정식 명칭-E. I. du Pont de Nemours and Company)은 미국의 화학 회사이다. 1802년 6월 Eleuthère Irénée du Pont에 의해 화약 공장으로서 설립되었다. 본사는 델라웨어 주 윌밍턴에 존재한다.1802년에 창업했으며, 자본금은 111억 3,600만 달러이다. 안전 및 보건, 환경보호, 윤리 준수, 인간존중을 기업 이념으로 삼고 있다. 출처 : 위키백과

탐탁찮아 했다.

듀폰의 집요한 설득에 마침내 그 회사의 연구실로 자리를 옮긴 캐러더스는 당시 화학계에서 큰 관심의 대상이었던 중합체 연구에 본격적으로 돌입했다. 흥미로운 사실은 캐러더스가 비록 유능한 화학자다 하지만 듀폰에서 본인이 직접 실험을 한 경우는 매우 드물었다는 점이다.

대신 훗날의 노벨화학상 수상자인 폴 플로리(Paul J. Flory)를 비롯한 여러 조수들이 그의 아이디어를 가지고 실험에 몰두했다.

당시 캐러더스는 실험실보다도 오히려 도서관에서 과학 관련 문헌을 읽고 아이디어를 필기하는 데에 더 많은 시간을 보냈다. "실험의 95%는 연필과 종이로 증명할 수 있다, 실제로 해 보일 필요는 없다"는 것이 그의 지론이었다.

사실 캐러더스는 애초부터 뭔가를 발명할 생각은 없었다. 오로지 순수한 학문적 관심을 추구하다 보니 우연히 여러 가지 획기적인 발견을 하게 된 것이고, 그 발견이 때마침 듀폰이라는 대기업의 사업 추구 방향과 맞아 떨어져서 히트 제품으로 발전했던 것이다.

물론 나일론 이전에도 인공으로 제조된 섬유는 있었다. 대표적인 것이 레이온(인조 실크)이었다. 하지만 이것은 천연 셀룰로오스를 원료를 사용했기 때문에, 대량 생산이나 품질 향상에 있어서 여러 가지 한계를 지니고 있었다.

1929년에 캐러더스는 알코올과 산의 결합으로 이루어진 에스테르(ester)라는 화합물을 연결하여 폴리에스테르(polyester)를 최초로 개발했다. 비록 오늘날 실용화된 폴리에스테르와는 약간 다르지만, 최초 개발이라는 점에서는 획기적인 일이었다.

1930년 4월, 캐러더스의 연구팀 소속인 아널드 콜린스(Arnold M. Collins)가 최초의 고품질 합성 고무인 네오프렌(Neoprene)을 발명했고, 역시 같은 팀의 줄리언 힐(Julian Hill)이 폴리에스테르로부터 긴 실을 뽑아낼 수 있다는 사실을 실험 중에 우연히 발견했다.

하지만 새로운 합성 섬유는 열이나 물에 잘 녹는 성질이어서 실용성이 없었다. 연구를 거듭한 끝에 산과 아민(Amine)을 결합한 아미드(Amide) 화합물에서, 앞서와 비슷하지만 열이나 물을 더 잘 견디는 합성 섬유를 만들어 낼 수 있다는 사실이 드러났다.

하지만 캐러더스는 이 합성 섬유를 더 이상 연구하지 않고 잠시 옆으로 밀어 두었다. 이후의 외적 압력이 없었더라면, 실용적 발명보다는 순수 과학 쪽을 더 우선시했던 이 과학자는 어쩌면 한참 더 그런 상태로 버티지 않았을까.

합성 섬유의 개발에 있어서 결정적인 요인이 된 외적 압력이란 전 세계를 강타한 대공황이었다. 다른 대기업들과 마찬가지로 수익성 악화로 불안해하던 듀폰은 캐러더스의 연구팀에게 역시 앞으로는 '돈 되는 연구'를 하라는 노골적인 요구를 해 왔다.

중압감으로 인해 캐러더스는 우울증이 예전보다도 더 심해졌으며, 종종 듀폰을 떠나 다시 대학으로 갈까 생각하기까지 했다.

1934년 5월 24일, 캐러더스의 연구팀 소속인 도널드 코프먼(Donald D. Coffman)이 최초의 폴리아미드(polyamide)[72] 섬유 합성에 성공했다. 마침내 1935년 2월 28일, 석탄(나중에는 석유)의 부산물인 벤젠이라는 값싼 물질을 원료로 한 초중합체가 완성된다.

처음에는 6-6이라는 암호명으로 지칭되던 그 물질(폴리헥사메틸렌아디파미드)로부터 천연 섬유보다도 더 튼튼하고 탄력이 있으며 색깔이 고운 섬유를 만들어 낼 수 있었다. 듀폰에서는 훗날 이 물질을 상품화하면서 '나일론'이라는 신조어를 상표명으로 붙였다.

하지만 나일론의 탄생은 캐러더스의 순수 학문 연구에 있어서는 오히려 부정적인 결과를 가져오고 말았다. 이제는 나일론을 대량 생산하는 것이 관건이 되다 보니, 본래의 연구팀 인력 가운데 여러 명이 개발 부서로 자리를 옮기게 된 것이다.

그럼에도 불구하고 1936년에 캐러더스는 기업 소속 유기 화학자로서는 최초로 미국 과학 아카데미의 회원으로 선출되는 영예를 얻었다.

하지만 그는 곧이어 발작을 일으켜 정신병원에 입원하는가 하면, 이듬해 초에는 여동생의 죽음으로 인해 큰 정신적 충격을 받았다. 1937년 4월 28일, 그는 한 호텔에 투숙한 다음, 늘 갖고 다니던 청산가리 캡슐 속 내용물을 레몬주스에 타서 마셔 버렸다.

불과 41번째 생일을 맞이한 지 겨우 하루가 지난 뒤였다. 그는 평생 우울증으로 고생했으며, 그로 인해 술에 의존하고 늘 자살 충동에 시달리곤 했다. 그의 목숨을 앗아간 청산가리 캡슐조차도 무려 15년 넘게 항상 휴대하고 다니던 것이었다. 아이러니컬하게도, 캐러더스의 신경은 그가 발명한 합성 섬유만큼 튼튼하지는 못했던 것이다.

캐러더스가 사망한 지 3년 뒤부터 듀폰은 각종 나일론 제품을 시장에 내놓기 시작했다. 앞서 말한 것처럼 여성용 스타킹은 폭발적인 인기를 끌었다.

실크 스타킹에 비해 얇고 투명한 것이 특징이어서, 바로 이때부터 여성들이

72) 폴리아미드(Polyamide)는 아미드 결합인 -CONH-로 연결된 중합체의 총칭으로 준말은 PA이다. 디아민과 2가산의 축합 중합으로 얻을 수 있다.구성원으로는 지방족 폴리아미드, 방향족 폴리아미드, 지방족 고리 폴리아미드로 분류된다. 폴리아마이드라고 가리키며 기모의 원단(운동복, 레깅스, 타이츠 등)을 만들 때 쓰이며 이와 비슷한 재질이자 스타킹의 대표적인 원료인 나일론도 역시 이에 해당된다. 출처 : 위키백과

다리털을 밀기 시작했다는 이야기도 있다. 듀폰의 매출이 곧바로 두 배로 늘었고, 이후 중합체 기술의 최강자로 군림했다.

20세기 말에 이르러서는 미국의 화학자 가운데 절반 가까이가 중합체 관련 일을 하게 되었다. 만약 자살로 일찍 생을 마감하지만 않았더라면, 캐러더스는 십중팔구 노벨 화학상을 수상하지 않았을까.

나일론의 영향력은 단지 의류 시장에만 국한되지는 않았다. 제2차 세계대전이 발발하자 낙하산과 타이어, 밧줄과 텐트 등의 군수품 제조에도 사용되는 바람에, 스타킹을 비롯한 기타 제품의 생산이 잠시 중단되는 일까지 발생했다.

어떤 여성들은 낙하산 제조에 이용해 달라며 각자의 스타킹을 국가에 헌납하기도 했다.

우리나라에서는 1963년부터 나일론이, 1967년부터 폴리에스테르가 생산되기 시작했다.

비록 지금은 '가짜'나 '엉터리'의 대명사로도 사용되지만, 오늘날까지도 나일론을 비롯한 합성 섬유들은 우리 생활에서 여러 가지 용도로 사용되고 있다. '나일론'이 일종의 관용어로까지 사용된다는 것 역시, 그 합성 섬유의 대중적인 인기와 중요성을 반증하는 것은 아닐까.

나일론의 명성을 생각해 보면, 그 발명자인 캐러더스의 이름에 드리워진 그늘은 더더욱 짙게 느껴지기만 한다. 아마도 자살로 생을 마감했다는 비극적인 사실이 큰 요인이었으리라. 일설에는 듀폰 사가 나일론을 비롯한 여러 핵심 기술의 보안을 철저히 유지하는 과정에서 관련 정보가 상당 부분 유실되었다는 점도 이유로 지적된다.

한 가지 위안이라면 위대한 업적을 남겼음에도 불구하고 역사의 뒤안길에서 한동안 그늘에 가려져 있었던 천재 과학자가 그 혼자만은 아니라는 역설적인 사실이 아닐까.

지금은 오히려 부정적인 느낌까지도 주는 일상어가 되었지만, 나일론(Nylon)은 사실 그 명칭부터가 수수께끼다. 이에 관해서는 뉴욕(New York)과 런던(London)에서 머리글자를 따서 만들었다는 등의 여러 가지 추측이 나온 바 있다.

심지어 어떤 사람은 그 이름을 캐러더스의 비극적인 최후와 연관시켜, 그가 허무(Nihil)라는 단어에서 그 이름을 따왔다는 주장을 내놓기도 했다. 하지만 정작 나일론이란 이름은 캐러더스의 사후 수년 뒤에 지어졌으니, 아무래도 설득력이 없는 주장이다.

듀폰 측은 1940년대에 이미 "나일론은 아무 뜻도 없는 신조어"라고 해명한 바 있지만, '나일론은 그 발명자의 비극적인 최후를 암시한 이름'이라는 전설은 오늘날까지도 인터넷에 떠돌아다니고 있다. 어쩌면 그것이야말로 이 불운한 천재의 최후에는 딱 어울리는 전설이라고 모두들 생각하는 까닭일까.[73)]

[35] 체스 터 칼슨
(Chester Carlson1906~1968), 복사기의 발명

미국의 물리학자이자 발명가 겸 특허 관련 변호사로 워싱턴 주 시애틀의 스웨덴 이민계 가정에서 태어나 리버사이드 주니어 칼리지(Riverside Junior College)에서 화학을 공부하고 1930년 캘리포니아 공과대학(Cal Tech)에서 물리학 학사 학위를 취득했다.

뉴욕의 전자 회사인 맬로리사(P. R. Mallory & Co)에서 일하면서 뉴욕 로스쿨을 졸업하고 변호사 자격증을 받았고, 맬로리사 특허부에서 특허권 대리인으로 근무하는 동안 업무상 카본 복사기로 다량의 문서를 복사하며 불편을 겪다가 새로운 복사기 개발을 시작했다.

이후 독일에서 이주 해온 물리학자 오토 코르네이(Otto Kornei)[74)]를 고용

73) 섀런 버트시 맥그레인의 저서 「화학의 프로메테우스」(이충호 옮김, 가람 기획, 2002,찰스 플라워서의 「사이언스 오디세이」(이충호 옮김, 가람 기획, 1998), 이필렬 외 공저의 「과학, 우리 시대의 교양」(세종 서적, 2004)

74) 오토 Korney는(1903~1993) 오스트리아의 비엔나에서 출생한 전자 엔지니어였다. 1938 년 나치로부터 미국으로 도미 하였다. 체스터 플로이드 칼슨을 만나 복사기 프로젝트에 6개월 동안 동참하기로 하여 복사기 발명에 큰 힘이 되었다.

해 연구를 진행한 끝에 건

식 복사 원리를 개발하였고 1938년 10월 22일 세계 최초의 장전식 복사기 실험에 성공했다. 1942년 10월 '전자사진(Electrophotography)'이란 제품명으로 특허를 획득한 후 20여 개 회사에 상품화를 위한

합작을 제의했지만 거절당했고, 1944년 로열티의 60퍼센트를 준다는 조건으로 비영리 연구 기관인 바텔 기념 연구소와 제휴하였다.

1947년 제록스의 전신인 할로이드사(Haloid Co.)와 함께 연구를 진행해 '말려서 쓴다.'라는 뜻의 라틴어 '제로그라픽(Xerographic)'에서 이름을 따온 제록스 1호기 '제록스 A'를 생산하여 시장에 선보였다. 칼슨은 복사기 특허료로 약 1억 5,000만 달러를 벌어들였고, 1968년 62세의 나이로 사망하기 전 1억 달러 이상을 1960년대의 시민 권리 운동 단체 등에 기부했다.

최근 마크 저커버그 페이스북 창업자 겸 CEO가 딸의 출생을 축하하며 보유 지분(환산 가치 52조원)의 99%를 기부하겠다고 발표하자 기부 문화에 인색한 한국에선 경탄이 크게 터져 나왔다.

[36] 애드윈 랜드
(Land edwin Herbert 1909~1991), 폴라로이드 카메라 발명

지금은 사용이 덜한 '찰칵' 셔터를 누르면 1분 이내에 자동적으로 사진이 나오는 신기한 폴라로이드 카메라.시간에 쫓기며 바쁘게 살아가는 현대인들에게는 이 폴라로이드 카메라의 발명은 그야말로 희소식이 아닐 수 없다. 이 간편한 폴라로이드 카메라의 발명가는 미국인 에드윈 랜드.

사진작가인 랜드는 한 가지 큰 불만이 있었다. 풍성한 자연환경과 천진난만

한 아이의 투명한 표정을 성공적으로 사진기에 담았을 경우, 에드윈은 처음으로 사진을 찍어 본 사람처럼 흥분하여 들뜨곤 했다. 그는 이런 흥분과 설렘을 소중하게 생각했고, 그 느낌이 가시기 전에 사진을 보고 싶어 했다. 그날의 촬영이 마음에 들면 들수록 사진을 빨리 보고픈 마음에 에드윈은 안절부절못하고 조바심을 냈다. 그도 그럴 것이 필름 한 통을 모두 찍은 다음 현상을 거쳐 인화까지는 빨라야 하루였다.

그것도 랜드처럼 개인 소유의 현상실을 가지고 있을 때 가능했고, 현상소에 맡겨야 하는 사람들은 2,3일이 걸리기도 했다. '도대체 이렇게 기다려야 한다는 게 정말 싫어.'

어느 날 랜드의 5살짜리 딸과 휴가를 보내며 여러 장에 사진을 찍게 되었는데 딸은 아빠 사진은 아빠! 사진을 왜 바로 볼 수가 없어서 너무 답답해 라고 묻게 되었다. 평상시에도 사진이 오래 걸려 짜증이 났었는데 그의 발명 욕구에 딸이 부채질을 하고 만 것이다.

'즉석 사진이라? 즉석 사진! 잘만 하면 가능할 수도 있어. 아니, 분명 가능할 거야. 어디 한번 해보자. 즉석 사진을 찍는 카메라를 만들어 보는 거야.' 랜드는 너무나 마음이 설 다. 잘만 하면 그 동안의 불편함을 해결할 수 있을 것이라고 생각하자 흥분되기 시작한 것이다.

'음화지 없이 양화를 얻는 즉석 사진 카메라.' 랜드는 결론부터 내려놓고 본격적인 연구에 들어갔다. 며칠 밤을 하얗게 지새우며 연구에 연구를 거듭하였다.

그는 수많은 시행착오를 겪은 후, 1947년 마침내 폴라로이드 카메라를 탄생시켰다. 랜드는 곧 특허출원을 했다. 그는 특허출원 서에 다음과 같이 기록하였다. 음화지는 화학약품으로 현상하면 즉각 화상을 얻을 수 있으나, 직후에 쓰이지 않았던 염화은을 두 번째로 보내면 10초 이내로 양화를 얻게 된다.

얼마 후, 폴라로이드 카메라는 특허로 등록이 되었고, 제품이 생산되자 그 인기는 예상했던 것 이상으로 대단했다. 사람들은 너나 할 것 없이 앞을 다투어 이 폴라로이드 카메라를 사려고 했고 여기저기서 박수갈채를 보내왔다.

다만 한 가지 결점이 있다면 음화지 는 단 한번밖에 사용할 수 없다는 것이었다. 특수한 필름을 사용하지 않는 한 한 번에 한 장의 사진밖에 찍을 수 없다.

그러나 랜드는 세계적인 발명가로 부상했고, 폴라로이드 카메라는 지구촌 어디에서나 사랑을 받는 발명품으로 손꼽히고 있다.

폴라로이드(Polaroid Corporation)는 1937년 에드윈 H. 랜드가 세운 기업이다. 즉석식 필름 사진기를 제조, 1948년 시장에 내놓았다. 디지털 사진 제품의 선호에 따라 모든 생산을 중단한다는 2008년 2월의 결정에 이르기까지 폴라로이드 즉석식 필름은 기업의 대표 제품이었다.[75)]

1926년 창업자인 에드윈 H. 랜드는, 17살 때 하버드 대학교를 중퇴하고, 스스로 폴라라이제이션 쪽의 연구/개발을 지속하였다.

1928년 최초로 합성 박막 폴라라이저(Synthetic Sheet Polarizer)를 개발하였고, 1929년 그에 관한 특허를 출원하였다. 그 결과로 얻은 회사의 최초 제품은 사진 필터, 반사-감소 비행기용 유리, 폴라라이즈된 선글라스[76)]이었으며, 후에 1937년 이것을 시장에 내놓게 됐다. 그는 하버드로 돌아가 학업을 계속하였다.

1932년 랜드는 다시 하버드를 떠났다. 하버드 대학 물리학과의 조지 휠라이트 3세(George Wheelwright III)와 함께, 랜드-휠 라이트 래버라토리즈를 세워, 폴라라이제이션 분야의 연구를 지속했다. 한편 폴라로이드는 코닥이 싸움을 건 특허 분쟁에서 승소하였고 1986년 1월 9일, 코닥은 즉석식 사진기 사업을 철수하였다.

[37] 멜리 케이 에시
(Mary kathlyn wagner 1918~2001), 비타민 화장품 발명

미국 포브스가 선정한 역사상 가장 위대한 20대 기업 중 하나 45세란 나이에 9명의 지인과 5,000달러를 가지고 15평의 작은 규모에서 시작한 메리 케이1963년 9월13일에 설립된 메리 케이 사가 지금은 50개국에 수출하며 400만 명의 뷰티 컨설턴트가 활동하는 어마어마한 규모의 회사가 되어 댈러스 시티 투어에 최고의 명소로 꼽히고 있다.

---

75) http://eportal.kipo.go.kr : 8581/home/portal/html/dream/html/KidMap.html

76) 플라라이즈드 선글라스(Polarized Sunglass)는 편광을 차단해서 눈의 피로를 해소시키는 렌즈라 할 수 있다. 편광이란 창유리, 수면(水面), 도로면, 얼음판 등에서 반사되는 빛을 말하는데 이 반사광선은 주로 눈을 부시게 하는 편광으로 되어 있다. 그러니까 태양광선이 창유리, 수면, 얼음판과 같은 평활 면에서 반사되면 일정한 방향으로만 진동하는 편광으로 변하는데, 이 광선이 눈을 심하게 자극하므로 쉽게 눈이 피로하게 되는 것이다. 따라서 편광 선글라스는 편광이 발생하는 곳에서 착용해야 효용가치가 있게 된다. 낚시꾼, 스케이터, 골퍼, 드라이버, 파이롯트, 항해사, 원양어업 종사자 등에게 좋다. 출처 : 위키백과

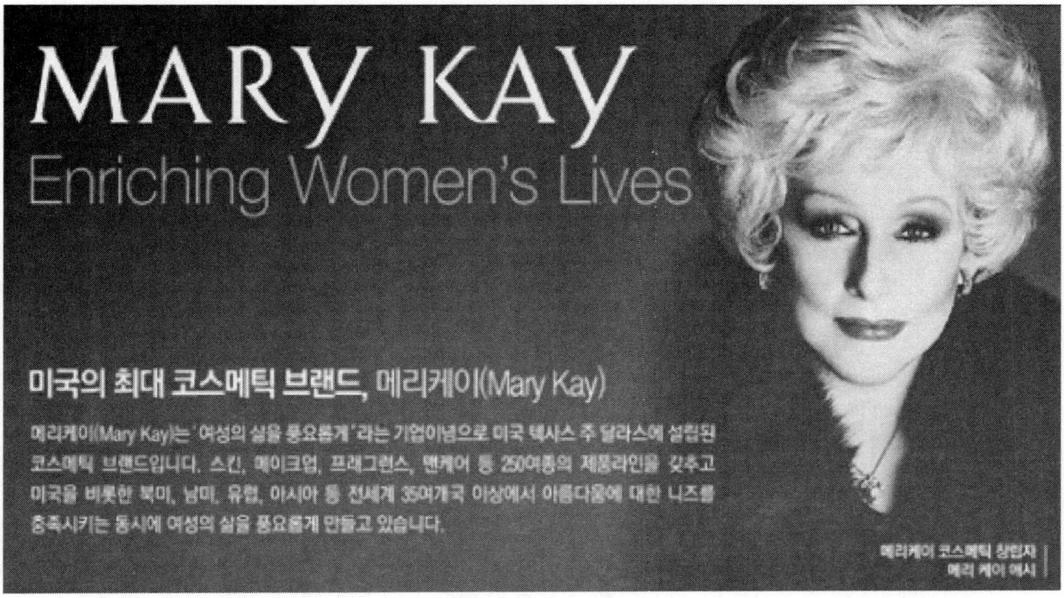

피부에 바르는 비타민 "메리 케이 리플레니싱 세럼C" 지구상에서 비타민이 가장 많이 함유한 카카두 플럼(Kakaduplum)77)과 카무카무(Camu camu)78) 추출물을 함유한 최고의 멋진 제품을 생산하고 있다. 부와 명예를 가지고도 항상 낮은 자세와 모든 뷰티 컨설턴트를 아끼고 사랑한 그녀는 에드워드 알렉산더와 룰라 Vember 헤이스팅스 바그너 사이에서 미국의 텍사스,해리스 카운티에서 1918년 태어고 처음에는 휴스턴에서 레스토랑의 매니저가 되었다. 그녀는 나이 17에 벤 로저스란 사람과 결혼했다. 그사이에 3명의 자식을 두었다고 한다.

여성들에게도 성공할 수 있는 기회가 있다는 것을 가르쳐주고 지원하기 위해 여성들을 이용한 직접 판매(Direct-Selling)79)법으로 사업을 확장해 나간다.

77) 비타민 C가 오렌지의 약 60배 카카두 플럼은 호주 북부가 원산지로 지구상에서 현존하는 식물 중에 가장 많은 비타민C를 함유하고 있어서 브라이트닝에 효과적이다. 또한 블루베리보다 900배 이상의 유해 산소 케어물질을 함유하고 있다. 출처 : 식물도감

78) 카무카무는 오렌지의 약 30배, 아세로라의 약 2배 카무카무는 아마존 숲이나 페루, 콜롬비아, 베네수엘라 등의 담수 지역에서 자란다. 크기는 레몬을, 빛깔은 오렌지를 닮았는데, 그 안에 든 비타민C 함량은 오렌지의 60배에 달한다. 오렌지는 물론 레몬과도 비교 불가다. 비타민C 함량이 카무카무를 가루로 만들 경우 작은 스푼 하나에 비타민C 하루 권장량의 1180%가 들었다. 출처 : 식물도감

79) 직접 판매라는 것은 공급자가 소비자에게 판매하는 방법 등이 아닌 하나의 '유통 방식'이다. 직접 판매는 말 그대로 중간 매개인 소매점이나 대리점 등을 이용하지 않고 생산자가 소비자와 직접 거래하는 것으로 우리 주위에서 보기 쉬운 예로는 보험이나 정수기 등을 판매하는 방문판매나 네트워크 판매(다단계)가 있다.

그는 여성들이 잠재된 능력을 마음껏 발휘해 원하는 것을 모두 성취할 수 있도록 그들에게 기회를 제공하고 싶었다. 그리고 사람들을 도울 수 있는 제품을 만들어 판매하고 싶었다.

각 판매원이 열심히 일하는데 따른 정직한 보상(당시 파격적인 50퍼센트의 수익 마진)

이것은 회사의 기반을 수익 실적에 두지 않고 "여성이 성공하도록 축복하는 황금률, 즉 하나님이 1등, 가족이 2등, 커리어는 3등"이라는 가치를 토대로 삼아 새로운 기업 철학을 장려함으로써 거둔 성과였다.

대외 홍보에 관한 메리케이 애시의 천부적인 재능은 전국을 휘어잡았다. 최고의 여성 판매 사원 에게 핑크색 캐딜락을 보상으로 주었을 정도였다.

그리고 여자의 입소문과 순수한 동기 부여.이런 것들이 메리케이의 왕국과 성공한 뷰티 컨설턴트들을 만들어 낸 이유였다.

그는 높은 품질 독창적인 영업과 마케팅 이론을 개발하여 그로부터 45년 후 메리케이는 3만 3,000명의 독립적인 영업 이사를 두고 전 세계 도매 영업을 하여 24억 달러에 이르는 대기업이 되었다. 한편 대통령이 주재하는 연회에 참석하는 것은 모든 기업인들이 꿈꾸는 일일 것이다.

이는 기업인의 노력을 국가가 인정했다는 것을 의미하기 때문이다. 그것도 언론을 통해 무료로 홍보할 수 있는 만큼, 대통령으로부터 연회 참석을 요청받는 것은 기업인 입장에서 무척이나 매력적인 제안이 아닐 수 없었다.

그러나 이러한 제안을 거절한 CEO가 있다. 바로 메리 케이 애시이다. 그녀는 같은 날 신입사원들과의 미팅이 예정되어 있다는 이유로 대통령의 초청을 거절하였는데, 이는 대통령을 만나는 일보다 신입사원들과의 약속이 더 중요하다는 그녀의 소신 때문이었다.

홍보 효과를 기대했던 몇몇 직원들은 그녀의 결정을 아쉬워하기도 하였지만, 그녀의 결정은 메리 케이의 더 큰 도약을 이끌어 냈다. 신입사원과의 약속을 위해 대통령의 초청을 거절한 그녀의 행동은 직원들의 애사심을 고취시켰다. 이는 곧 메리 케이가 미국 최대의 화장품 기업으로 성장하는데 큰 힘을 발휘했다.

메리 케이 자신은 미국 역사에서 최고의 여성 기업가 상을 수상했다. 그러한 그녀를 뒷받침했던 것은 무엇보다 메리케이 제품력에 대한 '확신'이었다. "보통 일반적인 기업에는 제품을 출시할 때 트렌트나 유행하는 성분을 따라가는 경우가 많다.

하지만 메리케이의 제품들은 소비자의 니즈(Needs)에 포커스를 맞추고 있다. 소비자를 중시하는 메리케이의 철학은 수많은 명품 브랜드를 제치고 메리

케이가 업계 1위의 화장품으로 올라서는 데에 큰 부분을 담당했다.

현재에도 전 세계 50개국에 지사를 가진 메리케이는 각 국가별 소비자들의 성향과 니즈를 분석하고, 그들에게 필요한, 그들이 원하는 제품을 출시하는 데에 주력하며 명성을 얻고 있다.

이렇듯 애시는 여성의 열망과 사기진작의 중요성을 인식했고, 그런 회사 철학은 영업 사원과 고객에게 이필 하였다. 2001년 메리케이 애시가 세상을 떠난후, 아들 리처드 로저스가 CEO 자리를 물려받았다.

[38] 리처드 파인만
(Richard Feynman,1918~1988년), 원자폭탄의 발명

아인슈타인에 버금가는 세계적인 천재 중 천재인 리처드 필립스 파인만은 미국의 물리학자이고 노벨물리학상 수상자이다.1939년 MIT를 졸업하고 프린스턴 대학에서 박사 학위를 취득했을 때 그의 나이는 불과 24세였다. 제2차 세계 대전 중에는 미국의 원자폭탄 계획인 맨해튼 프로젝트[80]의 핵심 일원으

80) 맨해튼 계획 또는 맨해튼 프로젝트(영어 : Manhattan Project)는 제2차 세계 대전 중에 미국이 주도하고 영국과 캐나다가 공동으로 참여한 핵폭탄 개발 프로그램이다. 맨해튼 계획은 레슬리 그로브스 소장이 지휘하는 미국 육군 공병대의 관할로 1942년부터 1946년까지 진행되었다. 민관 합동으로 진행된 맨해튼 계획의 군사 부문은 맨해튼 지구(영어 : Manhattan District)라 불렸고, 전체 프로젝트를 총괄하는 공식 이름은 대체 자원 개발(영어 : Development of Substitute Materials)이었다. 맨해튼은 공식 명을 대신하는 미국 측 암호명이었고, 영국 측 참가 조직의 암호명은 튜브 앨로이스(영어 : Tube Alloys, 특수강관(特殊鋼管))이었다. 맨해튼 계획은 1939년에 극소수 처음 예산은 6천불로 출발하였지만 1945년에는 고용 인구 13만 명,

로 일하였으며 이후 코넬 대학교 이론물리학 조교수로 재직하였고 1950년 캘리포니아 공과대 학교(Caltech)의 교수가 되어 계속 재직하였다.

여러 대중적 저작물들을 통해 과학의 대중화에 힘쓴 과학자로 알베르트 아인슈타인과 함께 20세기 최고의 물리학자라고 일컬어진다.

양자역학에서의 경로 적분, 입자 물리학에서 양자전기역학의 정식화와 쪽입자 모형의 제안, 과냉각된 액체 헬륨의 초유동성 등의 연구 등으로 알려졌다.

양자전기역학에서의 공로로 줄리언 슈윙거, 도모나가 신이치로와 함께 1965년 노벨 물리학상을 수상했다. 또한 아원자입자의 행동을 지배하는 수학적인 기술을 표현하는 직관적인 도형 표기를 개발하였는데 이것은 후에 파인만 도표로 알려지게 되었다.

파인만은 1918년 5월 뉴욕 시 퀸즈의 파 락어웨이(Far Rockaway)에서 태어났다. 파인만의 부모는 유대인이었으나, 유대교의 의식을 따르지는 않았다. 어린 파인만은 옳은 답변보다는 질문을 통해 생각하게 하는 그의 아버지에게서 많은 것을 배웠다. 그의 어머니는 그에게 그가 평생 동안 간직하게 되는 천성인 유머와 재치를 불어넣어 주었다.

어린 시절 그는 라디오 수리에 많은 관심을 뒀으며 기계를 다루는 데에 재능이 있었다. 또한, 대학에 입학하기 전에 스스로 고안해 낸 수학기호들을 사용하기도 했다.

그는 관습을 따르지 않고 핵심을 찌르는 직설적인 화법으로 유명하여 때때로 보수적인 사람들을 당황하게 하곤 했다. 직관을 중시하였다. 그러한 사고방식은 그의 가장 큰 업적 중 하나인 '파인만 다이어그램'에 잘 나타나 있다.

'파인만 다이어그램'은 어려운 물리학을 쉽고 잘 이해할 수 있도록 만든 도표이다. 어린 시절 아버지와 함께 했던 패턴 공부 등을 통해 입체적으로 사고할 수 있었고, 이를 통해 누구보다 빨리 함수를 이해하고 응용할 수 있었다.

이에 리처드 파인만은 복잡한 수식으로 나타내야 할 것을 누구나 쉽게 알아볼 수 있도록 도식으로 나타낸 것이다. 이것은 당시 물리학계에서 혁명적인 사건이었고, 많은 물리 학도들은 '파인만 다이어그램[81)]'을 이용해 양자전기역학

사용 예산 2억불(현가치 24억4천만불)로 성장하였다. 비용의 90% 이상은 공장의 건축과 핵분열 원료의 구입에 사용되었고, 10% 정도는 무기 개발에 사용되었다. 연구 개발과 제조는 미국, 영국, 캐나다 등에 있는 30곳 이상의 지역에 분산되어 진행되었고, 일부는 기밀 지역이었다. 출처 : 위키백과

81) 양자장 론에서 파인만 도형(Feynman diagram)은 양자장 혹은 통계 물리의 장에서 전이진폭 혹은 상관함수의 계산에서 나타나는 항들을 나타내는 도형이다. 리처드 파인먼이 도입하였으며, 그의 이름을 따라 명명되었다. 양자장론의 정준 수식화에서 파인만 도형은 산란 행렬의 윅의 정리에 따른 이론적 전개에서의 특정 항을 나타낸다. 이때 전이진폭은 양자계의 시작과 끝 사이의 상태에 대한 산란행렬의 성분이다. 경로적분의 관점에서 보면, 전이진폭은 계의 처

을 배웠다.

리처드 파인만은 캘리포니아 공대(칼텍)에서 '바닥에는 아직도 더 넣을 여지가 많이 있다'라는 강연을 했다. 이 강연은 그 당시 나노시대의 시작을 알렸다. 이후 수 cm 크기의 진공관 스위치는 수 nm(나노미터, 10억 분의 1 m) 크기의 트랜지스터로 대체되면서 메가바이트(MB), 기가바이트(GB), 테라바이트(TB)의 시대로 발전해 왔다.

「그의 주요 업적을 간추려 보면 다음과 같다」

- 중성자 성질에 대한 이론적 규명.
- 슈윙거, 도모나가, 다이슨과 함께 양자 전기 역학의 재규격화. 이 업적으로 도모나가, 슈윙거, 파인만은 1965년에 노벨물리학상 공동 수상.
- 머리 겔만과 함께 약한 상호작용의 V–A 상호작용 제안.
- 액체 헬륨의 초유체 현상 설명.
- 경로 적분 제안.
- 파인만 도표(diagram) 고안.
- 슈티켈버그와 함께 페르미온의 반입자에 대한 해석, 파인만–슈티켈버그 해석.
- 챌린저 우주 왕복선 폭발 원인 규명.
- 원주율 소수 762~767자리에서 9가 연속으로 6번 나옴을 발견.

[39] 존 에커트
(J Presper Eckert, 1919~1995), 컴퓨터의 발명

존 에커트(J. Eckert)는 1919년 미국 필라델피아 주 출생하였고 1941년 펜실베이니아 대학교 무어 전기공학 전문 학부를 졸업하고 1943년 미국 정부와 계약 맺고 전자 디지털 컴퓨터 제작하였다.

그리고 1946년 세계 최초의 기계식 컴퓨터 '에니악' 발표하고 존 모클리와 '에커트–모클리 컴퓨터사(EMCC)를 설립하였다. 1950년 에커트–모클리, 레밍턴랜드사를 인수하고 1952년 세계 최초의 상용 컴퓨터 '유니박[82]' 발표하였다. 그리고 1989년 유니시스 사에서 은퇴 하였다.

음과 마지막 상태 사이의 모든 가능한 경로들의(가중된) 합이다. 파인먼 도형은 성분이 결합하고 쪼개어지는 그림을 통해 입자의 특정 경로를 직관적으로 나타낸다. 출처 : 위키백과

82) 유니박 I(UNIVersal Automatic Computer I)은 에니악(ENIAC)을 만든 모클리와 에커트에 의해 미국에서 처음으로 만들어진 최초의 상업용 컴퓨터이다. 1951년 3월 31일에 최초로 미국의 조사 통계국에 설치되었다. 출처 : 위키백과

컴퓨터의 눈부신 발전은 700g의 태블릿과 1 kg에 불과한 노트북, 나아가 이제는 손 안에 컴퓨터를 들고 다니는 시대다. 컴퓨터는 지난 60여 년간 광속의 발전을 거듭해 왔다. 모든 산업엔 시작하는 순간이 있기 마련이다. 존 에커트는 1946년 대학원 재학 시절, 지도 교수였던 존 모클리와 함께 세계 최초의 컴퓨터 '에니악(ENIAC)[83]'을 만들었다.

20시간 걸렸던 연산 문제, 30초 만에 해결'= 에니악은 당대 최고의 수학자들도 수작업 혹은 기계식 계산기로 20시간이 걸려도 풀어내지 못하던 연산 문제를 단 30초 만에 해결하는 기염을 토했다. 당시로선 발사된 포탄이 목표점에 도달하기도 전에 이처럼 정확한 계산 결과를 안다는 것은 상상하기 어려웠다. 그때까지 군부대에서 대포나 미사일을 발사할 때 필요한 사거리를 알려줄 탄도 계산 과정은 대기, 온도, 풍속 등에 따라 약 200단계의 계산 과정을 거쳐야 했기 때문이다.

에니악은 종래보다 1,440배나 빠른 연산 속도를 과시했다. 그것은 당시까지 존재했던 어떤 컴퓨터와 비교해도 1,000배 이상 빠른 속도로 연산할 수 있는 괴물이었다. 1초에 5,000번의 덧셈, 357번의 곱셈, 38회의 나눗셈을 할 수

83) 전자식 숫자 적분 및 계산기는 1943년에서 3년에 걸쳐서 1946년 에 펜실베이니아 대학의 모클리와 에커트가 제작한 전자 컴퓨터이다. 1947년 7월 29일에 작동을 시작해 1955년 10월까지 10년간 활용되었으며, 현재는 스미소니언박물관과 펜실베이니아 대학에 분산해 보관되고 있다. 출처 : 위키백과

있었다.

스위치와 계전기 대신 진공관을 사용한 것이 속도를 높일 수 있는 비결이었다. 대학원생이었던 에커트가 모클리 교수와 만든 에니악은 이후 진공관 수를 더 늘려 소비 전력을 기존 대비 75% 줄이는데 성공했다.

인류의 삶 바꾼 컴퓨팅 산업 시작 되다

애초 에니악은 전쟁을 위해 개발됐지만 이후 인류의 삶을 비약적으로 바꿔놓는다. 종전 후 납품된 에니악은 이후 수소폭탄 설계용 계산, 날씨 예측, 우주선 연구, 열 폭발, 임의 숫자 연구, 풍동 설계 등 이전에는 생각도 못했던 다양한 분야의 컴퓨팅에 사용됐다. 단순한 수식 계산기에서 벗어나 컴퓨팅 산업이 시작된 것이다.

인터넷과 결합한 컴퓨터는 더욱 눈부신 발전을 거듭한다. 게임부터 캐드(CAD), 프로그래밍에 이르기까지 컴퓨터의 용도는 무궁무진해졌다.

IBM은 얼마 전 발표한 미래 예측 보고서에서 향후 5년간 일상생활을 바꿀 것으로 예상되는 컴퓨팅 혁신 다섯 가지를 전하며 "기계가 학습하고 논리적으로 사고해 개인에게 맞추는 시대가 올 것"이라며 "자연스럽게 인간과 교류하는 인지 시스템을 중점적으로 보고 있다"고 평가했다.

해당 혁신 다섯 가지는 교실이 학생을 학습하게 되고 오프라인 매장이 온라인을 앞서게 된다는 것이다. 또 의사는 DNA를 이용해 우리의 건강을 지키고 디지털 수호자가 대신 온라인에서 우리를 보호한다. 도시는 인간의 도시 생활을 돕는다고 한다.

'웨어러블 컴퓨터[84]부터 슈퍼컴까지

컴퓨터의 영역은 근 70년간 형태와 성능에서 무한 진화를 해 왔다. 방 하나를 꽉 채웠던 에니악이 손 안의 작은 컴퓨터인 스마트 폰으로 변신했고 고성능 노트북도 대부분 1 kg을 넘지 않는다. 안경, 시계, 팔찌 등으로 몸에 직접 착용하는 웨어러블 컴퓨터 시장도 본격적으로 확대되고 있다.

현 인류 기술의 정점이라고 할 수 있는 슈퍼컴퓨터는 연산 처리 속도가 초당 10억 회 이상을 해낸다. 현재 일기예보, 기상 연구부터 단백질 입체 구조 예측, 양자 역학, 생물학적 화합물의 성질 계산 등에 사용되면서 비용과 시간을 줄이는데 일조하고 있다.

특히 항공기의 비행과 충돌 시뮬레이션이 가능해 대형 참사를 막는 역할을 하고 있다. 핵무기 폭발 시뮬레이션을 통한 핵융합 연구와 우주 탐사, 스포츠 경기 결과 예측도 가능하다.

이밖에도 일반 컴퓨터로는 수행하기 어려운 각종 프로젝트나 무한한 계산 자원이 필요한 시뮬레이션에 슈퍼컴퓨터가 사용되고 있다.

[40] 로버트 윌리엄 컨즈
(Robert William keonjeu 1927년~2005), 간헐식 와이퍼의 발명

자동차 대중화 시대를 연 것은 미국의 헨리 포드라 할 수 있고 그 효시로 불리는 차량 모델인 'T'가 나온 것이 1908 년 이다.그 리고 차량의 시야를 책임지는 간헐식 와이퍼가 컨즈에 의하여 발명되었다. 컨즈는 6명의 아이를 둔 가장이자 대학 교수이며 발명가이다.

---

84) 웨어러블 컴퓨터(영어 : wearable computer) 또는 웨어러블 디바이스(영어 : wearable device)로 불리는 착용 컴퓨터는 안경, 시계, 의복 등과 같이 착용할 수 있는 형태로 된 컴퓨터를 뜻한다. 궁극적으로는 사용자가 거부감 없이 신체의 일부처럼 항상 착용하고 사용할 수 있으며 인간의 능력을 보완하거나 배가시키는 것이 목표이다. 기본 기능들로는 언제 어디서나(항시성), 쉽게 사용할 수 있고(편의성), 착용하여 사용하기에 편하며(착용감), 안전하고 보기 좋은(안정성/사회성) 특성이 요구된다. 이는 단순히 액세서리처럼 전자기기를 몸에 착용하는 것이 아니라, 사용자 신체의 가장 가까운 위치에서 사용자와 소통할 수 있는 전자기기이다. 웨어러블 디바이스의 장점은 주변 환경에 대한 상세 정보나 개인의 신체 변화를 실시간으로 끊이지 않고 지속적으로 수집할 수 있다는 것이다. 예를 들어 스마트 안경의 경우 눈에 보이는 주변의 모든 정보의 기록이 가능하며 스마트 속옷은 체온, 심장 박동과 같은 생체 신호를 꾸준히 수집할 수 있다. 착용 컴퓨터는 차세대 스마트 기기로 웨어러블 디바이스는 다양한 영역의 다양한 사업자들에게 새로운 사업 분야로 선택받고 있다. 액세서리형에서 시작하여 직물/의류 일체형, 신체부착형, 그리고 궁극적인 목표인 생체 이식형으로, 신체에 근접하는 방향으로 발전해 나갈 전망이다. 하지만 장시간 사용할 수 있도록 저전력 기술, 착용감을 향상시킬 수 있도록 초소형, 유연/신축 전자 기술 등의 개발이 더욱 절실히 요구되며, 착용 컴퓨터가 양산하는 다양한 문제들에 대한 대비책도 마련되어야 할 것이다. 출처 : 위키백과

그는 쉬지 않고 움직여 운전자의 시야를 방해하는 와이퍼를 보며 '왜 와이퍼는 사람의 눈과 같이 깜박거리며 움직이지 않을까'라는 생각을 늘 하

게 되었다. 그러던 중 아내와의 신혼여행에서 샴페인을 잘못 따다가 코르크 마개가 튀어 눈에 맞에 눈 하나를 실명하게 되는 어처구니없는 사고를 당하게 된다. 이에 영감을 얻고 비와 눈의 양에 따라 움직이는 시간 간격을 조절할 수 있는 간혈식 와이퍼를 발명하게 된다. 그리고 그의 첫 번째 특허를 미국 특허청에 1964년 12월1일 제출하였다.

그 후 컨즈는 이 간헐적 와이퍼를 친구 프레빅에게 보여 주었고, 프레빅은 포드사 관계자 앞에서 간헐적 와이퍼를 보여주었고 포드사는 매우 관심 있어 하며 계약할 것처럼 하더니 간헐적 와이퍼의 기술만 훔쳐내고 컨즈와의 계약을 없던 것으로 한다. 그리고 후에 새로 출시하는 차에 간헐적 와이퍼를 도용하여 적용하여 출시한다.

일정한 속도로 작동하는 자동차 와이퍼를 고안한 로버트 윌리엄 컨즈는 포드와 크라이슬러가 그의 특허를 가로챘다고 소송을 제기하게 된다.

컨즈의 이야기는 플래시 오브 지니어스(Flash of Genius)[85]라는 제목으로

85) 플래시 오브 지니어스 영화, 개봉일 : 2008년 10월 3일 감독 : 마크 아브라함, 상영 시간 : 2시간, 원작 : 존 시브룩 이 영화는 특허권 침해에 대한 법정 투쟁인데 사실 법적 분쟁에 대한 부분보다는 이 기술(즉, 윈도 브러시)을 개발한 대학교수의 다윗과 골리앗 같은 싸움 이야기이다. 주인공 교수는 항상 자동차 윈도 브러시에 관심이 많았고 여기에 관한 특허 권리도 받게 되었다. 행복한 가정을 살면서 대학교 교수로서의 삶을 살고 있던 교수는 항상 자동차 윈도 브러시만 생각해서 수업도 대충, 가족도 대충 챙겼다. 그러다 포드가 이 교수의 윈도 브러시 기술을 모방해서 자기들이 독창적으로 개발했다는 듯이 선전하며 포드 자동차 모두에 장착한다. 과거 윈도 브러시는 어떻게 사용했냐면 손으로 직접 돌려 줘야 하는 수동사용 이였다. 지

영화화되기도 했다. 만약 그가 번뜩하고 생각난 아이디어를 특허로 만들 생각을 안 하고 긴 시간이 걸렸지만 대기업과의 소송을 두려워했다면 발명의 역사에 그의 이름은 남지 않았을 것이다.

영화의 줄거리는 전기공학 박사로 대학에서 교수로 재직하며 학생들을 가르치고 있는 "로버트 컨-즈"라는 교수가, 우연하게 온 세계의 모든 자동차들에게 필요한 새로운 기능의 "앞창 유리 닦이"를 발명하였다. 이 제품의 독창성과 우수성을 탐낸 포드 자동차 회사가 무단으로 이 기술을 도용하여 사용하면서, 오히려 적반하장으로 그 기술을 수년전부터 자신들이 먼저 만들었다고 주장하며, 그 발명가의 특허 정당성을 해치고 방해하면서 기업과 힘없는 발명가 사이의 싸움을 사실에 근거하여 실감나게 만든 영화이다.

컨즈 교수는 12년에 걸친 기나긴 법정 공방 끝에 1,000만 달러의 손해배상 판결을 받아 냈다.

컨즈 교수가 거대 기업을 상대로 승리할 수 있었던 건, 원고가 피고 기업에 내부 정보를 요구할 수 있고, 이에 불응할 경우 법원이 강제 명령을 내릴 수 있는 '디스커버리 제도' 덕분이었다.

예쁘고 발랄하며 지성적인 아내와 6명의 자녀를 가진 다복하고 단란한 가정의 행복한 가장으로서 디트로이트의 대학에서 강의를 하고 있는 전기공학 박사 로버트 컨-즈는 앞서 말한 대로 결혼할 당시 신혼 첫날밤에 샴페인 병을 따다가 잘못 실수하여 터져 나온 콜크 병마개로 오른쪽 눈을 맞아 한쪽 눈을 실명한 장애인이다.

그러나 그 실명한 한쪽 눈 덕분에 우연하게도 일반인들이 인식하지 못하고 있는 기존 자동차의 "앞창 유리 닦이"의 단점을 발견하고 그 단점을 개선하기 위한 연구에 몰두하여 마침내 획기적인 새로운 개발품을 만들어 내게 된다.

그러나 로버트 컨즈가 그의 동업자 친구와 함께 막대한 돈을 들여 공장을 차리고 제품이 막 나오기 시작할 무렵, 포드 자동차 회사는 돌연히 계획을 바꾸어 이 제품의 구매를 취소하고 없던 일로 하자며 발을 빼게된다.

한편, 포드 자동차 회사 내의 자체 공장에서 이 제품을 만들어 자사 제품의 자동차 특히 당시 가장 인기가 좋았던 포드 머스탱이란 자동차에 이 새로운

금은 자동차들 핸들 오른쪽에서 속도, 워셔액 등을 조절할 수 있지만 과거에는 운전하면서 손으로 수동으로 움직여야 하는 한마디로 비가 오면 한손으로는 계속 브러시를 돌리고 한손으로는 운전 해야하는 어려운 상황이였다. 그런데 이 불편함을 컨즈가 자동으로 바꾼 것이다. 이 기술을 결국 포드 자동차가 도용해 포드 자동차에는 전부 자동 윈도 브러시가 설치된다. 이에 컨즈는 소송을 걸고 다윗과 골리앗의 싸움이 된다. 변호사도 없이 컨즈는 아들과 함께 소송을 진행하고 결국 승리한다. 포드는 적극적으로 자신들의 기업 이미지 실추를 피하기 위해 계속 합의금을 높여 제시하지만 결국 법정 소송에서 승리 했을 때 이 합의금보다 훨씬 높은 금액을 받아 낸다. 출처 : 위키백과

"앞창 유리 닦이"를 부착하여 선보이게 된다.

이에 황당하게 된 로버트 컨-즈는 변호사를 고용하여 맞대응을 하며 자신의 권리를 주장하나, 너무나 거대한 세계적 대기업인 포드에 대항하여 자신의 권리를 찾아내기에는 역부족이었다.

시간이 흐르고 세월이 지나면서 변호사를 바꾸고 새로운 변호사가 어찌어찌하여 30만 불에 합의하자는 합의서를 가지고 왔지만, 로버트 컨-즈에게는 그 동안의 피해를 보상하기에는 턱도 없는 금액이어 거절하자, 마침내 그 변호사도 더 이상 어쩔 수 없다며 손을 뗀다. 설상가상으로 가장 믿었던 아내마저도 6명의 자녀들과 함께 그의 곁을 떠나 버린다.

그리고 이 사업의 동업자이자 25년간의 친구인 파트너도 자신도 어쩔 수 없다며 떠나 버린 상황에서 그는 이제 홀로 남은 혈혈단신의 적수공권으로 포드 자동차의 집요한 음해와 압력을 견디며 재판을 계속한다.

심지어 그동안의 충격에 정신적으로 그리고 경제적으로 힘들어 하는 그를 정신 병동에 넣어 2개월이고 3개월이고 소송을 포기할 때까지 그곳에 가두어 놓기까지 하였다.

그러나 그는 포기하지 않고 끝까지 싸우고 버티면서 모든 자료들을 모아 자신의 정당함을 증명해 나아간다. 길고 지루하였던 12년간의 법정 투쟁 끝에 마침내 소송에서 승리하게 된다.

포드 자동차는 로버트 컨-즈에게 이 제품의 특허권을 법적으로 인정하게 되었고, 그동안 무단으로 제작하여 사용한 것에 대한 벌과금으로 약 1천1백만 불의 벌금을 물게 되었다.

그리고 이어서 진행된 크라이슬러와의 재판에서는 크라이슬러 회사가 약1천 8백만 불의 벌과금을 또다시 지불하였다.

[41] 베티 네스미스 그레이엄
(Bette Nesmith Graham,1924~1980), 수정 액의 발명

여성은 좌뇌와 우뇌의 연결 능력이 남성보다 우월하며 판단하고 계획하는 능력을 결정하는 뇌 앞부분의 신경세포인 전두엽 피질[86]의 밀도가 남성보다 15%나 높다는 연구 결과가 나왔다. 이 같은 과학적인 연구 결과는 묵인 하고

86) 전두엽은 머리 앞부분, 즉, 이마 부위를 중심으로 한 대뇌의 껍질 부분을 말한다. 이 부분의 신경세포들이 주로 하는 일은 일을 계획하고, 적절하게 실행한다. 또 너무 지나치지 않도록 적당한 제동을 거는 일을 담당하기도 한다. 말하자면 자동차 엔진, 핸들, 브레이크에 해당된다. 엔진에 해당하는 것은 의욕, 동기, 활력에 해당하며, 핸들에 해당하는 것은 일의 순서와 방법, 판단력과 융통성에 해당하며, 브레이크는 자제력, 충동 조절 등의 역할을 담당하게 되는 것이다. 출처 : 의학사전

라도 일상생활에서 문득 여성들의 창의력과 판단력이 뛰어나다는 사실을 대부분 실감할 수 있을 것이다.

대개의 남자들은 나이가 들수록 움직이는 것을 싫어하지만 여자들은 나이에 상관없이 많은 일들을 해낸다. 육아나 가사는 물론 컴퓨터나 의약 분야, 나아가서는 우주 과학 분야에서도 여성들이 문제를 해결하는 경우가 많다.

이 같은 여성들만의 특수성은 현대에 들어 실제 생활에 바로 적용할 수 있는 무수한 아이디어를 만들어 내고 있다. 특히 이런 아이디어로 '대박'을 터뜨려 인생 역전을 이룬 여성들이 많다.

젊은 나이에 과부가 돼 아이들을 먹여 살리기 위해 생활 전선에 뛰어들었다가 발명품 하나로 대기업을 일군 엄마들이나 학교 숙제로 만든 발명품으로 백만장자가 된 소녀들, 실직과 이혼이라는 위기를 기회로 뒤바꾼 여자들. 거창하지 않은 실용적 아이디어로 자신의 삶을 바꿔놓거나 거대한 시장을 확보한 예도 의외로 많다.

주인공인 베티 네스미스 그레이엄은 1924년 미국 댈러스에서 태어났다.

알라모 하이즈 고등학교를 졸업하고 로버트 마이클과 1942년 결혼을 하고 1946년 이혼을 했다. 그는 미국 텍사스에서 은행의 비서로 일하며 홀로 아들을 키우고 있었다. 그녀는 서툰 타자 실력 때문에 타이핑을 하는 동안 숱하게 오타를 냈다.

당시에는 2차 대전 직후로 많은 군인이 죽었고, 그로 인해 미망인 숫자가 많아 가계의 생계를 위해 베티처럼 돈을 버는 여성이 많았다. 베티는 자기처럼 서툰 타자 실력으로 고생하는 많은 여성들을 불편을 해결하는 방법을 찾는데 주력을 다하였다. 마침 퇴근 후 집에 가는데 마을 회관에 하얀색 페인트를 칠하는 것을 보게 되었다.

문득 떠오른 생각 맞아 이러한 흰색 페인트를 병에 담아 오자가 난 글씨 위에 바르면 좋겠다는 아이디어를 떠올린 것이다. 처음에는 붓에 하얀 물감을 묻혀 칠했지만, 결국 커버력이 우수하고 빨리 마르는 수정 액을 개발했다.

그는 자신의 아이디어가 수많은 여성에게 유용할 것이라는 사명감을 발휘하여 여러 제품을 발명하고 이를 특허등록을 하게 되었다.

제품이 날개 돋쳐 나갈 때 그녀는 질레트사에게 특허 권리를 넘겨 무려 당시 4,750 만 달러란 거금을 벌어들이는 갑부가 됐고 여생을 누구보다 편하게 지내고 1980년 5월 12일, 미국 텍사스 주 리처드슨에서 잠들었다.

최근 발간된 '꼬리가 개를 흔든다.(Wag The Dog·중앙북스)'의 저자 유석호 ㈜일경 대표는 이 같은 예를 들며 "상상력이 운명을 바꾼다. 고 힘주어 말한다. 숱한 난관을 거쳐 3,000억 원대 상장 기업의 대표이사가 된 그는 "성공 비결은 기발한 아이디어"라며 "아이디어의 원천은 누구나 할 수 있는 상상"이라고 밝혔다.

[42] 더글러스 엥겔 바트
(Douglas Engelbart 1925~2013), 컴퓨터 마우스의 발명

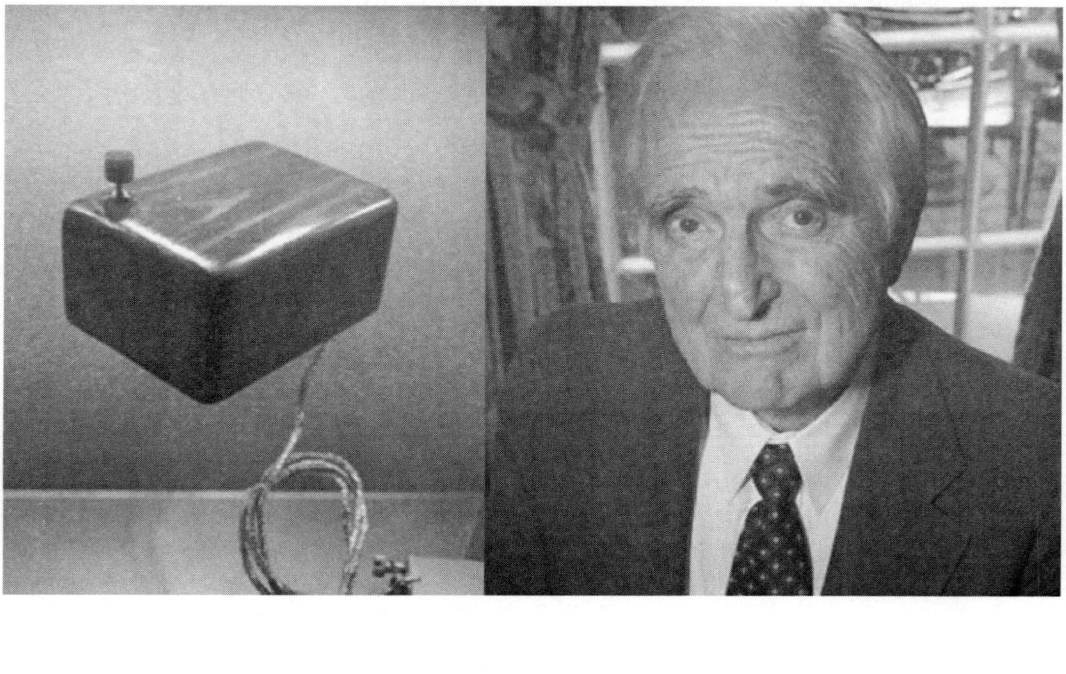

더글러스 엥겔 바트는 노르웨이/스웨덴계 미국인 발명가이다. 그는 특히 컴퓨터 마우스의 발명자로 유명하다. 또한 그래픽 사용자 인터페이스, 하이퍼텍스트, 네트워크 컴퓨터 등 인간과 컴퓨터 상호 작용 분야의 선구자이다.

1948년 오레건 주립 대학교에서 전기공학 학사 학위를 받았고, 1953년 UC 버클리에서 공학 석사 학위를 받았다. 제2차 세계 대전 때 필리핀의 무선 전기 기사로 해군에 복무하던 시절, 배니버 부시(Vannevar Bush)가 쓴 '우리가 생각하듯(As We May Think)'란 글에서 큰 영감을 받는다.

전쟁이 끝나고, 영감을 실현시키기 위해 UC 버클리에서 공부를 계속하여 1955년 박사 학위를 받는다. 이후 1년간 박사 학위 논문에서 만든 기술을 상업화 하려는 저장기기 제조 회사를 설립하려 하였으다. 실패한 후 스탠퍼드 대학 연구소에서 휴위 크레인과 함께 자기 논리 장치의 개발에 참여했다.

그가 군대에 있는 동안 그의 인생을 바꾸게 된 글을 하나 읽게 되는데, 그것이 베니바르 부시의 "우리가 생각하는 데로(As We May Think)"이다. 그는 메멕스[87]라는 개념을 퍼뜨린 것으로 유명한데, "우리가 생각하는 데로"에서는 하이퍼텍스트와 컴퓨터 네트워크의 출현을 예견하였다.

그는 사람들의 집단 지성을 모아서 여러 문제를 해결하는 방식이 인류의 생활을 발전시킬 것으로 보고 그와 관련한 기술개발에 매진한다. 특히 레이더 기술자로 일하면서 컴퓨터가 분석한 데이터를 어떻게 시각적으로 표현하는지가 얼마나 중요한지 경험으로 체득하고 있었다.

인간과 컴퓨터가 어떻게 상호작용하면서 서로의 의중을 잘 표현하고 소통할 것인지, 그리고 어떻게 이들을 네트워크로 엮을 것인지에 대해서 집중적으로 고민했다.

그가 버클리에서 했던 연구는 캘리포니아 디지털 컴퓨터 프로젝트(California Digital Computer project, CALDIC)를 건설하는 것이었는데, 이 과정을 통해 엥겔 바트는 몇몇 특허를 더 내게 된다. 1957년부터는 스탠포드 리서치 연구소(Stanford Research Institute, SRI)에서 일을 하게 되며, 여기에서 많은 특허를 내면서 컴퓨터의 역사를 바꾸기 시작한다.

1962년에는 자신의 연구 내용을 바탕으로 인간 지능 증강(Augmenting Human

87) 미국의 배네버 부시(Vannevar Bush)가 현대 정보 통신 기술 시대의 서막을 알린 "As We May Think" 기사 발표. 1945년 7월 아틀란틱 먼슬리(Atlantic Monthly)에 발표된 이 기사에서 부시는 "메멕스(Memex)"라는 가상 정보 시스템에 대해 설명했음. "메멕스"는 엄청난 양의 정보를 저장하고 자동 관리할 수 있는 전자 기기로, 약 30년 뒤에 개발된 오늘날의 데스크 탑과 WWW(World Wide Web) 시스템과 흡사함. 부시의 고안한 "메멕스"의 개념은 2차 대전 이후 J.C.R. 리클 라이더(Licklider), 더글러스 엔젤바트(Douglas Engelbart)와 같은 저명한 IT 개척자들에게 지대한 영향을 끼친다. 출처 : 위키백과

Intellect)에 대한 개념적 프레임 워크를 설계하고, 이 프로젝트에 대해 ARPA(미국 국방부의 고등 연구 계획국, Advanced Research Project Agency)의 연구 자금을 받아서 자신의 리서치 센터를 구성하게 되는데, 이것이 ARC (Augmentation Research Center)이다.

이 연구 센터에서 탄생한 것이 마우스, 하이퍼텍스트, 비트맵 스크린, 협업 도구, 최초의 GUI 인터페이스 등이다. 그의 연구 성과는 대형 컴퓨터 시대에 만들어졌기에 당시에는 지나치게 미래적이라는 평가를 받았지만, 1970년대 이후 PC의 시대가 열리고도 한참이 지난 1980년대 후반에 들어서서야 매킨토시와 윈도우를 통해 꽃을 피우게 되었다.

마우스의 경우 1967년에 특허를 출원했는데, SRI가 해당 특허에 대한 가치를 거의 몰랐다고 한다. 그래서 마우스 특허는 그 가치를 알아본 애플의 스티브 잡스가 사들이게 되는데, 이를 위해 지불한 비용은 4만 달러에 불과했다.

마우스와 함께 엥겔 바트 최대의 업적으로 볼 수 있는 사건은 1968년에 있었다. 그는 이 연재에서도 자주 언급한 스튜어트 브랜드와 제록스 파크 연구소와 역사적인 이벤트를 계획하게 된다.

컴퓨터와 대화를 주고받거나 컴퓨터를 이용해서 여러 사람이 공동 작업을 할 수 있는 환경으로 개인이 컴퓨터를 쉽게 사용할 수 있는 환경을 멀티미디어를 이용해서 원격으로 데모(Demo)를 하였다.

스튜어트 브랜드와 엥겔 바트가 연출한 이 데모는 미디어를 이용한 현대식 프레젠테이션의 시초가 되었다. 엥겔 바트는 청중 앞에 거대한 스크린을 설치하고 컴퓨터로 정보를 투사시켜 발표하는 방식을 처음 선보였다. 스튜어트 브랜드는 이 데모를 총지휘하였다.

스튜어트 브랜드는 대항문화의 중심인물이었던 작가인 켄 키지와 함께 다양한 미디어를 활용하여 LSD 페스티벌을 기획한 경험을 엥겔 바트의 데모에 십분 발휘하였다. 이후 인터넷의 전신인 ARPANET[88]의 탄생에도 지대한 공헌을 하였지만, 그의 말년의 연구는 그다지 순조롭지 않았다. 그것은 그가 너무 먼 미래를 보았기 때문이라고 할 수 있을 듯하다. 그는 협업과 네트워크, 시분

88) 아파넷(ARPAnet)은 미국 국방부의 고등 연구 계획국(Advanced Research Project Agency : 약칭 ARPA, 문화어 : 현대연구계획국망)의 주도하에 만들어진 세계 최초의 패킷 스위칭 네트워크로 1969년에 시작되었으며, 현재의 인터넷의 원형으로 알려져 있다. 아파 넷이라는 글자는 모두 대문자로 ARPANET로 표시되는 경우가 많다.당시엔 회로 스위칭이 많이 쓰이고 있었지만, 아파넷의 발족한 뒤로 이제까지 패킷 스위칭이 데이터와 음성을 주고받는 데에 널리 쓰이고 있다.발족 당시의 노드로는 UCLA, 캘리포니아 대학교 산타바바라, 스탠퍼드 연구소(SRI), 유타 대학의 네 군데가 있었다.아파넷은 NCP(Network Control Program)라는 전송 통신규약(프로토콜)을 사용하였으나, 1983년 TCP/IP가 이를 대체하며 지금의 인터넷으로 진화하게 되었다. 출처 : 위키백과

할 컴퓨팅에 모든 에너지를 쏟았다.

그러나 PC의 물결이 불면서 그의 젊은 제자들은 그와 다른 입장을 취하면서 의견 충돌도 많았고, 결국 대세가 되어 버린 PC 중심의 연구와 상업화된 기업들에 의해서 점점 잊혀 가는 존재가 되었다.

그러나 그가 생각했던 미래의 모습은 인터넷이 활성화되고, 클라우드의 시대가 오면서 실체화되고 있다. 50년 전에 그가 꾸었던 꿈이 예언과도 같이 현재에 구현되고 있는 것이다.

그런 측면에서 그는 진정한 미래 학자이었는지 모르겠다. 그냥 허황된 미래의 모습만 이야기한 것이 아니라, 자신이 그런 미래를 만들기 위한 핵심적인 기술들을 만드는데 인생을 바쳤고, 수많은 사람들이 그런 개념과 기술의 유산을 이용해서 세상을 바꾸기 시작했고 2013년 향년 89세의 나이에 신부전으로 세상을 떠났다.

[43] 닉 홀로니악
(Nick Holonyak 1928년 11월 3일(87세), LED의 발명

Nick Holonyak Syracuse, NY | George Craford St. Louis, MI | *Shuji Nakamura Tokushima, Japan

LED를 발명한 닉 홀로니악은 미국 일리노이 주 치글러에서 태어났고 1954년 10월 일리노이 전기 공학 박사를 받았고 현재 그 대학의 명예교수로 있다.

우리 생활에서 빛은 절대적으로 필요한 것이다. 밤에 우리를 밝혀 주는 전등은 전기를 엄청 많이 소모한다. 그러나 닉 홀로니 악이 만들어 낸 LED는 우리 생활을 굉장히 편리하게 하며 에너지를 절약하는데 필수적인 요소이다.

LED는 반도체 장치로, 모든 반도케는 내구 구조의 불순물(미향의 화학 첨가물로 인해 발생)때문에 전류를 전도하는 다양한 능력을 가지고 있다.

N타입 불순물은 반도체에 여분의 전자를 추가하고 P타입 불순물은 '정공[89]'을 생성한다.

음전기를 띤 입자인 전자는 자연적으로 전자기 많은 곳(음성)에서 전자기 적은 곳(양성)으로 이동을 하게 되며 다이오드 내부에는 N타입 물질이 P타입 물질 옆에 놓인다.

이 둘은 전극 사이에 위치하면 이러한 구조는 전류가 N타입쪽 전극으로부터 P타입 쪽 전극으로한 방향으로만 흐르게 한다. 정공으로 빠지는 순간 전자는 광자의 형태로 에너지를 내보내며, 그 결과 전자들이 다이오드의 한 쪽에서 다른 쪽으로 움직일 때 빛이 발산이 된다.

반도체에 사용이 된 물질의 종류에 따라서 다양한 빛의 파장들이 생성을 한다.

1962년 닉 홀로니악은 랍성 갈륨비소인 결정으로 구성이 된 다이오드를 만들었는데, 이 다이오드는 가시광선을 생성하였기 때문에 최초의 가시 스펙트럼 LED가 되었다. 그는 또한 유사한 원리를 사용하여 오늘날 CD 판독 레이저의 전신이 된 반도체 레이저 원형을 고안하였다.

LED는 상기의 LCD의 대체품으로 디지털 벽시계, 손목시계, 텔레비전, 교통 신호등, 디스플레이 화면 등 수많은 전자 제품에 쓰이고 있으며 또한 기존의 전구보다 열에너지를 적게 소비하기 때문에 효율적 에너지 시스템, 램프, 회중전등에도 사용이 되고 있다 그가 LED를 개발한 지 어느새 55년이 되었다.

초창기의 LED는 충분히 밝지 못했기 때문에 주로 지시등에만 쓰였지만, 개발을 거듭하면서 이젠 길거리, 호텔, 레스토랑을 비롯해 소매점과 사무실부터 가정까지 우리 주변에서 흔히 볼 수 있는 조명 원이 되었다. 올해 87세인 닉 홀로니악은 아직도 일리노이 대학에서 엔지니어링을 가르치고 있다고 한다.

---

89) 응집 물질 물리학에서, 양공(陽孔, 영어 : electron hole 일렉트론홀은 반도체(혹은 절연체)에 대하여(원래 전자로 채워져 있어야 됨) 원자가 띠의 전자가 부족한 상태인 준입자이다. 예를 들어 빛이나 열로써 원자 띠가 전도띠 측에 전이되어서 원자 띠의 전자가 부족한 상태가 된다. 양공은 이 전자의 부족으로부터 생기는 구멍으로 상대적으로 양의 전하를 가지고 있는 것처럼 보인다. 출처 : 위키백과

세상을 바꾼 발명 파란빛 발광다이오드(LED)

파란색 발광다이오드가 발명되면서 완벽한 백색광을 낼 수 있었다고 이야기 했는데 그것만으로는 파란색 발광다이오드의 발명이 얼마나 대단한지 실감할 수 없을 것이다.

그런데 사실 LED는 이론적으로 전기에너지를 100% 빛으로 바꿀 수 있었다. 무수한 연구와 개발의 노력 끝에 빨간색, 주황색, 노란색, 녹색 빛을 내는 LED가 잇달아 1980년대까지 개발되었지만 파란색 LED 만은 개발되지 못하였다.

파란빛을 만드는 조건(파장이 짧고 높은 에너지 준위가 필요)이 까다로워 만들기 매우 어려웠다. 그래서인지 대부분의 과학자들은 20세기 안에는 파란색 LED를 만들기 어려울 것이라 생각했다.

하지만 파란색 LED가 있어야 완전한 백색광 LED 전구를 만들 수 있었기 때문에 골머리를 앓고 있었다. 파란색 LED가 만들어져야 '빛의 3원색'이 완성돼 LED를 조명 기기로 활용할 수 있기 때문이다.

질화 갈륨으로 파란색 LED를 만들 수 있다는 사실을 이론적으로 처음 밝혀낸 사람이 바로 나고야 대학의 아카사키 이사무 교수와 아마노 히로시 교수이고 파란색 LED를 개발하는데 성공하였다.

허나 품질이 떨어진다는 문제가 있었다. 나카무라 슈지 교수가 이런 문제를 해결하면서 1992년 상업적으로 사용할 수 있는 파란색 LED가 발명이 되었고, 이를 본격적으로 활용할 수 있게 되었다.

LED 발전 역사에 중요한 이정표를 찍은 것이다. 세계 전기 소비량의 4분의 1이 조명에 사용된다는 점에서 LED는 에너지 절약에도 큰 역할을 할 것으로 기대되며, 오늘날 많은 전자기기에 사용되고 있다. 우리가 흔하게 사용하는 LED는 이와 같이 매우 많은 사람들의 노력이 있었다. 오늘날 LED는 밝은 빛으로 각종 제품 사용되고 있다.

이런 제품들이 전 세계에 어려운 나라에 지원하는 아이디어 제품을 만드는 곳에도 사용되고 있다. 예를 들면 에너지를 절약을 위해 공원이나 인도의 가로등 불을 LED로 교체한다거나, 전기가 안 들어오는 어려운 나라의 사람들을 위해 무거운 물체를 매달아 두면 빛을 만들어 내는 그라피티 라이트(Gravity Light)[90] 등과 같은 제품을 만들 때도 LED가 사용된다.

---

90) 중력을 이용하여 빛을 만들어 내는 발명품인 중력조명(GravityLight)이 아프리카의 여러 나라들에게 도움을 주고 있다. 이 발명품은 별다른 에너지원 없이 위치에너지만을 이용해 손쉽게 빛을 제공한다. 현재 케냐를 비롯한 아프리카의 여러 나라들이 이 발명품의 도움을 받아 빛을 사용하고 있다. 또한 GravityLight는 재난, 재해가 발생한 상황에서도 유용하게 쓰일 수 있다. 출처 : 위키백과

이처럼 파란색 발광다이오드의 발명은 현대의 발명품 중에 가장 쓰임새가 많은 기술 중 하나가 되었다.

[44] 고든 얼 무어
(Gordon Earle Moore1929년), 인텔 공동 창업자 무어의 법칙 발명

무어는(1929년 1월 3일에) 미국 캘리포니아 주 샌프란시스코에서 태어났지만, 무어의 가족은 무어가 성장한 페스카데로에서 생활했다. 무어는 1950년에 캘리포니아 대학교 버클리에서 화학 학사 학위를 받았고 1954년에 캘리포니아 공과 대학교에서 화학과 물리학 박사를 받았다.

버클리에서 공부하기 이전에, 무어는 새너제이 주립 대학교에서 2학년까지 다녔으며, 미래에 결혼할 베티를 만났다. 고든 얼 무어(Gordon Earle Moore)는 인텔의 공동 창립자이자 명예 회장이다. 무어는 1965년 4월 19일에 출판된 일렉트로닉스 매거진의 기사에 무어의 법칙을 발표하였다.

'무어의 법칙'은 반도체의 집적 도가 2년 마다 2배씩 증가한다는 무어의 이론은, 아이작 뉴턴의 중력 법칙과 동일 선상에 놓을 수 있는 자연의 법칙은 아니다.

반도체 종사자들은 더 성능 좋은 칩을 만들어 경쟁에서 이기고, 더 많은 돈을 벌기 위해 '이 이론은 꼭 지켜야 한다.'고 생각했다. 일종의 이정표 역할을 한 셈이다.

이 덕에 우리는 더 좋은 제품을 더 저렴한 가격에 구입할 수 있게 됐다. 물론 이 모든 것이 그냥 이뤄지진 않았다. 관련 업계 종사자들의 치열한 혁신 노력이 있었기 때문에 가능했던 것이다. 결과적으로 그들의 이기적 노력은 우리 삶을 보다 풍요롭게 변화시켰다. 세상은 그렇게 진보해 나가는 것이다.

무어는 집적 회로 설계의 선구자가 되기 이전에 20년 동안 실리콘 밸리에서 첫 번째 붐을 일으켰다. 고든 무어는 1968년 7월에 인텔을 공동 창립하였다.

1975년에 사장 및 최고 경영자가 되기 이전까지 부사장으로 근무하였다. 1979년 4월에, 무어 박사는 이사회의 회장 및 최고 경영자가 되었다. 후임 최고 경영자는 1987년 4월에 앤드루 그로브로 내정되었지만, 고든 무어는 이사회의 회장으로 계속 남아 있었다. 고든 무어는 1997년에 은퇴하여 명예 회장이 되었다.

2001년에, 무어와 베티는 6 억 달러를 캘텍[91]에 기부하였다. 무어의 기부는 캘텍이 받은 기부금 중 가장 큰 액수였다. 고든 무어는 기부금이 캘텍에서 연구와 기술의 발전에 큰 도움이 되길 바란다고 말했다. 무어는 1994년부터 2000년까지 캘텍 이사회의 회장이었고 지금도 이사 중 한 명이다. 2003년에, 고든 무어는 미국 과학 진흥 협회의 회원으로 뽑혔다.

캘텍은(1996년에) 무어 실험실을 건립했다. 이후에 케임브리지 대학교 수학센터의 도서관은 베티와 고든 무어로 명명되었다.

고든 무어는 아내와 고든 앤 베티 무어 재단을 설립하였고 '40년 전부터 손목에 차는 컴퓨터 개발에 고심하고 암 밴드·체력 측정기기, 액션 카메라 제조사 등에 2억弗을 투자하고 있다.

최근 시계나 안경, 목걸이처럼 몸에 착용할 수 있는 전술한 웨어러블 기기가 새로운 먹을거리로 떠오르면서 시장은 급속도로 팽창하고 있다.

지난 5년간, 전 세계 웨어러블 스타트 업들이 투자받은 총 금액만 22억 달러(한화 약 2조 6,000억 원·CB 인사이드 자료)에 달하면서 업계에선 신흥 부호도 속속 탄생하고 있다. 이 같은 웨어러블 열풍 뒤엔 거물급 투자자 3인방이 자리하고 있다.

인텔과 퀄컴, 폭스 콘의 오너들이 그 주인공이다. 이들은 모두 반도체 산업에 발을 걸치고 있는 부호들이기도 하다. 하지만 최근 웨어러블 시장으로 눈을

91) 캘리포니아 공과대학교, 흔히 줄여서 칼텍은 미국 캘리포니아 주 패서디나에 위치한 연구 중심 대학이다. 칼텍은 MIT와 쌍벽을 이루는 미국 최우수 사립 공과대학으로 꼽힌다. 자연과학과 공학에 중점을 두고 소수 정예 영재교육을 추구하는 칼텍은 1891년 트룹 대학이라는 이름으로 설립되어 1920년 현재의 이름을 얻게 되었다. 학부 학생 수가 천 명 정도, 대학원 과정까지 합쳐도 그 수는 2,000명이 조금 넘는 소규모 대학이다. 출처 : 위키백과

돌려 전도유망한 스타트 업체들에게 대규모 자금을 쏟아 붓고 있다. 사실상 웨어러블 시장의 운명이 이들 톱 3의 손에 달려 있다고 해도 과언이 아니다.

사실 인텔의 공동 창업자 고든 무어 회장은 앞서 말한 40여 년 전에 웨어러블 기기에 큰 관심을 보이며 시대를 앞서갔던 인물로 평가된다. 1970년대 무어 회장은 '손목에 차는 컴퓨터'를 생산하겠다는 야심을 갖고 당시 1,500만 달러를 중소 시계 업체에 투자한 바 있다.

당시 비용과 기술적 한계 때문에 결과적으로 실패했지만 무어 회장은 그 시계를 수년간 차고 다니며 애착을 보였다.

주변 사람들에겐 "1,500만 달러짜리 시계"라고 말하며 회사가 입은 손실을 잊지 않으려 했다는 일화도 전해진다. 무어 회장의 현재 자산은 66억 달러(약 7조7,000억 원)로 평가된다.

지금도 인텔은 웨어러블 시장에서 가장 적극적인 투자·인수 작업으로 창업자의 정신을 이어가고 있다. 인텔의 이 같은 행보는 장기적으로 수익에도 큰 도움이 될 것으로 내다보고 있다. 이미 80%를 점유하고 있는 PC용 반도체 시장을 넘어 웨어러블 기기 시장에도 칩을 공급하며 새로운 영역을 개척하고 있기 때문이다.

[45] 조지 H 헤일마이어
(George H Heilmeier, 1936~2014), 액정디스플레이의 발명

헤일마이어는 필라델피아의 에이브러햄 링컨 고등학교를 졸업하고 펜실베이니아에서 학사 학위 프린스턴 대학에서 석사 및 박사 학위를 받았다.

1958년 RCA 연구소에서 파라메트릭 증폭과 터널 다이오드 변환기, 밀리미터 파 생성, 강유전체 박막 장치, 유기 반도체 분자 및 액정의 전기 광학 효과를 증명하였다. 그리고 1964년에 그는 몇 가지 새로운 전기 광학 효과를 발견하고 이를 기초로 작업하여 액정 표시 장치의 개념을 정립하게 되었다.

그리고 1964년 헤일마이어가 리처드 윌리엄스의 원리를 응용, 실제로 액정을 이용한 흑백 표시의 전환이 가능하다는 것을 증명했다. 그리고 1968년에는 세계 최초의 LCD를 시험 제작했다.

CRT(Cathode-Ray Tube : 브라운관)는 19세기 말에 처음 발명된 이후, 100년 넘게 TV나 컴퓨터 모니터와 같은 디스플레이 장치에 널리 쓰였다.

하지만 CRT는 전자총에서 음극 전자를 발사해 형광물질이 칠해진 유리면을 때리면 빛이 나는 원리를 이용한다는 구조적인 특성 때문에 장치의 부피를 줄이기 어렵다는 단점이 있다.

특히 화면 크기가 30인치 정도를 넘어가면 제품의 두께가 50cm에 달할 정도로 커지기 때문에 제품의 이동이나 배치에 어려움이 많았다. 또한 1973년부터는 LCD를 실제로 이용한 시계 및 전자계산기가 본격적으로 출시되기 시작하여 전 세계적인 붐을 일으켰다.

하지만 2000년대 들어 기존의 CRT 디스플레이를 대신하는 '평판 디스플레이'가 본격적으로 대중화되기 시작해 TV 및 모니터 시장을 크게 바꿔 놓았다.

평판 디스플레이는 벽걸이로 써도 될 정도로 두께가 얇은 것이 특징인데, 특히 평판 디스플레이 방식의 주역으로 떠오른 것이 바로 'LCD(Liquid Crystal Display : 액정 디스플레이)이다.

LCD는 화면이 30인치 이상으로 커져도 10cm 이내로 제품 두께를 줄일 수 있는 것이 가장 큰 장점으로, CRT에 비해 제품 소형화에 절대적으로 유리하다는 이점을 앞세워 시계나 전자계산기, 휴대전화 등의 소형 기기에도 대거 채용되어 정보 통신 환경 전반의 모습을 데 큰 기여를 했다.

그러나 지금은 보다 효율적인 LED 플레이어가 발명되어 전 산업에서 사용이 줄어들고 있다.

LCD의 핵심은 화면을 표현하는 소자인 액정(Liquid Crystal : 液晶)이다. 수많은 액정을 규칙적으로 배열한 패널을 전면에 배치한 뒤, 그 뒤쪽에 위치한 백라이트(back light : 후방 조명)가 빛을 가하도록 한다. 각 액정 소자는 외부에서 가해진 전기 신호에 따라 내부적인 분자의 배열이 변화하며 각각 일정한 패턴의 방향성을 띄게 된다.

이에 따라 백라이트에서 전해진 빛은 각각의 액정을 통과하면서 각기 다른 패턴으로 굴절된다,

이 빛이 액정 패널 앞에 있는 컬러 필터와 편광 필터를 통과하면 굴절 패턴에 따라 각기 다른 색상과 밝기를 띤 하나의 화소(Pixel : 화면을 구성하는 하나의 점)가 된다.

이들이 모여 전체 화면을 구성하게 된다. 물론, 위와 달리 백라이트 없이 외부의 빛에 의존하는 경우도 있으며, 흑백 화면만 표시하는 경우도 있는 등, 제조사나 제품에 따라 세부 구조에 차이가 난다.

그러나 대체적인 원리는 같다. LCD의 개발은 전자공학이 아닌 생물학에서 시작되었다. 1888년, 오스트리아의 식물학자인 프리드리히 라이니처(Friedrich Reinitzer, 1857~1927[92])가 콜레스테롤 화합물을 가열하는 실험을 하다가 특정 물질이 2단계의 녹는점을 가진다는 사실을 발견했다.

이 물질은 첫 번째 녹는점에서는 액체에 가까우면서도 결정(고체)과 같이 일정한 방향성을 가지고 빛을 굴절시켜 불투명한 상태가 되었다가 두 번째 녹는점에서는 완전히 투명해지는 현상을 발견한 것이다.

이 물질에 흥미를 가지게 된 독일의 물리학자인 오토레만(Otto Lehmann,

---

92) LCD의 개발은 전자공학이 아닌 생물학에서 시작되었다. 1888년, 오스트리아의 식물학자인 프리드리히 라이니처(Friedrich Reinitzer, 1857~1927)가 콜레스테롤 화합물을 가열하는 실험을 하다가 특정 물질이 2단계의 녹는점을 가진다는 사실을 발견했다. 이 물질은 첫 번째 녹는점에서는 액체에 가까우면서도 결정(고체)과 같이 일정한 방향성을 가지고 빛을 굴절시켜 불투명한 상태가 되었다가 두 번째 녹는점에서는 완전히 투명해지는 현상을 발견한 것이다. 이 물질에 흥미를 가지게 된 독일의 물리학자인 오토 레만(Otto Lehmann, 1855~1922)은 연구를 계속하여 액체와 결정의 성질을 동시에 가진 물질이 존재한다는 것을 증명하고, 1904년에 논문을 발표하면서 이 상태에 '액정'이라는 이름을 붙였다. 레만의 논문이 발표된 이후, 많은 학자들이 관심을 두고 연구한 결과, 여러 종류의 액정 물질이 개발되었다. 다만, 발견 당시의 액정은 별다른 응용 방법을 찾을 수 없어 한동안 일부 과학자들의 연구 대상에 머무르는 데 그쳤다. 하지만 1964년, RCA의 조지 H. 헤일마이어(George H. Heilmeier, 1936~)가 리처드 윌리엄스의 원리를 응용, 실제로 액정을 이용한 흑백 표시의 전환이 가능하다는 것을 증명했으며, 1968년에는 세계 최초의 LCD를 시험 제작했다. 그리고 1973년부터는 LCD를 실제로 이용한 시계 및 전자계산기가 본격적으로 출시되기 시작하여 전 세계적인 붐을 일으켰다. 그리고 1983년에 일본의 세이코 업손(Seiko Epson)사가 세계 최초의 컬러 LCD TV를 발표한 이후, LCD는 TV나 모니터에도 본격적으로 탑재되기 시작했다. 출처 : 위키백과

1855~1922)은 연구를 계속하여 액체와 결정의 성질을 동시에 가진 물질이 존재한다는 것을 증명하였다.

1904년에 논문을 발표하면서 이 상태에 '액정'이라는 이름을 붙였다. 레만의 논문이 발표된 이후, 많은 학자들이 관심을 두고 연구한 결과, 여러 종류의 액정 물질이 개발되었다. 다만, 발견 당시의 액정은 별다른 응용 방법을 찾을 수 없어 한동안 일부 과학자들의 연구 대상에 머무르는 데 그쳤다.

하지만 1927년에 러시아의 물리학자인 브세볼로드 프레데릭스(Vsevolod Frederiks, 1885~1944)가 전기장을 이용해 액정의 분자 배열을 변화시킬 수 있다는 것을 발견, 액정의 응용 가능성에 대한 가능성을 제시했다.

1962년에는 미국 RCA사의 연구원인 리처드 윌리엄스(Richard Williams)가 액정 물질을 얇게 바른 패널에 전기적 자극을 가하면 광학적인 효과를 볼 수 있다는 내용의 특허를 출원, LCD의 본격적인 개발이 시작된다.

그리고 전술한 1964년, RCA의 조지 H. 헤일마이어가 리처드 윌리엄스의 원리를 응용, 실제로 액정을 이용한 흑백 표시의 전환이 가능하다는 것을 증명했으며, 1968년에는 세계 최초의 LCD를 시험 제작했다. 그리고 1973년부터는 LCD를 실제로 이용한 시계 및 전자계산기가 본격적으로 출시되기 시작하여 전 세계적인 붐을 일으켰던 것이다.

그리고 1983년에 일본의 세이코 업손(Seiko Epson)사가 세계 최초의 컬러 LCD TV를 발표한 이후, LCD는 TV나 모니터에도 본격적으로 탑재되기 시작했다.

[46] 스펜서 퍼거슨 실버 (Spencer Silver Ferguson,1941~), 포스트잇의 발명

포스트잇을 떠올리면 동시에 떠오르는 두 가지 이미지는 실수와 3 M이 아닐까?

실버 박사는 아버지 스펜서 퍼거슨 실버, 주니어 와 어머니 버니 릴리안 벤트 실버 사이에서 미국 텍사스에서 태어났다. 화학자로서 애리조나 주립 대학에서 1962년 학사 학위와 콜로라도 대학(1966)에서 유기화학[93] 박사 학위를 취득했다.

---

93) 대부분의 탄소화합물(유기화합물)을 연구 대상으로 다루는 화학의 한 분야이다. 무기화학의 상대적인 개념이다. 유기화합물, 즉 탄소화합물의 제조법·성질·반응·용도 등을 다룬다. 원래 생명체의 구성 성분 또는 대사(代謝) 등으로 만들어지는 화합물의 구조나 화학반응에 대하여 연구하는 분야로 되어 있었다. 그러나 F.뵐러에 의한 요소(尿素)의 합성 이후 많은 유기화합물이 만들어지게 되고, 천연물뿐만 아니라 합성염료·화성품, 플라스틱을 포함하는 탄소화합물을 다루는 화학으로 크게 발전하게 되었다. 화학적 변환에 의한 조작이 주 내용이었으나, 현재는 구조의 결정에 분광학(分光學)이나 X선 회절법 등이 도입되고, 구조나 반응의 설명에도 양자역학적(量子力學的) 수법을 쓰는 등 물리학에 접근하는 경향도 나타내고 있다. 또 생물의 효소 반응(酵素反應)·대사·유전(遺傳) 등의 현상에 도전하는 생물화학도 생기는 등 그 분과(分科)도 진행되고 있다. 출처 : 네이버 지식 백과

그리고 3M사에 입사하여 수석 화학자로서 명성을 떨쳤다. 지난 1970년 화학제품·의료기 등을 만들어 내는 미국 회사 '3M'의 중앙 연구소. 연구원 스펜서 실버는 붙기도 잘하고 반대로 잘 떨어지는 접착제를 만들었다 당시 주변 사람들은 새 접착제를 신기하게 여겼지만 결국 활용 처를 찾지 못했다

도대체 붙었다가 떨어지는 접착제를 어디에 씁니까?"라는 시쿤 등한 반응이었다. 접착제의 본래 기능은 한번 붙으면 잘 떨어지지 않아야 하는 것이었는데 이 접착제는 반대였기 때문이다.

사정될 뻔했던 스펜서 실버의 접착제를 되살린 것은 같은 회사 테이프 사업부에서 일하던 동갑내기 아트 프라(Art Fry)이였다. 프라이는 매주 일요일이면 교회 성가대에서 노래를 불렀다.

그는 그날 부를 찬송가 페이지에 찾기 쉽도록 종이를 끼워 넣었는데, 그 종이가 자꾸 빠져 나가 원하는 페이지를 찾느라 허둥대곤 했다.1974년 어느 날, 이를 고민하던 그의 머리에 떠오른 것이 스펜서 실버의 접착제였다. 그 접착제를 종이에 바르면 쉽게 붙일 수 있고 다시 떼어낼 때 찬송가책이 찢어지지 않을 것이란 생각이었다.

아트 프라이는 연구를 거듭했다. 마침내 붙였다가도 말끔하게 떼어낼 수 있는 적당한 수준의 접착제를 바른 종잇조각을 개발했다. 얼마 후, 실버는 상사에게 올리는 보고서에서 질문이 있는 페이지에 이 페이지 표시 종이를 붙여서 제출했다. 상사는 그 페이지 표시 종이에 답을 써서 프라이에게 보내는 다른 서류 위에 그 종이를 붙여 보냈다.

다른 종이를 상하지 않게 하면서 붙어 있는 페이지 표시 종이는 단순한 표시 기능 외에 또 다른 종류의 의사소통 통로 역할을 한 것이다. 이 포스트잇은 발명 이후 바로 대성공을 거둔 것이 아니다. 일부 사람들은 직접 접착이 가능한 메모 용지라는 아이디어 자체가 불필요한 것이라고 생각했다.

하지만 3 M사는 이 상품에 반대하는 사람들에게 견본품을 보내게 되는데 3 M사 회장 비서의 이름으로 포춘[94]이 선정한 500대 기업의 비서들에게 견본품을 보냈다. 그 것을 써 본 비서들의 주문이 쇄도하기 시작했고 1980년에는 미국 전역에서 판매되었다. 1981년에는 캐나다와 유럽 등 전 세계로 판로를 확장했다. 결국 포스트잇은 현대 책상 위에 없어서는 안 되는 필수품으로 자리잡게 되었고 반응을 얻어 포스트 잇(Post It)이라고 이름 붙여 1981년 팔기 시작했고 조만간 이 제품은 전 세계를 휩쓴 3 M의 효자 상품으로 등극한다.

처음에는 '이런 것을 어디에 쓰느냐?'는 평가였지만 얼마 가지 않아 사무실에 없어서는 안 될 물건이 됐다. 서류에 간단하게 붙여 표시하거나 그날그날 해야 할 일을 적어 책상머리에 붙여 두는 메모지로 제격이었기 때문이다. 포스트잇은 이렇게 쓸모없는 발명품에서 최고의 사랑을 받는 사무 용품으로 거듭났다. 생각을 바꿔 새로운 사용 분야를 찾아낸 덕분이다.

포스트잇의 발명 과정을 찾아보면서 든 생각은 포스트잇은 발명과 발견이 동시에 존재하는 제품이라는 생각이 들었다.

사전에 표기된 발명은 "아직까지 없던 기술이나 물건을 새로 생각하여 만들어 냄"이다. 그리고 발견은 "미처 찾아내지 못하였거나 아직 알려지지 아니한 사물이나 현상, 사실 따위를 찾아냄"이다.

포스트잇은 누군가가 "발명"은 했지만 용도를 찾아내지 용도 폐기될 뻔하다 살아난 발명으로 과학이 발달하거나 신제품이 나오면 접목하여 다른 누군가가 용도를 "발견" 을 해서 세상에 나온 제품은 우리 주변을 살펴보면 꽤 있다는 것이다.

그리고 실버는 1996년 3 M에서 일체의 로열티를 받지 않고 조용히 3 M에서 은퇴했다.

여러분은 지금껏 미국의 여러 위대한 발명자들을 살펴보았다.

---

94) Fortune은 미국의 최장수 비즈니스 잡지이다. 1930년 헨리 루스에 의해 세워진 포춘은 현재 타임워너가 소유하고 있다. 매년 정기적으로 내놓는 기업 순위표로 유명하다. 원래 뜻은 행운, 행복이란 뜻이다. 그런 의미에서 기업에 관한 기사들을 싣고 있는 잡지이며 포춘지에서는 기업의 자산, 매출, 이익 등을 정밀 분석하여 순위를 매긴다. 주로 100대기업에 대해서 순위를 매기고, 많게는 500대 기업까지 순위를 매긴다. 회사의 규모, 안정성, 이익 등을 알아볼 수 있는 잡지라고 할 수 있다. 출처 : 위키백과

전술한 여러 발명가와 발명 사례에서 볼 수 있듯이 미국은(영국도 약간 있지만) 과거와

이와 같은 훌륭한 발명가들을 통하여 발명이 실로 엄청난 부가가치를 가져온다는 많은 경험을 쌓았다. 이처럼 역사적으로 유명 발명가의 특허를 통해 시장을 독점하고 비싼 가격에 물건을 팔고 시장을 컨트롤하는 것을 보았다. 그런 경험을 바탕으로 특허에 많은 돈을 투자하고 이를 뒷받침하였기 때문이다.

현재의 발명품은 자다가 봉창 두드리듯이 하늘에서 뚝 떨어진 것이 아니라 모두가 그 이전의 발명을 토대로 단전을 승화하여 진일보하여 이루어진 것이다.

일례로 자동차의 가장 기본적인 기능인 달리기, 멈추기, 회전하기를 적절하게 발휘할 수 있도록 해주는 타이어는 200년 전에는 나무나 철로 만든 바퀴에 통 고무와 공기주입식 타이어를 달아 사용했던 것이 효시다.

그 후 영국의 로버트 윌리엄 톰슨에 의해 발명된 공기 주입식 타이어가 선보이기도 했다.

이 타이어는 수공 제작비가 너무 비싸 실용화되지 못하다가 전술한 던롭에 의해 자전거에 적용되었다, 그리고 이를 프랑스의 미쉐린 형제가 1985년 파리~보르도간 최초의 자동차 경주 대회 때 자동차에 적용시킴으로서 지금의 타이어로 발전해 오게 되었다.

또한 최초로 기차를 발명한 사람은 조지 스티븐슨이지만, 그것은 이전의 제임스 와트의 증기기관이 있었기에 가능할 수 있었다.

증기기관을 마차에 실어 탈것으로 만든 기차는 철로 위에서만 달릴 수 있었다. 땅 위에서도 달리도록 한 자동차는 자전거를 발명하는 과정에서 만들어진 고무 타이어를 기차의 바퀴에 달아 땅 위에서도 달리도록 한 것이 발명의 계기가 되었다.

발명은 꼬리에 꼬리를 무는 식으로 연결되어 있다. 하나의 발명은 또 다른 발명으로 이어졌기 때문에 발명의 역사적 발전 과정을 이해하는 것은 현재의 발명품을 이해하는 데 도움이 될 뿐 아니라 미래 발명의 방향을 예측하는 데도 꼭 필요하다.

발명의 역사는 인류의 역사와 같고 모든 발명은 인간사와 생활에서 비롯된다고 볼 수 있다. 발명을 역사적인 잣대로 보면 석기 시대, 청동기 시대, 철기 시대 등으로 나누는 것은 재질을 대상으로 한 것이다.

인간은 끊임없이 더 편하게 더 쉽게 더 오래 가게 더 멀리,더 강하게, 더 편하게 살려는 욕망과 의지로 인하여 하나의 발명은 두 개의 발명 두 개의 발명은 네 개로 점차 기하급수적인 또 다른 발명들로 역사는 흘러가고 있다.

Ⅱ 우리나라의 발명가들

1 우리나라의 역사적 발명가들

[1] 최무선
(崔茂宣,1325~1395), 화약의 발명

최무선은 고려 말에 화약 무기를 개발해 왜구를 물리쳤고 그래서 그를 가리켜 '화약 무기의 아버지'라고도 부른다. 본관은 영주(永州)이며, 1325년 광흥창사(廣興倉使)를 지낸 최동순(崔東洵)의 아들로 태어났다. 천성이 기술에 밝고 방략(方略)이 많았으며 병법(兵法)을 즐겼다고 한다.

14세기에 고려는 왜구(倭寇)의 잦은 침입으로 큰 피해를 입고 있었다. 오랜

전란으로 생활이 피폐해지면서 규슈[九州]와 쓰시마[對馬島] 등의 주민들은 고려와 중국 해안 지역에 대한 약탈에 나섰는데, 14세기 후반에는 그 규모도 커졌을 뿐 아니라 내륙 깊숙한 지역까지 침입하기도 했다.

왜구의 침입으로 고려는 인명과 재산의 피해가 컸고, 해안 지역에 살던 주민들 대부분이 피난하여 평야 지대의 농토가 황무지로 바뀌었다. 그리고 조세 운반에 어려움을 겪으면서 국가 재정에도 타격이 컸다.

최무선은 왜구를 물리치기 위해서는 화약(火藥)이 필요하다고 생각해 중국 강남 지역에서 온 상인들에게서 정보를 수소문했다. 그리고 이원(李元)이라는 상인에게서 화약을 만드는 데 필수적인 염초(焰硝) 제조법을 배워 화약 개발에 성공했다.

그 뒤 최무선은 여러 차례 조정에 건의해 1377년(우왕 3)에 화통도감(火㷁都監) 설치를 이끌어 냈으며, 제조(提調)로 임명되어 대장군포(大將軍砲)·이장군포(二將軍砲)·삼장군포(三將軍砲)·육화석포(六花石砲)·화포(火砲)·신포(信砲)·화통(火㷁)·화전(火箭)·철령전(鐵翎箭)·피령전(皮翎箭)·질려포(蒺藜砲)·철탄자(鐵彈子)·천산오룡전(穿山五龍箭)·유화(流火)·주화(走火)·촉천화(觸天火) 등의 다양한 화기를 개발했다.

그리고 전함(戰艦)에 관해서도 연구해 군사와 장비를 많이 실을 수 있는 누선(樓船)도 개발했다 이처럼 화약과 화기 제작을 주도한 최무선은 1380년(우왕 6) 왜구가 전라도 해안 지역을 침략해 오자 부원수(副元帥)로 임명되어 직접 참전했다

그리고 자신이 만든 화기를 사용해 진포(鎭浦)에서 왜구의 선박 500여척을 격파했다. 1383년(우왕 9)에도 남해 관음포(觀音浦)에서 왜구를 물리치는 데 공을 세웠으며, 1389년(창왕 2)에는 박위(朴葳)와 함께 쓰시마[對馬島] 정벌에도 참여했다.

최무선이 개발한 화기를 사용하면서 고려는 왜구와의 해전에서 승리할 수 있었으며, 화기를 해안 지역에 배치하면서 왜구의 침입에 대한 방어 체제도 정비하였다.

이러한 공으로 그의 벼슬은 문하부사(門下府事)에 이르렀으며, 조선 건국 이후에는 검교참찬(檢校參贊)으로 임명되었다 최무선은 1395년(태조 4) 5월 8일(음력 4월 19일)에 죽었으며, 1401년(태종 1)에 의정부 우정승과 영성부원군(永城府院君)으로 추증되었다

조선 왕조에서는 화약을 개발해 왜국 격퇴에 큰 공을 세운 최무선의 업적을 목화씨를 가져와 서민 생활의 개선에 기여한 문익점(文益漸)과 함께 매우 높이 평가했다.

최무선은 백성의 해(害)를 제거하고, 문익점은 백성의 이(利)를 일으켜 백성의 삶에 커다란 혜택을 가져다준 인물들로 숭상되었다.

그래서 태종은 1401년(태종 1) 최무선과 문익점의 아들에게 특별히 벼슬을 내렸으며, 세조는 1456년(세조 2) 양성지(梁誠之)의 건의에 따라 두 사람의 관향에 사당을 세워 업적을 기리게 했다

최무선은 화약 제조법 등을 기록한 「화약 수련법(火藥修鍊法)」과 「화포법(火砲法)」을 저술해 아들에게 물려주었다. 그래서 아들인 최해산(崔海山)과 손자인 최공손(崔功孫), 증손인 최식(崔湜) 등도 그에게서 화기 제조법을 이어받아 모두 벼슬을 하며 조선 전기 군기(軍器) 개발을 주도했다. 「조선왕조실록」에는 1487년(성종 18)에 최식이 증조부인 최무선의 책과 그림인 「화포법」과 〈용화포섬적도(用火砲殲賊圖)〉를 왕에게 바쳤다고 기록되어 있다. 하지만 최무선의 저술은 기록에만 남아 있고, 오늘날에는 전해지지 않는다.

[2] 정평구 (鄭平九,1566~ 1624), 비거의 발명

정평구(鄭平九)는 전라북도 김제 출신으로 어렸을 때부터 총명하였다. 청년이 되어 문과에 응시했으나 낙방하여 다시 무과에 응시하였고, 이후 무관 말단직으로 관직 생활을 시작하였다. 그러나 전라 우수사로 부임해 온 당시의 명장 이억기(李億祺)가 정평구의 사람됨을 알아보고 중용함으로써 비로소 능력을 발휘하게 되었다. 정평구와 비거(飛車)에 관한 상세한 기록은 없으나 최남선은 정평구를 한국을 빛낸 100인의 위인으로 선정하기도 하였다.

비거는 중국의 기록 가운데 진나라의 장화(張華)가 쓴 「박물지(博物志)」에도 나오며, 북송의 시인 소식(蘇軾)의 「금산묘고대시(金山妙高臺詩)」에도 나오는 것으로 보아 그 이전에 이미 있었던 것으로 보이며, 이를 이용하여 정평구가 응용 개발한 것으로 보인다. 정평구는 이억기에 의해 진주 병영 별군관으로 발령받아 근무하게 되었으며, 임진왜란 당시에는 김시민의 휘하에서 화약을 다루는 임무를 맡았다. 이때 일본의 신식 무기인 조총 앞에 조선의 창과 화살은 매우 무력했고, 이에 정평구가 오늘날의 비행기 같은 비거를 만들게 되었다. 비거를 발명하여 1592년(선조 25) 임진왜란 때 진주 싸움에서 외부와 연락할 때 사용하게 하였다.

또한 비거를 이용하여 영남의 외로운 성에 갇혀 있던 성주를 30리 밖으로 탈출하게 했다고도 전한다. 기록에 의하면 비거는 무려 30~50리를 날았으며, 이를 이용해 정평구는 진주성으로 식량을 나르고 종이 폭탄도 발명하여 전투에

사용하였다고 한다. 설계도 같은 자료가 남아 있지 않지만, 문헌의 묘사를 토대로 건국 대학교 항공 우주 학과에서 복원한 비거(비차)가 공군 박물관에 전시되어 있다.[95]

[3] 장영실
(蔣英實, ?~?), 혼천의, 갑인자, 자격루, 앙부일구, 측우기 등의 발명

장영실은 조선 세종대왕 시대의 제일가는 발명가이다. 조선 세종 시대 최고의 과학자로 기억되는 장영실(蔣英實). 역대 과학자 가운데 장영실만큼 이름이 회자되는 인물도 없지 않을까 싶다.

장영실은 1441년 세계 최초의 우량계인 측우기와 수표(水標)를 발명하여 하천의 범람을 미리 알 수 있게 하였으며, 자동으로 시간을 알려주는 물시계, 자격루를 한국 최초로 만든 인물이다. 「조선왕조실록」에도 여러 번 등장할 정도로 유명인 이었지만, 정작 그의 삶은 베일에 가려진 인물이기도 하다.

장영실이 어떻게 출생하여 성장했는지 정확히 밝혀지지 않은 까닭은 그의 출생 배경에서 비롯된 것이다. 세종의 아낌없는 사랑을 받았다고 전해지는 장영실은 동래 현의 관노(官奴), 즉 노비였다. 「세종실록」에는 장영실의 부친은

---

95) 출처 : 네이버 지식 백과

원(元)나라 사람으로 소주(蘇州)·항주(杭州) 출신이고, 모친은 기녀였다고 전한다.

그의 과학적 재능으로 태종 때 이미 발탁되어 궁중 기술자 업무에 종사하였다 제련(製鍊)·축성(築城)·농기구·무기 등의 수리에 뛰어났으며 1421년(세종 3) 세종의 명으로 윤사웅, 최천구와 함께 중국으로 유학하여 각종 천문 기구를 익히고 돌아왔다 1423년(세종 5) 왕의 특명으로 면천(免賤)되어 정5품 상의원(尙衣院) 별좌가 되면서 관노(官奴)의 신분을 벗었고 궁중 기술자로 역할을 하였다

그 후 행사직(行司直)이 되고 1432년 중추원사 이천(李蕆)을 도와 간의대(簡儀臺) 제작에 착수하고 각종 천문의(天文儀) 제작을 감독하였다.

1433년(세종 15) 정4품 호군(護軍)에 오르고 혼천의(渾天儀) 제작에 착수하여 1년 만에 완성하고 이듬해 동활자(銅活字)인 경자자(庚子字)의 결함을 보완한 금속활자 갑인자(甲寅字)의 주조를 지휘 감독하였으며, 한국 최초의 물시계인 보루각(報漏閣)의 자격루(自擊漏)를 만들었다.

1437년부터 6년 동안 천체관측용 대·소간의(大小簡儀), 휴대용 해시계 현주일구(懸珠日晷)와 천평(天平)일구, 고정된 정남(定南)일구, 앙부(仰釜)일구, 주야(晝夜) 겸용의 일성정시의(日星定時儀), 태양의 고도와 출몰을 측정하는 규표(圭表), 자격루의 일종인 흠경각(欽敬閣)의 옥루(玉漏)를 제작 완성하였다.

경상도 채방(採訪)별감이 되어 구리[銅]·철(鐵)의 채광·제련을 감독하였다. 1441년 세계 최초의 우량계인 측우기와 수표(水標)를 발명하여 하천의 범람을 미리 알 수 있게 했다. 그 공으로 상호군(上護軍)에 특진되었다. 그러나 이듬해 세종이 신병 치료차 이천으로 온천욕을 떠나는 길에 그가 감독 제작한 왕의 수레가 부서져 그 책임으로 곤장 80대를 맞고 파직 당하였다. 세종은 곤장 100대의 형을 80대로 감해 주었을 뿐 이었다. 그 뒤 장영실의 행적에 대한 기록은 전혀 남아 있지 않다.

[4] 정약용
(丁若鏞,1762~1836), 거중기의 발명

다산 정약용은 1762년 경기도 광주군 마현에서 진주 목사의 벼슬을 지낸 정재원의 넷째 아들로 태어났다. 그가 태어난 마현은 한강의 상류로 풍광이 매우 아름다운 곳이었다. 정약용은 어릴 적부터 영특하기로 소문나 있었다.

4세에 이미 천자문을 익혔고, 7세에 한시를 지었으며, 10세 이전에 이미 자작시를 모아 「삼미집(三眉集)」을 편찬했다. 어릴 적에 천연두를 앓은 약용의

오른쪽 눈썹에 그 자국이 남아 눈썹이 셋으로 나뉘어 '삼미(三眉)'라 불린 이유라고 한다.

어릴 적 스승은 부친이었다. 10세 나이에 경사(經史)를 읽기 시작하고, 16세부터 성호 이익 선생의 유고를 읽었다. 마현에 터를 잡은 그가 서울 출입을 하게 된 것은 그의 나이 15세에 서울 회현동 풍산 홍 씨 집안으로 장가들면서부터이다. 본격적인 입신의 생활은 20대부터였다.

22세에 초시에 합격하였고, 성균관에 입학하여 교유 관계를 넓혔다. 성균관 재학 시에 이미 정조에게 인정을 받았고 28세에 마지막 과거 시험인 대과에서 2등으로 합격하여 벼슬길로 나갔다.

정약용은 23세에 이벽(李蘗)으로부터 서학(西學)에 관하여 듣고 관련 서적들을 탐독했다고 전한다. 하지만, 서학에 심취했던 과거로 인해 순탄치 못한 인생을 살아야 했다.

정약용은 20대 초반에 서학에 매혹되었지만, 이후 제사를 폐해야 한다는 주장과 부딪혀 끝내는 서학에 손을 끊었다고 고백했지만, 천주교 관련 사건이 일어날 때마다 오해를 받았다.

천주교 문제가 터지기 전, 그의 관료 생활은 탄탄대로였다. 정조의 최측근으로서, 관직은 희릉직장(禧陵直長)으로부터 출발하여 가주서(假注書), 지평(持平), 교리(校理), 부승지(副承旨) 및 참의(參議) 등으로 승승장구하였다. 주교사(舟橋司)의 배다리 설계, 수원 성제와 기중가(起重架) 설계 등 빛나는 업적도 많았다. 이 거중기는 시간이 절약되며 간편하고 편리하여 백성들이 힘이 덜 들게 하였다.

그는 한때나마 외직으로 내몰리기도 했으나 좌절하지 않고 고마고(雇馬庫) 개혁, 가좌부(家坐簿) 제도 개선, 「마과회통(麻科會通」 저작 등 훌륭한 치적을 남겼다.

정약용은 가장 이상적인 관료가 이었다. 배다리와 기중가의 설계에서 이미 재능을 펼쳤지만, 그의 저작에서 엿보이는 정치관은 기본적으로 민본(民本)이었다. 정약용은 왕정 시대에도 주민 자치가 실현되기를 소원한 인물이다.

[5] 우장춘
(禹長春,1898~1959 씨 없는 수박의 발명

그는 일본에서 출생하여 극심한 빈곤과 주위의 학대 속에서 초등학교와 중학교를 히로시마[廣島]에서 마치고, 1916년 도쿄제국대학실과[東京帝國大學實科 : 전문대학]에 들어가 1919년 졸업과 동시에 일본 농림성 농업시험장에 취직하여 1937년 퇴직할 때까지 18년간 육종 연구에 몰두하였다.

1936년 동경 제국 대학에서 농학 박사 학위를 받았으나 한국인이라는 것과 정규 대학을 나오지 않았다는 이유로 승진이 되지 않다가, 퇴임 직전에 기사(技師)로 승진하면서 퇴임하였다. 그는 1950년 정부의 초청으로 귀국하여, 사망하던 1959년까지 만 9년 5개월간 한국 농업과학 연구 소장· 중앙 원예 기술 원장·원예시험장을 역임하였다.

연구 업적은 1926년 「종자(種子)로써 감별할 수 있는 나팔꽃 품종의 특성에 대하여」를 비롯하여 모두 19편의 논문이 있는데, 초기에는 나팔꽃이나 피튜니아에 대한 연구를 계속하다가 드디어 겹꽃이 피는 피튜니아 계통을 육성해 냈다.

그는 이어서 유채(油菜)의 유전과 육종 연구에 들어가 1931년「유채 품종의 특성 조사」를 비롯하여 여러 가지 논문을 발표하던 중 1935년 십자화 과속의 식물에 관한 게놈분석을 시도한 박사 학위 논문을 발표하여 연구의 절정을 이루었다.

이 논문의 중요성은 현존종(現存種)을 재료로 하여 또 다른 종을 실험적으로 합성해 냈다는 데 있다.

이것을 '종의 합성'이라고 하며, 세계적으로 이 방면 연구의 새 길을 터놓은 것이다. 즉, 염색체 수 10개의 일본 재래종 유채와 염색체 9개의 양배추를 교배해서 염색체 19개의 고유 유채를 만들어 우리의 주위에 이러한 종간잡종(種間雜種)이 있음을 밝힌 것이다.

또, 이 연구에서 학리적으로 밝힌 점은 다윈의 진화론에 나오는 "종은 자연도태의 결과로 성립된다."는 설에 수정과 보충을 가한 것이다. 즉, 종은 기존의 종간 교잡으로 새로운 종을 낳고 이것은 그들이 지니고 있는 세포 내 염색체의 배가에 의한 것이라는 것이다. 또한 1945년에 발표된 「채소의 육종 기술」은 그의 오랜 연구와 경험을 체계적으로 확립한 결론이며, 이 논문에서 말한 예언이 현재 성공적으로 대부분 실용화되고 있다.

그는 1950년 정부 초청으로 귀국한 뒤 그의 지식을 바탕으로 그때까지만 해도 거의 일본에 의존하던 채소 종자를 국내에서 완전히 자급할 수 있도록 하였으며, 우리나라 육종학도와 종묘 기술자를 양성하는 데 전력을 기울였다.

그의 국내 업적으로 큰 것을 들면, 채소 종자의 국내 자급 해결 외에 무균종서(無菌種薯) 생산으로 6·25전쟁 이후의 식량난을 해결하는 데 크게 기여한 것이다. 사망 전에는 「수도이기작(水稻二期作)에 관한 연구」를 통하여 세상의 이목을 끌기도 하였다.

그가 1959년 8월 11일 사망하자 정부는 부산시 문화상에 이어 두 번째의 문화 포장을 수여하였고, 전 국민의 애도 속에 윤일선(尹日善)을 위원장으로 하는 사회장으로 치렀다. 유해는 수원시에 소재했던 구 농촌진흥청 구내의 여기산(麗妓山)에 안장하였다. 매년 8월 10일이면 그가 양성한 제자들과 전국의 원예인 들이 모여 그를 추모하는 행사를 시행하고 있다.[96]

농학자이며 채소 우량종자 및 무균 씨감자의 생산 체계의 기초를 마련하였다. 씨 없는 수박의 실험도 성공하였고 겹꽃 피튜니아의 육종 합성에 성공하여 다윈의 진화론을 수정하였다. 그의 학위 논문은 세포 유전학 연구에서 유전체를 분석하고 기존의 식물을 실제로 합성시킨 최초의 보기로서 세계적인 명성을 얻었다.

96) 「우장춘」(김영진, 「정경 문화」, 1985.1.)한국이 낳은 세계적육종학자」현신규, 「과학과 기술」, 1981.2

Ⅲ 생활 속의 발명들

1 발명과 관련된 재미있는 이야기

[1] 샌드위치도 발명이다

발명은 대부분 인간의 생활 속에서 쉽게 어려워지며 이러한 아이디어를 특허라는 자물쇠로 잠가놓으면 자신의 것이 된다. 그럼 지금부터 생활 속에서 나온 발명들을 살펴보기로 하자!

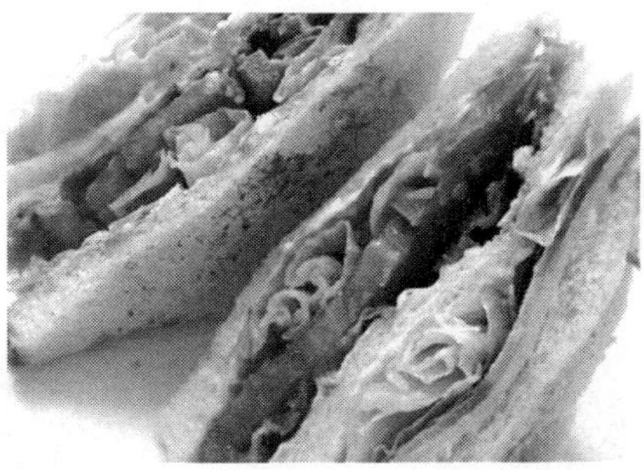

때와 장소에 구애받지 않고 간단하게 끼니를 때울 수 있는 샌드위치. 동서양을 뛰어넘어 지구촌의 인기 식품으로 탄탄히 자리를 굳힌 이 간편식이 되었다. 이는 프랑스 샌드위치 백작의 작품이다. 18세기 후반(정확한 기록은 없으나 1780년경으로 추측됨)프랑스의 내놓으라 하는 귀족들이 모여 살던 파리의 중심가. 백작하면 으레 지와 덕을 겸비 한데다 만인의 존경을 받는 인텔리를 연상하게 마련이지만 샌드위치 백작의 경우는 좀 달랐다. 재산은 넘치는데 마땅히 마음 줄 곳이 없자 그만 노름에 푹 빠져 버린 것. 처음에는 단순한 심심풀이로 시작했으나 점차 심해져 곧 하루일과가 아예 노름판에서 시작돼 그곳에서 끝나고, 세월이 흐를수록 그 정도는 더해 갔다. 잠을 설치는 것은 물론, 식사까지 예사로 거르며 노름에만 매달리기 일쑤이다 보니 자연히 하루가 다르게 몸이 쇠약해졌다.

'노름을 즐기면서 짧은 시간 내에 맛있게 먹을 수 있는 음식은 없을까.'

자꾸만 식욕을 잃어 가던 백작은 마침내 생각이 여기에까지 미쳤다. 하인을 시켜 파리 시내를 샅샅이 뒤졌으나 마음에 쏙 드는 음식은 쉽게 찾아지지 않았다.

백작 자신도 답답했지만, 하인들의 걱정 또한 태산 같았다. 백작이 잘못되면 그들 역시 상전을 잘못 모신 죄로 화를 면키 어렵기 때문이었다. 아무리 식사를 권해도 거들떠보지 않는 백작 때문에 애를 태우던 하인들은 궁여지책으로 빵과 고기, 그리고 채소를 되는대로 으깨 버무려 밤 알만하게 뭉쳐 노름에 미쳐 있는 백작의 손에 쥐어 줬다.

무심코 받아 들고 한입 '꿀꺽'삼킨 백작은 생각보다 괜찮은 음식의 맛에 놀라 하인에게 어떻게 만든 것인지 물어보았다. 하인의 설명을 듣고 있던 샌드위치 백작의 머릿속은 빠르게 회전했다.

'빵과 빵 사이에 고기와 채소를 넣어 익히면….' 저 좋겠는 걸

하인들을 시켜 만든 새로운 식품은 노름방에 모인 사람들을 감탄시켰다. 번거롭지 않는데다 맛도 기가 막히고 걸리는 것 없이 잘 넘어가니 갖출 것은 다 갖춘 셈이었다.

'그것 생각보다 괜찮은데, 많이 만들어 내면 돈벌이가 되겠구나.'

샌드위치 백작은'고기와 채소를 넣은 식빵'이라는 명칭으로 특허출원을 마치고 하인들에게 대량생산을 지시했다. 폭발적인 인기였다. 순식간에 파리를 강타하고 이내 프랑스 전역으로 번져 갔다. 이때부터 사람들은 복잡한 명칭 대신 발명가의 이름을 딴 샌드위치라고 부르기 시작했다. 샌드위치의 인기와 더불어 샌드위치 백작의 주가도 하늘 높은 줄 모르게 치솟았고, 백작은 이를 계기로 노름에서 깨끗이 손을 씻고 성실한 관리로 다시 돌아갔다.

[2] 왕관 모양 병뚜껑

현재 왕관 모양의 병뚜껑은 콜라·사이다·맥주 등 소비가 가장 많은, 이른바 대중적인 술과 음료수 병뚜껑으로 사용되고 있다. 그럼 누가 왕관 모양의 병뚜껑을 처음 만들었을까?

지금으로부터 110여 년 전, 미국의 농부였던 페인터 부부가 왕관 모양 병뚜껑의 주인공이다. 이 병뚜껑은 5년 남짓 계속된 윌리엄. 페인터의 끈질긴 집념과 부인의 순간적인 착상이 조화롭게 빚어 낸 발명품이기도 하다.

1890년대에 시카고 근교의 한 농촌 마을에는 금실이 좋은 페인터 부부가 살고 있었다. 어느 여름날, 이 부부는 들판에서 열심히 일했다. 어느덧 해는 기울었고, 일을 마친 페인터 부부는 집으로 돌아왔다.

하루 종일 땀을 흘리며 일한 페인터는 집으로 돌아오자마자 소다수 병을 따 단숨에 들이켰다.

그러나 갈증이 해소되긴 커녕 그만 복통을 일으켜 앓아눕고 말았다. 소다수 병의 엉성한 병마개 때문에 변질된 소다수를 마시고 만 것이었다. 그는 꼬박 3 일을 앓으며 고생을 했다.

"병이 다 나으면, 완벽한 병뚜껑을 만들어야지."

그 날 이후로 페인터 쉬는 날이면 어김없이 시내에 나가 온갖 병뚜껑을 모았다. 남편의 마음을 알게 된 부인도 이 일을 거들기 시작했다. 그렇게 시작해 5 년이란 시간이 흘렀다. 그동안 페인터의 집에는 자그마치 600여 종의 3,000여 개가 넘는 병뚜껑이 모아졌다.

그는 이 병뚜껑들을 분석하고 연구했다. 그리고 드디어 나사처럼 병 안으로 뚜껑을 돌려 넣어서 막는 나사식 병마개를 만들어 냈다. 하지만 이 나사식 병마개는 소다수나 맥주를 담았을 때 가스의 압력을 견디지 못하는 문제가 있었다. 페인터는 화가 났다.

그러자 부인이 위로하며 말했다. "당신의 나사식 병마개는 훌륭해요. 그렇지만 그것에 문제가 있다면 다른 방법을 생각해 내면 되잖아요. 생각해 보면 아주 간단한 것 아니겠어요? 병뚜껑을 병에 모자처럼 씌운 다음 그 둘레를 왕관 모양으로 꽉 찍으면 되잖아요."

페인터 부인이 말한 대로 실험을 해 보았다. 동그랗게 자른 쇠붙이를 병 주둥이에 올려놓고 그 둘레에 힘을 주어 눌러 보았다. 과연 틀림없었다.

이렇게 탄생한 것이 바로 왕관 모양의 병뚜껑이다. 이 발명품은 탄생 하자마자 미국은 물론 전 세계로 날개 돋친 듯 팔렸으며 오늘날까지 대중적인 술과 음료수 병뚜껑으로 애용되고 있다.

[3] 위스키를 맛있게 먹고 싶어서……

울퉁불퉁한 비포장도로를 달리는 자동차 안에서도 음료수를 한 방울 흘리지 않고 말끔히 마시는 방법은 무엇일까? 대수롭지 않은 듯하면서, 없으면 불편한 필수품이 되어 버린 빨대는 어디에서 언제 누구에 의해 발명되었을까?

빨대와 인간의 질긴 인연은 1888년 미국 워싱턴의 한 술집에서부터 시작되었다. 물론 그 이전에도 인간은 자연의 산물을 응용하여 빨대 비슷한 용도로 사용하기도 했다. 하지만 인공적인 빨대의 역사는 1888년 바로 그 시점이다.

이야기의 주인공 마빈 스톤은 담배 공장에서 일하는 평범한 노동자였다. 그에게 주어진 일은 담배 종이를 마는 일. 그는 맡은 일에 성실히 임하는 나무랄 데 없는 사람이었다.

퇴근 후에 선술집에 들러 한 잔의 술로 고단함을 달래는 그 시대에 흔히 볼 수 있는 보통의 사내였다. 남들과 다른 점이 있다면 생각이 많고 단순한 의문에도 그냥 넘어가지 못한다는 것. 다른 사람에겐 대수롭지 않은 일도 마빈 에게 넘어가면 천지가 개벽할 일로 변하곤 했다.

예를 들면 선술집에서 위스키와 함께 내놓는 밀집 쪼가리 같은 것. 밀집은 위스키를 빨아 먹을 수 있도록 하기 위해 제공되는 것인데, 더운 날씨에 위스키의 맛이 변하지 않도록 하는 배려였다. 술잔을 손으로 잡고 마시면 위스키의 온도가 올라가 맛이 상할 수 있다는 것이 그 이유였다.

어찌 됐건 위스키와 밀집은 그 당시로는 이상할 것이 하나 없는 맛이 당연한 일이었다. 그런데 마빈은 이 밀집에 관심을 가지고 심각하게 고민하는 것이었다. 마빈이 밀집에 대해 심각하게 관심을 가지게 된 이유는 단 하나. 밀집 특유의 향기가 마음에 들지 않는다는 것이었다.

밀집으로 위스키를 빨아 먹으면 컵에 손도 대지 않고 편할 런지 모르나, 밀집 특유의 향기가 같이 빨려나와 위스키의 맛을 해치고 마는 것이었다.

'밀집을 대신할 만한 것이 없을까?'

술잔을 앞에 두고 심각하게 고민하는 마빈. 밀집을 유심히 보던 그는 문득 그 모양이 자신이 늘 만지는 종이 담배와 비슷하다는 데에 생각이 미쳤다.

'맞아! 가운데 담배 내용물만 없다면……. 그래 종이를 둥글게 말아 써도 밀집이랑 거의 비슷할 거야.' 생각을 실천으로 옮기는 일은 아주 간단했다. 늘 하던 식으로 종이를 둥글게 말아 접착제를 살짝 끝마무리를 하면 되었다.

그리고 그는 자랑할 심산으로, 자신이 만든 종이 빨대를 늘 가던 선술집에 가져갔다. 그의 빨대는 대인기였다. 시험용으로 몇 개를 가져갔을 뿐인데 온 장안의 주당들은 이미 그의 빨대를 훤히 알고 있었다. 풀냄새 나는 밀집을 못마땅해 하는 사람들의 입에서 입으로 그의 작은 발명품의 소문이 퍼져 나갔던 것이다.

종이를 가늘게 말았다 뿐인데, 그의 종이 빨대는 어엿한 상품이 되어 팔리기 시작했다. 급기야는 빨대 생산을 위한 공장이 세워지고, 마빈은 한순간에 노동자에서 기업주로 대변신 하였다. 게다가 행운이 따랐음인지 레모네이드라는 새로운 음료가 유행처럼 번지기 시작하면서, 그의 빨대도 함께 인기가 치솟았다. 레모네이드와 종이 빨대가 한 상품처럼 소비자에게 대유행한 것이다.

[4] 여자 친구의 치마, 코카 콜라 병

세계 어디에서나 볼 수 있는 코카 콜라의 병. 이 병에 관한 이야기 가난한 농군의 아들인 루드로 인해 시작된다. 하지만 루드는 어려운 가정 형편으로 인하여 중학교에도 진학하지 못하고 도시로 상경하여 신문 배달, 심부름꾼 등을 거쳐 병 공장의 정식 공원으로 일하게 되었다. 그에게는 주디라는 어여쁜 여자 친구가 있었다. 어느 날 주디가 오려 온 신문 광고에는 새로운 음료인 코카 콜라의 병 모양을 현상 공모한 다는 내용이 실려 있었다.

"코카 콜라병 현상모집. 상금 최저 1백만 달러에서 최고 1천만 달러" 루드는 주디의 만류에도 불구하고 6개월간 공장을 휴직하고 친구와의 만남도 뒤로 하고 오로지 병 모양을 고안하는데 총력을 기울였다.

병 모양의 조건은 모양이 예쁘고, 물에 젖어도 미끄러지지 않으며, 보기보다는 콜라의 양이 적게 들어가는 병을 만들어야 하는 과제였다. 그러나 6개월이 다 되었는 데도 루드의 작업 상태는 아직 시작 단계에 불과하였다.

6개월 째 되던 날 약속대로 주디가 찾아왔지만 그는 주디를 볼 면목이 없었다. "루드! 나야, 주디." 루드는 못들은 척하다가 하는 수없이 용기를 내어 주디를 보았다.

순간 그의 얼굴이 햇살처럼 빛났다. "잠깐! 주디. 그대로 서 있어!" "왜 그래, 루디?" 영문을 몰라 하는 주디의 모습을 빠른 속도로 스케치해 가는 루드, 그날 주디가 입고 있었던 옷은 그 당시 유행하던 통이 좁고 엉덩이의 선이 아름답게 나타나는 긴 주름 치마였다. 루드는 바로 그 주름치마의 주름을 강조한 새로운 병을 고안해 낸 것이다.

다음 날 루드는 이 병을 미국 특허청에 특허 출원했다. 그리고 철공소에서 일한 경험을 살려 직접 견본을 만들었다. 마침내 루드는 완성된 병을 가지고 코카콜라 회사의 사장을 찾아갔다. "사장님! 이 병은 모양도 예쁘고 물에 젖어도 미끄러지지 않습니다. 이 병의 권리를 채택해 주십시오." "모양을 보니 참 좋은 병이라 생각하오! 하지만 가운데 볼록한 부분이 있어 콜라의 양이 많이 들어갈 것이 틀림없소! 유감스럽지만 이 병은 안 되겠소." 그러나 여기서 물러설 루드가 아니었다. 그는 사장 앞으로 바싹 다가갔다.

"사장님! 제발 한 가지만 더 보아주십시오." "그럼 용건만 설명하시오." 루드는 사장님의 물 컵을 들고 말했다.

"제 병과 사장님의 물 컵 중 어느 것에 더 많은 양이 들어갈까요?" "아니, 그걸 말이라고 하나! 당연히 당신의 병에 많이 들어가지 않겠소?" 루드는 아무 말 없이 병에 물을 가득 채운 뒤 이를 물 컵에 따랐다. 그런데 물 컵의 겨우 80% 정도만 채워졌을 뿐이 아닌가.

"루드 내가 너무 경솔했구려. 당장 당신의 권리를 기술 이전 받겠소." 계약은 즉석에서 이루어졌다. 무려 600만 달러의 거금이었다. 하루아침에 600만 달러의 사나이가 된 루드는 훗날 주디와 결혼하여 고향에서 유리제품 공장을 운영하면서 일생을 행복하게 보내게 되었다.

[5] 아내 사랑이 만들어 낸 일회용 반창고

반창고는 1900년대 미국의 어얼 딕슨 이라는 사람에 의해서 개발되었다. 딕슨은 자기 아내를 매우 사랑하는 사람이었다. 그의 아내는 부주의한 성격에 음식을 만들다가 자주 손가락을 칼로 베이곤 했다. 그 당시 딕슨은 미국 내의 각 병원에서 사용하는 외과 치료용 테이프의 대부분을 제작하여 전국에 판매하고 있는 존슨 회사에 근무하고 있었다.

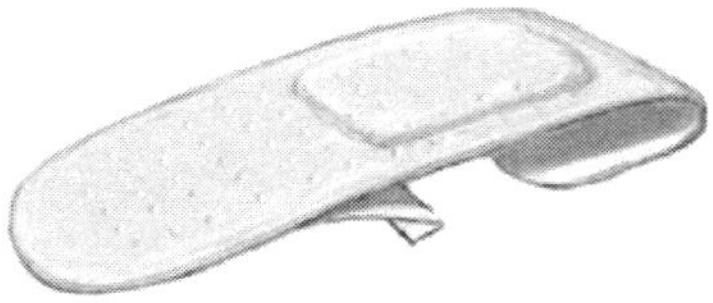

그래서 딕슨은 손을 자주 다치는 아내에게 붕대와 반창고를 가지고 직접 치료해 줄 수 있는 전문가가 되어 있었다. 하지 만 아내가 음식을 만드는 시간마다 아내 옆에 함께 있을 수는 없는 일이었다.

그래서 딕슨은 자신이 없는 동안 아내를 치료할 수 있는 반창고가 있었으면 하는 생각을 하게 되었다. 그리고 얼마 후 딕슨은 문득 머리에 떠오르는 생각이 있었다. '그래, 내가 직접 혼자서도 치료를 할 수 있는 반창고를 만들어야겠다.' 라고 생각했다.

딕슨은 우선 회사에서 가져온 한쪽 면이 끈적끈적한 외과 치료용 테이프를 탁자 위에 올려놓았다. 그리고는 거즈 한 조각을 패드 안쪽에 포개고 난 후 그것을 테이프의 중간에 얹었다.

그러나 한 가지 문제가 발생하였다. 이 밴드 반창고를 사용하지 않을 때에 보관을 어떻게 하느냐의 문제가 발생하였다. 그래서 딕슨은 끈적끈적한 테이프 부분을 씌워 두었다가 사용할 때만 때어 쓸 수 있는 다른 종류의 뻣뻣한 천을 붙여 마침내 훌륭한 밴드 반창고를 발명하게 되었다.

그것은 처음에는 상용 목적이 아니라 그저 아내를 아끼는 마음에서 생각 해 낸 것이 일순간 딕슨의 반창고 이야기는 마을에 펴졌고 그 인기는 굉장했다. 그 뿐만 아니라 존슨 회사는 딕슨이 발명한 그 밴드 반창고를 생산하여 '밴드에어드'라는 이름을 붙여서 전 세계에 수출함으로써 큰 부자가 되었고 딕슨 에게는 많은 보상을 주었으며 또 부회장으로 승격까지 시켜 주었다.

그 밴드 반창고는 차츰 개량 되어 더 좋은 제품으로 오늘날까지 여러 가정에서 이용되고 있다. 우리나라에도 밴드 반창고의 종류는 많이 있지만, 그 중에서도 대일 밴드가 많이 알려져 있다.

오늘날 이 구급약의 일종인 밴드 반창고는 그 종류만 해도 여러 가지로 시판되고 있다.

[6] 실패작! 외면 받던 워크맨

처음 워크맨의 본체를 개발한 사람은 SONY(소니)의 연구 개발원인 이라 미츠로 씨. 그는 당시에 유행하던 테이프 레코더인 프레스 맨을 개조해서 신상품을 만들 작정이었다.

크기가 애덤 하고 스테레오 음을 내는 테이프 레코더를 만들겠다는 것이 그의 계획이었다.

그러나 애초의 계획은 간데없이 녹음 기능이 빠진 이상한 형태의 제품이 나오고 말았다.

당시 테이프 레코더들은 거의 신문기자들이 인터뷰 녹음용으로 활용하던 것이었기 때문에 녹음기능이 없다는 것은 알맹이가 빠진 격이나 다름없었다.

결국 이라 미츠로의 모처럼 만의 역작은 사라질 위기에 놓이고 말았다. 바로 이때 우연히도 이 작은 물건이 소니의 명예 회장인 이부 카씨의 눈에 띄었다. 그는 여기서 누구도 흉내 내지 못할 기발한 아이디어를 냈다.

"테이프 레코더라고 해서 꼭 녹음하는데 사용하란 법이 있을까?

음질만 좋다면 음악을 듣는 것만 으로 사용할 수도 있을 거야!"

이부카는 카세트 플레이어가 내는 훌륭한 음질에 착안하여 상식을 뒤엎는 아이디어를 배출한 것이다. 그는 당시 함께 연구 중이던 헤드폰을 이 플레이어와 연결하여 새로운 상품을 내도록 지시했다. 정말 파격적인 시도였다.

처음 이 사실이 알려졌을 때 관계자들의 반응은 냉담했다. 실험실에서조차 실패작이라고 낙인찍힌 물건이 대중에게 대접을 받을 수 있겠냐며 냉소를 머금었다. 녹음이 안 되는 카세트 플레이어는 있을 수 없다고 그들은 차갑게 장담했다. 그러나 대중의 반응은 놀라웠다. 시장에 나오자마자 불티나게 팔려 나갔다. 심지어는 외국에서 이 제품을 사기 위해 일본을 찾을 정도였다.

이 덕분에 소니는 당당 세계 일류 기업으로 발돋움할 수 있었다. 이라 미츠로의 발명 정신과 이부카의 상식을 뛰어넘는 아이디어 개발. 시대의 명물 워크맨은 이 두 사람의 능력이 하나가 되 어 탄생했다.'구태의연한 자세로는 아무것도 이루지 못한다. 도전하는 자세만이 결과를 얻을 수 있다.' 이부카와 이라

미츠로는 우리에게 이렇게 말하고 있다.

[7] 고무 대신 비닐로 만든 껌

껌에는 종류나 형태에 따라 판껌(Plate gum, 일반적으로 유통되는 껌), 풍선껌(Bubble gum), 당의껌(Sugar coated gum), 무설탕껌(Sugarless gum, 설탕 대신 당알코올류인 Soebitol, mannitol, xylitol 등을 첨가하여 만든 껌), Center filling gum(껌 내부에 시럽, 잼, 파우더 등을 넣은 껌) 등 여러 가지 종류가 있다.

앞서 말한 바도 있지만 미국의 토머스 애덤스(Thomas Adams 1818~1905) 풍선껌을 발명하였다. 현재 많은 사람들의 사랑을 받고 있는 기호품인 합성수지 소재로 껌은 과연 누구의 머리에서 비롯된 것일까.

제2차 세계대전이 끝난 1945년 겨울. 패망한 일본 동경에 주재하던 미군 부대 주변에는 수많은 어린이들이 미군들이 씹고 버리는 천연 고무 소재의 껌을 줍기 위해 때 지어 몰려들었다. 이 처량한 광경을 며칠 째 한쪽 구석에서 조용히 지켜보는 사나이가 있었다. 참전 후 만주에서 귀국하여 하리스 식품이라는 조그만 업체를 운영하는 야마 모토였다. "큰일이구나. 일본에서도 빨리 껌을 만들어 이 비참한 모습을 빨리 지워야 할 텐데…….'

그러나 당시 일본에는 껌의 원료가 되는 천연 고무가 생산되지 않았다. 야마모토는 궁여지책으로 고무를 대신할 만한 새로운 원료를 찾아보았으나 결코 쉬운 일은 아니었다.

그러다 어느 날 "그래, 고무 대신 비닐을 쓰면 어떨까'

새로운 원료를 찾아낸 그는 비닐에 포도당과 박하를 넣어 버무려 보았다. 일단 껌은 만들어졌으나, 비닐에 들어 있는 초산 냄새가 너무 역겨워 도저히 씹을 수가 없었다. 즉시 비닐 회사로 달려간 그는 초산 냄새가 나지 않는 비닐 생산을 부탁했다. 의외로 어려운 일이 아니었다.

그날로 원했던 비닐이 나왔고, 다른 모든 과정도 이미 준비되어 있었기 때문에 세계 최초의 합성수지 소재로 된 츄잉껌 발명은 이날 순조롭게 이루어졌다.

다음날 곧바로 특허를 출원하고 드디어 츄잉껌이 시장에 첫 선을 보이자, 불티나게 팔려 나갔다. 가내공업 회사인 하리스 식품의 생산 능력으로는 일본 내에서 밀려드는 수요조차 감당하기 힘들었다. 여기에 미국을 비롯한 세계 50여 국의 수입상들이 새로운 껌을 사려고 몰려들었다.

[8] 생선 묵 튀김이 정답! 라면의 발명

라면의 발명가는 일본의 사업가였던 안도 시로후쿠였다. 1950년대는 일본에 있어서 건국 이후 최대의 고난기 였다. 1945년 제2차 세계 대전 패배의 후유증이 계속되고 있었기 때문이다. 식량이 부족하다 보니 당시 지구촌 대부분의 가난한 나라들이 그랬듯이 일본 또한 미국의 잉여 농산물인 밀가루를 지원받아 빵을 만들어 먹으며 연명하는 일이 부지기수였다.

그러나 쌀밥을 주식으로 하던 전통적인 식습관 때문에 빵만으로는 공복감을 만족시킬 수가 없었다. 바로 이 때 밀가루를 이용하여 쌀밥 못지않은 주식을 개발할 수는 없을 까?" 그러나 생각처럼 쉬운 일 이 아니었다.

한 달, 두 달 세월은 흘러갔고, 끈질긴 연구에도 불구하고 결과는 언제나 실패뿐이었다. 연구는 어느덧 몇 년이 지났다. 그 동안 쏟아 부은 연구비 때문에 가산은 탕진되고, 거듭되는 실패에 의기소침해져서 자살 직전에까지 몰려 있었다. 매사에 의욕을 잃은 안도가 찾아가는 곳은 오로지 술집. 매일같이 술에 취해 살다 보니 어느새 폐인이 되어 가고 있었다. 그러던 어느 날, 그 날도 어김없이 술집을 찾았다.

술집 주인은 안도가 귀찮다는 듯 등을 돌리고 서서 생선묵을 기름에 튀기고 있었다. 끓는 기름에 밀가루 반죽을 묻힌 생선을 넣는 순간 밀가루 속에 있던 수분이 순간적으로 빠져나오고, 튀김이 끝난 음식에는 작은 구멍이 무수하게 생기는 것을 관찰한 것이었다. "됐어! 생선묵 튀기는 원리를 응용하는 거야!" 안도는 서둘러 연구실로 향했다.

어지럽게 흩어진 기구들을 대충 정리하고 서 둘러 실험 준비를 마쳤다. 우선 밀가루로 국수를 만들어 기름에 튀겨 보았다. 성공이었다. 국수 속의 수분이 증발되고 국수가 익으면서 속에 작은 구멍이 무수히 생기는 것이었다.

또 이것을 건조시켰다가 뜨거운 물을 부었더니 이번에는 작은 구멍에 물이 들어가면서 먹음직스러운 국수가 되는 것이었다. 며칠을 보관해도 변함이 없었다. 안도는 드디어 라면 개발에 성공을 한 것이다. 이로써 사업가로서 명성을 되찾으며, 라면 발명가라는 명예도 거머쥐게 되었다.

[9] 여자 친구의 말 한마디 때문에 …… 파커 만년필

오늘날 만년필의 제왕으로 불리는 파커 만년필. 만년필 가게 수리공이었던 파커는 각진 만년필대를 유선형으로 바꾼 디자인 하나로 파커 만년필 회사의 반석을 다졌다.

파커가 만년필 가게에 취업한 것은 14세 때. 초등학교를 졸업하고 채 철이 들기도 전에 생활 전선에 뛰어든 그는 열심히 일해 4년 뒤에는 경쟁자가 없을 정도로 이 방면에서 돋보이는 숙련 기술자로 발돋움했다.

당연히 월급도 많이 받게 되었고 자신의 직업에 대한 긍지도 대단했다. 그런데 어느 날 여자 친구의 말 한마디가 도화선이 돼 파커는 깊은 회의에 빠진다.

"네가 아무리 만년필 수리를 잘해도 높은 사람이나 부자가 될 수는 없을 거야." 파커는 이 날부터 출근조차 하지 않고 방황하기 시작한다. 파커의 결근으로 가장 큰 손해를 본 사람은 만년필 가게 주인. 몸이 바싹 달아오른 그는 즉시 파커를 찾아가 워터맨의 펜촉 발명 이야기를 들려주었다.

순간 소금에 절인 듯 풀이 죽어 있던 파커의 얼굴에 활기가 넘쳤다. 주인을 따라 가벼운 발걸음으로 다시 출근한 그의 하루하루는 또 다시 즐거움으로 가득 채워졌다. 이때 파커의 머릿속에는 이미 '유선형 만년필대'라는 아이디어가 자리 잡고 있었다.

그 무렵은 자동차도 비행기도 모두 유선형이었고 각종 생활 용품도 유선형으로 바뀌는 '유선형의 전성시대'였다. 서둘러 디자인 출원을 마친 그는 밤마다 날렵한 유선형 만년필대를 만들었다. 판매처는 자신이 일하는 만년필 가게. 파커의 생각은 적중했다.

밤새워 생산 해내면 낮에는 한 시간도 못돼 동이 났다. 이에 따라 파커는 독립해 자신의 회사를 차렸다. 오로지 유선형이라는 한 가지 특징밖에 없었으나 파커의 만년필 업계 그 해 시장 점유율 1위에 올라섰다.

돌풍 같은 파커 만년필의 등장에 당황한 대기업들이 이를 모방해 만들려 해도 디자인권에 꽁꽁 묶여 전혀 손을 쓸 수가 없었다. 파커 만년필의 인기는 거칠 것 없는 상승기류를 타고 치솟아 매상고는 매년 두 배 이상 쑥쑥 늘어났고 세계 각국에 수출하기에 이르렀다.

[10] 실용화 성공 ! 크리넥스

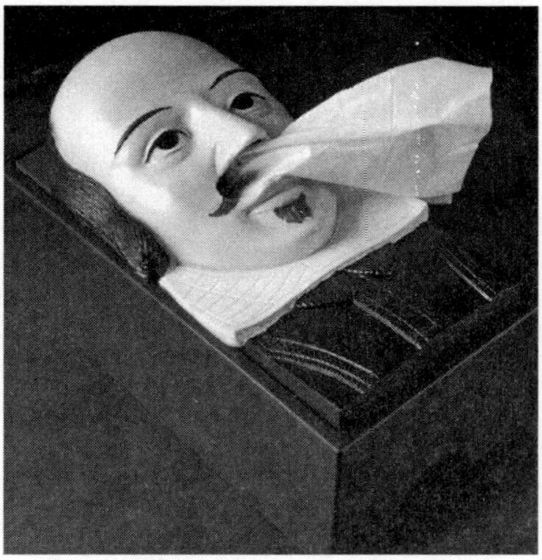

진정한 발명품이 상품이 되려면 적절한 홍보와 판매 전략이 필요하다. 때문에 발명이라 하면 아이디어를 만들어 내는 일련의 과정에서부터 대중에게 널리 알리는 순간까지를 모두 포함하기도 한다. 셀루코튼도 이 실용화 작업이 부실했다면 살아남기 힘든 발명품이었다.

크리넥스의 탄생이 있었기에 셀루코튼이 발명품의 자리를 차지할 수 있었던 것이다.

셀루 코튼은 전쟁 통에 출생했다. 세계 제1차 대전이 한창이던 1914년 유럽은 병들어 있었다.

먹을 것, 입을 것, 신을 것, 모두가 모자랐다.

특히 매일 속출하는 부상병들을 치료할 도구가 부족이었다. 붕대, 솜, 거즈 그 어느 것도 충분치 않았다. 전쟁에서 승리하자면 이런 필수 물자의 확보가 절대적이었으므로, 기업들은 직간접적으로 대체 물자 개발에 주력하게 되었다. 종이를 재료로 한 제품을 주로 만드는 킴벌리 클락도 이 개발 사업에 동참, 솜을 대신할 제품 개발에 나섰다.

그렇게 해서 탄생된 것이 바로 셀루코튼, 셀루코튼은 소량의 솜과 나무의 펄프 섬유소를 이용하여 만든 것으로, 솜과 마찬가지로 뛰어난 흡습성을 지니고 있었다.

전쟁이 한창이던 때, 셀루코튼의 인기는 가히 하늘을 찌를 듯 했다. 유럽 뿐 아니라 미국의 병원에서도 솜 대신에 이 셀루코튼을 사용하였고, 또 가스 마스크의 필터로도 훌륭하게 이용되었다.

그러나 전쟁의 산물은 전쟁과 함께 사라지는 법인가? 지루하던 전쟁이 끝나자 셀루코튼의 인기도 한풀 꺾였다. 컴벌리로서는 이 발명품을 사장시키지 않기 위해서 새로운 판로를 개척하는 수밖에 없었다. 킴벌리의 셀루코튼 변신 전략은 가히 획기적이었다. 셀루코튼을 종이장과 같이 얇게 제작, 얼굴 화장을 고치는 휴대용 천으로 탈바꿈시켰다.

의료용 솜과 얼굴 화장지, 그 누구도 예상치 못한 관계였다. 이 변신은 일단 성공적으로 보였다. 그러나 킴벌리의 야심 찬 행보를 신이 시기했던 것일까? 소비자들의 반응은 냉담하기만 했다. 얼굴 화장을 지우기 위해 값비싼 대가를 치루지 않겠다는 일반적인 인식이 지배적이었다. 모두들 천으로 만든 손수건에 만족하고 있었던 것이다.

중산층을 대상으로 공략하겠다는 킴벌리의 경영 전략이 시작부터 어긋난 것이다. 이 곤경에서 벗어나기 위해 킴벌리는 갖가지 아이디어를 짜내었다. 인기 있는 영화배우들을 기용하여 대대적인 홍보를 펼치기도 하고, 품질을 개선하기 위한 노력을 기울였다.

한 장씩 연속적으로 뽑아지도록 고안된 상자 티슈도 이때 개발되었다. 또한 크리넥스 라는 고유의 상표가 사용되기 시작한 것도 바로 이 무렵이다.

이런 피나는 노력에도 불구하고 킴벌리는 별다른 성과를 얻어내지 못했다. 화장 전용 티슈를 만들겠다는 단순한 전략이 바로 실패의 원인이었기 때문이다. 킴벌리의 티슈 개발팀이 이 사실을 알아챈 것은 일리노이즈 지방 방문에 이르러서였다.

그 지방의 대부분의 사람은 티슈 대신 손수건으로 얼굴 화장을 지우고, 이에 대해 불만이나 불편을 가지는 사람도 없는 것으로 나타났다. 이때 또 다시 크리넥스에 새로운 전환점이 마련되었다. 개발팀은 획일적인 시각에서 벗어나, 티슈에 새 용도를 불어넣기로 한 것이다.

킴벌리가 새로이 발견한 것은 휴지와 감기의 오묘한 관계. 감기로 시달리는 이들이 손수건으로 코를 훔치고 다시 주머니에 넣는 광경을 목격한 개발팀은 크리넥스의 새로운 광고 문안을 작성하기에 이르렀다.

'당신 주머니에 감기를 넣고 다니지 마세요.'

새로운 광고가 나가자마자 크리넥스의 판매고는 두 배로 껑충 뛰었다. 많은 사람들이 주머니에서 손수건을 꺼내 던져 버리고, 대신 크리넥스를 찾았던 것이다. 킴벌리가 원하는 바로 그 결과였다.

[11] 치약의 원리를 이용한 샤프 만들기

'깎지 않는 연필!' 이것은 칼로 일일이 깎아서 써야 했던 나무로 된 연필에서 한 단계 더 발전한 획기적인 발명품이다. 이 필기구가 발명된 지는 50여년이 채 안 됐지만, 지금까지도 많은 사람들의 꾸준한 사랑을 받고 있다. 이 발명품의 주인공은 타이완의 홍려이다.

그는 대장장이였던 아버지의 일을 도우면서 어릴 때부터 여러 가지 기술을 익혔다.

그 덕분인지 수많은 발명품을 발명해 냈다. 하지만 불운하게도 그의 발명품은 대부분 사람들의 주목을 받지 못했고, 따라서 생활도 더욱 궁핍해져 갔다. 하지만 발명을 멈출 수는 없었다.

그날도 연구에 몰두하던 홍려는 연구 과정에서 순간적으로 떠오르는 새로운

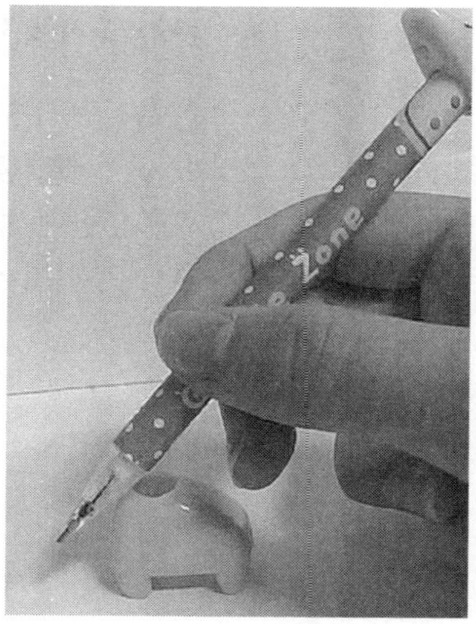

아이디어를 기록해 두느라고 종이를 수십 장이나 채워 가면서 밤을 지세고 있었다. 그러자니 자연히 연필이 자주 부러지기 일쑤였다. 그는 연구 과정을 기록하다 말고 또다시 부러진 연필을 든 채 투덜거렸다.

'새로운 생각이 막 떠오르면 부러진 연필부터 다시 깎아야 하니… 이렇게 번거로워서야 어디 연구를 계속할 수 있겠나?'

칼을 집어 연필을 깎던 홍려는 몸에 밴 관찰력으로 연필을 뚫어지게 쳐다보고 있었다. 칼자국이 한 번 생길 때마다 연필심이 조금씩 길어지는 것을 본 홍려는 무릎을 쳤다.

'그래, 깎지 않고도 연필심을 조금씩 올라가게 할 수 있다면, 이렇게 자주 연필을 깎는 번거로움도 없을 테고 손을 베지도 않을 거야.'

이 결심 이후 홍려는 밤낮으로 연구를 계속했다. 하지만 연구가 계속될수록 어려움은 커져 갔다. 쉽고 간단하게 끝낼 수 있으리라고 생각했는데, 연필심을 자유롭게 조절할 수 있는 방법이 도무지 떠오르지 않는 것이었다.

어느 날 아침, 홍려는 이를 닦으려고 치약을 짜내던 도중에 환호성을 질렀다.

"이거다, 이거야! 내가 왜 진작 이 생각을 못 했을까? 아침마다 치약의 꽁무니를 눌러 짜면서도 왜 여태 연구의 실마리를 못 찾았을까?"

치약의 뒷부분을 눌러 치약을 짜 내는 원리를 자신의 깎지 않는 연필에 응용할 생각에 이르자, 그는 이도 닦지 않은 채 연구실로 향했다. 그리고 며칠 후, 홍려는 마침내 깎지 않는 연필을 만드는 데 성공했다.

그 구조는 연필의 심을 카트리지에 끼우고, 그것을 속이 빈 플라스틱 파이프에 한 줄에 열 개 씩 넣은 것이 전부였다. 끝의 심이 다 닳으면 카트리지를 빼고, 그것을 파이프의 꽁무니에서 누르면 두 번째 심이 나오게 되어 있었다.

이 연필이 특허로 등록되자, 한 문구 회사 사장은 홍려에게 2억 원에 이 특허를 팔 것을 제안했다. 이때가 1972년이었다.

특허권 양도 계약은 순조롭게 이루어 졌고, 특허권을 판 홍려는 물론 특허권 사업화를 이룬 문구 회사 역시 돈방석에 앉을 수 있었다.

[12] 손자에 대한 할머니의 사랑이 팬티로

흡사 버뮤다 삼각지대처럼 사람의 은밀한 부위를 살짝 가린 삼각팬티. 과연 누구의 발명품일까?

주인공에 대해 유난히 말이 많으나 누가 뭐래도 맨 먼저 등록한 이는 일본의 사쿠라이 여사다.

그녀는 일명 마이크로 팬티로 불렸던 '삼각팬티', 꿰맨 곳이 줄어든 '유니크 팬티', 스타킹을 겸한 '타이스 팬티', 아기 기저귀 커버를 겸한 '유아용 아톰 팬티' 등 팬티 시리즈만으로 돈방석에 올라앉은 특이한 발명가다.

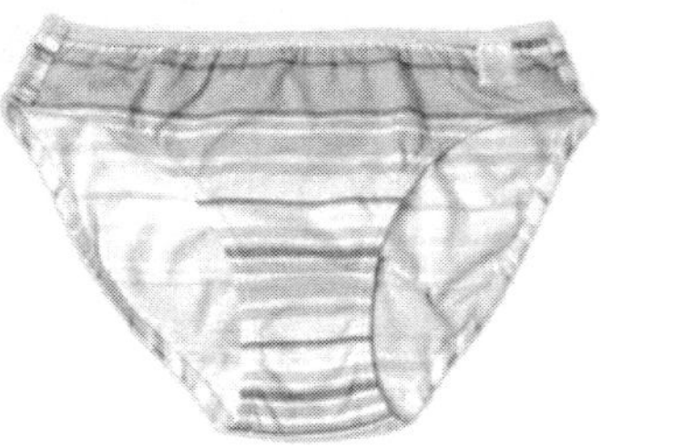

얼핏 활동적인 젊은 디자이너를 떠올리기 쉽지만 어리광을 부리는 손자들에게 둘러싸인 50대 중반의 할머니. 젊은 시절의 의류 소매상을 한 것이 옷과 관련된 인연의 전부다. 삼각팬티는 할머니의 지극한 손자 사랑의 선물. 나이가 들어 집에서 손자들을 돌보던 여사는 어느 여름 날 아이들이 무릎까지 닿을 정도로 긴 속옷에 몹시 불편한 것을 발견한다.

당시는 동서양을 막론하고 반바지에 가까운 속옷 밖에 없었기 때문에 겉옷을 입기에도 불편했으며, 특히 여름에는 여간 성가신 게 아니었다.

"속옷의 구실은 단지 가리는 것이다.

쓸데없는 부분까지 길게 만들 이유가 없다."

문제는 의외로 간단하고 명료했다. 데드론이라는 천으로 만든 헌 자루를 싹둑 잘라 다리가 들어갈 수 있는 구멍을 내고 봉제한 것이 바로 삼각팬티. 가볍고 편리한데다 산뜻하기가 그만이었다. 너도 나도 삼각팬티로 갈아입는 팬티 교체 신드롬을 타고 이것이 대 히트한 것은 당연했다. 때는 1951년이었다.

"발명이라는 것도 별게 아니군. 내친 김에 몇 가지 더해 볼까?"

곧바로 나온 팬티 시리즈 2탄이 유니크 팬티. 그때까지는 허리와 엉덩이 곡선의 차이를 강조하기 위해 엉덩이 부분에 옷감을 덧씌우곤 했다. 여사는 이를 아예 생략한 것. 착용감도 뛰어났고 이어 꿰맨 곳이 터질 염려도 없었다. 이 또한 히트작.

때는 1954년. 이어 처음부터 통으로 짠 천을 이용해 만든 타이스 팬티. 삼각팬티의 원리를 응용한 유아용 아톰 팬티가 속속 발명됐고, 이것들은 일본 굴지의 의류 업체인 도요레이온 사에 의해 대량 생산돼 전 세계를 휩쓸었다. 여사에게는 연간 30만 엔의 로열티와 기술 고문이란 직책이 주어졌다.

[13] 디자인으로 히트 상품이 된 담배

'같은 값이면 다홍치마'라는 속담이 있다.

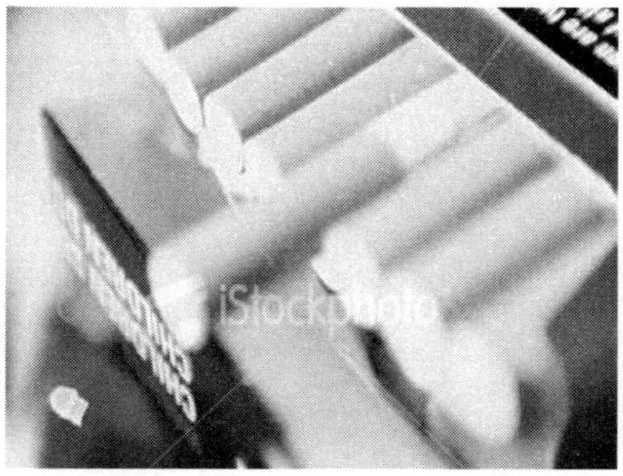

사람들은 질이 약간 뒤떨어져도 모양이 아름다운 물건을 원한다. 그래서 아름다운 모양이나 무늬 그리고 색채에 대해서도 디자인권이라는 권리가 주어지고 있는 것이다.

디자인으로 히트한 것 중의 하나가 담뱃갑. 단일 물품으로 담배만큼 많이 팔리는 것도 흔치 않다. 미국의 담배회사인 럭키 스트라이크의 사장은 어느 날 세계적인 디자이너 레이먼드 로이와 우연히 자리를 같이 할 기회가 있었다. "우리 상품 럭키 스트라이크의 갑보다 멋진 디자인이 있다고 생각하십니까?"

담배 회사 사장은 의기양양하게 자랑했다. 로이는 어이가 없었다.

물론 뛰어난 디자인이었으나 로이가 보기에는 미흡한 점이 많은 어린애 장난 수준에 지나기 않았기 때문이었다. "훌륭합니다. 그러나 제가 디자인한다면 틀림없이 판매량이 즉시 20~30%는 증가할 것입니다. 참고적으로 제 디자인료는 1건당 3만 달러를 주셔야 합니다."

이말을 듣는 순간 고액의 디자인 비용에 담배 회사 사장은 어이가 없었다.

그러나 로이의 말을 무시할 수가 없었고 한번 믿어 보기로 하였다 "좋소, 3만 달러를 드리겠소." 담배 회사 사장은 즉석에서 3만 달러짜리 수표를 로이에게 건네주었다. 그리고 며칠을 작업하여 로이는 럭키 스트라이크의 바탕 색깔을 초록색에서 흰색으로 바꾸었다.

그 결과는 확실히 산뜻해졌다. 이와 함께 인쇄비도 반으로 줄었다. 다음에는 포장 뒷면에 인쇄한 광고를 없애고 겉과 똑같은 붉은 태양 모양의 상표만을 인쇄했다. 이것은 담배를 피우는 사람이 빈 갑을 어떻게 해서 버리든 간에 태양형의 상표가 보이도록 하기 위해서였다.

대 성공이었다. 새로운 디자인의 포장으로 생산된 럭키 스트라이크는 1년 사이에 판매량이 20%이상 늘었다. 담배 회사 사장은 3만 달러의 디자인료로 수백 배의 소득을 올렸다는 것은 널리 알려진 사실. 럭키 스트라이크는 간단한 디자인 하나로 세계시장을 파고 들 수 있었던 예이다.

[14] 숫자, 문자 함께 쓰는 번호 달기 기계

타자기의 역사는 실로 길다. 1714년 헨리 밀, 1829년 오스틴 바트, 1833년 프리젠이 특허를 받은 것이 그 원조로 알려지고 있다. 그러나 이들이 발명한 타자기는 실용화될 정도의 수준에는 이르지 못했다. 오늘날 사용되고 있는 타자기의 원리를 발명한 사람은 숄즈였다. 철공소 공원이었던 숄즈는 동료 공원인 그리든과 더불어 '책 페이지 번호 달기 기계'를 만들고 있었다. 숄즈와 그리든은 형제처럼 다정했다. 그들은 눈빛만 보아도 마음을 읽을 수 있었다.

그들은 항시 함께 일했고, 퇴근 후에도 같이 있는 시간이 많았다. 그러던 어느 날, 그리든은 숄즈에게 엉뚱한 제안을 했다.

"숄즈, 번호 달기 기계로 숫자와 함께 글자까지 쓸 수 있으면 대단한 인기겠지?"

"맞아!" 숄즈는 그리든의 말을 듣는 순간 타자기를 만들어 보기로 결심했다. 그러나 자신들의 힘만으로는 어렵다고 판단, 인쇄소를 경영하는 사무엘 소울에게 협조를 요청했다.

타자기가 누구보다도 필요한 사무엘이었기에 거절할 리가 없었다. 타자기의 연구 및 제작은 숄즈가 맡았다. 그리든과 사무엘은 보조 및 후원자로서, 그리든은 연구 및 제작 보조를 맡았고, 사무엘은 각종 연구 자료와 자금지원을 맡았다.

숄즈의 연구는 의외로 손쉽게 진행되었다. 헨리 밀, 오스틴 바트, 프리첸 등 선배 발명가들이 남긴 자료가 있었기 때문이었다. 드디어 목재의 실물 모형이 만들어졌다. 서둘러 특허출원도 마쳤다. "시프트키가 없는 큰 글자 전용의 타자기가 발명되었대."

소문은 당대 최고의 실업가인 딘스 모어와 요스트에게까지 전해졌다. 소문을 들은 두 실업가는 즉시 숄즈를 찾아갔다. "당신의 특허를 우리에게 파시오."

숄즈는 그리든과 사무엘을 찾아 상의한 결과 두 실업가가 제시한 1만 2천 달러에 타자기의 특허를 팔기로 결정했다.

이때가 1873년 3월. 1인당 4천 달러, 당시의 4천 달러는 당시 엄청난 거액이었다.

숄즈의 타자기는 재봉틀과 총기를 생산하던 '레밍턴 총기 회사'에 의해 생산되기 시작했다. 처음에는 신통치 않은 반응이었다. 그러나 그것은 잠깐, 뛰어난 성능이 알려지자 날개 돋친 듯 팔려 나갔다. 모양도 처음에는 투박하고 묵직하며 큼지막한 것이었으나, 곧 소형화되고 우아한 전동식으로 바꾸면서 그 인기는 계속 치솟았다.

어느 사이 지구촌 구석구석에 뿌리를 내리며 크게 발전한 타자기, 그러나 숄츠가 발명한 키보드는 현재까지 그리 변화하지 않고 있다.

[15] 기발한 아이디어로 수송의 혁신을 지하철

만물의 영장인 인간이 발명을 할 수 있었던 것은 뛰어난 모방 능력 때문. 새의 비행 능력, 박쥐의 레이더 능력, 거미의 공학적 능력, 식물의 광합성 능력 등 자연의 능력을 모방한 발명품들이 인간의 만물의 영장 자리를 지켜 주고 있다.

지하철도 자연의 모방에서 비롯된 것 중의 하나. 수송의 역사상 이 기발한 아이디어를 처음 낸 사람은 영국인 찰스 피어슨. 찰스가 이 기발한 아이디어를 떠올린 것은 두더지의 구멍 때문이었다.

'모든 동물은 지상의 길로 다닌다.' 그러나 두더지는 '땅속으로 다닌다.1843년 찰스는 런던 시의회에 세계 최초의 지하철도 시스템을 제안했다.

런던 시 의회는 거들떠보지도 않았고 '미친 사람.'취급을 했다. 그러나 찰스는 지하철도의 중요성을 끈질기게 제안 했고, 10년 후 런던 시 의회는 찰스의 제안을 받아들이기로 결정했다. 세계 최초의 지하 철도가 뚫린 곳은 파딩턴의 패린던과 비숍스를 잇는 6 km. 우여곡절 끝에 1863년 개통식이 성대하게 베풀어졌다.

새까만 연기를 자욱이 뿜어내면서 석탄, 연료 증기기관차가 달리고, 메트로폴리탄 디스트릭트 철도의 상업적인 운전이 개시되었다.

첫 해만 해도 9백50만 명의 승객을 운송했다. 이어서 1890년에는 런던에서 처음으로 전기 구동의 지하철이 생겨서 시내 어디에서나 2펜스면 탈 수 있게 되었다. 현재 런던 시 지하철이 거미줄처럼 발달될 수 있었던 것은 결코 우연이 아니었다.

이제 지하철은 도시 인구의 폭발적인 증가와 함께 세계 각국에 뿌리를 내리고 있다. 그런데, 세계에서 가장 깨끗하고 우아한 지하철은 모스크바의 것인데, 역시 시원스럽게 넓고, 전체가 화강암으로 만들어져 있다. 또 가장 정중한 역은 뮌헨, 가장 체계적으로 설계된 역은 도쿄, 가장 난폭한 역은 뉴욕이라고 한다.

[16] 빈민촌에서 대궐로 입성 펜촉 발명가

전술한 파커 만년필도 있지만 아직도 전 세계의 많은 사람들이 사용하고 있는 펜촉은 46세까지 보험 회사의 말단 영업 사원으로 근무하던 루이스 워터맨이 1883년 발명한 걸작이다.

이 발명 이야기는 미국 뉴욕의 한 빈민촌에서 시작된다.

워터 맨은 보험계약 실적이 부진하여 좀체 가난에서 벗어날 수가 없었다. 한 달에 한 두건의 계약이 고작이었다. 그러던 어느 날 모처럼 고액의 계약이 한 건 이루어져 서명하려는 순간 잉크 한 방울이 뚝 떨어져 계약서를 망쳐 버렸다.

계약자는 그것이 불길한 징조라면 다된 계약을 취소해 버리는 것이 아닌가. 당시의 펜촉 모양은 구멍이 없어 잉크가 잘 떨어지곤 했다. 워터맨은 너무 분하여 회사를 그만 두고 잉크가 잘 떨어지지 않는 펜촉을 발명하기로 결심했다. 수많은 펜촉을 사다가 밤낮으로 가위와 줄을 이용하여 새로운 모양의 펜촉을 만들어 보았다.

그러나 생각처럼 쉬운 일이 아니었다. 연구는 한 달이 넘도록 계속되었다.

그동안 버린 펜촉만도 1천 개를 넘었다.

계절도 여름에서 가을로 바뀔 때쯤. 드디어 펜촉 가운데에 작은 구멍을 뚫고 그 아래 부분을 예리하게 갈라 새로운 펜촉을 만드는데 성공했다.

이 새로운 펜촉은 자신이 생각했던 것보다도 글씨가 잘 써지고 잉크도 잘 떨어지지 않았다. 즉시 특허청에 특허로 출원했고, 밤새 만든 펜촉은 수요를 따라가지 못했다. 한 마디로 날개 돋친 듯 팔려 나간 것이다.

많은 기업들이 모방하여 만들려 해도 그의 특허등록 때문에 신통한 방법이 없었다. 이에 30여개의 기업이 지역별 통상 실시권 사용 요청을 해 왔다. 워터맨은 이들 기업에게 판매가격의 2%에 해당하는 로열티를 받는 조건 아래 통상 실시권을 주었다.

이후 그는 연간 10만 달러씩 벌어들일 수 있었다.

한 빈민촌에서 가난하게 살던 워터맨은 수백만 달러를 벌어 대궐 같은 집에서 행복한 여생을 보냈다고 한다. 또 당시 대통령과 장관 이름을 모르는 사람은 있어도 워터맨의 이름을 모르는 사람은 없을 정도로 유명세도 누렸다고 한다.

[17] 간편하게 뽀글뽀글

'뜻이 있는 곳에 길이 있다.'

미국인 네이슨 헐리스의 '퍼머 발명은 이를 잘 입증한다. 그는 40세가 넘도록 조그만 미용 재료 가게 주인에 불과했던 헐리스. 하지만 그가 끊임없이 추구한 발명 정신은 새로운 삶을 만들어 냈다. 중년에 이르도록 영세업자를 벗어나지 못하면 꿈을 포기하기 마련. 하지만 헐리스는 달랐다. '발명으로 기필코 대사업가로 발 돋음 하겠다.

언젠가는 때가 오겠지.' 주변에서 빚어지는 사소한 일까지 꼼꼼히 관찰하면서 틈만 나면 발명에 몰두했다. 수십 가지에 도전했으나 결과는 번번이 신통치 않았다.

그러던 어느 날, 헐리스는 화장품을 납품하기 위해 단골 거래처인 미장원에 들른다. 5~6명의 여자들이 파마를 하고 있었는데 그 중에는 그의 아내도 끼여 있었다.

머리를 태울 만큼 뜨거운 열을 내뿜는 커다란 통 같은 것을 뒤집어쓰고 있는 여자들의 모습은 보기에도 딱했다. 그뿐만이 아니었다. 아무리 아름다워지는 것이 좋다지만 굳이 비싼 돈을 주고 오랜 시간 동안 그런 고문(?)을 받을 필요가 있을까 하는 생각도 들었다.

'집에서 스스로 간편하게 파마를 할 수 있는 기구를 만들면 어떨까.'

반짝 그의 머릿속을 스친 아이디어. 단숨에 집으로 돌아온 그는 이내 연구에 착수했다. 이런 저런 책을 뒤적이고 전문가를 찾아 모자란 지식을 채운 후 웨이브 액 중화제, 머리를 마는 클립(Clip), 고무 밴드를 만들어 냈다. 이러 특허 출원을 마치고 이것을 분홍과 흰색의 선으로 꾸며진 예쁜 상자에 넣어 판매에 나섰다.

아니나 다를까, 여자들은 이 편리한 파마 기구를 사려고 줄을 이었다. 이때가 1944년. 첫해는 80만 달러, 이듬해에는 4백만 달러나 매상을 올렸다. 1946년에는 토니 마마라는 상호와 상표가 미국 전역에 알려졌고 다음 해에는 프랑스와 영국에까지 진출했다.

하늘 높은 줄 모르고 치솟는 토니 파마의 인기 때문에 큰 타격을 받은 미장원들은 이를 만회하려고 1백만 달러의 자금을 모아 역선전에 들어갔으나 뚜렷한 장점을 갖춘 토니 파마 열기를 누르기엔 역부족이었다. 이 놀라운 성장을 지켜본 질레트사는 헐리스의 특허를 2천만 달러에 사들였다. 그리고 헐리스를 부장 자리에 앉혀 놓았다.

[18] 도로의 무법자, 오토바이

사람이 갈 수 있는 길이면 어느 곳이든 신속하게 달려갈 수 있는 오토바이. 막힘없이 달릴 수 있어 순찰, 배달, 출퇴근 등에 적격인 오토바이의 최초 발명가는 고트리트 다이믈러. 가난한 빵집 아들로 태어난 다이믈러는 제빵 기술을 배워 대를 이을 것을 강요하는 아버지의 성화에도 불구하고 각종 기계에만 정신이 쏠려 있었다.

다이믈러의 고집 앞에는 그의 아버지도 손을 들고 말았다. 후일 자동차의 대부가 된 칼, 벤츠가 어떻게 해서든지 자전거에 내연기관을 장치하려고 심혈을 기울이고 있을 무렵 다이믈러도 자동 2륜차(오토바이) 연구에 몰두하고 있었다. 1885년의 봄, 벤츠는 자기 집 마당에서 4사이클 석유엔진을 단 자동 2륜의 시운전에 성공했다. 뒤질세라 그해 가을 다이믈러는 벤츠를 능가하는 성과를 올렸다. 그런데 놀랍게도 100㎞나 떨어져 살았던 두 사람은 전혀 모르는 사이였고, 또 한평생 얼굴을 마주칠 기회조차 없었다. 다이믈러가 오토바이에 처음 관심을 얻게 된 것은 1872년도 이었다.

다이믈러는 니클라우스 오토라는 기계 기술자를 만나 함께 일하고 있었는데, 그 무렵 오토가 4사이클 고정 내연 가스엔진을 개발하고 있었다.

이에 자극을 받은 다이믈러는 자신도 자동 2륜차 연구에 전념하기로 했다. 그는 오토의 엔진을 분석하여 이것보다 뛰어난 내연기관을 만들어야겠다고 결심했다. 쉬운 일이 아니었다. 몇 달의 세월이 흘렀으나 달리 뾰족한 방안이 없었다.

끙끙 앓으며 또 다시 몇 달의 세월이 흘러갔다. 그러던 어느 날 그는 그동안의 연구 결과를 정리하며 희망에 부풀어 오르기 시작했다.

"그렇다" 연료는 석탄가스 대신 휘발유를 사용하고 점화는 영구 불꽃 대신 공기식 점화장치를 쓰는 거다.'

다이믈러의 생각은 적중했다. 오토의 특허를 교묘히 피하면서 성능은 오히려 앞선 내연기관 개발에 성공한 것이다. 내연기관 발명에 이어 2륜 차 제작에 들어갔다. 그의 2륜 차는 튼튼한 구조로서 바퀴는 나무로 만들었으며 내연기관은 탑승자의 좌석 바로 밑에 장치했다.

다이믈러는 이 자동 2륜차(오토바이)가 시골 우체 배달부에게 최고일 것이라고 확신했다. 그러나 우체국에서 거들떠보지도 않아 무용지물이 되고 말았다.

이 오토바이가 진가를 발휘하기 시작한 것은 세계 제1차 대전 전후. 무엇보다 값이 싸다는 것과 사용이 편리하고 주행 비용이 저렴하다는데서 자동차의 인기를 앞지르게 된 것이다. 전쟁이 계속되자 다이믈러의 오토바이는 헌병 및 연락병용으로 채택되어 하늘 높은 줄 모르고 그 인기가 치솟아 오토바이 문화시대를 활짝 열어 놓았다.

[19] 말랑말랑 고무 ! 스펀지

산업용 고무 제조법 발명으로 유명한 굿이어. 그는 스펀지 고무 발명가이기도 하다.

비록 사업에는 실패했지만 고무에 관한 한 전무후무한 세계적인 고무 발명가로 손꼽히는 사람이 바로 굿이어이다. 세계적인 타이어 메이커인 굿이어 타이어도 그의 이름에서 비롯된 것. 굿이 어는 무엇이든 물음표(?)의 눈으로 바라보았고, 생활의 전부는 발명의 연속이었다.

특히 고무에 있어서는 아예 미쳐버린 사람이었다. 그는 모자도, 옷도, 신발도, 장갑도 모두 고무로 만들어 입고 다녀 미친 사람으로 취급받기도 했다. 고무의 혁명으로 불리는 스펀지 고무도 바로 이 물음표의 눈에서 발명이 비롯된 것이다. 어느 날 점심 식사 시간에 일어난 일이다.

"여보! 이 빵 어때요?" 아내가 가져온 빵은 그동안 먹어 온 빵과는 전혀 다른 것이었다.즉, 딱딱하게 굳었던 것이 말랑말랑 하게 부드러워졌고, 크기도 종전의 빵과는 달리 훨씬 부풀어 있었다.

"어떻게 만든 거요?"

"베이킹파우더라는 발포제를 넣었을 뿐인데요."

순간 굿이어는 부드럽게 부풀어 오르는 고무 즉, 스펀지 고무를 생각해 냈다.

'불가능할 것도 없지!' 굿이어는 발포제를 고무액 속에 넣어 보았다. 성공이었다. 특허로 등록된 것은 당연한 결과였다. 고무의 혁명으로 일컬어지는 이 스펀지 고무는 다른 제품에도 혁명을 가져왔다.

굿이어의 스펀지 고무 발명이 발포제 사용에서 비롯됐다는 사실이 알려지자 발포제를 사용한 발명이 줄을 이었다. 독일의 비닐 제조업자는 합성수지의 제조 과정 중 공기를 불어넣는 기술을 발명했는데, 이것이 바로 최근 부인들이 거즈 대신에 사용하는 몰트 플레인이다.

비눗물 속에 스트로로 공기를 불어넣으면 부글부글 거품이 인다. 이 거품을 그대로 굳혀서 만든 것이 물에 뜨는 소프트 비누이다. 또 아이스크림에 이 특성을 응용한 것이 소프트 아이스크림이고, 콘크리트에 응용한 것이 가스 콘크리트이다.

가볍고 강하므로 용도가 매우 다양하고, 더구나 공기를 포함하고 있기 때문에 단연 방음에도 효과적이어서 지하철 벽이나 방송국 등에 많이 사용되고 있다.

이밖에 벽돌 속에 공기를 넣어 만든 기포 벽돌과 유리 속에 거품을 넣어 만든 기포유리 등 발포제를 이용한 발명은 실로 그 범위와 용도가 무한대로 늘어 가고 있다.

[20] 실수가 낳은 노벨상의 기적 전도성 플라스틱

잘못된 오차나 실수도 때론 대단한 발명이 된다.

최근 플렉서블 디스플레이, 태양광전지 등 IT 소재분야에서 각광을 받고 있는 전도성 플라스틱이다. 플라스틱은 전기가 통하지 않는다는 고정관념을 깨고 전기가 흐르도록 만든 전도성 플라스틱을 발명한 세 명의 과학자에게 지난 2000년 노벨화학상이 주어졌다.

일본의 히데키 시라카와 박사는 폴리아세틸렌이라는 고분자를 만드는 실험을 하던 중 반응 촉매를 밀리리터를 리터로 알고 천 배나 많은 양을 넣는 실수를 하게 된다.

그런데 뜻밖에도 반응 용액 표면에 찬란한 은막의 빛이 생기는 것을 발견하게 된다. 깜짝 놀란 연구팀은 막을 분석했고 그 막이 순수한 트랜스 폴리아세틸렌임을 알게 된다.

그 후 미국의 펜실베이니아대학의 앨런 맥더미드 교수와 앨런 히거 박사와 함께 공동연구를 진행, 결국 전기가 통하는 플라스틱을 개발해냈다. 전도성 플라스틱은 광학재료나 유기물질을 이용한 전기발광소자(OLED 디스플레이), 접거나 말 수 있는 차세대 디스플레이, 가볍고 투명한 태양전지의 제조에 이르기까지 다양한 분야에서 기술 개발이 이뤄지고 있다.

인공 피부나 연골 같은 인공장기 역시 플라스틱으로 개발되고 있으며, 생체재료로서 플라스틱은 의학 분야에 광범위하게 사용될 것으로 예측된다. 이처럼 실수가 낳은 놀라운 발견이 발명으로 이어져 노벨상의 기적을 낳았다.

발명과 관련된 20개의 재미있는 이야기들을 재밌게 읽어 보았는지?

아침에 깊은 단 잠에서 깨어난 뒤 자신의 주의를 쓱 한번 둘러보자.

침대, 이불, 전화, 시계, 볼펜, 리모컨 등 누군가의 발명품들이 눈앞에 놓여 있을 것이고

방문을 나서면 욕실엔 치약, 세면대, 비누 등이 주방엔 식탁, 냉장고 등 어느 하나 발명품이 아닌 것들이 없을 것이다. 주위를 세심하게 둘러보면 내가 입고 있는 옷과 신발까지 발명품이란 사실에 새삼 놀라게 될 것이다.

위에 이야기를 읽어서 알 것이다. 역사에 남은 유용한 발명을 했던 사람들이라고 해서 모두 똑똑하고 특별한 사람은 아니다. 대부분 우리와 같은 보통 사람들이고 다만 누구든지 할 수 있었던 일을 먼저 했을 뿐이다.

혹시 우유 곽이나 페트병을 연필 꽂이로 사용 해보거나 종이를 접어 부채를 만들어 사용해 본 적이 있었나? 만약 그러한 경험이 있다면 여러분들은 이미 발명가인 셈이다. 저자인 나는 이렇게 얘기 해주고 싶다. 우리 모두 발명가가 될 수 있다.

자, 눈을 크게 뜨고 사물을 다르게 거꾸로 생각도 하여보고 조금만 더 깊게 생각해 보자.

그리고 생각하였으면 즉시 실행에 옮기자 우리 모두 멋진 발명가가 되자.

Chapter 5

특허 바로알기

I
특허란 무엇인가

1 특허의 기능 및 특징

[1] 특허의 기능

첫째, 특허권은 특허발명을 업(業)으로 독점 실시하는 것을 내용으로 하는 권리로서 공업소유권의 하나이며, 눈에 보이지 않는 무체 재산권(無體財産權)의 일종이다.

이는 특허를 명시한 출원서가 심사관을 통하여 합당한 심사를 거친 후 등록 결정서를 받고 당사자의 설정 등록(수수료 납부)에 의하여 그 권리가 발생한다.

특허제도는 근대국가에 있어서 기술개발과 산업 발달을 목적으로 하는 기본 정책으로 되어 있다. 즉, 발명을 장려, 보호함으로써 기술의 진보 발전을 도모하고 국가 산업의 발전에 기여하게 하는 것이 그 제도의 목적이다.

산업 재산권의 보호는 지적 창작물에 대한 독점적 경제적 이윤을 보장하게 된다. 또한 발명과 창작 활동을 장려하며 특허출원 된 발명의 공개를 통하여 기술 내용을 공개함으로써 관련 기술 분야의 전반적이 기술 수준을 높이는 역할을 하게 된다. 다시 말해서 산업 재산권의 보호는 기술개발과 발명을 장려하는 주요한 정책 수단이 되는 것이다.

둘째, 특허는 산업 자본으로서의 역할을 한다. 산업 자본으로서의 역할을 세분하여 보면 다음과 같다.

① 강력한 경쟁력으로 시장 석권을 가능케 한다. 특허 기술에 관련된 타인의 침해를 금지함으로써 안정된 사업을 할 수 있으며, 일정 기간 독점권을 행사함으로써 안정된 시장개척이 가능하다.

② 기술적 우월성의 입증으로 신용을 창출해 준다. 특허를 보유하고 있다는 사실이 소비자에게 상품에 대한 신뢰도를 가져다준다.

③ 로열티나 권리의 판매에 따른 수입을 가져다준다. 크로스 라이선스

(Cross license)를 통하여 상대가 기피하는 핵심 기술의 도입을 가능하게 하거나 기술 도입 조건을 유리하게 할 수 있다

이와 같이 특허는 물건의 특허발명은 그 물건을 생산·사용·판매·수입 또는 확보(擴布)할 권리를 독점하고, 그 방법을 사용하거나 그 방법에 의하여 생산된 물건의 사용·판매·수입 또는 확보하는 권리를 일정 기간(특허20년) 독점, 허여토록 하는 것이다.[1)]

[2] 한국 특허

우리나라의 특허는 조선말 쇄국정책에 의하여 매우 늦어져 1882년(고종 19년)경 종두법을 보급한 지석영이 특허에 대한 필요성을 처음으로 주장하였으나 당시 사회 여건상 결국 제도화되지는 못했다. 그 후 청일전쟁 및 노일전쟁에서 승리한 일본이 극동의 주도권을 장악하고 있을 무렵, 일본과 미국이 시장 지배 수단으로서 미일 간에 '특허 등의 보호에 관한 협정'을 비로써 체결했다.

이후 우리나라에 특허법의 제정 압력이 각계에서 가해짐에 따라 1908년 8월 12일(순종 2년)에 칙령 제196호로 비로써 '한국 특허령'을 공포했다.

이 특허 령에 의해 허여된 최초의 특허 1호는 정인호라는 사람이 취득한 '말총 모자'에 관한 특허이다 그러나 이와 같은 시기는 일제 강점기로 우리나라의 자생력으로 만들어진 특허법이 결코 아니라는 점 때문에 말총 모자가 최초의 특허가 될 수 없다는 논란의 여지가 아직까지 계속되고 있다.[2)]

(1) 한국특허의 역사

한국 특허청의 전신이라 할 수 있는 특허 원이 성립된 것은 8.15 광복 이후인 1946년 1월 22일, 같은 해 10월 5일 미군정 법령 제 91호로 일본의 특허와 미국의 특허를 혼용한 특허법을 제정, 공포하였다. 이것이 우리나라 최초의 특허법이다.

이 특허법에 의한 대한민국 발명 특허 제1호는 1947년 2월 14일 특허출원 제 368호로 출원되었다. 그리고 1948년 6월 20일 공고되고 1948년 11월 20일 최초로 특허 받은 " 황화염료 제조법"으로, 출원인은 중앙 공업 연구 소장으로 발명자는 공동 출원인인 이범순, 김찬구이다.

이 발명 특허의 명세서 원문에는 " 본 발명은 픽크라민산 은 비등의 남류를

1) 이대희(1996), "특허 분쟁에 대한 경제학적 접근",고려 대학교 경제학과 박사 학위논문, pp.12-13

2) 한국 경제 신문(2004), "특허출원 신조류 국내 공인 1호는 유화염료 제조법", 국내외 특허 1호

디오 유산 소다와 다유화 소다의 혼합 수용액 또는 이와 동일한 성분 조성의 용액으로 처리하고 침전. 여과. 건조시키는 것을 특징으로 하는 유화염료 제조법에 관한 것이다.

[표 5] 한국 특허의 역사

일 자	내 용
1908년. 08. 12	한국 특허령, 의장령, 상표령 공포
1946년. 01. 12	조선 정부 광공국에 특허원 설립
1961년. 12. 31	산업 재산권 3법 제정 공포
1963년. 03. 05	상표법 공포
1976년. 12. 31	특허국을 특허청으로 한 단계 격상 개청
1984년. 08. 10	국제 특허 협약 가입

그 목적은 고품질의 염료를 저렴한 생산비로 용이하게 제조 하는데 있다고 현재 특허 정보원 자료에 명시되어 있다. 이처럼 특허는 기술 발전 촉진을 통해 산업 발전에 이바지하기 위하여 발명자에게 특허라는 독점적이며 배타적인 재산권을 일정 간 부여하여 보호하는 한편, 그 발명을 공개하게 함으로써 그 발명의 이용을 통하여 산업 발전에 기여하고자 하는 양면적인 목적을 가지고 있다.

이러한 목적을 가진 특허는 신기술 보호 제도, 발명 장려 제도, 또는 사적 독점 보장 제도라고도 불리며 시기에 따라 다양한 형태의 제도로 점차 변모하였다.

과거 우리나라는 해방과 6.25사변으로 국내 산업 기반이 전무한 상황에서 도입된 1946년 미군정 법 및 1961년 제정법 이래 우리 특허법도 그간 수많은 변화를 겪어 왔다. 20번 이상의 크고 작은 법 개정을 통하여 비로써 오늘날 현행법의 체계를 갖추었다.

1946년 미국 특허법을 참고하여 특허 존속 기간을 17년으로 하였으나 그 후 1961년 특허법 제정 시 특허 존속 기간을 출원 공고일 부터 12년까지로 기간을 축소하였으며, 1986년 특허법 개정 시 특허 존속 기간을 12년에서 15년으로 연장한 바 있다.

그 후 1990년 특허법 개정은 특허 존속 기간은 15년으로 동일하며 의약품 등 허가를 받아야 하는 분야에 대하여 특허 존속 기간의 연장이 가능하도록 하였다. 그러한 연장에 의해서도 특허의 존속이 특허 출원일부터 20년을 초과

할 수 없도록 규정하였다.

마지막으로 1995년 특허법 개정은 무역 관련 특허에 관한 국제 협정 기구인 WTO(World Trade Organization)의 Trips(Agreement on Trade-Related Aspects of Intellectual Property Rights)협약에 따라 국제 기준에 맞추어서 특허의 존속 기간이 공고일 부터 15년이던 것을 출원일부터 20년으로 점차 변경하게 되었다.

(2) 특허의 존속 기간 변화

전술한 바대로 한국 특허는 일제에게 주권을 빼앗긴 일제강점기가 끝난 1945년 이후 부터라고 보아야 하며 기껏해야 역사가 겨우 60여년 밖에 되지 않는다. 과거 특허 존속 기간은 국내적인 필요에 의해서 1961년 12년으로부터 시작하여 1986년 15년, 1995년 20년으로 늘어났다.

그러한 연장은 특허의 강화를 위한 것으로 볼 수 있다. 현재 저작권 존속 기간의 연장이 계속적으로 쟁점이 되듯이 특허 존속 기간의 연장의 필요성도 언젠가는 다시 재론될 것이라는 것이다.

특허의 강화가 산업 발전에 이바지 한다는 의견이 지배적인 시대적 상황이 이런 논의를 가능케 한다. 또한 특허 존속 기간의 연장이 연구 개발, 나아가 특허출원을 유도하였다는 직접적인 증거가 제시된 바는 아직껏 없었다.

연구 개발의 성과는 수년이 지난 후에 특허 출원으로 연결되는 속성으로 인하여 그러한 증거를 제시하는 것이 매우 곤란할 것이다.

실증적으로 특허 존속 기간의 연장이 시행된 1986년과 1995년 특허법 개정 당시에는 그 후 2,3년 이후에 특허출원이 특별히 증가하였다는 정황이 뚜렷하게 포착되지 않았다. 특허출원이 증가하였다 하더라도 그 증가가 기존의 증가 경향에 의한 것인지 혹은 특허 존속 기간의 연장에 기인한 것인지를 구분하기가 매우 곤란한 면이 있다.

1961년 특허법 제 4조는 음식물 또는 기호물, 의약 또는 그 조합법, 화학방법에 의하여 제조할 수 있는 물질과 질서나 풍속을 문란하게 하거나 위생에 해가 있을 염려가 있는 것 등을 특허를 받을 수 없는 발명으로 규정하였다.

그 당시에는 하루 두 끼도 제대로 먹지 못하는 최고 빈민 국의 궁핍한 상황을 고려하여 특허 당국에서는 음식물 및 기호품에 대하여 특허를 인정하지 않았을 것으로 판단된다. 그럼에도 기호품이라는 명확하지 않은 범주에까지 특허를 인정하지 않도록 한 것은 특허의 대상을 가급적 축소하고자 하였던 당시 입법자들의 의지가 엿보이는 안목이기도 하다.

또한 의약품 및 화학물질에 대하여 특허를 주지 않은 것은 그 당시 동 대상에 대하여 특허를 주지 않고 있는 일본의 사례를 그대로 모방하여 취약한 관련 국내 산업을 보호하기 위한 것이었으리라 생각된다. 물론 처음부터 일관되게 특허를 강화하기 위하여 노력한 것은 아니며 국내 산업의 자생력이 어느 정도 갖추어진 1980년대에 이르러서야 특허의 제한에서 특허의 강화로 점차 방향이 전환된 것으로 평가된다. 1980년 법 개정 이전에는 대부분 특허권자의 권리를 제약하는 규정이 도입된다.

1980년 법 개정에서는 외국의 법과 통일화하는 차원에서 특허의 효율을 높이기 위한 새로운 제도가 도입되기 시작하였다. 따라서 우리나라 산업의 경쟁력이 어느 정도 기틀을 갖춘 것으로 판단되는 1986년에 과감하게 특허를 점차 강화하는 방향으로 정책 기조를 선회하게 되었다. 1986년 이후의 법 개정에서는 특허의 제한을 위한 규정을 도입하기 보다는 제도의 효율성 제고와 특허 강화에 초점을 맞추었다는 것이다.

특히, 물질 특허의 도입이 특허 정책을 전향적으로 바꾸는 데에 큰 기여를 한 것으로 판단된다. 이러한 제도적 변화는 1986년 이후 산업 구조의 고도화가 정책의 목표 이였다.

이를 위해서는 연구 개발과 첨단산업의 기틀의 교두보를 마련하는 것이 필수적이고 연구 개발을 촉진하기 위해서는 강력한 특허의 기반과 제공이 필요하다는 전 방위적인 인식에 기반을 둔 것으로 판단된다.

[표 6] 특허 존속 기간 변화

법 개정	특허 존속 기간(년)
1946년 법	17년(공고일 부터)
1961년 법	12년(공고일 부터)
1986년 법	15년(공고일 부터)
1995년 법	20년(출원일부터)

그리고 특허의 강화에 발맞추어 특허 침해 죄에 대한 벌금도 점차 강화되어 1961년 백만 환에서 출발한 벌금이 현재는 7년 이하의 징역에 1억 원이하의 벌금(특허법 제225조)에 달하고 있다.

이러한 벌금의 강화는 특허권자의 권한 강화로 직결되었다고 볼 수 있다.

우리 특허법의 변화에서 두 번째로 주목되는 것은 특허 제도의 효율을 제고하고 시행 상의 미비점을 바로잡기 위한 노력이 끈임 없이 계속되었다는 것이다. 1980년 이전에는 특허를 수동적으로 운용하여 특허를 제한하는 것에 치중한 반면 1980년 법 개정에서는 순수하게 제도의 효율을 제고하기 위한 노력으로 매진하게 되었다. 1980년 법 개정이 출원 공개 제도, 심사 청구 제도, 우선 심사제도, 청구 범위 다항제 등을 도입하여 우리 특허의 현대화에 큰 기여를 하였다. 발명을 보호·장려하기 위한 법률(일부 개정 2009.1.30 : 법률 제9381호)도 점차 개정하게 되었다. 우리나라의 특허법은 발명을 보호하고 이를 적극적으로 장려함으로써 국가 와 산업 기술 발전을 도모하고 이를 통하여 기술 발전을 촉진하고 산업 발전에 기여하는 것을 목적으로 하는 법률로 규정되었다.

개설 헌법 제22조를 살펴보면 재산권의 보호를 규정한 제23조와는 별도로 저작자와 발명가의 권리를 법률로써 보호하도록 정하고 있다. 특허법은 발명자에게 특허라는 보상 또는 배타적 지위를 부여함으로써 보다 많은 발명과 창작을 유인·장려하고, 이를 통하여 과학기술의 발전과 경제발전을 도모하기 위한 법제도임을 명시하고 있다.

이러한 특허법은 12장 232조 및 부칙으로 되어 있다. 이 법의 내용은 제1장 총칙, 제2장 특허 요건 및 특허출원, 제3장 심사, 제4장 특허료 및 특허등록 등, 제5장 특허, 제6장 특허권자의 보호, 제7장 심판, 제8장 재심, 제9장 소송, 제10장 특허 협력 조약에 의한 국제 출원, 제11장 부칙, 제12장 벌칙으로 되어 있다.[3)]

특허법은 출원된 발명을 모두 보호해 주는 것은 아니고 신규성과 진보성 등과 기재 불비에 어긋나지 않는 요건을 갖춘 경우에 한해서 특허법이 특허권자를 보호하여 준다. 특허의 부여는 특허출원 및 심사를 거쳐 특허 설정 등록에 의해서 이루어진다.[4)]

우리나라 특허법은 출원 보정(出願補正), 분할 출원(分割出願), 변경 출원(變更出願), 우선권(優先權) 등에 관한 절차를 통하여 절차법 적인 보호를 해주고 있다.

또한 발명자 또는 승계인에게 특허 받을 권리 또는 특허를 부여할 뿐 아니라 그 권리가 침해된 경우를 대비하여 구체적인 구제 수단으로 침해 금지 청구권, 신용 회복 청구권 등을 부여해 주고 손해액의 추정, 민, 형사 처분 등에 관하여 규정하고 있다.

또한 특허법은 발명을 보호·장려할 뿐 아니라 국가 간,개인 간의 '발명의 이용 또는 기술의 교류도 추구하고 있다.

한편 우리나라의 특허청은 1997년 9월 16일 세계 지식 재산 기구인 WIPO

3) 송영식 외(2008), 「지적 재산법」, 제9전정판 세창 출판사, pp.125-130

4) 대한민국 개정 특허법(2012)

총회에서 PCT국제 출원 국제 조사 및 국제 예비 심사 기관으로 지정되었다. 그리고 1999년 12월 1일부터 국제 조사 및 예비 심사 업무를 개시했다. 이로 인하여 특허 출원인은 해외 출원을 한국어로 출원이 가능하게 되었다.

(3) 특허 강화 법령의 제정

이처럼 한국의 특허는 산업 발전을 위하여 발명의 보호는 매우 필수적이고, 특히 각 국은 기술 수준 향상을 위한 발명을 장려하고 보호하기 위한 다양한 법제도를 마련하고 있다.[5)]

이러한 특허는 특허 사정을 받고 특허료를 납부한 후 특허 원부에 등록되면 특허 효력이 발생한다. 특허등록은 특허청에 비치한 특허등록 원부에 특허 청장이 직권으로 기재하며(85조), 특허 청장은 특허의 설정 등록을 하였을 때 권리를 갖는 특허증을 교부한다(86조).

한편 2007년7월 개정 특허법에 따르면, 특허권자도 새로운 무효 증거에 대응한 정정의 기회를 자유롭게 얻게 되어 특허권의 적절한 방어가 가능하게 됐다. 무효 심판에서 특허권의 무효를 주장하는 측에서는 새로운 무효 증거를 언제나 제출할 수 있는데 반해, 특허권자는 이러한 주장에 대응할 수 있는 기회가 충분치 않았다.

이렇듯 당사자 간 균형적인 공격·방어 기회가 부여됨에 따라, 국민의 소중한 권리가 더욱 공정하고 정확하게 심판받을 수 있게 됐다.

특허권자인 경우는 통상적으로 형사 고발이나 가압류 등을 통하여 바로 침해자를 고발하거나 또는 가압류에 대한 진행을 실시할 수도 있다, 이런 경우 상대방 측에서 여러 가지의 대항 수단을 마련하는 것을 사전에 봉새하고, 적극적으로 특허권자의 권리와 상대방의 침해 제품에 대한 것이 특허권자의 권리에 속한다는 것을 확인하기 위한 적극적인 권리 범위 확인 심판이 있다,

이러한 권리 범위 확인 심판에서는 특허권자가 상대방의 실시 물품을 잘못 지목한 경우 이에 대한 변경이 엄격히 제한되어, 동일한 사안에 대해 다시 심판 청구를 해야 하는 불편함이 있었다.

개정 특허법에 따르면, 잘못 지목된 사실을 상대방이 주장하는 경우 특허권자로 하여금 실시 물품을 변경할 수 있도록 하여, 특허 분쟁이 불필요하게 장기화되는 경로를 차단하였다.

이로써 동일한 사안에 대해 불필요한 심판을 제기하는 경우가 줄어들어, 당사자 간 신속한 특허 분쟁 해결이 이루어지며 심판의 양대 축이라 할 수 있는 무효 심판과 권리 범위 확인 심판에서 특허권자가 분쟁의 당사자로서 상대방과

5) 송영식 외(2005), 「지적 소유권법 제9판(상)」, 육법사 출판사, pp.40-42

대등한 위치에서 경쟁할 수 있게 되었다.[6)]

[표 7] 한국의 특허권 강화 법령의 제정표

출처 : 특허청 홈 페이지 인용 편집

번호	대통령령	부 령
특허법	• 특허법 시행령 • 특허 등의 등록령(2012.1.1시행) • 특허의 수용·실시 등에 관한 규정	• 특허법 시행규칙 • 특허 등의 등록령 시행규칙 (2012.1.1시행) • 특허료 등의 징수 규칙
실용신안법	• 실용신안법 시행령 • 특허 등의 등록령(2012.1.1시행)	• 실용신안법 시행규칙 • 특허 등의 등록령 시행규칙 (2012.1.1시행)
디자인 보호법	• 디자인 보호법 시행령 • 특허 등의 등록령(2012.1.1시행)	• 디자인 보호법 시행규칙 • 특허 등의 등록령 시행규칙 (2012.1.1시행)
상표법	• 상표법 시행령 • 특허 등의 등록령(2012.1.1시행)	• 상표법 시행규칙 • 특허 등의 등록령 시행규칙 (2012.1.1시행)
발명 진흥법	• 발명 진흥법 시행령 • 공무원 직무 발명의 처분·관리 및 보상 등에 관한 규정	• 공무원 직무 발명의 처분·관리 및 보상 등에 관한 규정 시행규칙

(4) 특허의 성질

특허의 성질은 특허발명을 독점적으로 실시할 수 있는 권리인 독점권과 더불어서 특허는 같은 기술을 이용하는 경쟁 업자를 배제하는 강한 배타적 효력을 가진다고 하였다.

특허는 영업이나 판매에 있어서 우월적, 독점적 지위를 부여하는 점에서 경업[7)]적 성질을 갖는 경업권과 산업상 재산권으로서 권리의 사용, 수익, 처분을

6) 2007년 7월 개정 특허법

7) 겸업(兼業) : [명사] 주된 직업 외에 다른 일을 겸하여 함. 또는 그렇게 하는 일. 경업금지競業禁止 : 〈법률〉 특정한 사람이 다른 사람의 영업과 관련하여 부정한 방법으로 경쟁하는 것을 금지하는 일. 영업 사원은 영업에 관련된 기밀을 잘 알고 있으므로, 자기 또는 다른 사람의 재산으로 영업주의 영업 부류에 속하는 거래를 하지 못하는 일 따위이다. [비슷한 말] 경업 피지. 출처 : 두산백과

인정하는 재산권이다.

이는 국가 산업의 원동력이 되는 창작을 보호 육성 장려하기 위한 것으로 실시하지 않은 독점 또는 영구적인 독점을 인정하지 않고, 제 3자의 실시권 제도 및 권리의 존속 기간 제도 등을 두는 공익성의 특징을 가지고 있으며 특허란 기술적 창작물을 독점적으로 실시할 수 있는 권리라 할 수 있다.

그리고 실시라 함은 물건의 발명인 경우에는 그 물건을 생산, 사용, 양도, 대여 또는 수입하거나 그 물건의 양도 또는 대여의 청약을 하는 행위를 말한다.

방법의 발명인 경우에는 그 방법을 사용하는 행위이며, 물건을 생산하는 방법의 발명인 경우에는 그 방법을 이용하여 물건을 생산하거나, 또는 그 방법에 의하여 생산된 물건을 생산, 사용, 양도, 대여 또는 수입하거나 그 물건의 양도 또는 대여의 청약을 하는 행위를 말한다.[8)]

특허권자는 스스로 발명을 실시할 수 있고 타인에게 사용을 허락할 수 있다. 후자의 경우 전용 실시권은 허락을 받은 타인이 계약에서 정한 범위 안에서 독점적으로 지배, 이용할 수 있는 권리이다.

통상 실시권은 배타성이 없는 채권적 권리이므로 실시권을 설정한 후에도 특허권자는 자신이 스스로 실시할 수 있고, 또 통상 실시권이나 전용 실시권을 권리자가 시장 환경이나 기업 환경에 맞추어서 설정할 수 있다.

특허는 발명에 노고를 국가에서 치하하며 이에 대하여 한시적으로 개인이나 단체(법인)등 에게 주어지는 권리이다.

그러나 이는 단순히 발명하였다는 사실로부터 당연히 주어지는 것이 아니라, 발명자나 그 승계인이 발명 내용을 특허법 상 일정한 기재 방식에 따라 기재 불비 없이 작성한 특허 명세서 및 도면을 특허청에 출원하고 특허청은 이를 심사한 결과 특허를 받을 만한 자격이 있다고 판단되는 경우에 특허를 부여하는 것이다.

특허는 발명적 착상을 하고 이를 구체화한 사람인 발명자에게 원시적으로 귀속된다. 아울러 2인 이상이 공동으로 발명한 경우 특허는 상호 공유하도록 한다(33조 2항). 한편 특허청 직원 및 특허 심판 직원은 상속 또는 유증의 경우를 제외하고는 재직 중 특허를 받을 수 없다(33조1 항 단서).

발명이라 함은 발명이 유체 물에 나타나는 경우로서 화학물질(재료적인 물건)이나 기계, 기구, 장치, 시설(제품 적인 물건)과 물건의 특정 정실을 이용하는 물건(용도 발명)같은 유체물에 관한 발명이다.

---

8) 정갑주 외(2011), 「지식 재산권 법(12정판)」, 일조각 출판사, pp.25-26

방법의 발명은 물건을 생산하는 방법의 발명과 분석 방법, 측정 방법과 같이 직접적으로 물건의 생산이 수반되지 않는 협의의 방법의 발명을 포함한다.

그러므로 특허를 받을 수 있는 권리자인 발명인은 발명의 완성과 함께 실제로 그 발명을 완성한 자에게 인정된다. 발명은 사실 행위인바 대리인에 의한 발명이나 법인 자체에 의한 발명이란 있을 수 없다고 규정하고 있다.

또한 발명자가 특허를 받을 수 있는 권리의 일부를 양도한 경우에도 공유관계가 발생한다. 그러나 특허를 받을 수 있는 권리의 지분 양도에 있어 다른 공유자의 동의를 요건으로 하거나(37조 3항), 특허를 받을 수 있는 권리 자체의 분할이 불가능하다는 점에서 그 실질적인 공동 소유 형태는 합유 라고 할 수 있다.

특허를 받을 수 있는 권리가 공유인 경우 공유자 전원이 출원하여야 하며(44조), 공유자의 일부에 의한 출원은 거절되며(62조), 심판의 당사자가 되는 경우에도 전원이 하여야 한다는 것이다.[9)]

한편 우리의 특허법 상의 발명의 요건은 "자연법칙을 이용한 기술적 사상의 창작으로서 고도한 것"을 말한다. 즉, ① 자연법칙의 이용성, ② 기술적 사상의 창작성, ③ 고도성을 요구한다고 할 수 있으며 발명의 정의 규정에 대해 우리나라와 같이 입법례[10)]를 두고 있지 않은 나라가 많다.

이는 발명의 다양성을 고려해 볼 때 일의적으로 정의하기 곤란하기 때문이다 특허법 상 보호 대상은 발명이기 때문에 발명에 대한 정의를 내려야 할 필요성이 있다.

이에 대해 법에서 규정 두고 있기도 하고, 판례나 학설로 맡기기도 하는데, 전자는 법적 안정성이 높아지고, 후자는 명확성을 잃지만 그 시대에 적합한 발명의 정의를 내릴 수 있는 장점이 있다.

우리나라의 경우는 후자의 경우로 빠르게 변화하는 발명의 개념에 폭넓게 수용할 수 없는 단점이 있다. 또 특허법이 특허 능력이 있는 발명만을 정의하고 일반적 발명에 대해서는 언급이 없어 비판이 있기도 하다.[11)]

---

9) 저작권법 일부 개정 법률/ 2011.12.2. 공포 / 2012.3.15. 시행령

10) 입법례(立法例, Legislation case) : 법규 제정에 관하여 이전부터 있었던 여러 나라의 사례

11) 박희섭 외(2002), 「특허법 원론」, 세창 출판사, pp.115

2 꼭 배워야 할 미국 특허

[1] 미국 특허의 역사

미국은 자타가 인정하는 세계 최고의 경제력과 군사력을 갖춘 초강대국이다. 중국이 아무리 쪽수로 밀고 있지만 미국을 군사적, 경제적으로 따라잡기에는 우리 생에에는 없을 듯하다.

미국은 우리의 일 년 예산과 버금가는(애플사(2014)매출액 1,827억 달러(214조3,071억 원)) 매출을 단 하나의 기업에서 창출한다. 이러한 다국적 기업들이 즐비하게 포진하고 있는 곳 또한 오늘날의 미국이다.

또한 우리의 일부 대기업만이 할 수 있는 일인 연구 개발에 수천억 달러를 투자하고 이를 생산하기 위해 수천억 달러를 투자한다. 특허와 더불어서 넓은 영토와 자원, 자본을 가진 미국의 제조업 부문 또 한 미국 경제의 흔들리지 않는 기반이라 할 수 있다.

미국의 특허 시스템은 자국의 회사를 보호하고, 미국에서 제품을 계속하여 생산할 수 있는 동기부여를 제공한다. 특히 첨단산업인 BIO 관련 회사는 미국에 1,200개 이상이 있으며 생명 공학 회사, 교육 기관, 국가 생물 공학 센터의 지원을 받아 전 세계 30개국에 수출된다.

바이오 회사는 혁신적인 연구와 의료, 농업, 공업 및 환경 생물 공학 제품의 개발에 정부와 협업하여 적극 참여하고 있다.

또한 바이오 국제 컨벤션을, 세계 최대 규모로 개최하며 대규모의 투자를 받는다. 그리고 특허 시스템에 개선이 가능하다고 생각하면 미국은 즉시 의회와 미국 정부가 적극적으로 공동으로 나서서 개선을 위해 노력하고 있다.

미국은 대통령이 솔선하여 자국의 특허를 과거에서부터 강력하게 지켜 왔다는 것이다.

최근 버락 오바마 미국 대통령은 국가의 강한 특허 시스템과 혁신이 세계적인 리더가 될 수 있다고 했다. 특허 보호를 약하게 하거나 게을리 하면 이 리더십을 위태롭게 한다고 하였다.

특허법 개혁은 조금은 늦은 감이 있다고 주장 하였다.[12)] 특허법을 개선하는 시스템은 현재의 경제 환경에 신중하게 고려하고 토론 등을 필요로 한다고 하고 특허 개혁 법안을 다룬 청문회를 웹 캐스트(Web Cast 인터넷 생방송)를 통해 방송되기도 한 것이 오늘날 미국 사회의 현실이다.

---

12) 특허청(2011) “국내, 외국 기업 간의 특허 분쟁 분석”

(1) 가 출원과 정규출원

앞서 주지하였듯이 한국과 미국의 특허는 모두 특허청의 심사 후 발행이 인정된 경우에만 발생한다. 그리고 출원서를 바탕으로 출원 발명에 대한 특허 요건을 심사하며, 특허 청구 범위의 전부 또는 일부가 특허 요건을 충족하지 못할 경우 심사관의 거절에 대한 이의를 제기할 수 있다.

특허 출원 과정 중 우선권을 결정하기 위한 절차가 시작되고 특허청의 우선권 결정 위원회에 의해 누가 최초의 발명자인지가 결정된다. 특허가 발행되는 경우 특허권자는 20년간 발명 제품을 배타적으로 생산. 사용하거나 판매할 수 있는 막강한 권리를 보유하게 된다.

다만, 의약품과 같은 발명 특허인 경우에 상품화하기 위한 조건으로 정부의 허가를 받아야 하므로 특허 사용이 제한될 수 있다. 따라서 이 경우에는 최고 5년까지 특허 사용 기간의 연장이 가능하다.

[표 8] 미국 특허 제도 변천사

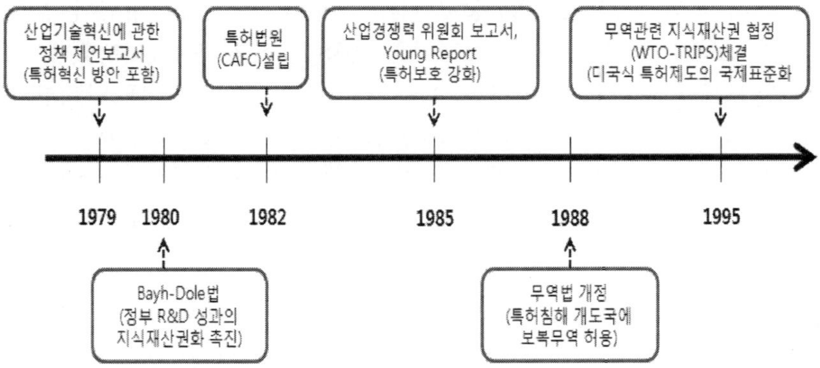

출처 : http://www.USPTO.gov/미국 특허청(미국 특허 관련 제도 변천사)

이러한 미국의 특허 출원은 크게 가출원과 정규 출원, 국제 PCT 출원으로 나누어진다. 우리도 최근 특허법 개정에 의하여 청구 범위를 추후에 제출하는 제도를 몇 해 전부터 실시하고 있다.

미국의 정규 출원은 다시 최초 출원과 연속적인 출원으로 구분되고, 연속적인 출원은 다시 계속 출원, 일부 계속 출원, 분할 출원으로 점차 나누어진다.

특허법 제 154조에 따르면 분할 출원 혹은 계속 출원(일부 계속 출원 포함)의 경우 원 출원일로 출원일을 계산하기 때문에 이들 제도를 악용하여 특허 기간을 연장하려는 시도는 허용되지 않는다.

또한 미국 특허는 선 발명 주의, 공개의 의무, 심사 청구의 부재, 재심사,

주변 한정 주의, 선 발명 심사, 물질 특허, 식물 특허, 일부 계속, 특허 청구 범위의 다항제, 출원공고 제도의 불채용, 이의신청 제도 불채용 등을 그 특징으로 들 수 있다.

그리고 '누가' 특허를 획득 하는가 만이 아니라 '무엇'을 특허의 대상으로 포함할 수 있는가 에도 점차 변화가 나타났다.

과거 미국 특허에는 역사적으로 알고리즘(Algorithm)이나 업무 처리 절차는 특허의 대상으로 여겨지지 않았기 때문에 소프트웨어나 금융 상품을 특허 출원 한다는 것은 불가능 하다고 여겨졌다.

그러나 태양 아래 있는 인간에 의하여 만들어진 어떤 것도 특허의 대상이 될 수 있다고 판결한 1980년 미생물 특허의 선구적인 판례(Diamondv. Charlatanry)를 기점으로 미생물, 생명 조직, 그리고 실험 기술 등이 특허 대상으로 포함되게 되었다.

1981년 초대 법원은 상기 판결에서 물리적 과정을 뒷받침 하는 여러 소프트웨어들은 부품으로 볼 수 있기 때문에 특허 가능 하다고 판결하였다. 즉, 상기 미생물 특허의 선구적인 판례로 알고리즘, 수학 공식 그리고 자연의 법칙 등이 특허의 대상으로 포함되었고 우리도 이를 벤치마킹하여 허용하고 있다.[13)]

1998년 1월에는 미국 연방 순회 항소 법원은 뮤추얼 펀드에 의해서 사용되는 실시간 회계 프로그램까지 특허 가능하다고 판결하였다.

이로써 소프트웨어 및 금융 상품에 대한 특허 가능성 제약이 제거되었다. 이후 특허 대상이 금융 상품, 비즈니스 모델 그리고 전자 상거래 분야로까지 확대되고 말았다.

이처럼 특허청과 일련의 법원 판결은 생명공학, 소프트웨어 그리고 비즈니스 모델을 특허 가능한 대상으로 포함시킴으로써 이들 새로운 기술 패러다임에서 미국 기업들이 우위를 갖도록 법적으로 완화 하고 이를 특허를 통하여 보장하였다.

그리고 1981년 초대 법원은 상기 판결에서 물리적 과정을 뒷받침하는 여러 소프트웨어들은 부품으로 볼 수 있기 때문에 특허 가능 하다고 판결하였다. 상기 미생물 특허의 선구적인 판례의 판결로 알고리즘, 수학 공식 그리고 자연의 법칙 등이 특허의 대상으로 모두 포함되었다.

이에 대하여 개정 법안은 선행 기술과 비교하여 당해 특허가 구체적으로 기여한 경제적 가치만을 고려하여야 하며 특허권자가 침해 물품 또는 프로세스의 시장 수요가 주로 자신의 특허에 의한 것이라는 것을 증명하지 않은 이상, 전

13) 특허청(2012), 한·미 FTA 발효에 따른 특허·상표 제도 변경 안 공표

체 시장가격을 기준으로 손해 배상액을 산정하여서는 안 된다고 규정하고 있다.

그리고 현행 미국 특허법은 출원인의 출원시 본인의 출원이 다른 나라 국내 출원이나 국제 조약에 의한 국제 출원으로 출원되지 않았고 앞으로도 출원할 의사가 없다는 것을 밝히면서 동 출원 내용을 공개하지 말 것을 청구하면 18개월 공개에서 제외할 수 있도록 되어 있다.

한편 미국은 정부 말고도 각종 금융기관이나 벤처 캐피탈로부터 특허출원 비용이나 특허 등록 후 보조금을 다양하게 지원 받을 수 있으며 특허를 담보로 하여 돈을 대출하는 여러 가지 제도가 매우 잘 갖추어 졌다. 또한 출원 시에는 발명자가 서명한 선서서와 선언서가 필요하며 우리도 속히 명분 있는 이 제도를 적극 활용하는 것이 바람직하다.

또한 종전에는 출원 공개 제도가 존재하지 않아 특허등록이 완결된 후에만 그 내용이 공개되었는데, 지난 2000년 11월 29일 시행된 개정 법률에 의해 현재는 출원일로부터 18개월이 경과한 후에 출원 공개를 실시하고 있다.

최근 들어 미국 정부는 점차 특허 정책을 크게 확대하고 있다. 특허 시스템의 정책은 매우 중요하며 제품 개발을 위한 진취적인 특허 자체의 효율성을 향상시킨다는 점이며[14] 미국 특허 정책의 장점은 우리가 적극 벤치마킹하고 도입하여야 한다는 것이다.

(2) 헌법으로 보호된 미국 특허

웬만한 지식인들이라도 미국 연방 헌법 제 1조에 특허법이 들어 있다는 사실을 아는 경우는 매우 드물다. 하지만 영국에서 독립한 후 1788년에 제정된 미국 연방 헌법 제1조 제8항에는 특별한 지식을 이용하여 발명한 물건에 대해 일정 기간 국가가 그 이익을 보장해 준다는 특허법이 확실하게 명시되어 있다. 그러나 18세기 그 법은 오로지 미국 시민들에게만 국한되었다.

미국 출판업자들은 외국인들에 의하여 쓰인 작품들을 자유롭게 출판하도록 허용되었고 그때에는 온통 불법 천지였다.

당시 영국의 인기 작가였던 찰스 디킨스(C, Dickens)는 이런 관행에 대해 강하게 비난하였다.

그는 1841년 미국 순회 연설에서 자신과 같은 저자들에 대해 가해진 무차별적인 불법 복제에 대해 청중들에게 맹렬히 열변을 토했다. 그는 다음과 같이

14) Ludmila Striukova(2007), “Patents and corporate value creation : theoretical approach”,University College London, Intellectual Capital Journal, Vol. 8, No. 3, pp.431-443

전하였다.

아무도 감히 그 법에 대해 목소리를 내지 못하고 있었지만 "나는 보스턴에서 국제 저작권에 대해 이 불법에 대하여 연설했다. 그리고 다시 하트 포드에서 그것에 대해 다시 연설했었다.

이 세상에서 그 법에 의해 가장 손해 보는 사람은 바로 우리 작가들이다. 그런 괴물 같은 불의와 불법을 생각할 때 나의 피는 펄펄 끓어올라서 터질 것 같다고 매우 강한 호소와 강변을 하였다." 그러나 1853년에 미 연방 순회 법정은 미국 여류 소설가 H. B. 스토우(H, B Stowe) 의 "톰 아저씨의 오두막"의 독일어 번역이 그녀의 저작권을 침해했다는 그녀의 주장을 어이없이 단번에 기각했던 것 이였다.

그 후로 1886년에 베른협약(Berne Convention)[15]이 조인된 지 100년 이상이 지난 1989년에 이르러서야 미국은 그 협약을 조인했는데, 미국은 이제 더 이상 특허의 소비자 보다는 창조자, 수입자라는 사실 때문이었다.

미국 기업의 특허에 대한 저항은 1873년 대공황 전에는, 대부분의 대형 회사들은 새로운 기술의 생산자라기보다는 모두 소비자들이었다. 미국 기업들은 그러한 개인 재산권을 존중할 의사가 전혀 없었었다. 그들은 발명가들에게 최소한만 지불하든지 또는 전혀 지불하려 하지 않았다.

그 당시 경제를 주름잡았던 초우량 회사인 철도 회사들을 살펴보면. 이들 거대 기업들은 개인 발명가들의 특허를 일상적으로 유린했다.

발명가들이 보상을 받을 경우에는 그 금액은 정말 털끝만큼으로 적었다. 이는 철도 회사들이 정부의 힘을 업고 로비를 하여 그 힘이 너무 강력했기 때문이었다. 가끔 법정이 개인 발명가들의 손을 들어주어 아주 작은 보상을 하게 하였지만,

그러나 보통은 철도 회사가 재판에서 대부분 승소하였음으로, 철도 회사들은 로열티로 지출되는 거액의 돈을 절약할 수 있었다.

1890년에 제정된 셔먼법(Sherman Act)[16]은 미국에서의 특허의 변화에 있

15) 베른협약(Berne Convention)이란 문학, 예술적 저작물의 보호를 위한 베른협약은 저작권 보호에 관한 기본 조약이다. 협약은 저작물이 외국에서 보호받아야 할 최소 조건을 규정한다. 베른협약(Berne Convention)은 1886년 스위스 베른에서 체결되고 이후 여러 차례 개정됐다. 발효 중인 것은 1971년에 개정된 파리 의정서(Acte De Paris)로, 모두 38개조와 부속서 6개 조로 이루어지며, 세계 지식 재산권기구(WIPO)에서 관리한다. 이 협약을 보충하는 조약으로 세계지식 재산권기구 저작권 조약(WCT)이 있다. 출처 : "두산 백과사전"

16) 셔먼법(Sherman Act)은, "1890년 세기 말 미국 상원 의원 존 셔먼이 자본주의 역사에 길이 남을 발언을 했다. 요약하면 이렇다. 정치에서 군주제를 원치 않듯이 경제에선 독점을 원치 않는다. 반 독점법 효시로 꼽히는 '셔먼 독점금지법'이 제정된 것은 1890년이다. 미 상,하원의 다수당은 친 기업 성향의 공화당이었지만 꿀 먹은 벙어리였다고 한다. 대중이 환호한 탓이다. 결국 철도, 담배 트러스트는 물론 미 석유 시장을 장악한 록펠러 가문의 스탠더드 오일도

어 하나의 이정표를 세웠다. 이 법이 개인 발명가들을 법으로 수평적 합병을 금지했기 때문에, 많은 회사들은 기업의 성장을 촉진하는 수단으로 사내 연구와 개발로 돌아서게 되는 계기가 된 것이다.

거대 기업들은 그들의 발명들에 대하여 또 다른 잠재력이 있는 것을 우연하게 깨달았다. 그들의 특허를 이용하여 반 독점법 조항 법률을 위반하지 않고도 경쟁을 제한하는 도구로 삼을 수 있게 되었다. 특허 라이선스는 GE와 듀폰이 화학과 전기 장비 산업에서 국제적 카르텔(Cartel)을 형성하는 기초를 제공했다. 이들 국제 시장-분할 합의의 미국 참여자들은 그들의 국제적 합의를 특허 라이선스로 만드는데 온 힘을 기울였다.

그들은 배타적 라이선스와 특허의 상업적 이용에 대한 제한은 미국의 반독점 법을 위반하는 것이 아니라고 논리를 전개하였다.[17)]

특허의 발달의 다음 단계는 수십 년 후 특허에 대한 소송들이 현대 산업 특히 군사적 응용에 아주 결정적인 산업들의 발전을 저해하기 시작할 때 왔다.

그 시점에 연방 정부가 개입하여 소송을 중지시켰다. 연방 정부는 이해관계자들이 모두 협력하라고 요구하였다. 사실상 연방 정부는 소송들 때문에 군사기술 발전이 저해될 것이라는 것을 깨달았던 것이다. 그 결과 연방 정부는 기존의 특허법을 무시하고 회사들에게 소송을 중지하라고 강요하였다.

미국의 초대 대통령인 조지 워싱턴(G, Washington)은 건국 초기에 특허의 필요성을 역설하면서 과학기술의 발전을 위해 발명을 중시하는 풍토의 조성에 심혈을 기울였다고 한다.

한편 미국 특허청의 입구에는 에이브러햄 링컨(A, Lincoln)의 다음과 같은 문구가 새겨져 있다.

특허는 "천재의 불꽃에 관심의 연료를 첨가한다.[18)] "링컨 자신은 1849년 5월 22일에 배를 얕은 곳으로 끌어올리는 견인 장치로 특허 번호 6,469호를 등록 받았다.

그러나 오늘날은 개인 발명가는 더 이상 특허의 소유권에서 두드러지게 나타나지 않는다. 대부분의 특허는 다수의 엘리트들이 포진하고 있거나 대기업들에게 속해 있다.

칼날을 못 피했다. 미 연방 대법원은 1911년 스탠더드 오일을 여러 독립 회사로 분리하도록 명령하였으며 미국 역대 부호 1위라는 존 D록펠러가 자선가로 변신한 것은 그 후의 일이다. 주류 경제학 관점으론 독점 기업은 여간 골치 아픈 존재가 아니다. 경쟁 시장에서라면 시장에서 형성된 가격을 군말 없이 수용해 생산량을 정하는 가격 수용자(Price Taker) 역할을 해야 할 기업이 가격 설정자(Price Maker) 노릇을 하기 때문이다. 출처 : 두산 백과사전

17) David Mowery & Nathan Rosenberg(1998) Paths of Innovation, University of Chicago Press, 2004, pp.120-121

18) 미 특허청 입구의 문구

기업 대 개인의 창의성 개인에서 기업으로의 경제활동의 변화는 경제학자들의 관심을 크게 끌지 못했다. 경제 이론 자체는 개인들이 시장에 어떻게 반응하는 가에 대한 분석을 중심으로 이루어지는데도 말이다.

그리하여 19세기 미국에서는 경제발전을 위한 기업과 사적 재산권의 역할이 강조되고 있었다. 경제적 가치가 법에 반영되어, 각종 법이 유용성을 법 해석과 판단의 중요한 기준으로 삼았다. 법이 가지는 최상의 가치는 기업이 법으로부터 원하는 것을 얻는 것이었다.

법 또한 경제 성장을 일으키는 중요한 수단이 된 것이다. 미국은 1640년에서 1776년까지 영국의 특허법 개념을 받아들였지만, 19세기 초만 하더라도 미국의 특허법은 매우 미비하게 운영되었다는 것을 알 수가 있다.

(3) 미국 기업의 특허 중시 경향

우리와 다르게 미국 기업들은 특허 중책 적인 기업 경영을 하고 있고 특히 IBM 사는 미국에서 지난해까지 20년째 매년 최다 특허 기업으로 꼽혀 왔고 특허하면 IBM인 셈이다. IBM사는 제품과 서비스에 걸쳐 여러 사업을 하고 있지만 매년 2 조원 이상 꾸준하게 유입되는 기술료 수입은 안정적인 수익 구조를 유지하는 데 일등 공신 노릇을 한다.

IBM은 원래 자사 제품에 활용하기 위해 연구 개발했기 때문에 다른 회사에 기술을 제공하는 것에는 그다지 관심이 없었다. 하지만 1993년 루이스 거스너(Gerstner Louis)가 최고 경영자(CEO)로 취임한 후 핵심 기술과 1등급 기술은 자신들이 사업화하고 주변 기술과 2~3등급 기술은 적극적으로 다른 기업에 이전해 로열티도 챙기고 우호 세력을 구축하는 사업 전략을 선택했다.

IBM이 지난해 미국에서 취득한 특허는 모두 4,914건. 마이크로소프트(MS)와 휴렛팩커드(HP), 오라클, 애플, 구글 등 초일류 혁신 정보 기술(IT) 기업들이 지난해 만든 특허를 모두 합쳐도 모자라는 수치다. IBM이 전 세계를 통틀어 보유하고 있는 특허는 무려 4만개가 넘는다는 것이다.

그러나 IBM이 이룩한 특허 왕국은 빛 좋은 개살구에 지나지 않는다는 지적이 있다. 건수만 많지 제대로 구실을 하는 특허 돈 되는 특허는 얼마 되지 않는다는 것이다.

이처럼 IBM은 서버 사업, 소프트웨어 개발 사업, 쇼핑몰 사업 등 이러한 사업을 통해 수익을 얻고 있으며 IBM사는 PC 부분만 몇 해 전에 결국 중국 레노버(Lenovo)사에 매각하게 되었다.

미 특허 상표국(USPTO)에 2013년 기업이 발행한 특허는 과거 최다인 22만 4,505건으로 2011년과 비교해 약 2% 증가했다. 해당 데이터는 미국 특허 정보 서비스 업체인 IFI 페이턴트 인텔리전스(IFI Patent Intelligence)의 1월 11일 발표 보고서에서 밝혀졌다.

기업별로는 미국 IBM이 6,180건 취득해 20년 이상 연속으로 선두였다. IBM은 지난해부터 몇 차례에 걸쳐 미국 구글에 수백 건의 특허를 판매했다. 한국의 삼성전자(4,894건)가 2013년과 비교해 변함없이 2위였다, 3위는 전년 4위였던 캐논(2,821건)이 차지했다. 4위는 파나소닉(2,559건), 5위는 도시바(2,483건) 등 일본 기업이 차지했다. 2013년 3위 이었던 미국 마이크로소프트는 순위가 6위로 순위가 떨어졌다. 이 외 소니, 혼다, 도요타 등 50위까지 일본 기업은 19개 회사가 랭크되었다.

아시아(일본, 한국, 대만) 등의 기업이 상위 50개사의 절반 이상을 차지했다.[19] 업종별로는 자동차 관련의 특허 취득이 가장 활발했다, 일본회사인 혼다와 도요타와 미국 포드 모터 컴퍼니(Ford Motor Company)가 출원한 특허 건수는 전년 대비 40% 증가했다, 미국 GM의 취득 특허 건수는 전년 대비 16% 증가했다.

2위인 삼성전자와 스마트 폰이나 태블릿 분야에서 특허 소송을 벌이고 있는 미국 애플은 전년 대비 20% 많은 676건의 특허를 취득하여 39위였다

특허 관련 조사 회사인 미국 IFI 클레임스 페이턴트 서비스(CLAIMS Patent Services)는 미국 특허 상표청(USPTO)이 2015년 부여한 특허 기업별 등록 순위 상위 50위를 발표했다.

해당 조사에서는 IBM이 7,534건으로 22년 연속 1위를 차지했다. 이어서 삼성전자가 4,952건, 캐논이 4,055건, 소니가 3,224건, 마이크로소프트가 2,829건으로 뒤를 이었다. 구글은 2,566건으로 8

[표 9] 미 특허 취득 건수 순위

순위	기업
1	IBM
2	Samsung
3	Canon
4	Sony
5	Microsoft
6	Google
7	Toshiba
8	Intel
9	LG
10	Panasonic

출처 : 블룸버그 2015, 비즈니스 위크

[표 10] 최근 5년간 미 특허 가치 기업

순위	기업
1	Microsoft
2	Samsung
3	Canon
4	Hewiett-Packard
5	Intel
6	Hitachi
7	Ricoh
8	IBM
9	Panascnic
10	Seiko Epson

출처 : 블룸버그 2015, 비즈니스 위크

19) 블룸버그(2015), 2015비즈니스 위크지 경제면

위에 처음으로 톱 10위에 진입해 주목된다. LG전자는 2,122건으로 9위에 이름을 올렸다.

IBM이 등록한 특허, 건수 중 7,534건은 전년 대비 10.6% 증가한 숫자다. IBM은 연간 7,000건의 특허를 등록한 최초의 기업이 되었다. 2위인 삼성전자에는 2,500건 이상 앞섰으며, 1년 수여 건수로 액센츄어(Accenture), 아마존, 구글, HP, 인텔, 오라클의 특허 등록 수를 합산한 것보다 많았다.

삼성전자는 전년 대비 5.9% 증가, 캐논은 6% 증가, 소니는 4% 증가, 마이크로소프트는 6.3% 증가해 모두 전년보다 등록 숫자가 증가했다.

처음으로 톱 10위에 진입한 구글은 전년 대비 38.6% 증가하여 특허 출원수를 늘려 7위인 도시바에 불과 21개 차로 따라잡았다, 5위인 마이크로소프트에 263개 차이 밖에 나지 않았다. 애플은 전년 대비 12.8% 증가한 2,003건. 톱 10위에는 들지 않는 11위였지만 10위인 파나소닉보다 92개 뒤쳐진 것이었다. 상위 50개 회사 중 미국 기업은 19개였으며, 이 숫자는 2011년과 2012년에는 17개, 2015년에는 18개로 조금씩 증가한 것이다.

한편, 일본 업체는 18개사가 톱 50위에 진입했다. 3위 캐논, 4위 소니, 6위 도시바, 10위 파나소닉, 13위 후지쓰, 14위 세이코 엡슨, 15위 리코, 21위 도요타 자동차 등이 순위에 이름을 올렸다.

1위에 오른 IBM의 발표에 따르면 2014년에 등록된 특허 중 약 40%인 3,000건 이상은 클라우드 컴퓨팅, 애널리틱스 모바일, 소셜 보안 등과 관련된 발명으로 과거 5년간 IBM은 이 분야의 특허 취득을 2배로 늘려 왔다고 밝혔다. 또한 500건 이상의 특허는 "왓슨(Watson)" 등과 관련된 정보와 경험 학습 기술이었다고 한다.

IFI는 미국이 등록한 특허 건수가 이번 8%나 증가했고, 조사가 시작된 이래 처음으로 30만 건을 넘어섰다고 밝혔다.

이와 같이 부동의 특허 1위 기업인 IBM사는 이처럼 이윤이 없는 부문을 과감하게 정리하였고 여전히 서버 사업, 인증 사업 등 관련 업종에서 판매를 하고 있다. 컴퓨터 회사치고 X86 Core를 사용하는 업체는 모두 로열티를 지불한다고 볼 수 있다. 이는 IBM사의 촘촘한 특허 그물망에 모두 걸리기 때문이다.

일종의 원천 기술에 대한 로열티 성격이다. 한국이 CDMA 폰을 팔 때마다 퀄컴에 지불하는 로열티도 이와 같은 이치이다. 우리가 사용하는 Windows를 기반으로 하는 PC와 X86 Core를 사용하는 PDA, 태블릿 PC, 산업용 PC 모두가 해당된다고 볼 수 있다.

얼마 전 블룸버그 비즈니스 위크지는 '특허 왕 IBM의 위상이 흔들리고 있다고 보도했고 상기 IBM은 의료 및 바이오산업으로 눈을 돌리고 있다. 미국 특허 컨설팅 업체 오션 토모(Ocean Tomo)에 의뢰해 매출 기준 상위 1,000개 글로벌 기업이 최근 5년 새 미국에서 출원한 특허 가치를 분석한 결과 내린 결론이다.

미국 IT기업 시스코 시스템(Cisco Systems)의 마크 챈들러(Mark Chandler) 고문은 "건수 기준 특허 경쟁은 기업에 득이 될 게 없다며 특허를 무조건 많이 보유하는 것이 꼭 좋은 일만은 아니라고 말했다."[20] IBM사는 연구 개발(R&D)에 막대한 투자를 하고 있는 만큼 IBM이 특허를 통해 거둬들이는 수입은 엄청나다. IBM은 지난해 R&D 부문에 58억 달러를 투입했다.

전체 매출의 6%에 달하는 액수이며 그만큼 남는 장사가 되기 때문이다. IBM은 지난해 30개 특허를 통해 모두 20억 달러 가까이를 벌어들였고 라이선스 수입이 대부분을 차지했다.

브루스 레만(Lehmann Bruce)전 미국 특허상표청장은 IBM의 특허 부문은 회사 이익의 핵심(Profit Center)이라고 말했다"하지만 IBM의 덩치를 감안하면 이런 실적은 그리 내세울 만한 게 못 된다. 일례로 다국적 제약 기업인 화이자(Pfizer. Co)는 콜레스테롤 처방 제인 리피토(Lipitor) 관련 특허를 통해 전체 매출의 25%를 빨아들이고 있다.

지난해 매출만 110억 달러에 달했다고 한다. 한편 코드 분할 다중 접속(CDMA) 원천 기술을 보유한 미 퀄컴(Qualcomm)사는 3세대(3G)인 통신 기술인 CDMA에 이어 4세대 이동 통신(이하 4G)또한 선점하기 위하여 안간힘을 쓰고 있으며 어느 정도 선점이 진행되었는지는 알 수가 없다. 이러한 4G는 무선 이동통신 표준의 네 번째 세대를 의미하고, 3G와 2G 계열의 뒤를 이었다.

전 세계 이동통신 사업자들이 선점을 위하여 뜨거운 경쟁을 하고 있다. 4G 시스템은 LTE(Long Term Evolution)라고도 하며 초 광대역(100+ MiB/s와 같은 기가비트 속도) 인터넷 접속, IP 전화, 게임 서비스 및 스트리밍 멀티미디어를 사용자에게 제공하는 기능을 가진 포괄적이고 안정된 All-IP 기반의 솔루션이다.[21]

(4) 강력한 특허 시스템과 산학 협력

미국은 고작 60년인 한국 특허 역사에 비하여 무려 200년이 넘는 특허 역사를 통해 사회 전반적인 체계적인 특허 마인드가 구축됐으며 많은 발명가들을

20) 미국 IT기업 시스코 시스템(Cisco Systems)의 마크 챈들러(Mark Chandler)고문, 블룸버그 비즈니스 위크지 2013년 04월 13일 기고문

21) "New York Bloom berg Business Week"(2013)

통하여 실로 특허가 엄청난 부가가치를 가져온다는 많은 경험을 쌓았다.

그리고 특허를 통해 시장을 독점하고 비싼 가격에 물건을 팔고 시장을 컨트롤하는 것을 똑똑하게 지켜봤었다. 그런 경험을 바탕으로 특허에 많은 돈을 투자하고 이를 법률적으로 뒷받침하였기 때문이다.

미국이 특허 강국이 될 수 있었던 배경을 살펴보면 타인의 지식 재산을 개인 재산으로 인정 해주는 사회와 다양한 보상제도 전반적인 마인드와 이를 뒷받침하는 법원의 의지와 국가 최고 지도자인 대통령과 법원의 역할이 큰 보호막으로 작용했다.

미국은 CAFC(미연방 항고 재판소)라는 특허 전담 법원이 생기면서 특허를 강력하게 보호하는 정책을 써왔다. 기업들도 이에 자극을 받아 특허를 축적하고 이윤을 창출하는 노력을 했다. 미국은 새로운 사업 분야에 진출하기 전에 기술 확보를 먼저 한다.

직접 개발하거나 이를 매입한 후 촘촘한 포트폴리오를 구축한다.[22] 다른 후발 주자가 진입할 수 있는 기회를 원천적으로 철저하게 봉쇄하는 것이다. 우리나라 기업 중에 미국 시장 또는 신규 사업에 진출하려다 특허 장벽에 막혀 포기한 경우가 바로 이 예이며 이러한 사례가 매우 많다는 것이다.

미국의 저명한 IP 변호사인 람세이 알사람 퍼킨스 코이(Ramsey Perkins Coy Alsaram)는 미국이 세계 최고의 특허 강국이 될 수 있었던 이유 중 하나는 특허의 가치를 인정하고 이를 받쳐 줄 인프라가 잘 구축돼 있기 때문 이라며 기업이나 발명가들은 특허 가치를 높이기 위해 비싼 비용을 지불할 준비가 항시 돼 있다고 말했다.

미국은 변호사의 특허 수임료를 시간당 비용으로 청구한다. 발명이 복잡하거나 법률적으로 강한 특허를 원할 경우 수임료가 점차 비싸 진다. 비용은 시간당 150~400달러 정도로 옷걸이 등 단순한 발명은 5,000~6,000달러가 요구된다.

우산이나 칫솔 등 중간 난이도는 8,000달러, 카메라 등 약간 복잡한 것은 1만 달러까지로 높아진다. 화학이나 바이오 기술 등 아주 복잡한 기술은 1만 5,000~2만 5,000달러 이상으로 점차 올라간다.

특허 신청이 거절돼 재심을 청구할 때는 가격이 올라서 2,000달러 또는 1만 달러 이상의 비용을 추가로 내야 한다.[23]

일본도 최저 수임료가 40만~50만 엔 수준이며 우리의 100만 원 하는 특허 사무실 사무장이 마구잡이로 쓰는 카피 위주의 덤핑 특허 출원과는 본질적으로

22) 아주 경제(2013), "특허왕 : IBM 진짜 특허 왕은 MS",http://www.ajnews.co.kr/view
23) 김민철(2013), 한국 일보 기고문 미국, 특허 복잡한 만큼 돈 더 낸다.

상이하다.

그리고 특허 투자회사는 발명가에게 이익의 절반을 돌려준다. 미국 대학이나 연구소는 자체 미국 판단에 따라 필요 없는 특허는 개인에게 즉시 돌려준다.

미국 크노브 마틴(Martin Keunobeu)에 근무하는 김민철(2013) 파트너(미국 특허 변호사)는 한 일간지에서 미국 연구소나 대학은 발명을 사줄 스폰서가 없으면 돈을 들여 출원하지 않고 개인들이 스스로 선택해 출원하도록 한다며 미국도 기업이나 대학, 연구소와 직원 간의 특허 반환 소송이 적지 않지만 대부분 적절히 합의한다고 전했다.

미국 기업들이 발명에게 다양한 보상을 하고 있지만 발명가들은 '충분하지 않다'고 생각한다는 것이다. 특허에 투자하는 펀드들은 개인 발명가를 위해 더 많은 보상을 약속한다.

티머시 론더건 IV투자 전략 이사는 기업이 발명가에게 주는 보상은 전체 수익의 10%도 안 된다며 IV는 투자 수익의 50% 안팎을 발명가에게 돌려주기로 하고 다양한 아이디어를 사들이고 있다고 설명했다.

이와 같이 수익의 절반은 투자자에게 돌려주고 나머지는 회사와 발명가가 반씩 나눈다는 것이며 앞으로는 필요한 특허를 외부에서 조달하는 오픈 이노베이션(개방형 혁신)의 시대가 되고 조만간 특허가 마치 현금처럼 통용될 것이며 전략적 특허출원과 포트폴리오 구축이 더 중요해 진다고 말했다.[24)]

신기술에 많은 투자를 하고 있는 국가나 기업들은 유리한 투자 환경의 조성하기 위해 노력을 하였고 1990년대 초부터 선진국들은 생명공학 기술과 소프트웨어의 지적 재산 보호를 강화한 것도 그 한 예이다. 미국의 경우에는 장래 발전 가능성이나 기술을 등한시하고 복식 부기등 조작이 가능하고 획일적인 기업의 재무제표에 의하여 투자를 받는 것이 아니다.

특별한 기술 담보 제도보다는 잘 발달된 벤처 캐피탈에 의해 기술 집약형 벤처기업들이 필요로 하는 자금이 신속하고 효율적으로 공급하고 있다.

또한 미국은 신용 대출 제도가 잘 발달되어 있기 때문에 신용 평가 시 기술 요소에 대한 고려가 충분히 반영될 수 있으므로 기술 위주의 벤처기업들에 대한 금융기관의 자금 공급 기회가 비교적 많은 편이다.

24) 인터넷 한국 일보(2013), 전략 없는 출원, 줄줄 새는 기술 가치
http://Economy.hankooki.com/lpage/economy/201302/e2013020317121869890.htm

[표 11] 특허 출원 상위 20개국

Division		2014	Division		2013
1	China	928000	11	India	24505
2	United States of America	578000	12	Brazil	24074
3	Japan	325000	13	France	17249
4	Republic of Korea	210000	14	Mexico	15505
5	European Patent Office	135231	15	Hong Kong(SAR), China	13790
6	Germany	60585	16	Singapore	9163
7	Canada	42038	17	Israel	7496
8	Russian Federation	37691	18	New Zealand	7365
9	Australia	26003	19	Thailand	6248
10	United Kingdom	25745	20	Norway	6076

출처 : WIPO Statistics Data Base(2014), 하위권 수치는 부정확함.

그리고 기술 집약형 중소기업의 육성 차원에서 중소기업청 등에서 지원하는 특정 연구개발 사업, 정부 출연 기관 또는 대학 등과의 공동 연구 개발 사업 등에 의해 정책적으로 개발되는 기술에 대하여 기술 신용 보증제를 실시함으로써 벤처 캐피탈 또는 금융기관 등으로 부터 자금 조달이 용이하도록 지원하고 있다.

잠시 위에 표〈표 11〉을 살펴보면 중국이 부동의 특허출원 1위이었던 미국을 제치고 특허출원 1위 국가가 된 것을 볼 수 있다.

각국 기업들이 앞 다투어 중국 시장 진출을 위해 중국에 특허출원을 하는 이유도 있겠지만, 중국은 국가적으로 글로벌 기업 최고 경영자 20만 명을 양성한다는 계획을 수립하고 해외 중국인 인재를 적극적으로 중국내로 유치하는 한편 중국 기업의 기술 발전을 지원하고 있는 덕이기도 한다.

지난해 중국 특허 출원은 928,000건이며, 미국은 578,000건이었고, 우리나라는 210,000만 여건이었다. 그리고 작년 국제 특허 출원 상위 20개 기업 중에 중국 회사가 2개나 포함되어있다 그들의 약진에 놀라지 않을 수 없다.

[표 12] 인구 100 만 명당 국가별 특허출원 건수 순위

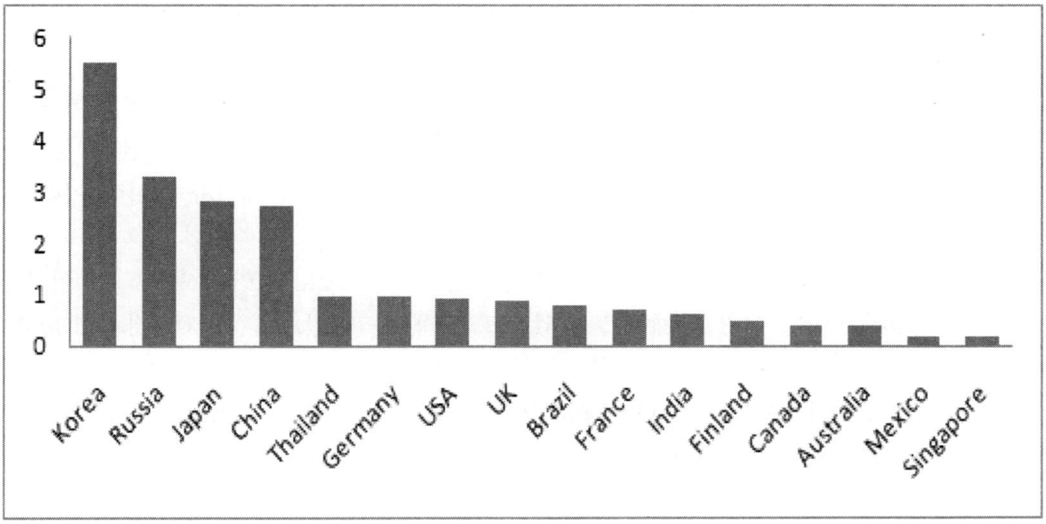

한편 미국 특허청은 특허 심사관들을 위해 검색 도구를 자동화하였고, 지난 3년간 4,000명에 이르는 특허 심사관을 대규모로 신규 채용하는 등 특허 심사 서비스의 질과 속도를 개선하기 위해 다각적인 노력을 하였다.

미국 특허법 개정안에 대하여 미국 특허청은 이에 발맞춰 특허 심사 규정을 보완하면서 특허 심사 업무를 손쉽게 하는 내용을 포함시켰다.[25)]

한편 우리나라는 최근 산학협동이 활발하게 전개되고 있지만 미국은 과거 1970년 후반 이래로 산학 활동에 의하여 미국 대학들이 발명한 특허 등록이 급속하게 증가하였다. 1979년~1984년 그리고 1984~1989년 그리고 1990~2000년부터 현재까지 8~10년 주기로 2배 이상으로 대학의 특허등록 건수가 대규모로 증가 하였다.

참고로 미국 교육부 통계(2013)에 따르면, 미국 대학교의 수는 총 6,800여 개에 이르며, 이 중 2,707개가 4년제, 2,226개가 2년제, 나머지 1,767개는 2년 미만의 대학이다.

이 숫자는 미국 본토뿐만 아니라 미국 영향력 하에 있는 아메리칸 사모아와 미크로네시아, 괌, 마셜, 북마리아나, 팔라우, 푸에르토리코 및 버진 아일랜드에 위치한 대학들을 포함한 것이다.

미국 본토에 있는 4년제 대학만으로 한정하더라도 총 2,600개가 넘는다. 지난 1980년에는 대학의 기술 이전 센터가 20여개가 대학에 존재하였으나 1990

25) http://Patentdocs.typepad.com/Patent_docs/2007/10/uspto-late-to-i. html. (2007). National Academies, A Patent System for the 21st Century(2004)

년에는 10배가 증가한 200여개 가 대학에 설치되어 운영되고 있다.

이에 따라 대학들의 라이선스 수입도 1991년 2억 2천만 달러에서 1997년 6억 9,800 달러로 2,000년 들어서는 10억 달러가 넘게 증가하였다.

그리고 캘리포니아 대학, 스탠포드 대학 그리고 콜롬비아 대학 등 특허 활동에서 선도적 역할을 수행하고 있는 3개 대학을 실증 분석한 결과 상기한 Bayh-Dole 법안은 미국 대학 특허등록 증대의 결정적 계기가 아니라 여러 제도적 변화 중 하나일 뿐이다.

미국 대학들의 특허 등록 강화 추세는 Bayh-Dole 법안이 통과되기 이전인 1970년부터 이미 존재하고 있었다고 지적 하고 있으며 1980년대와 1990년 미국 대학의 특허와 저작권 등록의 급속한 증가는 Bayh-Dole 법안의 직접적인 결과라기보다는 Bayh-Dole 법안을 포함한 특허 관련 제도의 변화 그리고 1960년부터 이미 나타나기 시작한 새로운 기술 패러다임 등장의 복합적인 결과라고 볼 수 있다.[26)]

[표 13] 한국과 미국 대학의 기술료와 특허출원 비교표

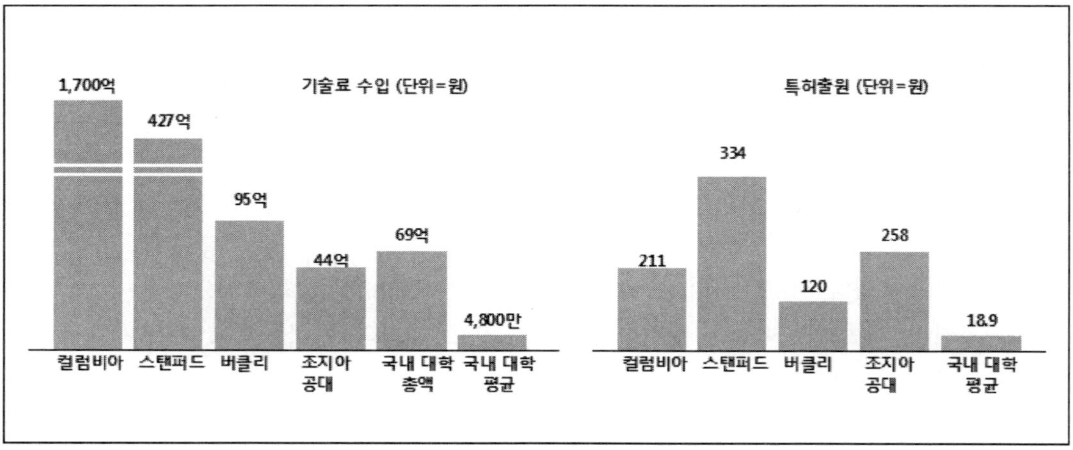

출처 : 중앙일보 돈 되는 특허 만드는 해외 대학 2011.07.19자.

한편 미국 최고의 공대인 스탠포드 대학은 로열티 수입을 발명자 개인과 발명자 소속 부서, 학교가 3분의 1씩 고르게 배분한다. 이런 지원책을 배경으로 이 대학 로열티 수입은 1969년 5만 달러에서 2015년에는 5,000만 달러로 무려 1,000배 이상이 늘어났다.

26) 매일 경제 신문(2008), "사회면 대학 특허 세계 경쟁력 살펴보니", http://news.mk.co.kr/v3/view.php?year=2008&no=204992

이처럼 스탠포드 대학의 명가들이 유전자 재조합 기술을 발명하여 이를 기업들이 낮은 로열티로 쓸 수 있도록 하여 무려 2억불에 가까운 로열티를 벌어들여 대학 발전에 크게 기여하였을 뿐 아니라 미국 생명공학 산업에 발전에 지대하게 공헌하고 있다는 사실은 유명한 일이다.

이제 무형의 아이디어를 창출하여 특허로 등록 받고 이를 사업화하여 막대한 돈으로 만드는 수많은 사례들이 생겨나면서 특허권이 지식 기반 사회의 근간이 되는 부를 창출하는 시스템으로 인식되고 있으며 우리 대학도 이를 적극 벤치마킹 하여야 한다는 것이다.

(5) 한국과 미국의 특허 정책 분석

미국은 특허 관리를 대통령 직속으로 하고 있고 일본과 독일도 총리급이 관장하는 것으로 되어 있지만 우리는 아직껏 지식 경제부 산하에 특허청이 있고 특허청 산하에 한국 발명 진흥회, 한국 특허 정보원, 한국 지식 재산 보호 협회, 재단 법인 한국 지식 재단 연구원 등이 우리의 특허 행정 업무를 하고 있는 현실이다.

[표 14] 한국과 미국의 특허 정책 총괄 기관

구분	미 국	한 국
명칭	지식 재산 집행 조정관 (2008년)	특허청 산하 한국발명진흥회, 한국 특허정보원, 한국지식 재산 보호협회, 재단법인 한국 지식 재단 연구원
소속	대통령 실	통상산업자원부
기능	지식 재산 집행 자문 위원회 주재와 특허 집행 및 단속 강화 법률 및 정책 수립 세계 각국에 지식 재산권 집행관 파견	특허출원 및 취득, 발명 진흥, 특허 정보 검색,특허 인프라 구축, 특허 관련 및 지원 업무
지원 법안	지식 재산을 위한 자원 및 조직의 우선화 법 (2006년)	입법을 통한 특허법 개정

출처 : 세계 특허 기구(WIPO), 한국 특허청에서 발췌.

미국은 앞서 말하였듯이 우리보다 특허 역사가 매우 오래되었고 자국이 그들에게 유리하도록 다양한 법으로 점차 개정이 되었다. 미국은 한국보다 특허 심사 결과(등록 또는 거절)가 일반적으로 더 빨리 결정되며 미국에서는 특허를 출원한 후, 대개의 경우 분야에 따라서 약 6개월 내지 18개월이 되면, 특허 심사 결과를 알 수 있다.

반면에, 한국에서는 예전보다는 많이 짧아 졌지만, 특허가 출원된 이후 약 2년이 지나야 특허 심사 결과(등록 또는 거절)를 알 수 있다.

이는 한국에서 특허를 출원할 당시에 심사 청구서가 접수된 경우를 기준으로 본 것이다. 결국, 미국에 출원된 동일한 특허가 허락되고, 공개된 다음 6개월 또는 그 이상이 지나야 한국 특허청의 특허 심사가 시작되는 것으로 이해될 수 있다.

최근 미국 의회는 175년 만에 처음으로 미국의 특허법을 대폭 개정하는 법안을 양원에서 가결하였다. 1952년 개정 이래 처음으로 특허법 개정안을 '리히-스미스 미국 발명법'(Leahy-Smith America Invents Act)이라는 법률로 통과시켰다.

주요 골자는 지금껏 미국 특허법이 출원자보다 발명자를 우선하던 것을 이 법안(The America Invents Act)에서는 출원자 우선으로 바꾸게 된 것이다.

미국을 제외한 다른 나라에서는 이미 다수가 출원자 우선의 특허를 갖고 있다. 그리고 지금보다 특허 심사 과정을 신속화하고 그러기 위해서는 특허청이 직접 특허 관련 수수료 수입을 직접 관리하게 된다. 이번 특허법 개정의 배경에는 출원 수가 증가함에 따라 미국 특허청의 심사 지연이 심화됨에도 심사 적체 문제를 해결하기 위한 여러 가지 개선책들이 실효를 거두지 못함에 따라, 보다 근본적인 해결책을 제시하기 위한 공감대가 형성되었다.

특허 전문 관리 회사 또는 소위 특허 괴물(Patent Troll)인 NPE(Non-Practicing Entity)[27]회사의 소송 남발로 연구, 개발 활동에 투입되어야 할 기업의 인력과 예산이 과도하게 특허 분쟁에 매진하게 되어 특허법이 오히려 기술개발을 저해하는 단계에 이르렀으므로, 특허법의 개정을 통하여 이러한 문제점을 시정하기 위한 목적도 포함되어 있다.

(6) 미국 특허 출원 절차

미국 특허 출원을 위해서는,

① 기본 서류(명세서, 도면, 청구 범위), 위임장, 출원료, ② 서지 사항을 기재한 서면(Information Sheet), ③ 발명자에 의해 서명된 선언서(Declaration), 및 ④ 정보 개시서(Information Disclosure Statement)가 필요하다. 또한 출원

27) NPE(Non Practicing Entity)란 특허를 생산 활동에 이용하지 않고 오직 돈벌이로 활용하는 기업을 말하며 하니웰이 대표적인 사례로 이 회사는 몇 년 전 자사가 가진PDP 특허를 생산에 이용하지 않으면서도 다른PDP 생산기업들을 공격하여 파문을 일으켰었다. 출처 : 두산 백과사전

과(Application Division)에서 공식 출원 접수증(Official Filing Receipt)은 출원 후 약 1~2개월 내에 발행되고, 접수 순서대로 심사관이 지정되어 심사가 이루어진다. 한국 특허와의 차이점은 미국은 심사 청구 제도가 없고 모든 출원이 심사 대상이며 한국과 미국의 특허 분류 기준이 서로 다르다.

한편 한국 특허청은 출원 또는 등록 가능한 지적 재산을 특허, 실용신안, 디자인 등록, 상표로 분류하고 있으나. 미국에서는 미국 특허청(US Patent & Trademark Office)에 출원 가능한 지적 재산을 실용특허(Utility Patent), 디자인 특허(Design Patent), 식물 특허(Plant Patent) 및 상표(Trademark)등으로 분류하고 있다. 따라서 한국의 특허 및 실용신안은 모두 미국에서는 특허, 즉, 실용특허에 해당된다.

한국의 디자인 등록도 미국에서는 디자인 특허(Design Patent)라 하여 특허라는 이름을 붙이고 있다. 이외에 미국에서는 식물 특허(Plant Patent)를 별도 지정하고 있으며 사업 방식에 대한 특허 즉,BM(Business Method) 특허도 실용특허에 모두 포함 된다.[28)]

또한 한국과는 달리 미국에서는 회사가 출원인(Applicant)이 될 수 없다. 즉, 한국에서는 특허나 실용 실안 출원서의 출원인 란에 회사 이름을 기입하면 별도의 서류를 제출하지 않아도 권리가 회사로 양도될 수 있지만, 미국에서는 발명인(Inventor)의 서명이 포함된 별도의 양도 서류(Assignment)를 미국 특허청에 제출하여야 권리가 양도(이전)될 수 있다.

양도 서류상에서 발명인은 양도인(Assignor)이 되면 권리를 양도받는 회사 또는 개인은 양수인(Assinee)이 된다.

절차상의 차이점 중의 또 하나는 심사 청구 제도이며 미국에서는 심사 청구(Examination Request)라는 말을 사용하지 않는다.

이는 특허출원 관납료는 출원료와 심사 청구 료를 포함하기 때문이다.

가령, 청구 범위가 20개 또는 그 이하이고 독립 항이 3개 또는 그 이하인 경우에 해당되는 기본 관납 료는 2003년 기준으로 750.00$인데 이 속에는 심사관의 심사비용이 기본으로 포함되어 있다.[29)] 이처럼 미국의 특허와 실용신안은 모두 미국의 실용특허(Utility Patent)에 해당되고 상표는 상표 특허, 디자인은 디자인 특허에 해당되며 한국에서처럼 미국에는 실용신안 제도가 없다는 것이며 특허의 범위가 매우 넓다는 점이다.

따라서 한국에 특허로 출원된 경우뿐만 아니라 한국에 실용신안으로 출원된 경우에도 한국 출원을 우선권을 주장하여 미국에 실용특허로 출원하는 것이 가

28) 유철현(2011), "미국 특허법 개정안의 고찰, 발명 특허 매거진,",p.38

29) MPEP(Manual of Patent Examining Procedure)(2001) 미국 특허청 8판

능하게 된다.

이는 일반적인 생각과는 달리 미국 특허를 받기가 타 국가에 비하여 상대적으로 수월하다는 의미이기도 하다.

미국 특허가 갖는 상징적인 파워를 고려한다면 상대적으로 수월한 미국 특허 취득이라는 표현은 언뜻 자가당착(自家撞着)으로 보일 수도 있다. 그러나 실질적으로 미국 특허 취득 가능성의 90% 이상을 좌우하게 되는 개량된 새로운 기술 내용 즉, 미국 특허로 출원되는 기술 내용의 신규성(Novelty)에 대한 기준이 한국의 특허보다는 상대적으로 좁다.

한국의 실용신안보다는 상대적으로 포괄적인 미국의 특허 심사 기준을 고려한다면 무리 없이 이해될 수 있다.

아쉽게도 종래의 기술보다 개량되었거나 발전된 기술 내용임에도 불구하고, 특정 미국 특허출원 건에 대하여 미국 특허청 해당 심사관이 거절 통지(Office Action)를 보내오거나 출원인의 의사와는 관계없이 포기 처리 되는 경우가 많다.

기존의 기술 내용보다 기술 우위에 있는 발명이 기술 내용과는 전혀 상관없는 이유로 거절 통지를 받고, 이를 처리하는 과정에서 미국 내 대리인과의 의사소통의 문제로 거절 극복 서류마저 제대로 작성되지 않아 포기되는 사례가 수없이 반복되는 것 또한 현실이다.[30)]

[표 15] 미국과 한국의 특허 비교 분석표

구 분	미 국	한 국
법 적용	선 발명 주의	선 출원 주의
특허 요건	신규성, 비 자명성, 유용성	신규성, 진보성, 산업상 이용 가능성
심사 청구 제도	무	유
공개 제도	유	유
공고 제도	유	유
이의신청 제도	유	유
권리 존속기간	출원일로부터 20년	출원일로부터 20년
특징적 제도	물질 특허, 재심사 제도 선 발명(저촉)심사, 가출원 제도	심사 전치

미국은 특허권의 보호를 두 가지 방향으로 추진했다.

30) Boldrin, M and Levine, D. (2002) "The Case Against Intellectual Property", American Economic Review, Vol.92, No.2, pp.209-212

첫째는 WTO등 다자간 협상을 해 공통적인 국제 보호 규범을 확립하려 했다.

둘째로는 무역 상대국 간의 쌍무적 통상 협상을 통해 미국 내의 대미 수출국에 대해 지식 재산권 침해 수입품에 대해 제재 조치를 시행하였다.

더 나아가 이러한 통상 압력 수단을 통해 무역 상대국의 지식 재산권 보호 제도를 정비 하도록 유도하는 것이다. 선행 연구로서 김새미[31]는 미국은 개발도상국의 적극적인 반대에도 불구하고 지식 재산권의 국제적인 규범을 확립하였다고 하였다,

단순히 무역과 관련한 지적 재산권의 보호뿐만 아니라 더 나아가 신지식 재산권의 보호까지 지식 재산권의 범위를 확장시키는데 주도적인 역할을 하였다고 하였다.

또 다른 선행연구로 백성근(2006)[32]의 검찰청 해외 연수 연구 논문을 살펴보면 미국은 독립 직후 연방 헌법을 만드는 과정에서 저작권과 특허를 위한 연방 차원의 법률 필요성을 인식하고, 헌법 규정으로 연방의회에 저작권과 특허에 관한 법률을 제정할 권한을 부여하였다.

그리하여 위 규정에 따라 1790년 최초로 연방 저작권법이 제정되었다. 영국에서는 1710년에 최초의 저작권법이라 할 수 있는 “The Statute of Anne” 이라는 저작권법을 제정하였다.

미국에서 위 The Statute of Anne 규정을 참고하여 연방 저작권법을 만들었고 1909 년도에는 저작권법 개정을 통하여 일부 저작권 침해 행위에 대하여 형벌을 부과하기 시작하였다.

1982년도에 녹음 또는 음향 영상물에 대하여 대규모의 침해를 한 초범을 중범으로 처벌하도록 하는 중범 규정이 18 U. S. C. § 2319에 규정되었다.

1992년에는 중범 규정인 위 18 U. S. C. § 2319를 개정하여, 1개 이상의 저작권의 보호를 받는 저작물에 대하여 2,500 달러 이상의 소매 가치를 가지는 10개 이상의 복제품이나 포노 레코드(Phono Record)를 180일의 기간 동안 복제하거나 배포한 경우 장기 5년의 징역이나 25만 달러 이하의 벌금에 처한다.

그리고 재범하거나 연속적으로 범행한 경우 장기 10년의 징역이나 50만 불 이하의 벌금에 처하도록 할 만큼 특허 침해에 대한 처벌이 강화되었다.

이 논문은 연방 저작권법을 만들었고 1909년도에는 저작권법 개정을 통하여

31) 김새미(2000), “미국의 지식 재산권 보호 정책, 일본, 중국, 한국 정책을 중심으로” 이화여대 석사 학위논문, pp.4-5

32) 백성근(2006), “미국의 지식 재산권 보호 체계”,검찰청 해외 연수 연구 논문, pp.9-10

일부 저작권 침해 행위에 대하여 형벌을 부과하기 시작하였다는 것으로 저작권 법 위반에 대한 형벌의 수위에 관하여 저술하였다. 또한 강성국(2013)[33]은 정보혁명이 시작되면서 WTO 지식 재산권 협정 등의 형태로 세계적으로 지식 재산권이 급속하게 확대되고 있다.

이러한 지식 재산권은 법적 독점이며 그러한 지식을 재생산 하는 데에는 아무런 비용이 들지 않는다. 따라서 그것의 가치는 0이 되고, 그 가격은 전적으로 독점 가격이라고 하였다.

그러나 그것은 일정한 기간 동안에는 경쟁이 회복될 수 없는 지대와 같은 성격을 가지고 있다. 독점가격은 동태적으로 경쟁이 회복되면 사라지게 된다.

지식 재산권은 법에서 정한 기간 동안에는 경쟁이 회복되는 것이 불가능하다. 그러므로 이러한 지식 재산권에 대해서는 독점 지대 개념을 적용할 수 있을 것이라고 서술하였다.

이는 WTO 세계 무역기구의 지식 재산권 협정 등의 형태로 세계적으로 지식 재산권이 급속하게 확대되고 있으며 이러한 지식 재산권은 법적 독점이다. 그러한 지식을 재생산 하는 데에는 아무런 비용이 들지 않는다. 따라서 그것의 가치는 0이 되고, 그 가격은 전적으로 독점가격이라는 것을 주장한 것을 알 수가 있다.

구체적인 수단으로 다자간 접근 방법은 개도국들에게 국제 가입을 유도한 점, 쌍무적 접근 방법으로는 관세법 337조, 스페셜 301조가 있다. 전자는 WIPO 국제 협정이 최소한도만을 규정하고 있는데 반발하여, 미국의 의사가 적극 반영될 수 있는 우루과이 협상으로 개도국들을 끌어들인 점 최혜국 대우 원칙을 지식 재산권의 분야에까지 확장시킨 점을 들 수 있다.

또한 개도국들에게 소급 보호 문제를 내포한 베른협약 가입을 불가피하게 만드는 반면 미국은 피해를 입지 않도록 법조항을 개설하였으며, 첨단산업에 우위에 있기 때문에 자국에 유리하도록 지식 재산권의 범위를 확대한 점을 들 수 있다. 미국은 자국의 지식 재산권이 침해당하는 것은 도덕적·경제적으로 받아들일 수 없다.

공리적 입장에서 지적 재산의 공공재 적인 성격을 방치할 경우 과학적 발전을 기대하기 어렵다는 근거로 지식 재산권 보호 정책을 펴고 있으나, 실상은 자국의 이익을 위해 지식 재산권이 하나의 정책 수단으로 사용되고 있음을 알 수 있다고 주장하였다.

한편 미국의 WIPO 국제 협정이 최소한도만을 규정하고 있는데 반발하여,

33) 강성국(2013), “지식 재산권의 확장과 그 효과에 대한 비판적 연구”,한신 대학교 석사 학위 논문, pp.8-9

미국의 의사가 적극 반영될 수 있는 우루과이 협상으로 개도국들을 끌어들인 점이다,

최혜국 대우 원칙을 지식 재산권의 분야에까지 확장시킨 점을 들 수 있다는 것을 알 수가 있었다. 오바마 미국 대통령은 미국이 고수하고 있던 선 발명 주의를 과감하게 버리고 세계 대부분의 국가가 채택하고 있는 선 출원 주의로 전환하는 2011년 미국 특허법 개정안에 서명하여 2013년부터 시행된다는 보도가 있었다.

위법에 의해 미국은 선 출원 주의 채택과 동시에 한국과 비슷한 선 사용주의·이의신청 제도·무효 심판 제도 등을 채택하게 된다고 한다. 구체적인 부분에서는 여전히 상이한 점이 많지만 큰 틀에서 일단 우리 법과 유사한 체제로 바뀐다는 것은 우리에겐 긍정적이라 할 곳이다.

미국의 특허법 및 그 제도가 우리 기업에 미치는 영향은 너무도 지대하다. 한국 기업들이 세계에서 가장 큰 시장 중 하나인 미국에 제품을 팔려고 할 때 끊임없이 시달려야 하는 위협 중 하나가 특허 소송의 위협이다.

최근에는 공정거래법 분야와 특허법 분야가 점점 강하게 결합되면서 외국 기업들의 미국 내 활동을 위협하는 가장 큰 요소 중 하나로 등장하고 있다. 이에 NPE에 의한 특허 소송 위협 및 이를 피하기 위한 라이선싱 비용까지 더하면 미국에서 활동하는 한국 기업의 특허 비용 및 리스크가 엄청난 것임을 알 수 있다.

미국의 특허법 개정을 계기로 외국의 법 제도가 우리나라 기업에 미치는 영향에 대하여 다시 한 번 숙고해 볼 좋은 기회라고 생각된다.[34)]

참고사항으로 최근 국가 과학기술 위원회[35)]가 2030년까지 한국이 이뤄 낼 과학기술을 예측해 발표했다. 2020년까지는 암, 고혈압, AIDS, 당뇨병의 원인이 모두 밝혀지고 현재 사망 사고 1,2위를 다투는 혈관 질환에 대비하여 혈관 청소용 나노 로봇이 등장해 무병장수(無病長壽)가 열릴 것으로 내다봤다. 아래의 유엔 미래 보고서 2045년이란 주제로 엄청나게 변화할 우리의 예상 기술과 문화를 살펴보겠다.

---

34) 디지털 타임스 : (2011), 미 특허법 개정, 특허 강국 기회로

35) 국가 과학기술 위원회는 과학기술 혁신을 위한 특별법(제4조)에 의거 설립되었다. 대통령이 위원장이며, 당연직 위원 14명과 민간 위원 9명으로 구성되었고 1970년대 이후에(종합 과학 기술 심의회)(과학 기술 장관 회의)등을 통하여 과학기술 정책 및 사업의 조정과 부처 간 협력 강화를 도모해 왔고 대통령이 주재하는 과학 기술 정책의 최고 의사 결정 기구가 1999년 1월에(국가 과학기술 위원회)가 설치되었다 출처 : 두산 백과사전

유엔 미래 보고서 2045

① 인간 수명 130살

유전자와 줄기 세포 응용 치료 등으로 인간의 기능 향상과 능력 확대는 지속적으로 가속화되며, 인간의 평균수명은 130세가 된다고 한다. 사람의 신체나 장기를 마음대로 복제하여 아프거나 고장 나면 언제든지 바꾸어 낄 수가 있다.

② 국가 해체

지역을 넘어 같은 목적을 가진 EU 같은 국가연합이 다양하게 등장하게 되며, 심지어 세계적 부호들이 투자를 통해 신기술로 무장한 해상국가나 섬을 통째로 사들여 개발하여 입주시키는 개인국가 또는 공동체들이 만드는 마이크로 국가를 만드는 경우도 발생할 수 있다.

③ 인터넷 대기업

미래에는 대기업의 판도가 바뀌어 인터넷 기업이 대기업이 된다고 한다.

네이버, 구글, 페이스북, 알리바바,아마존 같은 인터넷 기업이 세계경제를 독식할 것이며 2045년이면 세계최대기업 70%정도가 현재 태어나지도 않은 기업들이 모두 차지할 것이라고 미래학자들은 예견하고 있다.

④ 디지털 화폐

전자화폐인 비트코인은 지폐나 동전과 달리 물리적인 형태가 없는 온라인 가상화폐다. 수수료가 없고 중앙에서 통제하는 모델이 아니라는 점에서 사회적인 관심을 불러일으키고 있다.

이는 돈의 액수를 디지털 정보로 바꾸고 이를 다른 사람이 이용하지 못하도록 암호화하여 IC 형태의 카드로 만들어 휴대하거나 자신의 컴퓨터 속에 보관하고 이를 네트워크상에서 이용하는 것을 말한다. 2045년에는 세계 단일 통화가 나오기 전에 먼저 디지털 통화가 세계를 하나로 묶을 것이며 어느 지역에 있든 가상공간에서 세계의 어떤 물건이든 구입할 수 있게 되며 지금의 직구가 더욱 활성화될 것으로 보인다.

⑤ 브레인 업로드

인간의 뇌를 스캔하여 그 안에 들어 있는 정보와 지식을 클라우드 등의 가상공간에 올리는 작업이 시작된다. 미래에는 이런 개인의 경험, 지식, 정보를 가상공간에서 판매하게 된다.

현재 유투브나 페이스 북에 올린 지식은 무료이지만 미래에는 저렴한 가격에 제공될 것이다.

특히 일자리를 잃은 사람들 사이에서 이런 지식 제공이 일거리가 될 수도 있다.

이와 같이 인간의 뇌속의 정보와 지식을 클라우드 등의 가상공간에 올리고 이런 개인의 경험, 지식, 정보를 가상공간에서 판매하게 된다는 것이다.

⑥ 몰입인생

실세계에 3차원 가상물체를 겹쳐 보여주는 증강현실이 삶의 부족한 부분을 채워주고 가상현실이 삶을 대체해주는 미래가 오는 것이다. 가상현실 속에는 레저나 교육을 경험하게 된다.

심지어는 세컨드 라이프[36]에서 그랬듯이 자신이 선호하는 시대의 가상현실을 만들어 그 안에서 자신이 만들어낸 삶을 살 수도 있다. 이런 가상현실은 중독성까지 불러일으켜 아예 현실로 돌아오지 않은 채 은둔형 외톨이처럼 가상현실에서 헤어나지 못하는 사람들도 대거 등장한다.

⑦ 인공지능 로봇

로봇인간의 일거수일투족을 관찰하면서 인간의 행동과 선택을 기록하고 분석한다.

그 다음 무엇을 요구할지 미리 알아내고 이를 수행한다. 로봇이 제조를 대행하고 소매 및 호텔 서비스, 치안과 보안, 수술과 간호를 대신하는 등 다양한 기능을 수행한다. 현재도 주식 관련 기사와 스포츠 기사 등을 인공지능이 쓰고 있다.

2040년에는 뉴스의 90%를 인공지능이 대신 쓰게 된다. 그 밖에도 자동차, 가전제품, 전화 등 인간이 사용하는 모든 기기에 인공지능이 삽입되어 인간을 능가하는 고도의 지능으로 인간을 지원하며 인들은 서

36) 인터넷 속에 존재하는 가상현실 공간이다. 인간이 아닌 '아바타'가 건물을 사거나 고급 포도주를 마시고, 애완동물을 기르고, 현실의 아내가아닌 사이버세상의 또 다른 아내와 사랑을 나누는 곳이다. '제2의 삶' 정도로 해석할 수 있는 가상현실 사이트 세컨드라이프(secondlife.com)는 수백 만 명에 이르는 '가상도시 주민'을 거느린 일종의 기업으로 성장하고 있다. 이곳에선 자신의 분신인 '아바타'를 통해 현실에서 일어나는 대부분의 일들을 체험할 수 있다. 물건을 사고파는 것은 물론이고 부동산 사업자가 될 수도 있고, 새로운 여자를 만날 수도 있다. 출처 : 네이버 지식사전

서히 여기에 적응해간다.

마치 휴대전화와 노래방기계가 등장한 뒤에 전화번호와 노래가사를 외우지 않게 되는 것처럼 말이다. 이와 같이 인공지능 로봇은 인간의 모든 삶을 주도하고 대행하는데, 인류의 삶을 편리하게 만들어 주겠지만 인간의 일자리도 대부분 빼앗아 갈 것이며 인간을 대신하여 전쟁을 하고 완벽한 인간의 육체를 가진 남녀 배우자 로봇도 매매 할 수 있다.

⑧ 사물 인터넷

'사물인터넷'은 인터넷을 생명체로 만든다. 모든 사물에 센서, 칩, 인공지능 등이 삽입되면 모든 사물이 서로 소통하면서 스스로 제어한다. 사물인터넷 시장은 급속하게 확장해 2030년쯤에는 사물인터넷에 사용되는 센서가 1조 개에 달하며 2036년에는 100조 개의 감지기가 연결되는 세상이 올 것이다.

이때가 되면 모든 사물이 인간이 원하는 것을 제공하고 인간을 지원할 것이다. 집은 단순히 안식처가 아닌 스마트 하우스로 인간의 가장 쾌적한 삶을 위해 존재할 것이며 교통수단이나 택배 등 모든 것이 개인의 삶에 맞춰 제공된다.

심지어 사물인터넷은 법제도조차 변화시킬 것이다. 예를 들어 교통사고가 났을 때 현장의 사물인터넷이 포함된 기기를 수집하는 것만으로 훌륭한 증거가 되며 누가 가해자인지 자동차끼리 소통하며 알 수가 있다. 이처럼 사물 인터넷은 인터넷을 생명체로 만드는데, 모든 사물에 센서, 칩, 인공지능이 삽입되면 모든 사물이 서로 소통하면서 스스로 제어하게 된다. 그리고 기존의 부를 창출하던 석유기업이나 토지부자들은 추락 할 것이다.

⑨ 합성 생물학

특정 목적을 위해 생물체를 인공 합성하는 학문인 '합성생물학'은 생물학, 분자생물학 등 생명과학과 전기전자, 컴퓨터 등의 기술과학이 결합에 탄생한 새로운 과학 분야다.

생물학적 부분, 장치, 시스템을 디자인하고 구축하기 위해 또는 자연상태의 생물학적 시스템을 인공생명체로 만드는 목적으로 제설계하기 위한 기술이다.

고대부터 인간은 생명창조라는 신의 영역에 도전해왔다. '인공 생명체'를 만드는 합성생물학의 응용범위는 무궁무진해서 나무, 돌, 인간이 융합된 생명체도 탄생시킬 수 있다.

생물학자 크레이그 벤터가 합성 DNA를 박테리아에 이식해 합성 유전체를 만들어낸 것 역시 합성생물학의 성과다. 신이 아닌 인간이 각종 생명체를 만들어 낼 것이며 2045년에는 최대 산업 가운데 하나로 부상할 것이다.

그 결과 이전에는 전혀 보지 못했던 새로운 생명체들이 인간을 대신하여 잠도 안자고 지지치도 않고 24시간 일하는 모습을 보게 될 수도 있다.

⑩ 가족 해체

가족 구조가 변한다. 1인 가구가 대부분이며 결혼제도가 붕괴하고 수시로 파트너를 맞아 공동생활을 하다가 일을 찾아 다시 이동한다.

사랑과 죽음에 대한 생각 역시 확연히 변한다. 사랑은 영원하지 않고 인터넷 가상현실 속에서 지구 끝의 존재와 사랑을 나누는 등 그 방식도 변할 것이다. 수명 연장으로 동거하는 파트너는 나이에 상관없이 다향한 관계로 이루어지며 죽음이 늦게 찾아오면서 종교에 대한 귀의가 점점 늦어지거나 인간의 관심에서 멀어진다.[37)]

더불어 태풍이 한반도에 상륙하기에 앞서 소멸시키는 기술도 미래에 등장한다고 한다.

꿈같은 미래가 불과 2~30년 뒤에 있다니 그렇게만 된다면야 더 바랄게 없겠다.

과거 소설가 쥘 베른(Jules Verne, 1828.2.8~1905.3.24.)이 130 여년 전 80일간의 세계 일주, 해저 2만 리를 쓸 때도 모두가 허황된 얘기라고 했지만 결국 지금에 와서는 그 꿈이 현실이 되지 않았는가?

이런 예측만으로도 우리의 삶이 어떻게 전개될 것인지? 그 결과로 나타나는 산업의 변화는 어떤 형태일지? 그 경우 무엇이 인간에게 가장 가치 있는 것이 과연 무엇인지? 참으로 많은 생각을 갖게 한다.

37) 출처 : 유엔미래 보고서2045 – 제롬 글렌, 박영숙 번역

Chapter 6

발명과 동시에 특허로 고고싱

I
발명의 정의와 종류

1 발명의 종류

발명의 종류는 그 대상에 따라 무수히 많다.

일반적으로 발명의 명칭은 그 발명이 속하는 카테고리의 명칭을 붙여서 쉽게 부르는 것이 보통이다. 물건 발명, 화학 발명, 기계 발명 등을 예로 들 수 있고, 구성 관계나 주제 등을 기준으로 분류했을 때에는 기본 발명, 개량 발명, 단순 발명, 복잡 발명, 단독 발명, 공동 발명 등을 예로 들 수 있다.

어느 것이든지 보는 관점에 따라 또는 상황에 따라 다르게 불리는 것뿐이고, 그 명칭에 의해 발명의 내용이 달라지는 것은 아니다.

(1) 물건 발명

물건 발명이란, 기계, 기구, 장치, 음식물, 화학물질 등과 같은 것을 말하는 것으로, 기술적 사상의 창작이 물건이나 물질 자체에 구체화된 발명을 말한다. 물건의 개념 속에는 '물품과 물질'을 포함하는데 TV나 전화, 약품, 음식물 등과 같은 것을 예로 들 수 있다.

물질 발명이란, 물건 발명의 하나로서 자연적으로 존재하는 것이 아니라, 인간이 만들어 낸 새로운 물질을 만들어 내는 것이다.

물질 발명의 예로는 여러 가지 화학적 물질로서 접착제, 약품, 김치 등이 있으며 예전에는 우리 특허 법상 특허로 허용하지 않았으나, 현재에는 인정하고 있다.

(2) 용도 발명

용도 발명이란, 자연적 또는 인위적으로 만들어진 물건의 특정 성질을 이용하여 새로운 용도를 발견하는 것이다.

엄밀히 따지자면, 발명이라고 하긴 부족한 '발견'이지만 새롭게 용도를 발견하는 것도 창작과 마찬가지로 발명하는 데 있어서 노력과 투자가 있었기 때문에 특허를 인정하는 것이다. 그렇기 때문에 용도 발명은 새로운 유용성이 있어야 하고 그 발견에 수고와 비용이 투자되었어야 특허가 된다. 용도 발명 특성상 물질 발명과 관련이 많다. 이 발명의 예로는, 처음 개발 될 당시 염료로 사용하기 위해 합성된 'DDT'[1]라는 물질은 살충 효과가 있다는 것을 발견하여 살충제로 사용하기 시작한 경우다.

(3) 식물 발명

식물 발명이란, 포마토(감자+토마토), 무추(무+부추), 씨 없는 수박 등과 같은 식물의 유전적 형질(형, 크기, 내한성 등)을 개량한 발명을 말한다. 식물 발명 중 보호를 받을 수 있는 것은 육종된 변종 식물로서 무성적으로 반복생식할 수 있는 식물의 발명이라고 한다.

여기서 말하는 무성 생식은 꺾꽂이, 접목 등의 방법으로 배우자의 형성 과정을 거치지 않고, 영양체의 일부가 직접 다음 세대의 식물을 형성하는 생식이다. 무성 생식의 예로는 난, 딸기, 개나리, 수선화 등이 있다. 반면, 유성 생식은 암, 수의 성의 결합이 있음으로써 자손을 번식 시키는 방식으로 수박, 해바라기, 콩 등으로 예를 들 수 있다.

(4) 미생물 발명

미생물 발명이란 세균, 곰팡이 등의 미생물을 이용하거나 또는 미생물 자체에 대한 발명을 말한다. 미생물은 일반적으로 크기가 작기 때문에 인간의 육안으로는 식별이 곤란한 생물을 말한다,

특허 법상의 미생물이란 유전자, 벡터, 재조합 벡터, 형질 전환체, 융합 세포, 재조합 단백질, 바이러스, 세균, 효모, 곰팡이, 버섯, 방선균, 단세포 조류, 원생동물, 동식물의 세포, 조직 배양물 등 특허 절차상 기탁 가능한 생물학적 물질(Biological material)을 의미한다.

미생물에 관계되는 발명을 특허출원하기 위해서는 그 미생물을 특허 청장이 정하는 기탁 기관 또는 특허 절차상 미생물 기탁의 국제적인 승인에 관한 부다페스트 조약[2]에 따른 국제 기탁 기관에 기탁하고 그 수탁 증을 출원 서에 첨부하여야 한다.

미생물 발명의 예로는 생활 속에 버려지는 음식물 쓰레기, 악취 때문에 처리하는 데에 어려움이 큰 문제를 해결하기 위해 부패 방지와 고속 발효 기능을

1) 유기 염소 계열의 살충제이자 농약이다. 염소를 한 개씩 달고 있는 벤젠 고리 2개와 3개의 염소가 결합한 형태의 유기 염소 화합물이다. 출처 위키백과

2) 인터넷을 이용한 모든 범죄행위에 대하여 상세한 규정을 두고, 이를 처벌하도록 한 최초의 국제 조약이다.

가진 신종 미생물을 발명했다. 미생물을 곳곳에 뿌리거나 떨어트리기만 하면 악취가 사라지고 음식물 쓰레기를 퇴비로 만든다.

(5) 직무발명

직무 발명이란 앞으로 직장생활을 하는 학생들은 필히 알아두어야 할 발명이다.

직무발명은 종업원 등이 그 직무에 관하여 발명한 것이 성질상 사용자 등의 업무 범위에 속하고, 그 발명을 하게 된 행위가 종업원 등의 직무에 속하는 발명을 말한다.

이러한 직무 발명의 경우, 기업 경쟁력의 무기인 특허에 있어 실제 발명을 하는 자는 기업의 종업원이고, 그 특허를 사업화함으로써 경제적인 이익을 실현하는 것은 기업이다.

통상 종업원은 임금을 받으면서 노무를 제공하는 대신 그 결과를 생산한 상품이나 이익은 사용자에게 귀속하는 것이 원칙이다.

그런데 발명은 개인의 특별한 지식이나 지적 능력이 발휘되어 탄생한 것이므로 통상적인 노무 제공의 결과로 보기 어려운 측면이 있어 적절한 보상이 따라야 한다.

한편 직무 발명에 대하여 종업원 등이 특허를 받거나 특허를 받을 수 있는 권리를 승계한 자가 특허를 받은 경우에 사용자는 그 특허권에 대한 통상 실시권[3]을 가진다.

공무원의 직무 발명은 국가나 지방자치단체가 승계하고, 국가나 지방자치단체가 승계한 특허권은 국유 또는 공유로 한다. 종업원 등은 직무 발명에 대하여 특허를 받을 수 있는 권리나 특허권을 계약 또는 근무 규정에 의하여 사용자 등에게 승계하게 하거나 전용 실시권[4]을 설정한 경우에 정당한 보상을 받을 권리를 가진다.

3) 특허권자나 디자인권자가 아닌 제3자가 허락이나 법률 규정 또는 설정 행위를 통하여 정해진 시간적, 장소적, 내용적 제약의 범위 안에서 특허발명, 등록 실용신안, 등록 디자인 등을 업으로 실시할 수 있는 채권적 권리

4) 특허권자가 그 특허발명에 대하여 기간, 장소 및 내용의 제한을 기하여 다른 사람에게 독점적으로 허락한 실시권

1만 6,000명 제안 참여… 작년 459억 원가절감.

〈그림11〉 현대 중공업 직원 아이디어가 회사 경쟁력

◆ 사진 설명 : 현대 중공업 최초로 2년 연속 제안 왕과 직원들이 아이디어를 논의하고 있다. 출처 : 디지털 타임스 인터넷 기사

현대 중공업이 직원들의 아이디어로 지난해 459억 원의 원가절감 효과를 누렸다.

현대 중공업이 발표한 제안 활동 우수자에 따르면, 전체 직원의 70%에 가까운 약 1만 6,000명의 직원들이 제안 활동에 참가해 14만 5,000여 건의 아이디어를 냈다. 한 사람당 9건의 아이디어를 쏟아 낸 것. 이 중 12만 4,700건이 채택되었고, 현대 중공업은 이를 통해 2009년 총 459억 원에 이르는 원가절감 효과를 거두었다고 밝혔다.

제안 활동이란, 낭비 요소를 줄이고 공정을 단순화하기 위해 직원들이 스스로 문제를 찾아 개선하자는 취지에서 지난 1980년에 시작된 것으로, 지금까지 30년 넘게 시행되고 있다.

특히 제안왕에 선정된 K씨는 지난 2009년에도 1위를 차지한 바 있어 연속 제안 왕에 오르게 되었는데, 이는 현대 중공업이 제안 활동 제도를 시행한 이래 첫 기록이다.

K씨 많은 아이디어를 낼 수 있었던 데는 평소 몸에 밴 메모 습관과 주의 깊은 관찰력, 특유의 성실성이 있었기 때문이다. K씨가 제안한 아이디어 중 14건은 현재 특허도 출원해 놓은 상태다.

K씨는 엔진 주요 부품 중 하나인 각도 계산기를 본체에 접착시키는 과정에서 잦은 오차 발생으로 작업을 다시 해야 하자 부서에 새로운 제안을 했다. 접착을 위한 용접 작업 시 자신이 직접 고안한 지그(Jig, 용접 작업 시 부품을 고정시키는 보조 기구)를 사용하자고 제안한 것. 이 제안은 바로 채택돼 작업 인원이 3명에서 1명으로 줄고, 다시 작업하는 경우도

사라졌다. 현대 중공업 관계자는 "현대 중공업이 오늘날 세계 최고의 기업으로 성장할 수 있었던 데는 지난 30년 간 직원들이 낸 아이디어도 큰 몫을 했다"며, "직원들의 창의적인 아이디어를 통한 원가절감은 회사가 경기 불황을 극복하는 데 많은 도움이 될 것"이라고 말했다.

직무 발명에 대한 보상의 종류

일반적으로 기업체에서 실시하고 있는 종업원 등의 직무 발명에 대한 대가(보상)의 종류로는 발명 보상, 출원 보상, 등록 보상, 실적 보상 등이 있다. 한편 종업원 등이 사용자로부터 지급 받은 특허, 실용신안에 관한 직무 발명 보상금은 소득세법 제12조 및 소득세법 시행령 제18조에 의하여 소득세가 면제된다.

① 발명(제안)보상

발명 보상은 종업원 등이 고안한 발명을 특허청에 출원하기 전에 받는 보상으로 출원 유무에 관계없이 종업원 등의 아이디어와 발명적 노력에 대한 일종의 장려 금적 성질을 가진 보상이다.

② 출원 보상

출원 보상은 종업원 등이 한 발명을 사용자 등이 특허 받을 수 있는 권리를 승계하여 특허청에 출원함으로써 발생하는 보상으로 미확정 권리에 대한 대가이기 때문에 장려 금적 성질을 가지며, 특허는 경제성이 있다고 판단해서 출원한 것이다.

이는 일단 출원 후에는 후원 배제의 효과와 출원 공개시 확대된 선원의 지위를 가질 수 있기 때문에 지급하는 보상이라고 할 수 있다.

③ 등록 보상

사용자 등이 승계 받은 발명이 등록 사정되었거나 특허 등록되었을 때 지급하는 보상으로 국가 공무원의 경우 특허 등록 시 100만 원, 실용신안 등록 시 50만 원, 디자인 등록 시 30만 원씩 지급된다.

④ 실적(실시)보상

사용 자등이 출원 중인 발명 또는 특허 등록된 발명을 실시하여 이익을 얻었을 경우 지급하는 보상금으로 사용 자등이 얻은 이익의 액에 따라 차등 지급된다.

⑤ 처분 보상

사용 자등이 종업원 등의 직무 발명에 대하여 특허 받을 수 있는 권리 또는 특허권을 타인에게 양도하거나 실시를 허여했을 경우 받는 보상으로 처분 금액에 따라 차등 지급된다.

⑥ 출원 유보 보상

사용자 등이 종업원의 직무 발명을 노하우(Know-How)로 보존하는 경우 또는 공개시 중대한 손해가 발생할 우려가 있다고 판단되어 출원을 유보하는 경우 지급하는 보상으로, 이 경우 보상의 액은 당해 발명이 산업 재산권으로 보호되지 아니함으로써 종업원 등이 받게 되는 경제적 불이익을 고려하여 결정하여야 한다. (발명 진흥법 제13조 제2항).

⑦ 기타 보상

이밖에도 출원 발명의 심사 청구시에 보상하는 심사 청구 보상, 자사의 업종과 관련 있는 타인의 출원 발명에 대하여 이의신청 또는 심판에 참여하여 무효 시켰을 경우 또는 자사의 특허에 대한 침해 적발시 지급하는 방어 보상 등이 있으며 노하우(Know-How)가 그 내용이 발명의 실질을 갖추고 있으면, 특허법에 의한 직무 발명으로 될 수 있다.

2 특허 파헤치기

[1] 과연 어떤 것이 특허가 되는 걸까?

특허[特許, Patent, Konzession] 낯설지 만은 않은 단어이다.

뭔가 특별한 단어로 느껴지기도 한다. 특허는 특정의 상대방을 위하여 권리를 설정하는 행위와 능력을 설정하는 행위 및 포괄적 법률관계 설정 행위(특허허가) 등의 설권적[5],형성적 행정행위로 발명을 장려, 보호, 육성함으로써 기술의 진보, 발전을 도모하고 국가 산업의 발전에 기여하기 위한 제도이다.

또한 오늘날 지식 기반 사회에서 발명과 기술은 매우 중요한 역할로 작용한다.

5) 특정인을 위하여 특정한 권리 또는 법률관계를 설정하는 것

과거에 비해 지금은 지식 노동이 중요해졌고 기술 발명에 의해 개인이나 기업, 나아가 국가의 경제가 결정될 수도 있기 때문이다.

만약 여러분이 애써 발명한 것을 타인이 무단으로 사용하게 된다면 아마 곤란한 입장에 처하게 될 것이다. 그러기 때문에 발명자는 특허출원을 통해 특허등록을 받아야 할 필요가 있다. 이렇게 자신의 발명 또는 기술을 보호받기 위해선 특허권이 필요한 것이다.

특허에는 종류도 여러 가지이고 방법과 절차 또한 복잡하고 다양하다.

그러면 지금부터 특허와 관련한 특허권, 특허출원 등에 대해 알아보도록 하겠다.

이장을 통하여 독자 여러분들이 특허에 관한 정보를 많이 배웠으면 하는 바람이다.

특허는 산업상 이용할 수 있는 자연법칙을 이용한 기술적 사상의 고도한 창작으로서, 특허출원 전에 국내에 공지되었거나 공연히 실시된 것이 아니고, 국내외에 반포된 간행물에 기재된 것이 아니어야 받을 수 있다. 그러나 원자핵변환 방법에 의하여 제조될 수 있는 물질의 발명과 공공의 질서 및 선량한 풍속에 위반되거나 공중의 위생을 해할 우려가 있는 발명은 특허를 받을 수 없다.

자연법칙을 이용한 기술적 사상의 창작으로서 고도한 발명은 특허의 대상이 된다.

다만 공공질서, 선량한 풍속을 문란하게 하거나 공중의 위생을 해할 염려가 있는 발명은 특허 대상에서 제외된다.

또한 현실적인 물품이나 제품을 보호하는 것이 아니라 그 제품에 담겨진 기술적 사상 즉, 아이디어를 보호하는 제도이다. 따라서 아이디어만으로 얼마든지 특허출원을 할 수 있다.

가능한 발명에 대한 개념을 착상한 단계에서 출원을 서둘러야 하며, 만약 그렇지 않은 경우 먼저 출원한 자에게 특허를 부여하는 선원주의(先願主義)[6] 규정에 따라 타인에게 발명을 빼앗길 수도 있다.

다만, 발명의 아이디어는 아주 막연해서는 안 되며 적어도 목적 달성을 위해 적용 가능한 기술이 있고 그래서 실현가능하다는 정도는 제시되어야 한다.

6) 둘 이상의 출원(出願)이 경합한 경우에 먼저 출원한 자를 우선시키는 주의

[2] 특허제도의 목적과 이념

특허제도는 발명을 보호, 장려함으로써 국가 산업의 발전을 도모하기 위한 제도이며(특허법 제1조) 이를 달성하기 위하여 「기술 공개의 대가로 특허권을 부여」하는 것을 구체적인 수단으로 사용한다.

- 기술 공개 → 기술 축적, 공개 기술 활용 → 산업 발전.
- 독점권 부여 → 사업화 촉진, 발명 의욕 고취 → 산업 발전.

어느 하나의 기술을 상식적으로 특정인에게만 독점권을 주는 것은 결코 바람직하지 않다.

특허제도는 발명자가 새로운 기술을 공개하는 보상으로서 독점권을 부여한다는 논리에 의해 이 모순을 해결한다.

따라서 발명자가 독점권을 얻기 위해서는 공개하는 기술이 신규 하여 공중의 기득권을 침해하지 않아야 하고 공개된 기술과 독점권이 갖추어 주어야 한다.

[3] 특허의 요건

앞서도 말했듯이 발명이 특허를 받기 위하여 갖추어야 하는 요건을 발명의 특허 요건이라고 한다. 특허법은 특허 요건 중 특허출원 발명이 갖추어야 할 실체적 요건에 관하여 발명의 성립성, 산업상의 이용 가능성, 신규성, 진보성을 규정한다.

이러한 요건을 갖춘 발명이라도 일정한 발명은 공익적, 산업 정책적 이유에서 특허하지 않을 것으로 규정하고 있다.

(1) 발명의 성립성(Establishment of invention)

특허법 상의 인정되는 발명이 아니면 특허 받을 수 없는 것은 당연한 일이다.

어떤 경우이든 간에 발명을 해야 특허를 받을 수 있으므로 특허의 전제조건으로서 발명의 성립성은 당연히 요구되는 요건이라고 할 수 있다.

때문에 비발명, 기재가 불비된 미완성 발명은 특허가 될 수 없다.

① 비발명

출원 발명이 특허법 상의 발명의 성립 요건 중 어느 하나를 결한 발명을 말한다. 자연법칙 이외의 법칙을 이용한 것(광고), 자연법칙 그 자체(만유인력의 법칙), 단순한 발견(천연물), 자연법칙에 위배된 것(영구운동 기계장치) 등을 예로 들 수 있다.

② 미완성 발명

발명의 성립이라고 볼 수 있는 외관은 갖추었지만 그 실시가 의심스럽거나 실시 불가능한 경우를 말한다.

(2) 산업상 이용 가능성(Industrial applicability)

특허제도의 목적은 발명이 산업 발전에 이바지하게 하는 데에 있으므로 상업상 이용 가능성이 없는 발명이 만들어지지 않는다.

현재 당장 이용되지 못하더라도 장래에 이용될 가능성이 있는 발명도 산업상 이용 가능성 있다고 판단하며, 발명의 경제성 유무는 산업성 판단에 고려된다.

(3) 신규성(Novelty)

신규성이란 새로움을 말하는데, 발명이 특허출원 전에 이미 국내에서 올렸거나, 공용되거나 국내 이외의 간행물에 기재된 발명인 경우에는 특허가 되지 않는다.

간행물 기재의 경우 공개성이 없는 사문서(私文書, private papers)[7], 비문서에 기재된 발명이거나 발명 기술의 외형만이 기재되어 있는 경우에도 신규성 상실이 아니다.

심사관이 신규성이 있는지 없는지의 판단은 출원시를 기준으로 하여, 명세서 전체를 그 범위로 하여 판단한다.

(4) 진보성(Creativity)

진보성이 없는 발명에 특허를 인정하면 특허권의 난립으로 인하여 오히려 산업 발전의 저해 요인이 될 수 있으므로, 특허를 받기 위해서는 발명의 진보성이 있어야 한다.

진보성이 있는 발명이란 그 발명이 속하는 기술 분야에서 통상의 지식을 가진 자가 특허 출원시의 공지된 발명으로부터 용이하게 발명할 수 없는 정도의 창작의 난이도를 갖춘 발명을 뜻하며 이네 가지가 특허의 요건이 되는 것이다.

[4] 특허 챔피언 대한민국

우리나라의 특허의 힘은 실로 막강하다.

대표 기업들은 외국에서 로열티를 지급받고 있으며 외국 기업들도 우리나라 특허 기술을 모두 부러워하고 탐내고 있기 때문이다.

외국 기업들의 관심이 득이 될 수도 있고 실이 될지는 모르는 일이지만 우

7) 공무소 또는 공무원이 직무상 작성하는 공문서 이외의 사인 명의의 문서

리나라 특허의 기술력이 뛰어나다는 것은 입증될 만한 사실인 것 같다.

그러면 세계 특허 4위를 기록한 우리나라와 외국 기업의 로열티를 지급받는 기업들을 소개하겠다.

(1) 세계 특허 1위 특허 강국

- 세계 1위 특허 강국 '한국', 특허로 돈 번다.
- 전 세계가 놀란 한국의 창의력.
- 특허 로열티 20억불, 농촌진흥청 국가 기관 중 특허 보유 1위.

국가 기관 중으로는 특허 분야 최다 보유와 특허청에서 산업화한 기술 가운데 기술 이전 수입에서 1위를 차지한 기관이 있는데 바로 농촌진흥청이다. 이곳은 국가 기관 중 산업화된 특허를 가장 많이 보유하고 있다.

[그림 12] 농촌 진흥청

현재 국가가 보유하고 있는 특허 중 많은 기술이 농촌진흥청에서 개발했으며 앞으로도 지속적인 발전을 위해 기초 기술개발 연구 및 실용화 연구 개발 사업을 확대 추진한다고 한다.

그럼 전 세계에게 가장 많은 특허를 출원한 나라는 어디일까?

전술한 바대로 세계지적재산권기구 WIPO가 발간한 '세계 지적재산권 지표' 보고서에 따르면 지난해 92만 8천 건의 특허를 출원한 중국이 1위를 차지했다. 쪽수 불변의 법칙을 실감할 수 있었다.

이는 전년보다 무려 12.5%가 늘어난 수치이다. 뒤이어 미국이 57만 8천 건으로 2위를, 일본이 32만 5천 건으로 3위를 기록했다. 한국은 21만 건으로 4위를 차지했다.

그러나 경제와 인구 규모를 고려하면 한국은 무시 못 할 성적이다. GDP 1,000억 달러당 특허출원 수는 한국이 9,676건으로 가장 많았다. 뒤이어 일본(5,871건), 중국(4,657건) 등의 순으로 우리나라가 인구나 경제 규모에 비해 특허출원 건수가 가장 많은 나라로 기록됐다.

세계지적재산권기구(WIPO)에 따르면 한국은 지난해 총 21만 건 특허를 출원했다. 인구 100만 명당 특허출원 수로 계산하면 한국이 3,254건으로 가장 많다. 2위 일본 2,092건에 비해 50% 이상 앞질렀다. 1,018건으로 3위에 오른 스위스 보다는 세 배가 넘는 수치다.

국내총생산(GDP) 1,000 억 달러당 특허출원 수에서도 한국이 9,676건으로 압도적 1위를 차지했다. 일본과 중국은 각각 5,871건, 4,657건으로 뒤를 이었다. 특히 한국은 GDP와 인구 기준으로는 2004년부터 10년 넘게 줄곧 자랑스럽게 1위 자리를 지켰다.

한편 한국은행은 2015년 2분기 한국의 지식 재산권 무역수지가 5억 5,000만 달러 적자를 기록했다고 26일 밝혔다. 2010년 지식 재산권 통계 편제를 시작한 이후 분기별 규모로는 가장 낮은 적자 수준이다. 지금까지 가장 작은 적자 규모는 작년 3분기 8억2,300만 달러 였고, 직전 1분기에도 23억1,100만 달러 적자를 냈었다.

한국은행 관계자는 "기술을 무조건 수입하던 과거와 비교했을 때 우리 기술 개발로 로열티를 주는 부분이 점차적으로 줄어들고 국내 기업이 해외 생산을 늘리면서 한국이 벌어들이는 로열티가 많아졌다"고 설명했다.

즉, 삼성이나 LG전자가 베트남 등 현지법인에서 휴대전화 등 전자 제품을 생산하게 되면 현지법은 한국 본사에 특허 사용료 등을 주면서 한국의 로열티 수입이 늘어난다.

또한 현지법인에서 생산할 때 미국 등지에서 빌려 쓰는 산업 재산권 등도 한국이 부담하는 비용으로 잡히지 않는다. 결국 한국 기업이 해외 생산을 늘릴수록 지식 재산권 무역수지 측면에서는 유리한 측면이 있다.

또한 지난해 2분기에 특히 지식 재산권 적자 규모가 큰 폭으로 줄어든 데에는 특허 취급 부분이 계절적 요인으로 1분기에 집중된 것도 기여했다.

2분기 지식 재산권 유형별로 보면 상표 및 프랜차이즈권 및 문화 예술 저작권을 중심으로 적자를 나타냈다. 특허 및 실용신안권, 연구 개발 및 소프트웨어 저작권 거래는 각각 8,000만 달러, 1억1,000만 달러 흑자를 냈다.

기관 형태별로는 국내 대기업 및 외국인 투자 중소·중견 기업을 중심으로 적자를 냈다. 산업별로는 제조업이 전기 전자 제품 및 기타 운송 장비를 중심으로 3억5,000만 달러 적자, 서비스업은 2억2,000만 달러 적자를 냈다.

거래 국가별로 보면 미국이 8억9,000만 달러 적자로 우리나라가 가장 큰 적자를 보는 국가로 꼽혔으며 독일, 영국도 각각 1억4,000만 달러, 5,000만 달러 적자를 보였다.

중국은 4억 달러로 우리나라의 가장 큰 흑자국 이며 베트남 및 일본은 각각 3억4,000만 달러, 2,000만 달러 흑자를 기록했다.

(2) 외국에서 탐내는 우리의 기술들

우리나라 기업들이 R&D(연구 개발) 비중을 점차 높여가고 있는 가운데 외국으로부터 기술 수출료를 받는 곳도 늘어나고 있다.

그 중 국내 제약 기업들이 상위권을 차지하고 있으며 이것은 외국 제약사로부터 우리나라의 제약 기술을 인정받았다는 것으로도 볼 수 있다.

(3) 의외로 선전하는 우리의 제약회사들

반도체, 디스플레이어, 휴대전화, 선박 등이 이미 세계적으로 1,2위를 다투는 와중에 의외로 우리의 약품이 선전하고 있어 이를 기술하고자 한다.

동화 약품, 연간 4천억 원 로열티 가능

골다공증 치료제 'EDW-1350' 제품화될 경우 40~50억 달러 매출 전망.

동화 약품이 개발한 골다공증 치료제 'EDW-1350'이 상품화될 경우 연간 4,000억 원대의 로열티 수입이 예상된다는 장밋빛 전망이 나왔다.

'EDW-1350'은 다국적 제약사 P&G(Proactor & Gamble)에 국내 제약 사상 최대 금액인 5.11억 달러(약 4,701억 원) 규모에 아시아를 제외한 전 세계 개발 및 판매권을 이전 기술 수출 계약을 맺은 골다공증 치료제이다.

"DW-1350가 세계적인 신약 '포사멕스'나 '포스테오' 등이 갖지 못한 골 흡수 억제와 골형성 촉진을 모두 가진 골다공증 치료제로 임상 실험이 순조롭게 마무리된다면 세계 최초로 두 가지 기전을 모두 갖춘 골다공증 치료제가 될 것이기 때문"이라고 설명했다.

동화 약품의 'DW-1350'이 제품화될 경우 100억 달러 이상의 시장 규모와 P&G의 골 다골증 치료제에서의 영업력을 감안할 때 판매액이 40~50억불도 가능하고, 기술 수출 평균을 고려하여 로열티가 10%인 점을 감안하면 매년 약 4,000억 원 이상의 로열티가 유입될 수 있어 글로벌 제약사로 도약할 수 있는 계기가 될 것으로 보인다고 강조했다.

또한 세계 1위 골다공증 치료제 '포사맥스'가 2008년 2월 특허가 만료되었고 P&G의 제품으로 세계 2위인 '악토넬'도 2011년 특허가 만료되었기 때문에 'DW-1350'가 신약으로 발매되면 쉽게 시장을 평정할 수 있을 것이라고 내다봤다.[8)]

동화 약품은 현재 아시아 판권은 그대로 보유하고 있어 일본이 세계 최대 고령화 사회로 세계 2위의 골다공증 치료제 시장인 점을 감안하면 일본 판권도 다국적 제약사에 기술 이전될 가능성이 높다고 예상했다.

---

8) 종합 경제 정보 미디어 이데일리

특히 골다공증 치료제가 많은 부작용으로 인해 문제점이 대두되고 있는 상황이라 'DW-1350'은 단 회에 최대 800 mg까지 투여하고 1주일에 600 mg까지 투여한 결과 특별한 부작용이 없는 것으로 나타나 임상 성공 가능성이 높은 것이라는 전망이다.

한미 약품 총 7조 2,500억 원 규모의 수출 계약

최근 한미 약품은 자가 면역 질환 치료제(BTK-Inhibitor)부터 LAPS-GLP-1/GCG까지 지난해 총 7조 2,500억 원 규모의 수출 계약을 체결했다.

파이프라인이 미투(Me-too) 신약과 바이오베터(Bio-better·기존 약에 비해 효능과 편리성을 높인 신약)라서 임상 실패 리스크는 낮으며 세일즈 마일스톤의 절반을 수취한다고 가정하면 러닝 로열티를 포함해 연평균 1조원씩 총 14조7,000억 원(현재 가치 8조8,000억 원)이 유입될 수 있다고 전한다.

"보수적으로 예상 매출액을 50%만 달성한다 해도 연평균 6,500억 원씩 총 9조1,000억 원(현재 가치 5조7,000억 원)이 이익으로 들어올 수 있는 계약인 것"이라고 한다.

7조 2,500억 원의 활용도와 관련해서는 신약 파이프라인 도입과 제약 바이오 업체 인수합병(M&A) 등이 유력할 것으로 봤다.

담당자는 "이 자금이면 국내 대부분의 바이오 및 의료기기 업체를 인수할 수 있다"며 "강점을 보이는 항암제 및 당뇨 치료제의 파이프라인을 도입할 수 있고 빅파마 최대 관심사인 CAR-T 기술을 도입해 CAR-T 전문 업체로 거듭나는 것도 불가능한 이야기가 아니다"고 예상했다.

한미 약품이 지난해 들어서만 대박을 터트린 신약 기술 수출 계약이다. 3건 계약만 6조4,000억 원의 돈방석이다. 상업화에 성공한 후 판매액의 일부를 받게 되는 로열티는 별도다. 이중 최근 계약 4조 8,000억 원짜리 계약은 제약 사상 최대다. 계약금을 연내 받게 되면 한미 약품은 녹십자와 유한양행을 제치고 업계 1위가 된다.

① 연구·개발에 올인한 임성기 회장 전략 …… 결국 빛을 보다!

예전 영업에 치중했던 한미 약품이 환경 변화에 맞춰 180도로 전략을 수정, 이익 감소를 감수하고 연구·개발에 돈을 쏟아 부었던 전략이 빛을 보기 시작한 것이다.

오너 임성기 회장은 향후 성장 동력원으로 신약 개발에 주목하고 아낌없는 투자를 주도해 왔다.

한미 약품은 지난해 역대 최대 규모인 1,525억 원을 신약 연구 개발

(R&D)에 투자했다. 매출액 대비 20% 달하는 업계 1위다. 매출액은 7,613억 원으로, 2013년 7,301억 원 대비 소폭 늘어난 반면, 영업 이익은 344억 원을 기록해 전년 619억 원보다 크게 줄었다. 연구 개발비 투자 확대가 원인이다.

지난해 1분기 역시 연구개 발비용을 작년보다 약 175억 원 늘린 465억 원을 투입하면서 영업 이익은 88% 감소했다. 2분기에도 분기 사상 최대 규모인 481억 원의 연구 개발비를 쏟아 영업 이익이 전년 동기 대비 71% 감소했다. 한미 약품이 지난 2011년부터 4년간 투입한 연구 개발비만 총 4,000억 원이 넘는다. 한미 약품은 비용 충당을 위해 결국 동종 업계 동아 쏘시오홀딩스에 투자했던 돈까지 모두 팔아 연구 개발에 투입했다.

몇 년간 가시적 성과 없는 연구 개발에 매진하자 우려의 시선도 적지 않았다. 그러나 결국 글로벌 대형 제약사와 초대형 계약을 맺으면서 그런 우려를 말끔히 없앴다. 시장도 한미 약품을 다르게 인식하기 시작했다.

② 한미 약품 개발한 대박 신약 물질 대체 뭐 길래

한미 약품이 사노피와 계약한 신약 물질은 '에페글레나타이드' '지속형 인슐린' '인슐린 콤보' 등 3개다. '퀀텀 프로젝트'로 명명된 이들 제품은 한미 약품의 독자 기반 기술인 랩스커버리를 적용한 것이다. 랩스커버리는 투여 횟수 및 투여량을 감소시켜 부작용은 줄이고 효능은 개선하는 기술이다. 이 기술로 약물을 적게 투여하고도 높은 효능을 얻게 됐다.

'에페글레나타이드'는 한 달에 한번 투여할 수 있는 당뇨 신약이다. 후기 임상 시험을 통해 경쟁 약물인 '빅토자'보다 우수한 효과가 입증됐고 비만 치료제로의 가능성도 확인됐다.

'지속형 인슐린'은 인슐린을 1주일에 한번만 투여해도 되도록 한 약물이다.'에피글레나타이드'와 '인슐린'을 결합한 '인슐린 콤보'는 세계 최초로 주 1회 투여하는 복합 인슐린이다. 약물의 효과를 높이면서도 인슐린 투여에 따른 저혈당 쇼크, 체중 증가 등 부작용을 크게 감소시킨 신약으로 평가되고 있다.

한미 약품이 사노피[9]에서 받게 되는 돈은 계약금 4억 유로(한화 약

9) 사노피 SA(NYSE : SNY, Sanofi S.A)는 프랑스 파리에 본사를 둔 다국적 제약 기업이다. 2004년 프랑스에 기반을 둔 두 대형 제약회사 사노피신데라보가 아벤티스와 합병, 사노피아벤티스(Sanofi-Aventis)가 만들어졌다. 2011년 5월, 사명을 사노피로 변경했다. 사노피신데라보

4,950억 원)에다 임상 개발 및 허가, 상업화 등 단계별로 받게 되는 마일스톤 35억 유로(한화 약 4조3,300억 원)다. 그리고 제품 출시 이후에는 두 자릿수 퍼센트의 판매 로열티를 별도로 받게 된다.
이 같은 규모로 기술 이전 계약을 맺은 것은 제약업계 사상 최초다. 우리나라와 중국에서의 상업화 권리는 한미약품이 보유한다.
한미 약품은 앞서 3월에도 일라이 릴리와 면역 질환 치료제 HM71224 개발 및 상업화를 위한 라이선스 계약을 체결했다.
계약금 5,000만 달러와 단계별 임상 개발, 허가, 상업화 마일스톤(Milestone) 등 최대 6억 9,000만 달러(한화 약 7,700억 원) 규모의 계약이다. 역시 제품 상업화 이후엔 별도로 두 자릿수 비율의 판매 로열티도 챙길 수 있다. 이미 계약금은 2분기 실적에 계상됐다.
HM 61713은 암세포 성장에 관여하는 신호 전달 물질인 EGFR[10] 돌연변이만을 골라 억제하는 표적 항암제이다. 부작용과 내성을 극복한 차세대 약물로 평가 받는다. 릴리는 한국과 중국을 제외한 세계 지역에서 HM 71224의 임상과 허가, 생산, 상업화 권리를 가졌다.
또 7월에는 개발 중인 표적 폐암 신약 물질 'HM 61713'에 대해 독일 베링거인겔하임에 기술 이전 됐다. 계약금은 5,000만 달러(한화 약 583억 원)이다. 임상 시험, 시판 허가 등에 성공할 경우 받게 되는 자금은 6억 8,000만 달러(한화 7925억 원)이고 향후 매출에 따른 두 자릿수 비율의 판매 로열티까지 받게 된다.
HM 61713은 암세포 성장에 관여하는 신호 전달 물질인 유전자 'EGFR' 돌연변이만을 선택적으로 억제하는 작용 기전을 갖는다. 기존 치료제 투약 후 나타나는 내성 및 부작용을 극복한 3세대 내성표적 폐암 신약이란 평가다. 베링거인겔하임은 한국과 중국, 홍콩을 제외한 전 지역에서 HM61713에 대한 공동 개발 및 상업화에 대한 독점적 권리를 확보하게 됐다.

는 1999년 토탈이 가지고 있던 사노피와 로레알이 가지고 있던 신데라보의 합병으로, 아벤티스는 독일의 회흐스트 AG와 프랑스의 론풀랑의 합병으로 형성된 것이었다. 이들 여러 대형 제약 회사들의 합병의 거듭 으로 형성된 사노피아벤티스는 현재 매출액 기준으로 세계 제 4위의 거대 제약 회사이다. 출처 : 위키백과

10) EGFR 은 Epidermal growth factor receptor의 준말이다. 우리 몸은 단백질이 중요한 기능을 하는데, 단백질은 결국 유전자가 제대로 유지되어야 정상적인 기능을 한다.EGFR은 세포내에 자극을 전달하는 중요한 수용체 단백질이고 이를 만들어내는 유전자에 돌연변이가 있으면 단백질에 변형이 생기고 운이 좋게 이레사나 타세바와 같은 특정 약제에 잘 반응한다. 출처 : 의학사전

2 특허의 종류 살펴보기

[1] 무체물에 대한 권리(지식 재산권)

무체물[11)]에 대한 권리란 일명 지적 소유권 또는 지식 재산권[12)]이라고도 한다.

지식 재산권이란, 특허, 실용신안, 디자인, 상표, 저작권을 통틀어 표현하는 것으로서 이 중에서 특허, 실용신안, 디자인, 상표를 합하여 '산업 재산권'이라고 한다.

즉, 지식 재산권은 크게 산업 재산권과 저작권(copy right)으로 나누어지며, 여러 권리가 있다.

산업 재산권을 대표하는 권리는 '특허권'이며, 산업 재산권은 저작권과는 달리 일정한 방식과 절차를 거쳐서 권리(독점 배타권)가 부여된다.

(1) 산업 재산권과 저작권

산업 재산권(Industrial property right)이란 특허, 실용신안, 디자인, 상표권을 총칭하는 개념으로, 예전에는 '공업소유권'이라는 용어로 불렸지만, 이 용어는 적절하지 못하다고 하여 '산업 재산권'으로 개칭된 것이다.

저작권이란, 문학, 학술(學術) 또는 예술의 범위에 속하는 창작물인 저작물에 대한 배타적, 독점적 권리를 뜻한다.

(2) 특허권 및 실용신안권 상표권, 디자인권

산업 재산권 중 특허나 실용신안권은 기술적 사상의 창작에 대하여 주어지는 권리인데,

특허권은 대 발명에 대해 주어지고, 실용신안권은 소 발명에 대해 주어지는 권리이다.

특허권은, 특허법에 의하여 발명을 독점적으로 이용할 수 있는 권리로, 특허법, 실용신안법, 디자인법 및 상표법에 의하여 발명, 실용신안, 디자인 및 상표를 독점적으로 이용할 수 있는 권리이며 상표의 경우에는 지정 상품에 한하여 권리를 출원하고 주장하게 된다.

실용신안이란, 산업 상 이용할 수 있는 물품의 형상, 구조 또는 조합에 관한

11) 유체물에 한하지 않고 자연력과 같음.

12) 발명, 상표, 디자인(意匠) 등의 산업 재산권과 문학, 음악, 미술 작품 등에 관한 저작권의 총칭

고안으로서 특허청에 이를 등록함으로써 권리에 대한 효력이 발생한다.

이와 같이 특허권이란 발명을 한 개인이나 단체, 법인 등에게 부여되는 권리이다. 발명이란 자연법칙을 이용한 기술적 사상의 창작으로서 고도의 것을 의미한다. 그러므로 자연법칙을 이용하지 않은 자연법칙 그 자체(만유인력의 법칙 등)는 발명이 아니다.

또한, 새롭게 만들어 낸 것(창작)이 아닌 자명한 사실은 발명이 아니며, 창작하였더라도 해당 분야의 전문가가 쉽게 생각할 수 있는 것은 발명이 아니다(고도의 것).

한편 협의(狹義, 좁은 의미)로는 특허법에 의하여 발명을 독점적으로 이용할 수 있는 권리, 한편 광의(廣義, 넓은 의미)로는 특허법 실용신안법 디자인 법 및 상표법에 의하여 발명, 실용신안, 디자인 및 상표를 독점적으로 이용할 수 있는 권리로써 즉, 실용신안권 디자인권 및 상표권을 포함하는 뜻으로도 사용된다.

광의의 특허권은 공업소유권이라고도 불리나, 국제 공업 소유권 보호 동맹조약은 광의의 특허권 외에 농업, 공업에 관한 것도 공업소유권으로 볼 수 있다. 또한, 특허권자는 업으로서 그 특허발명을 업으로서 실시할 수 있는 권리를 독점한다.

여기에서 '실시'라 함은 특허 제품을 생산, 사용, 양도, 대여 또는 수입하거나 양도나 대여의 청약(양도나 대여를 위한 전시를 포함)을 하는 행위를 뜻한다.

1) 특허권의 기능과 특징

특허권은 출원공고가 없는 경우는 설정 등록이 있는 날부터 존속하되, 출원공고가 있는 경우는 공고 일로부터 15년간 존속하되 특허 출원일부터 20년을 초과할 수 없다.

"단, 의약품 및 농약의 특허권은 연장할 수 있다. 그 특허발명을 시행하기 위해서 관련 기관의 허가나 등록을 받아야 한다. 그러한 허가나 등록을 받기 위해서는 활성 및 안전성 시험 등 관련 절차를 수행해야 한다. 그러므로 필요한 관련 절차를 수행하기 위해서는 상당한 기간이 소요되므로 특허권자는 그 기간만큼 특허 발명을 할 수 없게 되어 의약품 및 농약 분야의 특허권은 타 분야의 특허권에 비하여 특허발명을 할 수 있는 기간이 짧다는 문제가 발생한다.

특허권 존속 기간 연장 등록 제도는 위와 같은 문제점을 해결하기 위하여 일정한 조건을 만족하는 의약품 및 농약 특허권에 대하여 5년의 범위에서 존속 기간을 연장해주는 제도이다.

법률로서는 약사법 제26조 제1항 또는 제34조 제1항의 규정에 의하여 품목 허가를 받아야 하는 의약품의 발명과 농약 관리법 제8조 제1항·제16조 제1항·제17조 제1항의 규정에 의하여 등록하여야 하는 농약 또는 원제의 발명이 있다.

한편 특허권과는 이름이 다르지만 기능이 비슷한 실용실안권이 있는데 이는 소발명으로 10년의 존속 기간을 가지며 세계적으로 이를 사용하지 않는 나라가 더 많고 조만간 우리나라에서도 사라질 수도 있다는 판단이 든다.

2) 특허권 침해의 특성

① 특허권의 침해란 특허발명을 실시할 권한이 없는 자가 타인의 특허발명을 업으로서 실시하는 행위를 뜻한다.

② 특허권은 무형의 기술 사상에 대한 지배권이어서 그 객체를 점유할 수 없는바, 침해가 용이하게 이루어지며 침해된 경우 침해 사실의 발견도 쉽지 않을 뿐만 아니라 그 입증 또한 곤란하다. 따라서 특허법은 특허권자의 보호를 위한 특별규정들을 두고 있다.

즉, "간접 침해의 인정", "과실 및 생산 방법의 추정" 그리고 "손해액의 추정" 등이 해당되는 규정이다.

3) 민사적 구제

특허권이 침해된 경우 특허권자는 민사적 구제 수단으로서 침해 금지 청구권, 손해배상청구권, 신용 회복 청구권 및 부당이득 반환 청구권을 행사할 수 있다.

4) 형사적 구제 수단

특허권을 「고의」로 침해한 경우 특허권자는 「고소」에 의하여 침해자에 대해 침해 죄(7년 이하의 징역 또는 1억 원 이하의 벌금)를 추궁할 수 있다.

침해자가 법인의 종업원인 경우에는「법인(사용자)등」에게도 책임을 물을 수 있다.

5) 특허권의 가치와 효력

특허권이라 하면 A4 종이에 커다란 특허청장 도장하나 박혀 있는 쪼가리 한 장을 떠올리기 십상이다. 물론 맞는 말이다. 하지만 이 종이 한 장이 돈 보다 큰 가치를 가지고 있다. 이종이 한 장이 몇 백 몇 천억의 백지수표 역할을 할 수 있다는 것이다.

또한 특허증을 여러 개 보유 할수록 재산이 늘어나며 자금 대출이나 정책 자금등에 높은 점수를 받을 수 있다. 달랑 종이 쪼가리가 무슨 가치를 논하는 걸까? 아래 내용을 통해 특허권이 가지는 장점과 효력에 대해 다시 한 번 얘기해 보겠다.

① 독점적 이득

먼저 특허권을 획득하게 되면 그 특허 발명을 자신만이 독점적으로 실시할 수 있다. 따라서 타인이 허락 없이 자신의 발명을 무단으로 실시하면 침해 금지 청구, 손해 배상 청구 등의 민사상 구제와 침해 죄 고소와 같은 형사상 구제를 받을 수 있다.

정부에서 기업에게 자금을 지원이나 저금리로 대출을 해주는데 특허가 없으면 과연 뭘 보고 대출을 해줄 수 있을까?

이러한 특허발명에 대한 독점적 실시는 기업의 독점적 이윤을 보장하고 이로 인해 추가적인 기술개발을 가능케 한다.

② 로열티 수익 확보

특허권에 대한 실시권 또는 기술 이전을 통해 로열티 수익을 확보할 수 있다.

선진국 기업들은 기업 경영의 최고 목표를 특허권 획득에 두어 이를 기반으로 한 기술 독점을 꾀하고 있다는 것은 오래 전의 이야기다.

③ 특허 분쟁에서의 우위 선점

기업 간의 기술 전쟁 및 특허 분쟁에서 우위를 선점할 수 있고 설사 분쟁에 휘말리더라도 자신의 특허를 기반으로 크로스 라이선스[13]를 설정하는 등 분쟁 해결을 보다 용이하게 할 수 있다.

④ 대표적인 기술력

특허는 이제 기업의 기술력을 대표하는 척도가 된 만큼, 소비자로 하여금 기업을 신뢰하게 함으로서 그 어떤 광고보다 훌륭한 기업 이미지를 구축할 수 있다.

코스닥 시장을 선도하는 기업들은 특허권으로 기술력을 담보하고 있는 우수한 벤처 기업들이나 이노비즈 기업 이라는 사실이 이를 확인 시켜 준다.

13) 특허 실시 계약 당사자들이 자기가 가진 특허권 등에 관하여 상호간에 실시권을 상호 부여하는 일

⑤ 정책 자금 확보

특허권을 보유하고 있는 경우 벤처 기업이나 이노비즈 기업 확인을 받을 수 있는 등 정부로부터 각종 정책 자금 및 세제 지원[14)]을 받을 수 있다.

[2] 디자인권이란(Design right)?

디자인(구 의장)은 영어의 'Design'에서 비롯된 외래어로서 제품에 관한 제품 디자인, 광고 포스터, 그래픽디자인, 디지털 디자인 등과 같은 시각 디자인, 생활공간이나 환경에 관한 환경디자인 등을 포괄하는 광의의 개념을 포함하는 용어이다.

디자인 보호법 제2조 제1호에는 「디자인이라 함은 물품[물품의 부분(제12조를 제외한다) 및 글자체를 포함한다. 이하 같다]의 형상, 모양이나 색채 또는 이들을 결합한 것으로서 시각을 통하여 미감을 일으키게 하는 것을 말한다.」고 규정하고 있다.

이는 디자인을 등록한 자가 그 등록 디자인에 대하여 향유하는 독점적·배타적 권리이다. 디자인을 창작한 자 또는 그 승계인은 디자인 보호법에 따라 디자인 등록을 받을 수 있는 권리가 있다.

또한 2인 이상이 공동으로 디자인을 창작하여 등록한 경우에는 이 디자인권은 공유로 한다(디자인 보호법 3조). 디자인권의 효력은 설정 등록으로 발생한다(90조 1항).

특허청은 종전의 유사 디자인 제도를 폐지하고, 기본 디자인과만 유사한 디자인('관련 디자인'이라고 함)의 독자적인 디자인권을 인정하는 관련 디자인 제도를 도입하여 관련 디자인에 독자적인 권리 범위와 권리 존속 기간을 부여함으로써 창작자의 권리 보호를 강화하였다.

즉, 디자인권자 또는 디자인 등록 출원인은 관련 디자인에 대해 기본 디자인의 디자인 등록 출원일부터 1년 이내에 디자인 등록 출원된 때에만 관련 디자인으로 디자인 등록을 받을 수 있다(35조). 더불어 디자인권의 존속 기간은 설정 등록한 날부터 디자인 등록 출원일 후 20년이 되는 날까지이다(91조). 디자인권자는 등록 디자인 및 유사 디자인을 시행할 권리를 독점한다.

다만 그 디자인권에 대하여 전용 실시권을 설정한 경우에는 디자인 보호법 제972항의 범위 내에서는 그러하지 아니하다(92조).

등록 디자인 또는 유사 디자인에 관한 물품의 생산에 사용하는 물품을 업으

14) 법인세, 소득세 50% 감면

로 생산·양도·대여·수출 또는 수입하거나 업으로서 그 물품의 양도 또는 대여의 청약을 하는 행위는 그 디자인권 또는 전용 실시권을 침해한 것으로 본다(114조).

당해 디자인권 또는 전용 실시권자는 자신의 권리를 침해한 자 또는 침해할 우려가 있는 자에 대하여 그 침해의 금지 또는 예방을 청구할 수 있다(113조 1항).

다시 말해 디자인권이란, 디자인을 등록한 자가 그 등록 디자인에 대하여 누리는 독점적? 배타적 권리이다. 디자인권으로 등록이 되기 위해서는 물품 성이 요건이 된다.

디자인을 창작한 자 또는 그 승계인 다른 사람의 권리와 의무를 이어받은 사람은 디자인 법에 따라 디자인 등록을 받을 수 있는 권리가 있다. 2인 이상이 공동으로 디자인을 창작하여 등록한 경우에는 디자인권은 공유로 한다.

또한, '디자인' 자체만으로는 보호받지 못하며 반드시 지정 물품이 함께 있어야 한다.

디자인 자체 또는 순수 디자인은 저작권법으로 보호될 수는 없다.[15]

따라서 디자인 보호법상의 디자인은 독립 거래의 대상이 되는 유체 동산[16]인 물품(또는 동 물품의 부분)의 외관에 관한 디자인이라고 할 수 있다.

디자인 등록 출원 에는 디자인 심사 등록 출원과 디자인 무 심사 등록 출원이 있다.

물품의 특성상 유행성이 강하고 라이프 사이클이 짧은 의복류, 침구류, 사무용지 제품류, 포장지, 포장용 용기, 직물지, 편물지, 합성수지지 등에 대해서는 디자인 무심사 등록 출원으로 해야 되며, 기타 물품에 대해서는 디자인 심사 등록 출원으로 해야 한다.

(1) 디자인 심사 등록 출원

① 출원서가 접수되면 일정 방식 심사 후 담당 심사관이 출원 순서에 따라 실체 검사를 한다.

② 심사 결과 거절 이유를 발견할 수 없을 때에는 등록 결정이 되고 출원인은 등록료를 납부하게 되면 디자인 설정 등록이 됨으로써 디자인권이 발생하게 된다.

③ 심사관은 심사 결과 거절이 유 발견 시 그 이유를 출원인에게 통지하고 정해진 기간 내에 의견서를 제출할 기회를 주도록 한다.

---

15) 출처 : 네이버 지식백과

16) 동산중에서 채권과 기타 재산권을 제외한 물건 및 유가증권을 지칭하던 구 민법상의 용어

(2) 디자인 무심사 등록 및 절차

① 방식 심사를 거쳐 등록 결정이 되고 출원인이 등록료를 납부하여 디자인 설정 등록을 하면 특허청은 등록 공고를 한다.

② 누구든지 등록 공고일로부터 3개월 이내에 공고 출원에 대해 이의신청이 가능하며 이의신청이 타당한 경우에는 디자인 등록을 취소한다.

③ 등록 결정을 받은 후 소정의 등록료를 납부하게 되면 디자인 설정 등록이 되고 디자인권이 발생하게 된다.

④ 등록료는 처음 최초 3년 치를 일시불로 납부하여야 하며 그 후 4년 차분 이후 등록료는 매 1년 단위로 납부하거나 필요한 기간 단위로 분할 납부 할 수 있다.

⑤ 설정 등록료 및 연차 등록료의 납부시기를 놓친 경우에는 6개월의 유예 기간 동안 할증료와 함께 재등록 할 수 있다.

⑥ 6개월의 유예 기간을 놓친 경우 본인이 책임질 수 없는 불가항력적인 사유에 의하여 등록료 납부를 하지 못했으면 그 사유가 없어진 날부터 14일 이내에 증거서류 등을 첨부하여 등록료는 추가 납부 할 수 있다. 단, 6개월의 유예 기간 만료일로부터 6개월이 경과한 후에는 등록료 납부가 불가능하다.

(3) 디자인의 성립조건

1) 물품성

① 디자인은 물품과 불가분의 관계이며, 물품을 떠나서는 존재할 수 없다.즉,창작된 도안을 보호하는 것이 아니라, 그 도안이 적용된 물품을 보호하는 것이다.

② 물품이란 "독립성이 있는 구체적인 유체동산"을 의미한다.
따라서 디자인 보호법상 다음과 같은 것은 물품이 될 수 없다.

- 부동산
- 열, 기체, 액체, 전기 등과 같이 형체가 없는 것
- 설탕 등과 같은 분상물, 미상물
- 물품 자체의 고유 형태가 아닌 것(예 : 손수건을 접어서 꽃모양으로 만든 것)

③ 2001년 7월 1일부터 부분 디자인 제도의 시행으로 양말의 뒷굽, 병의 주둥이, 커피 잔의 손잡이 등과 같이 물품의 부분에 관한 디자인도 등록 받을 수 있다.
다만, 디자인의 대상이 되는 물품명은 양말, 포장용 병, 커피 잔과 같이 기재해야 한다.

2) 형태성(형상, 모양, 색채)

디자인은 형상, 모양, 색채의 결합으로 이루어진 것인데 그 각각의 구성 요소는 다음과 같다.

① 형상(Shape)
공간을 점하고 있는 물품의 형체, 물품을 구성하고 있는 입체적 윤곽

② 모양(Pattern)
물품의 외관에 나타나는 선도, 색 흐림, 색구분 즉, 무늬를 말한다.

③ 색채(Colour)
시각을 통하여 식별할 수 있도록 물품에 채색된 빛깔

3) 시각성

디자인은 인간의 육안으로 식별할 수 있는 것만을 대상으로 한다.

즉, 시각 이외의 감각에 의하여 인식 가능한 것(소리나 촉감), 육안으로는 식별할 수 없는 것(현미경 등으로 관찰 가능한 것), 외부에서 볼 수 없는 것은 디자인 보호의 대상이 될 수 없다

4) 심미성

디자인은 미감을 일으키는 것이어야 한다. 그러나 미감의 의미는 주관적인 가치판단이 개입되므로 명확한 판단 기준을 세우기는 어렵다.

따라서 심사 실무에 있어서는 고도의 심미성에 대한 판단보다는 아름다움을 느낄 수 있을 정도의 형태적 처리가 된 것이면 심미 감이 있는 것으로 보고 있다. 또한 심미성은 외관상 좋은 미감을 일으키는 것이면 족하고 조잡 감만 주는 것은 미감이 없다고 본다.

[표 16] 디자인 심사 절차 흐름도(특허청자료)

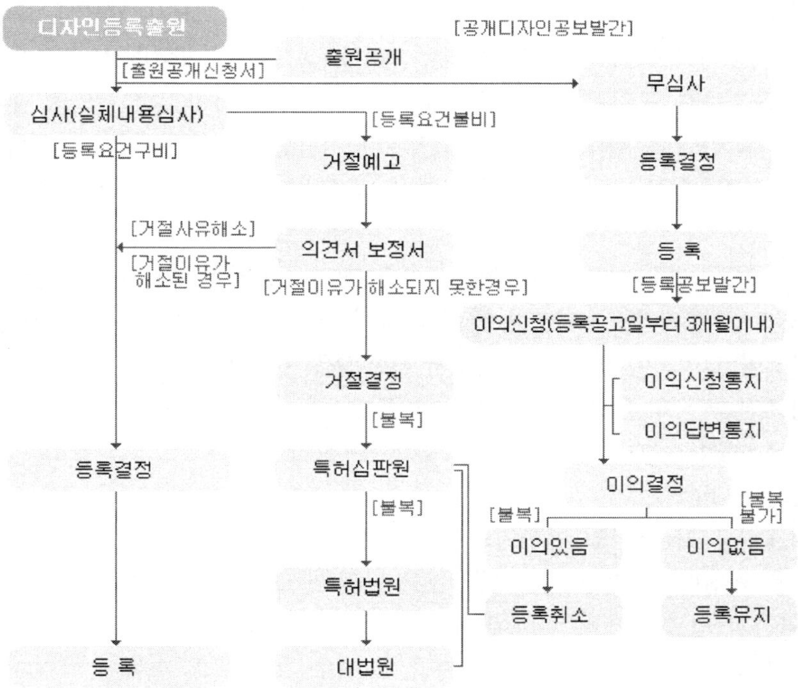

[3] 상표권(商標權)권이란?

상표권은 등록 상표를 지정 상품에 독점적으로 사용할 수 있는 권리로, 창작에 대하여 주어지는 권리는 아니다. 상표는 상품을 표시하는 것으로서 생산,제조,가공 또는 판매업자가 자기의 상품을 다른 업자의 상품과 식별시키기 위하여 사용하는 기호,문자,도형 또는 그 결합을 말한다.

상표권의 가장 중요한 내용은 지정 상품에 대하여 그 등록 상표를 사용하는 것이다.

그 외에도 상표권은 재산권의 일종으로서 특허권 등과 같이 담보에 제공될 수 있으며, 지정상품의 영업과 함께 이전할 수도 있다.

상표라 함은 상품을 생산·가공·증명 또는 판매하는 것을 업으로 영위하는 자가 자기의 업무와 관련된 상품을 타인의 상품과 식별되도록 하기 위하여 사용하는 기호·문자·도형·입체적 형상 또는 이들을 결합한 것 및 위 각각에 색채를 결합한 것을 말한다.

상표권도 특허권(特許權, Patent)과 마찬가지로 출원에서 등록에 이르기까지 일련의 행정처분에 의하여 발생한다.

상표권은 법에 의하여 독점 배타성이 부여되어 있으므로 물권에 유사한 절대권이며 이른바 대세적 권리이다. 그러나 상표권의 대상은 상표, 즉 상품에 관한 표지로서 표지는 대상물을 다른 물(物)과 구별하여 감각적으로 파악할 수 있는 수단이면 충분하므로 반드시 점유가 가능한 유체물일 필요는 없다. 문자, 도형, 기호, 입체적 형상, 색채 심지어 냄새나 맛 등도 표지로서 기능할 수 있다.

상표권은 당해 상표가 대상물을 다른 상품으로부터 구별할 수 있는 식별력만 있으면 공익상, 사익상의 장애 사유가 없는 한 그 자체로서의 창작성이나 신규성이 결여되어 있어도 권리로서 보호받을 수 있다.

상표권의 목적은 개성화된 상품의 동일성을 표시하며(상표 식별의 기능),소비자로 하여금 또 다른 상품과의 혼동을 방지(출처 표시의 기능)하기 위하여 사용되는 것이다.

상표권도 다른 산업 재산권과 마찬가지로 속지주의 원칙에 따라 국내에서만 효력을 가진다. 따라서 다른 나라에서 동일 상표에 관한 보호를 받기 위해서는 그 나라의 법률이 정하는 바에 따라 권리를 취득하여야 한다.

또한 각 나라에서의 상표권의 성립, 소멸도 그 나라의 법률에 따르고 상표권은 서로 독립하여 병존하는 상태에 있다.

이를 1국 1상표의 원칙 및 상표권 독립의 원칙이라고 한다. 상표법은 상표권 또는 전용사용권의 침해 행위를 한 자는 7년 이하 징역 또는 1억 원 이하의 벌금에 처할 수 있도록 하여 상표권 침해 행위에 대하여 형사적 제재를 가함으로서 상표권의 침해로부터 상표권자를 보호하고 있다.

또한 사위(詐僞) 기타 부정한 행위로써 상표등록·지정 상품의 추가 등록·상표권의 존속 기간 갱신 등록 또는 심리 결정을 받은 자는 3년 이하의 징역 또는 2천만 원 이하의 벌금에 처한다. 상표권은 상표권의 설정 등록 일로부터 10년간 존속한다.

그러나 존속 기간이 만료되기 전 1년 이내 또는 만료 후 6개월 이내에 갱신 등록 출원 절차를 밟으면 특별한 사정이 없는 한 존속 기간이 10년씩 갱신되기 때문에 실질적으로 상표권은 반영구성을 띠고 있다.[17)]

(1) 상표의 개념

사회적 사실로서의 상표란 자타 상품을 식별하기 위하여 사용하는 일체의

17) 출처 : 네이버 지식백과, 지적재산권-상표권 [Trade Mark Rights](학문명백과 : 복합학, 형설출판사)

감각적인 표현 수단을 의미하지만 이러한 표장을 모두 보호하는 것은 법 기술적으로 어렵기 때문에 상표법에서는 보호가 가능한 상표의 구성 요소를 제한하고 있다.

종전에는 기호·문자·도형·입체적 형상 또는 이들을 결합한 것과 이들 각각에 색채를 결합한 것만으로 상표의 구성 요소를 한정하였고 2007. 7. 1부터는 상표권의 보호 대상을 확대하여 색채 또는 색채의 조합만으로 된 상표, 홀로그램 상표, 동작 상표 및 그 밖에 시각적으로 인식할 수 있는 모든 유형의 상표를 상표법으로 보호할 수 있도록 하였다.

그러나 상표법상 상표란 여전히 시각을 통하여 인식될 수 있는 것으로 국한되며 시각을 통하여 인식할 수 없는 소리·냄새·맛 등과 같이 청각·후각·미각으로 지각할 수 있는 표장은 현실의 거래 사회에서 자타 상품의 식별 표지로서 사용되고 있다 하더라도 상표법상의 상표로는 보호받을 수 없다.

또한 자기의 상품과 타인의 상품을 식별하기 위하여 사용되지 않는 표장은 상표가 아니므로 상품에 사용된 것이라 하여도 그것이 단순히 상품의 심미 감을 불러일으키게 다음 위하여 사용된 디자인이거나 자타 상품 식별 의사와 무관한 가격 표시 등은 상표법상 상표가 아니다.

광의의 상표 개념으로서는 상표 외에 서비스 표, 단체 표장, 업무 표장이 있다.

(2) 서비스표의 개념

'서비스 표' 란 서비스업(광고업, 통신업, 은행업, 운송업, 요식업 등 용역의 제공 업무)을 영위하는 자가 자기의 서비스업을 타인의 서비스업과 식별되도록 하기 위하여 사용하는 표장을 말한다.

즉, 상표는 "상품"의 식별 표지임에 반하여 서비스 표는 "서비스업(용역)"의 식별 표지라고 할 수 있다.

이러한 상표 및 서비스표 제도의 목적은 상표를 보호함으로써 상표 사용자의 업무상의 신용 유지를 도모하여 산업 발전에 이바지함과 아울러 수요자의 이익을 보호함을 목적으로 한다(상표법 제1조).

(3) 상표의 기능

① 자타 상품의 식별 기능

상표를 상품에 표시하여 사용하는 경우 그 상표의 표시로 인하여 자기의 상품과 타인의 상품을 식별할 수 있는 기능

② 출처 표시 기능

동일한 상표를 표시한 상품(동일 상표품)은 동일한 출처에서 나온다는 것을 수요자에게 나타내는 기능

③ 품질보증 기능

동일한 상표를 표시한 상품은 그 품질이 동일한 것으로 수요자에게 보증하는 기능

④ 광고 선전 기능

상표의 상품에 대한 심리적인 연상 작용을 동적인 측면에서 파악한 것으로 상품 거래 사회에서 판매촉진 수단으로서의 상표의 기능

⑤ 재산적 기능

상표가 갖는 재산적, 경제적 가치로서의 기능으로서 상표의 재산적 기능은 상표권의 자유 양도 및 사용권 설정 등을 통해 구현된다.

(4) 상표의 등록요건

① 인적 요건(상표등록을 받을 수 있는 자)

우리나라에서 상표권자가 될 수 있는 자격을 갖는 자(개인 또는 법인)로서, 국내에서 상표를 사용하는 자(법인, 개인, 공동 사업자) 또는 사용하고자 하는 자는 상표법이 정하는 바에 의하여 자기의 상표를 등록받을 수 있다.

상표권자가 될 수 있는 자격은 우리나라 국민(법인 포함)은 모두 해당되며, 외국인은 상호주의 원칙과 조약에 의거하여 그 자격이 결정된다.

② 실체적 요건

상표의 등록 요건은 출원의 형식 등 절차적 요건과 상표의 구성 자체가 자타 상품의 식별력을 가진 것인지 부 등록 사유에 해당되지 않는지에 관한 실체적 요건(적극적 요건, 소극적 요건)으로 나누는데 상표법상 중요한 것은 실체적 요건이다.

③ 적극적 요건

상표의 가장 중요한 기능은 자타 상품 식별 기능이기 때문에 상표로 등록되기 위해서는 우선 식별력을 가져야 한다.

일반적으로 식별력 유무의 판단은 지정 상품과 관련하여 판단하고 있으며 상표법 제6조제1항 각호에서는 자타 상품의 식별력이 없는 상표

들로서 상표등록이 불허되는 사유를 다음과 같이 제한적으로 열거하고 있다.

- 상품의 보통 명칭
  상표가 특정 상품과 관련하여 그 상품의 명칭을 나타내는 상표(예 : 스낵 제품–Corn Chip, 과자–호두과자, 자동차–Car)
- 관용 상표
  동종 업자들 사이에서 특정 종류의 상품에 관용적으로 쓰이는 표장(예 : 과자류–깡, 청주–정종, 직물–Tex)
- 성질 표시적 상표
  산지 표시 : 당해 상품의 생산지를 표시하는 것(예 : 사과–대구, 모시–한산, 굴비–영광).
- 품질표시 : 당해 상품의 품질의 상태, 우수성 등을 표시하는 것(예 : 上, 中, 下, 특선, Super)
- 원재료 표시 : 당해 상품의 원재료로 쓰이는 상품의 명칭을 표시하는 것(예 : 양복–Wool, 넥타이–Silk)
- 효능 표시 : 당해 상품의 효과나 성능 등을 표시하는 상표(예 : TV–HITEK, 복사기–Quick Copy)
- 용도 표시 : 당해 상품의 쓰임새를 나타내는 상표(예 : 가방–학생, 의류–Lady)
- 수량 표시 : 2켤레, 100미터 등
- 형상 표시 : 당해 상품의 평상, 모양, 크기 등을 표시하는 것(예 : 소형, 대형, 캡슐, SLIM)
- 생산 방법, 가공 방법, 사업 방법 표시 : 당해 상품의 생산, 가공, 사용 방법을 표시하는 상표(예 : 농산물–자연농법, 구두–수제, 책상–조립)
- 시기 표시 : 당해 상품의 사용 시기 등을 표시하는 것(예 : 타이어–전천후, 의류–봄, 여름, 가을, 겨울)
- 현저한 지리적 명칭, 그 약어 또는 지도
  수요자에게 현저하게 인식된 지리적인 명칭(예 : 금강산, 백두산, 뉴욕 등)
- 흔한 성 또는 명칭
  흔히 있는 자연인의 성 또는 법인, 단체, 상호임을 표시하는 명칭(예 : 이씨, 김씨, 사장, 상사, 조합, 총장 등)

- 간단하고 흔히 있는 표장
  상표의 구성이 간단하고 또한 흔히 있는 표장(예 ; 123, ONE, TWO, β 등)
- 기타 식별력이 없는 표장
  일반적으로 쓰이는 구호, 표어, 인사말 등(예 : Believe it or not, I can do, www 등).

식별력 요부의 판단은 등록 여부 결정시를 기준으로 판단하고, 결합 상표의 경우 그 상표의 구성 부분 전체를 기준으로 판단한다. 그리고 지정 상품에 관한 일반적 거래자 또는 수요자를 기준으로 판단해야 할 것이나 지정 상품과의 관계를 고려할 필요가 없는 경우에는 통상적인 일반인의 평균적 인식을 기준으로 판단한다.

④ 소극적 요건(부등록 사유)

상표가 자타 상품의 식별력을 가지고 있다 하더라도 독점 배타적 성질의 상표권을 부여하는 경우 공익상 또는 타인의 이익을 침해하는 경우에는 당해 상표의 등록을 배제할 필요가 있다.

- 대한민국의 국기, 국장, 파리 협약 동맹국 세계무역기구 회원국 또는 상표법 조약 체약국의 훈장, 포장, 적십자, 올림픽 등의 공공 마크와 동일 또는 유사한 상표(예 : 무궁화 도형, IMF, WTO 등)
- 국가, 민족, 공공단체, 종교(교회, 사찰)등과의 관계를 허위로 표시하거나 이들을 비방 또는 모욕할 염려가 있는 상표(예 : 양키, Negro 등)
- 국가, 공공단체 또는 비영리 공익 법인의 표장으로서 저명한 것과 동일 또는 유사한 상표(예 : YMCA, KBS, 적십자 등)
- 선량한 풍속에 어긋나거나 공공의 질서를 해칠 우려가 있는 상표(예 : 외설적인 도형이나 문자, 사기꾼, 소매치기 등의 문자)
- 정부 또는 외국 정부가 개최하거나 정부 또는 외국 정부의 승인을 얻어 개최하는 박람회의 상패, 상장 또는 포장과 동일 또는 유사한 표장이 있는 상표
- 저명한 타인의 성명, 명칭 또는 상호, 초상 등을 포함하는 상표(예 : DJ, JP, 한전, 주공 등)
- 타인의 선등록 상표와 동일 또는 유사한 상표
- 상표권이 소멸한 날로부터 1년을 경과하지 아니한 타인의 등록 상표

와 동일 또는 유사한 상표

- 지리적 표시 단체 표장 권이 소멸한 날로부터 1년을 경과하지 아니한 타인의 지리적 표시 단체 표장과 동일 또는 유사한 상표
- 주지 상표와 동일 또는 유사한 상표
- 수요 자간에 현저하게 인식되어 있는 타인의 상품이나 영업과 혼동을 일으키게 할 염려가 있는 상표
- 상품의 품질을 오인하게 하거나 수요자를 기만할 염려가 있는 상표
- 국내·외에 특정인의 상표라고 인식되어 있는 상표와 동일 또는 유사한 상표로서 부당한 이익을 얻으려 하는 등 부정한 목적을 가지고 사용하는 상표
- 국내·외에 특정 지역의 지리적 표시로 인식되어 있는 것과 동일 또는 유사한 상표로서 부당한 이익을 얻으려 하는 등 부정한 목적을 가지고 사용하는 상표
- 상품 또는 그 상품의 표장의 기능을 확보하는데 불가결한 입체적 형상·색채 또는 색채의 조합만으로 된 상표
- 세계무역기구(WTO) 회원국 내의 포도주 및 증류주의 산지에 관한 지리적 표시로서 구성되거나 표시를 포함하는 상표로서 포도주, 증류주 또는 이와 유사한 상품에 사용하고자 하는 상표, 다만 지리적 표시의 정당한 사용자가 지리적 표시 단체 표장 등록 출원을 한 경우는 예외가 된다.

(5) 상표 출원의 보정·변경·심사

상표 등록 출원의 보정이란 출원의 절차상 또는 내용상의 흠결을 특허 청장 또는 심판 원장의 명령에 의하여 또는 출원인이 자진하여 보정할 수 있도록 하는 제도를 말한다.

출원인은 최초 상표 등록 출원의 요지를 변경하지 아니하는 범위 안에서 상표 등록 여부 결정의 통지서가 송달되기 전까지 출원 상표 및 그 지정 상품을 보정할 수 있다. -요지가 변경되지 않는 범위의 보정의 경우, 지정 상품의 범위의 감축, 오기의 정정, 불명료한 기재를 명확하게 하는 것, 상표의 부기 적인 부분의 삭제가 가능하다.

① 일정한 방식 심사 후 담당 심사관이 출원 순서에 따라 심사하게 된다.

② 심사 결과 거절 이유를 발견하지 못하였을 때는 출원 공고 결정을 하고 상표 공보에 공보하고 다만 일정한 경우에는 공고 결정을 생략할 수 있다.

③ 심사 결과 거절 이유 발견 시에는 그 이유를 출원인에게 통보하고 기간을 정하여 의견서 제출의 기회를 주어야 한다.

④ 특허 청장은 출원공고가 있는 날로부터 출원 서류는 및 부속서류를 특허청에 공중의 열람에 제공한다. 이 때 누구든지 공고 일로부터 2개월 이내에 공고된 상표에 대하여 이의신청을 할 수 있다. 심사관은 이 기간 중 제3자로부터 이의신청이 있을 때에는 출원인과 이의 신청인의 의견을 들어 이의의 성립 여부를 결정 하여야 한다.

⑤ 이러한 절차 후에 최종적으로 등록 결정을 받게 되면 상표 등록 절차를 밟게 된다.

[표-16] 상표 출원 등록 절차표(특허청자료)

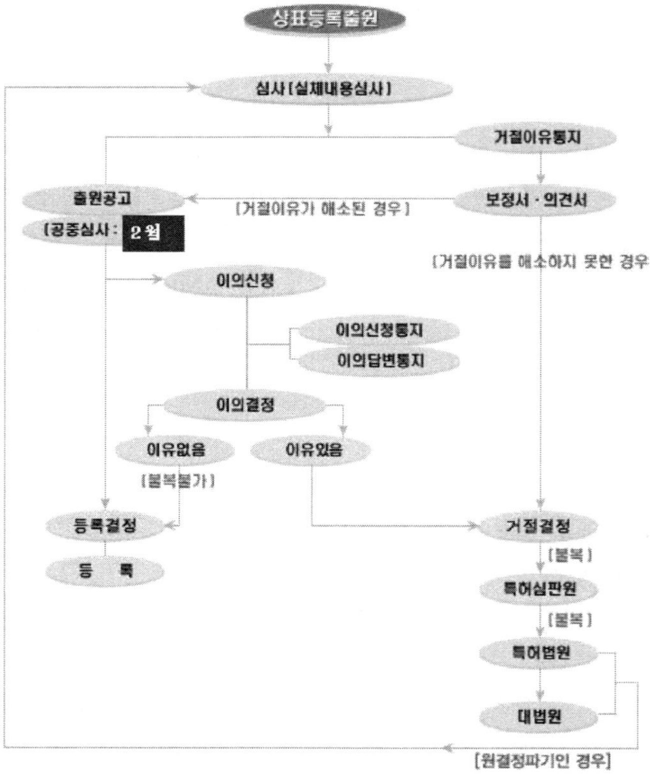

(6) 상표권의 존속 기간과 소멸, 이전

상표권은 설정 등록에 의하여 발생하는데 상표권의 존속 기간은 설정 등록이 있는 날로부터 10년이며, 상표권의 존속 기간 갱신 등록 출원에 의하여 10

년간씩 그 기간을 갱신할 수 있으므로 계속 사용을 하는 한 반영구적인 효력을 갖는다.

상표권의 존속 기간을 갱신하고자 할 경우에는 상표권의 존속 기간 만료 전 1년 이내에 상표권 존속 기간 갱신 등록 출원을 하여야 한다. 존속 기간이 만료된 후라도 6개월이 경과하기 이전에는 상표권의 존속 기간 갱신 등록 출원을 할 수 있으나 일정액의 과태료를 납부해야 한다.

① 소멸과 전환

1998년 3월 1일 이전에 한국 분류에 따라 상품을 지정하여 상표권의 설정 등록, 지정상 품의 추가 등록 또는 존속 기간 갱신 등록을 받은 상표권자는 당해 등록 상표의 지정 상품을 산업통상자원부령이 정하는 상품류 구분(NICE 분류)에 따라 전환하여 등록을 받아야 한다.

상표권의 존속 기간 갱신 등록 출원과 상품 분류 전환 등록 신청을 하나의 신청서에 일괄 신청할 수 있다.

상품 분류 전환 등록을 받아야 하는 자가 법 소정의 신청 기간 이내에 상품 분류 전환 등록을 하지 아니한 경우 상품 분류 전환 등록의 대상이 되는 지정 상품에 대한 상표권은 그 신청 기간의 종료일이 속하는 존속 기간의 만료일에 소멸하게 된다.

그밖에도 스스로 상표권을 포기하는 경우, 존속 기간이 만료하는 경우, 상표등록 취소 심결이 확정된 경우, 상표권자 사망 시 상속인이 없는 경우, 상표권자의 사망일로부터 3년 내에 상속인이 그 상표권의 이전 등록을 하지 아니하는 경우에도 상표권이 소멸된다.

② 이전

상표권의 이전이라 함은 상표권의 내용의 동일성을 유지하면서 소유 주체만을 교체하는 것을 말한다.

상표권도 무체 재산권의 일종으로 일반 재산권과 마찬가지로 자유로운 이전이 허용되어야 할 것이나, 상표법의 목적에 비추어 수요자 이익 보호 등을 위해 필요한 경우에 일정한 제한이 가해지고 있다. 일반적으로 상표권은 그 자체만을 특정하여 영업과 함께하지 아니하고도 매매, 증여 등에 의하여 자유롭게 양도될 수 있고, 또한 지정 상품마다 분할 이전 할 수도 있다.

③ 상표권의 효력

상표를 등록할 경우 상표권자는 적극적으로 지정 상품에 관하여 그 등록 상표를 사용할 권리를 독점하는 독점권과 타인이 등록 상표와 동일 또는 유사한 상표를 사용하는 경우 그 사용을 금지할 수 있는 금지 권을 행사할 수 있다.

아울러 타인이 자기의 등록 상표 또는 등록 상표와 유사한 상표를 사용하는 등 상표권을 침해하는 경우 상표권자는 그 자를 상대로 하여 침해 금지 청구권, 손해배상 청구권 등을 행사할 수 있는 소극적인 효력을 갖는다.

(7) 상표권의 침해와 구제

상표권은 상표권자만이 등록 상표를 지정 상품에 관하여 사용할 권리를 독점하게 한다.

그리고 상표권자 이외의 자가 정당한 권한 없이 등록 상표와 동일 또는 유사한 상표를 그 지정 상품과 동일 또는 유사한 상품에 사용할 목적이나 사용하게 할 목적으로 교부, 판매, 위조, 소지 및 보관하는 행위인 예비적 행위도 상표권을 침해하는 것으로 규정하고 있다.

① 구제

상표권은 상표권자만이 등록 상표를 지정 상품에 관하여 사용할 권리를 독점하므로 상표권자 이외의 자가 정당한 권한 없이 등록 상표와 동일 또는 유사한 상표를 그 상품에 사용할 목적이나 사용하게 할 목적으로 교부·판매·위조·소지 및 보관하는 행위인 예비적 행위도 상표권을 침해하는 것으로 간주하고 있다.

상표권 침해에 대한 구제 수단은 다음과 같이 분류한다.

- 민사적 구제 : 침해 금지 청구권, 손해배상청구권, 가처분, 가압류, 신용 회복 조치 청구 등
- 형사적 구제 : 침해 죄, 몰수 등
- 행정적 구제 : 위조 상품의 단속, 세관에 의한 국경 조치, 산업 재산권 분쟁 조정 제도 등

(8) 사용권 제도

① 전용사용권

상표권자는 타인에게 상표권에 관하여 전용사용권을 설정할 수 있으며, 전용사용권 자는 설정 행위로 정한 범위 내에서 지정 상품에 관한 등록 상표를 사용할 권리를 독점한다.

따라서 전용 사용권 자는 상표권자와 마찬가지로 타인이 등록 상표와

동일하거나 이와 유사한 상표를 그 지정 상품과 동일하거나 이와 유사한 상품에 사용하는 등의 권리침해에 대하여 금지 또는 예방을 청구할 수 있다.

또한 상표권자의 동의를 얻어 그 전용사용권을 타인에게 이전하거나 통상 사용권을 설정할 수 있다.

전용사용권의 설정, 이전 등은 등록하여야 효력이 발생하며(등록은 효력 발생 요건), 전용 사용권자는 등록 상표를 사용하는 상품에 자기의 성명 또는 명칭을 표시해야 한다.

② **통상사용권**

상표권자 또는 전용 사용 권자는 타인에게 그 상표권에 관하여 통상 사용권을 설정할 수 있으며, 통상 사용권 자는 설정 행위로 정한 범위 내에서 지정 상품에 관하여 등록 상표를 사용할 권리를 가지게 된다.

또한 상표권자 및 전용 사용권 자의 동의를 얻어 그 통상 사용권을 타인에게 이전할 수 있다.

통상 사용권의 설정, 이전 등은 등록하지 아니하면 제3자에게 대항할 수 없으며, 통상 사용권 자는 등록 상표를 사용하는 상품에 자기의 성명 또는 명칭을 표시하여야 한다.

또한 통상 사용권 자는 지정 상품에 등록 상표를 사용할 권리만 가지므로 권리침해에 대한 금지청구 권은 없으며, 상표권자나 전용 사용권 자만이 권리침해에 대한 금지 청구 등을 할 수 있다.

[4] 상표, 서비스표의 해외 출원

산업 재산권 보호를 위한 파리 협약에 의하면 각국 상표 독립의 원칙을 취하고 있기 때문에 국내 특허청에 상표를 등록하는 경우 대한민국에서만 등록 상표로서 보호된다.

그러나 해외에서는 원칙적으로는 보호가 되지 않는다. 따라서 국내에서 출원 또는 등록한 상표를 해외에서 보호받고자 하는 경우에는 보호받고자 하는 외국의 특허청에 상표등록 출원하여 상표등록을 받아야만 한다.

해외에의 상표 등록 출원을 하는 방법으로는 아래의 그림과 같이 통상의 상표 등록 출원의 절차와 마드리드 체제에 의한 국제 출원 절차로 나뉠 수 있으며 현재 우리나라에 마드리드 의정서가 발효하였으므로 마드리드 체제에 따른 상표의 국제 출원을 할 수 있다.

(1) 마드리드 출원

2001년 개정 상표법에 반영된 마드리드 의정서에 의할 경우 마드리드 의정서 가입국 67개국(2006.1월)에 대해서는 국내 특허청을 통해 하나의 국제 출원서를 영어로 작성하여 출원하면 출원인이 국제 출원서에 지정한 국가에 동일한 날짜에 출원한 것으로 간주되기 때문에 국내 기업의 해외 상표 등록 절차가 매우 간소화되는 한편 비용도 매우 저렴해질 것이다.

다만, 이러한 국제 출원을 하기 위해서는 국내에 기초가 되는 상표등록 또는 상표 등록 출원이 있어야 하기 때문에 국내에 등록 상표나 출원 상표가 있어야 하며, 국내에 아무런 등록 상표나 출원 상표가 없는 경우에는 마드리드 의정서를 통한 국제출원을 할 수 없는 단점이 있다.

[표 18] 마드리드 출원과 통상출원 절차(특허청자료)

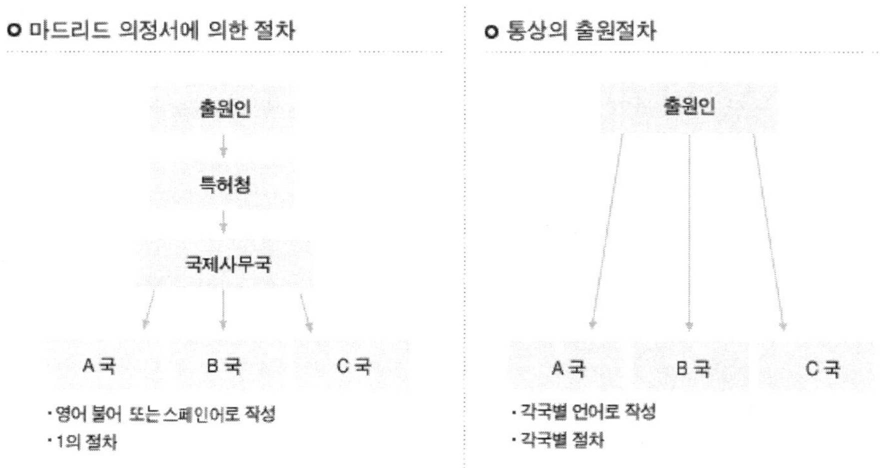

[표 19] 마드리드 국제 출원 흐름도(특허청자료)

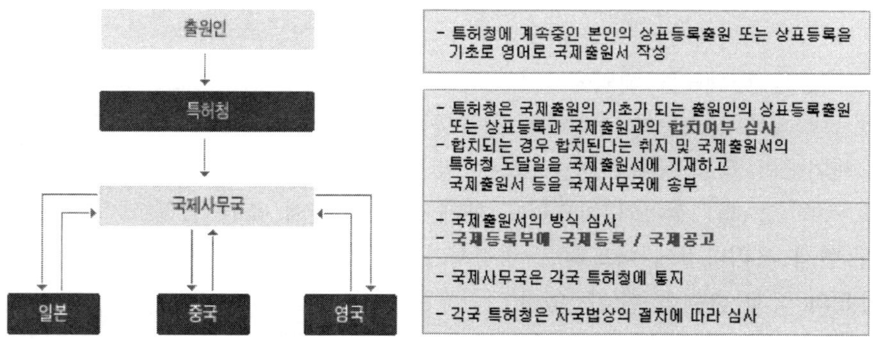

(2) 통상의 해외에서의 상표 등록 출원

현재로서는 출원인은 우리나라에 상표 등록 출원을 하고 6개월 이내에 우리나라의 출원을 기본으로 하는 우선권을 주장하면서 외국에 출원하는 경우 출원일의 선 후원 판단과 관련하여 6개월 이내의 기간 소급되는 이익을 향유할 수 있다.

또한 국내 상표등록 출원 후 6개월이 지난 후라도 외국에 상표 등록 출원을 하실 수 있으며, 다만, 이 경우에는 우선권의 이익을 향유할 수 없다. 따라서 외국에 상표등록을 하고자 하는 경우에는 반드시 국내 출원후 6개월 이내에 하셔야 선 후원 관계에서 6개월 이내의 기간의 이익을 누릴 수 있음을 유념하기 바란다.

이러한 통상의 국제 출원은 출원인이 출원하고자 하는 각국에 그 나라의 고유 언어로 출원서를 작성하여야 하며, 각국의 대리인에 의하여 각국의 고유 화폐로 수수료를 납부하여야 한다,

각국별 절차에 의해 진행(1국가 1출원 시스템)된다는 점에서 비용과 시간이 많이 소요되는 단점이 있다. 따라서 이러한 단점을 보완하여 출원인의 편의를 증진하고자 여러 나라에서의 상표등록 출원 절차를 하나의 출원 절차로 진행할 수 있는 시스템의 마련에 대한 논의가 국제적으로 전개되다. 이는 지역적인 측면에서의 유럽 공동체 상표 제도와 국제적인 측면에서의 마드리드 체제(마드리드 협정과 마드리드 의정서)가 바로 그 논의의 결과로 탄생한 다 국가 1출원 시스템이라고 할 수 있다.

(3) 유럽 공동체 상표 제도를 이용한 상표 등록 출원

유럽의 각국은 유럽 공동체를 형성하여 하나의 상표 등록 절차로 25개 회원 국가들에 상표권의 효력을 발휘할 수 있는 유럽 공동체 상표 제도를 운영하고 있다.

이 제도를 활용하면 유럽 25개국에 개별적으로 상표등록을 하는 절차를 하나의 절차를 통해 할 수 있는 장점이 있다. 유럽 공동체 국가는 유럽 공동체 상표 제도와 각국의 상표 제도를 중첩적으로 운영하고 있기 때문에 유럽공동체 각국에서 통상의 상표 등록 절차도 밟을 수도 있다.

[5] 신지식 재산권(新知識財産權制度)

신지식 재산권이란 산업 재산권과 저작권의 중간 영역에 있는 권리들을 말하는데, 이는 산업 재산권과 저작권 각각의 성격을 함께 가지고 있는 것이 특

징이다.

신지식 재산권의 종류는 다음과 같은데, 앞으로는 산업이 끊임없이 계속해서 발전하고, 새로운 지적 권리가 창출될 것으로 보인다. 때문에 이에 부응하기 위한 법률의 정비도 계속해서 필요하게 된다.

(1) 부정 경쟁 방지 및 영업 비밀 보호에 관한 법률

이 법은 대한민국의 법률로 "국내(대한민국)에 널리 알려진 타인의 상표, 상호 등을 부정하게 사용하는 등의 부정 경쟁 행위와 타인의 영업 비밀을 침해하는 행위를 방지하여 건전한 거래 질서를 유지함을 목적으로 한다.

여기서 '부정 경쟁 행위'라 함은 국내에 널리 인식된 타인의 성명, 상호, 상표, 상품의 용기, 포장 등과 동일, 유사한 것을 사용하거나 수입, 수출하여 타인의 상품과 혼동을 일으키게 하는 행위 등을 말한다.

영업 비밀 이란 공공연히 알려져 있지 아니하고 독립된 경제적 가치를 가지는 것으로서, 상당한 노력에 의하여 비밀로 유지된 생산 방법, 판매 방법, 그 밖에 영업 활동에 유용한 기술상 또는 경영상의 정보를 말한다. 타인의 영업 비밀을 침해한 자는 민, 형사적 책임을 지게 된다.

이는 침해자가 침해 행위로 인해 얻은 이익 액은 영업 비밀 권자의 손해액으로 추정하며, 부정한 이익을 얻거나 기업에 손해를 가할 목적으로 그 기업에 영업 비밀을 외국으로 빼돌린 경우에는 7년 이하의 징역 또는 그 재산상 이득액의 2배 이상 10배 이하에 상당하는 벌금에 처한다.

징역형과 벌금형은 이를 병과 할 수도 있다. 이 죄는 고소가 없어도 공소를 제기 할 수 있다.

(2) 반도체 집적 회로의 배치 설계에 관한 법률

반도체 집적 회로 배치 설계는 연구 개발에 막대한 비용과 시간 및 고도의 기술이 필요한 반면, 그 복제 비용은 상대적으로 감소함에 따라 적은 비용만으로 무단 복제되어 쉽게 침해 받을 수 있으나, 배치 설계의 특성상 기존의 지식 재산권 법인 특허법이나 저작권법으로는 그 권리 보호에 한계가 있었다.

따라서 반도체 집적 회로 배치 설계의 무단 복제 등 침해를 방지함과 동시에 배치 설계에 관한 창작자의 권리를 보호하고 배치 설계의 공정한 이용을 도모하여 반도체 관련 산업을 진흥토록한다.

그리하여 국민경제의 건전한 발전에 이바지 하도록 한다는 취지의 반도체 집적 회로의 배치 설계에 관한 법률이 제정되었다.

이로써 반도체 집적 회로가 일종의 무체 재산권 내지는 산업 재산권인 배치 설계 권으로 보호받기에 이르렀다.

반도체란 상온에서 전기 전도율이 도체와 절연체의 중간 정도인 물질로서, 낮은 온도에서는 거의 전기가 통하지 않으나 높은 온도에서는 전기가 잘 통한다.

반도체는 컴퓨터 및 통신 장비, 자동, 비행기, 각종 전자 제품 등 쓰임새가 너무 넓고 커서 각 국가에서 서로들 개발에 초점이 맞추어진 중요한 첨단 기술이다.

우리나라는 반도체에 관해서 세계 1위에 달하는 기술 보유국이므로 나쁜 뜻을 품은 산업 스파이에게 도난당해 외국으로 유출되지 않도록 신경을 써야 한다.

(3) 데이터 베이스(Data Base)

여러 사람에 의해 공유되어 사용될 목적으로 통합하여 관리되는 데이터의 집합을 말한다. 자료 항목의 중복을 없애고 자료를 구조화하여 저장함으로써 자료 검색과 갱신의 효율을 높인다. 데이터베이스가 가지는 몇 가지 특성을 살펴봄으로써 그 뜻을 보다 명확히 할 수 있다.

첫째, 똑같은 자료를 중복하여 저장하지 않는 통합된 자료

둘째, 컴퓨터가 액세스하여 처리할 수 있는 저장 장치에 수록된 자료

셋째, 어떤 조직의 기능을 수행하는 데 없어서는 안 되며 존재 목적이 뚜렷하고 유용성 있는 운영 자료이기 때문에 임시로 필요해서 모아 놓은 데이터, 단순한 입출력 자료가 아니라는 점

넷째, 한 조직에서 가지는 데이터베이스는 그 조직 내의 모든 사람들이 소유하고 유지하며 이용하는 공동 자료로서 각 사용자는 같은 데이터라 할지라도 각자의 응용 목적에 따라 다르게 사용할 수 있다는 점이다.

4 특허출원을 해보자

특허출원은 사전적 의미로 새로운 공업적 발명을 한 사람이 국가에 대하여 그 특허를 요구하는 행위라고 명시되어 있다.

특허를 획득하기 위해서는 각종 서류를 준비하는 것은 물론이고 출원을 하고 심사를 받아 등록이 되어야 한다. 만약 절차대로 수행하지 않을 경우에는 발명을 했더라도 특허로 보호받지 못하게 된다. 즉, 발명자가 자신의 발명을

특허 받기 위해서는 출원서를 작상하고 특허청에 출원을 해야 한다. 그 후 심사를 받아 특허 결정이 나면 수수료를 지불하고 등록이 된다. 이때부터 특허권이 생기는 것이다. 특허출원 절차는 쉬운 것이 아니다.

예상외로 복잡하고 또한 거절당하는 경우도 많기 때문이다. 그렇다면 특허출원을 하기 위해 필요한 각종 서류들과 출원 방법, 권리 등에 대하여 차차 알아보기로 하고 먼저 전체적인 절차를 개략적으로 보면 다음과 같다.

특　　허 : 발명(大발명) → 출원 → 심사 → 등록 결정 → 수수료 납부 → 권리 등록 → 특허권 발생

실용신안 : 고안(小발명) → 출원 → 심사 → 등록 결정 → 수수료 납부 → 권리 등록 → 실용신안권 발생

디 자 인 : 디자인 → 출원 → 심사 → 등록 결정 → 수수료 납부 → 권리 등록 → 디자인권 발생

상　　표 : 상표 → 출원 → 심사 → 등록 결정 → 수수료 납부 → 권리 등록 → 상표권 발생

[1] 특허출원의 시작

먼저 특허출원을 하려면 해당 특허에 관한 서류를 작성하여야 한다.

그리고 그 후에 특허청에 심사를 요청하는 것이다. 그렇다면 특허출원에 필요한 각각의 서류와 서류 작성에 대한 요령을 알아보겠다.

(1) 특허 출원 서류

특허출원의 서류는 출원서(Request), 명세서(Description), 필요한 도면(Drawings), 요약서(Abstract)로 구성된다. 도면은 항상 필요한 것이 아니라 물건 발명처럼 도면이 필요한 경우에만 제출하면 되는 임의 제출 서류이고 나머지 서류는 모두 필수 제출 서류이다.

만약 출원 서류의 준비가 미비하다면 특허청으로부터 보정 명령, 불수리 처분의 대상이 될 수도 있으니 세심한 준비가 필요하다.

(2) 디자인 출원 서류

디자인권 출원 서류는 출원서와 도면 이다. 디자인 출원 서류에 있어서는 특허나 실용신안과는 달리 명세서와 요약서가 없다. 디자인에서는 도면에 의하여 권리 범위를 결정하게 되므로 도면이 가장 중요한 서류이다.

(3) 상표 출원 서류

상표권의 출원 서류는 간단하게 출원서 뿐이다. 상표 출원시 출원인은 출원서에 필요한 내용을 기재하고 상표 견본을 붙여 특허 청장에게 제출한다. 따라서 상표는 출원서에 의하여 권리 범위가 결정되어 진다.

(4) 출원 서류의 작성 요령

특허 출원 서류는 출원서, 명세서, 도면, 요약서, 도면이 있다. 경우에 따라 필요한 서류를 선택해 제출하면 된다. 이들 신청 서식은 특허청 고객 서비스 센터에 비치되어 있고 특허청 홈페이지에서도 다운받아 사용 가능하다.

① 출원서

특허 출원서 에는 특허 출원인의 성명·주소, 대리인의 표시, 제출 연월일, 발명의 명칭, 발명자의 성명·주소, 우선권 주장에 관한 사항 등을 기재한다.

만약 대리인이 있을 경우에는 그 대리인의 성명, 주소도 기재한다.

② 명세서

명세서는 기술개발의 성과인 발명을 문장을 통하여 표현하는 부분으로서 발명을 구체적으로 기재하여 공표시키고 거기에 기재된 공표 발명 중에서 보호 대상을 특정하여야 한다. 이것이 공개된 경우 공중에게는 「기술 문헌」으로 이용되는 한편 발명자에게는 「권리서」로서 기능하는 부분이다.

이상의 기능이 명세서에 의하여 달성되기 위해서는 명세서에는 「발명의 명칭」, 「도면의 간단한 설명」, 「발명의 상세한 설명」 및 「특허 청구 범위」가 기재되어야 한다. 「발명의 상세한 설명」은 기술 문헌으로서의 소임을 달성하고 그리고「특허 청구 범위」는 특허발명의 보호 범위를 특정 하는 일을 한다.

③ 도면

특허 출원시 도면은 설계도와 비슷하다고 생각하면 된다. 따라서 제도법에 따라 농묵으로 선명하게 그려야 하며 그림물감 사용 및 채색은 허용되지 않는다.

도면은 필요한 경우 명세서 기재 내용의 이해를 돕기 위하여 첨부 하며, 발명의 성질상 도면이 필요하지 않은 경우(방법 발명, 화학 발명은 도면이 필요 하지 않다.)에는 제출하지 않는다.

④ 요약서

요약서는 명세서가 기술정보로서 쉽게 활용될 수 있도록 하기 위하여 발명을 요약 정리하는 서류로서 출원 서류에 첨부한다. 단 특허발명의 보호 범위를 정하는 데에는 사용할 수 없다. 요약서 에는 발명 내용이 이해될 수 있도록 10줄 이상 20줄 이내로 간결하게 발명을 요약기재하면 된다.

⑤ 기타 구비 서류 첨부

우선권을 주장하는 자, 신규성 의제의 주장을 하는 자, 미생물을 기탁한 자, 대리인에 의하여 출원 절차를 행하는 자들은 관련 서류들을 출원서에 첨부하여 제출하여야 한다.

(1) 출원 전에 해야 할 일

1) 출원인 코드 부여 신청

만약 자신이 처음으로 특허출원의 절차를 하고자 하는 자나 법인은 우선 특허청에 출원인(대리인) 코드 부여 신청을 하여 자신의 고유 번호를 부여받아야 한다.

이 출원인 코드는 후에 특허청에 제출하는 모든 서류의 출원인(대리인) 기재란에 반드시 코드 번호 기재하고 등록된 인장을 사용하여야 한다. 만약 코드 번호를 기재하지 않는 경우엔 반려 처리하게 된다.

미성년자는 부모의 공인 인증서를 이용해야 한다.

출원인 코드 신청은 1544-8080 특허청 콜 센터에 문의를 하거나 특허청 홈페이지에서 신청 서식을 다운받아 온라인으로도 신청 가능 하다.

2) 선행 기술 조사

특허출원을 하고자 하는 경우 출원서 작성에 앞서 먼저 자신의 발명과 동일하거나 유사한 발명이 먼저 출원되거나 등록되어 있지 않은지 조사해 보아야 한다.

이는 반드시 해야 하는 중요한 과정이다. 만약 이 선행 기술 조사를 시행하지 않고 특허출원을 했는데 이미 다른 선행 기술이나 출원이 등록되어 있는 경우 자신의 출원이 거절될 뿐 아니라 모든 비용과 수고는 물거품이 되기 때문이다.

선행 기술 조사에 대한 검색 및 방법은 한국 특허 정보원(www.kipris.or.kr)이나 특허청(www.kipo.go.kr)과 그리고 자신의 발명품이 시중에 유통되는 가를 확인하려고 하면 네이버나, 다음, 구글 등의 포털사이트를 이용하여 검색하면 된다.

3) 선 출원 주의와 선 발명 주의

동일한 발명이 2명 이상이 출원되었을 때 어느 출원인에게 권리를 부여할 것인가를 결정하는 기준으로서 선출원 주의와 선 발명 주의가 있으며 우리나라는 선출원 주의를 채택하고 있다.

① 선출원 주의

- 발명이 이루어진 시기에 관계없이 특허청에 먼저 출원한 발명에 권리를 부여
- 기술의 공개에 대한 대가로 권리를 부여한다는 의미에서 합리적이며 신속한 발명의 공개를 유도할 수 있음
- 발명의 조속한 공개로 산업 발전을 도모하려는 특허제도의 취지에 부합

② 선 발명 주의

- 출원의 순서와 관계없이 먼저 발명한 출원인에게 권리를 부여
- 발명가 보호에 장점이 있음 특히 사업체를 가지고 있지 않은 개인 발명가들이 선호하는 제도
- 발명가는 발명에 관련된 일지를 작성하고 증인을 확보해야 하며 특허청으로서는 발명의 시기를 확인하여야 하는 불편이 있음

⇨ 미국 1개국만이 이 제도를 운용 중으로 특허제도의 국제적 통일에 최대 장애요인으로 되고 있어 개선되어야 한다고 생각한다

(2) 심사 절차

산업 재산권에 대한 심사는 방식 심사와 실체 심사가 있다. 방식 심사는 서류나 절차에 하자가(기재불비)없는지를 보는 심사를 말하고, 실체 심사는 당해 발명이 특허 성이 있는지를 심사하는 것으로 일반적으로 '심사' 라고 하는 것은 실체 심사를 뜻한다.

만약 방식 심사 결과 하자가 있을 때나 실체 심사에서 거절 결정을 받은 경우 출원인은 보정할 수 있는 기회가 있고 방식 심사와 실체 심사 모두 하자없이 통과하면 특허 결정을 받게 된다.

1) 심사 청구 제도

심사 청구 제도는 출원된 모든 것에 대하여 심사하는 것이 아니라 출원 중에 심사 청구가 있는 것에 대해서만 출원의 선, 후와 관계없이 심사 청구 순서

에 따라 심사하는 것을 말한다.

심사 청구는 출원일로부터 누구든지 5년 내에 할 수 있으며 일단 심사 청구를 한 후에는 이를 취하할 수 없다. 만약 기간 내에 출원 심사의 청구가 없을 때에는 그 출원은 취하되는 것으로 한다. 따라서 특허와 실용신안의 심사는 심사 청구 순에 따라 착수하나 디자인 및 상표의 심사는 출원 순에 따라 심사에 착수한다.

2) 우선 심사

만약 발명 출원 내용이 수출입에 도움이 되거나 국방으로 유용하게 사용되는 것 같이 긴급 처리가 필요한 출원이 우선 심사의 대상이다.

첫째 타인이 무단으로 실시하고 있다고 인정되는 출원. 둘째 긴급 처리가 필요한 출원으로 청구일자와 관계없이 3개월 만에 등록이 가능하다. 단) 당 심사관으로부터 의견 제출이 없는 경우에 말이다.

3) 방식 심사

방식 심사는 출원인이 제출한 서류나 절차 등에 하자가 없는지를 심사하는 것이다.

이는 실체 심사와는 다른데 만약 미성년이 대리인 없이 직접 출원을 하는 경우나 또는 필요적 기재 사항을 누락한 경우, 수수료 미납의 경우 등이 방식을 위반한 것이다.

특허 청장은 결과 절차의 하자가 있을 때는 보정을 명하고 보정으로도 그 하자를 치유할 수 없을 경우는 무효 처분 한다.

4) 실체 심사

발명이 특허가 될 수 있는지를 심사하는 것으로 출원된 발명의 산업상 이용 가능성, 신규성, 진보성 등 특허 요건이 심사 대상이 된다. 심사 결과 특허등록 결정서나 거절 결정서를 출원인에게 통지하게 되는데 거절 결정을 받은 출원인은 이에 대해 30일 내에 불복할 수 있다.

출원인은 등록 결정을 받게 되면 등록료를 등록 결정 등본을 받은 날로부터 3개월 내에 3년분의 특허료를 일시에 납부해야 하며 만약 이 기간을 놓쳤을 경우엔 다시 6개월의 추가 납부 기간을 주는데 이때는 2배의 등록료를 내야 한다. 만일 추가 납부 기간까지도 등록료를 내지 않게 되면 특허 받기를 포기하는 것으로 본다.

5) 심사 결정 및 등록

① 특허 결정시

특허 결정이 되면 출원인은 등록료를 납부하여야 하고 특허권이 등록되면 독점 배타권이 발생한다. 그에 특허 청장은 특허권을 설정 등록하고 그 내용을 일반인에게 3개월간 특허 공보에 게재한다. 만약 비밀을 요하는 특허발명에 대해서는 비밀 취급의 해제까지 등록 공고를 보류한다.

② 거절 결정시

거절 결정을 내리는 경우 심사관은 이유를 기재해서 출원인에게 통지하여야 하고 기간을 정해 의견서를 제출할 수 있는 기회를 주어야 한다. 이때 출원인은 일정한 기간 내에 보정을 할 수 있는데 보정의 범위는 요지 변경이 되지 않는 내에서 가능하다.

여기서 요지 변경이란 출원서에 최초 첨부된 명세서나 도면에 기재된 기술적 사항의 범위를 벗어나 명세서나 도면을 보정하거나 정정하는 것으로 이는 허용되지 않는다.

6) 등록 공고

특허 결정이 되면 특허 청장은 특허권을 설정 등록하고 그 내용을 3개월간 일반인에게 공표한다. 특허 청장은 등록 공고가 있는 날부터 3개월간 출원 서류 등을 공중의 열람에 제공하여야 한다.

7) 특허권 등록

등록료를 납부하면 특허권 등록이 되고 독점 배타적인 권리가 발생하게 된다.

특허권의 존속 기간은 특허출원일 후 20년이 되는 날까지다.

8) 특허권 연장 등록

원래 특허권은 존속 기간이 연장되지 않는 것을 원칙으로 하고 있다. 다만 의약품이나 농약 등의 일정한 발명의 경우에는 의약청, 식약처, 농촌진흥청 등의 특별한 허가를 받아야만 판매할 수 있다.

그렇기 때문에 출원인이 그 허가를 위하여 안정성 검사 등을 수년간 지속해야 하는 경우가 있다. 하지만 이런 경우에도 출원일로부터 20년이 적용된다면 특허 존속 기간이 매우 짧아져 특허권자에겐 손해가 될 뿐이다. 그러므로 이 경우는 최장 5년까지 존속 기간을 연장해 주는 예외를 두고 있다.

(3) 등록 절차

1) 등록

등록은 특허권에 해당되는 모든 권리의 설정, 소멸, 변경 기타 권리에 관련된 일정한 사항을 등록 원부에 기재하고 기록하는 행위를 말한다. 출원한 발명이나 디자인 등이 등록 결정 되었더라도 권리설정이 되지 않으면 독점 배타적 권리가 발생할 수 없게 되어 지금까지의 모든 노력이 헛수고로 돌아가니 주의해야 한다.

2) 특허료 납부

특허 결정을 받게 되면 결정 등본을 받은 날로부터 3개월 내에 최초 3년분의 특허료를 일시 납부하여야 한다. 특허료 납부 기간이 경과했을 때에는 다시 6개월의 추가 납부 기간이 주어진다.

다만 초기의 특허료의 2배의 금액을 납부하여야 한다. 만일 추납 기간까지 특허료를 납부하지 않으면 특허출원을 포기한 것으로 보고 특허권자의 특허권은 최초의 특허료 납부 기간이 경과한 때에 소급하여 소멸된 것으로 본다.

특허료는 특허권자가 납부하는 것이 원칙이나. 특허권에 관한 이해관계인은 특허권자의 뜻에 따라 특허료를 대납 할 수 있다.

3) 특허료의 감면

특허출원이 국가에 속할 때는 특허권에 관한 수수료 및 특허료와 심사관의 무효 심판 청구 수수료는 이를 면제한다.

또한 생활보호 대상자 및 산업통상자원부령이 정하는 자, 장애인, 국가유공자, 만 30세 미만인 청소년의 출원 발명에 대해서는 특허료 및 기타 수수료를 감면할 수 있다. 이들에 대해서는 최초 3년분의 특허료와 출원 료 및 심사 청구 료를 징수하지 않는다.

4) 특허료의 반환

원칙적으로 납부된 특허료 및 수수료는 반환하지 않는다. 예외적으로 납부가 착오로 인한 것이거나 특허 취소 결정 또는 무효 심리 결정 확정 이후 분의 특허료인 경우나 특허출원 후 1개월 내에 해당 출원을 취하 또는 포기한 경우에는 납부한 자의 청구에 의하여 이를 반환하여야 한다.

만일 납부된 특허료가 반환 대상에 해당할 경우에는 특허 청장은 납부한 자에게 통지하여야 한다. 통지를 받은 날로부터 3년이 경과한 때에는 반환 청구가 불가하다.

[표 20] 특허출원의 과정(특허청자료)

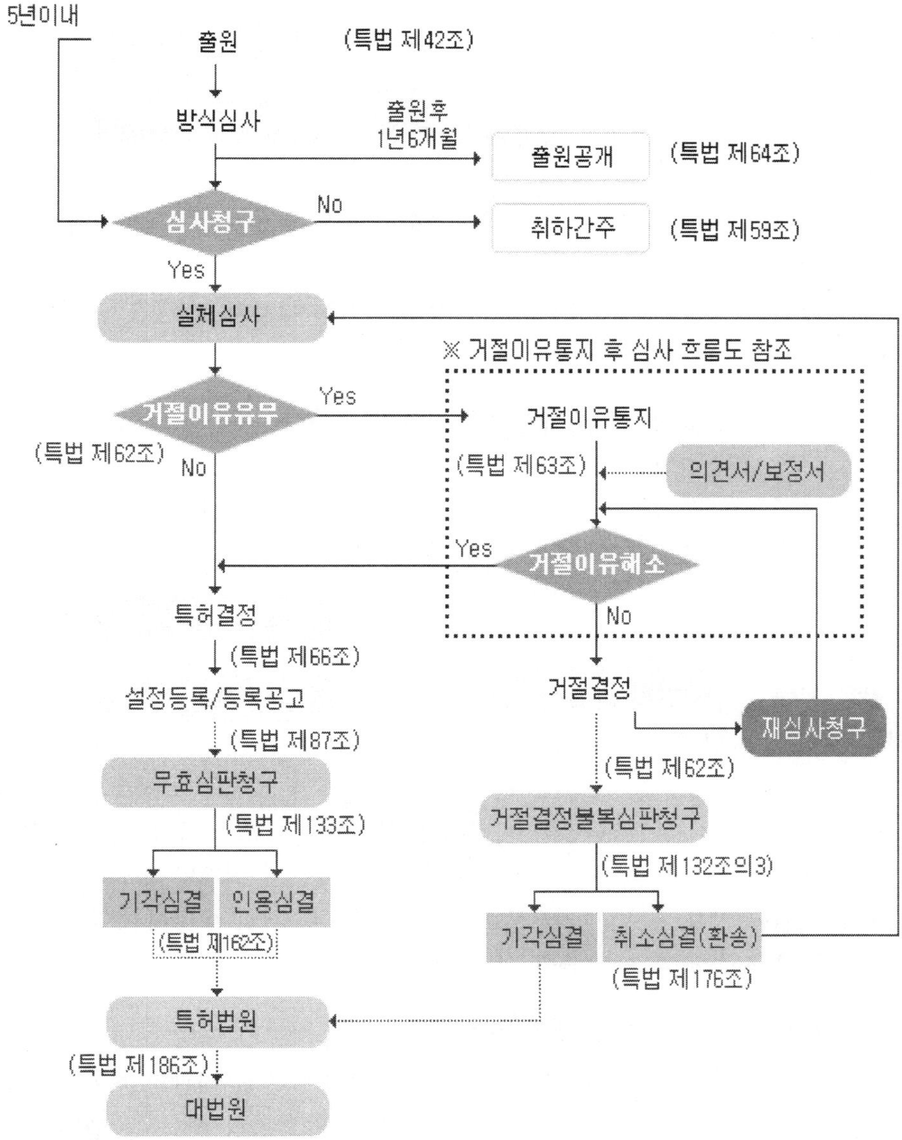

[2] 특수 출원

(1) 분할 출원

분할 출원이라 함은 하나의 특허출원에 2이상의 발명이 포함되어 있는 경우 그 중 일부의 발명을 별개의 특허출원으로 분리하여 새로이 출원하는 것을 말한다.

이것은 우리나라의 특허제도인 1발명 1출원 제도에 반하는 사태에 대처하기 위한 방법으로 채용되고 있다.

분할 출원의 분할이 적법하게 인정되기 위해서는 다음과 같은 몇 가지의 요건이 필요하다.

- 당초의 출원이 적법하게 제출되어 계속 중일 것
- 발명이 동일성을 가질 것
- 즉, 출원 이후에 보정하여 요지가 변경된 것이 아닌 당초의 출원에 포함된 내용과 동일한 것의 범위 내에 속할 것
- 출원인의 동일성이 요구

분할 출원인은 당초의 출원인과 동일인이거나 그 권리를 승계한 자에 한정, 적법한 분할 출원서류의 제출이 필요 또한 분할 출원을 하고자 하는 자는 출원을 하나의 발명에 대한 출원으로 정정하고 기타 각 발명에 대하여는 신규출원을 하여야 한다,

이러한 분할 출원은 출원인이 자진해서 할 경우가 있고 특허 청장이 분할 출원을 명하는 수도 있다. 새로이 제출된 분할 출원 출원자의 이익을 위하여 최초에 출원한 때에 출원한 것으로 보기 때문에 선출원의 이익이 보호되며 신규성의 표준 시점도 최초의 출원 시로 된다.

(2) 특허권 존속 기간 연장 등록 출원

의약품 및 농약은 그 특허발명을 실시하기 위해서 관련 기관의 허가나 등록을 받아야 하고, 허가 등을 받기 위해서는 활성 및 안정성 시험 등 관련 절차를 수행해야 한다.

그런데 이와 같은 필요 관련 절차를 수행하기 위해서는 상당한 기간이 소요되어 특허권자는 그 기간만큼 특허 발명을 실시할 수 없게 되며 이러한 문제점을 해결하기 위해 '일정한 조건을 만족하는 의약품 및 농약에 대하여 5년 범위 내에서 그 특허권의 존속 기간을 연장해 주는 제도이다.

일반적인 발명의 경우

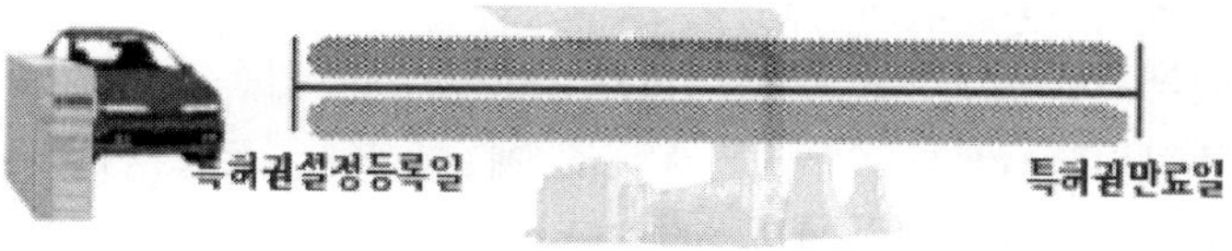

의약품 및 농약의 경우

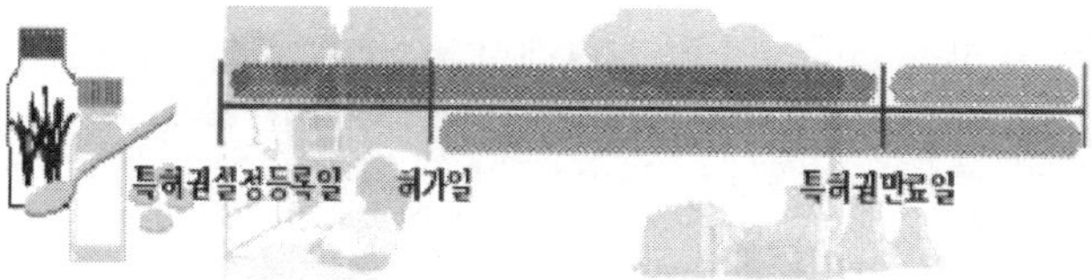

[그림 13] 일반적 발명과 특수 발명(특허청자료)

① 출원 시 준비해야 할 서류

연장 등록 출원 서류로서 특허법 시행규칙 별지 제30호 서식인 특허권 존속 기간 연장 등록 출원서와 연장 이유를 증명하는 서류를 제출하여야 하며 연장 이유를 증명하는 서류는 연장 대상 특허발명의 종류에 따라 달라진다.

② 출원 시 유의 사항

- 특허권자 자신이 허가 등을 받았거나, 연장 등록의 결정전까지 전용실시권자 또는 등록된 통상 실시 권자가 허가 등을 받았음을 확인할 수 있어야 한다.
- 연장 등록 출원인은 특허권자이어야 하며 특허권이 공유인 경우에는 공유자 전원이 공동 출원하여야 한다.
- 약사법 및 농약 관리법에 의하여 최초의 허가 등을 받는 유효 성분이 특허 청구 범위에 기재되어 있어야 한다.
- 연장 등록 출원의 대상이 되는 특허는 물질, 제법, 용도 및 조성물 특허이고 중간체, 촉매 및 제조 장치에 관한 특허는 제외된다.
- 연장의 대상이 되는 출원의 특허권은 특허청에서 계속 중이어야 한다 즉, 당해 특허권이 무효, 취소되거나 특허료를 납부하지 않아 소멸된 경우에는 연장 등록 출원을 할 수 없다.

(3) 연장 기간 산정 방법

① 의약품, 동물용 의약품

식약처로부터 임상 시험 계획서의 승인을 받은 날 또는 설정 등록일 중 늦은 날부터 약사법 제31조 제1항 또는 동법 42조 제1항의 규정에 의한 의약품 허가를 받은 날까지의 기간.

② 농약

농약 관리법 제8조제2항 및 동법 시행령 제4조의 규정에 의거 대통령령이 정하는 시험 연구 기관에서 농약의 품목 등록을 위한 시험 신청이 수리된 날 또는 특허권의 설정 등록일 중 늦은 날부터 품목 등록을 받은 날까지의 기간

③ 농약 원제

농약 관리법 제16조제1항, 제2항. 제17조제1항 및 동법 시행규칙 제20조제 1항의 규정에 의거 대통령령이 정하는 시험 연구 기관에 원제의 시험 설정서를 발급하기 위하여 시험을 의뢰한 날 또는 특허권의 설정 등록일 중 늦은 날부터 원제 등록을 받은 날까지의 기간

(4) 우선권 주장 출원

우선권 주장 출원은 출원인이 출원을 할 때 우선권을 주장한다는 뜻으로 우선권 주장 출원이라는 출원이 별도로 존재하는 것은 아니다.

국내 우선권 제도는 우리나라에 특허출원 등을 한 자 또는 그 승계인이 선출원 일로부터 일정 기간 내에 개량 발명 등을 하여 그 개량 발명 등과 선출원 발명을 하나의 출원에 포함하게 된다. 그리고 특허출원(후출원)을 하여 우선권 주장을 한 경우 후 출원에 포함되어 있는 발명 중 선 출원 발명에 대하여 특허 요건의 판단 등 일정 법규 적용에 있어서 선 출원시 까지 출원일의 소급 적용을 인정해 주는 제도이다.

우선권 주장을 하고자 하는 자는 선 출원의 출원서에 최초로 첨부된 명세서 또는 도면에 기재된 발명을 기초로 하여 우선권을 주장할 수 있다.

1) 우선권 주장 기간 및 증빙서류 제출 기간

① 조약에 의한 우선권 주장 기간

조약에 의하여 우선권을 주장하고자 하는 자는 우선권 주장의 기초가 되는 최초(最初)의 출원일로부터 1년 이내에 출원하여 우선권을 주장해야 하며, 특허 출원 시 출원서에 그 취지, 최초로 출원한 국명 및

년, 월, 일을 기재하여야 한다.

② 우선권 주장의 증빙서류 제출 기간

최선의 출원일로부터 1년 4개월 이내에 우선권 주장에 관한 증빙서류인 최초 출원 국가의 정부가 인정하는 특허출원 연월일을 기재한 서면, 발명의 명세서, 도면의 등본 및 특허출원 번호를 기재한 서면 등과 번역문을 제출하여야 한다. 만일 기간 내에 증빙 서류를 제출 하지 않은 경우에는 그 우선권 주장은 효력을 상실한다.

2) 우선권 주장의 가능 요건과 불가능 요건

① 가능 요건

- 선 출원과 후 출원을 신청한 사람이 동일해야 한다.
- 특허 청구 범위에 기재된 발명의 동일성이 있어야 한다
- 후 출원시에 선 출원이 계속되어야 한다.
- 선 출원일로부터 1년 이내일 것을 요건으로 한다.

② 불가능 요건

- 출원서에 우선권 주장의 취지를 기재하지 않는 경우
- 선 출원의 출원일로부터 1년을 경과 하여 출원하는 경우
- 선 출원이 분할, 이중, 변경 출원인 경우
- 선 출원이 포기, 무효, 취하 또는 각하된 경우
- 선 출원이 특허 결정(등록) 또는 심리 결정이 확정된 경우

3) 국내 특허출원과 국제 특허출원에 의한 우선권 주장

① 국내 특허출원 등에 의한 우선권 주장

국내의 선 출원을 기초로 하는 우선권 주장은 선 출원일로부터 1년 이내에 주장해야 하며, 특허 출원 시 출원서에 그 취지 및 선 출원의 표시를 하여야 한다.

② 국제 특허출원(PCT)에 의한 우선권 주장

국내 출원 또는 PCT 출원을 선 출원으로 하여 우선권을 주장하는 PCT 출원의 경우 우선권 주장 기간은 국내 우선권의 경우와 동일(1년 이내)하나, 우선권 주장의 취지 및 선 출원의 표시 는 기준 일까지 국내 서면 제출 기간인 1년 8개월 또는 국제 예비 심사 청구 시는 2년 6개월 또는 심사 청구할 수 있다.

③ 우선권 주장의 보정 또는 추가

조약 또는 특허출원에 의한 우선권 주장을 한 자 중 필요한 요건을 갖춘 자는 최선일 또는 선 출원일(선 출원이 2이상인 경우에는 최선 출원일)부터 1년 4개월 이내에 한하여 당해 우선권 주장을 보정하거나 추가할 수 있다.

(5) 내 특허를 해외에 출원하기

앞서 상표와 디자인의 해외 출원을 살펴보았다.

특허의 심사는 전 세계를 범위로 하여 이루어지나 특허권이나 상표권 등의 산업 재산권은 출원하여 등록한 국가에서만 보호를 받을 수 있으며 등록하지 않은 국가에 대해서는 아무리 본국에 등록이 돼 있더라도 권리를 주장할 수는 없다.

따라서 발명이나 상표 등을 자국이 아닌 타국에서 보호 받기를 원하는 자는 해당국에 별도의 출원–심사–등록이라는 절차를 밟아야 하며 이를 속지주의 원칙(Territorial Principle) 이라 한다.

통상 자국이 아닌 타국에서 산업 재산권을 취득하기 위한 출원을 해외 출원이라 하는데 해외 출원은 우선권 주장을 수반하는 것이 일반적이며, 특허의 경우 크게 두 가지 루트를 통해서 할 수 있다.

첫 번째는 출원인이 각 국가별로 하나하나 출원 서류를 내는 방법이고 다른 하나는 PCT에 따라 한 번의 출원으로 다수 국의 일괄 출원 효과를 볼 수 있는 PCT 국제 출원 방법이다.

만약 정해져 있는 소수의 국가에 출원을 할 때는 개별적 출원인 첫 번째 방법이 무방하지만 다수 국에 출원하는 경우에는 PCT국제 출원을 이용하는 것이 더욱 편리하다.

왜냐하면 특허를 받고자 하는 각국 마다 개별 출원을 하게 되는 경우에는 각 나라에서 요구하는 제출 서류가 다르므로 모두 개별적으로 서류를 작성해야 하고 각국의 해당 언어로 번역하여야 하기 때문에 비용과 노력, 시간이 많이 소요된다.

또한 각국의 특허청에서도 국가마다 개별적인 방식 심사 및 출원 처리 및 공개, 개별적 선행 기술 조사를 위한 업무 등을 처리해야 하기 때문에 심사관들의 부담이 크고 시간 낭비와 인력 소모가 비효율적이게 된다.

이런 단점을 극복하고자 PCT(Patent Cooperation Treaty), 국제 특허협력조약이 체결된 것이다. 특허협력조약은 국제 출원 제도를 간소화하기 위해 발효되었다. PCT국제 출원을 하면 보호받고자 하는 다수의 체약국을 지정된 모든 PCT체약국에 별도로 개별적으로 외국 출원을 한 것과 유사한 효과가 있는 효율적인 제도이다.

1) 직접 출원

직접 출원은 보호를 원하는 국가마다 직접 절차를 진행시키는 경우이다. 해당국이 지정한 언어로 된 출원서 및 명세서 등을 준비하여 개별 국의 법률에 따라 개별적으로 진행시키는 경우로 나라, 발명마다 가변적이나 각 국가 당 특허인 경우 출원 완료 시까지 약 350만 원~500만 원 정도 소요된다. 각국의 심사 처리 상황에 따라 가변적이나 대개 3년 전후이다.

2) PCT 국제 출원

PCT(Patent Cooperation Treaty : 특허협력조약) 국제 출원이란 다자간에 맺어진 조약에 의해 설립된 국제적인 특허청에 대해 국제적인 특허출원을 하여 특허권을 획득하는 해외 출원의 또 다른 방법이다.

동일한 발명에 대해 다수 국에서 보호 받기를 원하는 경우 직접 출원은 보호를 원하는 나라마다 개별적으로 개별적인 절차에 따라 개별적인 언어로 개별 국의 법률에 맞추어 개별적으로 진행해야 하는 절차적, 시간적, 경제적인 번거로움이 있다.

그러나 대한민국 특허출원 일로부터 1년 내에 이러한 준비를 하는 것은 실제에 있어서 그리 용이한 것은 아니다. 이는 해당 발명의 특허 성을 확신하지도 못한 채 일시에 막대한 비용을 지출해야 하는 부담이 있을 수 있다.

PCT 국제 출원은 직접 출원의 위와 같은 번거로움을 해소하고자 마련된 절차로 하나의 언어로 하나의 특허청에 통일된 절차에 따라 한 번에 다수 국에 특허 출원일을 확보할 수 있는 장점이 있다. PCT 국제 출원은 크게 국제 단계와 국내 단계로 구분된다.

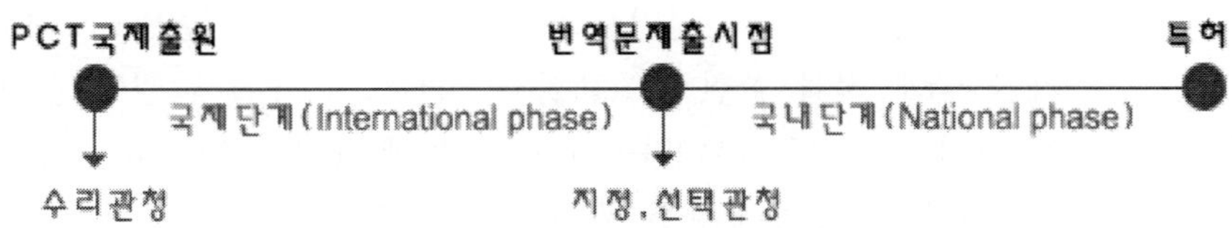

[그림 14] PCT 진행 과정(특허청자료)

① 국제 단계

국제 출원서의 제출 및 국제기관(국제 조사 기관 및 국제 예비 심사 기관)에 의한 관련 선행 기술의 서치 절차를 말한다. 국제 단계는 통상 국제 출원일(또는 우선일) 로부터 20개월 또는 30개월이며, 이 기간 안에 각국에 번역문을 제출하여야 한다.

이 단계에서 출원인은 국제적인 서치를 통해 당해 발명의 특허 가능성을 어느 정도 판단할 수 있으므로 더 이상의 비용 지출을 방지할 수 있다.

㉮ 출원비용 : 국제 단계에서 비용은 보통 300만 원~400만 원 정도 소요된다.

㉯ 심사 처리 기간 : 국제 단계 기간은 빠르면 10개월 늦어도 15개월 정도 이다.

② 국내 단계

위에서 말한 국제 출원일(또는 우선일)로부터 20개월 또는 30개월 이후 나라별로의 출원을 진행하는 단계이다.

국제 단계에서의 국제적인 조사가 긍정적 이라고 판단이 되면 보호를 원하는 나라에 번역문 등을 제출하여 나라별로 실체적인 심사를 진행하여 특허를 획득하는 절차이다.

㉮ 출원 비용

각국별로 차이가 있으나 번역문 제출 완료 시까지 약 350만 원~500만 원 정도 비용이 든다.

㉯ 심사 처리 기간

각국의 심사 처리 상황에 따라 가변적이나 대개 3년 전후이다.

3) PCT 국제 출원의 장단점

① PCT 국제 출원 제도의 장점

㉮ 출원일 인정 요건이 간편하고 한번의 PCT 국제 출원으로 다수의 가입 국에 직접 출원한 효과를 부여하므로 개별 출원시 출원일을 각 나라마다 따로 부여받아야 하는 것에 비해 간단하다

㉯ 특허 획득 가능성에 관한 사전 평가의 기회 부여

특허를 받고자 하는 나라의 특허청(지정 관청)의 심사에 앞서 국제 조사 기관의 선행 기술 조사(필수 절차)와 국제 예비 심사 기관의 특허성 유무에 대한 예비 심사(선택 절차)를 거치게 된다. 이는 특

허 획득 가능성을 미리 판단 할 수 있을 뿐만 아니라 평가 보완의 기회도 가질 수 있어 특허 획득에 유리하다.

㉰ 출원서 작성이 용이

한국 특허청을 통한 출원 언어는 한국어, 영어, 일어이므로 다수 국가를 지정하여 PCT 출원을 하는 경우 초기에 개별 국가 언어로 된 번역문을 동시에 준비하지 않아도 되므로 편리하다.

㉱ 발명의 경제적 가치를 평가할 시간 확보

PCT 출원 후 국내 단계 진입 기한(우선 일로부터 20개월 이내, 다만 우선 일로부터 19개월 이내에 국제 예비 심사를 청구한 경우에는 30개월 이내)까지는 20내지 30개월의 여유가 있다.

이는 자신의 발명에 대한 시장가치에 대해 다시 한 번 평가할 시간을 가질 수 있을 뿐만 아니라, 동 발명에 대한 시장 추이 및 기술개발 동향을 살펴보면서 지정 국의 국내 단계 진입 여부를 결정할 수 있는 이점이 있다.

② PCT 국제 출원 제도의 단점

㉮ PCT 출원 비용별도 부담

PCT 출원 비용이 별도로 소요되고, 지정 국의 국내 단계에 진입하는 경우에는 개별국 출원시 와 동일한 비용이 추가로 필요하므로 비용 부담이 가중된다.

㉯ 심사 절차의 이중적 진행

국제 예비 심사를 받았음에도 불구하고 국내 단계 진입 시 각국마다 새로운 심사를 받게 되므로, 심사 절차가 이중으로 진행될 가능성이 있다.

이와 달리 개별 국가 출원을 하였을 경우에는 각국마다 심사관이 제시하는 선행 기술을 고려하여 청구 범위를 보정함으로써 국가에 따라서는 의외로 큰 권리를 얻을 가능성이 있다.

필수적 절차	선택적 절차
번역문 제출 (우선 일로부터 20개월)	번역문 제출 (우선 일로부터 30개월)

위의 절차도에서 보는 바와 같이 국제 조사는 모든 출원에 대하여 필수적으로 이루어진다. 출원인은 국제 조사 보고서를 받은 후 필요한 경우 청구 범위를 보정할 수 있다.

또한, 국제 공개는 출원일로부터 18개월이 경과된 후 이루어지며, 출원인은 필요한 경우 별도의 절차에 의하여 조기 공개를 신청할 수 있다.

그리고 국제 예비 심사는 선택적 절차이며, 우선 일로부터 19개월 이내에 청구하여야 한다.

출원인은 국제 예비 심사 보고서의 작성 전까지 청구 범위, 명세서, 도면 등을 보정할 수 있다.

[표 21] PCT 국제 출원 흐름도(특허청자료)

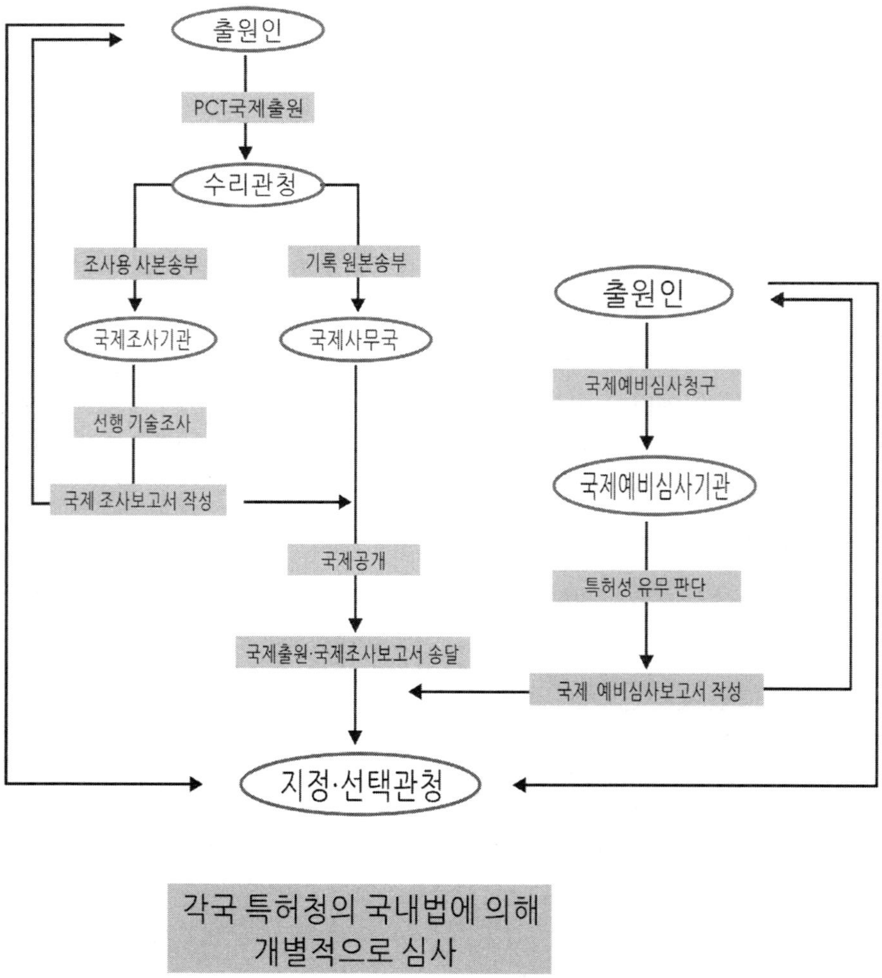

4) 해외 출원의 3대 원칙

① 내국민 대우의 원칙

동맹국 국민은 권리 능력에 관하여 내국민과 동일한 보호를 받을 수 있다. 다만 내국민에 부과되는 조건 및 절차에 따라야 한다.

② 우선권 제도

우선권 제도란 제 1국 출원을 기초로 제 2국에 출원하는 경우 제 2국 출원일을 제 1국 출원일로 소급하여 인정 해주는 제도이다. 우선권을 주장할 수 있는 기간은 특허·실용신안의 경우는 제 1국 출원일로부터 1년이고, 디자인·상표의 경우는 제 1국 출원일로부터 6개월이다.

우리나라 국민이 외국에 특허출원을 하는 경우, 우리나라에 국내 출원일로부터 1년 이내에만 외국에 출원을 하면 국내 출원일에 해외 출원을 한 것과 동일한 효과가 발생한다.

③ 각국의 특허 독립의 원칙

파리조약은 특허에 관한 통일 법이 아니라 각 국법을 조정하는 역할을 하므로 각국에서 취득한 권리는 타국에서의 권리의 운명과는 무관하게 발생·변경·소멸된다.

따라서 일본에서 권리를 행사하려면 반드시 일본에 출원하여 권리를 취득하여야 하며, 미국에서 권리를 취득하였다는 것을 이유로 일본에서 권리를 주장 할 수는 없다.

5) PCT 국제 출원 시 유의 사항

① 이중의 단계

PCT 국제 출원은 한 번의 출원으로 세계적으로 특허를 받는 것이 아니라 일단 국제 출원일을 인정받은 후, 검증 단계를 거친 후 각 지정국에 번역문을 제출하여야 비로소 각국에서 특허 허여 여부에 관한 심사가 진행된다. 따라서 PCT 출원 한번으로 외국의 특허권을 획득할 수 없다.

② 특허, 실용신안에 한정

PCT를 통하여 특허, 발명 등으로 보호 가능하며, 디자인 및 상표는 각각 별도의 협약에 의해 보호된다.

③ 엄격한 절차

PCT는 각 단계별로 기간(수수료 납부 기간, 국내 단계 진입 기간 등)

이 엄격히 정해져 있기 때문에 준수 기간을 넘길 경우 불이익을 받게 된다.

[3] 특허출원의 순기능

앞서 소개한 내용과 같이 특허출원에는 국내, 국제에 따라 다른 출원 방식이 있고 그 절차 또한 각각의 방식이 다르기 때문에 잘 상기시켜 두면 분명 도움이 될 것이다.

특허에 관한 내용은 우리가 많이 접하지 못하기 때문에 딱딱하고 어려운 내용일 수밖에 없다. 하지만 이러한 특허는 하나만 소유하고 있어도 자신에게 큰 자산이 된다.

나의 이름으로 된 지정된 특허가 있다는 것이 얼마나 뿌듯한 일인가!

특허출원을 하게 되면 기업의 입장에서는 물론이고 개인적인 입장에서도 많은 이득이 된다.

그렇다면 저자가 왜 특허출원이 자산이라고 하는지 일러주도록 하겠다.

(1) 기술의 우수성을 가진 제품 홍보의 효과

기업의 경우, 그 기술이 특허 출원된 기술이라면, 그 회사의 기술력의 가치가 인정 된다.

이것은 기술의 우수성에 대한 대외적인 입증의 한 대표적인 상징이라 볼 수 있고, 기술력에 있어서의 간접적인 입증 효과와 회사의 홍보 효과를 동시에 유발 시킬 수 있다.

(2) 특허출원은 나만의 것 경쟁자의 침해 예방

출원 사실을 각종 광고 자료 또는 각종 홍보물에 인쇄하여 자사가 특허 출원된 제품임을 알릴 경우, 일종의 침해 경고의 표시가 되어 타인의 침해를 어느 정도 예방하는 효과가 있다. 이것은 가장 가시적인 침해 예방의 효과가 나타나고 있다.

(3) 유사 기술 출원 등록 미연에 방지

먼저 지재권을 먼저 출원을 하지 않으면 타인이 먼저 출원을 하여, 오히려 역으로 표절에 관한 경고장을 받게 되고, 나아가 형사상 침해 죄로 고소당하고, 민사상 가처분, 가압류 등을 당하는 경우가 생길 수도 있다.

따라서 소위 “방어 출원” 의 개념으로 비록 특허 등록 가능성이 다소 낮아도 출원하여 두면 타인의 출원 또는 등록을 저지할 수 있는 효과를 볼 수 있다.

출원을 하지 않고 공개하여도 되지만, 타인이 먼저 출원을 하여 등록하였을 경우, 2-3 년이 지난 후엔 이를 무효 시키기 위한 자료나 입증 서류가 충분치 못한 경우가 있다.

따라서 출원은 가장 용이하고도 확실한 무효 입증 자료가 될 수 있는 것이다. 위에서 말했듯이 재산으로써도 빛을 발하게 되는 것이며 특허출원 많이 하는 사람에게는 못 당한다는 말도 있다.

(4) 라이선싱의 기술 계약상 유리

타사의 기술을 도입할 경우, 우리도 특허권이 있음을 내세우거나 상호 사용하자는 식으로 협상의 빌미가 될 수 있다.

일방적으로 로열티를 지급하는 것과는 달리 타인의 특허라 하여도 이를 열심히 개선 개발하여 특허 출원 및 등록까지 연결하여 두면 로열티의 지급 또는 협상에 있어 유리하게 작용할 수 있다. 오히려 기술을 판매하거나 로열티 수익 증대의 효과를 볼 수도 있다.

(5) 내 특허 보호하기

위에서도 말했지만 특허출원은 매우 중요하고 특허등록은 더더욱 중요하다.

하지만 저자가 말하고 싶은 것은 '특허가 등록되었다고 해서 당장에 큰돈을 벌려는 조급한 마음은 버리는 게 좋단 것이다. 그리고 특허출원 하나로는 어려울 수도 있다.

나의 소중한 등록 특허를 보호하기 위하여 장기판의 장(將)을 보호하는 사(士)나 군부대 주위에 설치된 철조망처럼 등록 특허에 대한 끊임없고 촘촘한 방어벽을 쌓아야 하는 것이다.

제 아무리 잘 써진 명세서로 무장한 등록 특허라 해도 완벽한 특허는 없다

왜냐하면 시간이 흐르고 기술이 진보되기 때문에 자신은 발명품이 완벽하다 생각할지 몰라도 타인이 보는 관점에서는 불편함이 있을 수도 있고 개선이나 보완하여야 하는 일이 수시로 발생할 수 있기 때문이다.

그래서 나온 말이 '특허 방어벽' 이란 말이다.

특허 방어벽은 좋은 기술일 경우 하나의 특허로만 보호되는 경우는 거의 없다.

그러므로 적어도 3~4개의 유사한 연계 특허 또는 보완 특허를 계속하여 출원함으로서 자신의 소중한 특허를 잘 보호해야 한다. 마치 철옹성을 쌓듯이 말이다.

앞서 말한 미국의 발명가중 철조망을 발명한 조세프란 사람은 철조망 하나

의 재화에 대하여 수백 개의 특허를 출원함으로 타인이 감히 넘볼 수 없는 철옹성을 쌓게 된 것이다.

그러므로 자신의 소중한 특허가 등록됨과 동시에 또 다른 방어 특허를 바로 준비하는 것이 가장 바람직하다. 소위 잘나가는 외국의 회사는 회사가 취득한 특허를 바탕으로 제2, 제3의 특허를 출원하여 등록된 특허를 보호하고 호위하는 방어벽 쌓기를 열심히 하는 것을 알 수 있다.

우리나라를 비롯하여 각국의 특허청은 최초 등록된 특허를 바탕으로 제2, 제3의 특허를 동일인으로 출원하는 경우에 조금은 관대하다고 볼 수 있는데 심사관의 개인 잣대에 의하여 어떠한 경우에는 본인의 선출 원으로 인하여 후속 특허가 종래 기술로 인정되어 거절되는 경우는 참으로 답답한 일이다. 등록된 특허가 있고 후속 특허를 3~4개 동일인으로 출원하였다고 하면 기존 특허(A), 그리고 추가 특허(B) A+B 로 이루어진 새로운 특허가 되는데 이런 방어 특허는 동일법인 이나 동일한 개인 출원 이라는 기준으로 판단하여 관대해져야 한다.

그 이유는 최초 특허등록 기술과 후속적으로 출원하는 기술과는 동일인 인지라 마찰이나 특허 분쟁과 같은 법적인 문제가 전혀 발생하지 않기 때문이다. 그러므로 개인 또는 법인의 최초 등록 기술 이후에 전개되는 후속 특허는 동일인 발명이라면 더욱 관대해져야 할 필요성이 있다고 생각한다.

[4] 비즈니스 모델(BM) 특허란?

요즈음 뜨고 있는 BM 발명은 사업 아이디어에 정보시스템(컴퓨터, 인터넷, 통신 기술)을 결합한 형태로 온라인상에서 이루어질 수 있는 비즈니스 모델, 프로세스 모델, 데이터 모델이 결합된 발명을 말한다. 비즈니스 모델 특허는 최근 신문이나 잡지에서 곧잘 보도되고 있다. 아직 비즈니스 모델 특허라는 개념 자체가 완벽하게 정립된 것이 아니기 때문에 이해하기 어려워 명확한 정의를 내리기는 어렵지만 다음과 같이 정의하겠다.

B.M특허는 비즈니스 모델을 실현하고 있는 IT를 특허화 한 것이라 압축할 수 있고 이시장은 무한대로 성장 가능성을 가진 분야이라고 할 수 있다.

현재 우리나라에서 인터넷을 이용한 영업 방식에 관한 특허 출원이 1999~2000년 사이에는 1200~3000건 이상이 출원되었음을 알 수 있으며 2000년 하반기부터 특허등록이 되기 시작하면 특허 분쟁뿐만 아니라 비즈니스 모델 특허와 관련하여 수많은 민, 형사상 분쟁이 생기고 있다.

비즈니스 모델 특허라는 명칭만 본다면 모든 경제활동에 속하는 비즈니스 모델 자체가 특허가 될 수 있다는 의미로 볼 수 있지만 실제로는 그렇지 않다.

그 이유는 현재 특허를 받을 수 있는 발명은 다음과 같이 특허법에 기술되어 있다.

「자연 법칙을 이용한 기술적 사상의 창작으로서 고도(高度) 한 것을 말한다.」

즉, IT 시스템을 사용한 비즈니스 모델이 실현되어 사용되어지고 있고, 그 IT 시스템이 특허의 대상이 되는 '발명'으로 인정이 된다면 비즈니스 모델 특허의 대상이 되고, 결론적으로는 특허에 의해 보호 받게 되는 비즈니스 모델이 되는 것이다.

현재는 그 외에도 전자 우편 스탬프 시스템, 재고 관리 방법, 생산 관리 방법, 전자 화폐 시스템 등의 IT를 이용한 비즈니스 모델 특허가 출원되고 있다.

이를 통해 인터넷 비즈니스 모델과 IT는 밀접한 관계를 유지하며 비즈니스 모델 특허로 보호 받고 있는 것이 증가하고 있는 추세이다.

그리고 새로운 비즈니스 모델은 IT에 의해 참여 장벽이 낮아져 그것을 비즈니스 모델 특허로 보완하고 있는 경향이 대두되고 있다.

(1) 비즈니스 모델 특허의 요건

인터넷 비즈니스 모델은 전자 상거래의 한 형태로 볼 수 있다. 우리나라의 IT 시장의 발전과 더불어 인터넷의 발전에 힘입어 다양한 인터넷 비즈니스 모델들이 속속들이 등장하고 있다.

사람들에게 인식되는 광고, 판매, 서비스 제공 방법 등 새로운 모델들이 만들어 지고 있는 것이다. 인터넷 관련 발명은 시스템 분야, 응용 분야로 대별되며, 응용 분야의 주류는 전자 상거래 분야로서 영업 방법(BM), 전자화폐 관련 발명으로 그 유형을 세분할 수 있다.

BM 발명이 특허 대상이 되기 위해서는 일반적인 특허의 요건과 마찬가지로 신규성, 진보성 및 산업상 이용 가능성을 만족하여야 한다,

그리고 컴퓨터, 통신, 인터넷 기술을 기초로 한 영업 방식에 대해 제3자가 실시할 수 있을 정도의 수준에서 데이터 속성, 데이터 처리 과정, 데이터 흐름, 하드웨어와의 결합 관계 등이 구체적인 제시가 있어야 한다.

이러한 BM 특허 요건에 따르면, 오프라인 상에서 사용되던 일반적인 비즈니스 방법을 단순히 컴퓨터, 인터넷상에서 자동적으로 수행되도록 만 구현하여 자동화의 효과 이외의 특이한 효과를 주장할 수 없다면 BM 특허로서 등록될 가능성이 낮다.

이와 같이 인터넷 비즈니스 모델 특허는 최근 들어 급증하고 있으며 우리나라 에서도 현재 그 신청량이 기하급수적으로 늘고 있다. 그러나 실제 비즈니스 모델에 관한 특허가 나오는 것은 지극히 미미한 수이다.

(2) 인터넷 비즈니스 모델의 특징과 용어

우선적으로 IT와 인터넷을 통해 고객에게 다양한 서비스와 정보 제공 등과 같은 고객 접대가 쉬워진다는 것이며, 고객 가치의 제공이 쉬워지게 된다면 고객 가치의 각종 서비스 선택의 폭도 넓어진다.

옛날 중개인을 통해 거래하는 서비스는 시간도 오래 걸릴뿐더러 효율적이지 못한 채로 존대하고 있지만 인터넷을 통한다면 지금보다 훨씬 빠르고 효율적으로, 또한 쉽게 구현 할 수 있다.

결과적으로 IT와 인터넷을 어우르게 활용함으로써 고객에게 제공되는 고객 차치의 제공 수단의 선택폭이 커지고 그러므로 새로운 비즈니스 모델이 많이 출현되게 된다.

① 인터넷 전자 상거래(Electronic commerce)

간단하게 인터넷이나 PC통신을 이용해 상품을 사고파는 행위로 규정되며 거래 등이 그 일부 또는 전부가 전자적으로 처리되는 거래 형태이다.

② 인터넷 관련 발명(Internet related Invention)

인터넷상에서 실현되어 지고 있는 발명의 실시를 의미한다.

③ 전자 화폐(E-money)

IC카드 또는 네트워크에 연결된 컴퓨터에 은행 예금이나 돈 등이 전자적 방법으로 저장된 것으로 현금을 대신할 새로운 개념의 화폐를 말한다.

④ 비즈니스 모델(Business Model)

어떤 제품이나 서비스를 어떻게 소비자에게 제공하고, 어떻게 마케팅하며, 어떻게 돈을 벌 것인가 하는 계획 또는 사업 아이디어의 유형이다.

[그림 15] BM 특허의 흐름도(특허청자료)

(3) 한국에서의 비즈니스 모델의 특허 가능성과 기준

우리나라에서 인터넷을 이용한 영업 방식에 관한 특허출원이 1994년 38건으로 현저히 적은 숫자이다. 하지만 1999년에 들어서면서 1,200여 건에 이르고 2000년에는 3,000건 이상이 출원되어 졌다.

하지만 1998년 구 서울 은행의 텔레뱅킹에 관한 영업 방식 발명에 특허를 부여한 이 후 1999년까지 5건의 비즈니스 모델만이 특허로 등록되었으며 한국 특허청[18]에서는 인터넷 관련 특허가 엄격히 제한되고 있었다.

그러나 인터넷 관련 특허를 보호해 주는 것이 미국뿐만 아니라 전 세계적인 추세이기 때문에 한국 특허청도 인터넷 관련 기술에 관하여 기술적 진보성과 완성도가 있는 발명품에 대해서는 가급적 특허를 내주는 방향으로 현재 특허 심사 기준을 새롭게 만들고 있다.

1) 심사기준

국내 특허청은 1998년에 개정된 컴퓨터 관련 발명의 심사 기준과 2000년 8월 마련된 전자 상거래 관련 발명의 심사 지침에 따라 비즈니스 방법 발명을

18) 소속 기관으로 특허, 실용신안, 디자인 및 상표에 관한 심판과 이에 관한 사무를 관장하는 특허 심판원, 특허청 및 관련 기관 공무원과 산업 재산권 관련 업무 종사자에게 산업 재산권에 관한 이론 교육, 실무 연수를 체계적으로 실시하고 산업 재산권 제도에 관한 조사, 연구를 수행하는 국제 특허 연구원, 산업 재산권의 출원, 등록 및 특허 기술 정보 자료의 제공 등에 관한 특허 청장의 소관 사무를 이행하기 위한 특허청 서울 사무소가 있다. 산하단체로는 한국 발명 진흥회가 있다. 관리국은 산업 재산권의 출원 및 등록 등을 담당한다. 출처 : 두산백과

포함한 인터넷 관련 방법의 심사를 수행하고 있다.

이러한 심사 기준은 일반적인 발명의 요건과 마찬가지로 컴퓨터, 통신, 인터넷 기술을 기초로 하여 아이디어와 시계열 적인 데이터 처리 과정, 데이터 구조 및 속성이 구체적으로 기재될 것을 요구하고 있다.

이렇듯이 비즈니스 모델 특허를 등록하기 위해서는 새롭고 진보된 발명으로 산업상 이용할 수 있는 것이어야 한다, 인터넷 관련 발명의 경우 일반적인 발명의 요건과 마찬가지로 특허로 등록되기 위해서는 컴퓨터, 통신, 인터넷 기술을 기초 기술로 하여야 한다.

그리고 비즈니스 모델인 영업 방식과 상기 영업 방식을 구현하기 위한 시계열 적인 데이터 처리 과정(프로세서 모델), 데이터 구조 및 속성이 구체적으로 명시 및 제시되어야 한다.

주요 심사 기준 내용

- 컴퓨터, 네트워크 등 기술적 구성 요소 없이 순수한 영업 방법만을 청구하는 것은 특허 대상이 되지 않음.
- 영업 방법이 특허를 받으려면 하드웨어 같은 기술적 수단과 결합된 형태로 청구되어야 함.
- 출원 전에 이미 공개된 영업 방법을 통상의 컴퓨터 기술을 이용하여 자동화한 것에 불과한 것은 진보성이 없는 것으로 특허 받을 수 없음.
- 종래의 영업 방법 또는 새로운 영업 방법을 컴퓨터상에서 수행되도록 구현함에 있어서 출원시의 기술 수준에서 불 때 통상의 기술 수준을 넘어선 기술을 이용하였다는 것이 인정된 경우에 가능함

2) 비즈니스 모델 특허 전략

우리나라의 경우 비즈니스 모델 특허 대상 전략 확대에 대비한 대책 마련 작업은 아직까지 정부 차원에서 제한적으로 진행되고 있다. 특허청이 자체적으로 '특허법 통일화 기획단'을 구성해 특허법 통일화 관련 업무의 총괄 기획과 관리를 담당케 했다,

외부적으로는 변리 업계와 학계 인사 등으로 특허 실체법 통일화 연구회를 구성해 조약 체결에 대한 우리나라의 입장을 정리하고 이에 따른 법 개정안을 검토하는 수준이다.

이 같은 움직임에 대해 전문가들은 "특허 대상 확대가 국가 산업 전체에 끼칠 영향이 막대한 만큼 이에 대한 준비 작업이 정부와 민간 차원에서 더욱 광

범위하고 심층적으로 진행되어야 한다. 하지만 아직 우리나라는 아직까지 국내의 변리사 업계조차 특허 대상 확대가 산업계에 미칠 영향 등에 대해 전혀 감을 잡지 못하고 있는 것 같다는 의견이 주를 이루고 있다.

아직은 논의의 초기 단계라고 볼 수 있다. 산업상 이용 가능한 모든 창작물에 대해 특허를 인정하는 방향으로 국제기구[19]의 협의가 진행되는 상황에서 아직까지 우리나라에서는 이에 대한 준비가 소홀하다는 것이다.

앞서 말한대로 비즈니스 모델 특허를 등록한다는 것은 말처럼 쉬운 일이 아니다.

심사 시 까다로운 절차가 존재하고 특허가 심사하지 않고 기재 불비 등으로 거절되는 수도 있다. 다음은 비즈니스 모델 특허를 내기 위해 거처야 하는 절차와 방법 등을 소개 하겠다.

명시되어야 하는 특허 필요 내용.

- 발명의 목적, 구성, 작용, 효과 등 기재 여부
- 통상의 지식을 가진 사람이 실용화할 수 있는 정도의 구체성 여부
- 등록하려는 특허의 추상성
- 청구 범위
- 산업상 이용 가능 여부
- 정보의 단순한 제시 여부
- 수학적 알고리즘 기재 여부
- 선행 기술과 동일성 여부 판단
- 선행 기술과 비교해 현저한 진보성 여부 판단

3) 심사 기준의 개요

비즈니스 모델 특허 발명 특허는 최근에 와서 이슈가 되고 있지만 특허청에는 90년대 이전부터 비즈니스 모델 특허 발명에 대한 특허 출원이 있었고 특허 등록된 사례도 있다.

비즈니스 모델 특허 발명은 컴퓨터 관련 발명의 한 형태로서 파악하고, 1985년부터 제정, 운영 되어 온 '컴퓨터 관련 발명 심사 기준' 을 적용하여 심

19) 국제기관, 국제 조직,국제단체라고도 한다. 국가, 즉 정부를 구성단위로 하기 때문에 '정부 간 기구(inter-governmental organization : IGO)'라 불리기도 한다. 따라서 국제적 민간단체인 '국제 비정부기구(Non-Governmental Organization : NGO)'와는 구별된다. 국제연합은 경제적,사회적 협력 활동 분야에 있어서, 그리고 경제적,사회적 분야의 각 전문 기관은 그 임무 수행에 관해서, 관계되는 민간단체에 협의적 자격을 부여한다. 출처 : 위키백과

사해 오다가, 1995년에 이를 개정한 바 있다. 98년 8월 1일 국제적 추세에 부응하고 소프트웨어 분야의 기술 개발 촉진을 위하여 심사 기준을 다시 개정, 시행 해오고 있다.

2000년대 접어들면서 전자 상거래 관련 발명에 관한 출원이 급증하였고, 전자 상거래 발명의 특유한 사항에 대한 보다 구체적인 기준이 요구된다.

이에 따라, 전자 상거래 발명에 대한 명확한 심사 기준을 제시하고자 2000년 8월 1일 전자 상거래 관련 발명 심사 지침을 제정, 시행하고 있다.

아울러 비즈니스 관련 발명의 심사 절차는 일반 특허출원과 동일하게 심사하고 있고, 관련 발명만의 특유한 사항은 '전자 상거래 관련 심사 지침'에 의해 판단하게 된다.

비즈니스 관련 발명은 소프트웨어 관련 발명의 한 형태이기 때문에, 많은 부분에 있어서 '컴퓨터 관련 발명 심사 기준' 에 의거하여 판단하기도 하고, 그 외 일반 발명과 공통되는 사항은 '일반 심사 지침서'에 의해 판단하게 된다.

① 주요 심사 내용

전술한 바대로 컴퓨터, 네트워크 등 기술적 구성 요소 없이 순수한 영업 방법만을 청구하는 것은 특허 대상이 되지 않는다.즉, 영업 방법이 특허를 받으려면 하드웨어 같은 기술적 수단과 결합된 형태로 청구되어야 한다.

그리고 출원 전에 이미 공개된 영업 방법을 통상의 컴퓨터 기술을 이용하여 자동화한 것에 불과한 경우는 진보성이 없는 것으로 특허 받을 수 없다.

하지만 종래의 영업 방법 또는 새로운 영업 방법을 컴퓨터상에서 수행되도록 구현함에 있어서 출원 당시의 기술 수준에서 볼 때 통상의 기술 수준을 넘어선 기술을 이용하였다는 것이 인정될 경우에는 특허가 가능하다.

(4) 비즈니스 모델특허 출원 절차

전술한 바대로 비즈니스 모델 특허출원이란 또한 일반 특허 출원과 같이 발명에 대하여 특허를 받을 수 있는 권리를 가진 자가 국가에 대하여 발명의 공개를 조건으로 특허권의 부여를 요구하는 의사표시 행위를 말한다. 백과사전에서는 「새로운 공업적 발명을 한 사람이 국가에 대하여 그 특허를 요구하는 행위」로 기재되어 있다.

특허 출원은 이상의 의미가 실현되기 위해서는 특허출원은 엄격히 서식에 따라 작성되어야 함은 물론 요구하는 원칙에 부합되게 출원 절차가 행해져야 한다.

일반 특허의 출원 절차와 비즈니스 모델 특허의 출원 절차는 약간의 차이가 있다. 하지만 앞에서 일반 특허의 출원 절차에 대해 잘 읽었던 독자 분들이라면 비즈니스 모델 특허 출원 절차를 이해하는 것에 큰 어려움이 없을 것이다.

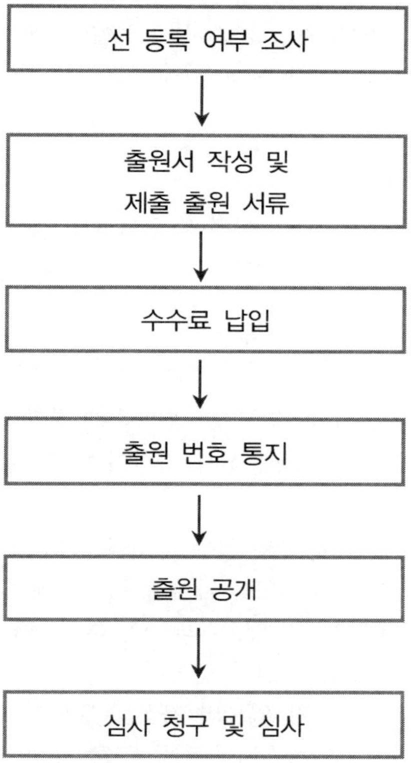

① 선 등록 여부 조사

먼저 자신의 발명과 같은 발명이 먼저 출원, 등록 되었는지 확인하여야 한다. 자신의 발명과 같은 발명이 있을 수도 있기 때문에 선 등록 여부를 조사 하는 것은 매우 중요한 일이 다.

선 등록 여부를 확인하기 위해서는 특허청 특허 전자도서관, 특허청 서울 사무소, 지방 특허 정보 지원 센터에서 확인 가능하며 특허청 홈페이지에서도 확인이 가능하다.

② 출원서 작성 및 제출 출원 서류

요약서, 명세서, 청구 범위, 도면 등은 그 발명이 속하는 기술 분야에서 통상의 지식을 가진 자가 기술의 내용을 용이하게 실시할 수 있을 정도로 충실하게 기재하여 출원인 코드 부여 신청서와 함께 특허청 출원 과로 제출 한다.

③ 수수료 납부

우편 접수 시에는 수수료를 우편환으로 교환하여 출원 서류에 첨부하여 납부하고, 방문 접수나 온라인 출원인 경우에는 접수증의 접수 번호를 특허청 영수증 용지에 기재하여 접수한 다음날까지 납부하여야 한다.

④ 출원 번호 통지

접수 일로 부터 약10일 이내에 우편으로 출원 번호를 통지 하며, 동 출원 번호는 출원 등록 절차가 종료될 때까지 보관하여야 한다.

⑤ 출원 공개

출원된 서류는 출원일로부터 18개월이 지나면 자동으로 공개된다.
예외적으로 본인이 조기 출원 공개를 신청하면, 신청 후 약 3-4개월 후 공개되지만 이로 인해 심사 기간이 단축되는 것은 아니다.

출원 공개 제도는 원래 심사 청구 제도와 함께 도입된 제도로서 특허 출원 후 일정 기간이 경과되었을 때에는 특허출원의 심사 유무에 관계없이 출원 내용을 공개함으로써 제3자의 중복 투자, 중복 연구 등의 예방을 도모하기 위한 제도이다. 출원인 입장에서는 자신의 출원이 공개되면 자신의 발명을 실시하는 자가 있으면 자신의 발명이 특허 출원 된 발명임을 서면으로 경고하고 보상금 지급 청구를 할 수 있게 된다. 또한 제3자는 특허 출원 된 발명이 특허될 수 없다는 취지의 정보를 제공하여 특허출원이 거절되게 심사에 영향을 미칠 수 있게 된다(공중 심사의 측면).

⑥ 심사 청구 및 심사

심사관은 출원인의 심사 청구가 있으면 심사를 통해 등록 사정 여부를 결정하며, 거절 이유 발견 시 출원인에게 의견 제출 통지서[20]을

20) 출원인이 심사 중 의견서를 받은 경우에는 의견서 또는 보정서를 제출할 수 있는데 의견서는 출원인의 의견을 펼치는 것이고, 보정서는 출원인이 제출한 서지 사항이나 명세서를 정정하거나 삭제하는 경우에 제출한다. 이러한 의견서나 보정서를 제출하는 경우에 "의견서"(상표법 시행규칙 제4호의2서식)또는 "보정(보완)서" 양식에 작성하거나 전자 출원 소프트웨어를 이용하여 작성하면 된다. 출처 : 특허청

보내게 된다.

심사 청구 일로부터 약 24개월 소요되며 특허 등록을 하려고 하는 사람들은 절차에 대하여 잘 인지하고, 각각의 내용을 숙지하여 처리해야 한다.

[5] 각국의 비즈니스 모델(BM)의 현황

1998년에 있었던 스테이트 스트리트 뱅크(SSB) 사건은 당시 SSF라는 금융기업이 뮤추얼 펀드 관리 프로그램을 개발, 특허를 출원한데 대해 SSB가 이를 무효라고 주장하면서 촉발된 분쟁에서 미 법원은 SSF의 손을 들어주게 되었다.

이는 기술이 아니라 영업 방법 내지 비즈니스 모델로도 볼 수 있는 펀드 관리 프로그램에 특허를 부여함으로써 제조업 혹은 기술개발 업종만이 특허 보호를 받는다는 일반의 인식을 일거에 무너뜨린 것이다.

이 사건은 비즈니스 모델 특허가 큰 화제를 불러일으킨 계기가 되었으며, 실질적으로 비즈니스 모델 특허를 인정한다는 판결이 났다. 그 후에는 소프트웨어 관련 특허 출원이 급증 할 만큼 큰 영향력을 행사했다.

이 같은 판결은 이후 특허권에 그다지 관심이 없었던 서비스 산업 분야의 각성을 불러일으켰다. 아마존의 원클릭 시스템[21], 프라이스라인의 역경매[22] 등은 이 같은 개방적인 미국의 특허권 인식에서 비롯된 것으로 볼 수 있고 기술적인 신규성은 묻지 않는다.

스트리트 사건에서 초점이 된 시그너처의 특허는, 정식으로는 '허브,앤드,스포크 형의 금융 서비스를 구성하기 위한 데이터 처리 시스템' 이라고 한다.

이것만으로는 완전히 짐작할 수는 없지만, 중요한 것은 '복수의 고객이 보유하는 투자 신탁 상품(펀드)[23]을, 마치 하나의 금융 상품인 것처럼 운용하는 서비스' 에 대한 특허이다. 이 서비스로 각 고객의 수수료나 탈세액[24]을 줄일 수 있다.

---

21) 아마존이 마우스 클릭 한 번으로 인터넷에 접속할 수 있는 프로그램인 원클릭을 개발하였다. 지금은 게임과 커뮤니티 업체로 유명한 네오위즈의 초기 수익 모델이 바로 인터넷 접속 SW인 원 클릭이다.

22) 일반 경매처럼 높게 부른 사람이 낙찰 받는 것이 아니고 판매자끼리 가격 흥정을 붙여 소비자가 가장 낮은 가격에 물품을 구입하는 소비자 중심의 전자 상거래이다. 역경매는 소비자가 가격 비교를 위해 여러 인터넷 쇼핑몰을 돌아다녀야 하는 번거로움을 덜 수 있는 장점이 있다.

23) 주식이나 채권 파생 상품 등 유가증권에 투자하기 위해 조성되는 투자 자금으로써, 일정 금액 규모의 자금 운용 단위

24) 납세자가 내야 할 납세액 가운데 내지 않은 세금의 액수

중요한 것은, 특허 공보에는 시스템의 실현 방법(=기술)이 너무 개괄적으로 기재되어 있다는 것이다. 기재되어 있는 것은, 시스템의 콘셉트와 처리 순서만이며 가장 중요한 수수료나 탈세액을 최소화하는 방법에 대해서는 언급하고 있지 않다.

일본 IBM에서 특허 관련 업무를 담당하는 S모 변리사도, '시그너처의 특허를 보는 것만으로는 소프트웨어의 실현 방법에 특별한 연구가 이루어졌다고 볼 수 없다'고 지적한다.

바꿔 말하면, 시그너처의 특허에는 실현 방법은 중요시되어 있지 않다. 가장 중요하게 연구된 부분은 실현 방법이 아니라 수수료나 탈세액을 최소로 한다는 제도 그 자체로 비즈니스, 모델 특허의 전형이라고 말할 수 있다.

(1) 프라이스라인 사의 역경매 방식 특허(Reverse Auction)

대런 휴스턴(49)이 대표로 있는 프라이스라인닷컴(Priceline)은 해외여행을 위해 인터넷을 검색하였다면 이 이름을 적어도 한번쯤 들어봤을 것이다. 지난해 매출 503억 달러(약 55조 1,892억원)의 거대 온라인 여행사다.

지난 2월 경쟁자인 익스피디아가 또 다른 온라인 여행사인 오르비츠를 인수합병(M&A)해 몸집을 키우기 전까지 전 세계 1위 온라인 여행사였다. 1997년 설립된 프라이스라인은 영광의 순간과 몰락의 위기를 오가며 오늘에 이르렀다. 프라이스라인 그룹의 최고경영자(CEO)

이회사의 역경매 방식 특허는 현재 비즈니스 모델 특허의 유명한 일화로 소개되어 지고 있다. 역경매 방식 특허는 미국 워커 디지털사(Walker digital.com, Inc)의 특허 전문 변호사 J모 씨가 자신의 아이디어를 1996년 출원하여 특허로 인정되었다,

그 후 1997년에는 항공권 판매를 시작으로 역경매 시스템을 본격적으로 사업화하기 위해 프라이스 닷컴사(Priceline.com,Inc)를 설립하였다. 그리고 1998년 호텔 객실, 주택 융자, 렌터카, 식료 잡화 판매 중개 등으로 사업을 확장하고, 이후에는 휘발유 판매와 장거리 전화 분야까지 진출 하였다.

(2) 미국 더블클릭 사의 DART 특허

미국 더블 클릭사(Double Click)의 특허는 네트워크를 통해서 사용자에게 적합한 광고를 동적으로 전달하는 시스템으로 인터넷 이용자가 원하는 조건, 즉 프로 파일에 따라서 인터넷 배너 광고 등을 자동적으로 선택하고, 그 선택에 따라 공급하는 광고 전달의 주요 기술의 대상이다.

이 회사의 비즈니스를 책임지고 있는 대표 기술로 DART(Dynamic

Advertising Reporting & Targeting)가 있다.

이용자가 사이트를 방문했을 때 최대한 한 이용자의 취미나 성향에 맞추어진 광고를 게재하는 방식으로 광고의 기대치를 높이겠다는 전제하에 DART에서는 각각의 범주를 지정하고, OS[25]의 종류, 브라우저, 인터넷상에 서의 활동 등을 조합하여 이용자에게 가장 적합한 사항에 맞는 배너 광고를 제공하는 것이다.

구글은 얼마 전 더블 클릭사를 31억 달러에 인수 합병했고 회사가 효율적으로 광고를 관리해주도록 해주는 광고 서비스 관리툴인 다트(DART)를 운영 중인데 이에 자극받은 마이크로소프트는 기업 역사상 최고가인 60억 달러에 아틀라스 시스템을 인수한 상황이다.

(3) 미국 시티뱅크의 전자 화폐 특허

미국 시티뱅크는 전자 통화 시스템을 기술로 한 BM특허를 보유하고 있다.

시티뱅크의 전자 화폐 특허는 특허 판단의 어려움을 겪으며 약 7년이나 걸려 등록이 되었다.

이 전자 화폐는 시중의 현금과 교환 가능하며, 일반에게 적용되어지는 전자화폐를 활용한 완전한 전자 통화 시스템을 제공해 주는 것이란 목적 아래 시티뱅크에 의해 발명되었다.

현재 전자 결제를 둘러싸고 금융기관과 통신 사업자, 컴퓨터 관련 기업들 사이에서 경쟁이 현대화 되고 있으며 시티뱅크의 라이벌인 AT&T 사는 은행 라이선스를 가지고 결제 대행 서비스를 제공하고 있다. 현 추세의 금융 업계에서는 업계와 국제 경쟁이 시작되고 있으며 시티뱅크 또한 경쟁에서 살아남기 위해 시티뱅크만의 기업 경쟁력 강화 추진에 돌입하였다.

그러나 우리나라에서는 거절이 되었다.

(4) AT&T의 판촉 방법 특허

비즈니스 모델 특허에는 '신규성'이 중요하게 작용될 수도 있다.

그러나 지금은 너무나 당연하다고 생각되는 비즈니스 방법도 특허가 된 것이 있다.

---

25) (Operating system) 운영체제라고도 하며, 이 프로그램들은 하드웨어와 응용프로그램 간의 인터페이스 역할을 하면서 CPU, 주기억장치, 입출력장치 등의 컴퓨터 자원을 관리한다. 즉, 인간과 컴퓨터 간의 상호작용을 제공함과 동시에 컴퓨터의 동작을 구동(booting)하고 작업의 순서를 정하며 입출력 연산을 제어한다. 또 프로그램의 실행을 제어하며 데이터와 파일의 저장을 관리하는 등의 기능을 한다. 출처 : 위키백과

바로 AT&T의 마케팅 방법에 관한 특허인데, AT&T의 특허는 '장거리 전화의 수신자가 자사와 계약하고 있는지를 기록해 두어, 발신자에 대한 마케팅 활동에 도움이 되게 하고 있다'라고 정의 할 수 있다. 이 특허가 '새로운 아이디어'라고 주장하고 있는 것은, '발신자와 수신자 양쪽이 우선 이용 회사로서 자사를 선택하고 있는지를 통화 기록 데이터베이스에 기록하고, 그것을 마케팅에 활용한다.'라는 단순한 구조이다.

예를 들면 「친구에게 장거리 전화를 자주 거는 고객에게, 수신자도 AT&T를 이용한 경우의 할인 통화 요금을 제시하여 바꾸도록 할 때」이용할 수 있다. 실현 방법인 소프트웨어는 물론, 상정하고 있는 하드웨어 환경에 대해서도 특별한 기술이 없을 뿐 아니라 기술면의 신규성도 전혀 없다.

오히려 신규성, 혹은 아이디어라고 불리는 것을 들자면, 수신자의 우선 이용 회사의 정보를, 발신자에 대한 마케팅 활동에 이용하는 것에 있다. 데이터베이스, 마케팅이 지극히 보통으로 이루어지고 있는 현재로서는 이 방법에 특별히 신규성이 있다고는 말할 수 없다.

그러나 적어도 미국 특허청과 특허 법원에서는, '이 종류의 마케팅 수법은 AT&T가 출원한 1992년 당시에는 신규성이 있었다.'라고 판단했다. 이 특허의 유효성에 대해서, AT&T와 다툰 엑셀, 커뮤니케이션은 'AT&T가 특허를 신청하기 전부터, 장거리 전화 회사인 MCI가 같은 마케팅, 프로그램을 실시하고 있었다.' 라고 주장했지만, 항소 재판소는 인정하지 않았다.

(5) 미국 메사츄세스의 디지털 쇼핑 카트 특허

미국 메사츄세스의 전자 상거래 소프트웨어 개발 업체 열린 장터(Open-market)은 온라인상에서 여러 가지 상품을 고른 뒤 이에 대한 비용을 한꺼번에 지불 할 수 있는 디지털 쇼핑 카트(Digital shopping cart)기술을 찾아내어 특허를 등록하였다.

오픈 마켓의 대표적인 특허를 살펴보면 인터넷상에서 신용카드를 이용한 리얼타임 보안 지불 시스템(전자결제 시스템)에 관한 것과, 고객이 구매한 물품을 계산 시 상점 주인이 구매 물품 정보를 제공할 수 있는 "전자 쇼핑 카트" 시스템(네트워크 판매 시스템), 고객이 자사의 웹사이트를 방문한 기록을 분석하여 효과적인 마케팅 수단으로 활용하는 등의 기술 내용에 관한 것이 있다.

(6) 사이버 골드 사의 인터넷 상점 특허

인터넷 IP(Information Provider)업체 수익의 상당 부분을 차지하는 인터넷 광고에 대한 특허로는 사이버 골드 사의 특허 기술이 대표적이다.

사이버 골드 사는 인터넷 상점에서 물건을 구입한 뒤 인터넷 광고를 일정량 클릭하는 것으로 대금의 일부를 지급하는 온라인 인센티브 광고를 개발하여 특허를 받은 것이다.

(7) 넷 센티브사의 우대 혜택(마일리지) 특허

항공사 마일리지와 같은 고정 고객 우대 방식에 관하여는 넷 센티브사가 인터넷을 통해 상품을 사는 고객들에게 항공사 마일리지와 비슷한 혜택을 주는 기술로 특허를 취득하였다.

이 특허는 자사의 홈페이지를 주기적으로 방문하는 웹상의 고객에 대하여 넷(net)상에서 인센티브를 주는 방식이다.

(8) 스미토모 은행의 뉴 서비스 특허

스미토모 은행의 특허는 입금 확인을 효율화한 '가상 계좌' 방식이다.

기업을 대상으로 한 입금 조합 서비스 '퍼펙트 서비스' 내용에 대해 특허를 신청하였다.

'퍼펙트 서비스' 란 포인트가 정보 시스템 상에 마련한 가상 구좌를 사용하여 입금 확인 업무를 상당히 효율화시킨 것이다. 퍼펙트의 이용 기업은, 우선 고객 하나하나마다 다른 가상 구좌 번호를 할당한다.

고객에게 그 계좌로 입금을 의뢰하는 것으로, 입금 인이 고객 명과 상이한 경우라도 입금을 확인할 수 있는 것이다. 복수의 고객이 하나의 계좌에 입금하는 종래의 방식으로는 고객이 가족과 소속 기업의 명의로 입금했을 때에 간단하게 확인할 수가 없었다.

현재 스미토모 은행은 '퍼펙트 서비스'를 비즈니스 모델 특허의 차별화된 포인트로 생각하며 제공하고 있다.

[6] 인터넷상의 대표적인 중개 비지 니스 특허

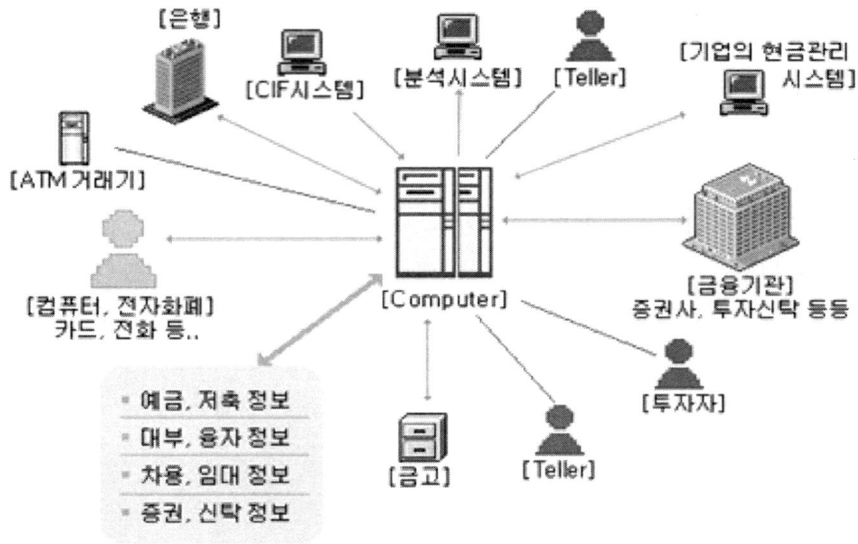

[그림 16] 인터넷 상의 광고방법 특허(특허청자료)

중개자는 소비자가 가 등록한 구매 조건에 맞는 판매업자 간의 경쟁 reverse auction을 실시했다.

- 소비자는 희망하는 상품의 구입 조건을 중개자에 송신.
- 중개자는 상기 구입 조건을 각 회사에 전달.
- 각 회사는 상기 조건에 따른 견적을 중개자에게 제시.
- 중개자는 각 회사의 견적을 대비해서 소비자의 희망 조건에 맞는 상품을 선택. 소비자에게 연락 영업 방법(BM) 특허의 대표적인 사례로서, 미국 코네티컷 주의 프라이스라인社 가 1998년 8월 미국 특허청으로부터 취득한 소위 “역경매(Reverse-auction)” 관련 특허를 들 수 있다.

역경매 방식의 특허란 공급자가 물건을 소비자에게 경매를 통해서 최고가로 낙찰시키는 기존의 방식에서, 역으로 소비자가 물건의 값을 먼저 제시하여, 이 조건을 수락하는 공급자와 연결 시켜 주는 영업 방식을 인터넷상에서 구현된 형태로 출원한 특허를 말한다.

(1) 금융 비즈니스(광고관련)특허

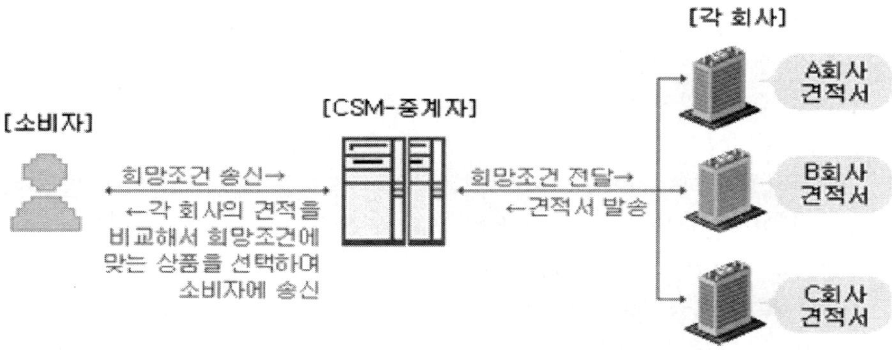

[그림 17] 중계 비즈니스 관련 특허(특허청자료)

- 위 금융 비즈니스 방법에 관한 소프트웨어 발명(공동출자한 투자신탁을 운영 관리하기 위한 데이터 처리 시스템, 1998, SFG 그룹).
- 전자화폐를 이용한 금융기관, 개인 간의 거래 방법을 특허로 출원하여 주요 선진국에서 특허 획득(1996, Citi Bank).
- 금융 비즈니스 관련 특허란 영업 방법 발명의 한 형태로서 금융 업무의 자동화와 관련된즉, 증권화, 금융 파생 상품[26], 투자위험 평가 분석, 자산 부채 종합 관리 등과 같은 금융 비즈니스 방법에 관한 발명을 말함.
- 금융 비즈니스 관련 특허 사례 중 대표적인 것으로 Signature Financial Group社의 "펀드를 관리하는 데이터 처리 시스템[특허번호 : US 5193056]"을 들 수 있다.

1998년 7월 미국 연방 법원(CAFC)이 State Street Bank & Signature Financial Group, Inc. [149 F.3d 1368(Fed. Cir. 1998)]에서는 사건에서 상기 특허가 적법한 특허 대상을 구성한다고 판결함으로서, 국제적으로 영업 방법(BM)의 특허 성에 관한 논쟁을 일으켰다.

26) 주식과 채권 같은 전통적인 금융 상품을 기초 자산으로 하여, 새로운 현금 흐름을 가져다주는 증권

[참고] 비즈니스 모델 특허의 인터넷상의 정보검색

현재 인터넷상에는 공개 특허 등의 자료를 무료로 검색할 수 있는 사이트가 개설되어 있다.

그 중 몇 가지를 소개하면 아래와 같다.

1) 특허청

특허청 홈페이지에는 각종 특허에 관한 정보를 제공하고 있어 발명자들의 이해와 상담을 돕는 유용한 역할을 한다.

주소 – http://www.kipo.go.kr/index.html

2) 특허 기술 정보 서비스

1995년 7월에 설립되어 지금까지 특허 기술 정보 서비스를 제공해 주고 있다.

현재 국내의 특허, 디자인, 상표, 심판 등을 검색할 수 있어 매우 유용하며 외국 문헌의 경우는 각각 해당 사이트로 링크되어 있어 편리하게 이용할 수 있다.

주소 – http://www.kipris.or.kr

3) 유럽 특허청

유럽 및 미국, 일본 WIPO PCT 국제 출원 등 각국 공개 특허의 초록 및 전문 검색이 가능

주소 - http://ep.espzcentet.com,

4) 미국 특허청

미국 내 모든 특허 검색 가능.

주소 - http://www.uspto.gov/patft/index.html.

5) 일본 특허청

일본 특허청의 특허 전자 도서관이며 특허, 디자인, 상표, 외국 문헌, 심판, 경과 정보, 심리 결정 취소 소송 간행집 등을 다양하게 검색하여 이용할 수 있다. 단 일문으로만 제공되는 불편함이 있다.

주소 - http://www.ipdl.jpo-miti.go.jp/homepg.ipdl.

6) IBM

미국, 유럽, 일본, WIPO PCT국제 출원, IBM공개 기보, INPADOC등의 모든 특허 번호 검색이 가능하다.

주소 – http://patents.ibm.com.

요즘 발명에 대한 관심이 점차 증가되고 있는 추세다. 그 이유는 사회적으로 발명에서 상상력과 창의력, 문제해결 능력 등 복합적이고 융합적인 능력을 개발할 수 있기 때문이다.

미국을 비롯한 산업 선진국들의 구호 중의 하나가 천명 만 명의 박사보다 빌게이츠나 스티브잡스 같은 뛰어난 한사람의 발명 인재를 발굴하라는 것이다.

불과 40의 나이에 세계 최고의 갑부가 된 빌게이츠의 재산은 현재 총 760억 달러 약 90조 9,000억 원이고 2위는 미국의 해서웨이의 워런 버핏 회장으로 그의 재산은 총 620억 달러라고 최근 발표한 바 있다. 지금도 그들은 1주일에 평균 4억불씩 재산이 계속 쌓여 가고 있다는 것이다. 부존자원 하나 없는 우리의 살길은 머리와 손재주에 의존하는 창조적 두뇌 개발 및 기술개발로 부가가치 높은 1등 상품을 통해 무역 흑자를 높이는 데에 전력을 집중하는 길만이 경제 희생의 최선책이라 하겠다.

산업 경쟁은 곧 기술 경쟁이며, 인간 자원 경쟁은 교육 경쟁이다. 이제 우리는 남들이 흉내 내지 못하는 부가가치 높은 세계 특허의 획득으로서 로열티를 바치는 국가에서 로열티를 받는 국가로 변신을 해야겠다.

우리 앞에 당면한 어려운 경제 문제 해결과 더불어 동시에 풀어야 할 가장 큰 과제가 국제 무역 보호 기구인 OECD 등의 선진 산업국들과의 대등한 조건 선상에서의 경쟁력 제고 문제이다.

그렇게 하기 위해서는 가장 값진 산업이 바로 지식산업 이라는 것을 명심하고 지식산업의 경쟁력을 높이는데 국력을 결집해야 한다는 것을 강조하였다.

21세기는 지식과 정보가 세계를 움직이는 힘으로 등장하고 국경도 없고 소리도 없는 경제 전쟁이 전개되었다. 눈부신 정보 통신의 발달로 세계가 하나의 지구촌을 형성하게 된다.

이에 따라 국가 경쟁력의 비교 기준이 과거의 부존자원이나 경제 규모 등에서 기술력 정신력으로 바꾸어지고 지식 재산권이 국제 통상 교역의 핵심 수단이 되어 국제 경쟁력을 가름하는 척도가 되어야 할 것이다.

Chapter 7

지금은 발명 시대

I
과연 발명을 어떻게 해야 하나?

1 발명 기법

[1] 발명의 여러 기법들

(1) 재화[1]를 더해(+) 보는 짬봉 발명

수학의 가장 기본적 셈이 '더하기(+)'이듯 발명에서도 가장 기본적인 것이 '더하기(+)발명'이다. 글자 그대로 더하기만 하면 된다.

「물건 + 물건」과 「방법 + 방법」이 있다.

[상의+치마=원피스]

새로운 물건과 방법이 아니라, 원래 있던 것과 방법들을 서로 더하기만 하면 되는 것이다. 창조란 이미 있는 소재를 새롭고, 가치 있게 조합하는 뜻도 가지고 있다.

전술한 미국의 가난하고 어린 화가 하이만은 연필 끝에 지우개를 달아 세계적인 발명가가 되었다. 그리고 옛날의 전화기는 수화기와 송화기가 따로 떨어져 있는데, 지금은 수화기와 송화기를 한데 모아 매우 편리하게 사용할 수 있게 되었다.

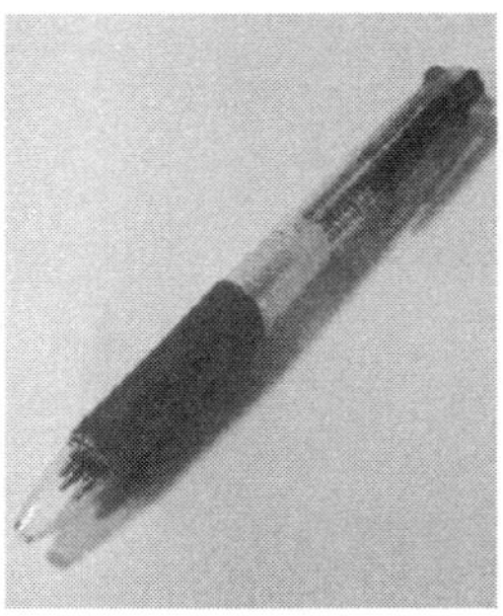

[빨강+파랑+검정 =삼색 볼펜]

이 밖에도 냉동과 냉장이 함께 사용 가능한 냉장고, 전자 기능을 합친 자동 세탁기, 보온과 압력 취사가 가능한 전기밥솥, 라디오와 시계를 합한 제품, 목걸이나 반지 겸용 시계, 책장과 책상을 합친 가구, 상의와 하의를 더한 원피스, 신발과 스케이트 날을 합친 스케이트화, 여러 가지 색깔의 색을 사용 할 수 있는 8색 볼펜, 책상과 의자를 합한 책걸상 등 두 가지 물건을 더하여 새로운 기능을 얻게 된

1) 재화(財貨)란 경제학에서 사용 또는 소비 등을 통해 사람(소비자)들의 효용을 증가시킬 수 있는 형태를 가진 모든 것을 의미한다. 물리적인 실체는 있으나 눈에 안 보이는 공기나 전기와 같은 것도 포함되는 개념이며, 운송이나 대중교통이용 같은 서비스와는 다른 개념이다.

편리하고 유익한 물건은 수없이 많다.

최근에는 이런 두 가지 기능뿐만 아니라 세 가지, 네 가지 이상의 기능을 더한 발명품이 쏟아져 나오고 있다.

시계에 전자 계산과, 간단한 오락까지 겸하도록 한 제품이 인기를 얻고 있고, TV에 비디오 기능은 물론 노래방 기능까지 겸한 것, 노래와 영화를 한꺼번에 보고 메모 기능과 사진 작업까지 가능한 MP3 플레이어, 샴푸에 린스의 효과와 트리트먼트 효과, 비듬 제거를 더한 복합 기능의 샴푸와 실로 다양한 기능이 합체된 현대기술의 총아인 스마트 폰 등이 엄청나게 개발되고 있다.

[노래+영화+메모+사진=Mp3]

저자는 이렇게 각각의 기술이 합체된 발명을 "짬뽕" 발명이라 부르고 있고 우리 주위를 살펴보면 합치면 편리할 것들이 꽤나 많고 이를 조합하여 쉽게 특허를 만들 수가 있다.

[책상+의자=책걸상]

(2) "재화를 빼(-) 보는 슬림(Slim)발명

발명은 재미있는 것이다. 더하지 않고 둘에서 하나를 빼도 엄청난 발명을 해낼 수 있는 것이다. 단지 그 기능을 더하는 것, 빼는 것만으로도 충분히 훌륭한 발명이 될 수 있는 것이다.

날씬하게 군더더기 없이 보다 슬림하게 '불필요한 걸 없애고 더욱 편리하게 한다. 이게 바로 발명십계명에서의 빼기발명이다

실제로 빼기 발명으로 성공한 예를 살펴보자.

시멘트 블록은 2~3개의 공간이 있다. 이것은 시멘트가 적게 들어가 경제적이고 가벼우면서도 충격에 강하고 수명은 더 길다고 한다.

머리빗을 생산하는 한 회사도 빼기 발명으로 성공했다. 이 회사는 머리 빗손 자루에 구멍을 내서 재료를 10%나 절감할 수 있었다. 게다가 매출은 30%나 증가했다고 한다.

[자동차-지붕=오픈카]

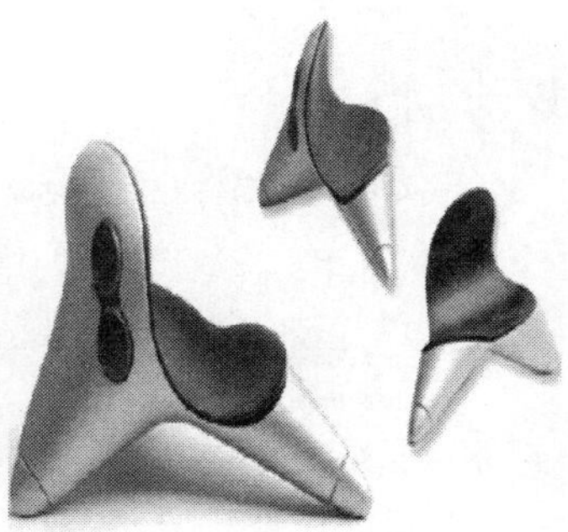

[연필처럼 사용하는 무선 마우스]

[수박-씨=씨없는 수박]

추를 없앤 시계와 설탕을 넣지 않은 무가당 과일 주스, 테 없는 안경, 무선 인터넷 공유기, 지붕없는 스포츠카, 날개 없이 바람이 나오는 선풍기 등도 빼기 발명의 대표적인 예이다.

이 밖에도 튜브 없는 타이어와 연통 없는 난로, 지붕을 뺀 자동차, 선을 없앤 마우스, 씨 없는 수박 등 수많은 빼기 발명의 사례가 있다.

주변을 둘러보면 아직도 빼기 발명의 대상이 많이 있다. 필요 없는 것은 아예 없는 편이 편리하고 경제적이다. 하지만 그렇다고 해서 무조건 빼면 안 된다. 빼내서 모양이 나빠지거나 기능이 떨어지지는 않는지 고려해 가면서 발명을 해야 한다.

(3) 모양을 바꾸어 보는 변신(Transformer)발명

모양을 변신하는 것도 발명이다.

자동차가 갑자기 변신 로봇이 되듯이 여기에서 모양은 디자인권에 해당된다. 모양이 아름다운 것이나 특이한 것, 사용이 편리한 것 도 발명인 것이다.

사람들의 아름다움에 대한 관심은 어제나 오늘이나 변하지 않는 것 같다.

최근 세계 각국의 수출 시장은 성능 못지않게 디자인도 중요시 하고 있다.

'보기 좋은 떡이 먹기도 좋다'고 했듯이 디자인이 아름다우면 그만큼 잘 팔리는 상품이 된다는 것은 당연한 일이다. 디자인도 특허청에서 산업 재산권 등록을 마치면 특허와 실용신안처럼 독점 사용이 가능해 진다. 잘 팔리는 물건들은 모두 디자인 등록이 되어 있다.

TV·세탁기·냉장고·선풍기·라디오 등의 가전제품은 물론이고 주전자·물 컵·쟁반·접시·냄비·찻잔에 이르기까지 유명 회사는 독점 생산을 위해 디자인 등록을 필수적으로 해 놓고 있다.

[독특한 모양의 전화기]

[아름다운 주전자]

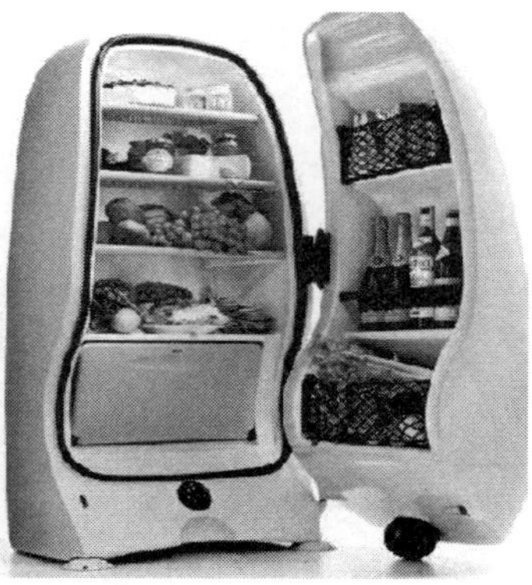
[귀여운 냉장고]

모양을 바꿈으로써 성공한 예는 많다. 전술한 유선형 만년필을 만든 파카는 디자인으로 세계적인 '만년필 발명왕'이 되었다. 당시 유선형의 디자인은 비행기와 자동차에까지 채택될 정도로 유행했다.

디자인 발명은 물건의 모양 뿐 아니라 옷감의 무늬도 해당된다. 아름다운 무늬를 도안했으면 그것도 디자인 출원이 가능하다. 좀 더 독특하고 새로운 무늬를 도안해 보는 것이 좋을 것이다. 현대인들은 더욱 새롭고, 다양한 모양을 원한다.

(4) 용도를 바꾸어 보는 체인지(Change)발명

현재 사용하고 있는 물건을 다른 곳에도 사용할 수 있다. 좋은 아이디어는 다른 곳에서도 얼마든지 체인지하여 쓸 수 있다는 것이다. 이것은 발명인으로서는 초보적인, 그러면서도 가장 중요한 기법 중의 하나이다.

주전자의 주둥이를 떼어내서 물뿌리개로 대신 쓴다든가, 전등을 살균 램프로 활용하는 방법 등이 용도 바꾸기 기법으로 만든 발명품들이다. 최근 미국에서 초음파를 이용하여 종이의 조성을 바꾼 초음파 펜과 가위에 레이저 불빛이 나와 자르기 용이한 가위와 거리를 측정하여 주는 레이저 줄 자등이 제품화되었고 체인지 발명의 좋은 예이다.

세상에는 이중적 가치를 지닌 것들이 너무나 많이 존재하고 있다.

인간의 손에 의해 가공이 되면, 보석으로서 가치를 인정받는 존재라 할지라도, 돼지우리에 버려져 짓밟히는 일들이 허다한 것이다. 짓밟히고 있는 보석을 찾아내어 새로운 가치를 부여하는 것, 이것이 바로 발명가에게 주어진 소임이며 권리이다.

[선풍기 → 환풍기][주전자 → 물뿌리개][온도계 → 체온계]

다른 용도를 찾는 건 간과해서는 안 될 중요한 발명 기법 중 하나다. 하나의 줄기를 가진 나무에서 예측할 수 없는 많은 나무 가지가 뻗어 나가듯 한 가지 사물에도 많은 특성이 숨겨져 있기 때문이다. 그 숨겨진 특성을 밝혀내서 사용할 줄 아는 사람만이 성공을 보장받는 것이다.

(5) 반대로 해보는 청개구리 발명

[거꾸로 된 화장품 용기]

[양쪽 문이 열리는 냉장고]

현재 사용하고 있는 물건들이 반드시 편리하거나 실용적이지는 않다.

모양, 크기, 방향, 수, 성질 등 무엇이든 청개구리 우화처럼 반대로 생각하거나 거꾸로 하면 더 좋은 효과를 얻을 수 있는 것들이 있을 것이다.

이와 같이 사용하고 있는 물건을 거꾸로 세운다던가, 만드는 방법을 거꾸로 했을 때 생활에 편리를 제공해 주는 발명 기법을 반대로 하기 기법이라 한다.

청개구리의 우화처럼 이렇게 반대로 생각하여 성공을 거둔 예는 의외로 많다.

손이 아닌 발로 방향을 조절하고, 손으로 전 후진을 하는 세발자전거.

기존의 것을 반대로 생각하여 만든 이 발명은 크게 성공을 하여 일본에 생산 전량을 수출하기도 했다. 일본에서는 공중에서 회전하는 팽이가 발명되었다. 땅에서 회전한 것을 반대로 하여 공중에서 돌도록 한 것이다. 우리 주위에는 재미있는 발명이 의외로 많다.

벙어리장갑은 양말에서 비롯되었고, 다섯 발가락 양말은 장갑에서 비롯되었다고 한다. 시계의 숫자 배열을 반대로 한 시계, 시침과 분침의 길이가 반대인 시계 등 많은 사람들의 호기심을 자극하며 호응을 받고 있는 시계도 있다고 한다.

화장품이 말끔히 나오게 하기 위하여 거꾸로 세운 화장품, 나뭇결이 한 쪽으로 쪼개지는 것을 착안하여 반대로 겹쳐 붙인 합판, 늘어나는 스프링 성질을 바꾸어 줄어드는 스프링으로, 거꾸로 가는 시계(초침이 가장 작은 시계), 발로 방향을 조작하는 장애인용 자동차, 단추(지퍼)가 앞쪽에 있는 옷을 뒤쪽에 있는 옷으로 만드는 등 이밖에 너무나 많은 발명품들이 있다.

[숫자가 움직이는 시계]

[발가락 양말]

(6) 크게 해보는 매머드(Mammoth) 발명

발명 기법 중, 작은 것을 크게 하는 매머드 기법은 기존의 물건을 크게 만들어서 더욱 간편해지고 편리한 발명품이 되게 하는 방법이다.

예를 들어 이불 같은 큰 빨래를 간단히 해결할 수 있도록 만들어진 대형 세탁기나, 많은 양의 음식물을 저장할 수 있는 대형 냉장고, 초대형 화면으로 즐거움을 더해 주는 TV나 영화관의 스크린 등이 작은 것을 크게 하는 발명 기법을 이용한 것이다.

세척 효과를 2~3배로 늘린 절약형 세제들도 있다. 효과를 2배 이상으로 높인 것들은 세제뿐 아니라, 식초나 화학조미료 등에서도 찾아볼 수 있다.

바람개비를 크게 만들어 풍차로 변형하거나, 증기기관을 확대하여 증기 기관차로 발명한 경우도 있다. 또한 대형렌즈를 장착한 천체 망원경 등이 있다.

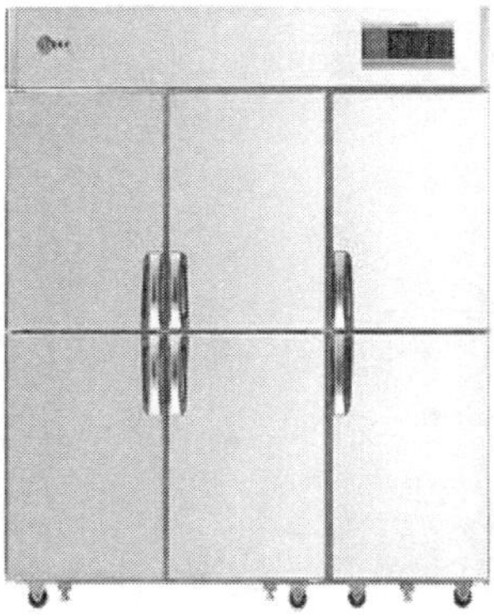
[냉장고 → 대형냉장고]

[증기기관 → 증기기관차]

[바람개비 → 풍차]

(7) 작게 해보는 마우스 발명

발명 기법 중 큰 것을 작게 하는 마우스(쥐) 기법은 기존의 큰 물건을 소형으로 만들거나 압축하여 보다 편리하고 새로운 발명품을 만들어 내는 기법이다. 또 같은 물건의 부품이나 덩치를 최대한 줄임으로써 경제적인 이익도 얻을 수 있다.

최근의 첨단 과학 분야인 반도체 산업, 전자 산업 등에서 부품 수와 크기를 작게 하는 방법이 활발히 연구되고 있다. 요즘은 초소형 차가 보급되어 많은 사람들의 호응을 얻고 있다.

라디오는 더욱 더 작아지고, MP3를 비롯한 전자 사전, 노트북, 태블릿Pc, 핸드폰 등의 전자기기 또한 휴대하기 편한 크기로 작아지고 있고, 텔레비전도 불과 10여cm의 휴대용이 등장했으며, 손목시계도 작고 얇은 것이 유행하고 있다. 우산도 긴 우산에서 2단, 3단 우산으로 변하고 접이식 의자와 책상 또한 간편하게 하기 위해 소형화 한 것이다.

[초소형 1인용 자동차]

[초소형 냉장고]

[초소형 나무 라디오]

(8) 남의 아이디어 빌려 보는 컨닝(Cunning) 발명

남의 아이디어를 다른 곳에 효과적으로 이용하는 일종의 양심에 위배되지 않는 컨닝 발명 기법이며 발명의 세계에서는 남의 발명을 얼마든지 이용할 수 있다.

차용기법 이라고 불리기도 하는데, 최근 아주 많이 이용되고 있다. 남의 아이디어를 빌린다는 것은 그다지 많이 생각하지 않아도 되는 장점이 있다. 유일하게 발명의 세계에서만 진보성 등으로 남의 아이디어의 아무 문제없이 추가가 가능하다.

남의 특허를 모방하는 것은 법으로 금지되어 있으나, 아이디어를 빌려서 새로운 발명품을 만드는 것은 실용신안 제도로 장려하고 있다.

이미 특허로 등록되어 있는 기술이라도 보다 좋게 개선하면 실용신안등록이 가능하다. 이 때문에 특허를 대 발명 이라고 하고, 실용신안을 소 발명 이라고 이름 하기도 한다.

파리 잡는 끈끈이를 보고 바퀴벌레를 잡는 끈끈이를 만들어 대박을 내고, 먹이를 먹으러 들어간 쥐를 잡는 틀을 보고 마찬가지로 바퀴벌레를 잡는 틀을 만들어 내어 큰 이익을 얻었다고 한다. 스티커 우표를 보고 스티커 봉투를 만들어 낸 것도 비슷한 예이다.

위와 같이 남의 아이디어를 빌리는 기법이 성공할 수 있는 비결은 거기에 새로운 것을 더하고 그 아이디어를 응용하여 좀 더 새롭고 편리하게 발명을 해야 한다는 점에 가치가 있으며, 주의할 일은 최초의 발명자에게 폐를 끼치는 것이어서는 안 된다는 점이다.

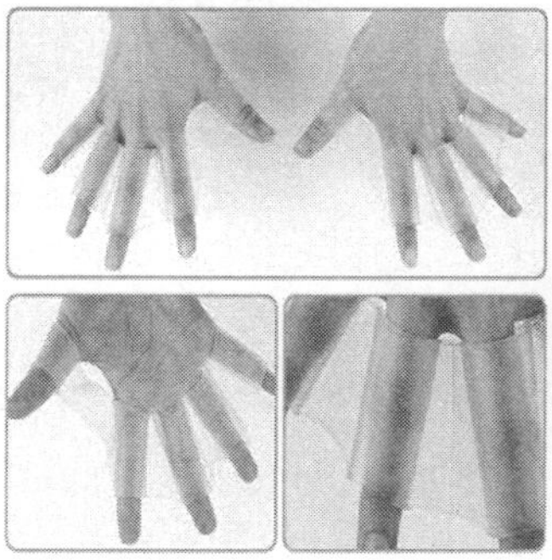

[손 물갈퀴]

[스티커 우표]

(9) 재료를 바꿔 보는 셰프(Chef)발명

주방에서 셰프가 여러 음식을 응용해서 음식을 개발하고 만들 듯이 물건의 재료를 바꾸는 셰프 것도 큰 발명이다. 지금 사용하고 있는 재료를 바꾸어 지금 보다 더 좋은 성능을 가진 물건을 발명하는 방법으로 비교적 손쉬운 기법이다. 종이컵·나무젓가락·플라스틱 그릇·비밀 음료 용기 등 수많은 발명이 재료만을 바꾼 발명품이다.

장갑도 고무장갑·가죽장갑·털장갑·나일론 장갑·비닐장갑·면장갑 등 여러 재료의 장갑이 있다.

양말도 면양말, 스타킹이 있고 신발도 용도에 따라 종류가 많다.

재료를 바꿀 때는 엉뚱한 것도 좋다. 대표적인 성공 예로는 전술한 휴그무어의 종이컵이 있는데 종이는 물에 젖는다. 물론 다 아는 사실이기도 하다. 그렇기 때문에 더욱 누구도 종이로 컵을 만들 생각조차 하지 않았다.

하지만 아무도 생각지 않은 그런 기발한 아이디어에서 이루어진 발명이야말로 현재 만인의 사랑을 독차지하고 어디에서든 없어서는 안 되는 필수 발명품으로 자리 잡고 있다.

배드민턴공의 깃털을 새의 깃털에서 채취하여 그 값이 매우 비쌌기 때문에, 이것의 재료를 값싼 플라스틱 깃털로 바꿔서 대박 발명을 한 경우도 있다.

그러나 무조건 재료를 바꾼다고 발명이 되는 것은 아니다. 재료를 바꿈으로써 더욱 편리하고 유용해서 소비자의 사랑을 받을 수 있는 것이라야 성공한 발명이라 할 수 있다.

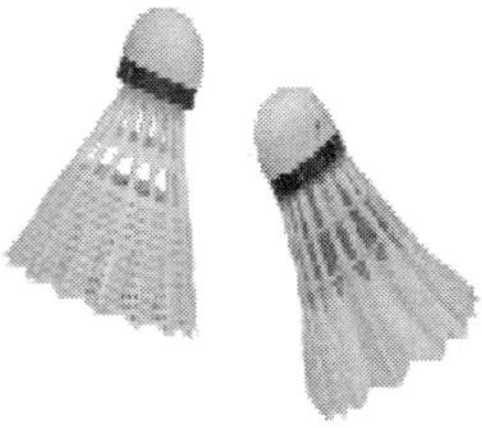

[셔틀콕]

[유리컵과 종이컵]

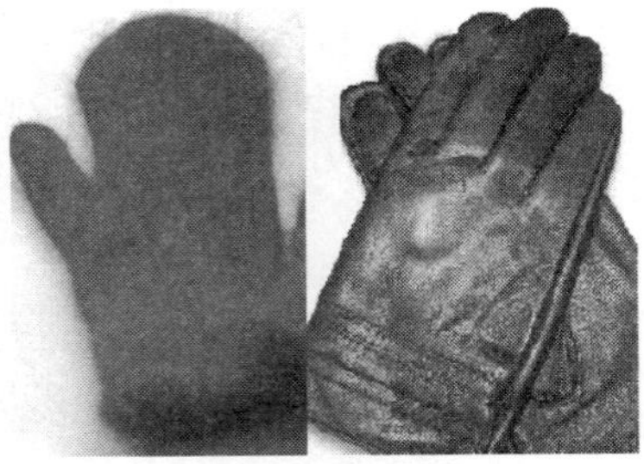

[털장갑과 가죽장갑]

(10) 색깔의 특성을 응용하는 카멜레온(Chameleon) 발명

카멜레온의 변신처럼 색의 응용은 그 자체로써 아이디어가 된다. 매력적이며 화려한 변신이 가능하고, 한계가 없다.

색은 인간의 심리와 밀접한 관계를 맺고 있어 때로는 안정시키는 효과를 주기도 하고, 색을 통해 의사를 전달 할 수도 있고, 상대방의 기분을 감지할 수도 있다.

팔레트 안에서 몇 가지의 색으로 무한한 색을 섞어 낼 수 있는 것처럼 인간의 창의력과 만나면 무한하게 뻗어 나갈 수 있는 것이 색이고, 발명가가 이에 관심을 갖는 것은 당연하다.

색을 이용한 아이디어는 얼마든지 찾을 수 있다. 예를 들면 열쇠와 자물쇠인데 시중에서 판매되고 있는 것들만 봐도 모두 한 가지 색으로 전혀 차별성도 없고 다 똑같기만 하다.

아마 영화에서 많이 보았을 것이다. 어딘가에 갇혔을 때 자물쇠를 풀기 위해 같은 색의 열쇠 꾸러미를 찾아가며 자물쇠의 맞는 열쇠를 찾는 모습 말이다.

만약 자물쇠와 열쇠가 같은 색이라면 이렇게 고생하지 않을 텐데 말이다.

또한 어두운 곳에서 열쇠를 찾는 것은 매우 짜증스러운 일이다. 이런 경우 염료에 야광이나 형광도료를 섞어서 칠한다면 어둠속에서 열쇠를 찾아야 할 일은 없을 것이다.

그밖에도 온수, 냉수 표시, 형광색 작업복, 교통 표지판, 야광 띠, 시계, 가구 등이 있다.

이처럼 색은 제품에 새로운 생명을 불어 넣는 신기한 존재 같다.

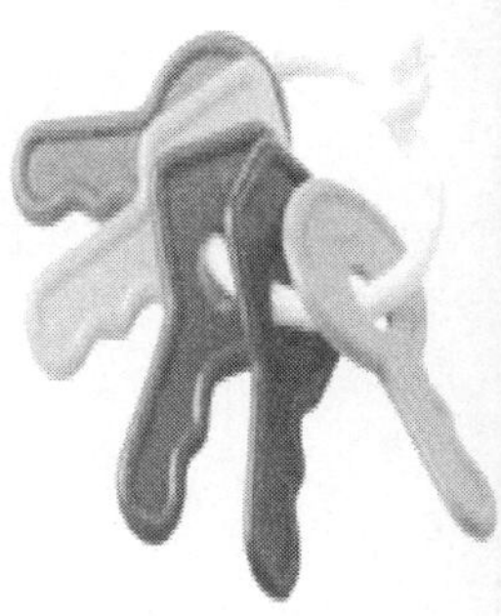

[색깔 있는 열쇠]

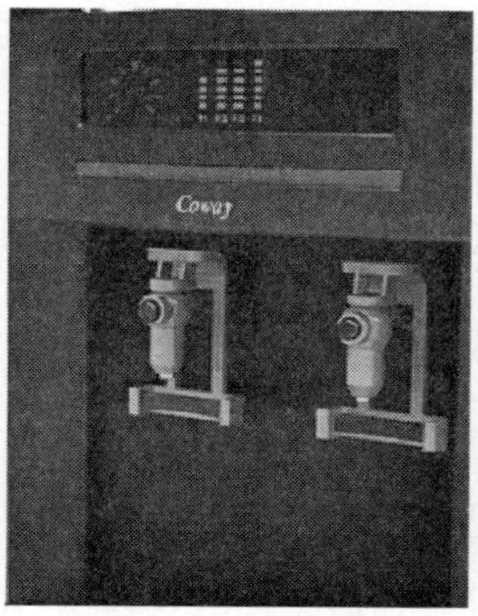

[온수, 냉수 표시]

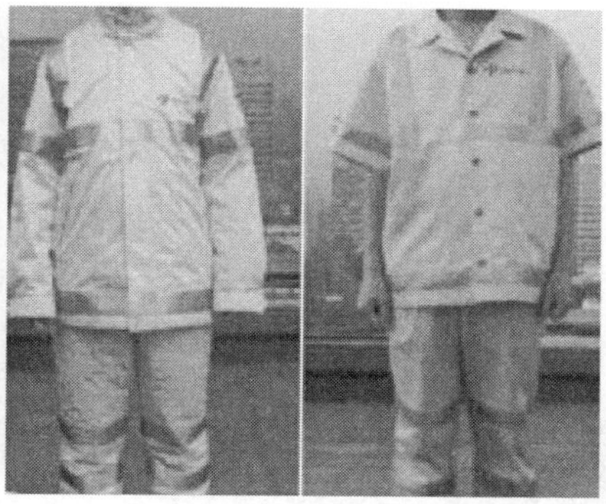

[형광색 작업복]

- 그밖에 구멍 뚫기 : 구멍을 뚫어서 개량하는 것 주전자 뚜껑, 물뿌리개 구멍
- 자연이나 동물 모방하기 : 잠자리 날개 」 헬리콥터. 박쥐 」 레이더, 돌고래 」 초음파 등이 있다.

이와 같이 현대를 살아가는 우리에게는 발명의 혜택을 받지 않은 분야는 찾아 볼 수 없을 정도로 거의 없고, 발명의 힘을 빌리지 않고 움직이는 분야도 거의 없다.

특히 우리나라의 발명의 발전은 국제 경쟁력을 높이고, 경쟁력 있는 사회를 만들기 위해 끊임없이 새로운 아이디어를 창출하고, 창의력 개발에 힘써야 할 것이다

조금만 더 앞을 보고 생각해 보면 독자 여러분들도 발명이라는 멋진 보물을 차지하는 행운을 얻게 될 수 있을 것이다.

2 이렇게 특이한 발명품도 있었네!!

아래의 발명품은 제목 그대로 우리 실생활에 접목되어 있는 발명품 중에는 '기발하다', '웃기다' 하고 생각이 들 정도의 웃음을 자아내는 발명품들을 저자가 정리하여 보았다.

특히 일본에서 이러한 웃긴 발명품이 주를 이루는데 이런 발명품을 발명한 사람의 의도가 과연 무엇인지 매우 궁금하다.

그 중에는 매출액과는 상관없이 정말 재미만을 위한 발명품들도 많고, '이런 걸 어떻게 사용할까?' 하는 기상천외 한 것들도 많았고 과연 그것이 시장에서 팔릴까 하는 의문점을 가지게 했다.

그러면 여러 가지 발명품 들 중 저자가 생각해도 '정말 기상천외하다!' 라고 느낀 발명품 몇 가지를 꼽아 독자들께 소개하겠다.

① 라면 얼굴 보호대

라면을 먹을 때 항상 국물이 튀긴다.

맛있게 먹기도 바쁜데, 머리카락이나 얼굴에 국물이 묻게 된다면, 그것만큼 신경 쓰이는 경우도 없을 것이다.

그 점을 보완하기 위해 탄생한 일본의 이 발명품!

물론, 외출 했을 때 사용하기에는 민망하다.

그러나 집에서 간편하게 언제든지 사용할 수 있는 발명품이다.

② 수면용 헬멧

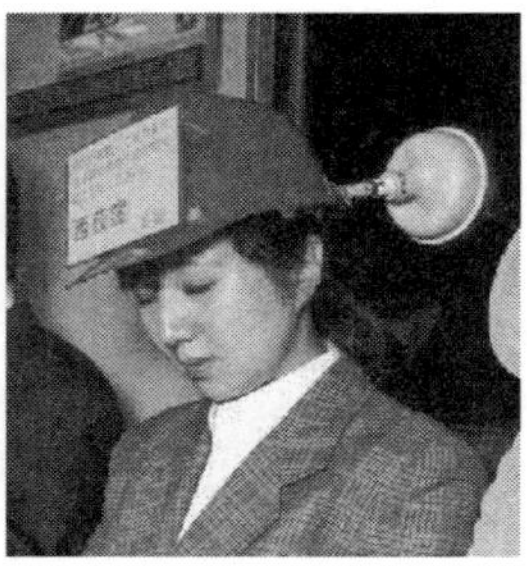

매일 아침 출근길. 직장인이나 학생들의 얼굴에는 피곤함이 묻어 있다. 자리에 앉아 잠이든 사람들을 보면 꾸벅 꾸벅 고개를 흔들며 잠들어 있다. 목이 아파 보인다.

이 발명품은 고개가 꺾이거나 꾸벅꾸벅 조는 사람들을 위한 물건이다. 좌석 뒤쪽에 떨어지지 않게 부착하고 안전모를 쓰고 그대로 자면 된다. 아무 걱정 없이 잘 수 있지만, 창피할 수도 있겠다.

③ 안약 넣기

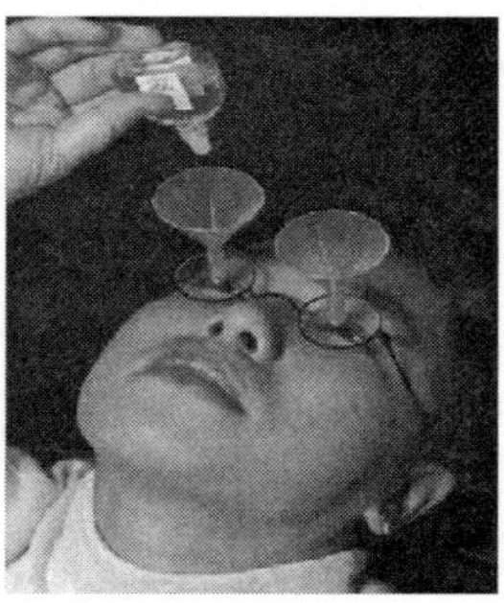

안과에서 치료를 받거나, 평소에 안약을 넣는 사람들은 다 알 것이다. 안약을 눈에 넣으려고 할 때마다 자꾸만 눈이 감기고 깜빡깜빡 거릴 것이다. 눈에 가까이 댈 때면 살짝 무섭기까지 하다. 이 발명품은 정말 간단한 아이디어이다.

좁은 구멍에 편하게 넣을 수 있는 평범한 깔때기 모양으로 되어 있는데, 깔때기와 같은 원리이다. 안경테에 깔때기를 부착시킨 뒤에 안약을 한 두 방울 떨어트리기만 하면 흘러내리면서 눈에 안약이 들어간다.

④ 무동력 아기 청소기

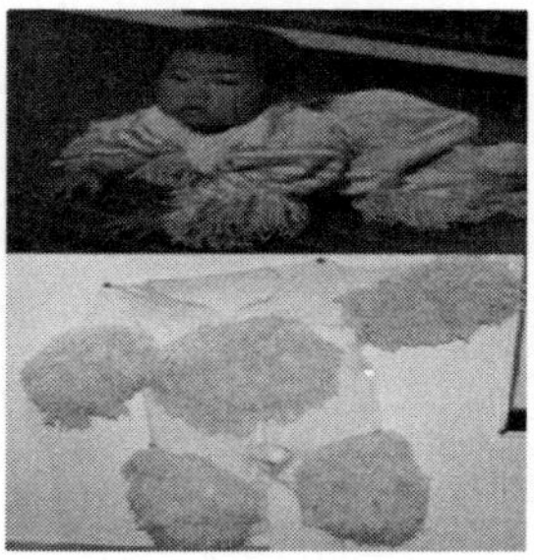

허부적 허부적 친환경 무동력 아기 "청소기" 갓난아기들은 걷기 전에 기어 다닌다. 때문에 옷을 아무리 갈아 입혀 놔도 뒤돌아서면 금방 더러워진다. 바닥에 있는 먼지를 다 닦고 다닌다고 해도 과언이 아니다. 이 발명품은 전기의 사용과 노동력 사용이 없이 아이의 옷도 지켜내고, 바닥을 기면서 걸레질도 할 수 있는 친환경 청소기가 아닐까 싶다. 팔 부분과 배, 다리 부분에 털 같은 것이 달려 있어 세탁도 편해 보인다. 아이가 걸을 때까지 1년은 족히 사용할 수 있을 것이다.

⑤ 지퍼 달린 마스크

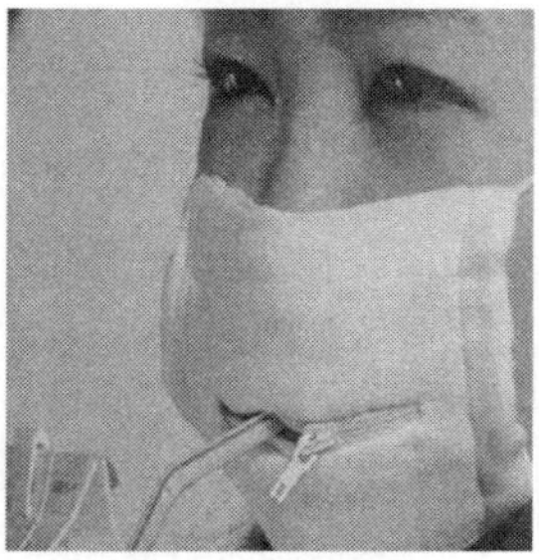

봄철 꽃가루에 예민하거나 감기에 걸린 사람들은 마스크를 착용 한다. 마스크는 편리할 때도 있지만 불편할 때도 있다.
음식을 먹을 때는 마스크를 벗어야 한다는 단점이 있다. 이런 불편함을 없애기 위해 지퍼를 단 마스크를 만들었다고 한다. 지퍼를 열고 간단하게 사용할 수 있는 장점과 남들이 보기에 창피할 수 있다는 단점이 있다.

⑥ 물에 뜨는 국자

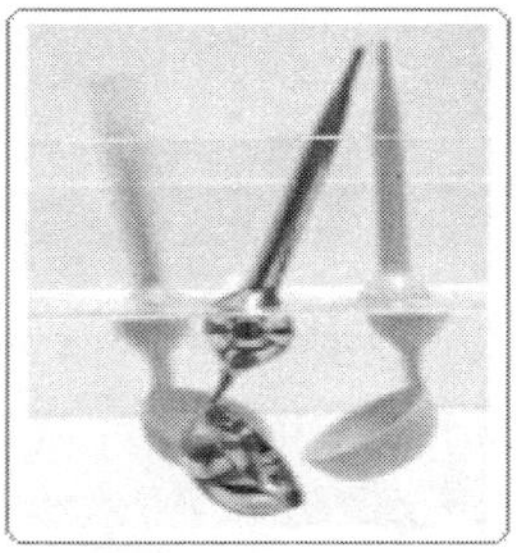

국이나 찌개 등을 요리할 때 잠시 한눈을 판 사이에 국자가 사라졌다! 허둥지둥 국자를 찾다 보면 국자는 냄비 속으로 들어가 있고, 국자를 꺼내기 위하여 온갖 수고를 해야 한다.
하지만 이제 국자가 사라질 일은 없다.
전혀 잠수할 일 이 없고 냄비에 걸쳐놓지 않아도, 혹은 냄비에 빠질까 신경 쓰지 않아도 아무 문제없다.
이제 맛있는 요리만 만들면 되는 것이다.

⑦ 금붕어가 사는 세면대

그림만 보아도 너무 예쁘지 않은가?
세면대에 살고 있는 금붕어. 발명과 동시에 시각적, 공간적 디자인으로도 전혀 손색이 없다. 이것 하나로 화장실의 분위기는 180도 달라질 것이며 세면대 옆이라 물갈이하기에도 매우 편하다.

⑧ 음식 씹는 횟수 세어 드려요

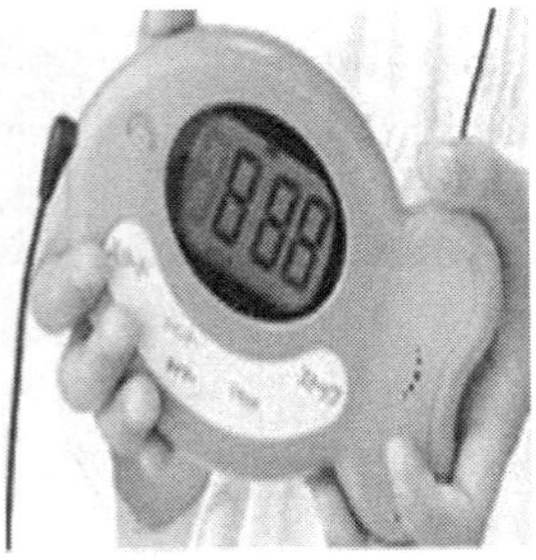

마치 스톱워치와 비슷하게 생긴 저 물고기 모양의 역할은 무엇일까? 바로 최근에 개발된 음식을 씹어 먹는 횟수를 체크하는 카운터 기다. 어린이들이 꼭꼭 씹어 먹어야 하는 음식을 몇 번 씹지도 않은 채 삼키는 일이 잦아 소화 기관에 문제가 생기는 것을 고려한 발상은 대단해 보인다.

30회마다 삑 소리를 내서 알려주며 1천회가 되면 멜로디가 나온다고 한다. 누리 꾼들은 과연 이것이 도움이 될 만한 물건인가 하며 의문을 품기도 하지만 특이한 발상에 모두 신기해하고 있다.

⑨ 귀 잡아당기는 내비게이션

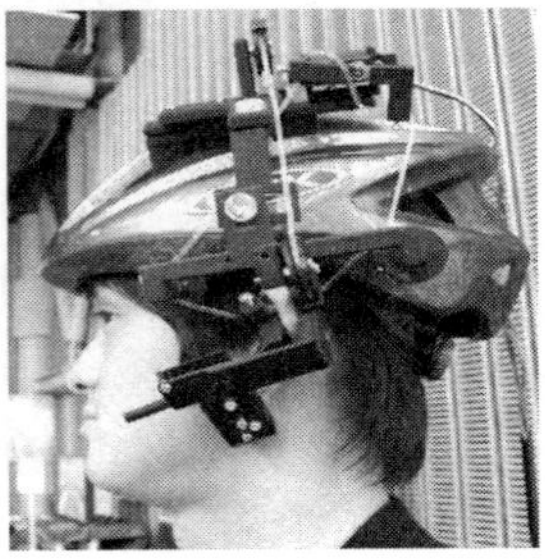

일본에서 개최된 '디지털 콘텐츠 엑스포 행사에서 재미있는 내비게이션이 소개됐다. 일본 전기통신 대학에서 개발한 귀 견인형 내비게이션'은 헤드셋에 부착된 장치를 귀에 연결해 내비게이션이 지시하는 방향으로 잡아당겨 길을 인도한다.

이 실험적인 내비게이션을 작동시키기 위해서는 제어용 컴퓨터와 배터리를 별도의 가방에 들고 다녀야 한다.

길치인 사람에게는 매우 유용하게 적용되는 발명품이지만 외관상 예쁘지가 않으니 사용하는 사람들은 많이 없을 듯하다.

⑩ 무게를 알려주는 도마

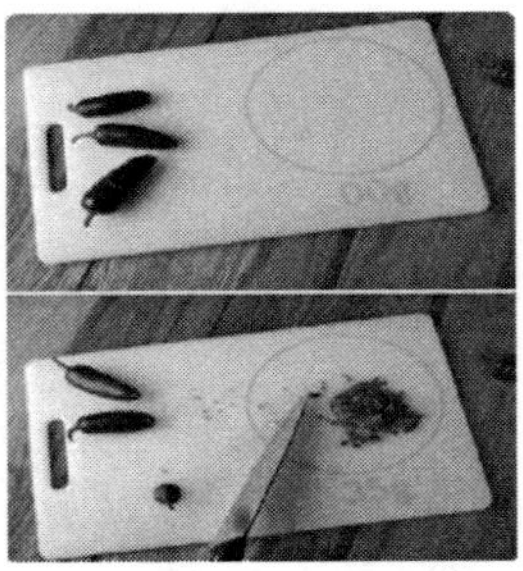

고춧가루 10g, 간장 5g, 마늘 10g ….

질량으로만 표시되어 있는 요리책의 요리 재료들이다.

과연 얼마를 넣어야 하는 걸까?

이젠 더 이상 고민할 필요가 없다. 디자인 까지 예뻐 주부들의 마음을 사로잡은 도마가 나온 것이다.

음식을 조리할 때 질량을 나타내 주는 부분에 요리 재료를 올려놓으면 몇g 인지 바로 알 수 있어 매우 편리하다.

⑪ 온도에 따라 빛이 달라지는 수도꼭지

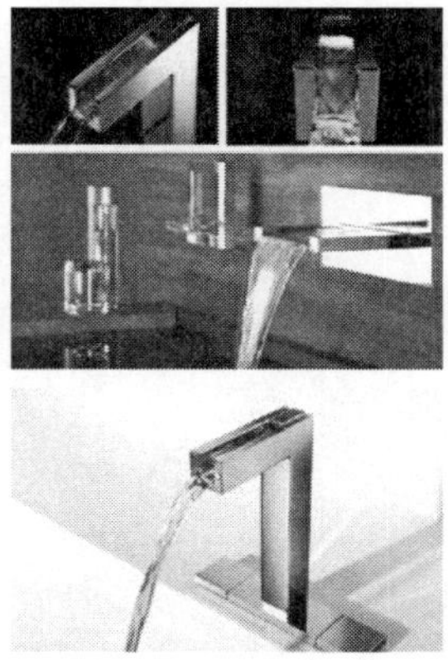

파랑, 보라, 빨강의 물이 나온다?

그림만 보아도 너무 예쁜 수도꼭지이다.

내부에 온도 센서와 여러 색상의 LED램프가 내장되어 뜨거운 물은 빨강 빛, 미지근한 물은 보라 빛, 차가운 물은 파란색의 빛이 나와 물의 온도를 손으로 느낄 필요가 없다. 시공감각적 효과까지 어우러져 더 효율적이다.

⑫ 일기예보는 내가 책임진다

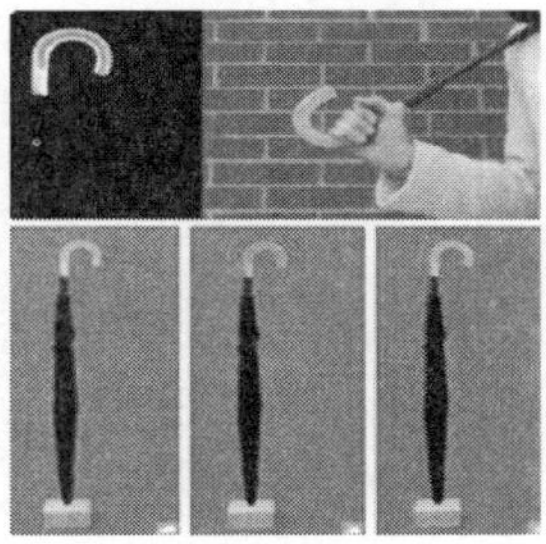

집을 나서기 전 비가 올지 날씨가 좋을지 손잡이로 미리 예보해 주는 우산. 무선 랜으로 인터넷에 접속해서 날씨 데이터를 가져오고 이를 손잡이의 색깔로 나타내 준다. 이젠 밖에서 갑자기 비가 올 때 당황할 필요가 없다.

⑬ 빛으로 깨워 주는 배게

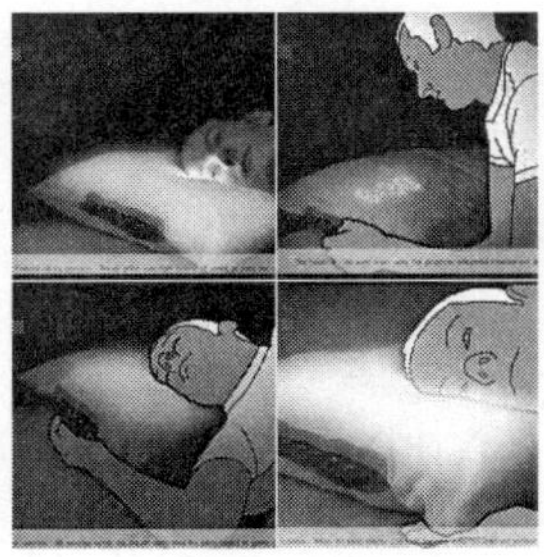

베개와 일체화된 조명 장치

입력한 기상 시간 40분전부터 베게에서 편안한 조명 빛이 나오기 시작해서 점점 밝은 빛으로 변하게 해 아침 햇살에 의해 자연스럽게 잠에서 깨어나 기상하게 해주는 원리이다. 더 이상 늦잠 자지 말고 일찍 일어나자.

⑭ 맥주 마니아를 위한 맥주 복대

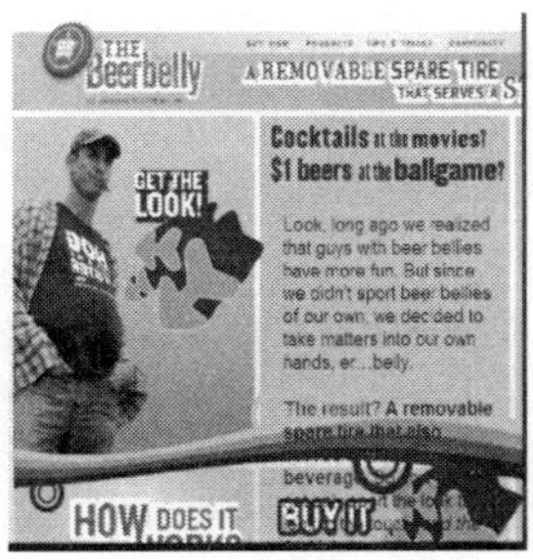

옆에 있는 광고는 과연 무슨 광고일까?

바로 맥주 마니아들을 위한 맥주 복대!

맥주는 마시고 싶은데 자리가 마땅치 않을 때, 주위의 눈을 피해 복대에 맥주를 가득 채워 언제 어느 장소에서건 마음껏 맥주를 마실 수 있는 것이다.

알코올 반입이 금지된 극장, 운동 경기장 등의 초점을 맞췄다는 개발자의 발언에서 만만치 않은 맥주 마니아의 냄새가 솔솔 난다. 그렇다면 이 맥주 복대를 쓰는 방법을 소개하겠다.

Step1 먼저 야구장 갈 준비를 한다

Step2 상의를 훌러덩 벗는다 단,
아무데서나 벗으면 안 된다

step3 복대에 맥주를 가득 채운다

Step4 착용 후 통과!

Step5 경기장에 들어가 이렇게 호스를 이용하여 마시며 경기를 관람한다

물론 배가 불룩하게 나와 보이는 단점이 있지만, 옷으로 잘 커버한다면 나름 감쪽같다.

현재 이 발명품은 경기장 관리자들은 무분별한 음주로 매우 싫어하지만, 현재 다른 나라 애주가들 사이에선 대유행이라고 한다.

저자가 봐도 정말 기발하고 재미있는 발명품인 것 같다. 보자마자 웃음이 나와 버렸으니 말이다. 맥주 복대! 누가 생각이나 했겠는가?!

이것들 말고도 재미있는 발명품들은 수없이 존재하며 지금 어딘가 에서도 사람들에게 즐거움을 주기 위해 끊임없이 탄생하고 있을 것이다. 그 발명의 주인공이 여러분들이 되어 보는 것은 어떨까?

Chapter 8

취업보다 창업 한번 해볼까?

Ⅰ. 창 업

1. 창업이 정답인가?
2. 취업이 어려우면 창업으로 가자!
3. 개인기업과 법인 기업
4. 벤처기업과 이노 비즈 기업이란?
5. 사회적 기업이란?
6. 쉽게 하는 창업 요령

I
창 업

1 창업이 정답인가?

[1] 우리 노동시장의 현실

(1) 취업 시장은 늘 먹구름

최근 통계청이 발표한 지난해 2015년 '9월고용 동향'에 따르면 우리나라 실업자 수는 86만 6,000명으로 전년 동기보다 1만 6,000명이나 늘었다. 특히 한창 일을 해야 할 30대와 40대에서 각각 1만 4,000명과 8,000명의 실업자가 추가로 양산된 것으로 조사됐다.

통계청이 일주일 중 단 1시간만 일해도 취업자로 잡는다는 점을 고려하면 국내 일자리 문제는 더욱 무겁게 와 닿는다.

한편 한국 경제 연구원이 발표한 보고서에 따르면 지난해 1월에서 8월까지 청년층의 평균 체감 실업률이 무려 22.4%로, 같은 기간 공식 실업률보다 2.3배나 높았다.

청년 체감 실업자 106만 명 등의 통계에서 알 수 있듯이 청년 실업 문제는 위험 수준을 넘나들고 있다.

한편 이와 맞물려 청년 실업률이 두 자릿수를 넘나들면서 사회적 문제로 떠올랐지만 정작 청년들이 일할 수 있는 양질의 일자리는 많지 않았다.

일자리 양극화가 심해지자 일명 '나쁜 일자리'에 취업하느니 취업 준비생(실업 상태)의 위치에서 '좋은 일자리'의 문을 두드리는 청년들이 늘고 있다. 이는 그대로 청년 실업률의 증가로 이어진다. 지난 2009년 글로벌 금융 위기 이후 한국 사회는 일자리 양극화가 뚜렷해졌었다.

최근 고용 노동부에 따르면 국내 근로자 중 임금 기준 소득 10분위(상위 10%), 소득 1분위(하위 10%)의 격차는 무려 4.5배에 달한다.

이는 경제 협력 개발 기구(OECD) 내에서도 최상위권 이다. 특히 국내 완성차 업체 근로자들의 임금은 1인당 GNI(국민 총소득)의 3.4배다. 이웃 일본의 경우 2배 수준에 그쳐 선진국과 비교해도 소득의 양극화가 상대적으로 심각한 수준이다.

금융 위기 이후 대기업들은 직접 고용을 최소한으로 줄이고 하도급을 최대한 활용해 왔다. 또한, 직접 고용을 하더라도 비정규직 채용을 선호했다. 이 과정에서 대기업 정규직과 중소기업 비정규직의 임금 격차가 크게 벌어졌다.

지난 2013~14년 기준 대기업 정규직 임금을 100으로 봤을 때 중소기업 비정규직 임금은 36.7%에 불과했다.

우리나라 비정규직 숫자는 지난 2008년 544만 5,000명에서 매년 꾸준히 늘어나 지난해 처음으로 600만 명을 돌파, 607만 7,000명을 기록했다.

2015년 기준 OECD 가입국의 평균 비정규직 비율이 11.9%인데 발해 우리나라의 비정규직 비율은 30%가 넘어간다.

한국 고용 시장의 구조가 얼마나 취약한지를 보여주는 대목으로 문제는 청년 실업률을 해소를 위한 정부 대책의 실효성이다.

'청년 희망 펀드', '청년 희망 예산', '청년 고용 절벽 해소 종합 대책' 최근 들어 정부가 쏟아 낸 청년 취업 관련 대책들이다.

특히 정부는 2016년도 예산안을 발표하며 2조1,213억 원을 청년 일자리 사업 예산으로 편성했다. 예산안 발표 자료에는 '일자리를 늘려 청년에게 희망을 주는 것'을 첫 번째 목표로 잡았다. 하지만 정부의 이 같은 노력에도 청년 실업률이 나아질 기미는 보이지 않는다.

통계청 고용 동향을 살펴보면 청년 실업자는 지난해 상반기 44만 9,000명(10.1%)에 달했다. 2월에는 무려 11.1%를 기록 외환위기 이후 사상 최고를 기록했다.

최근 다소 하락해 9월 현재 7.9% 수준이지만 이 역시 착시일 가능성이 크다는 지적이다.

취업이 어려울 것으로 예상하고 아예 취업을 포기한 구직 단념 자가 작년보다 증가했기 때문이라는 것이다. 실업자나 마찬가지인 구직 단념 자가 늘어나면 실업자 수가 줄어드는 것처럼 보인다. 9월 구직 단념 자는 48만 8,000명으로 8월(53만 9,000명)보다는 줄었지만, 작년 9월(46만 3,000명)보다는 2만 5,000명 늘었다. 또한 정규직보다 주로 아르바이트와 같은 시간제나 비정규직 등 이른바 '나쁜 일자리'에 취업하는 경우가 늘었다.

비정규직과 시간제 근로자가 많은 주당 53시간 이하 취업자는 작년 9월 1,974만 5,000명에서 지난달 2,019만 8,000명으로 2.2%(45만 3,000명) 늘어났다. 그러나 정규직 비중이 높은 주당 54시간 이상 일자리는 1년 전보다 오히려 1.2%(583만2,000명-576만 명) 줄었다.

청년층 일자리 가운데 시간제 비중은 글로벌 금융 위기 이전인 2007년에는 7.6%로 낮았지만, 지난해는 15.1%로 두 배로 껑충 뛰었다. 또 청년층 취업자 가운데 비정규직 비중은 33%로 모든 연령대 평균(32%)보다 높다.

한 노동 전문가는 "취업난에 몰려 질 나쁜 일자리에 취업했던 청년들은 오래가지 않아 다시 취업 준비생(실업자) 신분으로 돌아오는 경우가 대부분"이라며 "이런 악순환이 반복된다면 아예 취업을 포기하는 구직 단념자의 증가로 이어지게 될 것"이라고 말했다.

그는 이어 "지금 청년들이 어려움을 느끼는 건 일자리의 절대량이 부족해서가 아니라 선택할 만한 수준의 일자리가 적기 때문"이라며 "무턱대고 취업하라고 할 게 아니라 양질의 일자리를 만들어 줘야 한다."고 지적했다.[1)]

(1) 세태를 반영하는 심각한 인터넷 신조어들의 탄생,

갈수록 떨어지는 청년 취업률에 대해 대한민국을 헬 조선 이라고 표현하기에 이르렀다.

'헬 조선'은 최근들어 유행한 신조어중 최고의 충격이다. 취업난과 경제 불황 등으로 살기 힘든 한국을 '지옥(Hell)'에 빗대 '헬 조선'이라고도 하고 지옥불반도 라고도 한다.

헬 조선 = 지옥(Hell) + 한국 청년 세대가 처한 각박한 현실로 대한민국이 지옥과 같은 곳이라는 의미이다.

계급사회가 있었던 조선과 대한민국의 현재 모습이 같다는 데서 '헬 조선'이라고 이름 붙여졌다.

저자는 이 말에 분개한다.

아무리 취업이 안 되고 철이 없는 어린 사람들이 만들어 낸 말이라 쳐도 기성 시대를 사는 저자가 생각하기에는 우리선조들이 목숨 걸고 지켜온 나라 우리가 사는 대한민국이 지옥이라는 말은 너무도 어이가 없는 말이다. 지하에 계신 안중근 의사가 벌떡 일어날 일이다.

우리는 북한의 40배와 전 세계 10위권의 경제력과 수십 수백 개의 1등 제품을 가지고 있는 대한민국을 헬 조선이라 부르는 것은 당치도 않고 너무 심하다는 생각이다.

과거 저자의 학창시절에는 도심에 사는 학생들도 반에서 5분의 1은 도시락을 못 싸오는 아이들이 있었고 저자도 그중에 하나였는데 점심때면 운동장 몇 바뀌 돌며 갈증을 유발시켜 수돗물로 배를 채우곤 하였다. 가끔씩 어머님과 그때의 가난을 회상하곤 한다. 배고픔의 설음은 겪어보지 않은 사람은 모른다.

---

1) '한·중·영·일 4개 국어 글로벌 경제 신문' 아주 경제

일자리도 마찬가지이다.

까놓고 생존에 절박하여 목숨 걸고 일자리를 구해 본적이 있는가! 편하고 품격 있는 일만 하려고 하니 자리가 없는 것이다. 먹을 것이라곤 흙밖에 없어 진흙 쿠키로 연명하는 아프리카의 아이들과 시궁창 위나 쓰레기 더미위에 비닐로 집짓고 사는 사람들이 즐비한 동남아등의 못사는 제3세계 국가를 가본 다면 결코 이러한 말이 안 나올 것이다.

올해도 어김없이 여자들의 대부분 새해 소망이 다이어트라고 한다. 우리나라는 이미 먹을 것이 넘쳐 나서 탈인 국가란 것이다. 음식점마다 먹고 남은 음식들이 산더미처럼 쌓여있다. 한 자료에 따르면, 우리나라에서 한 해 동안 버려지는 음식물 쓰레기의 양은 약 500만 톤에 달한다.

또한 이를 처리하기 위한 비용이 연간 8,000억원 정도가 소요되는 등 총 20조원의 경제적 손실과 환경오염 피해를 입고 있다는 것이다. 이런 음식물을 한 끼 피죽도 못 먹어 굶어 죽어가는 나라에 보낼 수 있으면 좋으련만 운송비와 냉동처리 비용 때문에 불가하다고 한다.

결론적으로 우리나라를 지옥이라고 생각하는 사람은 지옥이 아니라고 판단되는 천당과 같은 다른 나라를 찾아 말없이 떠나면 될 것이다.

한편 '흙 수저'란 사람의 서열을 정하는 말도 자주 쓰였다. 서민층 가정에서 태어난 아이를 뜻한다. 부모의 경제적 지원에 힘입어 대학 입시와 취업을 쉽게 하는 부잣집 아이를 일컫는 '금수저'에 빗댄 것이다.

전문가들은 최근 젊은이들 사이에 통용되는 계층을 구분하는 '수저론'이 입에 은수저 물고 태어났다(Be born with a silver spoon in one's mouth)는 영어 표현에서 왔다고 말한다. 여기에는 후천적 노력으론 신분 상승을 기대할 수 없다는 좌절감이 깔렸다.

가슴 아픈 청춘들의 용어로는 스펙을 많이 쌓아 만리장성처럼 됐다는 '만리장 스펙'도 있다.' 만리장성 스펙, 노력이라는 말을 부정적으로 표현한 노(NO)오오오력, 흙 수저, 텅 빈 통장,N포 세대라는 용어들도 생겨났다.

부모덕에 편히 살 수 있는 '금수저' 그룹에서부터 아무리 일을 해도 가난을 벗어날 수 없는 '흙수저'를 물고 태어난 그룹을 일컫는 용어로 부모의 재산 정도에 따라 금수저, 은수저, 동 수저, 흙 수저 등의 수저의 재질로 계급을 정하는 것이다.

자산이 20억 이상이면 '금수저', 5,000만 원 미만이면 '흙수저' 원룸이나 전세 등 교육 환경을 다 지원받으면 '금수저',대학 입학 후 부모로부터 경제적 도움을 거의 받지 못하면 '흙수저'라고 칭한다고 한다. 수저 논란으로 인해 자신들이 흙 수저인지 판단하는 빙고 게임도 있다고 한다.

'흙수저 빙고 게임'은 선택된 개수가 많을수록 흙 수저에 가까운 것을 말하는 빙고에는 흙 수저에 해당하는 구체적인 가정환경이 쓰여 있다.

수저 계급의 최상위 계급, 상위 0.1%를 '수저'라고 칭한다.

그다음 '금수저', 상위 1%로 자산 20억 이상 또는 가구 연 수입 2억 이상의 자산을 가진 계층을 칭한다. '은수저' 상위 3%, 자산 10억 이상, 가구 연 수입 8,000원 이상 '동수저' 상위 7.5%, 자산 5억 이상 또는 가구 연 수입 5,500만 원 이상 계급을 칭한다.

수저 계급의 최하위 계급을 칭하는 말은 '흙 수저 계급'으로 자산 5,000만 원 이상 또는 가구 연 수입 2,000만 원이 이에 해당한다.

청년 실업과 관련된, 특히 인문계 대학생의 취업난을 보여주는 신어도 많다. '문송'(문과여서 죄송), '지여인'(지방대 여자 인문대생), '공바라기'(공대생이 되고 싶은 인문계생), '취업 깡패'(문과와 달리 기업이 선호하는 이공계 전공자) 등이 대표적이다.

대학 졸업 후 장기간 취업을 못 한 '청년 백수' 관련도 적잖다. '화석 선배'(취업이 안 돼 학교를 오래 다니는 고학번 선배), '장미족'(졸업 후 장기 미취업자), 'NG족'(No Graduation·졸업을 계속 미루는 대학생), '대오족'(대학 5학년생) 등이다.

한편 결혼을 미루거나 하지 않는 포기하는 층이 증가하면서 1인 가구도 늘어 이와 관련된 신어도 나왔다. 연애+결혼+출산을 미루는 '3포 세대' 거기에 인간관계를 끊고 내 집 마련을 포기한 '5포 세대' 마지막 남은 희망과 꿈까지 포기한 '7포 세대'까지 포기의 숫자가 늘어나고 있다

20대와 30대 성인 남녀 10명 가운데 7명은 자신이 3포 세대 5포 세대를 넘어 'N포 세대'에 속한다고 한다. 'N포 세대' 즉, 존재감을 상실해 더는 포기할 기회조차 주어지지 않는 세대를 일컫는 가슴 아픈 청춘들의 용어이다.

또한, 편의점에서 도시락으로 끼니를 때우는 '편도족', 혼자 밥 먹는 '혼밥', 혼자 술 마시는 '혼술' 등이 그렇다.

아울러 별 의미 없이 말을 축약하는 행태의 신어도 많다. 낄끼빠빠(낄 때 끼고 빠질 때 빠져라), 빼박캔트(빼도 박도 못하다.), 번달번줌(번호 달라면 번호 줌) 등등.

좋은 집안에서 태어날수록 고급 교육과 다양한 어학 능력과 부모의 인맥 등이 갖춰져 취업까지 유리했지만, 가정환경이 어려우면 아무리 공부를 해도 취직이 어렵고 학자금 대출 등으로 '하루하루 빚만 늘어난다.'는 이야기이다.

이런 신조어를 만드는 청년들의 심정은 어떨까? 새로운 언어의 조합으로 현실에서 도피해 보려는 것일까.

한편 국회 입법 조사처가 최근 발간한 'OECD 주요 국가 청년 NEET의 특징 및 시사점' 보고서에서 한국 대졸 청년의 니트족 비중이 24.4%로 그리스, 터키 다음으로 높게 나타난 것이다. 이는 OECD 평균(12.9%)보다도 2배 가까이 높은 수준이다.

다시 말하면 15~29세 청년 대졸자 4명 중 1명은 취업 포기 상태인 '니트'(NEET) NEET'는 'Not in education, employment or training'의 줄임말이다. 학생도 아니고 직장인도 아니면서 직업 훈련도 받지 않는 근로 의욕 없는 청년 무직자를 가리키는 말이다. 특히 10대 후반에서 30대 사이의 미혼 취업 인구 중 취업에 대한 의지가 없는 이들을 가리킨다.

니트 족은 일하고 싶어도 일자리를 구하지 못하는 실업자나 아르바이트로 생활하는 프리터 족과는 분명히 구별된다. 경제 환경이 악화한 유럽에서 1990년대에 처음 나타난 니트 족은 일본을 거쳐 한국 사회에도 등장했다.

얼마전 전경련이 발간한 「청년 니트 해부」 보고서에 따르면 청년 니트 족은 113만 명에 달하는 것으로 나타났다. 이것은 청년층 실업자 32만 8,000명의 3.4배에 이르는 숫자다. 니트 족은 장기적으로는 국가 경제에 부담을 주고 빈곤층 증가와 중산층 붕괴 같은 사회문제를 낳을 수 있는 잠재적 경제 불안 요소이다.

니트 족은 어느 곳에도 고용돼 있지 않고 교육·훈련도 받지 않는 무업자(無業者)를 말한다.

우리나라 고학력 니트 족이 특히 많은 것은, 이들이 일할 의지를 갖고 있지 않다기보다는 '공시족'(공무원 시험 준비생)처럼 양질의 일자리를 찾기 위해 계속 기다리면서 취업을 준비하는 사람이 많기 때문으로 풀이된다. 소득이 없는 니트 족 증가는 소비 능력 감퇴와 잠재성장력 저하로 경제에 심각한 악영향을 가져올 수밖에 없다.

고용 환경이 갈수록 악화하면서 취업을 포기하는 청년 실업자 증가가 빈곤의 대물림, 중산층 붕괴로 이어져 이미 사회불안까지 유발하는 양상이다. 결국, 더 나은 일자리를 만들어 이들을 고용 시장으로 흡수하는 것 말고 달리 뾰족한 대책이 없다.

그런 점에서 정부에서 추진 중인 직업교육이나 취업 역량 강화, 창업 지원 등을 위한 프로그램 등이 여전히 체계적이지 못하고 체감 효과가 낮은 것을 부인하기 어렵다. 학력 과잉 상태에서 청년들의 눈높이를 낮춰야 한다는 주장 또한 현실적이지 않다. 대학의 진로 교육 강화, 일자리의 질을 높이기 위한 획기적인 대책들이 나와야 한다.[2)]

2 취업이 어려우면 창업으로 가자!

[1] 창업의 사전적 의미

창업은 사전적 의미로 '사업 따위를 처음으로 이루어 시작함.'이다.

자세히는 인적, 물적 자원을 적절히 결합하여 미리 계획된 기업의 목표를 달성하기 위하여 상품이나 서비스를 조달, 생산, 판매하거나 부수적인 활동을 수행하는 것으로 정의 내릴 수 있다.

쉽게 풀어 설명하자면 개인 혹은 집단이 자신의 전체적인 책임으로 자본과 인력을 동원하여 새로운 사업을 개시하는 것을 창업이라 볼 수 있다.

창업을 위해선 우선 창업자, 사업 아이템, 그리고 자본이 있어야 하는데 이를 창업의 기본적인 3요소이다.

각각의 기능을 살펴보면 창업자, 즉, 기업가는 기업을 운영해 나가는 능동적인 요소로써 기업가의 지식, 경험, 재능 등이 창업의 효율성, 성장 등에 영향이 높게 작용한다.

그리고 자본과 사업 아이템은 피동적인 요소로 존재하고 있다. 또한, 창업은 창업자가 어떤 목적을 가진 사업을 영위하기 위한 구체적인 수단을 형성하는 것이며, 사업은 사업가가 고객이 요구하는 것에 대한 만족을 제공하게 된다. 그리고 그 보답으로 이윤을 창출해 가는 종합적인 형태라 할 수 있다. 그러므로 창업의 최종 목적은 사업 이윤의 극대화 " 즉, 돈을 많이 버는 것에 있다.

다시 말하면 창업이란, 이윤 창출을 위한 사업의 기초를 세우는 것으로 사업가적인 능력을 갖추고 있는 개인 또는 집단이 사업 아이디어를 가지고 사업 목표를 세워 적절한 사업 기회에 자본, 인력, 설비, 원자재 등 경영 자원을 확보하여 재화의 생산 또는 용역. 서비스를 제공하는 기업을 설립하는 것을 말한다.

즉, 창업이란 재화 또는 용역을 생산. 판매하는 하나의 시스템을 구축하는 작업을 의미한다. 시스템이란 투입 → 변환 → 산출의 기본적인 구조와 목적성, 기능성, 전체성을 가진다. 창업 경영에서는 투입 요소, 변환 요소, 산출 요소가 필요하며 사람, 기계 설비, 원재료, 자금 등의 요소를 일컬어 4M이라 하며 최근에는 4M에 사업 정보를 더 추가하며 그 비중이 커지고 있다.

지난 2005년 작고한 세계적인 경영 학자 피터 드러커(Peter Drucker)[3]는

2) 브리지 경제

3) 1909.11.19~2005.11.11. 오스트리아 빈에서 출생. 미국의 경영 학자. 현대 경영학을 창시한 학자로 평가받으며 경제적 제원을 잘 활용하고 관리하면 인간 생활의 향상과 사회발전을 이룰 수 있다고 생각했다. 그는 이런 신념을 바탕으로 한 경영관리의 방법을 체계화시켜 현대 경영

지난 2000년 한국을 기업가 정신이 가장 활발하게 실천되고 있는 국가로 꼽았다.

그러나 16여 년이 지난 지금 한국의 창업에 대한 생각은 크게 바뀌었다. 2015년 OECD 보고에 따르면 창업을 좋은 기회로 보는 한국인은 10% 대에 불과한 것으로 나타났다.

그만큼 한국 사회는 창업과 도전에 대한 인식이 줄어들고 활력을 잃고 있다. 여기에는 실패를 관용하지 못하는 사회 문화와 깊은 관련이 있다. 실패를 우려하고 그 부담감 때문에 창업을 회피하는 경향이 큰 것이다. 이것이 기업가 정신이 하락하는 요인으로 작용하고 있다.

물론 한국 사회에서 창업이 적지는 않다. 연간 100만 개의 창업이 이루어진다. 창업에는 기업가적 창업과 생계형 창업이 있다. 그러나 우리나라는 생계형 창업이 대부분을 차지하고 기업가적 창업은 매우 적다.

생계형 창업인 자영업보다 기업가적 창업이 많아야 하고, 또 그것을 가능하게 하는 시스템이 갖추어져야 하는데 현실은 그와 정반대이다.

창조 경제는 사회 전 분야에서 혁신이 쉬워질 수 있는 경제 패러다임을 만드는 것으로, 이를 위해서는 무엇보다도 기업가적 창업이 잘 이루어질 수 있는 시스템이 제대로 갖추어져야 한다.

그런데 기업가적 창업을 만드는 환경은 예전과 크게 달라지고 있다. 먼저 개발 도구나 생산 시설을 공유하는 협력적 생산(Collaborative manufacturing)이 제조 방식의 혁명을 일으켜 비용, 시간, 인력 등을 획기적으로 절감할 수 있는 상황이 확산하고 있다.

협력적 생산으로 개발-생산-판매 전 분야에서 비용과 시간이 절감되어 진입 장벽이 완화되는데, 이에 따라 유연한 창업(Lean Start-up)이 가능해지는 것이다.

종전에 규모의 경제를 활용하는 대량생산 방식과 달리 대규모 자본 투자나 설비 구축 없이 제품을 생산할 수 있게 되어 진입 장벽 완화로 창조적인 아이디어를 창업과 생산으로 이어가는 것이다. 따라서 1인 창조 기업 등 수많은 마이크로 기업이 등장할 수 있다.

(1) 창업 활성화 방안

창업을 활성화하기 위해서는 여러 조건이 갖추어져야 한다. 먼저 창업 자금지원을 활성화해야 한다. 유연한 자금지원으로 창업의 위험 부담을 완화하는 것이 필요하다.

학을 확립하였다. 출처 : 위키백과

오늘날의 창조 경제는 대기업이 중심이 되는 시스템이 아니라, 플랫폼에 기반을 둔 생태계 중심의 경제 시스템으로 전환된다.

따라서 생태계를 구성하는 수많은 중소기업의 역할이 중요해진다. 중소기업의 창업을 활성화하기 위해 자금을 지원할 때 초기 자본금에 대한 융자가 아닌 투자 개념으로 접근하여 창업에 대한 위험 부담을 완화할 필요가 있다.

이때 투자 자금 생태계가 원활하게 작동하기 위해서는 기업 공개뿐만 아니라 인수 합병(M&A)을 통한 중간 시장 활성화도 함께 이루어져야 한다.

이러한 M&A는 규모를 크게 키우는 구조 조정 형 M&A와 기술과 시장을 결합하는 상생 형 M&A의 두 가지 형태가 있다. 구조 조정형 M&A는 철강 회사 혹은 금융 회사들이 규모의 경제를 달성하기 위해 합병하는 것이다.

추가로 매출을 증대하기보다는 비용 절감을 통해 수익을 늘리기 위한 목적이 크며, 국가 차원의 가치 증대는 거의 없는 형태다. 반면 상생 형 M&A는 기술 혁신이 시장의 효율과 결합하여 매출을 증대시키고 국부를 늘리며 고용이 증가하는 형태다.

예컨대 미국 실리콘 밸리의 혁신이 이러한 상생 형 M&A를 통해 지속해서 이루어지고 있다[4)]

M&A는 창업이 규모 있는 기업으로 성장할 수 있도록 하는 역할을 한다.

특히 시장을 선도하는 대기업과 창업 기업의 결합은 시장과 기술을 결합하여 창업의 우수한 성과가 사장되는 것을 막고, 시장 선도 기업의 신기술, 제품 사업화를 활성화하는 역할을 한다는 점에서 상생의 모델이 될 수 있다.

창업과 기업가 정신을 함양하기 위한 방안으로 연대보증 제도 개선과 구상권 개선도 제안되고 있다. 저자도 법인체 사업을 운영하고 있어 기술보증기금에서 대출을 받으려면 저자 개인의 집에 대하여 기보에서 구상권을 요구하였다. 이는 사업에 실패하면 집까지 잃게 되어 거리에 나앉을 수도 있는 참담한 현실이 발생할 수 있다는 것이다.

물론 연대보증의 폐지가 도덕적 헤이(Moral hazard)를 불러일으킬 수 있으나, 보증 방식을 융자에서 투자로 전환하고 주식 옵션이나 창업 활성화 지원금의 활용으로 좀 더 보완하면서 정착시킬 수도 있다는 것이다.

(2) 해외의 창업 지원 사례

특히 이스라엘이나 에스토니아와 같은 창조 혁신 국가들에는 창업이 일상화해 이를 지원하는 시스템들이 잘 갖추어져 있다. 예컨대 이스라엘의 요즈마(Yozma) 펀드는 민간 투자의 절반을 해외 투자 자금으로 유치한다는 원칙에

4) https : //www.venturesquare.net/tag/이민화의-창조경제론

따라 국내 증시 상장이 목표가 아니다.

그들은 나스닥 상장이나 해외 기업으로 인수되는 것을 목표로 하여 자금 모집의 성과와 투자회수율을 높일 수 있었다. 또한, 에스토니아와 같은 작은 나라에서 스카이프(Skype) 소프트웨어를 개발하여 무료 음성 통화 프로그램으로 세계 최대 국제통신 서비스 사업자로 성장할 수 있었던 배경에는 창업을 활성화하는 문화와 시스템이 있었다.

미국 실리콘 밸리에는 창업 촉진 회사들이 있어서 창업을 상시로 지원하는 체계가 갖추어져 있다. 2005년 실리콘 밸리에서 창설된 'Y콤비네이터(Y-combinator)'는 3개월 주기로 창업 아이디어 발표와 평가, 멘토링 등 창업자 육성 전문 프로그램을 통해 창업 기업을 배출하고, 엔젤 투자나 벤처 투자를 유치해 투자 자금을 회수한다.

더욱이 미국에서는 지난 2011년 오바마 대통령이 '스타트업 아메리카 계획(Startup America Initiative)'을 추진해 정부 차원의 정책도 병행하게 되었다. 이 정책에 따르면 정부는 촉진 자(Facilitator) 역할을 강조하고 있다. 정부는 여러 이해 당사자들이 각각 고민하는 문제나 해결책을 공유할 수 있는 허브 역할을 한다는 것이다.

정부는 서로의 방향성을 공유할 수 있는 지점을 제공하며, 실질적인 세부 사항은 자율적으로 만들어 가게 한다. 여기에서 창업가들이 직면하는 근본 문제인 '연결성(네트워크)'의 어려움을 해소하는 데 초점을 두고 있다.

연결성이란 자금 조달의 문제뿐만 아니라 다른 창업가들, 커뮤니티, 잠재 고객 및 유능한 인재 연결 등을 포함하는 것이다. 또한, 여기에는 지역 네트워크가 중요하다. 지역 네트워크는 지역에 기반을 둔 기업을 실질적으로 지원하며, 창업 기업이 이룬 성과를 지역 사회에 공유하는 역할까지 담당함으로써 창업 기업에 대한 정보 접근성을 구직자, 투자자 및 잠재적 창업가에게 확대하는 역할을 한다는 것이다.

여기에는 물론 대기업도 참여하며, 창업 기업을 단지 지원의 대상이 아니라 잠재적 파트너로 인식하도록 하여 상생의 창업 생태계를 만드는 것이다.

이렇게 스타트업 아메리카는 창업 생태계 전반에 관한 연결성을 강화해 개별 창업 기업이 직면하게 되는 여러 문제를 극복할 수 있는 기반을 만들어 주는 데 초점을 맞추고 있다(강유리, 2013). 정부의 역할을 잘 설정하고 있는 사례다.

(3) 창업 문화

우리나라는 2000년 초 인터넷 붐으로 벤처 창업이 붐을 일으켰던 적이 있다. 그러나 소위 '닷컴 버블'로 창업의 열기가 식고 한동안 창업 실패의 후유증을 경험했다. 이것이 창업을 경원시하는 문화를 만들어 창업 프로그램이 사라졌다.

이제 다시 우리나라에도 민간에서 창업 인큐베이팅 프로그램들이 등장하고 있다. 예컨대 '케이스타트업' 프로그램은 글로벌 시장을 목표로 하는 스타트 업을 선발해서 지원하는 프로그램이다.

실리콘 밸리와 국내의 벤처, 법률 전문가들의 자문을 받아 창업을 추진할 수 있다. 한국 정보 통신 진흥 협회의 미래 글로벌 창업 지원 센터 역시 창업 지원자의 마케팅, 법무, 세금, 특허, 홍보 등을 지원하는 조직으로 출범했다.

네이버 등 민관 47개 단체가 출범시킨 스타트업 얼라이언스 역시 창업을 지원하는 역할에 초점을 맞추고 있다.

이렇게 우리나라에도 창업을 지원하는 다양한 프로그램들이 등장하여 창업 환경을 변화시키고 있다. 창조 경제의 붐을 타고 창업이 활성화되고 지원 프로그램들이 만들어지는 것은 환영할 일이다. 문제는 이러한 프로그램들이 얼마나 영속성을 가지며, 가시적인 성과를 내느냐에 달려 있다. 또한 창업이 하나의 문화가 될 수 있도록 사회 인식의 변화, 제도 등이 같이 뒷받침되어야 한다.[5)]

(4) 창업의 중요성과 특징

기업의 창업은 개인의 관점에서 보면 개인적인 부를 창출하기 위한 활동이지만, 그것은 개인의 차원을 넘어 사회적으로도 여러 가지로 중요성을 가진다. 기업의 창업이 갖는 공 적 및 개인적 중요성을 다시 한 번 정리하면 다음과 같다.

① 부의 창출

기업 창업이 가장 직접적인 목표는 부(Wealth)를 창조하는 것이다. 창업에서 창출되는 부는 개인적으로 소중할 뿐만 아니라 사회적으로도 유용하다. 즘더 많은 사람들이 물질적인 풍요로운 혜택을 받기 위해서는 먼저 사회 전체의 부의 크기가 증가해야 하는데, 창업은 이러한 결과를 위해 필요하고도 중요한 활동이다.

---

5) 강유리(2013년) 미국의 창업 정책 현황 및 시사점－스타트아메리카를 중심으로. ≪방송 통신 정책≫, 제25권 15호. 정보통신정책연구원
이민화 외(2013년) 「상생형 M&A와 혁신 거래소」. 창조경제연구회
이민화 외(2013년) 「창업자 연대보증과 국가 편익」. 창조 경제 연구회

② 직장의 창출

기업의 창업은 일자리를 제공하게 된다. 이와 같은 일자리는 개인에게는 생활의 수단이며, 국가적으로는 경제 활동 인구를 늘리고 실업 문제를 해결하는 데 있어서 가장 근본적인 방안이 된다.

③ 자원의 활용

창업된 기업은 자원을 활용하여 가치가 좀 더 큰 새로운 재화를 생산하게 된다. 만약 기업이 창업되지 않는다면, 천연자원이 아무리 풍부하더라도 그것을 이용하여 부를 창출하는 활동이 이루어지지 못하거나 저조할 것이다.

(5) 창업의 종류

① 외식업 : 한식, 중식, 일식, 양식.
② 판매업 : 제품 판매업, 식품 판매업.
③ 서비스업 : 공간 대여업, 생활 서비스업, 교육(입시 학원, 요리학원, 자격증).
④ 무점포/소호 : 온라인 쇼핑몰, 렌탈업, 방문 판매업.

아울러 창업의 종류로는 크게 개인 기업과 법인 기업으로 크게 구분 지을 수 있다.

우리가 알고 있는 주식회사는 법인 기업의 대표적인 형태이고, 개인 기업은 말 그대로 개개인이 기업가가 되어 경영해 나가는 것이다. 개인 기업 안에는 1인 기업이 속해 있으며 사회적 기업도 존재한다. 그리고 인터넷 창업도 존재하는데 말 그대로 인터넷을 통한 온라인 창업이다.

특히 남들이 선호하는 창업을 찾는 것 보다는 자신의 취향에 맞는지 현재 시장에 적합한지를 먼저 생각하고 어떤 종류의 창업을 할 것인가를 먼저 결정하고 난 뒤에 너무 막연한 창업 생각보다는 조금 더 그 폭을 줄여 나가서 전문적인 지식을 얻은 후에 결정을 내리는 것이 중요하다

과연 얼마의 자본으로 어느 계통의 창업을 하고 싶다 정도는 본인이 결정하여야 한다는 것이다.

앞서 말했듯이 부모가 다이아몬드 수저나 금 수저인 경우 부모의 경제력으로 목 좋고 물 좋은 곳에 거액을 투자하여 유명 프랜차이즈를 하면 그나마 성공 확률이 높아진다.

그러나 가진 게 열정밖에 없는 동수저, 흙수저 에게는 장사는 목이 최고인데 높은 권리금 등으로 목 좋은 상권을 기대하기는 아예 힘들다.

창업하더라도 요지가 아닌 변두리의 싼 곳을 찾고 철저한 을의 처지에서 장사를 하게 된다. 과연 성공 확률이 몇 퍼센트나 될까! 대부분 1년을 넘기지 못하고 쌈짓돈까지 날리고 망하는 지름길이 된다. 그 후부턴 신용 불량자로 살아야 하는 아픈 현실이 기다리고 있다.

그러나 본인이 발명하여 특허권을 소유하게 되면 처지가 바뀌어 로열티를 받아 가면서 갑의 관점에서 사업을 전개할 수 있다는 것이다. 특허권을 가지고 자신의 사업을 영위하는 것이 얼마나 멋진 일인가“” 정부에서도 특허를 가진 자에 한하여 모든 자금이 열려 있다는 것을 명심하길 바란다.”뭘 보고 사업자에게 돈을 빌려 주냐 말이다!

3 개인기업과 법인 기업

[1] 개인 기업의 특징

(1) 개인 기업이란?

개인 기업은 법인 기업에 비해 설립 절차에 사업자 등록만으로 설립이 가능하기 때문에 간편하다. 회사와 대표자의 자금 거래 또한 대표자의 기업 자금의 개인적인 사용이 자유롭고 불이익 또한 없다. 개인 기업의 영속성[6]은 대표가 바뀌는 경우 폐업을 하고, 신규로 사업자 등록을 해야 하므로 기업의 영속성이 없다고 볼 수 있다.

또한 대외 신용도는 회사 전체가 아닌 대표자 개인에 의해 평가되므로 법인에 비해 신용도가 낮다. 하지만 최소한의 필요한 관리 기능만 유지하면 되므로 비용이 적게 들며 휴업, 폐업, 이전 등이 자유롭고 크게 비용이 들지 않는다.

결론적으로 일정 규모 이상으로 성장하지 않고 개인의 자금으로 중소 규모의 사업을 유지하기에 안정적이고 적합하다.

① 개인기업의 종류

개인 기업에는 이른바 자영업적 창업이 차지하는 비율이 높다.
이들은 SOHO[7](Small Office Home Office)라고도 불리고 있는데, 작은 사무실과 자택 사무실을 거점으로 하는 근무 형태로 별도의 사

6) (永續性) 영원히 계속되는 성질이나 능력
7) 소규모 자영업을 일컫는 말

[표 22] 개인 사업자와 법인 기업의 장점과 단점

구분	개인사업자	법인기업
설립절차	설립절차 간단 (사업자등록만 필요)	설립절차 복잡 (상법에 의한 설립절차가 필요)
설립비용	비용 거의 없음	설립등기비용, 등록면허세, 채권매입비용 등 비용 발생
세율	6 ~ 38% 세율 적용	10 ~ 22% 세율 적용
이익금 사용	사업에서 발생 이익 마음대로 사용	회사의 이익을 마음대로 사용할 수 없음 (급여, 배당 등 절차 필요)
대표의 책임	무한책임	출자지분 한도의 유한책임
과세체계	종합소득세 부과	법인세 부과
대표 급여	급여가 비용으로 인정되지 않음	급여가 비용으로 처리 가능
배당	배당불가	주주에게 배당가능
대표자 퇴직금	퇴직금 인정되지 않음	퇴직금 지급받을 수 있음
대외 신인도	낮음	높음
자금조달	자본조달의 한계 존재	대규모 자금조달 가능
사업양도	영업권의 형태로 양도	주식양도 형태로 양도
의사결정	자유롭고 신속	이사회의 협의가 필요

사무실 없이 자신의 집을 사무실로 활용하여 시작된 개념이다. 재택근무를 하면서 컴퓨터 네트워크를 활용하여 근무하기 때문에 이제까지의 사무실 근무와는 다른 새로운 근무의 형태로 자택에서 근무하는 비즈니스 스타일은 이전부터 있었으나, SOHO는 '인터넷을 활용하여 자기 자신의 비즈니스를 주체적으로 전개하는 지적 사업의 소규모 사업장'이라고 할 수 있다.

SOHO는 현재 1인 기업으로 칭해지며 우리나라뿐만 아니라 다른 나라에서도 활발히 영역을 넓혀 가고 있으며 경제적으로도 가치성이 중요시되고 있다.

그렇다면 여러분들도 CEO가 될 수 있고 그 발판을 마련할 수 있는 1인 창조 기업에 대해 자세히 알아보겠다.

[2] 1인 창조 기업

(1) 1인 창조 기업이란?

자신이 사장이면서 직원인 기업으로 즉, 자신만의 지식, 경험, 기술, 아이디어를 이용해서 창조적인 서비스를 제공, 이윤을 창출하는 기업을 1인 기업이라 말한다.

결국 단순히 말하면 혼자서 모든 걸 다 한다는 의미가 되는 것이다.

[그림 18] 1인 창조 기업의 형태(http://www1coorkr/)

(2) 1인 창조 기업 자세히 알고 시작하자

요즘 시대에는 1인 창조 기업이 무시 못 할 만큼 현 경제에서 많은 비중을 차지해 하고 있다. 하지만 나 혼자서만 간단하게 시작할 수 있어서 쉽게 성공하리라 생각하는 것은 절대 금물이다. 모든 도전에는 위험이란 변수가 따르는 법이기 때문이다.

① 만만하게 보면 안 된다

1인 창조 기업은 '혼자서'라는 타이틀이 존재하기 때문에 전문지식과 기업가 정신은 필수 요소로 자리 잡고 있다.

요즘 같은 구직난 시대에 성공한 1인 창조 기업은 누가 봐도 멋져 보일 수 있다.

하지만 섣부른 판단으로 무작정 뛰어들었다간 크게 낭패를 보기 십상이다. 1인 창조 기업에 도전하기 위에선 자신에게 가능성 있는 분야에 대한 충분한 사업성 검토와 전문지식 확보가 우선 되어야 한다. 여기에 자신의 능력에 따라 혼자 사업을 진행할 수 있는 한계를 확실히 해 둘 필요가 있다. 만약 자신의 능력에서 벗어나는 일이라면 굳이 붙잡고 있을 필요가 없다.

과감하게 아웃소싱 기업 업무의 일부 프로세스를 경영 효과 및 효율의 극대화를 위한 방안으로 제삼자에게 위탁해 처리하는 것.

을 주거나 또 다른 1인 창조 기업과 일을 함께 하는 형식으로 진행하여야 한다. 또한, 중요한 한 가지는 추진력이다. 주변에 업무를 함께 논의하고 분담할 사람이 없으므로 멘토를 확보해 두고 판단력을 키우는 것도 필요하며 1인 창조 기업의 전망이 좋다고 어느 사람에게나 밝을 수는 없다.

1인 창조 기업에 도전하고 싶은 사람이라면 자신에게 가능성이 있는 분야를 꼼꼼히 분석해 실력을 키워야 할 것이다.

② 1인 창조 기업의 위엄

1인 창조 기업은 우리나라 뿐 아니라 세계적으로도 증가 추세이다. 특히 유럽이나 미국 국가에서는 1인 창조 기업 기업의 비중이 상당히 높으며 금융, 교육, 사업 서비스, 의료 등에서도 한국과 큰 격차를 보이며 끊임없이 성장해 가고 있다.

③ 1인 창조 기업의 증가는 경제 시스템의 변화가 비례하며 맥을 같이 한다

미국의 경우에는 전체 일자리의 20%가 개인 사업자이다. 경제 시스템에 유연성이 더해지고 아웃소싱이 증가하면서 전문성을 가진 1인 기업, 즉 프리랜서들을 필요로 하기 때문이다.

이런 현상은 상당수의 젊은이들이 회사에 묶여서 일하는 것보다 자유롭고, 자기 만족도가 높으며 성취감을 가질 수 있다는 매력 때문에 프리랜서 선호도가 높은 편으로 나타나는 것이다.

이러한 흐름 속에 각국 정부도 경기를 활성화하고 실업률을 낮추기

위해 1인 창조 기업을 적극적인 자세로 지원하고 있다.

④ 1인 창조 기업 육성 정책을 가장 적극적으로 펼치고 있는 나라는 독일이다

독일은 통일 이후 실업과 경기침체 해결 목적으로 1인 창조 기업 프로그램(ICH_AG)을 운영한 첫 해인 2003년에만 실업자의 8%가 1인 기업을 창업하기에 이르렀다.

여기엔 ICH-AG 프로그램, 즉 연매출액이 2만 5,000유로(약 4,000만 원)를 넘지 않을 경우, 창업 지원금을 3년간 지원하는 제도가 한몫했다고 본다.

이에 따라 영국도 스킬셋 제도(Skill SET)를 통해 프리랜서와 초기 창업자 인력 양성 프로그램을 운영하고 있다. 방송, 영화, 비디오 등 영상 산업 분야 프리랜서와 초기 창업자를 위한 다양한 직업 훈련 과정을 운영하고, 훈련비용을 보조해 주고 있다. 선진국들의 활발한 지원 프로그램들을 통해 1인 창조 기업은 더욱 활기를 띠며 성장해 나갈 것이다.

⑤ 나도 1인 창조 기업을 할 수 있을까?

해외의 경우만 보아도 1인 창조 기업 육성 정책들도 대부분 실업난 해소를 위한 경우가 많다.

현재 우리나라는 어떨까? 앞서 말했듯이 각종 신문 기사, 뉴스에서도 매년 보도 하듯이 청년 실업은 이미 정치, 경제, 사회 문제가 된 지 오래이다.

한 통계 자료를 살펴보면 대학을 졸업한 50만 명 중 취업에 성공하는 경우는 그에 절반인 30만 명 정도에 그쳤다. 또한, 여성의 경우에는 구직난이 더욱 심각하다. 결혼 후 육아와 가사 등의 문제로 회사를 떠나게 되는 고급 인력들이 많이 있기 때문이다.

이런 시기에 정부가 1인 창조 기업을 육성하고 지원하겠다고 나선 것은 참으로 좋은 정책이라 생각한다.

그렇다면 1인 창조 기업으로 성공하기 위해서는 어떤 부분을 중요시하고 신중히 살펴야 할까? 바로 '3E'이다.

⑥ 3E란

Expertise, Execution, Entrepreneurship, 즉, 전문지식과 기술, 실행, 기업가 정신을 의미한다. 또한 가장 필요한 자격 조건은 전문지식이 있느냐 이고, 기업들의 아웃소싱 기회를 잘 활용하여 자신이 가진

전문지식의 부가가치를 높여야 한다.
그리고 혼자서도 사업을 실행할 수 있는 능력을 가지고 있어야 한다. 1인 창조 기업은 큰 대기업의 CEO 보다도 훨씬 많은 능력을 요구 받기 때문이다.

⑦ 기업가 정신

혼자서만 하는 기업이라도 자신은 기업가인 것이다. 그러므로 혼자서 새로운 일을 창출하는 능력과 실패에 대한 심리적 공포를 줄이는 역할도 중요하게 적용된다.
모든 기업의 시작이 그렇듯 1인 창조 기업 역시 초기엔 매출이 적을 수밖에 없다. 그렇기 때문에 장기적인 안목을 가지고 일을 시작하는 것이 중요하다.
이럴 때 포기하지 않고 꾸준히 인맥을 관리하고 성과를 쌓아 감으로써 자신을 발전시키고 성장해 나가는 것이 1인 창조 기업의 성공이냐, 실패냐를 판가름 지을 수 있는 것이다.

(3) 1인 창조 기업의 사회적 이슈

1인 창조 기업은 점점 높아 가는 청년 실업과 앞으로 닥쳐올 베이비 붐 세대들의 퇴직으로 발생할 실버 실업난을 해결 할 수 있는 방안으로 정부에서 정책적으로 시작한 사업이다.

① 1인 창조 기업은 6가지 지원을 받으며 창의성과 전문성이 중요한 요소이다

첫 번째가 스마트 앱 개발 전문교육 및 창업 지원, 참살이 서비스 분야 창업 및 취업 지원, 비즈니스 센터 활용, 기업 마케팅 지원, 중소기업 컨설팅 지원, 지도 사 자격증 운영 등 6가지가 주요 지원 내용이다.
1인 창조 기업 지원(안내)은 1인 창조 기업과 디자인, 번역 등 지식 서비스 계약을 체결 하는 중소기업 등에 대하여 총 비용의 일부를 바우처 방식으로 지원 한다.

② 지원 내용

- 지원 대상 : 1인 창조 기업에 프로젝트를 발주하는·중소기업 및 민법 제32조에 따른 비영리 법인 지원 규모는 총 비용의 10%, 300만 원 한도(기업 당 연 12회 이내)
- 지원 내용 : 디자인, 번역, 출판, 광고, 문화 기획, IT 등의 소요 비용

③ 신청 및 접수

- 신청 방법 : 온 오프라인 신청이 가능하며, 온라인 접수는 Idea BizBank를 통해 신청
- 처리-제출 서류 : 계약서 사본, 재무제표, 사업자 등록 증명원, 납세 증명서 등 매년1~3월별도 공도, 예산 소진 시까지 지원 가능 하다.

④ 사업 절차

- 사업 공고(중기청) → 프로젝트 등록(중소기업 등) → RFP제출(1인 창조 기업) → 계약 체결(중소기업 1인 창조 기업) → 바우처 지급(전담 기관) → 프로젝트 수행(1인창조 기업) → 완료 보고(1인 창조 기업) → 정산 및 사후 관리(전담 기관) 하지만 아직까지 미흡한 홍보로 많은 사람들이 1인 창조 기업이 도대체 무엇인지 조차 잘 모르고 있는 현실이다 저자는 이러한 현실이 안타까울 뿐이다 조금만 관심을 가진다면 우리나라도 1인 창조 기업이 더욱 발전 할 것이기 때문이다 나아가 세계적으로도 발돋움 할 수 있으니까 말이다.

국내 1인 기업의 예

[드림 버스] - 현재) 중소기업 청에서 운영하고 지원하는 1인 창조 기업 지원 버스. 이런 1인 창조 기업 지원 버스가 한 대가 아니라 분야 별로 여러 대가 운영 되고 있다. 매일 같은 장소에 머무르는 것이 아니라, 정해진 스케줄표 대로 매일 다른 장소로 이동하면서 홍보를 하고 있다고 한다.

[드림 버스]

[드림 버스 내부]

[그림 19] 1인 창조 기업 홍보 차량

(5) 우리나라 1인 창조 기업의 실태와 현황

① 국내 1인 창조 기업인 현황

현재 경제 활동 인구 2,465만 명 가운데 0.9% 규모인 21만 명으로 집계되었다.

중기청은 총 20만 가구를 무작위로 추출해 이 가운데 4만 가구에서 유효 답변을 얻었고 여기서 1인 창조 기업인 780명을 확보하여 국내 1인 창조 기업 수를 역추산하였다.

응답자 780명 중 창업 유형이나 수익 등 구체적인 정보를 얻을 수 있는 사람은 301명이었다. 흥미로운 사실은 1인 기업인 가운데 여성과 고학력자 비율이 매우 높았다.

상세 응답자 301명 중 여성 비율은 47.5%(40.7%), 4년제 이상 대학 졸업자 비율은 57.4%(전체 취업자 중 학사 학위 이상 취득자 비율은 38.1%)로 나타났다.

전문 서비스 영역이 많았으며 건축, 과학, 기술이나 교육, 보건, 사회복지, 창작, 예술, 여가 영역이 대부분 이였다.

남성은 전문성이 있어야 하는 연구나 건축? 과학 분야 1인 기업에 다수 종사자가 있었다.

여성은 경험이 중시되는 교육, 복지 분야에 집중되었다.

1인 창조 기업 연간 수익은 연평균 4,440만 원 이고 5,000만 원 이상 고소득자 비율도 23%로 높게 나타났다. 남성 평균 수익은 6,000만 원, 여성은 2,500만 원에 그쳐 성별 수익 격차가 심한 것으로 나타났다

② 1인 창조 기업 평균 업무 시간

- 평균 매주 368시간으로 60시간 이상 근로하는 1인 기업도 26%에 달하였다.

③ 1인 기업을 영위 시 애로 사항(복수 응답)

- 주로 업무 불안정과 일정 수익이 보장되지 않는다는 문제점이 있었다.

④ 중소기업청 보완 사항

- 창업 초기 1인 기업인에 대해 특허등록을 원 스톱으로 지원
- 지역 중심 모임을 마련해 전문가와 일대일 도제식(Apprentice) 코칭 교육 시스템을 도입

- 대학 안에 1인 기업가 전문 과정 운영도 검토
- 1인 창조 기업 프랜차이즈 활성화를 비롯해 공동 브랜드 개발, 1인 창조 기업 전문 컨설턴트 육성, 환경 개선책 도입도 적극 검토

⑤ 1인 창조 기업과 관련한 통계

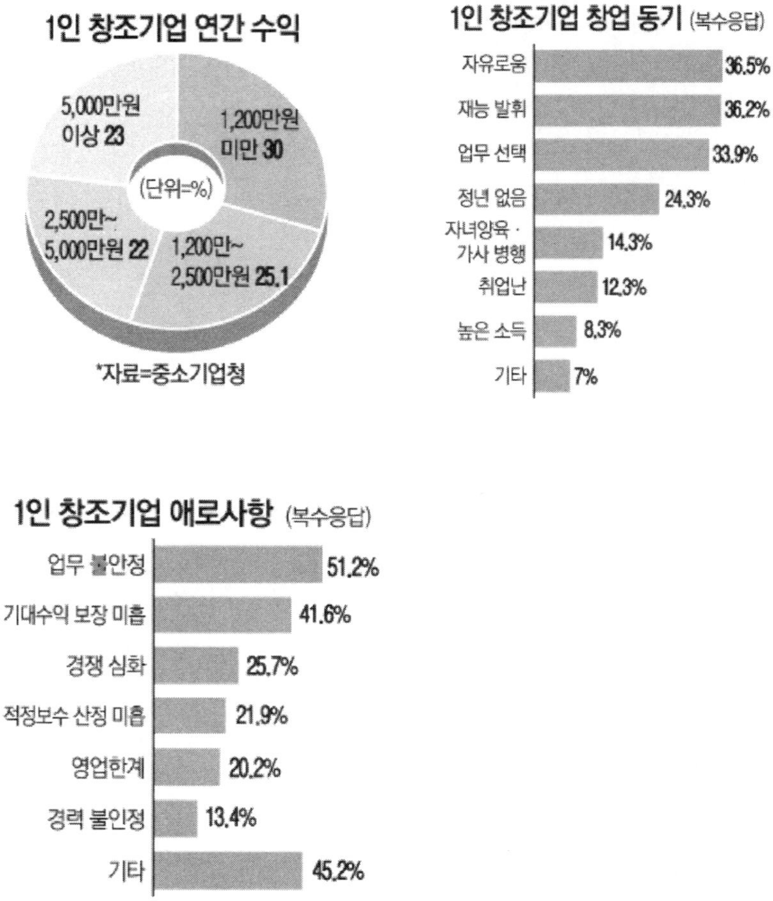

[그림 20] 1인 창조 기업의 실태

⑥ 1인 창조 기업 시대가 활짝 열렸다

1인 창조 기업과 벤처기업의 범위가 개편되고 창업 재도전 기회를 제공하는 지원 정책이 확대되는 등 창업 환경이 대폭적으로 개선되고 있다. 이에 따라 예비 창업자 및 재창업자의 창업 활성화로 이어질지 주목된다.

신 성장 동력으로 각광받는 1인 창조 기업의 업종이 확대된다. 이번

에 포함된 1인 창조 기업 업종은 교육 서비스업, 전자상거래업, 핀테크 관련업 등 205개 업종으로, 정부에서 진행하는 다양한 1인 기업 지원 사업에 참여할 수 있게 된다.

구체적으로 보면 1인 창조 기업 비즈니스센터 입주와 열린 장터 입점 지원, 창업 아이템 사업화 지원, 1인 창조 기업 전용 R&D 지원 등에 참여할 수 있다.

중기청은 이번 1인 기업 업종 확대를 통해 기존의 15만7천 개 기업이 규제 개선 효과를 누리는 한편, 창업 활성화와 성장 촉진에 기여할 수 있을 것으로 기대하고 있다. "단 담배 제조업, 임대업, 음식점 업, 운송업 등 32개 업종은 제외됐다.

벤처기업 인증 기회도 늘어난다. 기존에 벤처기업으로 인정받으려면 보증·대출, 벤처 투자, 연구개발 중 한 유형의 확인 요건을 모두 충족해야만 했다.

그러나 중소기업 진흥 공단의 '기초제조기업성장자금'과 '고성장(가젤형)기업 전용 자금'을 지원받은 중소기업도 벤처기업으로 인정되며, 중진공의 '청년전용창업자금'을 지원받은 청년 기업에는 기술평가 기준이 대폭 완화돼 최소한의 기술력만 인정받으면 된다.

또 국내 투자 조합에 직접 출자한 실적이 있는 외국 투자회사로부터 투자받은 중소기업도 벤처기업의 자격이 주어진다. 이를 통해 벤처기업에 적용되는 정부 지원 정책에 참여할 수 있는 대상이 확대될 것으로 예상된다.

정부가 지난해 발표한 '2015 세법 개정안'에도 창업 활성화를 위한 내용이 담겼다. 부모가 자녀에게 창업 자금을 증여할 경우 기존에는 30억 원까지 증여세 과세이연(세금납부시점 연장)을 허용했으나, 개정에 따라 최대 50억 원까지 범위가 확대된다.

또한 5년간 소득세와 법인세를 50%를 감면 해주는 '창업 중소기업 세액감면'의 대상 업종에 보안 시스템업·서비스업이 추가되고, 창업 초기 중소기업에 대해 연구·인력 개발비(R&D) 세액공제액의 이월공제기간도 5년에서 10년으로 늘어난다.

이와 함께 폐업을 하거나 폐업을 앞둔 소상 공인의 재기를 지원하기 위해 소상공인시장진흥공단에서 시행하는 '희망리턴패키지' 사업의 전직 장려 수당도 기존 60만원에서 75만원으로 확대돼 재도약 기회를 제공한다.

중기청 관계자는 "지속적으로 유망 업종 현황 파악, 실태조사 등을 통해 창업 활성화를 지원하는 한편 재도약 기회를 제공해 실패를 두려워하지 않는 창업 문화를 조성하는데 최선을 다하겠다. 고 말했다.[8)]

저자는 이처럼 다양한 혜택이 지원되는 1인 창조 기업은 무궁무진한 가능성을 품고 있는 기업이라 생각한다.

개개인마다 생각과 생김새가 천차만별이듯이 똑같은 아이템이라도 선정한 아이템의 판매 방식, 홍보 방식 등등이 모두 다를 것이다. 그렇기 때문에 개인만의 색깔을 가지고 기업을 발전시킬 수 있다. 또한 자신이 CEO가 된 다는 것이 얼마나 가슴 벅찬 일인가!

물론 하루에도 수십 개의 기업들이 생겼다, 없어졌다 하는 시점에 기업 경쟁 시장에 그것도 1인 기업이 뛰어들어 자리를 잡는 것이 쉬운 일은 아니다. 위에서도 말했듯이 철저한 준비와 지식이 준비되어 있고 가장 중요한 마음가짐인 실패에도 두려워하지 않고 이겨낼 자신이 있다면 도전해 볼 가치가 있다고 저자는 생각한다.

[3] 법인 기업

(1) 법인 기업이란?

법인 기업은 일단 법적인 절차를 거쳐야 하므로 설립이 상대적으로 복잡하며 비용도 부담된다. 회사의 영속성 또한 주식의 양도에 의해서 사업의 양도가 가능하므로 기업주가 바뀌더라도 기업의 계속성이 유지되고, 자금의 조달 역시 소액으로 분리된 주식을 통하여 자본을 조달할 수 있으므로 개인 기업에 비하여 조달이 용이하다.

대표자와 회사의 관계를 살펴보면 만약 대표자가 기업 자금을 개인 용도로 사용하였을 때는 회사는 대표자로부터 이자를 받아야 하는 등 세제상의 불이익이 있다.

또한 모든 법인 사업자는 의무적으로 복식 부기에 의한 장부를 작성해야 하며, 기장 의무를 이행하지 않을 경우에는 불이익에 당할 수 있다. 결론적으로 일정 규모 이상으로 성장 가능한 유망 사업에 적합한 기업이다.

---

8) 경기 일보(http://www.kyeonggi.com)

1) 법인 기업의 장점과 단점

[표 23] 법인 기업의 장점과 단점 표

장 점	단 점
• 책임의 유한성 • 사업 소득에 대한 낮은 법인세 부담 • 대외적 신뢰도 향상으로 영업력 향상 • 기업의 확장 및 자금 조달의 용이성 • 합리적이고 체계적인 경영관리	• 잉여금 처분의 제한 • 과세 소득 적출시 과중한 조세 부담 • 사회적 책임의 증대

2) 법인 기업의 종류와 차이

법인 기업은 과세와 자본 조달에 개인 기업보다 유리한 측면이 있다. 법인 기업의 회사 분류는 회사 경영상 부담하는 채무 범위에 따라 구분이 된다.

① 주식회사(株式會社)

자본금에 근거한 주식의 발행으로 설립되는 회사로 어디까지나 회사의 일종이기 때문 에 사단법인[9](社團法人)이며 영리를 목적으로 한다.

② 합명회사(合名會社)

무한책임 사원만으로 구성되는 회사로 각 사원이 회사의 채권자에 대하여 직접 책임을 지는 데에서 대외적으로 인적 신용이 중시되고, 사원의 책임 강도는 내부적으로 사원 상호간의 신뢰 관계를 필요로 한다.

③ 합자회사(合資會社)

무한 책임 사원과 유한 책임 사원으로 구성되는 복합적 조직의 회사로 사업의 경영은 무한 책임 사원이 하고, 유한 책임 사원은 자본을 제공하여 사업에서 생기는 이익의 분배에 참여한다.

③ 유한 회사(有限會社)

사원이 회사에 대하여 출자 금액을 한도로 책임을 질 뿐, 회사 채권자에 대하여 아무 책임도 지지 않는 사원으로 구성된 회사로 사원 전원의 책임이 간접이며 유한인 점, 분화된 기관을 가지는 점 등 많은 점에서 주식회사와 유사하나, 복잡하고 엄격한 규정 이 완화되고 지분의 양도가 자유롭지 못한 점이 주식회사와 다르다.

---

9) 일정한 목적을 위하여 결합한 사람의 단체를 실체로 하는 법인

3) 개인기업과 법인 기업의 차이

① 세제상의 차이

앞서 도표에서도 보았듯이 개인 기업은 소득세법의 적용을 받아 과세기간은 매년 1월1일부터 12월 31일 까지 이며, 법인 기업은 법인세법의 적용을 받고 그 과세기간은 정관과 규칙에서 정하는 회계 기간에 따라 달라진다.

일반적으로 세 부담 측면에서 기업을 설립한 수 연간 매출 총액이 5억 원 이상으로 예상되면 법인 기업으로 하는 것이 유리하다.

② 회계 처리상의 차이

[표-24] 개인과 법인 기업의 특성

	개인 기업	법인 기업
대표자의 인건비	사업의 경영 주체로 고용 관계에 있지 아니하므로 급여를 지급 받을 수 없음	고용 관계에 의하여 근로를 제공하므로 그 대가인 임원 보수와 상여금[10)]을 손금에 산입
이연자산[11)]의 종류	개업비, 연구 개발비, 사용 수익기 부 자산가액[12)] 3가지만 인정	창업비, 개업비, 신주 발행비, 연구개발비, 사용 수익 기부 자산가 액 6가지로 인정
퇴직급여충당금 설정	기업의 대표는 소득세법 상 퇴직급여 충당금 설정대상 아님	법인은 1년 이상 근속한 임직원에 대해 퇴직급여충당금 설정 가능

(1) 소점포 창업

소점포 사업이란, 소규모 점포를 근거로 하여 영위하는 사업체를 말한다.

소점포란 규모가 작은 점포라는 뜻으로, 물리적 공간의 크기는 1~2평에서부터 수백 평까지로 그 범위가 아주 넓다. 그렇지만 하나의 연결된 공간에서 하나의 경영권에 의해 운영되는 사업장이라고 할 수 있겠다. 소점포 사업의 대표적인 예로는 각종 소매 음식점, 이발소, 세탁소 같은 서비스 사업체 등 아주

10) 본래는 할증 임금제(割增賃金制)에 있어서 일정한 생산액 이상의 능률을 올린 자에게 지급되는 임금 부분을 뜻한다.

11) 기업 회계상 차기 이후의 비용에 속하는 몫을 당기비용에서 차감하여 자산으로 이월한 것이다.

12) 금전 외의 자산을 국가 또는 지방자치단체 기타 법정기부금, 지정기부금을 수령하는 법인에게 기부한 후 그 자산을 사용하거나 그 자산으로부터 수익을 얻는 경우에 당해 자산의 장부가액을 말한다.

다양한 업종이 운영되고 있다. 소점포 사업체는 그 수가 아주 많아서 우리의 주변 어디에서나 볼 수 있다. 때문에 창업을 할 때에도 소점포 형태의 창업이 가장 많다고 한다.

소점포 사업의 경영상 특징은 다음과 같다.

1) 점포의 위치 중요성

소점포 사업은 점포의 위치가 매우 중요하다. 아무리 좋은 상품으로 경영을 한다고 해도 사람이 많지 않은 외진 곳에서 취급된다면 상품이 잘 팔리지 않을 것이다.

같은 상품을 파는 것일 때에 멀리 있는 곳보다는 가까운 위치에 있는 점포를 선호할 것이다. 그러므로 고객이 많은 곳에 위치해야 성공할 수 있다.

2) 개인적 관계 중요성

소점포 사업은 고객과 사업자가 개인적으로 직접 또는 간접적 접촉을 한다.

때문에 최고의 품질을 자랑하는 상품보다도 먼저 중요시 여겨지는 것이 인간적인 신뢰와 친밀감, 고객만을 위한 서비스 배려가 중요하다.

소점포가 되었건 대점포가 되었건 중요한 것은 사람과의 관계이다. 점포가 깨끗하고 고객과 거래하기 좋은 위치에 있다 하더라도, 고객이 신뢰를 잃어버리면 사업에 있어서 아주 큰 영향을 미칠 수도 있다.

이와 같이 창업이 이루어지는 과정은 사업 아이디어 탐구, 사업성 분석, 계획의 실행과 같은 절차에 따라 진행되는 것으로 설명할 수 있다.

첫째 처음에 업종 선정 과정을 거쳐 최종적으로 선정한 후보 업종을 선택한다.

다음으로 후보 사업장을 선정하고 그에 따른 사업성 분석을 해야 한다.

사업성 분석의 결과가 긍정적이라면 사업 계획을 수립하고 이에 따라 새로운 점포 창업을 수행한다. 그러나 사업성 분석의 결과가 부정적이라면 새로운 업종을 선택하거나 다시 새로운 점포를 탐색하는 과정으로 되돌아가야 한다.

둘째 미리 정해진 점포에 적합한 업종을 선정하고 그에 대한 사업성 분석을 실시하여 결과가 긍정적이라면 사업을 추진하고, 부정적이라면 새로운 업종을 선택하는 과정으로 다시 돌아가야 한다. 창업 진행 과정은 다음과 같다.

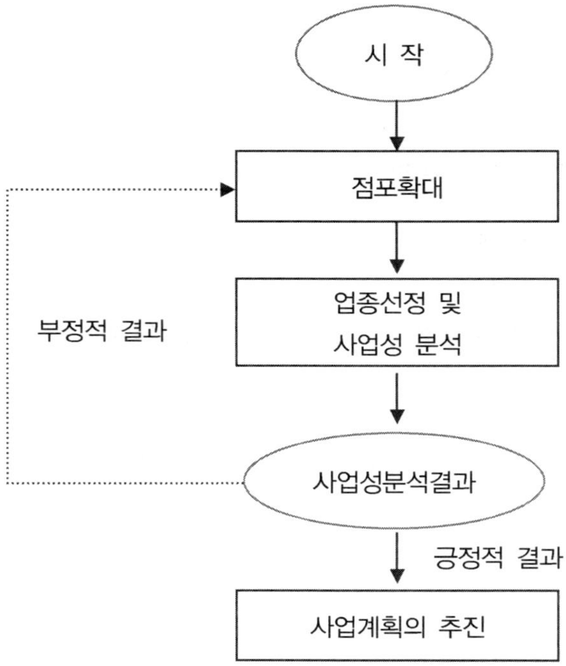

[그림 21] 점포가 먼저 정해진 경우

3) 점포와 업종이 동시에 결정하는 경우

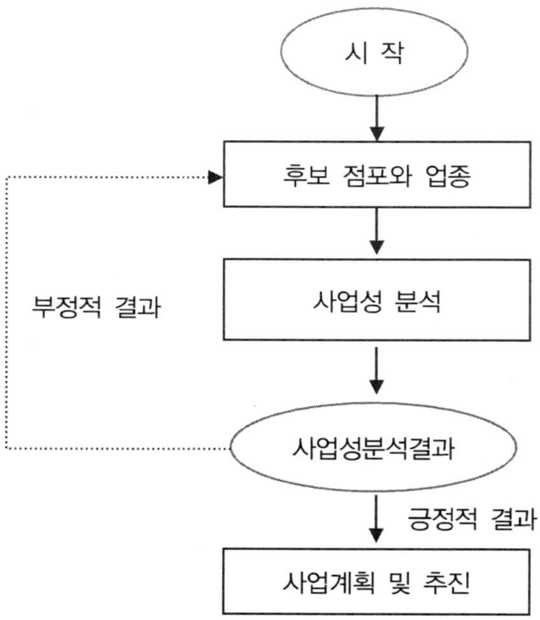

[그림 22] 점포와 업종이 동시에 결정되는 경우

사업이 진행되는 기존의 점포를 인수하여 기존의 업종과 동일한 사업을 하게 되는 경우에는 점포와 업종이 같이 결정되게 된다. 이러한 경우의 창업 과정은 다음과 같다.

(3) 프랜차이즈 가맹점 사업

1) 프랜차이즈 사업의 기초 지식

소점포 창업이 꼭 프랜차이즈 형식으로 되는 것은 아니지만, 현재 우리나라에서 이루어지고 있는 소점포 창업은 프랜차이즈 방식이 많이 적용되고 있다.

프랜차이즈 시스템이란, 특정한 상품이나 서비스를 제공하는 주재자가 일정한 자격을 갖춘 사람에게 자기 상품에 대하여 일정 지역에서의 영업권을 주어 시장 개척을 꾀하는 방식이다.

여기서 가맹점에 대해 일정 지역 내에서의 독점적 영업권을 부여하는 대신 가맹점으로부터 로열티[13](특약료)를 받고 상품, 기술, 경영 노하우 등을 제공하는 자를 프랜차이저(Franchisor)라고 하는데, 우리말로 번역하면 본사, 주재자 등으로 불린다.

한편 프랜차이저와 계약을 하고 상품, 특정한 권리, 경영 노하우 등을 공급받아 영업을 하는 자를 프랜차이즈(Franchisee)라고 하는데, 우리말로 번역해보면 가맹점, 체인점, 대리점이라고 부른다.

2) 프랜차이즈 가맹점의 창업 과정

① 업종 선정부터 시작하는 경우

후보 업종을 선정하고 그에 적합한 프랜차이즈 본부를 탐색해야 한다. 여러 본부들의 조건(물자공급조건, 반품처리, 대금결제 등)을 조사하여 비교하고 검토하여 가장 유리하다고 판단되는 후보 본부 업체를 선정한다.

13) 특허권, 실용신안권, 상표권 등의 공업소유권(무체재산권)의 사용료. 가맹비, 보증금이라고도 부른다.

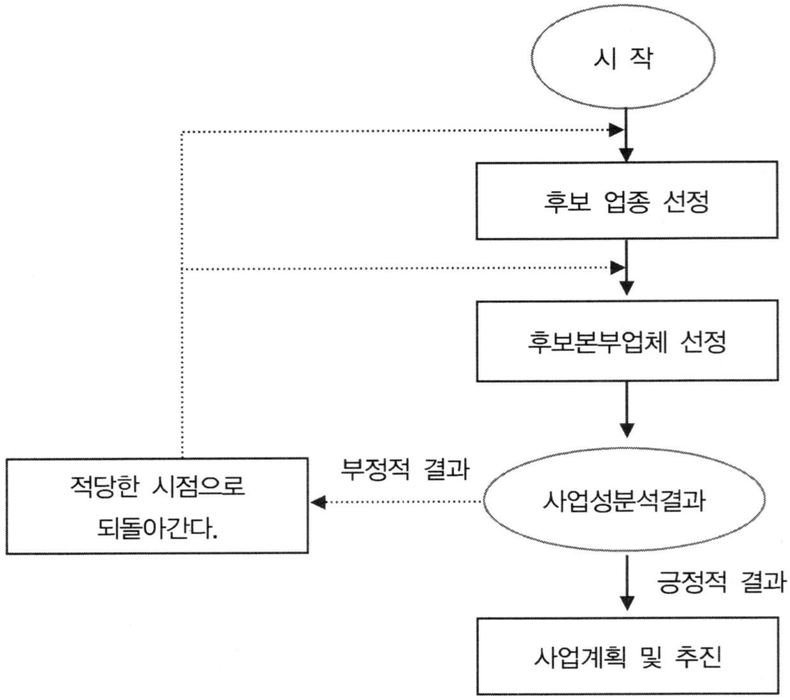

[그림 23] 업종부터 결정하고 창업하는 경우

위 그림은 업종 선정부터 시작하는 창업 과정을 나타난 표이다.
후보 본부 업체가 선정되면 그에 대하여 사업성 분석을 실시하고, 희망적인 결과가 예상되면 사업 계획을 수립하고 사업을 추진한다. 부정적인 결과가 나온다면 새로운 후보 업종을 탐색하거나 새로운 후보 본부 업체의 탐색 과정으로 돌아간다.

② 사업장이 먼저 정해진 경우

정해진 점포에 적합한 업종과 본부 업체를 선정한다. 또한 그에 대한 사업성 분석을 실시한다. 이 경우도 마찬가지로 사업성 분석의 결과가 희망적이면 사업 계획을 수립하여 사업을 추진하고, 부정적이라면 새로운 후보 업종을 탐색하는 과정을 반복하면 된다.

[4] 프랜차이즈 사업의 사례

영업 부진으로 문을 닫는 가맹점들이 늘어나면서 프랜차이즈 본사에서는 독특한 가맹점 살리기 총력전을 펼치고 있다.

(1) 펀(FUN) 마케팅 전략

최근 젊은이들의 마음을 사로잡을 수 있는 아이디어 상품이나 광고, 프로모션 등 소비자들의 눈길을 사로잡는 아이템들이 늘어나고 있다.

그만큼 소비자들 사이에 무겁고 심각한 주제를 담기보다는 재미를 추구하는 성향이 높아지면서 생긴 결과로써 외국 기업들의 마케팅 사례들을 분석해 보면 프랜차이즈 사업을 영위하고 있는 다양한 외식 브랜드들은 각기 다른 브랜드 콘셉트를 가지고 보다 소비자들의 의식 속에 오랫동안 자리 잡을 수 있는 요소들을 재미있게 브랜드에 접목시키면서 성공 가도를 달리고 있다.

한 예로 성공적인 펀 마케팅으로 고객들의 사랑을 한 몸에 받고 있는 J사의 수입 맥주 전문점이 있다. 이곳은 차별화된 아이템과 선진화된 유통 시스템을 바탕으로 기존 수입 맥주 전문점들의 가격보다 최대 40% 저렴한 가격으로 고객들에게 공급하면서 주머니 사정이 여의치 않은 젊은 고객들에게 큰 호응을 얻고 있는 브랜드이다.

젊은 고객들의 트렌드에 맞는 FUN 마케팅을 도입하면서 프랜차이즈 사업을 영위 중인 경쟁 업체에 비해 한발 앞선 마케팅 전략을 보여주고 있는데 여기서는 연인이나 가족들이 함께 바깥의 경치를 감상하며 술을 마실 수 있는 특별한 공간을 마련, 특별한 분위기에서 술을 즐기고자 하는 고객들에게 큰 인기를 끌고 있다고 한다.

또한 일류 조리사의 수작 요리를 통해 술과 요리의 절묘한 조화는 물론 젊은 층들에게 개성을 표출하고 즐길 수 있는 물 담배[14](일명 시샤)를 매장에서 즐길 수 있게 하여 고객들은 매장 내에서 이국적인 느낌을 받을 수 있게 하였다.

이처럼 카페 같기도, 술집 같기도 한 새로운 문화 공간을 만들어 낸 쿨럭은 색다른 시도로 젊은 계층의 트렌드를 주도하고 있는데 수입 맥주 전문점에서 디자인 특허로 내세운 Frost Bar는 작은 냉각장치가 바에 설치되어 있어서 항상 시원한 맥주를 즐길 수 있도록 했다. 이처럼 매장의 곳곳에 젊은 고객들이 좋아할 만한 요소들을 배치하여 그들의 만족도를 높여주고 있고, 기존의 획일

14) 일종의 파이프로 된 담배로 주로 중동 지역 에서 피는 담배이다.

화되었던 수입 맥주 전문점 특유의 웨스턴 이미지 인테리어도 과감하게 탈피하면서 젊은 고객층의 눈높이에 맞춰 변화를 주었다.

이러한 FUN 마케팅 도입과 기존 맥주 전문점과는 차별화된 경쟁력은 오랜 기획과 준비를 통해 맺어진 결실로 맥주 전문점을 창업하려는 예비 창업자들은 꾸준히 지켜보고 관심을 가지면 좋을 것이다.

(2) 외식업 제품 관련 전략

외식산업은 경제의 급속한 발전에 힘입어 국민 경제에서 차지하는 비중이 나날이 증가하고 있는 성장 산업이라고 할 수 있다. 사실 인간의 기본욕구 중의 하나인 식욕은 인간이란 존재가 사라지지 않는 한 꾸준히 이어질 것이므로, 이러한 인간의 식생활을 밑바탕으로 하는 외식산업은 향후 큰 침체기를 겪지 않을 것으로 전망된다.

실제로 이미 국내 총 외식산업의 성장 추이는 1982년 2조 6,000억 원에 불과하던 규모가 1992년 14조 6,000억 원으로 10년 만에 무려 560%라는 성장을 한 것으로 나타났다. 1990년대 2010년에는 15조원 2020년에는 매출 총계가 20조원을 넘는 것으로 보아 외식 산업은 충분한 성장 가능성을 가지고 있는 것으로 판단된다.

그런데 여기서 우리가 주목할 만 한 점은 외식산업에서 프랜차이즈 시스템을 활용하고 있는 비중이 나날이 증가하고 있다는 점이다.

이미 패스트푸드 산업에서 햄버거, 피자, 도넛, 치킨 등의 분야는 그 대부분이 프랜차이즈 시스템을 도입하고 있는 실정이며 자영 점은 극히 드문 상태이다. 베이커리 산업만 하여도 그렇다. 현재 약 1조 8천억 원의 시장 규모를 형성하고 있는 베이커리 산업에서 자영 제과가 차지하고 있는 점유율은 43%로 프랜차이즈사 5개사가 점유하고 있는 28%에 비해 높은 수치이나 계속적으로 그 매출이 하락하고 있는 실정이다.

거대 자본을 밑바탕으로 다양한 마케팅 전략과 규모의 경제를 활용하고 있는 프랜차이징[15)]과의 경쟁에서 소규모 자영 업계가 생존해 나간다는 것은 매우 힘든 것이 사실이다. 결국 향후 외식산업에서 프랜차이즈 시스템을 활용하는 비율이 계속적으로 증가할 것이란 것을 예상해 볼 수 있다.

(3) 다양한 고객층 확보

서울 강변역의 한 노래 연습장(대표 김00)의 경우 다양한 고객층을 확보할

---

15) 프랜차이저 와 프렌차이지 사이에 설립된 계약을 뜻함, 프랜차이저는 자기의 상표나 서비스표, 상호의 사용이나, 제품의 임대 또는 매매 권리 등을 프렌차이지에게 주고 그에 따른 적정의 수수료를 받는 것을 뜻한다.

수 있는 유리한 입지조건과 깔끔하면서 깨끗한 인테리어, 그리고 현재에 만족하지 않고 끊임없는 변화를 시도하는 업주의 적극적인 경영 전략이 성공 비결의 한 축을 이루고 있다. 노래는 영원할 것이며 노래 연습장 사업은 결코 사양 산업이 아님을 강조하는 업주의 자신감과 미래를 내다보는 안목이 지금의 불황을 거뜬히 이겨낼 수 있는 요인으로 작용하고 있다.

이 노래 연습장의 성공 비결은 우선 입지조건에서 그 이유를 찾을 수 있다.

강변역 T 마트 뒤편의 상가에 위치한 이 노래 연습장의 경우 어린 학생부터 중장년층까지 특정 연령대의 고객에 치우치기보다 폭넓은 고객을 확보하고 있다. T 마트 출입 고객과 강변역을 이용하는 유동 고객 그리고 주변에 아파트 단지가 밀집되어 있는 점을 십분 활용해 다양한 고객들이 이곳을 찾고 있는 것이다.

또 주변 노래 연습장 수가 손에 꼽을 정도로 극히 적어 노래 연습장 운영에 있어 또 다른 활력소로 작용하고 있다.

조금만 시야를 넓혀 생각하면 손쉽게 운영할 수 있는 것이 노래 연습장 사업이다. 전체 89평에 18개의 룸으로 구성되어 있는 노래 연습장의 인테리어 또한 고객들을 끌기에 충분한 요소를 가지고 있다. 업소 외관은 유리로 장식해 근처 타 업종과 차별화를 두었으며, 업소 내부는 고급 원목재와 은은한 느낌의 아이보리색 벽지를 마감재로 이용해 가볍지 않으면서 고급스러운 분위기를 연출했다. 각 룸은 동일한 디자인으로 마감되었으며 룸별로 각기 다른 소파의 디자인과 색깔로 악센트를 줌으로써 전체 분위기를 유도했다.

고객들마다 제품과 사운드에 대한 취향이 다르기 때문에 대중의 인기도를 적극 반영해 다양한 제품을 채택했다고 한다. 그날의 기분과 컨디션에 따라 사운드의 고저와 강약이 다르게 느껴진다는 고객도 있으며, 수시로 고음과 저음을 교체해 달라는 요구도 많다고 한다. 앰프의 튜닝과 같은 분야는 경험이 많고 숙달된 전문가들의 손길이 요구되기 때문에 사운드의 에러가 발생했을 때나 그밖에 고도의 기술이 필요할 경우 시공업체 관계자의 조언을 구함으로써 음질에 관해 서서히 파악해 가고 있는 중이라고 했다. 김00 씨는 일정한 주기를 두어 유행의 패턴에 걸 맞는 제품으로 차별화된 사운드를 구현할 계획이다.

서비스의 경우 고객 맞이 부터 노래를 끝내고 나갈 때까지 직접 안내하고 배웅함으로써 고객 편의를 유도하고 있으며 할인 쿠폰을 지급해 시간대별로 가격 할인을 하고 있다. 이용 시간의 50%씩 서비스 시간을 제공하고 있으며 그 밖에 각 룸별로 인터폰을 설치해 카운터와 직접 연결이 이루어지도록 했다.

단골 고객에게는 부채를 서비스하는 등 계절 감각에 맞는 사은품도 제공하고 있다. 업소 내에 화장실이 구비되어 있지 않은 관계로 원하는 고객들에 한해 화장실 용품도 제공하고 있다. 영업시간은 낮 12시부터 새벽 2시까지이며 업주가 반드시 자리를 지켜야 한다는 영업원칙을 세워놓는 등 이곳 노래 연습장의 홍보 전략은 다소 특이하다.

노래 연습장의 한 달 평균 매출은 2천 5백만 원~3천만 원선. 김 사장이 스스로 판단하는 운영의 비결은 타 상권에 비해 다양한 고객을 확보할 수 있다는 점과 조그만 것에서부터 새로운 변화를 시도하려는 업주 스스로의 노력이라고 보고 있다.

(5) 창업 전문가들이 제시하는 창업 성공 비결

창업 전문가들은 사전 지식이 풍부하지 못한 초보자의 경우, 많은 점포로 인기를 모으고 있는 체인점에 신경을 쓸 필요가 있다고 한다. 창업의 3대 요소 중 하나는 바로 상권이다.

최근 동일한 아이템과 업종이 근거리에서 경쟁하는 경우가 많아 상권 입지의 중요성은 나날이 증가하고 있는 것이 현실이다. 현재 프랜차이즈 본부와 자영업자 모두 최상의 입지를 확보하기 위한 쟁탈전이 벌어지고 있다.

먼저 점포만 보지 말고 상권을 봐야 한다. '나무를 보지 말고 숲을 보라.'

상권 분석을 말할 때면 이 말이 가장 올바른 것 같다. 나무는 점포, 숲은 상권에 해당된다. 창업을 하려면 점포만 바라보지 말고, 상권을 봐야 한다는 것이다.

상권 분석을 창업 컨설팅 회사에 맡기려니 비용이 부담되고, 직접 나서자니 복잡해서 상당수는 중도에 포기한다. 프랜차이즈 가맹 본사에서 상권 분석을 해주더라도 자신이 직접 상권 분석을 해보려는 노력이 필요하다. 이는 상권 분석을 함으로써 실패율을 낮출 수 있기 때문이다. 많은 시간과 돈과 정열을 들여 시작하는 창업인데, 실패율은 반드시 줄이고, 성공률은 높여야 한다.

(1) 상권 분석 항목은 크게 세 가지로 나눌 수 있다

첫째 상권 형태, 둘째 점포 형태, 셋째 유동 인구이다.

상권 형태의 세부 항목은 세대수, 소득수준, 교통 시설, 건물 분포, 건물 규모, 대형 집객 시설, 상가와 유흥 시설, 경쟁 점포, 주차 시설 등이다 점포 형태의 세부 항목은 점포 규모, 점포의 가시성, 접근성, 주차, 주 통행로와의 거리 등이다 그리고 유동 인구는 주요 시간대를 정해 시간대별로 파악한다 음식점이라면 점심, 저녁 시간 전후를 집중해서 조사하여야 한다 (2) 2단계, 정확도가 높은 기초자료를 확보한다.

주소지 관할 관공서에 찾아가서 상권 내 인구 통계자료와 상권 관련 통계자료를 조사해 보고, 해당 상권에 대한 정보도 인터넷으로 조사해 본다. 무료 혹은 유료로 이용할 수 있는 상권 정보 제공 사이트도 적극적으로 활용한다.

한편 소상공인 지원 진흥 센터에서 운영하는 종합 정보시스템 사이트에 들어가면 국내 600개 상권의 상권 특성, 현황, 경쟁 업종 분포, 인구 밀집도 등 47개 항목 조사 내용을 확인할 수 있다.

또한 NICE 신용 평가 정보에서 운영하는 '비즈 맵'은 업종 현황 지수 자료, 해당지역 사업자 매출 통계 정보, 작년 대비 점포수와 고객 수 등의 정보를 무료로 제공하고 있다.

(3) 3단계는 확보한 자료를 직접 다니며 확인한다

아무리 좋은 데이터가 많아도 발품을 팔아 정확도를 높이고 자기 것으로 만드는 노력이 뒷받침돼야 한다. 그래야 상권 분석을 제대로 할 수 있다. 표본점포, 경쟁 점포를 정하고 경쟁 점포들의 매출액, 이용률 등도 조사한다.

관련 데이터가 있다면 직접 확인할 수 있는 요건을 종합해 역으로 추산해본다. 그간 조사한 것을 바탕으로 총 투자비용에 대한 투자 타당성을 검토하면 상권 분석이 마무리 된다. 많은 점포 운영자들이 또 간과하는 것은 상권 분석을 창업할 때로 끝내 버리는 실수를 한다는 것이다. 상권 분석은 점포를 운영하는 데도 꼭 필요한 정보다.

상권은 끊임없이 변하기 때문에 3개월 혹은 6개월 단위로 주기를 정해 상권 분석을 하고, 점포운영에 반영하는 등 꾸준한 노력이 필요하다. 창업 후 기대보다 매출이 저조하다면 상권 분석을 다시하고, 다시 점포 운영 방향을 잡아보는 것이 바람직하다.

일례로 떡볶이 프랜차이즈 '아딸'의 출점 원칙은 "아파트 입구, 횡단보도 앞, 파리바게뜨 옆" 세 가지로 아주 간단하다. 하지만 이 출점 원칙이 만들어지기까지의 과정은 결코 간단하지 않았을 것이다 성공하는 비결에 대해 네 가지를 말 해보겠다.

① 때마다 변하는 유행에 의해 이루어지는 사업에 쉽게 빠져들면 안 된다. 그 시기의 유행이 지나고 나면 소비자(고객)의 흥미가 없어져 매출이 뚝 떨어질 위험이 많다고 한다.

② 체인점 사업은 사후 관리 및 서비스가 가장 중요하다. 이러한 부분에서 완벽한 시스템을 구축하고 있는 회사가 좋다.
③ 소자본으로 투자하여 투자비에 대한 수익성이 높은 사업을 택해야 한다. 이러한 사업을 하기 위해서는 경제적인 투자로 높은 수익을 보장하는 회사를 찾아야 한다.
④ 시장의 규모면에서 체인점 개설 실적 면에서 신뢰할 만한 사업을 택하는 것이 좋다.

(4) 창업을 하기는 쉽지만 성공하기는 어렵다

대부분의 사람들이 안정성, 대중성에 이끌려 보편적인 창업 선택을 하려고 한다. 하지만 사업의 독창성이 없이는 지속적인 매출 증가를 기대하기는 어려울 것이다.

특히 체인 사업의 경우 본점에서 내놓은 사업의 아이템이 무엇이냐에 따라 사업의 승패가 갈라지게 된다. 때문에 무슨 일을 하던지 아이템의 독특함이 필요할 것이다.

또한 체인 사업의 문제점은 소자본 창업주들이 시작한 체인 사업 본점의 부도 또는 폐사로 인한 유통 구조의 단절이 큰 문제점으로 대두되고 있다. 소자본 창업주들은 우선 투자금액 및 수익성 부분에 있어서 합리적으로 따져 볼 필요가 있다고 생각한다.

[4] 인터넷 창업이란?

(1) 인터넷 창업의 특징

말 그대로 인터넷을 이용한 창업으로 대표적으로 쇼핑몰을 볼 수 있겠다. 요즘처럼 인터넷이 발달한 시대에는 인터넷 창업이 블루 오션으로 불리어지고 있다. 그로 인해 매일 수만 명의 창업자가 인터넷 창업에 발을 들여놓고 있다. 인터넷 창업은 다른 창업에 비해 창업비용과 창업 과정 측면에 유리하기 때문에 도메인 관리, 포토샵, 호스팅[16], 홈페이지 구축과 관리에 대한 지식을 충분히 가지고 있다면 한번 도전해 볼만 하다.

하지만 단점도 있는 법. 창업의 용이성 때문에 다른 경쟁사와 차별화가 쉽지

16) 대형 통신 업체나 전문 회사가 자신들의 웹서버를 개인 또는 개별 업체에 제공하거나 임대해 주는 것

않고 수만 명의 창업자가 생기면서 자신만의 차별성을 갖기가 쉽지 않다는 단점이 있다.

그렇기에 하루가 멀다 하고 수백 건의 쇼핑몰이 오픈되지만 80% 이상의 창업자들이 반개 월도 채우지 못하고 사업을 포기하고 있는 실정이다. 인터넷 쇼핑몰은 '차별화된 아이템 선정' 이 가장 핵심 포인트이다. 그렇기 때문에 소비자와 시장의 현황을 면밀히 파악한 후 남들에게 없는 자신만의 강점을 접목시키는 지혜가 필요하다.

인터넷 창업은 우리가 인터넷만 접속하면 쉽게 접할 수 있는 옥션, G마켓 등이 모두 해당 된다. 인터넷 창업은 크게 2가지로 구분한다.

(2) 인터넷 창업의 특성

오픈 마켓	쇼핑몰
네이버, 다음, 구글 등과 같이 대표적인 포털 사이트를 통해 고객을 대상으로 판매	개인이 직접 홍보

긍정적인 요소	• 낮은 초기 비용으로도 가능한 것이 많이 있음. • 다양한 성공의 동기가 존재 • 다양한 수익 모델 • 성공 가능성 여부를 조기에 판단 가능
부정적인 요소	• 다양한 전문지식이 결합되어 위험 요소 존재 • 기술, 아이디어의 노출로 복사가 많음. • 진입 장벽이 낮으므로 경쟁의 심화가 증대

4 벤처기업과 이노 비즈 기업이란?

[1] 벤처기업(Venture business)과 벤처 캐피탈(Venture capital)

벤처기업이란 정확하게 정의 된 것은 없지만, 사전적 의미는 「첨단의 신기술과 아이디어를 개발하여 사업에 도전하는 기술 집약형 중소기업」을 뜻한다.

최근의 벤처기업은 거의 모든 사업(첨단전자, 통신 분야 등)에서 기술 개발을 선도하고 있으며, 창업의 기회와 사업가로서의 꿈을 실현하는 형태로 각광받고 있다.

(1) 벤처기업의 의의와 특성

첨단의 신기술과 아이디어를 개발하여 사업에 도전하는 창조적인 중소기업으로 결코 대단한 회사는 아니다. 한국에서는 연구 개발형 기업, 기술 집약형 기업, 모험 기업 등으로 부르며, 한편으로는 미래를 예측할 수 없는 위험기업 이라고도 부른다.

벤처기업은 기술력을 바탕으로 제품의 독창성과 사업의 독립성을 지니고 있을 뿐만 아니라 국제성도 지니고 있는 것으로 평가된다.

모험사업으로 번역되는 벤처(venture)의 사전적 의미는 모험, 기회 등이다.

여기서 모험사업이란, 성공할 가능성이 보장되지 않는 사업으로 위험이 매우 높지만 성공할 경우 상당한 기대 이익이 예상되는 신규 사업을 의미하기도 한다.

(2) 벤처기업의 일반적인 특징

- 소수의 기술 창업 인이 기술 혁신의 아이디어를 상업화하기 위해 설립한 신생 기업이다.
- 창업자가 젊고, 기술개발 경험과 경영 관리 경력이 있다.
- 인력 관리에 초점을 두고, 마케팅과 재무 등의 여러 경영 기능을 자체적으로 수행하지 않고 외부 기관을 이용한다.
- 의사 결정이 신속하고 추진력이 강하다.
- 매출액에 대한 연구 개발 투자의 비율이 높다.

이러한 특성을 지닌 벤처기업에 대한 정의는 다양하지만, 공통적인 내용은 신기술(첨단 기술)을 대상으로 한다는 점과, 창업을 통해 아이디어를 사업화한다는 점으로 요약할 수 있다.

벤처기업은 신기술을 기업화하든가 또는 전문지식에 바탕을 두고 새롭고 독자적인 경영 방법을 개발하는 등 창조적인 활동을 전개한 파이어니어[17] 기업이라고 정의하기도 한다.

벤처기업은 기업 규모와 기업 연륜이 짧지만, 새로운 시장에 과감히 도전해야 하기 때문에 그만큼 위험 부담이 높으며 기술만으로 바탕으로 기업을 세우는 경우가 많기 때문에 자본력은 매우 약한 기업을 의미하기도 한다.

(3) 벤처기업의 범위 및 증빙서류

우리나라에서는「벤처 기업 육성에 관한 특별조치법」이 제정되면서 동법에 벤처 기업의 범위를 지정하였으며 벤처기업이 향후 우리 경제에 미치는 중요성

17) 어떤 분야에서 다른 사람보다 앞서거나 새로운 영역을 처음 열어 나가는 사람

을 감안, 다양한 지원책을 마련하고 있다.

① 벤처 캐피탈 투자 기업

범위 : 창업 후 7년 이내인 기업으로써 창업 투자회사(조합), 한국 벤처 투자조합, 신기술 사업 금융업자(조합)의 투자 총액이 자본금의 20%이상인 기업(주식, 무담보 전환 사채, 신주 인수권 부사채 포함) 주식에 한정되는 경우는 자본금의 10%이상인 기업.

② 연구 개발 투자기업

범위 : 직전 사업연도의 총매출 액 대비 연구 개발비가 5%이상인 기업 직전 사업연도 또는 당해 사업 연도 중에 창업된 기업은 벤처기업 확인을 요청한 날이 속하는 분기의 직전 2분기 이상의 매출액 또는 연구 개발비를 산정.

③ 신기술 개발 기업

범위 : 특허권, 실용신안권(등록 출원 중인 기술 중 심사 청구 및 출원 공개된 기술로서 특허 청장이 인정하는 기술)에 의해 생산된 제품의 직전 사업연도 매출액이 총매출액의 50% 이상이거나 수출액이 총매출액의 25%이상인 기업.

직전 사업연도 또는 당해 사업 연도 중에 창업된 기업은 벤처기업 확인을 요청한 날이 속하는 분기의 직전 2분기 이상의 매출액 또는 수출액을 직전 사업연도의 매출액 또는 수출액으로 산정.

④ 기술 평가 기업

범위 : 창업 중인 기업으로서 평가 기관의 기술성 또는 사업화 능력이 우수하다고 평가된 기업.

- 자체 개발한 기술을 사업화하는 기업으로서 평가 기관의 기술성 또는 사업화 능력이 우수 하다고 평가된 기업
- 신기술 개발 기업의 기준에 도달하는 기업 또는 디자인권 보유 기업
- 평가 기관의 기술성 또는 사업화 능력이 우수하다고 평가된 기업

(4) 벤처 캐피탈의 의의와 특성

벤처 캐피탈이란, 사전적 의미로 벤처기업에 주식 투자 형식으로 투자하는 기업 또는 기업의 자본이라고 말할 수 있다.

고도의 기술력과 장래성은 있으나 경영 기반이 약해 일반 금융기관으로부터 융자받기 어려운 벤처기업에 무담보 주식 투자 형태로 투자하는 기업이나 그러한 기업의 자본을 말한다.

다른 금융기관의 소극적 태도와는 달리 벤처기업의 장래성과 수익성에 주목하여 이에 투자와 융자를 하는 것으로, 벤처기업이 주식을 상장할 경우 자본 이익을 얻어내는 것이 목적이다.

자금을 지원한 후 투자 대상 기업이 성장, 발전하면 보유 주식을 매각하여 투자 금을 회수하는데 벤처기업의 경영 성과에 따라 큰 수익을 올리기도 하지만, 투자 금을 회수할 수 없는 경우도 많다. 또한 벤처 캐피탈은 은행과 같은 자금 조달 수단이 없기 때문에, 금융 긴축[18] 등이 발생할 경우 자금 부족에 어려움을 겪을 수도 있다.

벤처 캐피탈의 특징은 다음과 같다.

① 벤처 캐피탈은 금융 자산인 자본, 금융 수단, 금융 활동 및 금융 주체인 투자가나 투자회사를 의미하는 포괄적 개념이다.
② 벤처 캐피탈의 목적은 투자 기업을 성장 시킨 후 보유 주식을 매각하여 자본 이익을 실현시키는 것이다.
③ 벤처 비즈니스가 모험적이며 투기성이 있듯이 벤처 캐피탈 역시 그 투자에 대한 위험부담이 높다.
④ 벤처 캐피탈이 투자한 벤처 비즈니스가 실패하였을 때는 투자 금액의 회수가 이루어지지 않는다.

벤처 캐피탈이 투자한 벤처 비즈니스가 실패하였을 때는 높은 자본 이익을 기대할 수 있다.

(5) 우리나라 벤처 캐피탈의 현실

우리나라의 최초 벤처 캐피탈은 1974년 ㈜한국 기술 진흥원이었으며, 벤처 캐피탈의 수적 증가와 활성화는 벤처 비즈니스의 탄생을 촉진시켜 많은 아이디어들이 벤처 비즈니스로 성장하였다. 그러나 아직까지는 그 규모가 선진국에 비하여 작고 축적된 노하우가 적어서 영세함을 면치 못하고 있다. 기업의 창업 활동에 도움이 되는 발판을 마련하기 위해서는 벤처 캐피탈 스스로가 첨단 하이테크 기업을 적극 발굴하여 투자 영역을 다변화해야 한다.

또한 현재와 같이 벤처 비즈니스의 창업 지원이나 이윤이 높은 자금 융자에 치중하여 본연의 업무에 소홀히 하는 자세는 버려야 한다. 이렇게 벤처 캐피탈이 투자가 아닌 융자의 형식을 취하면서 벤처 비즈니스를 지원하는 이유는 벤처 캐피탈의 자본력이 빈약하기 때문이기도 하다.

벤처 캐피탈의 자본 규모가 커지도록 개인 투자자들도 관심을 가져야 할 것

---

18) 자금 수요가 공급을 초과하여 자금 공급이 부족한 상태. 금융 경색이라고도 한다.

이고, 정부의 지원이나 제도 정비가 필요한 실정이다. 또한 벤처 캐피탈이 벤처 비즈니스에게 실질적인 도움이 되기 위해서는 기술에 대한 올바른 평가 능력이나 기술에 대한 비밀 보호의 도덕, 윤리성도 갖추는 것이 중요하다.

정부는 벤처 캐피탈의 발전을 저해하는 요소들을 과감히 제거하여야 하는데, 창업 관련 각종 규제를 완화함과 아울러 엔젤, 벤처 캐피탈, 코스닥시장의 활성화를 통해 벤처 비즈니스의 필요 자금을 공급할 수 있게 하여야 한다.

벤처 캐피탈의 발전을 저해하는 요소들은 다음과 같다.

창업 지원법, 신기술 금융법, 한국 종합 기술 금융법으로 3원화되어 있는 벤처 비즈니스에 대한 법률 체계를 정부가 정비하여야 한다.

창업 자본의 양적 성장 이면에 존재하는 여러 가지 어려움 중 하나인 투자 자금 회소의 어려움을 해결할 수 있는 제도 보완이 요청된다.

납입 자본금 100억 원 이상 등 설립 요건이 까다로우며 리스 팩터링[19] (Factoring) 업무를 할 수 없는 등 자금 운용에 제한이 있는 것을 완화해야 한다.

투자 조합 설립 3년 이내에 출자금 총액의 50% 이상을 투자해야 하고 투자액 중 60% 이상을 제조업에 투자해야 하는 투자 의무 비율을 완화해야 한다. 선진국에서는 벤처 캐피탈에 대해서 일체의 규제가 없음을 볼 때 우리나라도 중소기업의 창업 지원을 위한 벤처 캐피탈의 규제는 완화되어야 한다.

(6) 벤처 캐피탈의 기능

① 벤처기업에 대한 자금지원

벤처기업은 통상 연구 개발, 창업, 위험 동반 성장, 안정 성장이라는 4단계를 거친다.

은행은 벤처기업이 안정 성장 단계에 들어서면 비로소 벤처기업의 융자 신청에 응하나 안정 성장의 후기에는 증권시장을 통하여 자금 조달이 가능하게 된다.

그러나 기업화 단계, 즉 창업 내지 위험 동반 성장의 단계에는 자금 수급상의 갭이 크게 발생하는데, 이 때 벤처 캐피탈은 벤처기업에 자금을 공급함으로써 이러한 자금 수급 상의 틈을 채워 주는 기능을 담

19) 외상 매출 채권(賣出債權)의 매입 업무. 팩터링의 기능은 다음의 3가지로 이루어진다. (1) 기업이 상품 등을 매출하고 받은 외상 매출 채권이나 어음을 팩터링 회사(신용 판매 회사)가 사들인다. (2) 팩터링 회사가 채권을 관리하며 회수한다. (3) 사들인 외상 매출 채권이 부도가 날 경우의 위험부담은 팩터링 회사가 진다. 상품을 매출한 기업으로서는 외상 판매 또는 신용 판매를 하고도 현금 판매와 같은 효과를 얻을 수 있고 채권의 관리, 회수에 필요한 인력과 비용을 덜 수 있는 이점이 있다. 출처 : 네이버 지식 백과

당한다.

이와 같이 벤처 캐피탈은 미공개 기업이 기업의 공개나 자력에 의하여 은행으로부터 자금을 조달할 수 있는 단계에 이를 때까지 지속적으로 지원한다.

전통적인 벤처 캐피탈의 자금 공급 형태는 주로 미공개 주식의 취득 또는 전환사채의 인수이지만 경우에 따라서 이미 자본 참여를 하고 있는 회사에 대하여 융자를 하기도 한다. 이 경우 융자는 이자소득보다는 투자 기업의 주식의 가치를 유지하거나 높이기 위한 수단으로 사용된다.

② 벤처기업 경영 지원

창업자는 연구 개발에는 유능한 반면, 제품의 판매, 재무, 노무 등 기업의 경영에는 그다지 익숙하지 못할 수도 있다. 또한 신생 기업에는 창업자를 도와줄 수 있는 인재가 부족할 수도 있다.

벤처 캐피탈은 이러한 경우에 적합한 인재를 알선해 주고 판매, 금융 등에 대한 조언을 함으로써 투자 기업의 성장을 지원해 주기도 한다.

벤처 캐피탈이 투자 기업을 육성, 지원하는 것은 더 많은 자본이득을 얻기 위해서도 그리고 불확실성이 높은 신생 기업에 대한 투자를 더욱 안전하게 하기 위해서도 필요하다.

그러나 현실적으로 벤처 캐피탈이 어느 정도의 성장 지원 기능을 발휘하는가는 벤처 캐피탈 자체의 역량 및 벤처 캐피탈과 투자 기업 간의 신뢰 관계 등에 달려 있다.

③ 상장 시의 주식공개

미공개 기업이 주식공개를 추진할 때, 규정에 의하여 구 주주가 일정 지분의 주식을 공개할 필요가 있다. 그러나 대주주 간의 경영권 문제, 공개 시기와 주가에 대한 예상 등의 문제로 인하여 필요한 주식 수가 공개되지 못하는 경우가 있다. 이러한 경우에 벤처 캐피탈은 기업의 요청에 따라 필요한 주식을 공개함으로써 원활한 기업 상장을 위해 기여할 수 있다.

(7) 벤처 캐피탈의 역할

① 유망 벤처기업의 선정과 육성

벤처 캐피탈은 기술력은 뛰어나지만 경영 기반과 신용이 아직 취약한 초기의 벤처기업에 자금을 공급하고 경영을 지원하는 기능을 가지고 있다.

이와 같은 특성을 활용하여 성장할 가능성이 큰 초기 단계의 벤처기업을 투자 대상으로 선정하고 육성하는 역할을 수행한다. 이는 궁극적으로 산업의 활성화와 기술, 지식 집약적인 산업의 발전에도 기여하게 된다.

② 국민경제의 활성화

미국에서는 벤처 캐피탈의 지원을 받고 성장한 벤처기업들이 신기술의 상품화와 신 시장의 개척 등을 주도하고 있어 벤처 캐피탈이 미국의 산업 구조를 고도화시키는 데 크게 기여하고 있다.

이처럼 벤처 캐피탈은 생산성 하락과 대기업의 국제 경쟁력 약화 등 여러 가지 문제를 안고 있는 경제를 활성화시킬 수 있는 역할을 수행하고 있다.

③ 비상장[20]기업의 자기 자본 확충

기업 성장을 위해 신규 분야에의 진출과 신제품 개발을 위한 투자가 필요하나 투자 자금 회수에는 위험이 따르고 오랜 시일이 걸리기 때문에 차입금보다는 자기 자본 확충을 통하여 필요한 자금을 조달하는 것이 유리해지고 있다.

또한, 인플레이션[21]이 진정되고 토지 등 부동산 가격이 안정세를 보임으로써 기업은 담보 가치의 상승을 기대할 수 없게 됨에 따라 은행 차입금만으로는 기업이 필요한 자금을 충분히 조달하는 것이 어려워지고 있다. 벤처 캐피탈은 증자를 통한 자금 조달을 가능하게 함으로써 비상장 중소기업들이 자기 자본을 확충하는 데 기여할 수 있다.

④ 지역 경제의 활성화

지방에 있는 벤처기업들은 그 지역의 기술 기반을 강화함으로써 지역 경제 전체를 활성화하는 데 기여한다. 이에 따라 벤처 캐피탈은 지역 벤처기업들을 지원함으로써 지역 경제의 활성화에 공헌할 수 있다.

⑤ 산업 조직의 활성화

벤처기업은 독립성이 강하며 중소 하청 기업과는 달리 특정 대기업의 지배를 받는 것을 좋아하지 않는 특성을 지니고 있다. 또한 기술개발에 있어서도 독자적인 연구 개발 투자에 주력한다.

---

20) 증권시장에 증권을 상장하지 않았다는 뜻으로, 회사의 권리가 몇몇 소수에게 집중되어 있다는 뜻이다.

21) 화폐가치가 하락하여 물가가 전반적, 지속적으로 상승하는 경제 현상

이에 따라 벤처기업의 성장과 발전은 중소기업과 대기업의 제반 거래에 있어서 보다 대등한 입장에 서도록 촉진하고 나아가 기업 간의 경쟁을 촉진함으로써 산업 조직의 활성화에 기여할 것으로 기대되고 있다.

[2] 이노 비즈 기업

(1) 이노비즈 기업의 특징

Innovation(혁신)과 Business(경영)의 합성어로, 뛰어난 기술을 바탕으로 경쟁 우위를 확보할 가능성이 높은 기업을 말한다. 국내에서는 2001년부터 이노비즈 지정 제도를 시행하고 있다.

이노비즈 기업의 신청은 중소기업 기본법 상의 중소기업에 해당하는 기업으로서, 신청일 당시 설립 후 3년이 지난, 정상 가동 중인 전 업종의 기업을 대상으로 한다.

이후 예비 평가와 기술 보증 기금(기보)의 현장 실사 후 결정되며, 이노비즈 기업에 대해서 보증 우대 혜택 및 보증 심사가 대폭 간소화된다.

신청 자격은 중소기업 기본법 상의 중소기업으로서, 신청일 현재 설립 후 3년 이상이며 정상 가동 중인 기업이며, 대상은 광범위한 업종(단, 유흥 업체 제외)에 해당된다.

신청 절차는 자가진단 650점(이노비즈 홈페이지(http://www.innobiz.net)에서 자가진단 가능) 이상인 업체를 대상으로, 기술 보증 기금에서 현장 실사 후 결정하게 된다.

실사 후, 기술 혁신 시스템 점수 700점 이상 되고, 기술 보증 기금의 개별 기술 평가 등급 B등급 이상 나오게 되면 인증서가 발급된다.

이노비즈 기업에 대해서는 금융 지원 협약 은행으로부터 금융 지원을 유리하게 받을 수 있고, 기술 보증을 우대 지원 해주며, 정책 자금 및 지원 사업에 참여 기회와 우대 혜택이 있다.

그 외 병역 지정 업체 심사 우대 및 특허청에 출원 시 우선 심사 대상이 되고, 광고비를 70% 할인 받는 등 기업에 있어서 자금 확보 및 저렴하게 융통할 수 있는 자격이 주어진다.

대부분의 기업에서는 기술 혁신 과제를 따기 위해서 많이 시행되고, 기술 혁신 과제 선정 업체로 지정되면 연구 개발비를 지원 받는다.

이노비즈 인증을 획득하기 위해서 준비해야 할 서류가 있는데 ISO 인증에 기반을 둔 서류를 갖추고 있는 것이 평가 점수를 좋게 받기 위한 하나의 방법이다. (인증 가이드북에 보면 'ISO를 획득한 업체만 해당 된다'라는 말은 없는데 심사 시 필요하다.)

또한, 컨설팅 업체를 통해서 서류를 준비할 수도 있는데, 회사 자체에서 서류를 구비해서 심사 받아도 된다.

(2) 이노비즈 혜택

① 중소 기업청 정책 자금 지원시 우대.
구조개선 자금, 개발 기술 사업화 자금 등 정책 자금 지원 기업 선정 평가시 2점(단, 개발 기술 사업화 자금의 신용 대출 경우 5점 가점).
② 기술 보증 기금의 기술 평가시 보증 지원 우대.
③ 기업 당 보증 한도를 50억 원으로 확대.
④ 기업 평가 B등급 이상이면 보증료 율 최소 0.2%P 인하.
⑤ 중소 기업청 지원 사업의 선정 평가시 가점 부여(2점–10점).
⑥ 기술 혁신 개발 사업, 구매 조건부 기술개발 등 R&D지원 사업.
⑦ 쿠폰제 경영 컨설팅 지원, 해외 규격 인증 획득 지원 등.
⑧ 조달청 물품 적격 심사(신인도 평가) 가점과 조달청의 우수 제품 선정 심사 가점 부여.
⑨ 공공 구매의 중소기업간 경쟁 제도 낙찰자 결정 심사(신인도 평가) 가점 부여.
⑩ 특허청의 특허 출원 시 우선 심사 대상.
⑪ 농업 분야 중소기업의 신용 보증 지원 우대.
⑫ 수출보험 공사의 수출 보증, 보험 지원 우대 등.

(3) 이노비즈로 선정이 되면 좋은 점!

첫째, 이노비즈 지정 기업의 이미지와 신뢰도가 격상된다.
둘째, 정부 지원 사업의 우선적인 혜택을 받을 수 있다.
셋째, 다양한 금융 지원을 받을 수 있다.

innovation(혁신)과 Business(기업)의 합성어로 기술 우위를 바탕으로 경쟁력을 확보한 기술혁신형 중소기업을 지칭합니다.

연구 개발을 통한 기술 경쟁력 및 내실을 기준으로 선정하기에 과거의 실적보다는 미래의 성장성을 중요시 한다는 특징을 가지고 있습니다. 전 세계적으로 기술 혁신을 통해 기업과 국가의 경쟁력을 높이려는 뉴 패러다임이 새로운 화두로 떠오르고 있기에 미국, 독일 등 OECD 선진국들은 중소벤처기업을 국가경쟁력의 핵심으로 일찍이 95년부터 정부차원에서 전폭적인 지원 정책을 시시해 왔으며, 각 국가간의 경쟁력을 측정하는 객관적인 척도로 비교되고 있습니다.

[그림 24] 이노비즈 기업의 특성(중기청 자료)

5 사회적 기업이란?

[1] 사회적 기업의 특징

유럽, 미국 등 선진국에서는 1970년대부터 활동하기 시작하였으며, 영국에는 55,000여 개의 사회적 기업이 다양한 분야에서 활동 중이다[전체 고용의 5%, GDP의 1% 차지, 총 매출액 약50조원]. 국내에서는 2007년 7월부터 노동부가 주관하여 시행되고 있다. 요구르트 회사인 '그라민-다농 컴퍼니', '피프틴' 레스토랑, 잡지 출판 및 판매를 통해 노숙자의 재활을 지원하는 '빅이슈', 가전제품을 재활용하는 프랑스의 '앙비', 저개발국 치료제 개발 및 판매 기업 '원월드헬쓰' 등이 세계적으로 유명한 사회적 기업이다.

(1) 사회적 기업과 기업이란?

사회적 기업가(Social Entrepreneur)는 사회적 가치와 임무를 실현하기 위해 혁신적 접근 방식과 프로그램으로 사회문제를 풀어 가고자 하는 사람들을 뜻한다.

대표적인 사회적인 사회적 기업가인 빌 드레이튼(Ashoka 창립자)은 이렇게 말했다

"사회적 기업가는 생선을 주는 것은 물론, 고기 잡는 법을 가르쳐 주는 것으로도 만족하지 않는다. 그들은 고기잡이 산업을 혁명적으로 바꿀 때까지 결코 멈추지 않을 것이다." 비영리 조직과 영리 기업의 중간 형태로, 사회적 목적을 추구하면서 영업 활동을 수행하는 기업이다. 특히 취약 계층에게 사회 서비스 또는 일자리를 제공하여 지역 주민의 삶의 질을 높이는 등의 사회적 목적을 추구하면서 재화 및 서비스의 생산·판매 등 영업 활동을 수행하는 기업을 말한다(사회적 기업 육성법 제2조 제1호). 영리 기업이 이윤 추구를 목적으로 하는데 반해,

사회적 기업은 사회 서비스의 제공 및 취약 계층의 일자리 창출을 목적으로 하는 점에서 영리 기업과 큰 차이가 있다. 주요 특징으로는 취약 계층에 일자리 및 사회 서비스 제공 등의 사회적 목적 추구, 영업 활동 수행 및 수익의 사회적 목적 재투자, 민주적인 의사 결정구조 구비 등을 들 수 있다.

국내의 사회적 기업으로는 밑에서도 논하겠지만 재활용품을 수거·판매하는 '아름다운 가게', 지적 장애인이 우리 밀 과자를 생산하는 '위캔', 폐타이어 등 재활용품을 활용하여 만든 악기를 통해 소외 계층을 위한 공연을 하는 '노리단', 컴퓨터 재활용 기업 '컴윈', 친환경 건물 청소 업체 '함께 일하는 세상', 장애인 모자 생산 업체 '동천 모자' 등의 사회적 기업이 활동하고 있다.

사회적 기업이 되기 위해서는 조직 형태, 조직의 목적, 의사 결정구조 등이 사회적 기업 육성법이 정한 인증 요건에 부합해야 하며, 사회적 기업 육성 위원회의 심의를 거쳐야 한다.

인증된 사회적 기업에 대해서는 인건비 및 사업주 부담 4대 사회 보험료 지원, 법인세·소득세 50% 감면 등 세제 지원, 시설비 등 융자 지원, 전문 컨설팅 기관을 통한 경영, 세무, 노무 등 경영 지원의 혜택이 제공된다.

현행법에 따르면 사회적 기업은 유급 근로자를 고용하여 영업 활동을 하여야 하며, 취약 계층이 50% 이상(2013년까지는 30%) 고용되어야 하고, 사회 서비스의 50% 이상(2013년까지는 30%)을 취약 계층에게 제공해야 하는 등의 조건이 만족되어야 한다. 또한 인증 전 6개월간 총 수익이 총 노무비의 30% 이상 되어야 한다.

사회적기업이란?

사회적기업 (Social Enterprise)은?

사회적 목적을 추구하고 이를 위해 수익창출 등 영업활동을 수행하는 조직임
일반적인 기업은 이윤을 추구하나, 사회적기업은 취약계층에게 일자리나 사회서비스 제공 등 사회적 목적을 추구

「빵을 팔기 위해 고용하는 것이 아니라 고용하기 위해 빵을 파는 기업」으로
좋은 일 하면서도 수익을 내는 기업

01. 사회적기업의 개념

"비영리 조직과 영리기업의 중간형태"

목표 — 사회적 목적을 추구
취약계층에 대한 일자리
사회서비스 제공 등

수단 — 영업활동 수행
수익창출

■ **협의 (법 제2조)**
취약계층에게 사회서비스 또는 일자리를 제공하여 지역주민의 삶을 질을 높이는 등의 사회적 목적을 추구하면서 재화 및 서비스의 생산 판매 등 영업활동을 수행하는 기업

■ **협의 (법 제2조)**
주주나 소유자를 위한 이윤극대화를 추구하기 보다는 우선적으로 사회적 목적을 추구하면서 이를 위해 이윤을 사업 또는 지역공동체에 다시 투자하는 기업

02. 사회적기업의 특징

■ **취약계층에 일자리, 사회서비스 제공 등 사회적 목적 추구**

■ **영업활동 수행 및 수익의 사회적 목적 재투자**
영업활동 과정에게 창출된 이익은 사업자체나 지역공동체에 재투자, 사회적 목적에 사용

■ **민주적인 의사결정구조 구비**
의사결정은 근로자, 서비스 수혜자, 지역사회 인사/주주 등 이해관계자 참여도 등 민주적으로 결정

[그림-25] 사회적 기업의 특성
발췌 : 노동부 홈페이지(http://wwwsocialenterpriseorkr)

(2) 사회적 기업의 조직 형태

• 민법상 비영리 법인, 조합, 상법상 회사.

• [비영리 민간단체 지원법]에 따른 비영리 민간단체.
• [소비자 생활 협동 조합법]에 따른 생활 협동조합.
• [사회 복지 사업법]에 따른 사회 복지 법인.
• 공익 법인의 설립, 운영에 관한 법률]에 의한 단계.
• 그 밖에 다른 법률의 규정에 의한 비영리 단체.

① 유급 근로자

유급 근로자를 고용해 재화와 서비스의 생산/판매 등 영업 활동을 수행해야 한다.

② 사회적 목적 실현

• 일자리 제공형 : 조직의 주된 목적이 취약 계층에게 일자리를 제공하는 경우
• 사회 서비스 제공형 : 조직의 주된 목적이 취약 계층에서 사회 서비스를 제공하는 경우
• 혼합형 : 조직의 주된 목적이 취약 계층 일자리 제공과 사회 서비스 제공이 혼합된 경우
• 기타 형 : 사회적 목적의 실현 여부를 위해 표시된 취약 계층 고용 비율과 사회 서비스 제공 비율 등으로 판단하기 어려운 경우

③ 이해관계자가 참여하는 의사 결정 구조

서비스 수혜자, 후원자, 근로자 등 이해관계자가 참여하는 의사 결정 구조를 갖춰야 한다.

④ 영업 활동을 통한 수입

인증 신청 일이 속하는 월의 직전 6개월 동안에 영업 활동을 통한 총 수입이 해당 조직에서 지출되는 총 노무비[22]의 30% 이상이어야 한다.

⑤ 정관이나 규약

인증을 받고자 하는 조직은 목적, 사업 내용 등을 기재한 정관이나 규약 등을 갖추어야 한다.

22) 피고용자의 노무(勞務)에 대한 대가 또는 노무와 관련하여 지급되는 일체의 경비

(3) 사회적 목적을 위해 재투자

- 상법상 회사의 경우 회계 연도별로 배분 가능한 이윤이 발생하는 경우 이윤의 2/3 이상을 사회적 목적을 위해 사용해야 한다.

[2] 사회적 기업의 사례

전술하였듯이 우리나라에도 사회적 기업이 점차 늘어나고 있는 추세이다.

(1) 국내 사회적 기업

① ㈜트레이드 코리아

사회적 기업 페어 트레이드 코리아 “대한민국 대표 희망 무역(Fair Trade)”.

㈜트레이드 코리아는 한국의 희망 무역(Fair Trade)을 선도하는 기업으로서, 가난한 여성들이 만든 자연주의 의류와 생활 용품을 공정한 가격에 거래하여, 여성의 경제적 자립을 지원하고 지속가능한 지구촌 건설에 기여한다.

- 홈페이지 : http://fairtradekoreacokr/
- 최고의 자선은 자립을 돕는 것

열매나눔재단 MERRY YEAR FOUNDATION

② 열림 나눔 재단

이 땅의 저소득 빈곤층이 교육과 일자리를 통해 미래에 대한 희망을 갖고 사회에 기여하는 당당한 일원으로 성장할 수 있도록 도와주는 사회적 기업

- 홈페이지 http://wwwmerryyearorg

(2) 해외의 사회적 기업

① Green Works(그린 웍스)

그린웍스(영국)는 대기업, 정부 기관들이 사용하지 않는 사무용 가구를 수집·수리하여 다시 학교, 자선 기관, 지역 사회 단체, 창업 지망 회사 등에 저렴한 가격으로 되팔아 수익을 창출하는 가구 재활용 사회적 기업이다.

[그림 26] 재활용 사회적 기업 – Green Works(그린웍스)

이러한 사업을 통해 사회적으로는 자원 재생과 재활용에 대한 관심을 제고시키며, 지역사회의 어려운 이웃들에게는 저렴하게 가구를 공급하는 기능을 수행한다. 또한 중고 사무 가구를 기증하는 기업들에게는 저렴하면서도 공익적인 방식으로 중고 가구를 처리 할 수 있도록 돕는다.

• 홈페이지 : http://wwwgreen-workscouk

② [프랑스] RQ Multi Services(지역 관리 기업 멀티 서비스)

Multi Services는 1987년부터 건물 및 길거리 청소, 집수리 등의 활동을 하는 사회적 기업이다. 지역 관리 기업에 소속된 직원은 90명이고 제도적 인력 파견 단체로 40명이 일하고 있고 1년 매출이 140만유로(20억 원)에 이른다.

주요 활동은 청소 업무, 길거리 청소, 건물 개보수이다. 청소 업무는 매출의 총 50%를 차지하고 있는데, 지방자치단체의 소속 건물, 초등학교 건물을 주로 청소한다. 길거리 청소는 월요일부터 금요일까지 하고 집수리는 OPAC(지역 주택 공급 업체)와 함께 일한다.

Multi Services는 지방자치단체의 다수 용역 계약을 맺기 위한 신뢰관계를 매우 중요시하고 있다. 주요 활동 외에 직원과 지역 주민을 위한 활동도 적극적으로 하고 있다. 상담 직원 2명이 상시 근무 하면서 직원뿐만 아니라 주민의 직업 상담 및 교육을 전담하고 있고 이들은 사례 관리까지 하고 지역 사업 주체 및 타 단체와의 협력과 모임을 운영 관리한다.

Multi Services는 기업 활동의 최종 목적은 일자리 창출을 통한 지역 활성화에 초점을 두고 살기 좋은 지역사회 만들기를 위한 다양한 활동 프로그램도 하는 점이 매우 인상적이다.

6 쉽게 하는 창업 요령

[1] 창업의 7단계 과정

창업은 창업가가 기회를 포착하고 자원을 투입하여 고객이 원하는 서비스와 상품을 제공하는 기업을 설립하는 것이다. 이를 통해 자산을 증대 시킬 수 있고 기업의 가치 또한 향상 시키는 것이다. 그러기 위해선 창업을 위한 단계적 필요조건을 충족 시켜야 한다.

보통 창업 절차는 크게 창업 준비는 상기에서 말했듯이 가장 중요한 사업 아이템 설정, 사업 계획 수립, 입지 선정, 창업 자금 확보, 영업 준비, 생산과 유통 등 크게 7단계로 나눠 볼 수 있고 이것만 철저하게 하면 성공 확률이 훨씬 높아진다.

(1) 창업 준비

창업가는 모든 창업 과정에서 핵심적인 역할을 맡는다. 창업을 하려고 마음 먹었다면 단순하게 돈을 버는 목적 외에 내가 왜 이사업을 해야 하는지 자신이 창업할 기업의 경영 이념을 설정하는 것이 좋다. 자신의 창업 기업이 어떤 목적과 전제하에 시작하려고 하는지와 추후 사업이 성공하면 어떤 일을 할 것이며 어떠한 역할로 사회에 기여할 것인지를 생각하고 보다 의미 있게 시작하여야 한다.

그리고 창업에 대한 자신의 상황 파악, 충분한 지식과 현제 세상이 돌아가는 물정(物情)의 이해가 있어야 한다.

아울러 외부적, 내부적으로의 강점, 약점, 기회, 위기를 검토, 파악 하고 분석하여야 한다. 탄탄한 준비만이 사업 실패의 확률을 줄여 주고 성공 시대로 갈 수 있다.

(2) 업종 선정

업종을 선택하는 것보다 중요한 것은 없다 업종은 현재의 시대 흐름, 유망 업종, 그리고 자신이 잘해낼 수 있는 업종을 선정해야 한다.

업종 선정에는 안정성, 성장성, 수익성을 기본적으로 갖추고 있어야 하고 창업자의 자본 조달 가능 범위 안에 있는 업종이어야 한다. 업종 선정 후에는 그 업종에 대한 사업성과 철저한 시장조사를 통한 예상 시장 규모, 매출 액 등을 수집하고 분석할 필요가 있다. 이를 통해 최종적으로 업종을 선택해야 한다.

(3) 사업 계획 및 방향 수립

업종 선정이 완료된 후에는 구체적으로 내가 무엇을 어떻게 할 것인 가에 대하여 사업 방향과 더불어 사업 계획서를 작성해야 한다.

이것은 사업에 관한 세부적인 실행 계획과 사업에 대한 개념이 포함되어 있기 때문에 사업의 성공과 추진 방향 여부를 결정하는 매우 중요한 작업이다.

특히 시장 공략을 성공하기 위해서는 보다 효과적인 마케팅 전략 수립이 더불어 필요하다.

(4) 입지 선정

조건에 알맞게 업종을 선정했다 하더라도 입지가 따라 주지 않는다면 말짱 도루묵이 되어 버린다. 따라서 업종과 관련한 지역을 선택해야 하며 선정한 업종의 주 고객층이 많이 모여드는 곳에 입지를 정해야 한다. 핵심은 유동 인구를 파악하는 것으로 연령별, 성별, 시간대 별로 유동 인구를 조사하고 해당 상권의 현재 흐름과 전망 또한 분석하는 것이 좋다.

(5) 인력과 자금 준비

인력과 자금. 창업에서 없어서는 안 되는 가장 필수적인 요소로 볼 수 있다.

혼자서만 창업을 시작 한다면 초기 사업에 어려움을 겪을 것이고 함께 진행할 인력이나 파트너가 필요한 것이다. 현실적으로도 대부분의 창업자들은 자금보다 믿을 만한 인력을 구하는 것이 더 어렵다고들 한다. 인터넷 사업이 아닌 매장 사업은 어차피 혼자 하기가 어려우니까 말이다. 그리고 자금이 충분하다면 문제가 없겠지만 대부분 소자본에서 출발하는 형태가 대다수 이다.

또한 창업 자금의 50% 이상을 자신의 자금으로 하는 것이 원칙이다.

만약 외부에서 자금을 과다하게 조달할 경우나 현저하게 자금이 부족한 상태에서 창업을 시작한다면 예측하지 않았던 돌발 상황이 일어날 경우에 이에 대처하는 대응 능력이 떨어지게 된다.

그렇기 때문에 시작 전부터 금융기관, 은행, 정부 지원 자금과 자신의 재정 상태에 대한 정보를 익혀두고 철저한 계획을 세워야 한다.

(6) 개업 준비

자신이 판매할 상품을 준비하고, 인력을 채용하는 과정이다. 마무리 단계인 개업 준비에서 준비를 철저히 하지 않으면 사업이 성장도 못하고 침체에 빠질 수도 있다.

그러기 때문에 개업 준비를 위해 영업 신고 등의 각종 행정 절차를 준비하여야 한다.

(7) 생산과 유통

생산과 유통은 창업의 가장 최종 단계로써 실제 사업에 뛰어들어 시장으로 나아가고 본격적으로 사업을 진행하는 것이다. 현실적으로 시장으로 나가게 되면 생각보다 수많은 경쟁자와 부딪히게 될 것이고 경쟁 시장에서 이겨내지 못하면 희생양이 되어 버리는 것이다.

또한 창업 초기에는 제품의 생산과 유통이 비례하지 않는 경우엔 재고가 생길 수도 있다.

그렇기 때문에 이를 안정적으로 조절하기 위해 적절한 수단과 조치가 필요하다.

[2] 창업의 성공과 실패

창업을 할 경우 성공하는 확률은 10% 이내이고, 90%에 해당하는 대부분이 실패를 하게 된다고 보면 된다. 아니 그보다도 훨씬 작은 숫자일지도 모른다.

사람들은 창업 시 모두 성공 요소나 성공 요인을 분석하면서도 실패할 요소나 요인을 간과했기 때문에 실패하는 경우가 많은 것이다.

그래서 창업 시 성공하리라는 신념은 좋지만 그로 인해서 실패 요인을 지나치고 마는 어리석음을 저질러서는 안 된다.

이러한 관점에서 창업에서 실패 요인을 찾아내고 그곳에서 하나씩 제거해 나가는 방향으로 창업 준비를 하는 것이 성공할 수 있는 확률에서 높이는 것이라고 볼 수 있다.

한마디로 말하면 역발상이라는 것으로 사람들은 자신이 사업하는 것에 대하여 성공 요소를 잘 생각하면서도 실패 요소에 대해서는 미처 생각하지 않는 경우가 다반사 이다.

또한 자신의 잘못이 아니라 외부적인 환경으로 창업이 실패하는 경우가 실패한 창업의 70%를 차지하는데 그것은 외부적인 환경요인을 고려하지 못했거나 고려했다고 하여도 너무 간단하게 생각했기 때문이다.

즉, 창업은 자신의 판단과 노력으로 할 수 있지만, 그것을 성공시키느냐 실패하느냐는 자신의 판단과 노력과 무관한 점도 발생한다. 고객들이 얼마나 이용하고 매출이 얼마나 늘어나느냐에 달려 있는데, 이것은 창업자가 임의로 조정하거나 유도하기에는 한계가 있다는 것이다.

그리고 창업하는 부분이 겹쳐서 과다 경쟁이 되는 경우가 많다.

즉, 어느 부분의 경우 창업이 손쉽기 때문에 과다 창업으로 연결되고 이로 인하여 팔아도 남지않는 과당경쟁이 유발되는 것이다.

따라서 창업으로 성공하기 위해서는 창업자 자신의 열정과 준비, 노력은 당연한 것이고, 그 창업자 자신의 영역에서 컨트롤할 수 없는 외부적인 요인에 대한 충분한 검토와 분석을 필요로 한다.

다음은 창업이 왜 실패하는가, 그리고 어떻게 하면 성공하는 가에 대해 알아보겠다.

(1) 창업 이러면 실패한다

계속되는 경기침체와 고용 불안으로 회사를 떠나 창업을 한 직장인 중의 상당수가 실패를 맞보고 있다. 창업에 성공을 하기 위해서는 왜 실패하였는가에 관해 아는 것도 중요하다.

그럼 여기 컨설팅 업체인 기업 문화 연구원이 발간한 '샐러리맨의 히든카드'란 책에 실려 있는 반드시 실패하는 창업유형 12 가지를 간단히 소개하겠다.

① 일단 시작형 : 원가 개념도 사업계획도 없이 일단 앞뒤 안보고 가게 얻고 사업을 시작한다.
② 자포자기형 : 사업은 시작했지만 매출이 없는 날은 푸념하고 불안감에 쌓여 일손을 놓고 있다.
③ 기브스형 : 목에 힘이 들어가 고객에게 인사도 안하고 충성고객이나 단골을 확보하지 못한다.
④ 조령모개형 : 남의 말만 듣고 멀쩡한 인테리어를 부셔가며 업종을 일년에 몇 번 씩 바꾼다.
⑤ 사지선다형 : 한꺼번에 많은 일을 벌인다.
⑥ 배짱형 : 매출도 없는데 많은 물품의 구매, 사채, 융자 등 차입에 열중한다.
⑦ 한탕형 : 일은 뒷전이고 일확천금을 노리고 악성게임이나 복권구매, 경마장에 자주 가고 작은 돈에는 관심이 없다.
⑧ 철학자형 : 뜬구름 잡는 관념적인 사업 계획안만 만든다.
⑨ 기웃형 : 동문, 친구, 친척들만 찾아다니며 도움을 청한다.
⑩ 안방마님형 : 배우자나 가족에게 맡기고 사업에 제대로 신경 쓰지 않는다.
⑪ 프리랜서형 : 자기 편의에 따라 오픈, 개점, 휴점을 밥 먹듯 한다.
⑫ 폼잡기형 : 으스대며 실속 없이 거액의 인테리어만 하고 겉보기에만 중점을 둔다.

(2) 창업 성공의 핵심 역량

성공적인 창업은 어렵고도 쉬울 수 있다는 것이 창업으로 성공한 사람들의 공통적인 경험담이다. 그렇다면 창업자에게 성공을 위해서 필요한 몇 가지 핵심 역량을 알아보겠다.

① 강한 결단력 보유

어영부영 시간만 보낸다면 전혀 창업 발전에 이득이 되는 것은 없기 때문이다.

무언가를 결정해야 하고 선택의 갈림길에선 이성적인 판단력과 함께 강한 결단력이 필요하다.

② 강한 인내력 발휘

창업을 진행하다 보면 분명 버티지 못할 상황들도 많을 것이고 힘든 상황도 있을 것이다. 하지만 쉽게 포기해 버리는 것은 금물. 강한 인내력을 가진 창업자만이 살아남는 법이다.

③ 다른 사람들을 이끌어 나가는 지도력

위에서도 말했지만 창업자는 사업 주체의 대표가 되는 사람이다.

만약 대표라는 사람이 직원들에게 일 지시를 못해주고, 확실히 결단을 내려주지 못 한다면, 직원들의 일 효율성이 현저히 떨어질 것이고 기업 발전에는 마이너스 요인이 된다.

그렇기 때문에 다른 사람들을 이끌어 나가는 지도력이 필요한 셈이다.

④ 사업에 몰입하는 집중력

자신의 사업을 하면서 정신은 다른 곳에 가있게 된다면 과연 사업이 제대로 진행될 수 있을까? 한 가지 일에 몰두하란 말이 괜히 있는 것이 아니다.

괜히 이것저것 건드려 보았다가 나중에 아무것도 아닌 게 될 수도 있기 때문이다. 즉, 하나의 사업에 몰두하는 집중력을 발휘하며 지속적인 성장을 이끌어 내야 한다.

⑤ 새로운 상황에 신속하게 적응하기 위한 지속적인 학습 능력 요구

상품이 판매되고, 고객들이 자신의 기업에 찾아온다면 창업자의 일은 끝난 것 일까?

전혀 아니다. 아무리 시장에 안정적으로 진입했다 하더라도 발 빠르게 변화고 있는 시장 환경과 까다롭게 변해 가고 있는 고객들의 맞춤 서비스 에 신속하게 적응하기 위한 지속적인 학습 능력이 있어야 한다.

⑥ 공격적인 마케팅이 성공의 지름길

가만히 있으면 고객은 찾아오지 않는다. 보다 공격적으로 고객들에게 어필하고 판매하는 것이 필요하다.

⑦ 주위의 말에 귀 기울이기

창업을 진행하면서 과감성과 용기는 당연히 필요하다.
하지만 맹목적인 도전이나 불필요한 고집은 전혀 도움이 되질 않는다.
주위 사람들이 필요 없다고 하는 것은 과감히 버려라.

⑧ 중소기업의 다섯 가지 성공 전략 알아보기

- 유망 시장에서 한발 앞서 준비하라.
- 기술 차별화로 승부하라.
- 전략적 제휴로 시너지를 창출하다.
- 고객을 감동시켜라.
- 지속가능 경영을 실천하라.

제품의 Life Cycle이 갈수록 짧아지고 있는 실정에서 기업은 어떻게 대처해야 할 것인가 하는 문제에 대해 답을 찾아가야 한다.

대기업이건, 소기업이건 소비자와의 지속적인 접촉과 경쟁사에 대한 세밀한 관찰, 끊임없는 신제품 개발을 통하여 항상 소비자에게 새로운 제품과 서비스를 제공해야 할 것이다.

또한 모든 것이 체계적으로 구축되어도 스스로 노력을 해야만 한다.

창업이라는 과정은 아무리 많은 준비를 한다고 해도 아는 것보다 모르는 것이 더 많고, 확실한 것보다 불확실한 것이 더 많은 것이라고 생각한다. 때문에 그 결과가 성공이든지 혹은 실패이든지 먼저 경험한 사람들 혹은 더 많이 알고 있는 사람들을 통해 조언과 코칭을 받는 일 또한 중요한 일인 것 같다.

그리고 창업을 할 때 최악의 상황 또한 염두 해 두고 차선의 대책을 준비해야 한다. 현대 사회의 변화 속도는 한 개인이 제대로 소화하고 적응하기에는 너무 빠르다. 이런 변화 속도를 반영하여 창업의 업종 등은 너무 다양하고 흥망성쇠[23]의 순환이 빠르다. 따라서 항상 차선의 대책을 준비하여 최악을 피하기 위한 노력이 있어야 할 것이다.

23) 興亡盛衰. 흥하고 망하고 성하고 쇠하는 일

Chapter 9

경 영

1. 경영이란?
2. 성공하는 경영
3. 경영 분석
4. 기업 문화
5. 기업은 결코 영원하지 않다
6. 자수성가와 대한민국

1 경영이란?

[1] 경영의 정의

경영이란 말은 오래 전부터 있었다. 그러나 우리들이 사용하는 의미는 새로운 개념이다.

경영이란 무엇일까? 먼저, 경영의 사전적 의미는 다음과 같다.

- 계획을 세워 사업을 해 나감.
- 규모(規模)를 정하고 기초를 세워 일을 해 나감.
- 계속적 사업을 경제적으로 해 나가기 위한 작업상의 조직.

경영의 뜻이 뭐냐고 묻는다면, 대부분의 사람들은 첫 번째 뜻만 말하고 말 것이다. 그만큼 우리는 경영을 한 가지 뜻에만 치우쳐 생각해 온 것이 아닐까 싶다. 경영이라 하면 꼭 기업만 관리하고 운영하는 것이라고만 생각해 왔던 탓이다.

경영(經營, Management)이란 사업이나 기업 등의 조직을 효과적이고 효율적으로 관리, 운영하는 활동이다.

경영이라는 말은 대한민국의 학계나 실업계에서 그 개념이 극히 모호하게 또 추상적으로 사용되고 있다. 경영한다는 것은 어느 경제 단위를 그 설립 목적에 부합하도록 의식적으로 계획, 유도하고 지휘하는 것을 말한다.

예를 들면 학교, 병원, 고아원 등과 같은 비영리적 경제 단위나 영리적 경제 단위인 주식회사를 경영한다는 것은 이들 경영 체의 설립 목적에 부응하도록 계획하고 낭비 없이 밀고 간다는 것을 말한다.

(1) 기업과 경영

기업은 영리 추구를 목적으로 경영 활동을 수행하는 개별경제의 단위이며, 경영은 기업의 목적을 수행하기 위해 갖추어야 할 기술 또는 수단이다. 다르게 표현하면 기업은 경영의 소유 단위이며, 경영은 기업의 생산 단위라고 할 수 있다.

(2) 경영의 동태[1]적, 행동적 의미

'계획을 세워 사업을 해나감'은 계획을 세움(Planning)과 사업을 해나감(Execution)의 2단계로 나누어 생각할 수 있다.

다시 말하면, 경영이라는 활동은 정해져 있는 목적을 어떻게 달성할 것인가에 대한 수단과 방법을 강구, 판단하고, 이것을 실행으로 추진해가는 말하자면 목적을 달성하기까지의 지속적,

관련적 행위이다. 여기서 행위의 기초가 되는 '목적'은 경영을 맡은 자가 생각해내고 조사, 연구하며 그 방법에 대한 가능성을 음미, 결과까지도 예상해야 한다. 그리고 목적이 정해지면, 특정 능력을 지닌 여러 사람들에게 일을 분담시켜 계획에 따라 목적 달성에 노력하고, 감독한다.

(3) 경영의 정태[2]적, 형태적 의미

계속적 사업을 경제적으로 해 나가기 위한 작업상 조직'은 경영이 독립된 경제 조직으로서 생산 활동을 목적으로 경제성 원칙(經濟性原則)에 따르는 것임을 뜻한다.

다시 말해서 경영이란 그 의사 결정에 있어 여러 가지 방법이 있으나 통일 의사를 갖는다는 점에서 개별경제(個別經濟)[3]에 속하며, 또한 독립되어 있으며, 스스로의 의사에 의해서 행동하고 타의(他意)에 의해 구속을 받지 않는 개별경제체로서의 독립적인 단위성(單位性)을 가지며, 이를 기본으로 하여 생산 활동을 계속적으로 해나가는 것임을 의미한다.

개별경제는 그 경제 목적에 따라 생산 경제체(生産經濟體)와 소비 경제체(消費經濟體)로 구별되는데, 경영은 전자에 속한다. 이것은 경영이 다른 개별경제를 위한 재화 또는 용역을 급부[4]하는 생산 조직, 단지 재화를 만들어내고 용역을 제공할 뿐만 아니라, 교환가치를 지니고 있는 생산 활동을 그 목적으로 하기 때문이다.

경제 가치(經濟價値)가 적은 것을 가공이나 기타 방법에 의해 보다 많은 경제 가치를 창출(創出)해 내는 것이 경영에 있어서의 생산 활동인 것이다. 그리고 이렇게 창출된 경제 가치는 객관적인 유용성(有用性)[5]을 지니며 교환가치도 아울러 지니게 된다.

1) 경제적 여건과 시간의 변화를 전제하는 상태
2) 경제적 여건과 시간의 변화를 전제하지 않는 상태
3) 경제 주체가 개별적인 이익에 바탕을 두고 영위하는 경제
4) 채권의 내용이 되는 채무자의 특정한 행위
5) 이용할 만한 특성

경영에 있어서의 합리성이란 바로 이러한 의미의 것으로서, 이것은 다른 일반적인 합리성과 구별하여 경제성(經濟性), 즉 경제적 합리성이라고 부르며, 수익의 극대화, 지출의 극소화 원칙을 경제성 원칙이라 한다.

앞서 경영을 경제성 원칙에 따르는 것이라고 한 것도 바로 이러한 관계에서이다.

이와 같이 정태적, 형태적 면에서의 경영의 의미는 생산 활동을 목적으로 한 개별경제의 조직으로서 경제성 원칙에 의해 그 활동이 지배되는 것이라고 하겠다.

[2] 경영의 목표

(1) 일반적 사항

① 종업원, 주주 및 공급자에 보증을 줄 수 있도록 적당한 이윤을 올리고, 투자에 대하여 적정한 이익을 낳게 할 것

② 제조, 배분 및 경영의 능률 향상으로 매출 수입을 증가할 것.

③ 최대의 능률이 오르도록 설비를 이용하는 것을 확보하기 위해 최소 생산 기간에 만족을 줄 연속적 생산량의 상품을 생산한다. 고객에 대하여 좋은 서비스와 건전한 경제적 실무, 제조 순서와 합치하는 재고 관리를 유지한다. 능률적 공장 운영 및 노동력의 이동을 최소한으로 하기 위하여 또는 주요 거래처의 요구를 만족시키기 위하여 장기 판매 계약을 체결한다.

④ 동원 계획 및 전쟁 등의 긴장 사태에 대처하기 위하여 신속, 원활한 회사 활동을 총망라하는 계획을 준비한다.

(2) 거래처(去來處)

① 적정한 수입과 모순 없는 최저 가격으로 우수 품질의 생산품들과 서비스를 제공한다.

② 생산품에 대하여 최대한의 시장 분야를 획득하려고 노력한다.

③ 신제품과 현제품의 새로운 이용을 개발하고, 시장 확장과 신 시장 개척에 노력한다.

④ 공정한 거래, 신속한 서비스 및 신뢰,확실성,친절,품질,생산능력,기술능력 등으로 회사의 명성을 유지, 육성한다.

⑤ 제품을 선택, 사용하는 고객들에게 신뢰할 수 있는 서비스, 보증을 확보하기 위한 공급원을 제공한다.

(3) 공급자

① 사용 원료의 품질과 서비스에 일치한 최저 원가로서의 신뢰할 수 있는 적당한 공급처를 유지한다.
② 공급자와 기타 대표자에 대하여 신속, 공정, 친절한 거래를 한다.

(4) 조사 업무

① 제조비와 제품의 품질 개선을 위한 신제품과 현제품의 신용도 개발을 위하여 기술 조사와 발전에 적극적인 계획을 실시한다.
② 이용 가능한 시장으로서의 회사 진출의 유지, 촉진을 돕기 위하여 시장 경향과 시장 성장 요소를 확인하고, 현재 및 장래의 경제 정세에 대한 확실한 예측을 수행할 수 있도록 시장조사를 한다.

(5) 종업원

① 경영자의 커다란 자산은 인적 자산이며 종업원은 중요한 내부 고객이다. 이를 도덕적 책무[6]와 물질적 이익의 문제로서 발전시켜야 한다는 견해를 확립한다.
② 종업원의 생활과 업무에 의의와 존경, 만족, 업무의 내외에 존재하는 목적을 제공하기 위하여, 그들에게 보상을 지불하고 진보를 장려하며 충분한 지식을 갖도록 훈련하고 발전시켜 적소(適所)[7]에 배치한다.

(6) 일반대중

① 회사가 위치한 지역사회의 선량한 시민으로서, 회사의 지위를 육성하고 지역사회와 국가를 살기 좋은 곳으로 만들기 위해 종업원에게 적극적인 자신의 역할을 이행하도록 권장한다.
② 상호 향상을 위하여 동종 기업과 산업 일반에 대하여 합법적으로 협력한다.

회사의 경영자는 이상과 같은 경영 목표를 달성하기 위하여 정기적으로 특별히 단기 및 장기 계획을 작성한다. 그리고 실시에는 관리 기법으로서 통일된 방침으로 해야 되고, 분권[8]적 관리 원칙에 기초한 순서를 사용, 효과적인 조직을 통하여 실시해야 한다.

---
6) 직무에 따른 책임이나 임무
7) 꼭 알맞은 자리
8) 권리나 권력을 분산함.

이상의 사항을 적절히 이행하고 경영자가 적절한 균형을 이룩함으로써, 회사는 종업원, 고객, 주주에게 봉사하고 일반 대중의 안전에 계속 공헌할 수 있다.

[3] 경영의 형태

경영 형태라는 것은 기업 형태와는 다른 것으로 경영 형태가 무엇인가를 이해하기 위해서는 경영체(經營體)가 무엇인가를 이해할 필요가 있다.

경영 체란 경영이 행하여지는 과정을 하나의 단위체(單位體)로서 조성한 것을 말한다.

그리고 경영 행위 내지 경영의 과정이란 우리들의 생활에 필요 불가결한 유용물(有用物)을 생산하는 노동과 기술의 과정을 뜻한다.

오늘날과 같이 화폐를 매개로 하는 사회에서는 이와 같은 과정은 경제성이 발휘를 목표로 한 단순한 가치 과정이라는 측면을 가지고 있다. 따라서 가치 증식(價値增殖 : 이것은 사적 이익의 창출이 된다)의 과정을 조직한 기업 과정, 결국 기업체나 그 형태와는 다른 것이다.

그런데 이러한 경영 형태는 여러 가지가 있다. 작업이 무엇에 의해서 행하여지는가, 어떠한 생산 용구(生産用具)[9]을 사용하는 경영 형태인가에 의하여 몇 가지로 구분된다.

(1) 수공업 경영 형태

수공업 경영 형태라는 것은 단순한 도구를 사용할 뿐이며 전적으로 손의 작업으로 행해지는 경영 형태를 말한다. 손을 대신하는 장치인 기계공업이 출현할 때까지 우리들의 생산은 거의가 수작업(手作業 : hand work)에 의한 것이었다.

즉, 제1차 산업혁명에 이르기까지의 중세기에 있어서는 수공업 경영이 지배적이었다. 그리고 수공업 시대 단계의 동력으로서는 인력(人力),축력(畜力),풍력(風力),수력(水力) 등의 자연력을 이용하는 정도의 것 이였다. 당시에는 노동의 생산성도 아직 낮았고, 기술에 있어서도 직인[10]적(職人的)인 것이며, 기술의 전달은 이른바 도제제도(徒弟制度)[11]에 의한 전습[12]적(傳習的)인 것이었다.

유럽 각국에는 오늘날 아직도 여러 가지 수공업이 남아 있으며, 특히 독일

9) 생산을 하는 데 도움이 되는 도구나 기계 따위의 용구

10) 중세 이래의 수공업 조직인 길드에서, 생산과 도제(徒弟)의 교도(敎導)에 종사한 기술자

11) 중세 유럽 도시의 수공업 기술자 양성 제도

12) 기술이나 지식 따위를 다른 사람으로부터 배워 익힘.

등에서의 소 공업자(小工業者) 문제란 전적으로 이 수공업자의 문제가 중심이 되어 있어 대한민국의 중소기업 문제와는 다르다.

물론 대한민국에서도 수공업자나 거의 수공업에 가까운 영세 경영이 있으며, 또 수출 잡화 물이나 수출품의 부품 제조에서 볼 수 있는 가내공업(家內工業) 등도 수공업 단계의 것이 많다.

또 오늘날에 대기업의 경영 과정 내부에도 부분적으로는 완전한 기계화가 이루어지지 못하고 손작업에 의한 수공업적인 과정이 내재하고 있으며, 자재요소(資材要素)의 연속 투입이나 유동작업을 방해하고 있다.

물건에 따라서 끝까지 수공업적인 것에 의존할 수밖에 없지만, 대기업에서는 설비의 합리화나 기계화 내지 오토메이션 화로서 되도록 그러한 부분을 적게 하려하고 있다. 일반적인 수공업 경영에 관해서 말한다면 모두가 시대에 뒤떨어졌다고 할 수 없는 면을 가지고 있다.

오히려 직인(職人) 기술적 수공업자에 의한 다양성 있는 상품의 존재는 우리 인생에 굴절(屈折)과 흥미 있는 일로서 그러한 물건이 건전하게 발전하는 것은 바람직하다.

(2) 기계공업 경영형태

"기계공업 경영 형태라는 것도 수공업 형태와 같은 관점에서 한 구분 방법이다.

즉, 작업이 기계에 의하여 행하여지는 것을 말한다.

이것은 말할 필요도 없이 오늘날 생산 방식의 지배적인 형태이다. 영국에서 시작된 제1차 산업혁명(18~19세기)의 중심 과제는 생산의 기계화(Mechanization)라는 것이었다. 그리고 그 기계화를 가능케 한 커다란 원동력은 석탄을 중심으로 하는 에너지 혁명이었음은 주지하는 바와 같다.

기계공업 경영 형태에 있어서 현재의 커다란 과제는 제2의 에너지 혁명을 수행하는 것이며(오늘날에는 석탄 중심에서 석유－원자력－고형 연료로 전환하고 있다), 이에 대응해서 자신의 적응 방법을 변경하지 않으면 안 되게 되었다는 점이다.

이 점이 제2차 세계대전 후 설비 교체의 한 중요한 측면이었다고 할 수 있다.

다음에는 오토메이션(Automation,자동화)의 진행이다. 자동화는 단순한 기계화와는 다르다. 제1차 산업혁명의 주제(主題)는 앞에 말한 바와 같이 기계화를 추진하는 일이었으며, 기계화란 결국 우리들의 '손을 대신하는 장치'를 생각하는 것이었다.

그런데 제2차 산업혁명이라고 불리는 오늘날의 기술 혁신 하에서는 기계화 영역이 더 한층 확대되고 동시에 종래의 기계화와는 차원을 달리하는 자동화를 실현하는 것이 중요한 과제가 되었다.

자동화란 단순히 우리들의 손을 대신하는 것을 연구하는 것이 아니다.

그것은 우리들의 '두뇌를 대신하는 장치'를 연구하는 것이다.

바꾸어 말하면 우리들의 판단력을 객관적인 기계나 장치 속에 부여(賦與)해서 이른바 관리의 자동화를 실현하려는 노력이다. 자동화 원리의 출현으로 종래의 기계공업 경영은 면목을 일신하려 하고 있다.

(3) 고정 경영 형태

고정 형태의 경영이란 작업 장소가 항상 일정하여 이동하지 않는 것이며, 공장 경영 형태는 그 전형적인 것이다. 또한 경영의 범위를 넓게 해석하면 농업 경영, 광업 경영, 상업 경영(이동식(移動式)을 제외한 점포식 경영(店鋪式經營)) 등도 고정 경영 형태에 포함시킬 수 있다.

다만 이 중에서 광업 경영의 경우는 끊임없이 광맥[13]을 좇아서 작업 장소가 이동되므로 작업 상태에서 말하면 이동식 경영이라고 할 수 있겠다.

고정 경영의 경우는 일단 그곳에 정착해 버리면 반(半)영구적으로 설비가 고정되어 버리므로 최초에 입지인자(立地因子)에 대한 충분한 연구가 필요하다.

또 입지 인자라는 것은 다른 조건 변화에 따라서 가변적인 것이라는 점에도 주의해야 한다.

(4) 이동경영 형태

이동 경영 형태라고 하는 것은 경영 과정이 행하여지는 장소가 공간적으로 이동하는 형(型)인 경형 형태를 말한다. 여기에는 규칙적 이동과 불규칙 이동 또는 정점(定點)이동과 부정(不定)이동의 형이 있다.

철도, 항공, 정기 노선버스, 해운 등의 용역(用役)경영은 규칙 이동형 및 정점 이동 형이다. 이에 대하여 수산업, 택시, 행상, 지붕 올리는 일, 이동 수리업, 지방(시골)순회 극단 등은 이 부류에 속한다고 하겠다.

이동 경영 형태의 특징은 경영의 성과(成果)가 희생(犧牲)에 대하여 항상적(恒常的)으로 정비례하지 않는 점에 있으며, 어떤 경우에는 전연 성과가 없는 일도 있다는 것으로 이러한 의미에서 생산성의 거양(擧揚) 방법은 일정하지 않다.

---

13) 암석의 갈라진 틈에 유용 광물이 많이 묻혀 있는 부분. 광분(鑛分)이 섞인 물이 암석의 틈에 스며들어 광분이 가라앉음으로써 생겨난다.

따라서 투입된 비용이 보상되는 데는 불안정성이 강하고 수지 비율(收支比率)은 항상 적이 아닌 경우가 많다.

이와 같은 경우의 관리 방식은 고정형 경영 형태와는 자연히 다른 양상이며, 이른바 제1선 관리 책임자나 작업원의 사기(士氣) 여하가 성과의 다과(多寡)에 크게 영향을 미친다.

또 제1선의 책임자에게 필요한 권한을 위양해야 할 정도나, 자주성을 부여해야 할 일이 많다.

(5) 경영 형태의 발전과정

경영의 형태는 여러 가지 각도에서 분류할 수 있고, 또 형태별로도 그 발전과정을 엿볼 수 있는데 그 분류 기준은 다음과 같다.

① 규모별 : 소기업, 중기업, 대기업

② 출자자의 공사 구분별 : 사기업, 공기업, 공사 합동 기업, 협동조합

③ 업태별(業態別) 내지 업종별(業種別) : 상업, 공업, 광업, 농림업, 수산업, 그리고 상업의 분화 형태인 매매업,은행업,보험업,운수업,창고업, 무역업 및 각종의 서비스업 등

④ 출자, 경영 및 지배의 결합 관계별

⑤ 법률 형태별 : 개인 기업, 합명회사, 합자회사, 유한 회사, 주식회사

⑥ 경제 형태별 : 1인이 출자자인 동시에 경영자인 개인 기업, 소수 인의 출자자 경영인 의 인적 집단 기업, 출자와 경영이 분리된 소수 경영의 혼합적 집단 기업, 다수의 출자자와 소수의 경영자로 이루어지는, 즉 출자와 경영이 완전 분리된 자본적 집단 기업

⑦ 기업집중(企業集中)의형태 : 카르텔(Cartel),트러스트(Trust,콘체른(Concern), 콩글로머리트(Conglomerate)

⑧ 기술적 내지 자본적 결합의 특수 형태별 : 콤비나트(Kombinat),다국적기업(多國籍企業) 등 이상의 분류는 경영 형태를 광의(廣義)[14]로 해석하여 여러 가지 측면에서 본 것이며, 한 가지 기준에 속하는 형태의 종류도 대체로 그 발전 과정에 따라 나열한 것이다.

현실적으로 하나의 기업은 위에 열거한 몇 가지의 기준 개념을 아울러 가지고 있음을 유의하여야 할 것이다. 예컨대 어느 회사가 법률적으로 주식회사인 동시에 규모별로는 대기업에 속하며, 내외 자가 합작된 국제 기업인 따위이다.

---

14) 어떤 말의 개념을 정의할 때에, 넓은 의미

[4] 경영자의 관리 기능

일반적으로 모든 경영자가 조직의 목표를 성취하기 위해서 수행하고 있는 가장 중요한 활동은 계획 수립, 조직 편성, 경영 지휘, 경영 통제의 네 가지 기본 기능으로 구분 된다.

① 계획 수립(Planning)

미래의 성과에 대한 목표를 설정하고 이를 달성하기 위한 방법을 결정하는 관리 기능으로서 목표와 표준의 설정, 규칙과 절차의 개발, 미래의 환경 예측과 계획의 개발, 방침 및 행동 계획의 수립 등을 포함한다.

② 조직 편성(Organizing)

경영 계획을 효율적으로 수행하기 위해 조직 구조를 설계하고 인적, 물적 자원을 결합, 조정하는 기능으로서 종업원에 대한 과업 부여, 부분화(部門化, Departmentation)[15]의 결정, 권한의 이양, 의사소통 채널의 설정, 직무의 조정, 그리고 종업원의 모집과 선발, 성과기준의 설정과 평가, 종업원의 훈련과 개발, 공정한 보상과 복지 후생 등이 포함된다.

③ 경영 지휘(Leading)

구성원들이 조직의 목표 달성에 공헌하도록 방향을 제시하고 행동을 유도하기 위한 영향력을 행사하는 과정이라고 할 수 있다.
종업원들의 직무 수행 촉진, 사기 앙양과 동기부여, 소통의 활성화, 권한과 책임의 부과, 참여와 도전 행동의 유도 등이 포함된다.

④ 경영 통제(Controlling)

설정된 목표나 계획에 대비하여 성과를 측정, 평가하고 편차를 발견하여 시정 조치를 취하는 과정으로서 생산, 품질, 판매 수준의 표준 설정, 표준에 대비한 실제 성과의 평가, 필요한 시정 행동의 조치 등이 포함된다.

이와 같은 경영자의 관리 기능은 인적 자원 관리와 직접적으로 상통하는

15) 조직 구조를 설계할 때 분화된 여러 활동을 수평적으로 분류해 유사한 직무끼리 집단화하는 것을 말한다. 이러한 부문 화에 의해 부문 조직이 형성되며, 조직은 목적 달성에 필요한 업무를 이들 각 부문에 할당한다. 각 부문에 할당된 업무를 더욱 분류해 과(課)에 배분하고 과의 업무를 다시 각 계(係)에 할당하는 것을 재부 문화(再部門化, Subdepartmentation)라 한다. 출처 : 위키백과

개념들이다.

다시 말하면 "경영자는 다른 사람(인적 자원)의 노력을 통하여 조직의 목표를 수행하는 사람들"이므로 그들은 언제나 효율적인 인적 자원 관리를 필요로 한다.

(1) HRD, HRM의 개념 및 특성

여기서 인사관리는 채용과 평가, 보상, 배치 등을 관리하는 HRM 과 인적 자원의 교육, 훈련, 육성, 역량개발, 경력관리 및 개발 등을 관리하는 인적 자원 개발인 HRD(Human Resources Development)로 구분된다.

HRD는 단순히 직무 교육을 실행하는 것을 의미하지는 않는다. 이전에는 Training(훈련)이라는 개념으로 이용되다가, Education으로 그 의미가 확대되었으며, 1969년 나들러(Nadler)가 미국

훈련 개발 협회에서 최초로 HRD 라는 용어가 처음 소개되면서 지속적인 연구가 이루어졌다.

현재는 글로벌화, 지식정보산업으로 발전되면서 인재 경영, 인재 육성의 중요성이 부각되었고 HRD라는 개념으로 정착되어 점차 인적 자원에 대한 육성 체계를 만들어 가고 있다.

① 기업 교육 혹은 산업교육의 각 용어에 대한 정의

㉮ 훈련(Training) : 이전에 하지 못하던 것을 할 수 있도록 하는 것으로 훈련의 효과는 훈련이 끝나는 시점에서 바로 일어난다 기능적이고 메뉴 화된 작업을 수행하고 가르치는 데 많은 도움이 된다 주로 훈련은 현재의 직무와 관련된 지식, 기술, 태도의 향상을 목적으로 진행된다

㉯ 교육(Education) : 다소 가르치는 사람의 입장이 많이 반영되어 있다 단순히 이전에 못하던 것을 할 수 있도록 하는 차원이 아니라 배운 것을 응용, 적용하며 유사한 분야에 파급 전수되는 의미가 있다 교육의 효과는 교육이 끝나는 시점에서 바로 확인할 수 없는 부분이 많다

㉰ HRD(Human Resources Development) : 낮은 수준의 인적 자원을 전환하여 사람을 더 가치 있고 효용 있는 사람으로 만드는 것으로 개인, 조직, 그리고 사회적 만족을 모두 고려해야 한다 해당 과제에 대한 완벽한 Lead/Help/Check(전문적인 관리, 지도, 감독을)할 수 있는 지원 Tool을 제공하고 정기적인 모니터링을 통해

수시로 지원해주는 역할을 수행해야 한다 그리고 교육 대상자가 현재 처해있는 현재 상태와 바라는 상태에 대한 다양한 요구를 파악하여 충족시켜주는 것이 중요한 포인트이다 한편 HRD 부서가 최종 책임을 지는 업무라 할지라도 HRD 관련 업무가 전사 과제라면 부문장, 본부장, 팀장, 구성원의 개인의 업무 목표로 캐스케이딩(Cascading)되어야 한다

해당 과제에 대한 성과 평가는 구성원의 성과가 팀장의 성과로, 팀장의 성과가 본부장의 성과로, 본부장의 성과가 부문장의 성과로 연계되어야 한다. 어떤 과제는 특정 조직에 대해서만 적용될 수 있다. 다른 업무도 마찬가지 이다. 최종 책임은 해당 부서가 져야 하지만 실행 책임은 단위 조직과 구성원에게 있다. 이점을 잊지 말아야 한다.

② HRD부서의 기능

㉮ 인적 자원이 경쟁 우위의 기능

경영 환경 변화에 대응, 핵심 역량을 통한 가치 창출을 위하여 모든 기업은 전사적으로 인적 자원 개발과 관리의 중요성이 필요하다.

㉯ 노동시장의 환경 변화의 대응 기능

고령화, 여성 노동력 증가 등 인적 자원의 다양화의 시대에서 서로 다른 인적 자원을 가치 창출로 연결시키는 도구로 HRD 부서의 기능이다.

㉰ 종업원의 가치관 변화의 대응 기능

구성원의 개성 중시, 개인주의 확산, 여가와 근로 생활의 질 중시 등 욕구의 다양화에 발맞추어다양한 욕구와 능력을 가치 창출하여 연결시키는 일을 대응 할 수 있다.

㉱ 조직 변화의 기능

급변하는 경영 환경에 유연, 탄력적인 대응을 할 수 있는 조직 구조의 변화 조직 재편, 인력 감축 등을 쉽게 시행할 수 있는 기능이 있다.

[5] 경영 정책과 경영목적

경영 정책은 모든 기본적 의사 결정의 총합 체이며, 이것은 장기적으로 그 기업체 존속의 기초가 되며, 목표 설정, 목표 달성을 위한 수단 방법을 결정한

다. 목표 설정은 하나의 창조적인 행위로서 설정된 목표 달성 방법을 모색하는 계획 수립의 전제가 된다. 경영 정책을 수립할 때에는

성장, 안정성, 일정한 이윤과 같은 3요소에 유의해야 한다. 즉, 다음과 같다.

- 모든 기업체는 성장하여야 한다.
- 이 성장이란 외형적 성장뿐만 아니라 질적(質的)으로도 성장하여야 한다.
- 기업체의 대규모화에 따라 외부로부터 자금을 조달하게 된다.

그러나 단기 부채로서 고장 자산에 투입하면 그 기업체의 지급 능력은 약해지고, 판매고를 올리기 위해 외상 매출을 확대하면 수익 증가의 가능성은 증가되나 운영 자금 궁핍으로 운영상 안전 기반이 흔들리게 된다.

이윤 추구는 어느 기업체든지 공통된 목표의 하나이지만, 오늘날 이윤 극대화라는 말은 시대적 유물이 되어 가고 있다. 적정 이윤[16](適正利潤)을 기업체의 목표로 삼고 있는 것이다.

이것은 모든 경영 체는 그 소유자에 소속하면서도 그 사회의 한 기관이라는 인식, 즉 기업소유자는 자기만의 이윤을 위한 기업체가 아니고 사회에 봉사하는 기업체(또는 기관)라는 것이다.

따라서 기업체의 도산(倒産)[17]은 소유자에게나 사회에 큰 손실을 뜻하며 기업체의 도산을 막고, 재생산(再生産)할 수 없는 이윤 즉, 일정 이윤을 올림으로써 기업체는 계속 성 장하고, 경쟁 사회에서 안전하고 지속적으로 그 소유주와 사회에 봉사할 수 있다.

(1) 경영 목적

경영이 특정의 목적에 대해 가장 합리적으로 접근하는 의식적 사회구성체를 가리키는 것이라고 하면 이런 경우의 경영 목적은 광의의 목적과 협의의 목적을 포함한다.

광의의 경영 목적은 경영의 본질적 측면에서의 목적을 가리킨다.

즉, 경영의 목적이 경제성에 있는 것인가, 아니면 수익성에 있는 것인가, 또는 생산성에 있는 것인가 내지는 자주성의 확립에 있는가 하는 목적적 사고이다.

협의의 목적은 정관(定款)[18]에 표시된 목적(Purpose)을 가리키는 경우로 정

16) 기업 활동을 유지하고 재투자 및 기업인의 경영 의욕을 충족시킬 수 있을 정도의 이윤
17) 기업이 재정적 파탄을 초래하여 망하는 것
18) 법인의 목적, 조직, 업무 집행 따위에 관한 근본 규칙. 또는 그것을 적은 문서

관에 규정된 목적은 경영 활동의 출발점이 되고 경영의 영역과 구조를 규제하는 것이 된다.

(2) 경영 목적의 생성

경영의 목적에 대해서는 개념의 체계화가 되지 못하고 있다.즉, 그것은 일반적으로 시대 배경의 변천[19]에 의해 변화하고 또 개개 기업체의 전통, 특성 등에 따라 지향하는 바가 다르다. 이 경우에는 경영자의 경영 철학, 성격에 지배되는 경우가 많다.

즉, 경영 목적은 시대적 요청과 기업의 특성에 의해 생성하고 그것을 구체적으로 규정하는 것이 경영자이다. 이에 의하여 경영자는 경영을 전반적으로 통할하고 리더십을 발휘하는 것이다.

따라서 경영 목적은 시대 변천에 따라 변경되고 경영자의 교대에 따라 그 구체적 내용이 변형된다. 그러므로 1차 산업, 2차 산업, 3차 산업 등의 업종에 의하여 또 대기업과 중소기업의 경영이 상이하므로 각각의 기업에 있어서는 어떠한 경영 목적을 지향할 것인가는 신중하게 검토해서 자기 에 맞는 적합한 슬로건을 찾아내야 한다.

(3) 경영방침

경영 방침은 경영 목적을 합리적, 효율적으로 달성하기 위한 행동 원리, 지배 원칙이다.

첫째, 경영 목적에 봉사하는 것이다. 따라서 먼저 명확한 경영 목적의식이 있어야 한다.

둘째, 합리적, 효율적으로 경영 목적을 달성하려는 것이다.

즉, 경험이나 짐작에 의하는 것이 아니라 합리적 기초에 입각하고, 효율적 행동을 예정하는 일관된 합리 정신이 전제된다.

셋째, 경영 목적 달성을 위한 행동 원리이고, 경영 지배 원칙이다.

즉, 행동을 예정하고 그 행동에 규범, 기준을 부여하여 경영의 지휘, 지배를 행하는 실천 원리, 응용 원칙이다. 개념적 원리 원칙이 아니라 구체적이고 구성 화를 지향하는 규준, 규칙, 절차를 내재한 것이라고 볼 수 있다.

미국의 한 관계자는 '경영 방침은 본질적으로는 경영 목표의 효과적 달성을 조건으로 하고 그를 지배하는 데 있어서 일정의 행동 규칙을 동반한 원칙 내지 일련의 관계 제 원칙이다'라고 했다.

---

19) 세월이 흐름에 따라 바뀌고 변함.

(4) 경영 방침의 분류

① 국면[20]을 기준으로 하는 방법

경영 방침의 구분은 첫째 경영에 미치는 국면의 상이에서 기본 방침(Basic policy), 전반 방침(General policy), 부문 방침(Department policy)으로 구분할 수 있다.

기본 방침은 경영 목적에 조응(照應)[21]하는 지배 원리인 사시[22](社是), 사훈[23](社訓),강령[24](綱領) 같은 것으로 때로는 경영 목적 자체를 말하는 수도 있다.

이에 대해 전반 방침 및 부문 방침은 구체적으로 내용을 전개하는 방침이다. 다만 전반 방침이 경영의 전 부문을 그 영역으로 하고 있는데 반해 부문 방침은 특정한 일 부문의 활동 영역에 걸친 행동 규준인 것이다.

즉, 전반 방침은 경영의 제활 동을 전체적으로 통할하기 위해 제활동, 제기능을 유기적으로 조정할 행동 규준이고 부문 방침은 이미 전반 방침에 의해 조정되고 도출된 일국 면에 대한 방침이다.

② 실천성과 구체성을 기준으로 하는 방법

둘째로 경영 방침은 그의 실천성, 구체성에 따라 기본 방침과 집행 방침(Operative policy)으로 나눌 수 있다.

보통 경영 활동은 경영(Administration), 관리(Management), 작업(Operation)으로 구분하여 인식하고 있는바 기본 방침은 경영의 영역에 해당되는 것이고 집행 방침은 관리의 영역에 해당된다.

셋째로 경영 방침은 개별적 방침(Project policy)과 기간적 방침(Period policy)으로 구분할 수 있다. 개별적 방침은 경영의 각 기능 활동 영역에 관한 방침이고 기간과는 직접적 관계가 없는 방침으로 상황의 변화, 담당자의 교대 등에서 오는 통일성의 결여나 혼란 등을 막는 일관성을 위한 방침이다. 이에 반해 기간적 방침은 기간과 연관 있는 방침으로 일정 기간을 예정하고 이 일정 간에 제 기능을 유기적, 종합적으로 일체화시키는 방침으로 내외의 여건의 변화에 대응할 수

20) 일이 되어 나가는 상태 또는 그 장면
21) 둘 이상의 사물이나 현상 또는 말과 글의 앞뒤 따위가 서로 일치하게 대응함.
22) 회사의 경영 방침 또는 주장
23) 사원들이 지켜야 할 회사의 방침
24) 정당, 노동조합 등 단체의 기본적 정책과 방침, 운동의 순서나 전략,전술 등을 요약하여 열거한 것

있고 각 시점에 있어서 제기능 사이를 조정할 수 있는 특질을 지닌 것이다.

넷째로 경영 방침은 대상 기간(對象期間)의 장단[25](長短)에 의해 장기 경영 방침(Long range policy)과 단기 경영 방침으로 구분할 수 있다.

단기 경영 방침은 예산 편성과 같은 사업연도의 경영 방침을 말하고, 장기 경영 방침은 명확한 시간의 한계가 없지만 단기 경영 방침을 초과하는 방침을 가리켜 대개 3년 내지 5년, 길어도 10년 이하의 방침이고, 10년 이상은 초장기 경영 방침(超長期經營方針)이라고 한다.

③ 경영 방침의 결정

초기 개인적 사기업(私企業) 시대에는 기업이 모두 개인에 의해 지배되고 운영되어 왔으므로 기업의 이해와 책임은 모두 개인에게 돌려져 왔다.

기업 활동은 가내 공업적[26]이고, 활동 영역도 단순 소박하고, 활동 대상도 모두 대외적 관계였다. 또 자본과 경영의 분리 이전의 자본적 기업에서도 다만 자본주만이 특별히 경영에서 인식되었다. 그러나 자본과 경영이 분리된 근대 경영에서는 출자자인 자본주와는 별개로 새로운 경역 직이 생겨 경영자에 의한 실체적(實體的) 경영 지배가 행해지게 되었다.

그것은 사회적 구성단위로서의 기업이 미치는 사회적, 경제적 영향이 커진 것과, 기업의 거대화, 복잡화에 따라, 매니지먼트가 한층 중요하게 되고 이에 대응한 직능 분화를 필연적으로 느끼게 한 점에 있다.

즉, 기업의 사회성이 증대함에 따라 기업의 이해와 사회 공공의 이해와의 대립을 조정하기 위해서는 자본과 사회와의 중간에 서서 기업의 이익을 옹호하며 사회적 책임을 달성해야 한다는 근대 경영의 특질이 나타난 것이다. 또 경영의 내부에 있어서도 복잡 다변화 되고 다수 집단화 된 경영 체를 종전과 같이 개인적 권력으로 직접적으로 지배하는 것은 불가능하게 되었다.

그러므로 첫째 집중 집권화 된 권한 지배를 직능적, 계층적으로 분권화(分權化 : Decentralization)하는 권한 이양[27]을 촉진하여 신탁 기관, 수탁 기관, 집행기관으로 또 최고 관리층, 중간 관리층, 감독층,

25) 길고 짧음.
26) 생산자가 가정에서 제조업을 영위하는 공업 형태
27) 남에게 넘겨줌.

작업자 등으로 분리하여 계층을 형성한다.

그리고 이러한 분화는 분화에서 그치는 것이 아니라 경영이 통일 의지(統一意志)에 의한 유기체가 됨으로써 경영의 제활 동을 통일, 통합하는 문제도 더욱 중요하게 되었다.

이리하여 둘째 매니지먼트의 부문에 있어서 목표와 측정에 의한 통합의 필요가 생긴다. 경영의 기본 기능은 ① 목표 설정, ② 계획 수립, ③ 조직화, ④ 조정, ⑤ 측정과 통제의 5개의 기능으로서 목표와 측정의 반복적 활동인 매니지먼트 사이클(Management cycle)을 반복하는 것이라고 할 정도로 경영 방침의 중요성을 강조하고 있다.

(5) 경영 목적과 경영 방침의 관계

경영 목적과 경영 방침의 관계를 고찰해 보면 다음과 같다.

경영 목적은 경영 목표(Objector goal)와 흔히 혼동되어 사용되지만 엄격히 구분한다면 경영 목표는 경영 목적의 도달점을 의미한다. 이에 대해 경영 방침(Policy)은 경영 목적을 구현하기 위한 기본 원리, 원칙, 준칙 등을 말한다.

즉, 경영 목적에 대한 행동의 기본 사항을 의미한다. 경영 방책(經營方策)이라고 하는 경우는 방침의 구체적 전개 경로, 순서 등의 지침을 가리키고, 경영 정책(經營政策)이라고 하는 경우는 방침과 방책을 총괄한 개념이다. 경영 목적이나 경영 목표는 추상적, 보편적, 이념적인 것이므로 실천 단계에서는 더욱 구상화, 실체화해야 하는데 이 과정이 경영 방침이나 경영 방책의 설정(設定) 단계인 것이다.

또 경영 목적은 고정적, 비선택적인 데에 반해 경영 방침(방책)은 유동적, 탄력적이고 선택적이다. 경영의 내외 여건이 격동을 계속하고 있으며 경영 활동은 이에 수시로 적응해 나가야 하며 경영 방침은 끊임없이 경영 목적에 대해서 적응적이어야 하기 때문이다.

[6] 경영의 민주화와 사회적 책임

(1) 소유와 경영의 분리

대규모 주식회사 기업에 있어서 '소유와 경영의 분리'를 빼놓고는 오늘날의 기업 성격을 고찰할 수 없다. 특히 경영학의 이론적 문제로서 기업 이론을 고찰하는 경우, 제일 중심적인 명제가 되는 것이 소유와 경영의 분리 문제이기 때문이다.

소유와 경영의 분리는 우선 대규모 주식회사 기업에서 주식 소유의 분산 현황을 통계적으로 조사 해 봄으로써 논할 수 있다. 현재 선진국에서의 조사에 의한 대규모 주식회사 기업의 주식 소유 분산 상태로 본 주식회사 기업의 지배 형태는 다음과 같다.

① 거의 완전 소유에 의한 지배
② 과반수 지배. 51%냐 49%냐. 누가 주도권을 쥐냐!!
③ 지주회사(持株會社)에 의한 피라미드형의 지배 또는 무의결권주(無議決權株)[28]의 이용 및 의결권 신탁(信託)에 의한 지배.
④ 소수 지배
⑤ 경영 지배

이상의 분류에서 ② 이하의 지배 형태가 출현하게 된 것은, 첫째로 법률가들이 주장한 자산에 대한 전통적 견해의 수정과, 둘째로 경제학자들이 주장해 온 위험부담과 기업의 합리적 운영에 대한 보수로서 이윤에 대한 전통적 견해의 수정에 의한 것이라고 하겠다.

그리고 주식회사의 새로운 개념으로서 주주를 위한 것도 아니고 지배자를 위한 것도 아닌, 보다 큰 사회적 이익을 위해 운영되어야 한다는 이론이 나왔다.

그러나 주식 소유의 분산은 단지 분리, 특히 자본 지배와 경영의 분리를 의미하는 것은 아니다. 분산이라는 양적 사실로는 자본 지배의 질적 변화가 문제로 되지 않기 때문이다.

따라서 한편으로는 특정 대주주의 과반수 지배나 기능 자본가의 소수 지배 또는 지주회사나 금융자본에 의한 주식회사 지배 등의 형태가 있는가 하면, 다른 한편으로는 일반 투자가의 사채권자화(社債權者化)[29], 주식의 사채화, 배당의 이자화 등의 지배 형태가 논의된다.

그리고 주식 소유의 분산이 고도화되고, 소유와 경영이 분리되었다고 해도 이런 요인들이 오늘날 기업 성격을 어느 정도 변화시켰는가는 기업관(企業觀)에 따라 여러 가지 의견이 있다.

(2) 기업의 민주화

기업 경영의 합리화는 기업의 민주화를 전제로 한다.

이것은 경영 합리화의 방식으로서 무엇보다도 먼저 생각나는 테일러 시스템(Taylor system)에 대하여, 노동조합이 ① 분배의 불공정, ② 노동자의 기계

28) 주주총회에서의 의결에 참여할 수 없는 주식. 회사 경영에는 관심이 없고, 오로지 이익배당의 다소에만 관심이 있는 주식으로, 회사 자금 조달의 편익을 위한 것

29) 사채(社債)의 채권자. 사채의 보유에 따르는 모든 권리를 주장할 수 있는 사람

화, ③ 경영 독재제, ④ 노동조합운동의 부정을 꾀하는 것이라 하여 반대했는데, 이 4가지 반대 이유를 극복하려고 그 후 합리화가 고려되었다는 점에서도 명백히 알 수 있다.

1920년대의 인사관리, 노동조합을 적극적으로 승인하고 단체 교섭[30]을 위한 포드(H. Ford)의 노무관리는 고임금 저가격(高賃金低價格)을 이념으로 했다.

1945년 이후 미국의 일부 대기업에서 실천된 인간관계 관리에 있어서는 직장의 종업원을 기계나 무의지의 동물로서가 아니라, 전체적 상황으로서 행동하는 인간으로 생각하고, 현장의 노무관리에 민주화 사상을 도입하고 있는 것이다.

이와 같은 오늘날 합리화는 단지 능률적 견해에 멈추는 것이 아니고, 민주화의 견해를 도입, 고찰하고 있다. 노사협의제(勞使協議制)[31]의 도입이나 노동조합의 경영 참가 없이 테일러 시스템에 대한 노동조합의 반대 이유인 즉, 경영 독재제의 해결이 있을 수 없는 것은 경영학의 상식이다.

따라서 경영 합리화의 전제가 민주화인 것은 1952년 이후 오늘날까지 생산성 향상운동에 있어서 노동조합의 적극적 참가가 요청되고 있는 점으로도 분명하다.

여기서는 기업의 민주화를 노동자의 단결에 의해 노동조건을 개선하려는 노력을 단지 보호하는 것만이 아니라, 더 나아가 경영에 대한 노동자의 발언권을 적극적으로 인정하는 방책까지도 생각한다.

이러한 기업의 민주화는 우선 노동 보호 입법으로서 시작하고, 노동자의 단결권, 단체교섭권의 승인으로 계속된다. 단체교섭권의 승인은 노동조합의 경영권 침해라는 비판도 있으나, 오늘날에는 일반적으로 노사 공동(Union-management cooperation)에 1보 접근한 것이라고 해석한다.

(3) 경영의 사회적 책임

법률학, 특히 근대 법[32]을 일관하고 있는 개인주의 법률 관은 계약의 자유, 사유권(私有權)[33]의 절대화, 과실 책임의 3대원칙 위에 세워졌던 것이나 19세기 말부터 20세기에 걸친 사회 변화에 따라 이 대원칙의 수정, 비판, 확대 해석이 각 방면에서 일어났다.

---

30) 어떤 일을 이루기 위하여 서로 의논하고 절충함.

31) 노동자와 사용자 사이의 교섭과 협의에 관한 제도

32) 근대 시민사회를 규율하는 법. 고전적인 자본주의 경제를 배경으로 하여 개인주의,자유주의,민주주의 등을 원칙으로 하고 있다.

33) 개인이 재물을 소유할 수 있는 권리

특히 기업 규모와 기업의 사회 각 방면에 대한 접촉이 확대되고, 기업과 사회의 관계가 복잡해짐에 따라, 또 사회에 미치는 영향이 커짐에 따라 이러한 상황에서 일어나는 법률 현상을 종래의 법률 관으로는 공정 타당하게 처리할 수 없게 되었다.

예를 들면 교통기관에 의한 재해, 공장의 매연, 오염, 폭발 등으로 인한 재해, 도시의 팽창, 발전으로 인한 주민과의 마찰 및 충돌은 각각 특이한 사정에 기인한 것으로서, '과실이면 책임'이라는 원칙으로 간단히 처리할 수가 없게 된 것이다.

법률로는 이러한 관계를 '사회적 책임'이라고 부르며 이 사회적 책임에 대해서는 '과실이면 책임'이라는 원칙에 의하지 않고 무과실 책임(無過失責任)이라는 것을 인정하고 있다.

소유권에 있어서도 오늘날에는 그 이용과 처분에 대해서는 사회적인 제반 사항을 고려해야 한다고 하여 제한이 가해지게 되었다. '소유권은 의무를 수반한다.'는 사상이 이에 대한 대표적인 주장이 되었다.

(4) 경영자의 사회적 책임

기업이 '사회적 존재물'이고, '사회의 공기(公器)'도 됨에 따라 기업 경영은 과거와 같이 수수[34]을 위한 이윤 추구만이 아니고, 사회적인 공기로서의 역할을 수행하는 사회적 책임이 부과되게 되었다.

따라서 기업 경영자에게는 다음과 같은 사항에 대한 사회적 책임이 부과되었고, 이에 따라 경영자의 활동 목표에도 다음과 같은 변화를 일으켰다.

① 즉, 경영자는 사업으로서의 충분한 이윤을 올리도록 경영 활동을 이끌어 나가지 않으면 안 되지만, 충분한 이윤을 올림으로써 주주에게 봉사하는 이상으로 일반 사회에 대해서도 가능한 한 최대의 봉사를 해야 한다.

② 오늘날의 기업은 과거와 같이 자유 기업이 아니고 정부와 민간단체로부터 통제를 받으며, 또 많은 사람들이 기업에 대해 발언권을 갖고 있기 때문에 공정한 경쟁과 동업자와의 협정에 대해 고려해야 한다.

③ 경영에 관계하는 주주, 종업원, 소비자, 도소매 업자 및 사회에의 봉사와 이익의 조화, 유지도 고려해야 한다.

즉, 경영자가 기업을 통솔하고 성장, 발전시켜야 하는 것은 일반 사회의 부탁에 보답하는 사회적 책임이며, 이 요청에 보답하기 위해서 경영자는 기업의

34) 무상(無償)으로 금품을 받음.

기본 목표를 확립하고, 이윤, 분배, 조직, 인사에 대하여 적극적인 대책을 강구할 책임이 있다.

이러한 점에서 경영자의 실천 항목으로 ㉮ 기술 혁신과 시장개척을 중심으로 기업 소득의 증대, ㉯ 기업 소득의 공정 분배 ㉰ 후계 경영자 양성 등을 들 수 있다.

(5) 기업의 공공성

법률과 경제의 순환이라는 면에서 보면 이것은 동일물의 형식과 내용이 되는데, 법률 사조의 변화에 따라 당연히 경제사회에도 그 변화가 나타나고 있다.

이것을 주식회사에서 예를 찾아보면, 1세기 전까지는 규모도 적고 경영 목적도 주주의 이익만을 위하여 경영되고 있었다.

그러나 오늘날의 주식회사는 규모도 당시와는 비교할 수 없을 정도로 거대해졌고 기업의 소유자와 경영자의 별개의 것이 되었으며 기업의 경영 목적도 이윤 추구만이 아니라 사회적 견지에서 고려할 필요가 생기게 된 것이다.

이러한 것은 주식회사 자체의 성격에 큰 변화를 일으키고 있는 것으로, 오늘날의 주식회사에서는 주주는 개인으로서는 회사 자산의 소유자가 아니고, 회사 자산은 회사 자체가 소유하게 되었다.

즉, 주주 개인은 회사에 대해 어느 정도 이해관계를 갖고 있을 뿐, 회사를 지배할 수는 없게 된 것이다. 따라서 주주는 다만 집단으로서 회사 재산을 소극적으로 소유하는 것에 지나지 않으며, 회사 재산은 경영자가 소유하는 것으로 되었다.

회사에서 참여권에 대해서도 주주는 잡단으로 참가하는 것이고, 개인으로서의 참여권은 인정되지 않는다. 또한 회사의 재산을 사용하여 얻은 이윤의 분배에 대한 요구권도 집단으로서 소유하는 것에 지나지 않는다.

더욱이 이윤 분배 청구권도 확대, 발전한 회사에서는 경영자에게 위양[35]되어 있으며, 이윤은 증권 소유자에 의해 수취(受取)되어야 한다는 고전적 이론은 이미 통용되지 못한다.

즉, 오늘날의 주식회사는 주주는 이윤의 획득을 경영자에게 위양하고, 이윤 분배까지도 경영자에게 위양하고 있으므로 주주의 이익에 상위된다 하더라도 경영자는 권한을 법령, 정관 등에 따라 집행할 수 있는 것이다.

여기에서 '기업은 사회적인 존재물' 또는 '기업은 사회의 공기(公器)'라고 말할 수 있다.

---

35) 다른 사람에게 넘겨 맡기거나 양보함.

2 성공하는 경영

[1] 경영자의 조건

(1) 좋은 상사 순위

직장생활을 하다 보면 좋은 상사를 만나는 것이 매우 중요하다. 학교 다닐 때 아무리 좋은 선생님을 만나도 1년이면 헤어지는데, 보통 한 팀에서 3~5년 있는 다 치고, 관계가 좋으면 아마도 회사생활 끝날 때까지 일을 같이할 수도 있으니 말이다. 누적시간으로 따져보면 부부보다 인생의 더 많은 시간을 공유할 수도 있다.

① 1등 : 똑똑하고 게으른 상사인 똑게

최고의 상사는? 당연히 '똑게'이다.

여기서 게으르다는 것은 행동력이 떨어진다는 의미보다는 '세세한 것까지 다 보면서도 전체를 움직이기 위해 모른 척한다.라는 의미로 볼 수 있다. 나무도 보지만 큰 숲과 큰 흐름을 모두 파악하고 있는 큰 스케일의 리더다. 조직에서 부하의 실수까지도 다 알면서도 입 다물고 있는 리더보다 더 무서운 존재는 없다.

이런 리더 밑에서는 부하들이 문제를 자율적으로 해결하려 애쓰므로 조직의 효율성이 높아지는 것이다. 왜냐하면 부하들이 똑게형 리더가 겸비한 전략적인 마인드, 일처리 방법, 기획력 등 탁월한 부분을 배울 수 있기 때문이다.

일단 상사가 너무 부지런해 버리면 부하직원 들은 숨이 턱턱 막혀 온다. 부하보다 일찍 출근하고 늦게 퇴근하고 상사가 똑똑하면 스피드가 있어 일의 효율성이 좋다.

② 2등 : 멍청하고 게으른 상사인 멍게

회사가 평화로우려면 멍청하고 게으른 '멍게' 상사와 '멍게' 부하가 만나면 된다. 일에 대한 열정이 없으니 늘 평화로울 수밖에 없겠다. 또 '멍부' 상사와 '멍부' 부하가 만나면 절친 궁합이 된다.

일을 추진하는 방향이 회사가 원하는 곳은 아닐 수도 있겠지만…. 무슨 일 열심히 하려고 하면, "됐어 나중에 해"등으로 일관하기 일쑤이고 이런 사람에게는 아부가 잘 먹힌다.

똑똑하고 게으른 상사를 만나면 부하는 매우 편하지만 팀의 효율성이 떨어지고 임원들에게 찍히게 되며 인사고과에서 좋은 점수를 받을 수 없으며 진급하기 어렵다.

③ 3등 : 똑똑하고 부지런한 상사인 똑부

'똑부형'은 판단력과 실천력을 겸비한 완벽한 사람으로 보일 수 있다. 사실 아주 소규모 작은 조직에서는 똑부형 리더가 능력을 발휘하는 것이 사실이다. 부하 입장에서 전략적인 마인드, 부지런한 근성을 몸에 익히기 때문에 나중에 자신의 역량을 잘 발휘할 수 있다.

또한 이 리더는 부하육성의 표본이 될 수 있으며 훌륭한 부하를 육성할 수도 있다.

그러나 큰 조직의 리더라면 상황이 다르다. 왜냐하면 이 상사 밑에 있는 부하의 경우 처음에는 능력과 의욕이 탁월한 똑부형 상사에게 맹목적인 추종과 존경심을 보이게 된다.

그러나 시간이 흐를수록 천상천하 유아독존적인 행태와 강압적이고 권위주의적 리더십에 인간적인 매력을 잃게 되는 문제점이 있다. 똑부 상사는 혼자서 장구치고 북 치므로 아랫사람들은 손을 놓거나, 자율성을 잃고 세세한 일까지 매일 물어보게 된다.

더욱 심하면 시키는 일만 요령껏 하며 창의적인 일은 아예 생각조차 않는 낙지부동형[36]으로 전락하기 쉽다.

④ 4등 : 멍청하고 부지런한 상사인 멍부

흔히 최악의 상사를 '멍부'로 분류하는 멍부에게 걸리면 부하직원은 매우 피곤하다.

그는 부하가 할 일을 하나하나 기록하며 일일이 체크하고 업무와 방향이 전혀 다른 자신의 개인 일까지 종종 강요하기도 한다.

상사가 성과 없이 부지런하면 미꾸라지 한 마리가 온 강물을 흐리듯 여기저기 기웃기웃하며 천방지축으로 도움이 안된다. 멍부 상사는 조직의 가치(Value)를 같이 하지 않을 뿐만 아니라 성과도 창출하지 못하고 착한 인물도 있지만, 대부분은 복종형 인간이며 성실함으로 아침 7시 출근하고 밤늦게까지 자리를 뭉개는 유형이다. 이 상사는 늘 조직에 해를 주고 퇴출 대상 1호이다.

그 밖에도

36) 마치 낙지가 수족관 바닥에 쫙 달라붙어 아무리 떼어내려고 해도 떨어지지 않고 요리조리 눈알만 굴리는 조직속 인간을 뜻한다.

- 멍차 : 멍청하고 차가운 사람.
- 똑따 : 똑똑하고 따듯한(마음을 가진) 사람.
- 멍따 : 멍청하지만 따듯한 사람.
- 똑차 : 똑똑하지만 차가운 사람 등이 있다.

두 번째와 세 번째는 다를 수도 있다. 여하튼 첫 번째와 네 번째는 누가 봐도 공감하지 않을까 싶다. 그런데 요즘 들어 드는 생각은, 위의 순위가 실무자 입장에서 직속 상사에게는 해당이 될 수 있으나, 경영자에게는 해당되지 않는 것 같다.

(2) 나름대로 우수한 경영자가 갖춰야 할 것들을 골라 보자

- 신속한 의사 결정
- 직원의 의견을 존중하고 귀담아듣는 자세
- 직원의 능력을 발견하고 키워 주는 능력
- 사업에 대한 비전 제시
- 명확한 판단력

[표-25] 부하와 상사와의 친화도

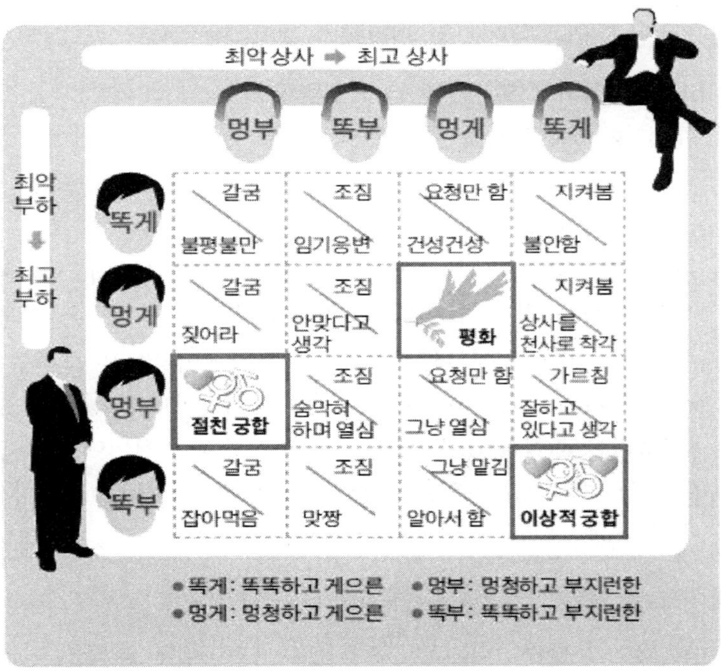

이 모든 조건을 갖추기는 어렵지만, 그래도 몇 가지의 이러한 점들은 갖추어야 자신을 믿고 따라 주는 사람들이 지속될 거라고 생각한다.

누군가에게 들었다.

"비즈니스를 하는데 가장 중요한 것은 돈이 아니라 인적자원이다."

사람이 비즈니스에 있어서 상당히 중요한 요소라는 것에는 100% 공감한다.

훌륭한 경영자는 자신의 능력이 뛰어남을 과시하는 것 보다는 밑의 사람들의 능력을 키워 주고, 자신을 믿고 따를 수 있도록 이끌어 주는 능력이 필요하다. 그렇지 못한 경영자의 밑에서 일하는 직장인은 피곤할 뿐이다.

[2] 성공하는 경영 전략의 요건

지난 수십 년 간, 전략의 수립과 실행은 기업 경영에 있어서 반드시 필요한 활동으로 인식되어져 왔다. 변화와 불확실성으로 가득한 현재, 그리고 미래의 경영 환경 하에서 성공하는 전략들이 가져야 할 기본 원칙이 무엇인지 알아보자.

불확실성으로 가득한 현대의 경영 환경 하에서 효과적인 경영 전략의 수립과 실행이 갖는 중요성은 그 어느 때 보다 강조되고 있다.

기업들의 규모와 산업이 다르고, 고객과 시장이 변화하며, 재무 구조와 핵심 기술 또한 같지 않은 만큼 이런 전략은 성공하는 전략이고 저런 전략은 실패하는 전략이다.'라고 말하는 것은 옳지 않을 것이다.

시간이 흐르고 환경이 바뀌어도 변하지 않는 기본 원칙은 항상 존재하기 마련이다. 기업 경영과 전략에 있어서도 마찬가지 일 것이다. 수 없이 많은 사업과 이를 위한 전략들이 존재하겠지만 기업을 성공으로 이끌어 주는 최고의 경영 전략, 그 이면에는 항상 변치 않는 기본 원칙이 있게 마련이다.

성공하는 기업의 경영 전략, 그 이면에 숨겨져 있는 불변의 원칙은 과연 무엇일까?

비즈니스 모델, 고객을 인식하는 태도 등의 관점에서 그에 대한 해답을 알아보자.

(1) 비즈니스 모델을 지속적으로 진화시켜야 한다

"경쟁은 기업이 항상 새로운 이윤의 원천을 확보함으로써 영속성을 확보하는 것"이라는 말이 있다. 경쟁에 직면하여 변화하지 않는 기업은 결코 영속성을 가질 수 없는 것이다. 사업 전략의 핵심 이라고 할 수 있는 비즈니스 모델에 있어서 변화의 필요성은 필수 요소이다.

새로운 사업의 기회와 지속적인 수익을 창출해 내는, 유기적으로 진화하는 비즈니스 모델이 필요할 것이다.

인터넷은 기업에게 변화에 대한 과제를 부여하는 동시에 그에 대한 해답을 제공하기도 한다. 그렇지만 혁신적인 비즈니스 모델들이 신사업이나 첨단 기업에서만 만들어지고 실행되는 것은 아니다. 비즈니스 모델의 진화는 전통 산업이나 거대 기업의 경우에도 마찬가지로 적용된다.

이미 대부분의 사업에서 변화의 트렌드로 인식되고 있는 솔루션 비즈니스의 개념을 떠올려 보자. 이제는 IT 기업들뿐만 아니라 모든 산업에서 이를 통하여 새로운 경쟁 우위 확보 및 수익 제고의 기회를 탐색하고 있다.

대표적인 전통 산업으로 여겨지던 금융 부문에서의 발 빠른 변화도 주목할 만하다.

모 은행의 직원들은 이제 보험 외판원처럼 고객을 직접 방문하여 예금, 대출, 수익증권 매매, 보험 가입 등의 종합 금융 서비스를 제공하고 있고 모 거대 기업에서는 단순한 제조 및 판매 활동을 넘어서 고객이 필요로 하는 모든 서비스들을 종합적으로 제공하고 있다고 했다.

이처럼 솔루션 비즈니스 개념은 사업 간의 경계를 넘어서 이질적인 비즈니스 모델들조차도 상호 연계, 변화시키고 있다.

(2) 고객을 인식하는 태도를 바꿔야 한다

고객은 모든 비즈니스의 시작이자 최종 목적이다. 기업의 존재 목적은 고객을 위한 가치 창출에 있으며, 모든 경영 활동들은 최종 고객을 지향하는 마인드를 가지고 있어야 한다.

전략도 마찬가지로, 고객을 중심으로 모든 활동들을 계획하고 실천하는 전략만이 기업을 성공으로 이끌어 줄 것이다. 단순히 고객을 위하고 고객의 요구에 적극적으로 대응해야 한다는 것만을 의미하지는 않는다. 고객이 직접 참여하는 전략, 즉 고객의, 고객을 위한, 고객에 의한 전략이 필요한 것이다.

전략의 수립과 실행의 중요성이 강조되기 시작한 지난 수십 년 동안, 경영자들은 항상 새로운 개념들을 배우고 실천해야 했다.

고정된 시장을 대상으로 모든 계획을 수립하고 실행하기에는 환경의 변화가 너무나도 빠르게 진행되고 있으며, 경쟁자들은 기업의 목표 시장과 경쟁 우위 역량 등을 손쉽게 복제할 수 있게 되었다.

결국 모든 기업과 경영자들이 배워야 할 성공 전략의 요건은 바로 “변화”라고 한다.

기업으로 하여금 끊임없이 새로운 계획을 만들고 실천하게 했던 변화, 그 자체를 이제는 최선의 전략으로 받아들여야 한다는 것이다.

(3) 성공하는 경영자의 덕망

우리는 성공과 성취에 대해서 구분할 줄 알아야 한다.

사전적인 정의로는 두 단어 모두 '목적한 바를 달성함'을 뜻하며, 이 두 단어의 구분은 사실 쉽지 않다. 그러나 성공과 성취는 엄연히 다른 단어이다.

'목적한 바를 달성하는 것' 자체는 성취를 위한 필요충분조건이 되지만, 성공을 위해서는 필요조건에 불과하다. '성공'이라는 단어가 성립하려면 이 '목적한 바를 달성하는 것' 외에도 스스로 그 행위에 만족하고 타인으로부터 인정을 받아야 한다.

성공하기 위해 갖추어야 할 조건들이 있다. 몇 가지에 대해 알아보도록 하겠다.

① 끈기, 집중력, 열정, 덕목

"일찍 일어나는 새가 먹이를 많이 잡는다.'는 속담에 걸맞게 성공한 경영인들의 대부분은 새벽에 기상하며 아침 형 인간의 모습을 보여준다.

남들보다 부지런한 생활을 하며, 자신의 꿈을 이루기 위해 많은 사람들에게 신뢰를 얻었고, 그런 행동 끝에 성공한 경영자가 된다.

게으른 자에게는 큰 지도자라는 명분이 어울리지 않는다. 언제나 열심히 하는 모습으로 열정을 가지고 일을 해야만 한다.

요즘 시대에는 세상이 빨리 돌아가고, 고객이 원하는 바도 빠르게 변화하고 있기 때문에 오래도록 존속하는 기업을 찾기가 힘들다. 성공한 경영자는 이렇게 어려운 상황 속에서도 끈기를 가지고 노력을 해야 한다.

물론 말처럼 쉬운 일이 아니라는 것을 잘 알고 있다.

"Rome was not built in a day"라는 속담이 있다. '로마는 하루아침에 이루어지지 않았다'라는 뜻으로, 무슨 일이든 마음먹었다고 해서 뚝딱 해결이 되는 것은 아니라는 것이다. 경영자 자신의 꿈 또한 하루아침에 이루어지지 않을 것이다.

언제나 목표를 가지고 준비된 자세로 그 목표에 대해 예상하고 시간을 들여 노력해야 한다.

성공하고 싶어도 성공하지 못하는 사람들이 세상에는 너무나 많다. 성공한 경영자를 보고 부러워만 할 것인가? 스스로 깨우치고 느끼지 못한다면 평생 성공할 수 없다. 저자는 오직 한 가지에만 집중하고 최선을 다 해야 한다고 생각한다.

② 신용

신용이 생명이고 신용을 읽으면 아무리 친한 사이라도 인과관계는 끝이 나며 피를 나눈 가족관계에서도 이 같은 현상이 발생한다.

시간과 금전 거래의 약속은 무슨 일이 있어도 꼭 지켜야만 상대방의 신뢰를 얻을 수 있고, 사업 자금을 마련할 때에도 금융기관으로부터 저금리로 빌릴 수 있다고 생각한다.

주문 날짜에 맞춰서 제품을 만들지 못하는 공장에 누가 주문을 하겠는가. 약속한 날짜에 빌려 간 금액을 제대로 갚지 않는 등의 행동으로 신용 상태가 나빠지게 되면 어느 누구에게도 금전에 대한 해방감을 도와주지 않을 것이다.

저자도 경험을 통해서, 큰 돈, 작은 돈 할 것 없이 정해진 기간 내에 돈을 제대로 갚지 않는 사람들은 사업에 실패한다는 것을 알게 되었다. 사업가에게 신용이 가장 중요한 것임을 알아야 한다.

③ 치밀한 성격, 리더십

경영자는 회사의 매출과 이익, 문제점 등 제반 사항을 그 누구보다 철저히 파악하고 있어야 한다. 회사와 관련된 웬만한 수치는 제대로 암기하고 있어야, 이를 바탕으로 위기 상황에 즉각 대처할 수 있을 것이다.

이를 바탕으로 대체적으로 꼼꼼하고 치밀한 성격을 가졌다면, 리더십 또한 필요하다.

경영자에게 리더십이 꼭 필요하다는 것은 당연한 일이고, 누구나 그렇게 생각하고 있겠지만, 이렇게 당연한 일이 당연하지 않은 경우도 사실 많기 때문에 꼭 필요하다고 하는 것이다.

겉으로 보기에는 뛰어난 능력과 리더십이 출중할 것으로 여겨지지만, 쉽게 의사 결정을 하지 못하고 쉽게 찾아오지 않는 기회를 날려 버리고 언제나 조금씩 살짝 실수하는 경영자들도 아주 많다. 대다수의 많은 경영자들은 뛰어난 능력을 안목을 가지고 있으며, 의사 결정과 처리 과정에 있어서 대단한 인재들이라고 할 수 있겠다. 그러나 자신의 능력을 믿고 너무 자만하여 100%의 능력을 맘껏 발휘하지 못하고 50%만 발휘하는 일이 없어야 한다.

즉, 앞서 말한 모든 의사 결정에 있어서 본인이 다 관여해서는 안 된다는 것이다. 훌륭한 경영자는 사람을 통해서 일을 한다. 경영자는 자신의 역량을 타인과 나누기 위해서 더 많은 힘과 에너지를 쏟아야 할 것이다.
치밀하고 꼼꼼하며 리더십이 있는 경영자는 자신의 이익만을 좇지 말고, 늘 언제나 자신의 사람들과 함께 해야 한다는 사실을 잊지 말아야 한다.

④ 자제력

사람은 누구나 공부하는 것과 힘들게 일하는 것을 싫어한다. 저자가 수년전 상위 0.1%만 간다던 명문 대학에서 발명과 관련된 주재로 강의를 했는데 1시간이 넘어가니 지루해지는 것을 보았고 2시간 강의 시간 중에 1시간 30분만 강의하고 끝내 주니까 모두 좋아했다.
사람은 쉽고, 재밌고, 힘들지 않는 일을 하고 싶어 한다. 사실 일하는 것보다 쾌락, 음주, 가무 등을 더 선호한다.
저자 또한 힘들게 일하는 것을 좋아하지 않는다. 모두가 다 같은 사람이기 때문에 몸이 힘들면 정신 또한 지치기 마련이다. 쉬고 싶을 뿐 아니라, 편안해지고 싶은 것이 당연하다.
그래서 사람들은 예로부터 함께 모여 음주가무를 느끼고 싶어 하는 것을 좋아하게 되는 것이다.
하지만 그것도 지나치면 자신의 인생을 파멸로 몰고 갈 수 있으므로 그 욕망과 간절함을 참고 억제할 줄도 알아야 한다.
개인뿐만이 아니다. 국가와 기업도 마찬가지이다.
조상들의 모습만 봐도 알 수 있다. 옛날 우리의 조상인 왕들도 향락에 빠져 국가의 중요한 일을 나 몰라라 하며 음주에 취해 있을 때, 외구의 침략이나 조정 간의 내란으로 멸망한 경우가 많다. 경영자가 자제력을 잃어버리면 기업 전체뿐만 아니라 자신까지도 무너질 수 있다는 것을 명심해야 한다. 잠깐의 욕망을 억누르면 미래가 더욱더 행복할 수 있다.

⑤ 건강관리

많은 사람들이 이야기 하는 성공의 필수 요건인 모든 조건을 만족하여도 건강이 뒷받침 되지 못한다면 사업을 제대로 이끌어 갈 수가 없다.
아무리 세상이 변하고 빠르게 움직인다 하더라도, 기계처럼 일하고 쉬지 않는다면 몸에 무리가 와서 판단력이 흐려질 수 있으니 틈틈이 쉬어 가면서 일을 해야 한다[37].

37) 출처 : 경영 21세기 기업전략과 재무전략

그래야만 육체적으로도 건강이 좋아지고, 휴식을 통해 정신 또한 맑아져서 실수를 하지 않는다.

건강한 육체에 건강한 정신이 살아간다.

토머스 에디슨, 벤자민 프랭클린, 에이브러햄 링컨, 헨리 포드, 앤드류 카네기 등 각 분야에서 성공을 거둔 500여 명에 달하는 사람들을 20여 년의 시간 동안 면밀하게 분석하여 탁월한 성공 철학을 가지고 성공의 원칙을 집대성한 나폴레온 힐이 쓴 책 일관성 있게 '성공' 이라는 책이 있다.

이 책은 각각의 성공 법칙에 대한 성공의 원리를 이해시키고 있다. 성공과 부의 원리를 자신의 사례와 성공을 거둔 성공의 법칙 총 15가지를 살펴보면 다음과 같다.

① 명확한 중점 목표

명확한 중점 목표의 유무가 성공과 실패를 좌우한다. 따라서 명확한 중점 목표를 자기암시를 통해 잠재의식에 새겨 무장하고 자신에게 방해가 되지 않고 도움을 주는 사람을 만나야 한다. 즉, 명확한 중점 목표를 실현시키는 데 협조를 해줄 사람과 연대를 형성해야 한다. 그리고 끈기 있는 노력을 기울여야 노력에 대한 성과가 나올 것이다.

② 자기 확신

두려움을 극복하기 위한 자기 확신이 필요하다는 것이다. 인간의 6가지 기본적인 두려움 가난, 늙음, 타인의 비판, 사랑 상실, 건강 상실, 죽음에 대해 어떻게 극복할 수 있는지 설명하였고, 자기 암시를 통해 자기 확신을 습관화 시켜야 한다고 한다. 인생의 전환점이라는 기회는 자기 확신이 있는 사람에게 더욱 잘 포착된다.

③ 저축하는 습관

가난의 두려움은 부정적이고 파괴적이다. 부정적인 마음은 또 다른 형태의 마음을 불러들이기 때문에 이 습관은 성공에 있어 중요한 습관이다. 저축하는 습관을 가지려면 즐거움과 기쁨을 주는 다른 것들을 참아 내고 욕망을 희생해야 하기 때문에 많은 노력이 필요하다. 세상은 저축하는 자에게 기회를 준다. 돈을 준비하고 있는 사람만이 그 기회를 포착할 수 있다.

④ 솔선수범과 리더십

리더십은 성공을 이루는 데 필수적인 요소이고 솔선수범은 리더십의 토대가 된다. 그러기에 이 둘을 떼어서 설명할 수가 없다. 솔선수범은 다른 사람에게 이익이 되는 일을 함으로써 기를 수 있게 되고 리더십은 자신감, 도덕적 우위, 자기희생, 온정주의, 공정성, 결단력, 위엄, 용기와 같은 자질을 가져야 한다. 그중 리더십의 주요한 선행 조건 중 하나는 신속하고 확고한 결단력임을 알아야 한다.

⑤ 상상력

상상력의 정의는 과거의 낡은 사고와 기존의 사실들을 새롭게 조합하여 새로운 조립품 내지는 새로운 사용처를 만들어 내는 능력이다. 즉, 기존의 사고를 새롭게 결합시키는 것으로 무한한 가치를 지닌 자산이다. 따라서 인생의 목표가 무엇이든가에 이를 성취하기 위해서는 상상력을 사용해야 한다. 더 정확히 말하면 명확한 중점 목표를 세우면 상상 속에서 즉각적으로 현실화된다.

⑥ 열정

일을 할 때 열정이 없다면 이미 성공이란 단어는 생각지 말아야 할 것이다. 역동적인 삶을 살아가기 위한 원동력인 열정은 생명력이라고도 할 수 있다. 성공은 행동이 전제되어야 하는데 열정은 지식을 행동으로 바꾸는 주요 원인이 된다.

⑦ 자제력

자신을 통제할 수 있는 힘을 말한다. 행동이 그릇된 방향이 아닌 올바른 방향으로 향하도록 균형을 맞추어 주는 힘이라는 것이다. 대부분의 사람들은 자제력 부족으로 불행을 겪는다. 따라서 자신의 생각을 통제함으로써 높은 수준의 자제력을 발휘해야 하는데 일상에서 말을 많이 하기보다는 남의 말을 경청하는 태도를 갖자.

⑧ 보수보다 많은 일을 하는 습관

어떻게 하면 수확 체증의 법칙의 받을 수 있는가를 보여주며 자신이 받는 급여보다 더 많은 양의 일을 하면 그만큼의 보답을 받으며 많은 장점들이 내게 따라온다는 것이다. 자신만의 특별한 적성을 계발할 수 있고 기술을 연마할 수 있다. 결국 자신의 가치를 높일 수 있다는 것이다.

⑨ 쾌활하고 유쾌한 성품

그냥 성품이 아니다. 쾌활하면서도 유쾌한 성품이다. 인간성을 말하기도 하는데 정확히 말하면 성격과 외모의 조화를 뜻한다. 세일즈맨에게는 기본적인 항목이 아닐까 싶다. 좋은 성품을 형성하는 요소를 설명하였는데 그중 긍정적인 사고방식을 기르고 자신의 생각을 힘 있고 설득력 있게 표현하는 노력을 한다면 매력적인 성품으로 변화시킬 수 있다.

⑩ 정확한 사고

성공에 도움을 줄 정확한 사고가 무엇일까? 정확한 사고를 갖기 위해서는 새로운 정보와 그 정보에 포함된 진실을 가려낼 줄 알아야 하고, 그 정보를 중요한 것과 중요하지 않은 것으로 분류할 줄 알아야 한다고 한다. 좀 어렵지만 정확한 사고를 위한 필수적이 요소다. 성공은 사고의 힘을 이용하는 만큼 정확하게 사고하는 법을 알아야 할 것이다.

⑪ 집중력

집중력은 성공으로 가는 마법 열쇠라고 한다. 집중력은 자신의 특정한 욕구를 실현하기 위한 수단과 방법을 계획하고, 그 욕구가 성공적으로 이루어질 때까지 마음을 모으는 행위다. 집중력이 발휘되기 위해서는 곧 야망과 욕구가 있어야 하며 이 두 가지를 이루어 낸 사람은 집중력의 위대한 힘을 이용한 것이다. 상상력으로 시작된 욕구는 집중력의 힘으로 현실화된다.

⑫ 협력

협력은 모든 조직된 노력의 출발점이다. 타인과의 협력이 주는 보상만 보더라도 이 법칙이 왜 중요한지 알게 될 것이다. "경쟁 관계보다 협력 관계를 중요시하는 사람은 공을 크게 들이지 않더라도 수많은 기회와 부를 손에 넣을 수 있을 뿐 아니라 다른 사람은 느끼지 못하는 행복도 덤으로 느낄 수 있다." 따라서 협력을 통해 자신의 목표를 이루고 싶다면, 마스터 마인드의 힘을 기본으로 함은 물론이고 조직원들이 분열되지 않고 이기적이지 않도록 적절한 동기부여를 해야 한다.

⑬ 실패로부터의 교훈

실패가 우리에게 다가오더라도 그 이면에 있는 교훈을 받아들이자는 얘기다. "좌절이란 것을 실패로 인정하는 순간에만 파괴적인 힘을 낸다. 반대로 그 뒤에 숨겨진 교훈을 얻어내는 사람에게는 축복으로 변한다.

⑭ 인내

인내하지 못하는 사람, 즉, 분노를 참지 못하는 사람은 성공하기 힘들다. 결과적으로 인내야말로 성공을 위한 디딤돌이라는 점이다.

⑮ 황금률의 이행

"황금률의 핵심은 입장을 바꾸어 '다른 사람이 당신에게 해주기를 바라는 것과 똑같이 다른 사람에게 하라'는 것이다.", "다른 사람들이 당신에게 해주기를 바라는 대로 행동하는 것뿐 아니라 다른 사람들이 당신에 대해 생각하기를 바라는 것만큼 다른 사람들에 대해 생각하는 것이 중요하다." 따라서 황금률을 믿는다면 다름 사람과의 관계에 이 철학을 꼭 적용해야 한다.

이러한 성공 법칙을 가지고 성공하기 위해서는 또 하나의 중요한 필수 요소가 있다. 이는 '마스터 마인드'다. 완벽한 조화의 정신으로 두 사람 혹은 그 이상의 마음의 결합과 연대를 통해 생겨나는 마음 상태라는 뜻으로 상호간의 이해와 협동이 성공을 달성하는 데 중요한 요소라는 것이다.

즉, 조직력의 힘을 잘 유도하여 성공에 이른다는 말이다. 따라서 저자가 제시한 성공의 법칙을 이해하기 위해서는 '마스터 마인드'라는 개념을 이해해야만 한다.
누구나 부와 명예를 위한 성공을 꿈꾼다지만 그 성공으로 가는 길은 험난한 여정이 기다린다. 그 험난한 여정을 15가지의 성공 법칙과 함께 한다면 결과는 우리가 바라는 대로 이루어지지 않을까 생각한다. 저자가 제시한 성공 법칙은 단순한 한 줄짜리 법칙이 아닌 15가지의 자질을 개발하라는 메시지이다. 따라서 성공의 타이틀을 거머쥐는 몫은 이제 개인의 노력 여하에 달려 있다고 생각한다.

[3] 경영하기

경영자로 살아남기 위해서는 자기 자신의 회사 내 업무의 모든 것을 빠짐없이 알고 있어야 한다. 앞서 말한 우수한 경영자로서의 결과는 업무 능력에서 비롯된다고 보면 이해하기 쉬울 것이다. 맡은 일에 있어서 언제나 당당하고 실수 없이 성공해 내고 멋진 모습을 보이는 경영자야말로 믿을 수 있는 경영인이 아닐까 싶다.

자타가 인정 해주는 성공하는 경영자가 되려면 다음과 같은 지식들을 잘 알고 있어야 한다.

(1) 예산과 회계

어느 조직에서든지 돈이 중요하다. 너무 당연한 말인 것 같지만, 오늘날의 생활은 돈이 없이는 아무것도 할 수가 없다. 경영을 할 때에 금전적인 여유가 없다면, 투자자들로부터 압박을 받을 수도 있다. 경영을 하는 것은 인생을 살아가는 데 한 부분일 뿐이다. 세상을 사는 것에 있어서, 돈은 언제나 1순위가 되고 만다.

경영자로 남기 위해서는 예산과 회계에 대한 기초적인 지식을 알아두어야 할 필요가 있다.

직원들은 기본적으로 '현금 흐름, 손익 계산서, 대차 대조표' 등의 용어들을 알고 있다. 그럴 때 경영자가 그 용어들의 뜻을 모른다는 것은 말이 되지 않는다.

① 예산(豫算)

노련한 경영자는 예산의 절대적인 중요성을 잘 알고 있을 것이다.

'예산'은 국가 또는 지방자치단체의 1회계연도의 세입,세출[38]에 관한 예정 계획서라고 정의할 수 있다.

예산은 이루고자 하는 계획을 이룰 수 있게 해주고, 자신이 일하고 있는 현장을 더 나은 모습으로 실현하고자 하거나, 일을 해 나가는데 필요한 물건들을 구입하는 데에 필요한 자금을 미리 계산하여 사용할 수 있게 한다.

예산은 이미 정하여진 예산 집행 절차에 의하여 행해지는 미래의 재정 활동에 대한 지침이 되는 동시에 그 활동 방향을 규제하며 엄격한 구속력을 갖는다.

② 회계(會計)

오늘날 사회에서의 경제활동은 기업, 국가, 학교 등 일정한 사회적 조직을 통하여 이루어지는데, 이들 사회적 조직에 대하여는 이해관계를 가지는 개인이나 조직이 존재한다.

이들 이해관계자들은 자기 이익을 보호하기 위한 의사 결정을 해야 하며, 합리적 의사 결정을 위하여 의사 결정의 결과가 자기 이익에 어떠한 영향을 미칠 것인지를 알아야 한다.

이 결과에 영향을 미치는 요인 중에서 전제되고 있는 실체와 관련된 현상이 매우 중요한 부분이 될 수 있으며, 회계는 이러한 현상을 화폐액으로써 나타내 주는 것이라 할 수 있다.

회계는 정보 이용자에게 유용한 모든 정보를 제공하는 것이 아니고, 일정한 경제적 실체를 전제로 하여, 그 실체와 관련된 현상만을 나타내 주는데, 이때 회계가 성립하는 데 있어서 전제되는 경제적 실체를 회계 실체(accounting entity) 또는 회계 주체라고 한다.

〈회계 등식〉

한 조직의 자산이 부채와 소유주 지분의 합과 같다.
※ 자산 = 부채 + 소유주 지분

이 간단한 등식은 사업체의 모든 거래들을 알 수 있게 하고, 의사 결정에 대한 자료를 공급하는 아주 복잡한 회계 시스템을 움직인다.

③ 자산(資産)

기업이 소유하고 있는 유형, 무형의 유가치 물로서, 자산은 여러 기준에 따라서 분류가 가능하나 회계 상으로는 유동자산, 고정 자산, 이연

38) 정부 또는 지방자치단체의 한 회계연도의 모든 수입(세입) 및 지출(세출)

자산으로 나누어진다.

유동자산은 기업과 시장 사이를 교류하며 1년 이내에 현금화되는 회전속도가 빠른 자산인데, 다시 당좌 자산(當座資産)과 재고 자산(在庫資産)으로 나누어진다.

당좌 자산은 바로 현금화할 수 있는 자산으로 현금, 예금, 받을 어음, 외상 매출금, 일시적 소유를 목적으로 한 유가증권 등으로 이루어진다.

재고 자산은 제조,판매 등의 과정을 거쳐 현금화할 수 있는 것으로, 상품,원재료, 재공품(在工品)[39),반제품[40] 등으로 구성된다.

고정 자산은 기업 내부에서 장기간 사용하며 원칙적으로 1년 이내에는 현금화되지 않는 회전속도가 느린 자산을 말한다.

- 현금(現金) : 이것은 모든 형태로 있는 돈을 이르는 것으로, 적은 의미의 현금, 당좌수표[41], 사채나 주식 같은 유가증권 등이 해당된다
- 재고 자산(在庫資産) : 유동자산 중 상품이나 제품과 같이 재고 조사에 의해 실재의 현 재고를 확인할 수 있는 자산이다 상업에서는 상품, 적송품(積送品 : 위탁판매를 위하여 이미 발송된 상품),미착품(未着品 : 이미 매입되어 운송 중에 있는 상품) 등으로 분류한다

  제조 공업에서는 제품, 반제품, 재공품(在工品),원재료, 저장품[42],소모품 등으로 분류된다. 이는 판매 자산으로 불리는 것과 같이 영업수익 획득의 목적에 의해 제조, 보유되는 자산이다.
- 부동산(不動産) : 경영자가 소유하거나 통제하는 부동산은 땅, 건물, 설치물이다 제조 공장, 창고, 농장, 사무용 건물 등이 해당된다.
- 미수금(未收金) : 일상적 판매 대상인 상품,제품 이외의 자산을 매각하였을 경우 그 대금 중 미수된 금액이다

  상품이나 제품 이외의 자산이란 유휴 자산(遊休資産)[43] 또는 불용자산(不用資産)을 말하며, 이를 매각함으로써 발생한 채권은 일반적, 일상적 상거래에서 발생한 채권이 아니라 임시적으로 거래처 이외에서 발생하는 채권이다.

---

39) 공장에서 생산 과정 중에 있는 물품. 저장 또는 판매 가능한 상태에 있는 반제품과는 다르다.

40) 완제품의 재료로 쓰기 위하여 기초 원료를 가공한 중간 제품. 또는 모든 제조 과정을 거치지는 않았으나, 그대로 저장과 판매가 가능한 중간 제품

41) 은행에 당좌예금을 가진 자가 은행을 지급인으로 하여 일정한 금액의 지급을 위탁하는 지급위탁 증권

42) 저장하는 물품 또는 저장하는 생산품

43) 일단 가동을 하였지만 생산 축소 기타의 사유에 의해 가동하고 있지 않는 자산

④ 부채(負債)

재화나 용역의 차입을 전제로 부담한 금전상의 상환 의무이다.

부채는 기업이 상품이나 원재료를 외상으로 구매하거나 금전을 차입하였을 때, 기업이 소비한 전력이나 용수의 대가를 지불하지 않았거나 또는 종업원에 대하여 임금을 지불하지 않았을 경우 발생한다.

㉮ 미 지급금(未支給金) : 기업 본래의 거래 이외에서 아직 지급하지 아니한 금액이다

㉯ 지급 어음 : 어음상의 채무를 처리하는 계정이다

상품을 외상으로 매입하면 외상 매입금 계정으로 처리되지만, 어음을 발행하여 교부하면 어음 채무가 발생하게 되어 지급 어음 계정이 된다.

따라서 금전의 소비 대차를 배경으로 한 금융 어음 또는 관계 회사에 대한 지급 어음은 일반 상거래에서 유래되는 지급 어음과는 구별하여 어음 차입금 계정 또는 관계 회사 지급 어음으로 표시하여야 한다.

㉰ 선수금(先受金) : 용역, 상품의 대가를 분할하여 받기로 했을 때 먼저 수령하는 금액이다 구체적으로 공사나 상품을 주문받고 미리 받은 금액이나, 부동산업, 창고업, 영화업, 기타 용역 제공을 영업 목적으로 하는 기업의 영업 수입 선수금 등이 해당된다

㉱ 사채(社債) : 회사채라고도 하며, 기업이 자금 조달을 위해 직접 발행하는 채권을 말한다 회사채는 회사의 수익에 관계없이 일정률의 이자가 지급되는 것이 특징이다

금융기관에서 지급을 보증하는 보증 사채[44]와 무보증 사채, 담보부사채[45]가 있다.

⑤ 소유주 지분(所有主持分)

기업의 소유주가 기업의 자산에 대해서 갖는 청구권을 의미한다. 소유주 지분은 좁은 의미의 자본과 같은 것으로서, 오늘날 기업의 대표적인 형태가 주식회사이므로 소유주 지분이라는 용어 대신 주주 지분이라는 용어가 널리 쓰인다.

주주지분은 기업이 소유하고 있는 자산의 총액에서 부채의 총액을 차

44) 사채 투자의 안전성을 높이기 위해 원금 상환 또는 이자 지급 등에 대하여 발행 회사 이외의 제3자가 보증을 하고 있는 사채

45) 사채를 발행할 때, 그 원리금의 지불을 확실히 하기 위하여 발행 회사가 담보를 제공하는 사채

감한 잔액으로 자산과 부채의 평가 결과에 따라 종속적으로 산출되는 잔여 지분의 성격을 갖는다.

㉮ 자본금(資本金) : 기업의 소유자 또는 소유자라고 생각되는 자가 사업의 밑천으로 기업에 제공한 금액을 일컫는다 개인 기업에서는 기업주가 내놓은 사업 밑천을 의미한다

주식회사의 경우는 법률에 의하여 그 내용이 규정되어 있다. 이는 주식회사가 출자자의 유한 책임(有限責任)의 원칙에 따르고 있으므로, 재산적인 기초를 확보하기 위하여 기준이 되는 금액을 정해 놓을 필요가 있기 때문이다. 한국 상법에는 회사의 자본은 발행주식[46]의 액면 총액으로 한다고 되어 있다.

㉯ 자산 수증 이익(資産受贈利益) : 회사가 주주 또는 기타의 자로부터 현금이나 기타의 재산을 무상으로 제공받음으로써 생기는 이익이다

채무 면제 이익이 소극적 의미의 증여 이익임에 반하여 자산 수증 이익은 적극적 의미의 증여 이익이다. 세무 상 자산 수증 이익은 순자산 증가 액으로 익금에 산입하는 것이 원칙이나 세무상 이월 결손금의 보전에 충당된 금액은 익금에 산입하지 아니한다.

(2) 재무제표

재무제표는 회계 실체의 일정 기간(회계 기간) 동안의 경제적 사건과 그 기간 말에 있어서의 경제적 상태를 나타내기 위한 일련의 회계 보고서이다.

회계는 회계 실체의 이해관계자에게 회계 실체에 관련된 유용한 재무적 정보를 제공하는 수단으로서 회계 보고서를 작성, 보고하는 것으로서, 재무제표는 이러한 회계 보고서의 가장 중심적이고 종합적 체계를 이루고 있다.

회계 실체의 외부에 있는 이해관계자는 그 실체에 관한 정보를 얻을 수 있는 기회가 극히 제한되어 있기 때문에, 이들 외부 이해관계자에게 있어서 재무제표는 매우 중요하다. 따라서 이해관계자가 광범위하게 존재하는 기업이나 그 밖의 사회적 조직 외부에 있는 재무제표 작성 및 보고가 법령으로 의무화되어 있으며, 또 그 작성 및 보고 방법에 관해서도 규제가 가해지는 것이 일반적이며 기업의 대표자라면 재무제표는 훤히 꿰뚫어야 한다.

① 대차 대조표(貸借對照表)

일정 시점에서의 기업의 재정 상태를 일람할 수 있게 나타낸 것으로

46) 이미 발행되어 회사 자본으로 넣은 주식

서, 손익계산서와 함께 재무제표의 중심을 이루는 것이다.
일반적으로 그 시점에서의 모든 자산을 차변(借邊)에, 그리고 모든 부채 및 자본을 대변(貸邊)에 기재하는 데서 대차 대조표라는 말이 생겼다.
작성 시점은 대부분 결산 시기 이지만, 개업, 폐업, 합병 때에도 작성된다.
대차 대조표의 작성 방법은 두 가지가 있다.
하나는 개별 요소마다 실지 재고 조사를 하여 그 결과를 집적하여 작성하는 방법으로, 실지 재고 조사법 또는 재산 목록법[47]이라고 한다.
다른 하나는 회계 기록에 의하여 유도 적으로 작성하는 방법으로 유도 법이라고 한다. 실제 재고 조사법의 경우는 회계장부 등을 반드시 필요로 하지 않는다.
 자산은 어디까지나 현금화될 가치 있는 것에 한정되고, 또한 부채도 법적 관점에 의한 부채에 한하게 된다. 단적으로 말하여 실제 재고 조사법은 기업의 해체 가치 계산(解體價値計算)을 하는 것으로, 현재 보유하고 있는 재산을 모두 환금하면 어떻게 될 것인가를 나타내는 것이다.

② 손익계산서(損益計算書)

기업의 경영 성과를 밝히기 위하여 일정 기간 내에 발생한 모든 수익과 비용을 대비시켜 당해 기간의 순이익을 계산, 확정하는 보고서이다.
손익계산서에서는 수익과 비용의 과목을 대응, 비교시켜 손익을 표시하므로, 그 기능은 순 손익 액을 명백히 할 뿐만 아니라 손익 발생의 과정을 분석적으로 추적할 수 있도록 하여 영업의 수행 과정까지 알려준다.
따라서 손익계산서는 기업의 목적 달성 정도를 측정하는 기준이며 경영 정책의 수립과 방향 설정에 있어 가장 중요한 자료가 된다.
따라서 손익계산서는 기업의 목적 달성 정도를 측정하는 기준이며 경영 정책의 수립과 방향 설정에 있어 가장 중요한 자료가 된다.
양식에는 계정식과 보고식이 있는데, 기업 회계 기준에서는 보고식을 원칙으로 하고 있다. 계정식은 총 계정 원장의 차변과 대변을 그대로

47) 상업 장부의 하나. 일정한 시기에 기업이 소유하고 있는 총재산을 개별적으로 가격을 붙여서 적은 명세표를 이른다.

옮겨 놓은 형식으로, 총비용과 총수익의 대조에 편리한 방식이나, 일반의 이해관계자가 이해하기 쉽고 편리한 형식을 채용하기 위해 보고식을 택하고 있다.

③ 이익 잉여금 처분 계산서(결손금처리계산서)

이월 이익 잉여금[48]의 수정 사항과 당기 이익 잉여금의 처분 사항을 명확하게 보고하기 위해 작성하는 재무제표의 한 종류이다.

기업의 이월 이익 잉여금의 변동 사항을 나타내는 재무제표로서 전기와 당기의 대차 대조표일 사이에 이익 잉여금이 어떻게 변화하였는가를 나타낸다.

대차 대조표, 손익 계산서, 현금 흐름 표와 함께 4대 재무제표라고 부르며, 주주총회의 승인을 거쳐 확정된 처분 방침에 따라 작성하는 것이 원칙이다.

주요 항목으로는 당기 말 미 처분 이익 잉여금[49], 임의 적립금 이입액[50], 이익 잉여금 처분액[51], 차기 이월 이익 잉여금[52] 등이 있다.

이익 잉여금이란 손익거래에 의하여 발생하는, 잉여금 가운데 가장 일반적인 형태로 이익금의 보류 액으로 생기는 잉여금 또는 이익을 원천으로 하여 생기는 잉여금 등을 가리킨다.

④ 현금 흐름 표(現金흐름表)

기업의 현금 흐름을 나타내는 표이다.

기업 회계 기준에서는 '현금의 변동 내용을 명확하게 보고하기 위하여 당해 회계 기간에 속하는 현금의 유입과 유출 내용을 적정하게 표시하여야 한다.'고 규정되어 있다.

현금 흐름 표는 영업 활동으로 인한 현금 흐름, 투자 활동으로 인한 현금 흐름, 재무 활동으로 인한 현금 흐름으로 구분하여 표시하고, 이에 기초의 현금을 가산하여 기말의 현금을 산출하는 형식으로 표시한다.

---

48) 당기 미처분 이익금에서 세금, 배당금, 상여금, 임의 적립금 등의 처분 액을 차감한 잔액으로 차기로 이월된 유보 이익

49) 전기 이월 잉여금과 당기에 발생한 순이익으로서 각 항목으로 처분되지 않은 이익 잉여금

50) 정관의 규정 또는 주주총회의 결의에 의하여 회사가 이익 가운데서 기업 내부에 유보시켜 임의로 적립하는 준비금

51) 처분 전 이익 잉여금과 임의 적립금 이입 액의 합계액을 원천으로 하여 이를 법정 적립금 및 임의 적립금으로 적립하거나 배당금으로 처분한 금액

52) 법정준비금, 세금, 배당금, 상여금, 임의적립금 등의 처분 액을 차감한 잔액으로 차기로 이월된 유보 이익

영업 활동에 의한 현금 유입은 매출, 이익, 예금이자, 배당 수입 등이 있고 매입, 판공비[53] 지출, 대출이자 비용, 법인세 등으로 유출된다.
투자 활동에 의한 현금 유출은 유가증권, 토지 매입, 예금 등이 있고, 유가증권[54],토지 매각 등으로 인해 유입된다.
재무 활동에 의한 현금 유입은 단기 차입금[55]의 차입, 사채, 증자[56] 등이며, 단기 차입금, 사채 상환 등으로 유출된다.

(3) 품질(品質)과 자세

우리가 못살던 시절에는 무엇이든 질보다 양이었는데 지금은 과거와는 달리 지금은 무엇이든 양보다는 질이다. 품질이 좋아야 경영하는 데에 있어서 승리할 수 있다.

그러나 앞서 말했듯이 하나만 좋아서는 경영을 할 수가 없다. 사람과 사람 사이에서 자세 또한 중요하다.

열심히 하려는 자세, 배우려는 자세, 배려하는 자세 등 꿈을 이루고자 하는 데에 대한 자세가 좋아야만 성공할 수 있는 것이다.

조직이 실패하는 데에는 시장의 변화, 자금의 부족 등의 이유가 있지만, 가장 큰 이유는 그 조직의 전체적인 학습(배우려는) 실패와 품질 개선의 진보적인 프로그램을 실시해 왔을지라도 이렇게 새로이 얻은 지식을 제대로 활용하지 못했을 때이다.

배우는 조직은 모든 개선 방안 프로그램들로부터 가장 좋은 방법을 찾아내어 시험해 보고, 실천한다. 품질 개선 방안에 대해서 너무 어렵게 생각하지 말고, 자신의 위치에서 도움이 될 만한 것에 대해 생각해 보면 좋을 것이다.

예를 들어, 회사 입구에 외부 고객을 위한 회사 전체 안내도 부착, 혹은 화장실에 일회용 가그린 이나 손 세정기 설치나 오래된 홈페이지 사진 업데이트 같은 쉬운 것을 찾아보는 것이 좋다.

아무리 잘 나가는 회사라 할지라도 현 상태에 머물러 있으면 퇴보되기 마련이다. 회사의 발전을 도모하고 혁신을 추구하고자 하는 일이니만큼 개선에는 적극적으로 참여해야 한다.

(4) 목표와 업무 설정하기

---

53) 공무를 처리하는 데 드는 비용. 또는 그런 명목으로 주는 돈

54) 사법상 재산권을 표시한 증권. 권리의 발생, 행사, 이전이 증권으로 이루어지는 것으로, 어음, 수표, 채권, 주권, 선하 증권, 상품권 따위가 있다.

55) 결산일 또는 그 다음날부터 시작하여 지급 기한을 1년 이내로 정하고 꾸어 쓴 돈

56) 주식회사나 유한 회사가 사업 확장과 운전 자금의 보충을 위하여 자본금을 늘림.

경영자에게 "경영의 1차적 의무가 무엇일까?" 물어본다면, '목표를 설정하는 것'이라고 대답할 것이다.

대부분의 회사들에서, 경영진의 맨 위에 있는 사람들은 조직의 전체적인 방향을 제시해야 한다. 중간에 있는 관리자들은 그들이 제시한 방향에 맞게 나아가게 끔 하기 위해 단기적으로 목표를 세우고, 달성하는 일을 맡는다.

① 원하는 것

목표를 세우기 전에 원하는 것, 꿈꾸는 것이 무엇인지 파악해야 한다.
무엇을 하고 싶은지 결정한 후에 계획을 세워야 한다.
사전 계획(기획)을 세우고 그 목표에 의해 방향을 잡는 법을 알고 있다면, 반은 성공한 것이나 다름없다. 우선 원하는 것을 알고 목표를 잘 세우는 것만으로도 훌륭하다.
중요한 일을 이루고자 할 때마다 목표를 설정해야 하는 이유는 목표는 방향을 제시하며, 전체적인 비전을 가능하게 만들어 주고, 사람들이 맡은 일을 열심히 할 수 있게 역할을 명확히 해주기 때문이다.

② 똑똑한 목표

조직 내에서 많은 목표들을 볼 수가 있다.
단기적이고 세부 사항이 잘 드러나 있는 구체적인 목표들도 있고, 장기적이고 애매한 목표도 있다. 쉽게 이해되는 목표, 이해하기 어렵고 해석이 잘 안 되는 목표도 있다.
쉽던 어렵던, 목표를 세우는 것의 핵심은 '이루어 내는 것'이다.
쓸데없이 시간을 너무 많이 들이거나, 에너지를 많이 소비해서 결국 이루어 내지 못하는 목표에 다다른다면 아무 소용이 없다.
가장 좋은 목표는 다음과 같은 '똑똑한(스마트(SMART))' 목표 수립이다.

- S(Specific) : 구체적이어야 한다.
- M(Measurable) : 측정 가능해야 한다.
- A(Action-Oriented) : 행동 지향적이어야 한다.
- R(Realistic) : 현실적이어야 한다.
- T(Timely) : 적절한 시기와 시간이 정해져야 한다.

이러한 SMART한 목표는 스마트한 조직을 이루게 한다.
많은 경영자들이 목표를 설정 할 때 부하 직원들과의 협조를 거북이처럼 느릿느릿하게 한다.

직원들과 협조할 때에도 목표들이 애매하고, 현실적이지 못하거나, 비전과 상관이 없거나, 사기를 꺾는 것들이다.

스마트(SMART)한 목표를 직원들과 함께하며 개발한다면, 이러한 불필요한 점을 보완할 수 있고, 앞으로 목표를 정할 때에도 훨씬 수월하게 정할 수 있을 것이다.

③ 목표 설정하기

경영자들이 만든 대부분의 목표들은 생각보다 빨리 잊혀지고, 무시된다. 이러한 원인은 경영자들이 너무 많이 목표를 설정하기 때문이다. 목표가 많으면 실천하는 것은 적다.

아무리 훌륭한 경영자도 한꺼번에 많은 양의 목표를 이루어 낼 수 없을 것이다. 너무 많은 목표를 세우는 것은 아무런 목표가 없는 것과 마찬가지다.

능력껏 빠른 시간에 많은 일을 해내려는 그 열정과 노력은 좋지만, 너무 많은 일들을 한꺼번에 처리하려 하는 것은 피해야 한다.

적절하게 세운 목표에 집중하며 그 한두 가지의 것을 이루려고 노력한다면 어마어마한 결과를 볼 수 있을 것이다. 경영은 천천히 조직을 발전시키면서, 기회를 포착하는 것이다.

피터 드러커 – 미래 경영 관리자들의 7가지 과제

① 구체적인 성과 목표 또는 기준을 제시하고 목표에 따른 경영관리를 해야 한다.
② 더욱 더 다양한 위험에 대한 대비를 효과적으로 대비할 수 있어야 한다.
③ 전략적인 의사 결정을 내려야 한다.
㉮ 전략적 의사 결정 - 최고 경영자.
㉯ 관리적 의사 결정 - 중간 관리자.
㉰ 업무적 의사 결정 - 하위 관리층.
④ 새로운 융합 기술 창출 및 활성화를 이룬 팀을 만들어 내야 한다.
더불어 팀의 개별 구성원은 자신의 업무를 판단 및 관리할 수 있고, 또 조직 공동의 목표와 연관시켜 그 성과를 평가할 수 있어야 한다.
⑤ 상대방과 신속하고 정확하게 정보를 주고받을 수 있는 커뮤니케이션 능력을 갖추어야 한다.
⑥ 비즈니스 전반을 파악할 수 있고, 또 자신의 역할을 그 곳에 제대로 적용시킬 수 있어야 한다.

→ 지금까지 경영 관리자는 1~2가지 기능만 제대로 담당해도 좋은 평가를 받았을지 몰라도, 앞으로는 그 정도만으로는 부족할 것이다.

⑦ 포괄적인 지식을 갖추어야 한다.

→ 지금까지 경영 관리자는 몇 개의 제품 혹은 하나의 사업만 제대로 파악하고 있어도 업무수행에 별 무리가 없었으나 앞으로는 불가능해질 것이다.

3 경영 분석

제대로 된 경영을 하기 위해서는 전략이 있어야 하고, 그 전략에 대해서 정확하게 분석할 줄 아는 능력이 있어야 한다. 이는 경영자만의 능력이 필요한 것이 아니라, 기업을 이끌어 나가는 모든 사람들의 아이디어와 열정이 필요한 것이다.

무너지지 않는 굳건한 기업을 지키기 위한 전략에 대해 간단히 알아보도록 하자.

[1] 블루, 레드, 퍼플 전략

(1) 블루 오션

블루 오션이란 '경쟁이 없는 새로운 시장(푸른 바다와 같은 시장)' 또는 '경쟁자들이 없는 무경쟁 시장'을 의미한다. 경쟁에 대해 벤치마킹[57]하는 대신에 자신만의 법칙을 세우고, 경쟁 없는 시장 공간을 창조한다.

블루 오션 전략은 경쟁사를 이기는 데 초점을 맞추는 것이 아니라 구매자와 기업에 대한 가치를 비약적[58]으로 증대시킴으로써 시장 점유율[59] 경쟁에서 자유로워지고 이를 통해 경쟁이 없는 새로운 시장 공간을 열어 나가자는 것이다.

하지만 아무도 없는 미지의 분야에 진출하는 것이므로 소비자들에게 신선하

57) 기업이 목표 달성을 위해 설정하는 측정 기준(測定基準)으로 미국 기업에서 도입, 응용되었다. 미국의 기업들은 업계에서 상위권에 있는 기업의 1인당 매출액, 노동 비용 등 구체적인 경영 지표를 산출하여 그 수치에 도달하려고 업무 개선에 힘쓴다. 목표 달성을 위하여 사원을 상대 기업에 파견, 자사(自社)와는 다른 방법으로 문제를 해결하는 기법을 익히기도 한다. 출처 : 위키백과

58) 지위나 수준 따위가 갑자기 빠른 속도로 높아지거나 향상되는 것

59) 특정 업종의 제품 시장에서 취급되는 전체 거래량 중에서 특정 기업이 차지하는 비율

다는 평가를 받을 수는 있지만, 트렌드를 새로이 창출하는 일이므로 위험 부담이 크다.

이와 같은 블루 오션 전략의 핵심은 '가치 혁신'에 있다. 가치 혁신은 기업이 고객을 위한 효용과 가격, 비용 편익을 혁신과 일치 시킬 때 발생하며 이를 달성한 기업들은 차별화와 비용 절감을 동시에 추구한다.

기업이 가치 혁신을 통해 이전까지는 합당한 가격에 이용할 수 없던 특징과 요소를 고객에 제공함으로써 지금까지 거래가 없던 비 고객층을 고객으로 전환시켜 시장을 크게 늘릴 뿐만 아니라 규모가 확대 될수록 비용은 더욱 감소하는 선순환[60]을 불러온다.

(2) 레드 오션

레드 오션은 '붉은 피를 흘리며 싸우는 경쟁 시장'으로, '동일한 시장에 뛰어들어서 경쟁을 하는 것'을 말한다.

레드 오션은 이미 존재하고 있는 시장으로 점유율 경쟁에서 앞서야 할 뿐만 아니라 기존 업체는 물론, 신생 업체와도 싸워 이겨야 살아남는 살벌한 시장을 뜻한다. 레드오션에서는 산업간 경계가 불분명한 경우가 태반이며 게임의 규칙이 이미 널리 알려져 경쟁사가 늘어날수록 이익과 성장 가능성은 감소하게 된다.

경쟁을 목표로 하며, 존재하는 소비자와 현존하는 수요에 초점을 맞춘다면, 블루 오션 전략은 경쟁을 무의미하게 만든다.

비 고객에게 초점을 맞추고, 새로운 수요를 창출하거나 포착한다.

블루 오션과 레드 오션의 비교

레드 오션에서는, 기존의 시장 안에서의 경쟁과 경쟁에서의 승리가 우선시 되며 기존의 수요 증대 가치와 비용 가운데 하나를 선택하거나 균형을 추구해야 하며 기업 활동의 전체 시스템을 차별화 하거나 저비용 중 하나를 선택해야 한다.
반면 블루 오션에서는, 경쟁자가 없는 새로운 시장 창출이 가능하고 경쟁자가 없으니 당연히 경쟁 자체가 무의미해지며, 새로운 수요를 창출하고 포착함으로써 가치와 비용의 균형을 파괴할 뿐만 아니라 기업 활동의 전체 시스템이 차별화와 저비용을 동시에 추구할 수 있도록 한다.

---

60) 순환이 좋음. 또는 좋은 현상이 끊임없이 되풀이됨.

(3) 블루 + 레드 = 퍼플 오션(Purple Ocean)

블루 오션과 레드 오션의 장점만을 섞은 새로운 시장 진출 용어로 레드와 블루를 섞었을 때 나오는 색이 퍼플이어서 나온 말이다. 레드 오션에서 새로운 아이디어나 기술로 자신만의 새로운 시장 블루 오션을 만든다는 의미이며 쉽지 않은 블루 오션을 찾는 비용과 위험을 줄이면서 새로운 변화와 차별화를 통한 레드 오션에서 벗어나는 전략을 퍼플 오션이라 할 수 있다.

기존 제품에 새로운 서비스를 제공하거나 판매 방식을 달리하거나 기존 제품의 장점을 접목하는 등의 형태이며 기존의 블루 오션과 레드 오션의 장점만을 절충하였다. (신선함 + 안정성)

퍼플오션은 어떤 제품이 성공을 거두면 마치 거미줄처럼 여러 분야로 제품이 확대되어 판매된다.

> ex) 공포의 외인구단. 식객. 타짜. → 만화로 성공하니까 영화로도 나오고 드라마로도 나왔다.
> ex) 선덕여왕 → 드라마가 대박 성공하여 신선한 뮤지컬로도 창작이 되었다.

퍼플 오션에 굉장히 익숙한 나라는 일본으로, '소설 – 만화 – 애니 – 영화 – 게임' 등 흥행에 성공하면 잔가지가 수도 없이 뻗어 나간다.

퍼플 오션 전략은 돈과 인기라는 두 마리 토끼를 잡을 수 있는 새로운 방법으로 소개되면서, 지금 세계적으로 많은 주목을 받고 있다.

하지만, 물론 이런 현상은 마니아층을 비롯한 일반 소비자들은 열광하지만, 한편으로는 냉정한 시선으로 바라보아야 한다.

한편 퍼플오션은 이미 흥행에 성공한 상품이기 때문에 안전성도 뛰어나고, 기존의 매체 방식을 바꾸기 때문에 신선함도 살아 있어 적당히 이용 해주면 좋지만 장기화되면 문화 발전과 산업 발전에 굉장한 저해를 가져올 수 있는 단점이 있다.

(4) 블루 오션의 성공 사례

① 닌텐도 위(Wii)

일본의 게임기 메이커 닌텐도를 예로 들 수 있다.

상업적 대성공을 거둔 닌텐도의 새 콘솔 게임기 '위(Wii)'는 블루 오션 전략을 적용해 개발해 냈다.

닌텐도의 '위'는 게임하는 동작의 가치 혁신을 이루었다. 보통 게임기는 유선 컨트롤러(조종기)의 버튼이나 조이스틱을 조작함으로써 화면

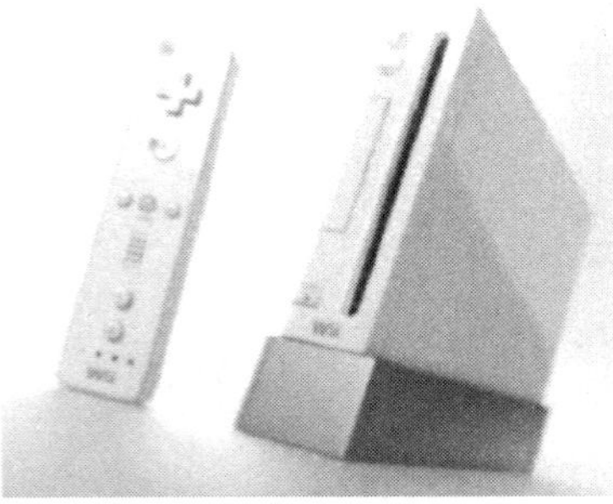

을 움직인다.

반면 닌텐도는 센서가 달린 무선 조종기를 채용해 사용자의 몸 움직임이 그대로 화면에 반영되도록 했다. 예를 들어, 야구 게임이라면 무선 조종기를 방망이처럼 휘두르며 게임을 즐기는 식이다. 손가락이 아니라 '몸으로 즐기는 게임기'라는 블루 오션 시장을 만들어 낸 것이다. 다른 기능은 대폭 생략해 새로운 가치에 집중했다.

② Yellow tail(옐로우 테일) 와인

옐로우 테일은 맛이 부드러워 맥주나 칵테일처럼 마시기 쉽고 향이 뛰어나다. 와인의 달콤한 과일 향은 사람들의 입맛을 더욱 상쾌하게 만들어 주저 없이 한잔 더 마시게 만든다고 한다.

즉, 복잡하게 향이니 맛이니 따질 것 없이 그냥 편하게 즐길 수 있는 와인 이라는 것이다. 복잡한 일상 속에서 살고 있는 현대인들에게 간단, 단순하며 편하게 즐길 수 있는 맛을 제공했기 때문이라는 것이다.

이 와인은 우리나라에도 수입되어 마트, 편의점에서 팔리게 되었다.

미국만큼은 아니어도 꽤 많은 양이 팔렸고, 현재에도 계속 꾸준한 인기를 얻고 있다고 한다.

다른 와인과는 다르게 마시기 편한 스타일이며 와인이라기보다는 독특한 맛의 포도 주스와 같은 느낌이 든다. 시간이 지나면서 와인의 독특한 향이 지배적이게 된다. 이러한 점에서 많은 사람들이 빠져들게 되는 것 같다.

(5) 레드 오션의 성공 사례

① 500번 칼집 넣은 삼겹살

삼겹살 전문점은 시장이 넓은 만큼 경쟁도 치열해 전형적인 레드 오션으로 꼽힌다.

경기도에서 칼 삼겹살 전문점을 운영하는 Y씨는 색다른 삼겹살로 재미를 봤다고 한다.

칼 삼겹살은 생 삼겹살을 더욱 부드럽게 하려고 500번 이상 칼집을 넣은 것이다. 다이아몬드 모양으로 칼집을 낸 생 삼겹살은 구울 때 칼집이 난 통로로 고기 안쪽에 있는 기름이 빠져나가 고소하고 담백한 맛을 더한다.

익으면서 칼집과 고기 결에 따라 꽈배기 모양으로 변해 고객에게 보는 즐거움도 선사한다. 또 된장, 복 분자, 카레 소스로 돼지고기 특유의 냄새를 싫어하는 사람을 배려했다.

② 치킨 가게 + 레스토랑

치킨 전문점은 비교적 적은 돈으로 창업할 수 있다.

특별한 운영 노하우도 필요하지 않은 편이라 초보자에게 적당하다. 하지만 경쟁이 치열하고 식성 변화에 민감해 뭔가 다르지 않으면 성공을 보장할 수 없다.

유럽풍 패밀리 레스토랑 형태의 치킨 집이라는 색다른 곳이 있다. 간판을 보지 않거나 닭 튀기는 고소한 냄새가 나지 않는다면 밖에서 보거나, 안에 들어가 봐도 치킨 집이라는 느낌이 들지 않을 것 같다.

세련된 느낌을 주는 인테리어 색채, 벽돌을 아치형으로 쌓아올려 멋을 낸 벽, 꽃무늬를 수놓은 안락한 소파는 이곳이 치킨 집인지 고급 패밀리 레스토랑인지 헷갈리게 할 정도라고 한다. 이곳에서는 예쁜 인테리어를 활용하려고 낮 시간에는 커피와 주스를 판다.

③ PC방 + 카페

초고속 인터넷과 PC의 보편화로 고객 수요가 정체 상태 에 머물면서 PC방은 레드 오션이 됐다. PC방에 카페 기능을 접목해 새로운 문화 공간을 창출한 것이다. 카페의 분위기만 흉내 낸 것이 아니라 PC 존과 카페 존의 공간을 분리해 각자 독립된 형태로 PC 카페테리아를 연출한 것이라고 한다.

메뉴도 고급 에스프레소 커피와 베이글, 스파게티 등을 갖췄다. 안락하고 세련된 카페 분위기를 연출했다고 한다.

(6) 퍼플 오션의 성공사례

① 썬키스트 오렌지 주스

퍼플 오션 전략은 특히 식품 업계에 도입돼 성공을 거두고 있다.
해태제과의 '썬키스트 오렌지 주스'는 주스 시장의 대명사로 불릴 정도로 시장에서 인지도가 높은데, 해태제과는 이러한 썬키스트 브랜드의 인지도를 활용해 경쟁이 치열한 다른 시장에도 뛰어들고 있다.
예를 들면, 썬키스트 사탕, 썬키스트 아이스크림 같은 것이다. 이것이 바로 기존의 히트 제품이 가진 이미지를 활용해서 새로운 시장을 개척하는 전형적인 퍼플 오션 전략이라고 할 수 있다.

② 자일리톨 껌

또 다른 예로, '자일리톨 껌'이 있다. 이 껌은 '껌은 곧 충치'라는 고정 관념을 깬 광고로 자기 전에 씹는 껌이라는 카피를 내세우며 급기야 자일리톨 신드롬까지 일으킬 정도였다. 껌 시장에서 검증된 강력한 무기인 자일리톨은 이제 식품 업체들이 약방의 감초처럼 사용하는 소재가 되었다.
애니 타임 캔디, GQ 자이리톨 요구르트를 비롯해 과자 위에 자일리톨을 뿌린 오리온 제과의 눈 내린 초코 송이 같은 제품들이 최근 자일리톨의 인기를 등에 업고 출시된 것들이다.
이런 사례들은 다른 시장에서 발굴된 경쟁 요소를 활용해서 새로운 시장에 뛰어든 것으로 역시 퍼플 오션 전략이라 할 수 있다.
하지만 퍼플 오션 전략에는 주의 사항이 있다. 바로 별 상관이 없거나 대조되는 영역에 퍼플 오션 전략을 구사할 경우 실패할 가능성이 크다는 점이다. 경우에 따라서는 기껏 쌓아 온 브랜드 이미지까지 와르르 무너뜨릴 수도 있게 된다.

[2] 기업의 SWOT 분석

(1) 기업 내부와 외부 환경 분석

[표 26] 기업 내부와 외부 환경 분석

정의	여러 가지 경영 분석 방법 중에 하나로, 기본적으로 Strength(강점), Weakness(약점), Opportunities(기회), Threats(위협)의 합성어이다. SWOT 분석이란 SWOT를 이용하여 문제를 분석하는 것이다.
개념	내부 환경 분석 : 기업의 상황(경쟁자와 비교하여) • Strength(강점) • Weakness(약점) 외부 환경 분석 : 기업을 제외한 모든 것 • Opportunities(기회) • Threats(위협)
순서	외부 환경(목적을 결정하는데 가치 있는 Intelligence information을 기술) → 기업의 상황
활용	SWOT 분석으로 전략을 도출할 수 있다. (전략 수립의 필수 기법) ex1) 사탕을 만드는 회사가 신규 검토 사업으로 과자를 만들려고 한다. 현재 우리 회사가 신규 사업에 진출하는 것이 타당한가? • Strength – 우리 회사는 진출하려는 사업과 관련하여 어떠한 강점을 가지고 있는가? → 사탕과 과자의 고객 군이 비슷하므로 신규 사업에 대한 이해도가 높다고 판단되므로 현재 사탕을 만들어서 파는 노하우를 바탕으로 과자를 만든다면 강점이 있다. • Weakness – 우리 회사는 진출하려는 사업과 관련하여 어떠한 약점을 가지고 있는가? → 사탕과 과자는 재료라든지 제조 공정이 차이가 있으므로 기존 과자를 만들던 회사에 비해서는 약점이 있다. • Opportunity – 진출하려는 사업은 우리 회사에게 어떠한 기회를 가져다주는가? → 우리 회사가 과자를 만들게 된다면 현재의 사탕 사업의 매출도 것이고 향후 과자 시장의 성장이 사탕 시장의 성장보다 높을 것으로 예상되므로 과자 시장에서의 기회가 있을 것으로 판단된다. • Threat – 진출하려는 사업은 우리 회사에게 어떠한 위험을 가져다주는가? → 기존 과자 회사들이 생산량을 증대할 가능성이 있다거나 과자의 제조원가의 상승이 예상되거나, 정부의 정책이 과자 시장에 대한 규제를 강화할 것으로 예측된다.

(2) SWOT 분석의 방법

① 외부 환경 분석(Opportunities, Threats)

- 자신을 제외한 모든 것(정보)을 기술한다 좋은 쪽으로 작용하는 것은 기회, 나쁜 쪽으로 작용하는 것은 위협으로 분류한다
- 언론 매체, 개인 정보망 등을 통하여 입수한 상식적인 세상의 변화 내용을 시작으로 당사자에게 미치는 영향을 순서대로, 점차 구체화한다
- 인과 관계가 있는 경우 화살표로 연결한다
- 동일한 Data라도 자신에게 긍정적으로 전개되면 기회로, 부정적으로 전개되면 위협으로 나누어진다
- 외부 환경 분석에는 Skeptic check list[61]을 활용하면 편리하다

② 내부 환경 분석(Strength, Weakness)

- 경쟁자(사)와 비교하여 나 또는 회사의 강약점을 분석 한다.
- 강약점의 내용 : 보유하거나, 동원 가능하거나, 활용 가능한 자원(Resources)

SWOT 분석을 위한 Matrix 활용.

SWOT분석은 말로 하거나 문장으로 기술하여도 좋으나, 보다 명료하게 전체를 살펴보기 위하여 Matrix를 활용하는 것이 좋다.

[표 27] SWOT 분석의 뜻

(S) Strength(강점)	(W) Weakness(약점)
(O) Opportunities(기회)	(T) Threats(위협)

61) Society(사회), Competition(경쟁), Economy(경제), Politics(정치), Technology(과학기술), Nformation(정보), Customer(고객) 의 7가지 영역을 고려하는 것이다.

[표 28] SWAT 분석을 위한 메트릭스 표 일실시 예

Opportunities(기회)	Threats(위협)
• Society(사회) : 경제위기 → 구조조정 → 기업발전 → 신규 인력충원 필요 → 신입사원 취업에 유리한 기회 • Competition(경쟁) : 국경 없는 무역 → 장벽 없는 조직 운영 → 능력 위주의 인사 → 고연봉, 발탁 승진 기회 • Economy(경제) : 구조조정가속화 → 외국자본의 국내 유입활성화 → 초대형 다국적 기업입사 확대의 기회 • Politics(정치) : 국가적 위기 → 노사정 단합에 유리 → 경제 안정/사회 안정 → 회사 안정 → 사원안정 • Technology(기술) : 의학발달 → 장수 → 실버산업, 생명공학, 우주/해양 분야 기술 발전 → 해당 분야 취업 기회 • Information(정보) : 인터넷시대 → 컴퓨터와 인터넷에 능숙 → 입사 선배보다 업무나 정보 면에서 우위 확보의 기회 • Customer(고객) : 부모님/선생님 취업, 진학 결정은 나에게 맡김 → 상위 학교 진학 → 전문 분야 학습 기회로 연봉상승 취업의 기회 (더욱 확대)	• Society(사회) : IMF → 구조조정 → 당분간 기업의 충원 없음 → 취업 곤란의 위협 • Competition(경쟁) : 국경 없는 무역 → 장벽 없는 조직 운영 → 능력 위주의 인사 → 나의 무능 → 저 연봉, 조기 명예 퇴직의 위협 • Economy(경제) : IMF → 기업 이익 감소 → 국민 소 득 감소 → 나의 소득 감소로 생계불안의 위협 • Politics(정치) : 이익집단 난립 → 노사정 화합 곤란 → 경제 불안/사회불안 → 회사 불안 → 사원 불안 • Technology(기술) : 대형화, 초 고속화 → 대형사고 → 각종 현대병, 단명위협 • Information(정보) : 인터넷 시대 → 컴맹이면 정보 사각 지대화의 위협 • Customer(고객) : 부모의 구직 원함 → 상위 대학원 진학 불가 → 전문 분야 학습 기회 상실의 위협 (점차 리스크를 줄여나감)
Strength(강점)	**Weakness(약점)**
• 20대 남자. 강인한 체력. 의리 있고 유머러스하여 주변 친구 많음. 명문대 인기 학과 졸업. 선후배와 유대관계가 강함. 00자격증보유. 컴퓨터 운용 능력 탁월. 외국어 능력 탁월의 강점 • Material(자료) : 부모님으로부터 입사시 자동차제공, 결혼시 중형 아파트 제공 금수저 • Money(재산) : 부모님 재산 중산층 이상 • Information(정보) : 직장 생활을 하게 될 대기업 00 분야 및 학교에서 전공한 00분야를 전문가 수준의 실력 보유의 강점 • Time(시간) : 전력투구할 수 있는 시간적 여유 풍부 • Image(이미지) : 잘생긴 외모, 좋은 목소리, 좋은 인상, 좋은 매너, 대외 신용도 상승의 강점 (더욱 확대)	• 20대 여자. 늘 몸이 피곤하고 감기 달고 살음. 저질체력, 절친이나 선후배 없음, 지잡대, 비인기 학과 졸업. 특기 없음. 컴맹. 외국어 능력 낮음 • Material(자료) : 없음 • Money(재산) : 부모님 재산 거의 없고 월세 살음. 진학 지원 기대할 수 없음 • Information(정보) : 학교 공부 이외의 정보 없음. 전공한 분야도 깊이가 없음 • Time(시간) : 아르바이트로 다른 시간 내기가 매우 어려움 • Image(이미지) : 첫인상이 나쁨, 키작고 뚱뚱함, 충동구매가 높음. 사치성있음. 매너/신용도 낮음 (전반적 검토 후 수정)

[어느 학생의 SWOT 분석(Analysis) 결과 Matrix(SKEPTIC check list를 활용한 예시)]

[표 30] SWAT 분석의 일실시 예

SWOT 분석의 실제.	
문제	어느 학생이 대학교를 졸업한 후 학업을 계속할 것인지, 취직할 것인지를 결정하려고 한다. 학업을 계속 하던지 취직을 하던지 간에 10년간은 직장 생활을 하고(기업 경영관리를 배우기 위해), 그 후에는 창업하기로 계획하고 있다고 가정하자.
상황	2018년
목적	진학이냐 취직이냐를 결정
순서	외부 환경 분석(Opportunities, Threats) 내부 환경 분석(Strength, Weakness)

이해를 높이기 위해 단순한 예를 들었지만 SWOT 분석의 의도는 각각의 Subject에 대하여 생길 수 있는 물음에 답을 찾으면서 사업에 진출 하는 것이 타당한가에 대한 분석을 하는 것이다.

(3) SWOT 분석을 이용한 전략의 수립

① 전략 도출

SWOT 분석의 결과 얻어진 것 중 핵심적인 SWOT을 대상으로 하여 전략을 도출한다.

- SO(강점을 가지고 기회를 살리는 전략)
  강점을 가지고 기회를 살리는 전략. 자사가 가진 강점을 바탕으로 시장이 주는 기회를 결합하는 전략이다. 사업 영역이나 사업포트폴리오 등을 확장시키는 공격적 전략을 구사하는 것이다.
- ST(강점을 가지고 위협을 회피하거나 최소화하는 전략)
  강점을 가지고 위협을 회피하는 전략. 한 회사가 획기적인 제품을 만들었다고 하더라도 시장이나 법의규제에 접촉된다면 자사의 강점을 살리기 어렵다. 다른 기관과의 협력 등으로 위협을 피하는 등의 전략이다
- WO(약점을 보완하여 기회를 살리는 전략)
  약점을 보완하여 기회를 살리는 전략. 가령 새로운 시장이 생겼는데 자사에는 경쟁력 있는 제품이 없는 경우 그 시장에 진출하는 것은

계란으로 바위치기가 될 수 있다. 서로 부족한 부분을 보완하기 위해 형성하는 기업간 제휴 등이 이에 해당한다.

- WT(약점을 보완하면서 동시에 위협을 회피하거나 최소화하는 전략) 약점을 보완하며 위협을 최소화하는 전략. 일부 기업은 원가를 줄이거나 아예 사업을 축소, 철수 시키는 등의 방어적인 전략을 구사하는 경우도 있다.

⇨ 기회 혹은 강점이 없다고 실망하는 자는 미래를 개척하지 못하는 자이다.

② **중점 전략 선정**

도출된 전략 중 가급적 적은 수의 것을 중점 전략으로 선정한다.

선정 방법 : 목적 달성의 중요성, 실행 가능성, 남과 다른 차별성, 자신의 상황에 가장 적합한 것.

[표 30] SWOT 분석표를 활용한 전략 도출

	[기회] 외국 기업의 국내 진출 활성화 능력 위주의 인사	[위협] 국내 대기업의 신입 사원 채용 기피 → 입사 확률 매우 낮음. 명문대 출신 우대 및 사내 파벌화[62]
[강점] 탁월한 수준의 영어/인터넷 실력	**SO전략** • 글로벌 외국 회사에 입사	**ST전략** • 대기업 포기, 영어와 인터넷을 필요로 하는 중소기업 입사 • 대학원에 진학하여 MBA 취득
[약점] 비 명문대 출신 대학원 진학에 대한 부모의 경제적 후원 어려움.	**WO전략** • 비 명문대 출신도 능력만 있으면 대접을 해주는 공무원이나 공기업에 입사	**WT전략** • 대학원은 명문대에 장학생으로 진학 후 2년 후 국내 경기가 활성화되면 취업 • 선배가 경영주인 기업 또는 선배가 많은 기업에 입사

전술하였듯이 SWOT 분석을 하는 결론적인 이유는 어떤 기업의 내부 환경을 분석하여 강점과 약점을 발견하고, 외부 환경을 분석하여 기회와 위협을 찾

62) 어떤 사회적 조건을 공유하고 있는 구성원들이 세력을 확대,유지시킬 목적으로 의제적동류의식(擬制的同類意識)을 가지고, 같은 목표를 가진 다른 사람들에게 불이익이 되는 부조리한 배척 활동을 하는 집합체

아내어 이를 토대로 강점은 살리고 약점은 개선하고, 기회는 활용하고 위협은 억제하는 마케팅 전략을 수립하는 것이다.

기업 자체보다는 기업을 둘러싸고 있는 외부 환경을 강조한다는 점에서 위협, 기회, 약점, 강점((Threats, Opportunities, Weakness, Strength, TOWS)으로 부르기도 한다고 한다. SWOT 분석 도구를 많이 쓰는 궁극적인 목적은 개인 및 기업의 장단점을 알고 올바른 미래를 제시하는데 있다고 할 수 있겠다.

한편 「강점에 집중하라」 저자인 마커스 버킹엄(Marcus Buckingham)[63]은 "약점이 아닌 강점에 초점을 맞춰라"고 강조한다. 그는 지난 20여 년간 인터뷰한 성공 자들로부터 그들 모두가 하나같이 약점의 지배에서 벗어나 강점을 재발견하는 데 자신의 모든 역량을 동원했다는 공통점을 찾아냈다.

그들은 자신의 단점을 고치는 데는 시간과 노력의 20% 정도를 할애하는 데 그친 반면, 장점을 강화하는 데에는 80% 이상을 사용했던 것으로 나타났다. 경영 활동의 핵심이 되는 것은 결국은 SO 전략 즉, 강점을 기회로 이용하는 전략의 실시에 있다고 볼 수 있다.

[3] 아웃소싱(Outsourcing)

(1) 개념

현재 아웃소싱이 급변하는 경영 환경을 극복하기 위한 새로운 기업 전략의 하나로 각광받고 있다. 한 조사에 따르면 미국의 30여개 대기업 중 90%가까이의 기업이 아웃소싱을 하고 있는 것으로 나타났다.

이러한 추세는 아웃소싱이 새로운 경영 트렌드로 자리 잡고 있음을 반영한다. 아웃소싱이란, 「기업 업무의 일부 프로세스를 경영 효과 및 효율의 극대화를 위한 방안으로 제3자에게 위탁해 처리하는 것」을 말한다. 다른 의미로는 외부 전산 전문 업체가 고객의 정보 처리 업무의 일부 또는 전부를 장기간 운영, 관리하는 것을 뜻하기도 한다.

아웃소싱은 크게 두 가지로 나뉜다.

첫째, 기업 내부의 프로젝트 활동을 기업 외부의 제3자에 위탁해 처리하는

63) Marcus Buckingham, 1966년 1월 11일 은 뉴욕 타임스의 베스트셀러 작가이자 연구자이다. 그는 유능한 관리자와 효율적인 일터의 특성을 규명하기 위해 20년에 걸쳐 시행된 갤럽의 조사 프로젝트를 이끈 사람이다. 아울러 갤럽 리더십연구소의 선임 강사이기도 하다. 버킹엄는 리서치 경험을 기본으로 하여 베스트셀러, 「사람의 열정을 이끌어내는 유능한 관리자(First, Break All the Rules)」와 「위대한 나의 발견, 강점혁명(Now, Discover Your Strengths)」을 저술했다. 또한 뉴욕타임즈, 포춘, 패스트컴패니와 같은 매체를 통해 저술활동을 펼치고 있으며, 컨설턴트로서, 저술가로서, 강사로서 직원 생산성과 리더십 및 관리라는 주제에 대해 권위를 인정받고 있다. 출처 : 위키백과

시스템으로, 인소싱[64](Insourcing)과 반대되는 개념이다.

1980년대 후반에 미국 기업이 제조업 분야에서 활용하기 시작한 이후 전 세계 기업들로 급격히 확산되고 있는데, 이는 기술 진보가 가속화되고 경쟁이 심화되면서 기업의 내부 조직(인소싱)을 통한 경제 활동비용보다 아웃소싱을 통한 거래 비용이 훨씬 적게 든다는 점에 따른 것이다.

즉, 국내외의 경제 상황 악화와 이에 따른 경쟁의 격화로 인해 한정된 자원을 가진 기업이 모든 분야에서 최고의 위치를 유지하기 어렵게 되는 현실에 부딪히게 되었다.

이는 해당 기업이 가장 유력한 분야나 핵심 역량에 자원을 집중시키고, 나머지 활동은 외부의 전문 기업에 위탁 처리함으로써 경제 효과를 극대화하는 전략을 말한다.

보통 상호 복합적이고 의존적이며, 장기적인 파트너 관계를 형성해 하나의 통합 시스템으로 운영될 뿐 아니라, 비용 절감보다는 기업의 성장과 경쟁력, 핵심 역량 강화를 위한 대안으로 운영된다는 점에서 임시적, 단기적, 반복적인 컨설팅, 외주, 하청등과는 많은 차이가 있다.

결국 세계 시장의 급격한 변화와 경쟁력 심화에 따라 기존의 인소싱에 주력하던 기업들도 경영 자원을 집중시키고 핵심 역량을 강화하기 위한 수단으로 아웃소싱을 채택하고 있다.

이 같은 추세는 갈수록 늘어날 것으로 보인다. 그러나 가격 증가에 따른 저효율과 발주사 직원의 전직, 직원의 직무 감소로 인한 직원 수 초과, 공급 업체와 발주사 간의 마찰, 공급 업체의 미숙한 관리와 구성원의 직무 혼동 등의 위험 요소도 가지고 있다.

둘째, 외부 정보 통신 전문 업체가 자신이 보유한 자원을 고객에게 제공함으로써 고객 정보처리 업무의 일부 또는 전부를 장기간 운영, 관리하는 시스템 또한 아웃소싱에 포함된다.

이는 시스템 운영과 네트워크 관리, 응용 프로그램 개발 및 관리 등의 운영 활동이 강조된다는 점에서 시스템 판매, 개발 등 개발 활동이 강조되는 시스템 통합(SI)[65]과 구별된다.

이 경우 모든 전산 시스템을 외부에 위임하는 '전체 아웃소싱'과 특정 부분만을 위탁하는 '선별적 아웃소싱'으로 분류되는데, 전문가들은 한국의 경우 공격적인 전체 아웃소싱보다는 필요한 부분부터 시작해 점진적으로 확대해 나감

64) 기업이나 조직의 서비스와 기능을 조직 안에서 총괄적으로 제공, 조달하는 방식

65) 기업이 필요로 하는 정보시스템에 관한 기획에서부터 개발과 구축, 운영까지의 모든 서비스를 제공하는 일

으로써 불합리한 피해를 당하지 않도록 해야 한다고 지적하고 있다.[66]

(2) 아웃소싱의 대두 배경과 응용 분야

① 조직 환경의 변화

국내,외 적인 급격한 환경 변화로 인하여 기업과 정부 조직들에게는 경제적 및 관리 운영상의 효율제고의 압박이 강화되고 있으며 지구적 차원의 경쟁 격화로 기업과 정부가 새로운 도전과 기회에 대하여 더욱 생산적이고 반응성 높게 대응할 수 있는 능력에 대한 요구가 갈수록 심화되고 있다.

② 정보처리 업무의 변화

최근 조직의 정보 의존도는 지속적으로 높아 가고 효율적인 정보의 수집, 가공 및 분배의 수준은 조직의 흥망을 좌우할 정도로 영향력이 커지고 있으며, 날로 양적, 질적으로 확대 심화되고 있는 정보처리 업무에 있어 비용 절감을 통한 효율적 운영을 도모하는 방법을 모색하게 되었으며 이것의 결과가 아웃소싱이다.

③ 리엔지니어링[67]과 아웃소싱의 새로운 결합

최근에는 급변하는 세계적인 조직 환경 속에서 조직 운영에 있어 이전과는 전혀 다른 새로운 사고, 새로운 체제, 새로운 방식 등이 요구됨에 따라 아웃소싱을 조직의 전반적인 재정비즉, 리엔지니어링의 차원에서 접근하게 되었다.

④ 아웃소싱의 응용 및 활용 분야

아웃소싱은 전통적으로 외부 기능을 이용하였던 분야나 사내에서 하기 어려웠던 분야에서 출발하였으나 최근에는 마케팅, 설계, 제조, 연구개발, 경영 기획 등 기업의 모든 업무로 확대되고 있다. 아웃소싱은 원가절감 외에도 조직의 기능을 단순화시켜 핵심 역량에 집중할 수 있도록 함으로써 조직의 효율성과 생산성을 제고할 수 있다.

- 데이터 처리 기능(전부 또는 부분)
- 원격 통신 기능(네트워크 관리를 포함하거나 혹은 배제)
- 근거리 통신망(LAN) 및 소형 계산 기능(백업 및 관리)
- 헬프 데스크

66) 출처 : [네이버 지식백과] 아웃소싱 [Outsourcing]

67) 기업의 체질 및 구조와 경영 방식을 근본적으로 재설계하여 경쟁력을 확보하는 경영 혁신 기법

- BPR[68](Business Process Reengineering)
- 응용 개발(데이터베이스 설계나 관리 포함)
- 소프트웨어 분배나 관리
- 재해 회복 기능

[표 31] 아웃소싱의 활용과 효과

과거의 아웃소싱(제한된 분야).	최근의 아웃소싱(모든 분야).
• 주변, 부대 분야 시설 관리(건물 유지, 청소, 보안) 물류(운송, 보관)	• 관리 업무 경리, 총무, 인사, 급여 계산 복리 후생, 교육, 연수
• 전문적 분야 전문 서비스(법무, 회계, 세무, 광고) 정보시스템(시스템 개발, 운용)	• 영업, A/S, 구매, 물류 • 정보시스템 • 상품 기획, 디자인 • 연구 개발 • 생산, 설계, 구매 • 사업 전략 입안

경영의 효율화.	외부 전문성 활용.	종합적인 경영 전략.
• 경비 절감 • 유연한 고용 형태 • 리엔지니어링 가속 • 경기 변동 대응 능력 향상	• 업무의 질적 수준 향상 • 업무 처리 시간의 단축 • 정보 네트워크의 확대 • 외부의 중립적 평가 활용	• 주력 업무에 경영 자원 집중 • 리스크 분산 • 신규 사업 진출의 신속화 • 시너지효과에 의한 새로운 부가가치 창출

(3) 아웃소싱의 필요성

① 규모의 경제 실현

조직은 비용을 절감하기 위해 아웃소싱을 실시한다. 따라서 비용 절감은 아웃소싱의 주요 근거가 된다. 아웃소싱은 규모 및 범위의 경제를 실현시켜 준다.

② 예산상의 제약과 비용 절감

예산상의 제약과 비용 절감 등은 정부와 민간 산업체를 막론하고 중요한 관심 사항이다. 정부 부분과 민간 부분을 막론하고 아웃소싱이

68) 비즈니스가 일어나는 모든 플로우를 한꺼번에 개혁해서 탁월한 업무 성과를 올리자는 경영 이론

훌륭한 비용 절감의 수단으로 공통적으로 인식하고 있다.

③ 핵심적인 업무에의 초점

아웃소싱을 하고 있는 많은 조직들은 중요한 핵심적인 업무에 초점을 맞추고 집중하고 있다.

④ 재무상 및 회계 상의 이유

조직이 아웃소싱을 실시할 경우에는 과거에 직접 구입하던 장비 등을 구입할 필요가 없게 된다. 따라서 조직의 재무 상태에 강한 긍정적인 영향을 미친다.

⑤ 융통성 있는 인력 정책과 감축 관리

많은 조직이 충분한 예고 없이 인원을 증가시키거나 감축시키는 것보다 아웃소싱에 의존하는 것이 용이하다. 특히 복잡한 고용 규칙을 가진 정부 기관에서 이러한 점은 더욱 필요한 요소이다.

⑥ 대응성의 제고

아웃소싱은 보다 빠르고 적절하게 고객에 대한 대응 능력을 제고시킬 수 있다.

⑦ 전문 기술의 활용과 기술 인력의 확보

아웃소싱은 리드 타임 없이 최신의 기술에 보다 빨리 접근할 수 있도록 해준다.

⑧ 전략적 목표의 효율적 달성

아웃소싱은 조직이 일상적이고 반복적인 업무보다 전략적이고 핵심적인 중요한 업무에 전념할 수 있도록 한다.

⑨ 정치적 및 관리상의 이유

조직이 대규모적이고 복잡성이 있을 경우에 아웃소싱은 이러한 복잡한 관리를 피하기 위해 실시할 수 있다.

⑩ 정보 기술의 대응 성[69] 제고 및 고객 서비스 개선

아웃소싱은 정보 기술의 변화에 대한 신속한 대응과 고객서 비스를 개선하기 위한 유력한 수단이다.

(4) 아웃소싱의 장점과 단점

69) 정치, 행정 체제가 환경의 요구에 대해 얼마나 민감하게 반응하는가를 가리키는 개념이다. 즉, 대응 성은 정치, 행정 체제가 환경을 구성하는 외부 집단의 욕구, 선호, 가치 등을 얼마나 만족시켜 주는가 하는 문제와 관련된다.

1) 장점

① 투자비용의 최소화와 위험 축소

아웃소싱은 사용자의 투자비용을 최소화해 주고 그리고 재무상 위험 또한 축소시켜 준다.

② 기술 변화에 적응

아웃소싱은 빠르게 발전하는 정보 기술 변화에 대하여 적시에 적응하게 함으로써 기술적 퇴보로부터 보호하여 준다.

③ 정보시스템 사용자들의 부담 경감

아웃소싱은 복잡한 IT기능 및 네트워크에 대한 사용자들의 설계, 실행, 평가 의무를 완화해 줌으로써 정보시스템 사용자들의 부담을 경감시켜 준다.

④ 정보시스템 관리자들의 부담 경감

아웃소싱은 복잡한 네트워크나 IS기반 시설을 계속적으로 관리해야 할 관리자의 의무를 들어주고 새로운 기술에 대한 이해 및 적용 의무 또한 완화 시켜 줌으로써 정보시스템 관리자들의 부담을 경감시켜 준다.

⑤ 규모의 경제 실현과 비용 절감

아웃소싱은 보다 상위의 기술 전문가들로 이루어진 소규모 구성원들도 업무를 가능하게 함으로써 직원의 수를 줄일 수 있으며 게다가 많은 직원들을 관리해야 할 기존의 의무를 완화해 주고 비용의 절감도 가능케 한다.

2) 단점

① 통제의 문제

정보 기술 분야의 아웃소싱에 대하여 비판적인 사람들은 외부 공급자는 정부 공무원과 비교해서 통제 및 관리가 어렵기 때문에 정부가 자체적으로 수행하는 것보다 서비스 수준과 반응성의 측면에서 문제가 있다고 주장하고 있다.

② 보안상의 문제

정부 기관은 자료 및 정보에 대한 보안과 기밀을 매우 중요하게 생각한다. 따라서 공공 기관에 있어 아웃소싱은 보안 유지라는 측면에서 기피되는 경향이 있었다.[70)]

③ 비용 점증 현상의 문제

점증적으로 아웃소싱 계약 당시의 서비스보다 더 많은 것을 요구하게 되고 아웃 소서들은 이러한 추가 서비스에 대한 비용을 더 요구하게 되는 순환을 겪게 마련이다.

④ 계약 종결 문제

일부의 아웃소싱 계약은 재판 과정을 통해서 종결되는 경우가 있으며 이 경우 값비싼 대가를 치러야 하는 경우가 있다.

⑤ 공통적 지식의 손실

아웃소싱에 대한 비판론자들은 민간 계약자들이 고객, 보고 상의 구비 요건 및 정부 기관의 특징에 대한 공통적 지식의 결여가 그들의 업무 수행을 방해하고 있다고 주장하고 있다.

⑥ 부작용의 문제

아웃소싱에 대해 비판적인 사람들은 일단 정보 기술 기능이 민간 부문으로 넘어가게 되면 다음에 그러한 기능을 정부가 자체적으로 수행하기가 매우 어려워진다고 주장한다.

⑦ 내부 전문 기술의 상실

아웃소싱을 하고 있는 대부분의 조직들은 이전의 해당 직원들을 해고하게 되고 이는 지식과 숙련된 기술을 보유하고 있는 고용인들의 상실을 의미한다.

(5) 아웃소싱의 유형과 전략

① 아웃소싱의 유형

아웃소싱의 유형을 소유의 관점과 관리 운영의 관점에서 살펴 볼 수 있으며 이를 표로 나타내면 다음과 같다.

---

70) http://giant2002.blog.me

[표 32] 아웃소싱의 유형

구분		관리 운영의 관점.	
		조직 내부	조직 외부
소유의 관점	조직 내부	완전 인소싱 (내부 관리)	부분 아웃소싱 (서비스 계약)
	조직 외부	부분 인소싱 (리스)	완전 아웃소싱 (매각)

① 완전 아웃소싱과 선별적 아웃소싱

아웃소싱의 유형은 소유와 책임성의 정도에 따라 구분할 수 있다. 완전 아웃소싱과 선별적 아웃소싱이 양극단의 스펙트럼 상에 놓일 수 있으며 이 가운데 아웃소싱은 다양하게 분류 가능하다. 선별적 아웃소싱은 서비스를 운영하지 않으나 자금은 계속 지원하는 경우와 자산은 관리하지 않으나 소유는 계속 유지하는 경우를 들 수 있다. 반면에 완전 아웃소싱은 특정 기능의 모든 분야를 이전시키는 것을 의미한다. 즉, 조직들이 정보 서비스의 모든 기능을 아웃소싱 하는 것을 완전 아웃소싱이라고 한다.

② 자산 매각과 기능 이전

일부의 주장은 아웃소싱은 운용비용의 단기적인 절감을 이루기 위하여 정략적인 자산을 매각하는 꼴이 된다고 주장한다. 따라서 대체적으로 아웃소싱에 대해 점진적인 접근 방법을 취할 것을 권하고 있다.

③ 기능별 아웃소싱의 분류

아웃소싱의 대상 분야는 크게 두 가지 범주로 나누어 볼 수 있다. 하나는 운영에 관한 것이고 하나는 응용 프로그램에 관한 것이다. 이는 흔히 시설물 관리와 자원 관리로 말하기도 한다. 시설물 관리는 아웃소싱의 두드러진 형태이다. 시설물 관리는 데이터 센터와 같은 기관의 운영을 제3자에게 이전하는 것을 말한다. 반면에 자원 관리는 제3자에 의해 기관의 소프트웨어를 개발하고 운영하는 것을 의미한다.

[표 33] 아웃소싱의 기능

기 능	하위 기능
시설물 관리(Facilities Management)	• 사옥 관리 • 부대시설 관리
자원 관리(Resource Management)	• 인적 자원 • 물적 자원
서비스 관리(Service Management)	• 정보의 통제나 서비스의 적절한 운용을 지원
기능 관리(Functions Management)	• 회계 기능 • 조달 기능 • 연구 개발 기능
사업 관리(Program Management)	• 각각의 프로그램 별 관리

(6) 아웃소싱의 절차

① 해당 조직의 자체 현상 분석

아웃소싱은 조직의 의도 목표 및 현재 능력에 대한 철저한 분석에서부터 시작되어야만 한다. 이와 같은 조직의 현상 분석에는 또한 조직문화 등도 살펴보아야 한다.

② 기준과 목표의 설정

앞의 단계를 통해 얻어진 정보는 아웃소싱이 조직에 필요한지 아니면 그 반대인지를 결정 해주도록 할 뿐만 아니라 아웃소싱 프로젝트의 실시에 따른 장애요인 등의 파악 및 해결점을 제시하는 데에도 도움이 된다. 아울러 조직의 입장에서 기준의 패러미터(Parameter) 는 서비스에 대한 최소한의 조건이 된다. 그 다음 단계에서 기업은 이러한 기준을 초월하는 성과와 목표를 설정하는 일이다.

③ 비용의 결정

다음 단계로 서비스와 관련된 비용을 결정하는 일이다. 어떤 경우에는 기준의 설정과 동시에 비용이 결정되는 경우도 있을 것이다. 그러나 대부분의 비용은 유지비용 및 그와 관련된 모든 비용을 고려해서 결정되어야만 한다.[71]

71) http://blog.naver.com/hungoo99/100009276543

④ 지불 방법의 결정과 이슈의 확인

아웃소싱이 결정이 되면 비용을 지불하는 방법을 결정해야 한다.

이는 아웃소싱과 관련된 직접적인 주제 말고 그 밖의 간접적으로 관련된 많은 주제가 있을 수 있으며 아웃소싱이 성공하기 위한 매우 중요한 주제가 될 수도 있다.

(7) 전략적 아웃소싱

① 핵심적 분야의 전략

핵심적인 분야에 대해 연구한 결과를 종합하여 나타내면 다음과 같은 것들을 들 수 있다.

- 생산 혹은 기능이 아니라 기술이나 지식에 배경을 둠
- 융통적이고 장기적인 적응의 능력이 있음
- 가치들 중 독특한 자원의 수준
- 조직이 지배할 수 있는 영역

② 아웃소싱의 전략

아웃소싱은 독특한 거래 비용을 수반하고 있다.즉, 조직 내부의 통제하에서 직접적이고 관리할 때의 비용을 능가하는 거래 비용으로 탐색비용, 계약 비용, 통제 비용, 재계약 비용 등이 발생한다. 이러한 문제를 해결하기 위해서는 관리자는 아웃소싱을 고려하는 활동에 대해 중요한 3가지 질문에 대한 해답을 모색해야 한다.

이러한 문제점을 해결하기 위해서 관리자는 아웃소싱을 고려하는 활동에 대해 중요한 3가지 질문에 대한 해답을 모색해야 한다.

첫째, 거래 비용을 고려한 활동 중에서 경쟁 우위를 확보할 수 있는 잠재력을 지닌 분야는 어느 곳인가?

둘째, 만일에 활동이나 사업이 아웃소싱 된다면 시장 실패로 인해 야기될 수 있는 취약성을 지닌 부문은 어느 곳인가?

셋째, 적절한 통제와 융통성을 확보하면서 이러한 취약성을 완화시킬 수 있는 방안은 무엇인가?

[표 34] 경쟁 우위와 취약성 표

경쟁력 우위의 정도

전략적 통제 (인소싱)		
	중간 수준의 통제 (특별 합작, 계약)	
		낮은 수준의 통제 (아웃소싱)

취약성의 정도

위의 그림에서 볼 수 있듯이 경쟁 우위와 취약성의 정도가 높을 경우 조직은 높은 정도의 통제력을 실시해야 한다. 이 경우에는 일반적으로 인소싱이나 합작 투자 등의 방식을 취해야 할 것이다. 이의 반대의 경우인 경쟁 우위가 낮고 그리고 시장의 취약성이 낮은 경우에는 사무실 청소와 같은 경우로서 낮은 통제를 필요로 할 것이다.

이들 사이에는 통제와 융통성의 다양한 활동 등이 존재할 것이다.

(8) 아웃소싱 대상 선정의 기준

① 문제가 되는 기능

조직에게 어려움을 주거나 그로 인해 조직이 고민하는 기능이 있다면 이는 아웃소싱의 후보로 간주할 수 있다.

② 비 핵심 기능과 모방 기능

일반적으로 아웃소싱의 가장 손쉬운 접근 방법은 조직의 비핵심 기능을 아웃소싱 하는 것이다.

항상 그런 것은 아니지만 다른 모든 조직이 아웃소싱을 하고 있다면 그들 나름대로 납득할 만한 이유가 있을 것이다.

③ 시장 옵션과 사라지는 기능

아웃소싱의 주요 공급 기관들은 각자 조직의 특정 정보시스템 기능을 지원 할 수 있는 해결책들을 보유하고 있다. 또한 조직에서 전략적 변화나 업무의 변경 때문에 점점 축소되거나 사라지는 기능을 아웃소싱의 후보로 고려해 볼 수 있다.

(9) 전환 아웃소싱

전환 아웃소싱은 아웃소싱을 위한 독특한 접근 방법을 제공해 준다. 전환 아웃소싱은 조직의 특정 기능에 대해 책임을 지는 전통적인 아웃소싱의 장점에다 부가가치를 지닌 새로운 기술을 제공해 준다.

① 전환 아웃소싱의 장점

전환 아웃소싱은 전통적인 아웃소싱의 장점을 다 포함하고 있다.즉,전환 아웃소싱의 장점을 전통적 아웃소싱의 장점에 더해서 리엔지니어링의 장점을 가지고 있다는 점이다.

㉮ 전통적 아웃소싱의 장점

비용 절감을 통한 생산성의 향상, 고정비용을 변동비용으로 전환, 고정 자산으로부터 자금의 유입, 해당 기능에 대한 현재 및 미래의 자본 지출의 제거, 핵심 경영에의 초점

㉯ 리엔지니어링의 장점

비용 절감을 통한 생산성의 향상, 계속적인 기술의 향상, 융통성의 확보, 다운사이징

② 전환 아웃소싱의 추진 요소

㉮ 글로벌 경제의 출현

글로벌 경제는 보다 더 대응적, 경쟁적 비용, 높은 질을 요구하게 하고 있다. 모든 조직들은 이를 충족시켜야 한다.

㉯ 급속한 기술의 발전

기술은 놀라운 속도로 변해 가고 있다. 그리고 조직의 경영은 이에 의해 크게 영향을 받고 있다. 조직의 성과는 보다 더 낮은 비용이 드는 구조에 의해 달려 있다.

㉰ 새로운 노동 집단의 출현

오늘날의 노동력은 보다 높은 교육을 받고 그리고 보다 높은 책임성과 의사 결정 권한을 요구하고 있다.

(10) 아웃소싱에 대한 민간 부문의 관점

아웃소싱과 관련된 산업체의 주요 관심 사항과 그들의 인식하고 있는 위험부담에 대해서 간략하게 살펴보고자 한다. 아웃소싱을 둘러싼 산업체의 이러한 관심 사항에 대한 이해는 정부 기관의 위험부담을 줄이는 구매 전략의 개발과 동시에 아웃소싱의 운영 및 결정 과정의 개선을 도모할 수 있다.

일반적으로 산업체는 정부 기관들이 그들의 정보 기술 기능의 많은 부분을 아웃소싱과 외부 용역으로 수행하고 있는 것에 고무되어 있다. 그럼에도 불구하고 산업체의 아웃소싱 과정에서 공정성 및 경쟁성 보장에 대한 우려가 증가하고 있다.

산업체는 정부 기관들이 그들과 같은 방식으로 비용을 산출할 필요가 없기 때문에 비용 측면에서 정부 기관과 대항할 경쟁력이 부족하다고 인식하고 있다.

산업체는 정부 기관들이 계약 조건과 성과 측정 지수의 적용과 관련한 사업계획서 평가 단계에서 그들보다 훨씬 우호적인 취급을 받는다고 믿는다. 산업체는 정부 기관들이 그럼에도 불구하고 사업 실패 시 그들과 같은 수준의 책임을 지고 있지 않다고 인식하고 있다.

공공 부문 IT 아웃소싱의 가장 좋은 목표는 대 국민 서비스 개선이다. 이것이 공공 기관의 궁극적인 목표이고, 구조조정이나 개혁의 차원에서 아웃소싱을 하는 것이 아니라 민간의 전문 자원을 어떻게 활용할 수 있는가, 그리고 민간과 어떻게 협력할 수 있는가에 초점을 맞추어 기관 자체적으로 탐구하고 노력하는 자세가 성공적인 아웃소싱을 위해서 중요하다.

공공서비스 개선을 위해서 각 기관이 자발적으로 기분 좋게 '윈윈(Win-win)' 전략의 차원에서 민간과 잘 협력하여 보다 수준 높은 대 국민 서비스를 제공하는 것이 국가 전체의 경쟁력을 향상시킬 수 있는 가장 바람직한 방안이 되겠다.

그러기 위해서 관계 기관들은 최대한 서로 협력을 해야 하겠다. 지금껏 얘기해 온 전략에서는 각각 차이점이 있지만, 한 가지 공통점을 발견 할 수 있다. 그것은 바로 새로운 성장의 기회를 마련하기 위해서는 남들보다 한 발 앞선 상상력과 아이디어가 있어야 한다는 점과, 열정을 가지고 기업을 더 나은 환경으로 만들어 가는 것이다.

경영 전략은 고인 물은 썩듯이 머물면 망하게 된다. 머뭇거리지 말고 한 발 앞서 나가는 기업인이 되어야 한다. 또한 빛나는 아이디어와 땀 흘리는 열정을 가지고 고객의 기대에 저버리지 않아야 할 것이다.[72]

72) http://blog.naver.com/hungoo99/100009276543. songevent

4 기업 문화

새로운 시대는 새로운 사고와 행동 양식을 필요로 함으로써 시대적인 초점이 변천하는 데 따른 가치 체계의 확립을 요구하는 경영 패러다임(Management paradigm)의 전환이 경영학 연구의 지대한 관심사가 되면서 기업 문화에 대한 관심이 급속도로 높아지고 있다.

기업 문화란 사전적 의미로 기업 등의 조직 구성원의 활동의 지침이 되는 행동 규범을 창출하는 공유된 가치를 뜻한다.

기업 문화의 기능으로는 기업 구성원에게 정체감을 주며, 구성원 개인의 이익보다 기업 전체의 이익을 우선시하도록 유도하며, 전체 체계의 안정성을 증진하고, 행위 규범을 제시하고 형성하는 것 등이 있다.

[1] 기업 문화의 7S 개념

(1) 기업 문화의 7S

기업 문화의 7S 개념은 기업 문화를 이해하는 데 가장 실질적인 도움을 주는 개념이다.

이 개념은 일본 기업과 미국 우수 기업의 기업 문화 연구에서 제시되었는데, 기업 문화를 구성하고 있는 일곱 가지의 중요 요소들이 모두 S자로 시작되기 때문에 기업 문화의 7S 개념으로 불린다.

① 공유 가치(Shared Value)

기업 문화의 첫째 구성 요소는 기업체의 구성원들 모두가 공동으로 소유하고 있는 가치관과 이념 그리고 전통 가치와 기업의 기본 목적 등 기업체의 공유 가치이다. 공유 가치는 다른 기업 문화 구성 요소에 지배적인 영향을 줌으로써 기업 문화 형성에 가장 중요한 위치를 차지한다.

② 전략(Strategy)

기업 문화의 둘째 구성 요소는 기업체의 장기 방향과 기본 성격을 결정하는 경영 전략으로서, 기업체의 장기적인 목적과 계획 그리고 이를 달성하기 위한 장기적인 지원 배분 패턴을 포함한다.

③ 구조(Structure)

구조는 기업체의 전략을 수행하는 데 필요한 조직 구조와 직무 설계 그리고 권한 관계와 방침 등 구성원들의 역할과 그들 간의 상호관계를 지배하는 공식 요소 들을 포함한다. 따라서 구조는 관리 시스템과 더불어 구성원들의 일상 업무 수행과 행동에 많은 영향을 준다.

④ 관리 시스템(System)

기업 문화를 구성하는 또 하나의 중요 요소는 기업체 경영의 의사 결정과 일상 운영에 틀이 되는 관리 제도와 절차 등 각종 시스템이다.
따라서 시스템은 기업체의 기본 가치와 일관성 있고 장기적인 전략 목적 달성에 적합한 보상 제도와 경영 정보와 의사 결정 시스템, 경영 계획과 목표 설정 시스템, 결과 측정과 조정 통계 등 경영 각 분야의 관리 제도와 절차를 포함한다.

⑤ 구성원(Staff)

기업 문화는 기업체 구성원들의 행동을 통하여 실제로 나타난다.
따라서 구성원은 기업 문화의 구성 요소로서 기업체의 인력 구성과 구성원들의 능력 전문성, 가치관과 신념, 욕구와 동기, 지각과 태도 그리고 그들의 행동 패턴 등을 의미한다.
구성원들의 가치관과 행동은 기업체가 의도하는 기본 가치에 의하여, 그리고 인력 구성과 전문성은 기업체가 추구하는 경영 전략에 의하여 각각 많은 영향을 받는다.

⑥ 기술(Skill)

기술도 기업 문화를 형성하고 있는 중요 요소로서 각종 기계 장치와 컴퓨터 등 생산 및 정보처리 분야의 물리적 하드웨어(hardware)는 물론, 이를 사용하는 소프트웨어(software) 기술을 의미한다. 그 뿐 아니라 구성원들에 대한 동기부여와 행동 강화, 갈등 관리와 변화 관리, 목표 관리와 예산 관리 등 기업체에 적용되는 관리 기술과 기법도 포함한다.

⑦ 리더십 스타일(Style)

기업 문화의 마지막 구성 요소는 구성원들을 이끌어 나가는 전반적인 관리 스타일로서 구성원들의 행동 조성은 물론 그들 간의 상호관계와 조직 분위기에 직접적인 영향을 주는 중요 요소이다.
기업체의 개방적, 참여적, 온정적, 유기적 성격 등은 일상 경영에 적용되는 관리 및 리더십 스타일로부터 많은 영향을 받으면서 형성된다.
이상의 7가지 요소들은 밀접하게 상호 연결되고 상호의존적인 관계하에서 전체적으로 기업체의 독특한 특성을 나타내면서 기업 문화를 형성한다.

이들 요소 간의 상호 연결성과 상호 의존성이 높을수록 강하고 뚜렷한 기업 문화가 형성되고, 상호 연결성과 상호 의존성이 결여될수록 약하고 애매하며 일관성이 없는 기업 문화가 형성되게 된다. 따라서 바람직한 기업 문화의 개발은 이들 요소를 바람직한 방향으로 개발함으로써 이루어질 수 있다.

(2) 올바른 기업 문화 정착을 위한 선행조건,

각 나라마다 그 나라만의 문화가 있듯이, 기업에도 기업 문화라는 것이 존재한다.

일반적으로 생각하는 기업 문화는 사내 분위기, 전통, 기업이 지향하는 마인드 등을 포괄하며, 이러한 기업 문화는 어찌 보면 그 기업의 성격이라고도 생각되어진다.

사람을 판단할 때, 성격을 보듯이 대기업과 벤처기업도 그 기업만의 느낌을 파악할 수 있기 때문이라고 생각한다.

기존에 기업 문화라고 하면, 회사의 발전적인 무엇을 위해, 서로 윈윈 하는 측면에서 회사 측에서 제공하는 복지의 또 다른 형태인 것이 대부분이었다.

쉽게 말해서 일할 때는 일 하고, 쉴 때는 푹 쉴 수 있는 환경을 만들어 주는 것이 기업의 문화였던 것이다.

기업 문화의 정착을 제대로하기 위해서는 다음의 몇 가지 사항이 필요하다.

① 소통

대부분 기업의 문화를 말할 때 먼저, '소통(커뮤니케이션)'을 이야기 한다.

이제는 단순한 보지 수준 제공이 아닌 회사와 사원이 진정으로 서로 윈윈하기 위해 또, 윈윈 하기 전에 미리 소통할 방법을 찾는 것으로 말이다.

소통이라는 것은 결국 마음의 소통이지만, 실제 기업에서는 의사소통이 중요하지 않을까 생각한다. 구성원 개개인 간의 의사소통이 어떻게 이루어지느냐에 따라서 기업의 소통을 이야기 할 수 있을 것이다.

회사에서의 의사소통은 말로 하는 의사소통, 문서로 하는 의사소통, 그리고 행동으로 하는 의사소통 등의 3가지가 있다.

이러한 의사소통은 상호 연결형으로 진행되어야 서로 소통이 잘 이루어질 수 있다.

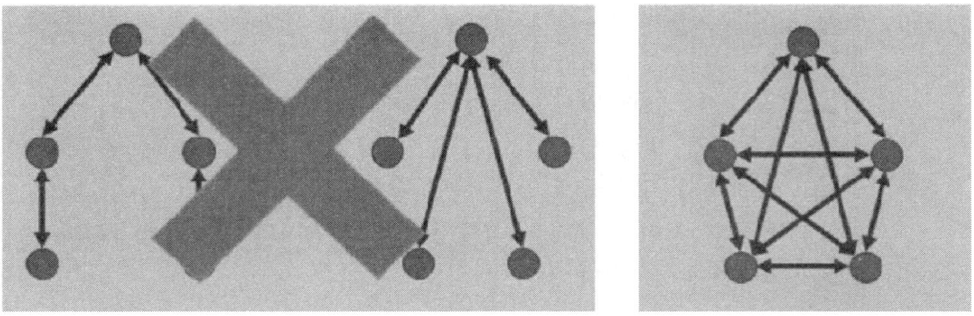

[그림 27] 의사소통의 연결고리

소통, 즉 커뮤니케이션은 거창하게 생각하지 말고 작은 것에서부터 시작하면 된다.

쉬운 말로 이야기 하며, 서로의 이야기를 공유하며 적극적으로 들어주고, 바른 말을 사용하고, 말로 하는 것 외에도 메신저 등을 이용해서 다양한 방법으로 소통을 하면 되는 것이다.

잠자는 시간과 휴일을 빼는 솔직히 집보다 회사에서 보내는 시간이 더 많다고 할 수 있을 사회생활 속에서 어떻게 보면 한 가족이라고도 할 수 있는 직원 간에 냉랭한 분위기는 정적인 분위기를 조성하게 되어 얻을 수 있는 많은 것들을 놓치게 될지도 모른다.

의사소통을 통하여 분위기 좋고 활력 넘치는 회사 생활을 할 수 있을 것이다. 분위기만으로도 회사와 개인이 서로 윈윈 하는 데 영향을 끼칠 수 있는 조건이 될 수 있다고 생각한다.

② HR부서(Human Resources)혁신

기업 문화에 대한 관심이 뜨거운 요즘이다. 기업 환경이 더욱 글로벌화 되고 구성원의 이동이 빈번해지고 있는 흐름과 맥을 같이 하고 있다. 기업에서 경영 목표를 보다 효과적으로 달성해 가기 위해서는 우선적으로 잘 해보자 라는 긍정적 마인드, 최고 경영자의 경영 방침에 대한 일관성 있는 한 방향 마인드와 가치관 형성이 결정적이다.

때문에, 기업 구성원들의 사고와 행동의 기준이 되고 있는 기업 문화는 매우 중요한 경영의 한 요인이면서 많은 기업들이 이의 정착을 위해 많은 시간과 비용을 투입하고 있다.

그만큼 중요한 기업 문화 관련 T/F 활동이나 여러 가지 교육, 제도를 적용하면서 결정적으로 놓치고 있는 부분이 있는 것 같다. 그것은, 기업 문화 혁신 내지 정착 활동을 주관하는 부서의 역할에 대한 것이다.

기업 문화를 형성하기 위해서는 우선적으로 '신뢰' 구축이 핵심이다. 어떠한 기업 문화 활동이라 하더라도 조직과 구성원 간의 '신뢰' 가 전제가 되지 않는다면 기대만큼의 성과가 나지 않기 마련이다. 그런데 이 '신뢰' 라는 것이 어떻게 보면 매우 어렵게 생각되기도 하지만, 가만히 들여다보면 어렵지 않게 강화 될 수 있는 부분이기도 하다.

그 첫째는, 해당 기업의 최고 경영자와 관련 경영층의 일관성 있는 메시지 제시와 경영 실천에서 만들어 질 수 있다. 통상, 기업을 들여다보면 경영층의 윤리적 성숙도와 경영의 투명성에서 구성원들은 많은 신뢰를 느끼게 된다고 할 수 있다.

다음으로 중요한 것이 해당 기업 문화 주관 부서, 특히 HR(인사부서) 부서의 구성원에 대한 신뢰 구축에 있다. 현장의 구성원들의 의견을 수렴해 보면 하나 같이 이러한 반응을 보인다.

'최고 경영층에 대한 신뢰 때문에 회사를 다니고 있다.'거나 'HR부서는 대단히 고압적이다.'라는 반응이다. 이 두 가지 면을 놓고 보면, 경영층의 신뢰를 HR부서에서 반감시키고 있는 경우를 나타내고 있는 것이다. 기업 문화 정착을 제대로 하기 위해서 HR부서의 변화가 반드시 선행되어야 함을 알 수 있는 대목이다.

기업 문화를 정착해 나가는데 있어서, 기업의 구성원들은 여러 가지 소통 채널을 얻게 된다. CEO로부터 부서장, 그리고 구성원 간의 소통의 채널을 통해 다양한 정보를 접하고 이를 기반으로 판단을 하게 된다. 이러한 판단 과정에서 구성원들은 일정한 패턴을 보이게 되는데 바로 그것이 기업 문화의 일부가 되고 있다.

특히, 이 과정에서 구성원들은 HR 부서와도 빈번한 소통을 직, 간접적으로 하게 되는데 이는 매우 중요한 사항들에 대한 것이 대부분이다.

따라서 HR 부서가 구성원의 조직에 대한 판단에 영향을 미치는 비율은 매우 크다 하겠다. 결과적으로, 이러한 관점에서 보았을 때 우리는 기업 문화 정착을 하기 위해서는 어떻게 HR부서가 변화되어야 하는가에 대한 과제를 생각해 볼 수 있는 것이다.

구성원들이 조직에 얻게 되는 많은 부정적 요인들 중 그 내용을 들여다보면 HR적인 측면이 상당히 크다. 결과적으로, 조직 생활의 대부분에 대한 기준을 제시하고 그에 대한 평가와 보상이 이루어지기 때문이다.

실상, 우리 모두는 이러한 상호 작용을 HR 부서와 하게 되면서 '조직을 평가하고 또한, 부정적인 의견을 나누게 되는 경우가 많은 것' 이 현실이다. 조직이라는 것에 대한 부정적인 편견이 바로 HR 부서의 소통 과정에서 만들어 지고 강화됨을 주목할 필요가 있겠다.

기업에서 보다 발전적인 성장을 위한, 기업 문화에 관심을 갖고 많은 시간과 비용을 들이는 만큼 'HR 부서의 변화가 결정적임을 위와 같은 내용을 통해 확인해 볼 수 있는 것이다.

조직이라는 것에 대한 막연한 부정적인 이미지, 편견 들이 어떠한 과정을 통해서 만들어 지고 강화되고 있는가를 체계적으로 분석해 볼 수 있는 기회를 만들어 보아야 할 것이다.

조직의 실체라는 것이 혹, HR 부서와의 불신으로 인해 여론이 호도되는 현실을 바꾸어 나가야 할 것이다. 그러기 위해서는, 바로 HR부서와 그 실무자들이 어떻게 구성원과 커뮤니케이션해야 하는가를 고민해 가는 것이 기업 문화 혁신 활동의 첫 번째 과제가 아닌가 생각해 보게 된다.[73)]

(3) 기업문화의 특성

기업 문화의 특성은 씨앗과 같아서 그 내부에는 기업의 과거 역사가 녹아 있고, 녹아 있던 과거의 역사가 살아나서 오늘의 행동으로 모습을 드러내며 또한 미래를 예측할 수 있게 한다고 한다. 때문에 기업 문화는 기업의 생명력이며, 미래 발전의 원동력이 된다.

건전하고 진취적인 기업 문화는 기업의 생명력이고 경쟁력이다. 건전한 기업 문화 없이 속이 비어 성장했을 때는 갑작스럽게 붕괴하게 될 것이다. 잘나가던 기업이 하루아침에 무너지면 오너의 과잉 투자, 방만한 경영[74)]이 도산을 초래했다고 말한다.

허나 그 기업의 내부를 들여다보면 대표자 혼자만의 잘못이아니라 전 직원들, 스스로가 잘못된 기업 문화를 만들었기 때문이다.

다음은 성과 지속 가능한 기업 문화의 특성을 살펴보겠다.

① 기업 경쟁력(차별화)의 핵심은 프로세스와 기업 문화에 있다

무한 경쟁 시대의 기업의 경쟁력은 차별화이다.

그리고 그 차별화는 기업 내부의 프로세스 및 문화에서 차이가 날 것이다.

---

73) http://blog.naver.com/epro5692/110075398802

74) 대부분의 공기업에서 발생하는 맺고 끊는 데가 없이 제멋대로 풀어져 있다는 경영 방식으로 해석된다.

왜냐하면, 비즈니스 프로세스(Supplier – Input – Process – Output – Customer)에서 인재 영입의 측면인 Input과 기업 문화를 포함한 Process 만이 차별화, 즉 기업 경쟁력의 원천이기 때문이다.
조금 더 깊게 말하자면, 인재 역시 시장 논리에 따라, 차별화 요인이 작아지게 된다.
즉, 비슷한 경쟁 관계에 있는 기업에서 연봉 6천만 원에 고용하는 인재를 우리가 4천만 원에 영입할 수 있는 가능성은 적기 때문에, 결국 영입 단계에서의 차별화의 의미는 매우 작다. 따라서 인재는 해당 기업 문화의 관점에서 평가되는 것이 보다 합리적일 것이다.

② 기업 경쟁력의 원천으로서의 기업 문화의 특성

흔히 바람직한 기업 문화의 특성으로 드는 것이 아래와 같다.

- 창의적인 문화
- 자율적인 문화
- 공정한 성과 평가와 차별적인 보상의 평가 보상 문화
- 리더를 육성하는 문화

위의 말은 구구절절 옳은 특성이기도 하지만, 바람직한 기업 문화의 특성은 지속 가능한(Going Concern) 기업 경쟁력이라는 측면에서 더욱 유의미한 특성이다.
그리고 그 베이스에는 성과 인재를 양성하는 토대로서의 문화라는 의미가 강하다. 세분된 시장에서 창의적인 인재가 차별적인 성과를 낼 것이며, 그런 인재는 공정한 평가와 차별적인 보상 기준으로 만족하고 더욱 역량과 성과를 향상할 것이며, 그런 인재(리더)를 지속해서 발굴하고 육성하는 문화를 가진 기업만이 지속 가능할 것이다.

(4) 문화의 기본과 성과 조직 원리로서의 자율 문화

자율적인 문화를 별도로 설명하는 이유는, 자율적인 문화라고 하는 것이 위에 언급한 문화적 특성과 각각 연관성이 있기 때문이며, 특히 오늘의 핵심 주제이기 때문이다.

① 창의의 전제는 다양성이며, 다양성이라 함은 그 속성상 자발적이다.

즉, 타율에 의하지 않은 자율성이야말로, 창의적인 문화의 CSF(Critical Success Factor)일 것이다. 많은 중소기업에서 창의적인 문화를 육성한다고 하면서 실행 안으로 하는 것이 Idea를 육성하고, 포상하는 수준에 머무르는 경우가 많다. 창의적인 문화는 자율적인 문화가 전제되

어야 보다 더 번창할 수 있다.

② 자율은 방임과는 다르다.

자율이라 함은 System적인 사고와 시너지(Senergy)를 유발시키는 것이다. Senergy라는 단어는 Separate + Energy의 합성어라고 한다. 즉, 타율적으로 획일적인 것 보다, 분리된 개개인들처럼(자율) 보이지만 결국 성과라는 에너지를 창출한다는 의미에서, 자율은 System적이고 Senergy적인 문화의 경쟁력 특성이다.

왜냐하면, 자율은 해당 업무를 가장 잘 아는 임직원이 스스로 선택과 집중하게 하여 효과와 효율 향상을 도모할 수 있도록 하는 업무 환경을 만들어 주기 때문이다.

③ 자율은 공정한 성과 평가의 전제 조건이기도 하다.

경영 목표에서 캐스케이딩(Cascading)[75)]된 자신의 목표를 자신의 권한과 책임 하에서 수행하지 못하게 된다면, 어느 누구도 그에 대한 평가를 자신의 것으로 인정하지 않으려고 할 것이다.

④ 자율은 스스로 리더가 되는 훈련 과정이기도 하다.

자신에게 주어진 자원(권한)을 최대한 효과적으로 사용하여 성과를 내도록 하는 과정이야말로, 학습에 의한 리더 육성보다도 더 효과적인 리더 양성 훈련이다. 또한 자율은 자신의 시간 관리를 통해, 자기 발전의 책임을 스스로 지우고, 스스로 역량 발전을 하게끔 하는 문화적 토대가 된다.

(5) 최악의 기업 문화와 바람직한 기업 문화

① 최악의 기업 문화

관리자는 모든 업무를 부하 직원에게 떠맡긴다.

임파워먼트[76)]라는 말을 이용해서 일을 알아서 하고 알아서 책임지라는 식으로 일을 맡겨 버린다. 부하 직원에게 스스로 일을 해낼 수 있게 하는 임파워 먼트는 좋은 일이지만, 관리자가 일을 하기 싫어서 그냥 맡겨 버리고 신경을 쓰지 않는 경우는 사실 위험천만한 일이다.

설상가상으로 프로젝트가 잘 진행되어 좋은 결과가 나왔을 때, 모든

75) 최종 성과 목표를 성취하기 위해 각 단계별로 달성해야 할 중간목표를 나누어 재설정하는 것을 말한다.

76) 실무자들의 업무 수행 능력을 제고시키고, 관리자들이 지니고 있는 권한을 실무자에게 이양하여 그들의 책임 범위를 확대함으로써 종업원들이 보유하고 있는 잠재능력 및 창의력을 최대한 발휘하도록 하는 방법

업무를 처리해야 했던 직원이 아닌 관리자의 성과로 인정이 되어 버리고, 아무것도 하지 않은 관리자는 인센티브까지 받는 경우도 있고 이러한 경우는 공직사회에서도 비일비재하다.
반대로 프로젝트가 잘 진행되지 않아 문제가 생기게 되는 경우에는 관리자가 부하 직원에게 잘못을 묻고, 모든 잘못을 부하 직원이 떠안게 된다.
직원들은 관리자보다 먼저 출근하고, 관리자가 먼저 퇴근해야 눈치 보며 서열대로 퇴근을 한다. 이런 경우에는 적응을 하지 못하고 매일 피곤해서 커피를 하루에 몇 잔을 마시고, 피곤함을 이겨 보려 노력하지만, 체력이 고갈되고 피곤함에 일이 잘 진행되지 못한다.

② 바람직한 기업 문화

임파워먼트를 했으면, 관리자는 직원을 믿어 줘야 하고 그로 인한 성과를 실제로 일을 한 사람에게 돌리는 문화여야 한다.
다음은 바람직한 기업 문화의 예를 요즘 잘나가는 포털 사이트 두 가지를 들어보겠다.

NAVER

대한민국 시장 점유율 1위의 포털로, 2013년 7월 기준 대한민국 내 검색 점유율 74.5%를 기록, 현재 대한민국에서 가장 많은 사람이 사용하는 인터넷 포털 사이트이다. 네이버(NAVER)는 1998년 1월에 서비스를 시작한 대한민국의 포털 사이트이다.
1997년 3월 이해진, 권혁일, 김보경, 구창진, 오승환, 최재영, 강석호 등으로 구성된 삼성SDS의 사내 벤처에서 '웹 글라이더'라는 이름으로 시작해 1998년 1월에 분리된 네이버컴 주식회사에서 운영하다가 2000년 자회사인 한게임과 합병하여 NHN이 된 후 재 분리하였다.
현재는 네이버 주식회사에서 운영하고 있다. 네이버는 '항해하다'라는 뜻의 Navigate와 '-하는 사람'의 접미사 -er이 만나 탄생한 이름이다. 이는 '정보의 바다라고 일컫는 인터넷을 항해하는 사람'을 의미한다.

연두색과 하얀색 검색창으로 널리 알려졌으며 지식iN 서비스로 수천만의 엔트리를 확보하였다. 2013년에는 춘천시에 국내 인터넷기업 중 처음으로 자체 데이터 센터 '각'을 준공했다

이 기업은 직원들을 최고로 대우하기 위해 의자 하나까지도 신경을 쓴다고 한다.

많은 일이 프로젝트 형태로 진행되는데, 성과가 좋으면 인센티브가 있고, 팀 자체의 일이 잘 진행이 되면 팀 소속 직원의 회사 출퇴근 여부조차 따로 점검하지 않는다고 한다.

Google

모든 이들이 입사하고 싶어 하는 다섯 손가락 안에 드는 회사 구글(Google)은 인터넷 검색 서비스를 통해 성장한 인터넷 시대를 대표하는 대기업이다.

1998년에 래리 페이지(Larry Page)와 세르게이 브린(Sergey Brin)이 설립한 백럽(BackRub)에서 출발했다. 구글은 웹 검색에서 출발해 검색 시장의 최강자가 되었다.

2008년 웹브라우저 구글 크롬을 공개해 마이크로소프트의 익스플로러가 갖고 있던 독점적 영향력에 도전했다.

구글은 2007년 모바일 운영 체제인 안드로이드를 오픈소스 프로젝트로 진행하면서 모바일 시장에도 진입했다. 최근에는 빅데이터의 중요성을 인지하면서 클라우드 컴퓨팅으로 사업을 넓혀나가고 있다.

구글은 "전 세계의 정보를 조직화하고 그것에 자유롭게 접근하고 유용하게 쓸 수 있게 하는 것"을 자신의 임무로 내걸고 있다. 구글의 창립자인 래리 페이지와 세르게이 브린은 엔지니어링과 컴퓨터 공학이 세상을 변화시킬 수 있다고 말했다.

구글은 검색 엔진 개발을 통해 성장하면서 지속해서 다른 회사의 서비스를 구매하거나 인수 합병함으로써 사세를 키웠다.

구글은 2004년에 키홀사(Keyhole Inc.)를 인수해 2005년 구글어스로 이름을 바꿔 서비스를 시작했다. 2006년에는 동영상 공유 사이트인 유튜브(You tube)를 인수했다.

2007년에는 디지털 마케팅 회사인 더블클릭을 인수했다. 이러한 인수합병과 사업영역 확대를 통해 구글은 인터넷 검색과 모바일 운영 체

제, 광고, 미디어, 클라우딩 컴퓨팅까지 포괄하는 거대 기업으로 성장했다.

구글은 미국에서 발생하는 인터넷 검색의 60% 이상을 차지하고 있으며, 현재 매일 수십억 개의 검색 결과 페이지에 이용자들이 방문하고, 수백억 개의 구글 광고가 노출되고 있다.

구글은 페이지랭크(PageRank)라는 검색 알고리즘을 활용해 검색 엔진의 경쟁력을 확보했다. 구글 검색을 비롯한 다양한 서비스 때문에 인터넷 시대의 이용자들은 '언제 어디서나 구글과 함께 생활'하게 되었다.

이 회사는 손꼽을 만큼 두드러지거나 훌륭한 기업들이 기업 문화에 대한 벤치마킹을 할 정도로 앞서가는 회사이기도 한다.

이 회사 또한 직원들을 최고로 대우하는 것은 말할 것도 없다.

출퇴근 시간은 업무와 상황에 따라 조정할 수 있고, 출근한 시간 중 2시간은 자신이 하고 싶은 일을 할 수 있다. 예를 들면, 사내에서 당구를 칠 수 있고, 인터넷 서핑을 할 수 있고, 피곤하면 잠을 잘 수도 있다고 한다.

직원들의 창의성을 끌어올리기 위해 여러 가지 특이한 아이템이 존재해서 직원들은 출근 시간 중 2시간을 자신 또는 회사를 위해서 일을 하는 자유로운 조직 문화를 가지고 있다고 한다.

직원들의 자유로운 문화를 통한 창의력을 끌어 올리고자 하는 기업 문화 덕분에 인터넷 공간에서 최고의 기업이 되었다.

5 기업은 결코 영원하지 않다

[1] 한국 기업 쇠퇴 원인

(1) 잘 나가던 국내 기업들이 나날이 쇠퇴하고 결국 문 닫는 원인은 과연 무엇일까?

한국 기업들의 매출액 자료를 처음 활용할 수 있는 1965년을 기준으로 매출액 순위 100대 기업 중 80%가 넘는 기업들이 1975년 100대 기업 목록에서 모두 사라졌다. 그리고 약 10%의 기업만이 오늘날까지 그 지위를 유지하고 있다. 한때 우월적인 지위를 차지하고 있던 기업들이 꾸준히 그 지위를 유지하는 것이 쉽지 않다는 것을 보여주고 있다.

기업들이 쇠퇴하는 되는 주요한 원인은 무엇일까?

첫째, 수시로 변하는 산업의 변화와 성쇠 영향이다. 아무리 잘 나가던 기업도 시간의 흐름에 따라서 산업이 쇠퇴기에 접어들면 위기에 처하게 된다.

둘째, 시장 트렌드[77]를 무시한 경영이다. 고객을 위한 마인드와 기술의 변화보다는 기업 중심의 마인드를 가지고 경영을 하는 경우이다.

셋째, 적절하게 리더십을 다음 사람에게 위임하지 못한 경우이다.

넷째, 경영자의 방만한 경영과 후속 아이템이 없고 매출의 급감, 급변하는 시장경제에 잘 대응하지 못하여서이다.

이처럼 기업이 망하는 기업은 대표자가 자만하거나 앞뒤 안보고 회사의 파이를 키우는 방만 경영을 하거나 외부의 환경 변화를 깨우치지 못하고 환경 변화에 적응하지 못한 경우가 가장 많다.

그들은 외부 고객이나 경쟁사에 대한 대책보다 내부 고객이나 사내 완력 등에 더 많은 에너지를 소비하는 경우가 많다.

그렇게 되면 회사를 내 집같이 사랑하고 평생직장으로 여기고 사내 개선점과 부조리를 외치던 충성 직원들은 모두 떠나거나 부조리를 보고도 묵인하는 묵비권을 행사하게 된다.

아직도 대기업을 비롯하여 중소기업에도 낙하산 인사가 이루어지는 경우가 많다. 하루아침에 업무도 모르는 사람이 대표자나 임원의 인맥으로 지시하는 자리에 앉으면 누가 진심으로 그 지시를 따를 수 있는가! 이러한 인사를 하는 경영진이 조직원의 신뢰나 존경은 결코 받지 못한다.

(2) 점점 줄어드는 기업의 수명

1) 과연 기업의 수명은 얼마나 될까?

1910년대 후반에 창간된 포브스(Forbes)지는 1917년에 설립되어 90주년을 맞아 미국의 주요 기업들이 지난 90년 간 어떠한 변화를 겪었는지 조사했다고 한다. 그 결과 창간된 당시 100대 기업 중 이미 70개 정도의 기업이 사라지고 말았다는 사실을 발견하였다. 그리고 남은 생존 기업들 중 오직 16개 기업만이 100대 기업의 자리를 지켰다고 한다.

---

77) 미국의 트렌드 전문가 페이스 팝콘은 트렌드와 일시적인 유행의 차이를 다음과 같이 설명했다. "일시적 유행이란 시작은 화려하지만 곧 쓰러져 버리는 것으로서, 순식간에 돈을 벌고 도망가기 위한 민첩한 속임수와 같은 것이다. 유행이란 제품 자체에 적용되는 말이다.·트렌드는 소비자들이 물건을 '사도록' 이끄는 원동력에 관한 것이다. 따라서 트렌드란 크고 광범위 하다. 출처 : 선샤인 논술사전, 2007. 12. 17., 인물과 사상사

[표 35] 기업의 수명주기표

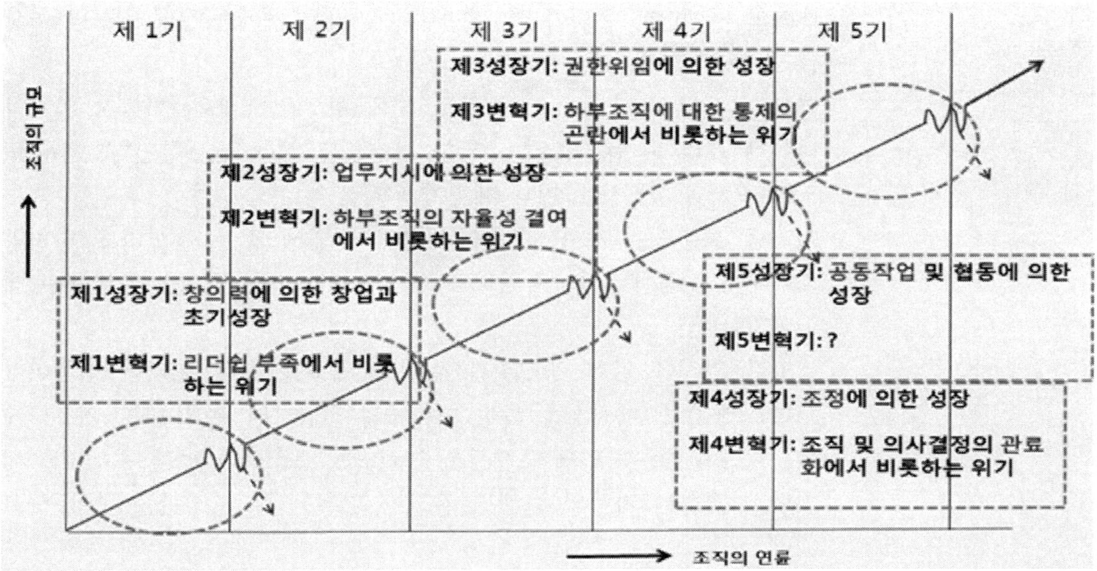

2) 한국의 상황은 어떠한가

한 조사 보고서에 따르면 최근 우리나라의 약 30만 여개의 기업 데이터베이스를 분석한 결과, 국내 기업의 평균 수명은 10.4세로 10년 전인 2006년보다 2.3세가 단축된 것으로 나타나고 있다. 이러한 평균 수명은 기업 규모가 작을수록 짧아지는 특징을 보이고 있다.

실제로 1975년 100대 기업에 속한 기업 중 15개 기업만이 2016 년까지 살아남은 것으로 나타났다. 미국이나 다른 나라의 기업들과 마찬가지로 한국 기업도 30년 이상 생존하는 것이 결코 쉽지 않다.

① 기업의 흥망성쇠

기업도 제품과 같이 도입기, 성장기, 성숙기, 쇠퇴기의 라이프 사이클(Life cycle)을 그린다.

기업이 성장기에 들어서게 되면, 충성 고객층이 겹겹이 쌓인 폭넓은 시장이 전개된다.

아울러 기업의 브랜드의 대외 인지도가 상승하게 된다. 여기서 기업의 브랜드란 이름, 용어, 기호, 상징이나 디자인을 포함하며 상품이나 서비스를 총괄한다고 볼 수 있다. 오늘날 브랜드만큼 중요한 것이 없다 일례로 남성용 하얀 면 소재의 폴로 티셔츠에 나이키 마크를 새겨 놓으면 어디 가나 2만 원 이상을 받을 수 있다. 그리고 여기에 명품 브랜드인 샤넬이나 프라다 혹은 돌체 가바나를 새겨놓으면 5만 원 이상은 족히 받을 수 있다.

역으로 동일 디자인에 상기 폴로 티에 아무 상표도 새겨놓지 않거나 니이키 프리다 샤낸과 같이 짝퉁 브랜드를 새겨 놓는다면 그 누구도 5,000원에도 안 사는 저가 제품이 된다.

이처럼 브랜드는 자사 상품을 타사와 구별해 주는 것이기도 하지만 소비자의 상품에 대한 충성도와 이를 통한 반복 구매를 유도하는 데 이바지한다.

광고란 자신을 밝힌 광고주가 비인격 매체를 통해 어떠한 상품이나 서비스에 대한 메시지를 특정 대상에게 전달하며 홍보 하는 커뮤니케이션이라고 할 수 있으며 세상은 브랜드가 움직인다고 볼 수 있다. 이처럼 기업들은 자사의 브랜드 홍보에 엄청난 돈과 시간을 쏟아 붓고 있다.

한편 산업이 성숙기에 들어서게 되면 수요가 포화상태에 이르기 때문에 기업들의 매출 증가율이 전체의 평균 성장률에 비해 낮게 나타난다. 여기서 산업이란 인간이 살아가는 데 유용한 여러 가지 물자나 용역을 만들어내는 모든 행위를 말한다.

새로운 발명이나 기술 혁신으로 어느 날 시장이나 아이템이 바뀔 수도 있고 소비자의 니즈변화나 유행 등으로 산업이 자고 나면 바뀔 수도 있다.

이때는 기업의 매출액과 수익성이 크게 떨어지게 되므로 산업이 쇠퇴기에 들어서게 되면 잘 나가던 기업도 결국 어려움에 부닥칠 수밖에 없다.

그러므로 기업이 속한 산업이 쇠퇴기에 들어서게 되면 굴지의 기업이라도 결국 위기 국면을 맞을 수밖에 없다. 급변하는 디지털 시대를 사는 현대는 산업의 사이클이 매우 빠르고 짧게 나타난다.

이와 같이 드라마가 바뀌면 주인공도 교체되어야 하듯 산업 발전에 따라 산업 내용이 바뀌면서 주역이 교체되는 것은 당연한 이치 일수도 있다. 하지만 그렇다고 기업이 산업의 쇠퇴를 그저 바라보면서 한탄만 하고 있을 수는 없다. 결국 기업들은 새로운 성장 동력을 찾아내기 위한 노력을 기울여야 한다.

② 실패를 성공적으로 실행한 기업이 바로 핀란드의 노키아(Nokia)

노키아는 1865년 핀란드 노키아 지방에서 조그마한 제재소로 출발하여 목재 및 제지 사업을 전개하였다. 그리고 1960년대 중반 케이블, 타이어, 고무 사업 분야에 진출한다.

노키아의 사업 구조 혁신은 1975년 카이라모(Kari Kairamo)가 CEO에 취임하면서 본격적으로 추진되었고, 1992년 CEO로 취임한 조르마 욜릴라(Jorma Ollila)에 의해 결실을 맺게 된다.

욜릴라는 휴대전화 사업 분야에만 집중하기로 결심하고, 회사의 모태인 제지를 비롯해 다른 사업을 모두 정리하는 강력한 구조조정을 실시하였다.

당시 케이블 사업은 독보적인 시장 점유율을 기록하고 있었지만, 미래 주력 사업에 포함되지 않는다는 이유로 과감히 포기하였다.

이러한 의사 결정이 성공적으로 추진됨으로써 노키아는 휴대전화 분야의 세계 1위 자리를 한참동안 차지하였다. 노키아가 핀란드 전체 수출의 25%를 차지해 '노키아랜드(Nokialand)'로 불리기도 하였다.

과거 핀란드는 2008년에 1인당 GDP 5만1,186달러(약 5,707만 원)를 기록하며 '북유럽의 강소국'으로 떠올랐다. 호황에 힘입어 복지도 크게 확대했다.

그러나 급변한 시장 환경에 대응하지 못하였다. 한국, 미국, 일본, 유럽 등에서 스마트 폰이 앞 다투어 출시됨에도 그들은 저가모델(3G)휴대전화에 발목이 잡혀 개발과 신제품 출시의 시간을 이미 놓쳐버린 것이다.

노키아가 부진을 겪자, 국가 경제도 추락했다. 2009년 성장률은 −8.5%로 뒷걸음질치고, 1인당 GDP도 4만 4,837달러(약 5,000만 원)까지 추락했고 일각에서는 노키아는 망했다는 말도 나왔다.

"노키아는 회사가 어려워지고 국가 경제에 먹구름이 가려지자 전(前) 직원을 대상으로 재교육, 재취업, 사업 아이디어 상담, 자금 제공 등의 '가교(架橋) 프로그램'을 적극 수행했다.

구조조정으로 사원도 대폭 줄였고 노키아 출신 엔지니어들이 창업에 주력하면서 그 결과 지금은 중소기업들이 꽃을 피우는 성과를 냈다.

특히 모바일 게임 '앵그리버드' 등으로 지난해 매출 2,300억 원을 올린 강소기업 '로비오'에도 노키아 출신 직원들이 대거 포진해 있다.

외신에서도 "핀란드 수도 헬싱키가 유럽 스타트업(소규모 신생 기업)의 수도가 됐다(영국 파이낸셜타임스)고 평했다.

정부도 창업 붐을 적극 도왔다. 50대 초반의 젊은 유하 시필레 총리(Juha Sipila)[78]를 선두로 '100개의 작은 노키아를 만들자'는 구호 아래 규제를 철폐하고, 법인세를 기존 26%에서 유럽연합(EU) 최저 수준인 20%로 낮추는 한편 벤처 캐피털을 조성했다.

핀란드 창업기술지원청(TEKES)은 매년 2,000여 기업과 연구 기관에 8,000억 원 상당의 자금을 지원하고 있다. 40여 개국에서 모바일 게임 매출 1위를 기록 중인 '클래시 오브 클랜'을 탄생시킨 '수퍼셀'도 창업 기술지원청의 도움을 받았다.

③ 변화하는 기업 제일모직

국내 기업으로는 섬유 산업으로 사업을 시작한 제일모직(1965년 15위,2007년 80위)을 보자. 제일모직은 1980년대 패션 사업, 1990년대 케미컬 사업, 2000년대 전자 재료 사업에 진출하는 등 지속적으로 변신을 모색해 왔다.

그 결과 2007년 매출 구성이 케미컬 50%, 패션 36%, 전자 재료 14%일 정도로 다양화되었고 지금도 굳건하게 건재하고 있다.

이처럼 외국 기업이나 우리나라 기업이나 기업의 성쇠존멸(盛衰存滅)은 마찬가지이다.

다만 어떻게 재빨리 시장 상황에 맞추어 대처하여 살아남느냐 죽느냐에 대한 문제이다.

산업 발전에 따라 산업 내용이 바뀌면 주역이 교체되는 것은 당연한 시장경제 원리이며

산업이 쇠퇴하는 것을 바라보기만 할 수는 없다. 기업들은 새로운 산업에 대체할 성장 동력을 찾아내기 위한 노력을 기울여야 한다.

④ 시장 트렌드를 무시한 경영

과거에는 공급자 중심의 시장이 형성되었지만, 현재에는 공급이 수요를 초과하면서 소비자 중심의 시장이 형성되고 있다. 그래서 많은 기업들이 고객을 확보하기 위해 '고객만족경영'을 내세우며 치열한 전쟁을 치르는 중이다.

기업의 모든 경영 활동을 고객을 중심으로 전개해 나가는 것이다.

'소비자 맞춤형 PC'를 제작하고 판매하는 기업 델(Dell) 컴퓨터는 기

---

78) 유하 시필레(핀란드어 : Juha Sipilä, 1961년 4월 25일~)는 핀란드의 기업인 출신 정치인이다. 중도당 대표이며, 2015년 4월 19일 치러진 총선에서 23.2% 득표율로 집권당인 국민연합당에게 승리해 차기 총리에 내정되었다.

존의 PC 업체들이 소품종 대량생산의 공급자 중심 방식을 채택했지만 델 기업은 다품종 소량 생산의 소비자 중심 생산 방식을 선택했다.
각 소비자의 요구를 충족시키고자 했던 델의 사업 모델은 이후 큰 성공을 거두게 되어 많은 기업의 벤치마킹 사례로 활용되고 있다고 한다.

㉮ 무너진 K마트와 월마트

우리에게 잘 알려진 K마트(Mart)와 월마트(Wal-Mart)의 사례를 한 번 보자. 1980년대 중반까지 할인점 업계 부동의 1위 자리를 유지했던 K마트. 절대로 무너지지 않을 것 같았던 K마트의 위상도 1991년 월마트에 1위 자리를 뺏긴 데 이어 결국 2002년 법원에 파산 보호를 신청하면서 무너지고 말았다.

K마트의 주된 실패 원인 중 하나는 마진율이 낮더라도 인지도가 높은 브랜드 상품을 강조한 나머지, 인지도는 다소 떨어지지만 저렴한 상품으로 시장을 공략한 월마트의 추격을 대수롭지 않게 여겼다는 점이다.

과거의 성공 요인이 새로운 경쟁자의 등장으로 다시는 효과를 발휘하지 못하게 된 것이다. 이처럼 지속적인 성장이 가능하리라 예상했던 기업들도 한순간의 방심으로 무너질 수 있다.

㉯ 성공한 하이트 맥주

우리 기업의 사례로는 국내 맥주 시장을 놓고 치열하게 공방을 거듭하고 있는 영원한 맞수 기업, OB맥주(옛 동양 맥주)와 하이트 맥주(옛 조선 맥주)를 꼽을 수 있다.

1933년 국내 첫 맥주 회사를 설립한 조선 맥주는 1957년 신생 기업인 동양 맥주에 1위 자리를 내주고 만다.

그 후 40여 년 동안 만년 2위에 머물렀던 조선 맥주는 '정상 탈환을 위해서는 큰 인지도를 키워야 한다는 판단 아래 1993년 '하이트'를 시판하게 되고 결국 1996년 'OB맥주'를 제치고 1위에 등극하게 된다.

화이트의 성공 요인은 '100% 천연 암반 수'라는 차별화된 마케팅 포인트와 맥주의 신선도를 가늠할 수 있게 만든 병에 부착된 온도계 덕분이라 할 수 있다.

반면, OB맥주는 오랫동안 업계 1위에 있으면서 시장 변화에 둔감해졌고, 이 때문에 경쟁자의 움직임에 발 빠르게 대응하지 못했다. 이에 더해 두산 계열사의 낙동강 페놀 사건에 휘말리면서 회사 성과와 이미지가 급격하게 추락하고 만다.

맥주 전쟁 못지않고 장기간 국내 조미료 시장을 두고 경쟁을 펼쳤던 두 브랜드, 영화로까지 만들어진 미원의 '신선로 표 미원'과 제일제당의 '다시다' 전쟁도 경영자들이 눈여겨보아야 할 사례이다. 1970년대까지만 해도 국내 조미료 시장은 미원(현 주)대상)이 부동의 1위 자리를 차지하고 있었다. 경쟁자인 제일제당은 미원을 이기기 위해 '미풍'이라는 상품을 내놓았지만 소비자들 머릿속에 박혀 있는 '조미료=미원'이라는 등식을 바꿔 놓기에는 항시 역부족이었다.

㉣ 고전에서 점유율 1위

고전을 면치 못하던 제일제당은 1975년 천연 조미료라는 이미지를 내세워 '다시다'를 시장에 출시하고, 인기 탤런트 김혜자씨를 광고 모델로 기용하는 등 마치 전쟁과 같은 총공세를 펼친 끝에 1989년 조미료 시장 점유율 1위에 오르게 된다.

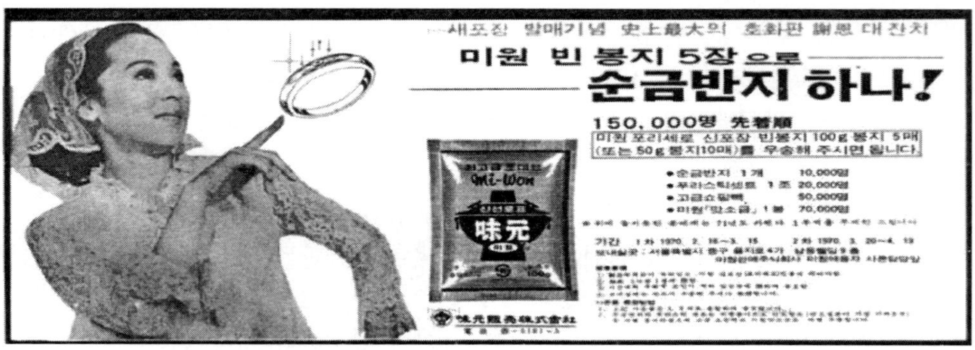

[그림 28] 미원과 미풍의 전쟁 신문

물론 당시 화학조미료 유해론이 급격히 퍼진 것도 소비자들이 '다시다'를 찾게 만든 한 가지 중요한 요인이었다. 반면, 1위의 자리를 내줘야 했던 미원의 입장에서는 자사 브랜드에 대한 소비자들의 강한 충성도를 믿고 경쟁자를 견제하지 않았던 것이 실수였다. 마케팅 전문가들은 "1970년대 다시다가 나왔을 때, 미원이 시장을 견제하기 위해 유사한 이미지의 제품을 출시했더라면 순위가 쉽게 뒤바뀌지는 않았을 것"이라고 말한다.

이상의 두 사례는 하루가 다르게 변화하는 외부 환경 속에서 기업이 내부 혁신을 통해 경쟁력을 키워 나가는 동시에 외부 경쟁자의 변화에 긴장의 끈을 놓아서는 안 될 것이라는 교훈을 주고 있다. 그러나 반대로 고객만족 경영에 실패한 기업들도 있다.

코카콜라의 'New Coke' 실패 사례가 대표적이라고 할 수 있다. 1980년대에 들어 코카콜라는 젊은 층을 타깃으로 한 경쟁사 펩시의 대대적인 판촉 활동 때문에 시장 점유율 감소라는 위기에 직면한다. 이를 타개하고자 코카콜라는 2년간 4백만$ 이상을 투입하고 dl십만 명 이상의 고객을 대상으로 콜라 맛에 대한 대규모 마케팅 조사를 시행하였다.

마케팅 조사의 결과를 바탕으로 1985년 약간 맛이 더 달고 부드러운 'New Coke'를 시장에 출시하고 기존 제품은 생산 중단하게 된다.

그러나 신제품 출시 후 소비자들은 "신성한 미국의 상징이 훼손되었다"며 다수의 고객이 회사를 상대로 강한 항의와 불만을 제기하며 매출이 급감하기 시작했다. 코카콜라가 100년 넘도록 미국 시민들의 사랑을 받으며 국가를 대표하는 상품으로 자리매김해 왔다는 사실을 미처 깨닫지 못한 것이었다.

코카콜라 마케팅 조사의 잘못된 점은 마케팅 조사의 범위를 너무 좁게 잡은 것이 결정적이었다.

설문조사 후 New Coke를 선호하는 60%의 소비자만 염도에 두고 신제품을 출시하면서 기존 제품을 좋아하는 40%의 소비자를 위한 배려 없이 기존 제품의 생산을 중단함으로 기존 소비자의 부정적인 구전 효과를 발생시키게 하였다.

콜라 구매 시 제품인지도, 오랫동안 마셔온 친근한 느낌 등을 망각하고 오로지 맛에만 초점을 맞추는 오류를 범하였다. 실제로 콜라는 다른 음식들(햄버거, 피자 등)과 함께 마신다는 점을 뒤늦게야 안 것이다. 결국, 회사는 부랴부랴 1985년 7월 석 달 만에 기존의 코카콜라를 'Coca-Cola Classic'이라는 이름으로 다시 출시하게 되었다.

잘못된 마케팅 조사에 의한 마케팅 전략 수립과 시행은 선불리 하면 회사의 큰 손실을 줄 수 있다는 것을 알려주는 좋은 사례이다.

이처럼 과거 시장의 변화와 고객의 요구를 제대로 파악하지 못해 어려움을 겪은 사례들이 적지 않다.

또 다른 대표적인 사례가 과거의 '시티폰' 사업이 아닌가 싶다.

이것은 발신 전용 휴대전화로, 무선호출기(일명 '삐삐')와 휴대전화 시장 중간에 낀 브리지 상품이었다. 무선호출기가 연락처와 음성 메시지만 수신 가능했던 것을 보완하기 위해 만들어진 것으로 초기에는 '황금 알을 낳는 대박 사업'으로 불렸다.

그러나 시티폰은 중계 안테나가 설치된 공중전화 부스의 반경 100 m 이내에서만 발신할 수 있었기 때문에 사용자들의 불편을 샀고, 97년 개인 휴대전화(PCS)가 급속히 확산하면서 불과 3년 만에 시장에서 퇴출당했다.[79]

아울러 기존 일간신문, 스포츠 신문들이 무료 신문에 독자들을 빼앗긴 것도 고객의 요구 변화를 재빨리 간파하지 못한 결과라고 할 수 있다.

기성세대 중심의 예전 독자들이 기사 내용의 깊이나 공정성을 중시했다면, 신세대 중심의 요즘 독자들은 그것보다는 간편함을 추구하는 경향이 있다. 즉, 요즘의 독자들은 복잡한 출근길에서 휴대전화로 정보를 보든지 아니면 읽기 편한 크기의 전철역에서 나눠주는 무료 신문을 통해 구미에 맞는 뉴스 몇 가지만을 간략하게 읽는 것을 선호하는 경향이 있다는 것이다.

게다가 신문 값이 무료이니 독자들의 손길을 붙잡을 수 있었다. 물론 무료 신문들이 가진 한계에 대해 논란의 여지는 있으나, 한발 앞서 고객의 요구를 충족시켰다는 점은 평가받을 만하다.

지금도 동네 어귀에 보면 신문을 보면 자전거나 가전제품을 무료로 주는 사례를 자부 볼 수 있다. 저자가 얼마 전 학생들에게 신문 보는 사람을 손들게 했더니 한 반에 1~2명밖에 안 되었고 이를 보면 우리의 신문시장은 점차 쇠퇴해질 것이란 생각이 지배적이다.

한편 우리나라 기업들도 최근 고객만족경영을 넘어 "고객 감동 경영"을 내세우는가 하면 기업의 조직도를 CEO 중심의 피라미드형에서 고객 접점 조직을 최상위에 두는 역 피라미드형으로 바꾸는 각고의 노력을 기울이고 있다.

(3) 리더십을 적절하게 넘기지 못했다

기업은 지속 성장을 위해 환경 변화를 인식하고 사업 구조의 재설계 방향을 과감하게 결정해야 하는 경우가 있다. 그런데 많은 기업이 의사 결정을 내리지

79) 출처 : LG경제연구원(2008). 베타뉴스 2008.10.13

못해서 기회를 놓치거나, 잘못된 결정을 내려 돌이킬 수 없는 상황에 부닥칠 때가 있다. 적절한 시기에 옳은 결단을 내릴 수 있는 리더를 제대로 육성하거나 확보하지 못했기 때문이 아닐까 생각한다.

월트 디즈니(Walt Disney)는 창업자인 월트 디즈니가 사망한 이후 경영의 큰 위기를 겪었다. 조직 창의력의 극대화를 통한 리더십의 동력을 잃어버렸기 때문이다. 결국, 디즈니는 창업자 월트 디즈니 이후에 취임한 아이스너(Michael Eisner)의 리더십 하에서 애니메이션 등 예전의 명성을 되찾음으로써 위기를 벗어난다.

우리나라의 경우, 체계적인 준비와 경험 없이 갑자기 취임하게 되는 오너의 경우 사업 및 현장 경험이 부족하므로 환경 변화를 제대로 읽을 수 있는 역량이 부족할 수밖에 없다.

조직의 성공을 가늠하는 조건은 '오늘만이 아니라 내일도, 앞으로도 계속 승리할 수 있느냐'이다. 조직의 모든 계층에서 미래의 기업을 올바른 방향으로 이끌 수 있는 우수한 리더들을 어떻게 확보하느냐에 대한 고민과 실행이 필요할 것으로 생각한다.

(4) 경영자의 방만한 경영과 후속 아이템의 부재

경영자의 방만한 경영과 후속 아이템이 없고 급변하는 시장경제에 잘 대응하지 못한 한보 그룹의 경우에는 핵심 주력사인 한보 철강의 성장을 토대로 1989년 임해 철강공업 단지, 1994년 열연 공장 건설 등 사업 확장을 추진하였으나 약 5조 원에 이르는 막대한 차입금 때문에 제철소 준공 이후 무너지고 말았다

차입 경영에 대한 내부의 우려에 대해 정태수 전 회장은 '한보철강에 투자한 5조 원은 땅값만 오르면 곧 20조 원으로 불어날 텐데 무슨 걱정들이 그렇게 많으냐?'며 사업을 강행했다고 한다.

삼미그룹 역시, 한보 그룹과 비슷한 시기에 부도를 맞고 말았다. 삼미그룹은 1980년대 말부터 미국의 알텍(Al Tech)과 캐나다의 아틀라스(Atlas) 등 북미 지역의 특수강 기업을 인수하고, 창원 공장 증설에 나서는 등 사업을 확장해 나갔다. 그러나 특수강 경기 부진과 더불어 과도한 차입 경영으로 인해 1997년 무너졌다.

또한 과거 재계 서열 8위까지 올랐던 기아자동차는 계열사인 기아특수강에 대한 무리한 투자 등이 원인이 되어 위기를 맞았다. 당시 특수강의 국내 수요가 연 10만 톤에 불과하다는 분석이 나오는 가운데 약 1조원의 막대한 자금을 투입해 72만 톤 규모의 특수강 공장을 세운 것이 화근이 되어 결국 무너지고 말았다.

최근 M&A 시장이 후끈 달아오르면서 많은 기업들이 M&A를 통한 몸집 불리기에 나서고 있다.

그러나 과거의 사례를 통해 볼 때 돈을 빌려 기업을 인수하는 차입 인수 방식은 자칫 장밋빛 미래 대신 감당하기 힘든 이자 비용 등 기업에게 상당한 부담을 안겨 줄 수도 있다.

M&A를 추진하는 기업들은 미국의 행동 경제학자인 리처드 탈러[80]가 말한 '승자의 저주(치열한 M&A 경쟁 때문에 지나치게 높은 가격으로 기업을 인수하여 후유증을 겪는 것)'에 희생당하지 않도록 주의할 필요가 있다.

(5) 리더십의 적절한 승계 부족

기업은 지속 성장을 위해 환경 변화를 인식하고 사업 구조의 재설계 방향을 과감하게 결정

하지 못하는 경우가 있다. 그런데 많은 기업들이 이러한 의사 결정을 내리지 못해 변신의 기회를 놓치거나, 잘못된 의사 결정을 내려 돌이킬 수 없는 국면에 빠지는 경우가 종종 있다.

일례로 월트 디즈니(Walt Disney)는 창업자인 월트 디즈니가 1966년 사망한 이후 경영의 큰 위기를 겪었다. 조직 창의력의 극대화를 통해 애니메이션 영화와 테마 파크의 시너지를 극대화시킬 수 있었던 리더십 동력을 잃어버렸기 때문이다.

실제 애니메이션 영화의 경우 디즈니가 마지막으로 손을 댔던 '정글북(1967)' 이후로 '인어공주(1989)'가 나올 때까지 눈에 띄는 작품이 거의 나오지 않았다.

결국 디즈니는 1984년 취임한 아이스너(Michael Eisner)의 리더십 하에서 애니메이션 등 영화 부문에서 3D를 채택하여 예전의 명성을 되찾음으로써 위기를 벗어나게 된다.

우리나라의 경우 최근까지 오너(owner) 경영의 관행이 강했기 때문에 창업자의 사후 또는 은퇴 이후 경영권 승계가 갑자기 이루어지면서 종종 위기에 직면한 사례들이 있다.

체계적인 준비와 경험 없이 갑자기 승계된 오너의 경우 사업 및 현장 경험이 부족하기 때문에 환경 변화와 시류를 제대로 읽을 수 있는 역량과 경륜이

80) 리처드 H. 탈러[1](Richard H. Thaler, 1945년 9월 12일~)는 독일계 미국 태생의 경제학자로 제한적 합리성(Bounded Rationality)에 기반을 둔 경제학 분야인 행태경제학(Behavioral Economics)을 체계화시켜 학문적으로 확립했다. 현재 시카고대학교 부스경영대학원 교수와 전미경제연구소(National Bureau of Economic Research) 연구원으로 활동 중이다. 출처 : 위키백과

부족할 수밖에 없다.

또한 이들은 무엇인가를 보여주어야 한다는 강박감에 시달리게 된다. 이 경우 CEO에게 적절한 의견이나 전략적 방안을 제시할 수 있는 경영층이 없다면, CEO 독단으로 자금 조달 방법, 사업 리스크 등에 대한 충분한 검토 없이 공격적으로 사세를 확장하려는 경향이 나타나게 된다.

호황기인 경우에는 이러한 공격 경영의 성공 가능성이 높지만, 거품이 급속히 꺼지는 불황기의 경우 결국 기업을 큰 위기에 빠뜨리게 된다. 1967년 매출 순위 60위(진로 양조)에서 1996년 24위까지 오른 진로를 살펴보자.

진로는 경영권 승계 이후 건설, 유통, 맥주 등의 사업으로 사세 확장을 시도하였다. 그러나 그 과정에서 막대한 부채와 경영 손실 발생으로 결국 부도의 운명을 맞게 된다.

당시 진로 종합 유통의 부채 비율은 무려 1,600%에 달했다. 또한 진로 쿠어스 맥주의 경우 막대한 설비와 영업비용을 투자했지만 매출 부진으로 3년간 900억 원의 손실이 발생해 진로가 어려움에 빠지는 큰 원인으로 작용하였다.

조직의 성공을 가늠하는 궁극적인 조건은 '오늘만이 아니라 내일도, 모레도 계속 승리할 수 있느냐'이다. 따라서 조직의 모든 계층에서 미래의 기업을 올바른 방향으로 이끌 수 있는 우수한 리더들을 어떻게 확보하느냐에 대한 끊임없는 고민과 실행이 필요하다.

(6) 리스크 관리 실패 사례

몇 해 전 미국발 비우량 주택담보대출 위기의 여파로 전 세계 금융시장의 불안에 쌓인 적이 있다. 우리나라 금융시장 역시 이 위기를 비켜 가지 못하고 무척 어려운 시기를 보냈다. 그렇다면 이러한 위기는 어디에서 기인한 것일까?

2000년대 초반 FRB(미국 연방 준비 위원회) 금리 인하 정책 등으로 인해 주택담보 대출이 급증하였다. 그리고 금융기관들은 채권을 증권화한 금융 상품 시장을 확대했다.

즉, 이미 판매된 소비자 대출과 주택담보 대출 같은 채권을 바탕으로 새로운 금융 상품을 만들어 판매함으로써 그 위험을 금융시장에 분산시키는 것이다. 이를 통해 자금을 확보한 금융기관들은 무모하게도 가난한 사람과 상환 능력이 부족한 사람에게도 대출을 해주는 상황이 벌어졌다.

즉, 프라임 금리(신용이 양호한 채무자에게 제공하는 우대 대출 금리)를 받지 못하는 신용도가 낮은 사람들이 주로 활용하는 서브 프라임 모기지 대출이 빠르게 증가한 것이다.

그런데 부동산 경기의 침체와 경기 악화로 인해 채무자의 채무 불이행이 표면화되기 시작하였다. 이에 따라 서브 프라임 모기지를 담보로 묶어 증권화한 금융 상품들을 자산으로 보유하고 있었던 대형 은행들과 증권 회사들이 막대한 손실을 보기 시작한 것이다.

결국, 이들 기업의 경영진들은 회사의 성과를 높이기 위한 일련의 정책들에 내포되어 있던 리스크의 수준을 제대로 인식하고 적절히 대처하지 못함으로써 위기에 빠진 것이다.

이러한 결과로, 150년 이상의 역사를 가진 초거대기업인 리먼 브러더스(Lehman Brothers)가 파산 신청을 하였다. 파산액이 2008년 당시 환율로 보면 735조 정도 되는데 이금액은 한국 전체 국가 예산의 2.4배나 되는 엄청난 금액이다. 또한 85년 전통의 투자 은행인 베어스턴스(Bear Sterns)는 JP모건에 인수되었다.

이어 세계 최대 증권사와 부동산 회사 등을 보유한 투자 은행 메릴 린치(MerrillLynch) 역시 BoA(Bank of America)에 인수됨으로써 94년 만에 회사 간판을 내리게 되었다.

또한 정교한 알고리즘을 활용하여 저소득층도 집 담보 대출을 통해 주택을 소유하게 만든 기업"이라고 평가받으며 'Great Company'로 꼽힌 패니메이(Fannie Mae)와 프레디 맥(Freddie Mac)도 생존을 위해 구제 금융에 손을 벌리는 처지가 되었다.

이러한 현상은 1990년대 말 외환위기 때 국내 금융기관들이 겪은 위기와 유사하다고 볼 수 있다. 서브 프라임 위기는 개인의 채무 불이행으로 인한 금융회사의 위기가 실물경제로 확산하는 모습을 보인다.

반면, 과거 한국의 외환위기는 비효율적이고 방만한 투자로 인한 대기업 군의 연쇄 부도와 이에 동반한 금융기관의 부실화가 표면화되면서 시작되었다는 점에서 그 전개 양상은 차이가 있었다.

하지만 이로 인해 많은 금융 기업들이 위기를 겪었다는 점에서는 공통점이 있다. 한국의 경우 은행 산업 역사상 최초로 5개 은행이 퇴출당하였으며, 제일은행은 뉴 브리지 캐피탈에 매각되었다. 그리고 은행들이 통폐합되고 직원들이 정리 해고를 당하는 시련을 겪었었다.

또한 170조 원에 가까운 막대한 구제 금융이 금융권의 부채를 청산하는데 투입되었다. 물론, 한국 금융 위기는 정책 당국의 외환 관리 잘못에 인한 측면도 있다.

그러나 금융기관 경영층도 당시 외채를 단기로 조달하여 부실기업에 장기로 빌려주는 관행의 미래 위험을 제대로 예측하지 못한 동시에 그 위험을 애써 외면한 측면이 있다는 점에서 책임을 면하기 어렵다.

기업 경영자들은 환경의 급속한 변화가 이제까지의 핵심 성공 요인을 무력화할 뿐 아니라, 전혀 생각지 못한 위기를 기업에 가져다줄 수 있다는 사실을 분명히 인식해야 한다.

따라서 기업은 자사에 중대한 위험을 안겨 줄 수 있는 요소에 대해 지속적으로 모니터링하고, 이상 징후 발생 시 신속히 대응할 수 있는 시스템을 구축해야 한다.

(7) 윤리 경영의 부재, 도덕적 헤이

2000년 미국 7위의 매출액을 자랑하다 회계 부정 스캔들로 순식간에 파산한 엔론(Enron)의 예를 굳이 들지 않더라도, 최근 윤리 경영의 중요성에 대한 인식이 점점 높아지고 있다.

하지만 아직도 윤리 경영이 제대로 실천되고 있는지에 의문의 여지가 남는다. 사실 최근의 서브 프라임 사태도 윤리 경영의 부재가 그 한 원인이라고 할 수 있기 때문이다.

예를 들어, 미국의 저명한 어느 경제학자는 2008년 9월의 미국 금융 공황을 '월가(Wall Street)의 탐욕과 위선'이 자초한 재앙이라고 논평했다. 기업 성과와 인센티브의 연계로 인해 월가의 경영자들이 위험을 고려하지 않고 무분별하게 단기성과를 높일 수 있는 방안을 모색하고 실행한 비도덕성이 위기를 초래했다는 것이다.

위험을 감수하는 도덕적 해이가 위험을 가중했다는 분석도 있다. 만약 월가의 경영자들이 기본과 원칙을 지키는 마인드를 갖고 윤리 경영을 실천했다면 위기가 그렇게까지 확대되지 않았을 수도 있었을 것이다.

과거 우리 기업들도 비윤리적 경영 활동으로 인해 위기에 빠진 경우가 종종 있었다. 국내 5대 그룹에 속하던 대우의 경우 2000년 9월 23조 원에 달하는 분식 회계가 드러나면서 그룹에 대한 신뢰가 땅에 떨어졌다. 그리고 이는 결국 그룹 해체를 가속한 한 가지 주요 원인으로 작용했다.

이제 윤리 경영은 기업의 강력한 핵심 역량으로 작용하고 있다. 기업이 비윤리적 활동을 하는 경우 시장이 이를 용서하지 않을 태세이기 때문이다.

이제 우리 기업들도 '정정당당한 방법으로 고객에게 감동을 주고, 신바람 나는 직장 환경을 구현한다.'라는 목표에 따라 기업 문화를 쇄신할 필요가 있다. 그래야만 지속적 번영을 누리는 기업으로 발돋움할 수 있다.

"2030년 S&P 500대 기업 리스트의 3/4 이상이 지금 우리가 전혀 알지 못하는 기업으로 구성될 것이다"라고 말한 것처럼 미래에도 지속해서 스포트라이트를 받는 기업으로 살아남는 것은 결코 쉬운 일이 아닐 것이다.

6 자수성가와 대한민국

최근 OBS 뉴스에 따르면 미국과 중국, 일본 등 대부분 해외 부호들은 스스로 창업해 부를 일궜지만 한국의 재벌들은 대부분 기업을 부모로부터 상속받아 부를 쌓은 것으로 나타났다.

블룸버그의 억만장자 자료에 따르면 지난해 12월 30일 기준 세계 부호 상위 400명을 부의 원천에 따라 분류했을 때 65%인 259명은 자수성가, 나머지 141명인 35%는 상속으로 집계됐다.

한국인 가운데 400위 안에 든 부호는 이건희 삼성그룹 회장과 서경배 아모레 퍼시픽 그룹 회장, 이건희 회장의 아들인 이재용 삼성전자 부회장, 정몽구 현대차 그룹 회장, 최태원 SK그룹 회장 등 5명으로 모두 상속받은 재벌 2~3세였다.

반면 세계 최고의 부자인 마이크로소프트사의 빌 게이츠를 비롯하여, 인디텍스의 아만시오 오르테가, 버크셔 해서웨이의 워런 버핏, 아마존의 제프 베조스, 텔멕스의 카를로스 슬림, 페이스북 마크 저커버그, 구글의 래리 페이지, 오라클의 래리 엘리슨 등 상위 10명은 모두 자수성가한 경우였다. 이들 중 스페인 출신 오르테가와 멕시코의 슬림을 제외한 8명은 미국 출신이다.

억만장자가 가장 많은 미국의 경우, 세계 랭킹 400위 안에 포함된 125명 가운데 자수성가한 사람이 89명으로 71%를 차지해 세계 평균보다 다소 높았다.

아시아 부호 80명 중에서는 70%인 63명이 자수성가한 것으로 집계됐고 이 중 가장 많은 중국 부자의 경우, 29명 가운데 1명만 제외한 28명이 창업가였다.

중국 최고 부자이자 세계 13위인 왕젠린 완다 그룹 회장과 2위인 마윈 알리바바 회장 등이 대표적 인물로 꼽힌다. 이밖에 모바일 메신저 위챗으로 유명한 텐센트의 마화텅과 중국 최대 검색사이트 바이두의 리옌훙 등이 상위권에 올랐다.

또 일본은 세계 400위 안에 든 5명 모두가 창업자로 의류 브랜드 유니클로를 세운 일본 최고 부호 야다이 다나시를 비롯해 소프트 뱅크의 손정의, 편의점 체인 세븐 일레븐의 이토 마사토시 등이 있다. 러시아는 18명 모두, 인도는 14명 중 64%를 차지하는 9명이 자수성가 부호였다.[81]

유럽은 자수성가 부호가 54명으로 상속 부호 55명보다 1명이 적은 것으로

---

81) Copyright © OBS 뉴스

나타나 유달리 한국은 자신의 능력보다는 부모로부터의 상속으로 부를 이룬 사람이 많다는 것은 그만큼 한국 사회에서 크나큰 기업으로 성공하기 힘들다는 단면을 보여주는 것이다.

한편 대체적으로 실패한 사람들은 실패의 원인을 남의 탓으로만 돌리는데, 성공한 대부분의 사람은 성공의 원인을 친지의 도움을 받았다며 자신의 공을 내세우지 않는다고 한다.

'성공'이란 말은 듣기만 해도 가슴이 두근거리는 단어이지만 성공의 요건을 갖추지 못한 사람들

에게는 너무 멀리 있어서 손에 잡히지 않는 무지개일 뿐이라고 한다.

그렇지만 성공이 도달할 수 없는 불가능한 목표는 결코 아니다. 충분한 조건을 갖추고 생활 습관과 사고의 전환을 하면 누구나 "성공의 눈앞에 다가와 풍요롭고 행복한 생활을 보낼 수 있다.

희망의 끈을 놓지 말고 그날그날 최선을 다하여 더욱 후회 없는 생을 살아갔으면 좋겠다.

세상에 성공하는 방법은 너무나 많다. 모든 사람이 이론적으로는 잘 알고 있을 것으로 생각한다. 그러나 실패하는 이유는 무엇일까. 그것은 바로 자신이 사물을 보는 것에 대한 오류와 더불어 발생하는 마음속의 두려움일 것이다. 충분히 성공할 가치가 있고, 방법 또한 알고 있는데도 불구하고 기업을 오래도록 지키지 못하는 이유는 실패할지도 모른다는 두려움 때문일 것이다.

누구나 성공을 바라지만, 실패를 원하는 사람은 없다. 할 수 있다는 자신감을 느끼고 당당하게 살아가길 바란다. 그렇게 된다면 경영자 밑에서 열심히 받쳐 주는 직원들 또한 행복해질 수 있고, 만족스런 삶을 살 수 있게 될 것이다.

구성원들은 열심히 일하자. 그래야 우리의 기업을 지켜 낼 수가 있다. 또한, 기업을 경영할 때 아무리 아이디어 훌륭하고 추진력이 강해도 고도의 기술과 자본력이 뒷받침되어야 성공할 수 있다. 기술과 자본력이 먼저 뒷받침해 준 후에 창의적인 기업가 정신을 가진 인적 자원이 결합하여야 한다. 그리고 운칠기삼(運七技三)이라고 했던가 성공엔 운, 인맥, 등이 실력이나 능력만큼 중요하다고 생각한다.

Rank	Name	Net Worth	Age	Source	Country of Citi
#1	Bill Gates	$79.2 B	59	Microsoft	자수성가
#3	Warren Buffett	$72.7 B	85	Berkshire Hathaway	자수성가
#5	Larry Ellison	$54.3 B	71	Oracle	자수성가
#6	Charles Koch	$42.9 B	79	diversified	자수성가
#6	David Koch	$42.9 B	75	diversified	자수성가
#8	Christy Walton	$41.7 B	60	Wal-Mart	상속
#9	Jim Walton	$40.6 B	67	Wal-Mart	상속
#11	Alice Walton	$39.4 B	65	Wal-Mart	상속
#12	S. Robson Walton	$39.1 B	71	Wal-Mart	상속
#14	Michael Bloomberg	$35.5 B	73	Bloomberg LP	자수성가

미국의 10대 부자 <출처:포브스>

[그림 29] 미국의 10대 재벌들

우리나라 기업의 공통적인 문제점 중 하나가 규모에 비해 낮은 기술 수준이다. 문제점을 개선하고 활력적으로 기업을 경영하기 위해서는 경영자의 능동적인 인식의 전환과 발상이 필요하다고 생각한다.

열악한 작업환경을 새롭게 개선하고, 임금과 복리 후생 등의 문제를 좀 더

현실화시키는 등의 노력도 중요하지만 무엇보다 기업의 원동력이 되는 기술즉, 창의성에서 잉태된 진보된 발명을 도출해내는 발명가가 절실하게 필요하다고 주장한다.

21세기는 지식 경제의 시대로서 한 사람의 위대한 발명가가 1,000만 명 이상을 먹여 살리는 1대 1,000만의 시대가 왔다.

전술한 미국의 M/S,사의 빌 게이츠(Bill Gates)나 타계한 애플사의 故 스티브 잡스(Steve Paul Jobs)와 구글의 래리 페이지(Larry Page Lawrence E. Page)와 세르게이 브린(Sergey Brin), 얼마 전 기업을 공개하고 상장한 세계 최고의 기부가 페이스 북의 마크 저커버그(Mark Elliot Zuckerberg)와 같은 훌륭한 발명가를 만들기 위해서는 한번 해봄 직 하다는 것이 나의 객관적인 생각이다.

이젠 국민 출원이 아니라 국민 1등록 특허 시대로 나가야 경쟁력이 있다. 미국은 특허 관리를 대통령 직속으로 하고 있고 일본과 독일도 총리급이 관장하는 것으로 되어 있다.

현재 청장이 지휘 감독하는 특허청을 법 개정을 통하여 장관이 지휘하는 발명부로 설립하고 그 예하에 특허청, 상표청, 디자인 청, 발명 진흥청, 특허 정보청 등으로 1단계 격상시키는 것도 검토해 볼 수 있다.

그리고 특허청은 앞서 말했듯이 요즈음 정보 통신 등의 기술은 마치 광속의 속도로 하루가 다르게 발전하고 있으며 그 사이클이 매우 짧아 심사관 수를 늘려서라도 출원 시에 출원인이 결정할 수 있는 우선 심사나 초고속 심사 제도를 적극적으로 확대하고 중요한 특허는 적은 비용으로 우선 심사하여 3개월 안에 특허등록 여부를 결정되도록 해주어야 한다.

한국은 유대인과 버금가는 세계적으로 우수한 두뇌를 가졌으며 기업들은 뛰어난 아이디어와 제조 방법에 대한 많은 특허를 갖고 있다. 하지만 만일 위에서 말한 미국 기업들처럼 했다면 그 가치는 지금은 훨씬 커졌을 것이다.

우리 민족 또한 옛날부터 세계적으로 우수한 발명 정신과 무한한 호기심 높은 예술성 등을 가지고 있었다. 이순신 장군은 세계 최초로 거북선을 만들었으며, 해시계와 물시계를 발명한 장영실과 화약과 화포를 만든 최무선, 거중기를 만든 정약용 등 우리 역시에 빛나는 훌륭한 발명가이다. 하지만 옛날에는 이런 발명가들과 기술자들을 천시하고 좋지 않게 생각했던 인습 때문에 우리나라는 발명 활동이 계속 활발하게 이루어지지 못하기도 했다.

우리는 조상들의 우수한 두뇌를 유전적으로 이어받았기 때문에 오늘날 세계 기능 올림픽 대회 등에서 우수한 실력을 뽐내고, IT산업 분야에서도 세계 최첨단을 가고 있다. 이러한 이유로 특허를 창출하기 위한 발명은 꼭 필요한 것이고, 발명 교육은 창의성을 기르는 효과적인 교육이기 때문에 더욱 활발하게 교육이 이루어져야 한다는 것이다.

교육계에서는 '21세기를 주도할 인간상을 자주적이며 창의적이고 도덕적인 한국인으로 정하고 있다. 그만큼 우리 교육에서 학생들의 창의성을 높이는 교육이 중요하다는 뜻이다.

학교에서 학생들에게 발명 활동에 참여할 기회를 제공하는 것은 창의성 교육에 많은 도움이 되기 때문이다. 발명 아이디어는 우리가 일상생활을 하는 중에서 얼마든지 찾을 수 있다. 호기심을 가지고 주변을 조금만 살펴보면 우리 눈앞에 발명 소재가 무수하게 산재해 있음을 알게 된다.

현재에는 뛰어난 한 명의 발명가가 수십만 아니 수백만 명의 일자리와 수백 수천만 명을 먹여 살릴 수 있다고 생각한다. 그러나 한국은 특허에 대한 전략과 인식, 기술(Skill)이 부족하며 미국과 비교하면 등록 특허의 부가가치가 상대적으로 낮고 시야도 넓지 않다. 특허만 쳐다보고 오로지 우물 안 개구리처럼 한국에서 권리 행사하는 것만 생각한다.

그 나라의 발전과 미래는 국민이 얼마나 많은 아이디어를 가지고 있느냐에 따라서 달라지기 때문에 모든 나라가 앞을 다투어 새로운 아이디어를 개발에 심혈을 기울이고 있다.

과거 2차 대전 패망국인 일본이 지금 세계의 경제를 주름잡고 있는 것도 새로운 아이디어로 특허를 무려 100만 개 이상을 가지고 있었기 때문이다.

특허란 조금만 관심을 가지고 접근하면 누구나 가능하다. 일상생활에서 흔히 사용하는 물건들은 언제나 어느 것이나 사람들로부터 더 예쁘고 성능 좋은 제품으로의 변신을 요구받고 있으므로 개선해 가면 좋은 발명 소재를 얻을 수 있을 것이다.

그 소재를 자기 자신의 발명 밭(노트나 컴퓨터)에 심어 놓고 갖가지 정보의 비료를 주고 주의를 기울이면서 보고 들으면 그 소재 안에 잠재된 열매가 싹이 트는 것을 발견할 수 있으며 그 열매가 점차 커지는 것을 느낄 수가 있을 것이다.

그리고 그 열매가 성장하여 거대한 나무로 성장할 수도 있는 것이므로 유아기부터 발명에 대한 창의성 향상에 온 힘을 다해야 한다. 현 입시 위주에 얽매인 주입식 교육에 탈피하여 뛰어난 발명 영재를 조기에 발탁하는 시스템을 확충하고 지속적인 관심과 지원으로 훌륭한 발명을 할 수 있는 미래 꿈나무인 발명 인재로 거듭나게 하여야 한다는 것이다.

글을 맺으며

오늘날 우리는 급변하는 정보화, 고도의 기술화, 다양화, 다원화가 가속화되는 치열한 무한 경쟁 시대에 살고 있다. 사회가 고도로 산업화되고 과학화 되어 감에 따라 날로 복잡해지고 난해해지는 여러 문제를 좀 더 참신하고 효율적으로 해결하기 위한 고도의 창의적 사고력을 절실히 필요로 하고 있다.

생산 수단과 유통수단, 나아가 협업 및 통합 기술이 표준화 되어 갈수록 사람의 창의성이 그 어느 때보다 빛을 발한다. 혁신적인 아이디어와 비즈니스 모델이 있어야 비로소 표준화, 보편화 된 세상에서 두각을 나타내며 차별화가 가능하기 때문이다.

현재의 디지털 시대는 정보 전달만이 아닌 창조의 시대, 지식의 시대, 교육의 시대이다.

엄청난 양의 정보를 검색하면서 새로운 제품이나 서비스를 발명하고 이런 사람들이 부를 창출한다. 새로운 무엇인가를 창조할 수 있는 능력을 가진 사람들이 부상하며, 이것을 창조의 시대라고 부르거나 발명 혁신의 시대, "혹은 창조와 발명의 시대라고 부른다.

카네기 멜론 대학의 리처드 플로리다(Richard Florida) 교수는 「창조적인 변화를 주도하는 사람들 The Rise of the creative class」이란 책에서 창조적 계급은 자신의 창조성을 통해 경제적 부가가치를 구가하는 사람들로 구성된다. 이러한 계급에는 상당히 많은 지식 노동자와 기호 분석가, 전문적이고 기술적인 노동자가 포함된다."고하였다.

그것은 다양한 지식 분야에 있는 사람이 계층을 이루며 가치를 창출해 낸다는 의미다.

특히 다른 직업의 창조적 콘텐츠가 증가할수록 관련 지식은 더욱 복잡해지고, 사람들이 자신의 독창성을 발휘해 가치를 인정받을수록 현재 노동자 계급이나 서비스 계급에 속하는 사람들 중 일부는 창조적 계급, 심지어 순수 창조의 핵으로 이동할 수 있다.

또한 미국의 플로리다 교수는 미국 내에 존재하는 창조적 계급을 전체 노동인구의 약 30퍼센트인 3,830만 명으로 추산하고 있다. 이것은 1990년 약 300만 명에서 대폭 늘어난 수치로 그간 10배 넘게 증가해 왔다고 역설하였다.

그리고 리처드 맥킵 박사는 '지속 가능한 발전'이라는 기고를 통해 지금 준비하지 않으면 암울한 미래를 맞게 된다고 경고했다. 그리고 「창조적 경제」의 저자 존 호킨스는 "좋은 아이디어를 가졌다면 누구라도 부를 축적할 수 있다"고 선언했다.

목마른 자가 우물을 파듯, 일자리 없는 사람들이 새로운 일자리를 만드는데, 이제 남은 일자리라고는 창의적인 아이디어로 돈을 버는 일밖에 남지 않았다고 주장한다.

더불어 창의성을 높이는 다양한 노력이 시작되어 학교 교육도 '창조력 키우기'를 위해 재구성하고 있다.즉, 교육부터 창의적인 교육으로 바꾸자는 것이다.

기업에서는 학생들의 창의적 사고력은 기업의 발전과 성공, 본인의 자아실현과도 깊은 관련이 있기 때문에 학교 교육에서 학생들의 창의성을 길러 줄 것을 적극적으로 요구하고 있다.

그리고 현행 교육과정에서도 창의성에 바탕을 둔 창의 중심 교육이 점차 강조되고 있다.

따라서 우리 교육의 방향도 학생들이 미래 정보 사회에 능동적으로 대처하고, 합리적인 사고를 바탕으로 새로운 방법을 찾아 해결해 나갈 수 있도록 해야 한다.

성공은 기회를 포착하여 자신의 노력으로 얻어지는 것이지 적당히 남의 지식을 빌려온다고 얻어지는 것이 아니다. 앞으로는 스스로의 자기 계발과 자신이 속해 있는 기업의 경영 합리화도 조그마한 아이디어와 현존하는 모든 기술의 완벽한 활용 과정을 통해서 얻어질 수 있어야 한다.

이러한 맥락에서 학교에서는 학생들의 타고난 재능과 창의력을 최대한 이끌어 내어 새로운 아이디어를 창출할 수 있는 여건과 장을 마련하여야 한다. 그리고 다양한 자료와 교육 프로그램을 개발하여 교육 현장에 투입함으로써 무한한 창의성 개발의 기회와 장을 제공하는 일이 당면 과제 해결의 지름길이라고 생각하며 대표적인 대안이 바로 저자가 이토록 주장하는 발명 교육이라고 할 수 있다.

앞에서도 얘기하였지만 발명은 아무리 강조하여도 지나침이 없다. 발명이 있어야 창업이 있고 경영이 있다.

과연 아이템을 선점 못하고 무엇을 할 수 있단 말인가!

그리고 발명은 결코 과학자나 발명가 또는 특정 분야의 전문가만이 할 수 있는 것이 아니다. 새로운 아이디어와 발상의 소재만 있으면 남녀노소를 불문하고 누구나 훌륭한 발명가가 될 수 있다는 것을 알아야 하며 우리나라 국민 1인 1발명 시대를 활짝 열기 위하여 모든 국민이 함께 동참해야 할 것이다.

2016년 2월

저자 양 원 동

참고문헌

- 강성국(2013), "지식 재산권의 확장과 그 효과에 대한 비판적 연구", 한신 대학교 석사 학위 논문, pp.8-9
- 강신묵(1993), 꿈 보따리 발명 교실, 서울 ; 지경사
- 강유리(2013년) 미국의 창업 정책 현황 및 시사점-스타트아메리카를 중심으로. ≪방송 통신 정책≫, 제25권 15호. 정보통신정책연구원
- 경기 일보(http://www.kyeonggi.com)
- 경영! 이렇게 하면 성공한다, 밥 네일슨, 피터 이코노미, 편앤런 북스
- 국제 특허 연수원(1997), 제33기 학생 발명반 지도교사 과정, 서울 : 국제 특허 연수원
- 김민철(2013), 한국 일보 기고문 "미국, 특허 복잡한 만큼 돈 더 낸다"
- 김새미(2000), "미국의 지식 재산권 보호 정책, 일본, 중국, 한국 정책을 중심으로" 이화여대 석사 학위논문, pp.4-5
- 기업 문화와 기업경쟁력
- 길등행삭(2000), 「특허법 개설」, 대광 서림 출판사, 제13판, pp.34-37
- 네이버 지식백과. 위키백과, 두산 백과 사전
- 디지털 타임스 : (2011), "미 특허법 개정, 특허 강국 기회로"
- 대한민국 개정 특허법(2012)
- 미국 IT기업 시스코 시스템(Cisco Systems)의 마크 챈들러(Mark Chandler)고문, 블룸버그 비즈니스 위크지 2013년 04월 13일 기고문
- 매일 경제 신문(2008), "사회면 대학 특허 세계 경쟁력 살펴보니"
- 박희섭 외(2002), 「특허법 원론」, 세창 출판사, pp.115
- 발명의 길, 서울 : 한국 발명 특허 협회
- 발명 특허 창업, 왕연중 외 13, 한국 발명 특허 문화원
- 박희섭외 1인 공저, 「특허법원론」, 세창 출판사, 2002
- 블룸버그(2015), "2015비즈니스 위크지 경제면"
- 브리지 경제
- 백성근(2006), "미국의 지식 재산권 보호 체계", 검찰청 해외 연수 연구 논문, pp.9-10
- 사업타당성 분석, 그리고 프로젝트 매니징에 대한 정리
- 서환주(2005),"특허 강화의 기술 혁신 촉진 효과에 대한 최근 논의 : 미국의 경험을 중심으로", 정보통신연구진흥원 발표 자료, pp.11-16
- 식물도감, 의학사전
- 손에 잡히는 BM특허, BMP연구회 지음,
- 세상을 바꾼 발명과 혁신 송성수
- 송영식 외(2005), 「지적 소유 권법 제9판(상)」, 육법사 출판사, pp.40-42
- 송영식 외(2008), 「지적 재산법」, 제 9 전정판 세창 출판사, pp.125-130
- 섀런 버트시 맥그레인의 저서 「화학의 프로메테우스」(이충호 옮김, 가람 기획, 2002,찰스 플라워

서의 「사이언스 오디세이」(이충호 옮김, 가람 기획, 1998),이필렬 외 공저의 「과학, 우리 시대의 교양」 세종 서적, 2004

- 선샤인 논술사전, 2007. 12. 17., 인물과 사상사
- 아주 경제(2013), "특허왕 : IBM 진짜 특허 왕은 MS", http://www.ajnews.co.kr/view
- 유엔미래 보고서2045 - 제롬 글렌,박영숙 번역.
- OBS 뉴스
- 유철현(2011), "미국 특허법 개정안의 고찰, 발명 특허 매거진,", p.38.
- 윤석식(1999), "지적재산권 제도의 역사적 배경과 사회적 역할에 관한 비판적 고찰", 고려대학교 대학원, 석사 학위 논문, pp.3-5
- 윤선희, 인터넷 자료 참고
- 이종호 과학 저술가.
- 이영만 외 3명(1997), 발명 교육 활성화에 관한한 연구, 서울 과학 고등학교.
- 입법례(立法例,Legislation case) : 법규 제정에 관하여 이전부터 있었던 여러 나라의 사례.
- 엘리베이터가 부르는 건축 혁명, 허핑턴 포스트
- 엘지 경제연구원(2008).베타뉴스 2008.10.13.
- 엘지 경제연구원의 '자율적인 기업 문화 만들기
- 우장춘(김영진, 「정경 문화」, 1985.1.)한국이 낳은 세계적 육종학자」현신규, 「과학과 기술」, 1981.2
- 이대희(1996), "특허 분쟁에 대한 경제학적 접근", 고려 대학교 경제학과 박사 학위논문, pp.12-13
- 이민화 외(2013년) 「상생형 M&A와 혁신 거래소」, 창조경제연구회
- 이민화 외(2013년) 「창업자 연대보증과 국가 편익」, 창조 경제 연구회
- 인터넷 한국 일보(2013), "전략 없는 출원, 줄줄 새는 기술 가치"
- 의학사전
- 왕연중(1993), 작은 아이디어로 크게 성공한 세계적인 발명가들, 서울 : 한국 발명 특허 협회
- 정상악사(1995), 「特許か世界を塗り變える(특허가 세계를 바꾼다)」, NTT출판사, pp.12-13.
- 지우개 달린 연필 발명 이야기
- 정보통신 기술 용어해설
- 정갑주 외(2011), 「지식 재산권 법(12정판)」, 일조각 출판사, pp.25-26
- 저작권법 일부 개정 법률/ 2011.12.2. 공포 / 2012.3.15. 시행령
- 종합 경제 정보 미디어 이데일리
- 중소기업정책정보시스템
- 특허청(2011) "국내, 외국 기업 간의 특허 분쟁 분석"
- 특허청(2012), "한·미 FTA 발효에 따른 특허·상표 제도 변경 안 공표"
- 특허청(1994), 학생 발명 학습지도서, 서울 : 영인 문화사
- 창업경영과 실무, 김규태, 정상모 공저, 형설출판사
- 홍성모(1995), 발명 여행1,2, 서울 : 세창 출판사
- 한국 경제 신문(2004), "특허출원 신조류 국내 공인 1호는 유화염료 제조법", 국내외 특허 1호

- 한·중·영·일 4개 국어 글로벌 경제 신문 아주 경제.
- 한국 특허청(2006), 「해외 지식 재산권 보호 가이드 북 미국편」, pp.15-16
- Boldrin, M and Levine, D. (2002) "The Case Against Intellectual Property", American Economic Review, Vol.92, No.2, pp.209-212
- Christine MacLeod(1991) "The Paradoxes of Patenting : Invention Its Diffusion in 18th- and 19th- Century Britain, France, and North America", Technology and Culture Vol, 32, No.4, October 1991, pp.885-910
- David Mowery & Nathan Rosenberg(1998) Paths of Innovation, University of Chicago Press, 2004, pp.120-121
- Ludmila Striukova(2007), "Patents and corporate value creation : theoretical approach", University College London, Intellectual Capital Journal, Vol. 8, No. 3, pp.431-443
- Mowery, D. C. Sampat, B. N. and Ziedonis, A. A. (2001) Learning to Patent : Institutional Experience, Learning, and the Characteristics of U.S, pp.46-48.
- MPEP(Manual of Patent Examining Procedure)(2001) "미국 특허청 8판"
- "New York Bloom berg Business Week"(2013)
- Pamela O. Long Invention, Authorship(1991) "Intellectual Property and the Origin of Patents : Note toward a Conceptual History", Technology and Culture Vol. 32, No.4, October 1991, pp.846-885
- Robert Merton Solow(2002) "American Economic Review" Vol 92, No.4, pp.1205-1217
- University Patents After the Bayh-Dole Act, 1981-1992" Management Science, Vol. 48, pp.73-89

[참고 사이트]

- http://bemil.chosun.com
- http://blog.naver.com/hungoo99/100009276543. songevent.
- http://cafe.naver.com/oldinvent
- http://daum.net/openknow/49168947
- http://www.doochang.co.kr
- http://economy.hankooki.com/lpage/economy/201302/e2013020317121869890.htm
- http://eportal.kipo.go.kr : 8581/home/portal/html/dream/html/KidMap.html
- http://giant2002.blog.me
- www.google.co.kr
- http://iec.kipo.go.kr
- http://ipcp.edunet4u.net
- http://invention.jungbo.net
- http://www.hongdison.co.kr
- http://www.hunet.co.kr
- http://www.kipo.go.kr

- http://www.kipi.or.kr
- http://www.kyeonggi.com
- http://www.naver.com
- http://www.nanet.go.kr
- http://news.mk.co.kr/v3/view.php?year=2008&no=204992
- http://Patentdocs.typepad.com/Patent_docs/2007/10/uspto-late-to-i.html. (2007)
- http://www.patents-net.com
- http://www.rfdh.com/bas_com/2-1.htm
- http://www.rfdh.com/bas_com/2-1.htm
- http://sesrch.wips.co.kr
- http://www.socialenterprise.or.kr
- http://ten.ipacademy.net
- http://tip.daum.net/openknow/49168947

찾아보기

저자소개

양 원 동
(Yang Won Dong)

1997	12	영등포구 대림3동 월드린 창업
1998	04	치과용 워터 시스템 특허등록
	09	치과용 워터 시스템 해외 특허출원 16개국
1999	11	본사이전 : 독산동 삼주 빌딩 1층 전관
2000	01	중기 신기술 개발 벤처기업등록
	04	㈜ 월드린 법인 설립
	09	금천구청으로부터 공장등록
	11	사내 기업부설 연구소 설립허가
		치과용 워터시스템 미국특허등록
	12	병역 특례업체 선정,
2001	10	금융감독 위원회 법인등록
	11	좌훈 좌욕기 식약처 품목허가 획득
	12	2001년 대한민국 특허기술대전 동상 수상
2002	12	2002년 대한민국 특허대전 특허 청장상 수상
2003	01	치과용 워터시스템 CE마크 획득
	03	치과용 워터시스템 산자부 선정 100대 우수제품선정,
		중기청 수출유망기업 지정
		중기 신기술 개발 벤처기업 재등록
	05	발명의 날 산자부 장관상 수상
	11	특허기술 성공 사례발표회 특허 청장상 수상
	12	2003년 대한민국 특허기술대전 동상 수상
2004	03	1차 수출기업화 기업 선정
	05	제39회 발명의 날 대표이사 대통령상 수상
2005	02	이노비즈 기업선정
	03	2차 수출기업화 사업 선정
		이노비즈 소그룹 사업 선정
	08	ISO 14001인증
		나노실버침 개발 및 특허등록
2006	03	3차 수출기업화 사업 선정
		이노비즈 소그룹 사업 선정
	05	나노실버침 식약처 허가 완료
		주)본사이전 에이스 하이앤드 타워 403-404
		주)아이 나노스로 회사명 개명

2007	02	이노비즈 소그룹 사업 선정
		에이스 하이앤드 타워 초대 부회장 선출
2008	04	KGMP 허가 취득
	12	구로 디지털의 밤 행사 추진위원장
	04	전)라이온스 클럽 354지구 총무
	03	제2회 구로디지털단지 불우이웃돕기 바자회 행사 추진위
2009	10	원장(성금 2천만 원 모금 이웃돕기 09년12월실시)
	02	전)에이스하이앤드타워 자치 위원회 부회장
2013		전)구로구 상공회의소 이사
~		전)서울 디지털단지 기업인 연합회 사무처장
2016		현)주)아이 나노스 대표이사
		전)한국 사회적 기업학회 상임이사
		전)중소 기업청 산학연 사업평가위원
		현)명지전문대 학교기업 실무추진위원
		현)한국창의 인재 교육개발원 회장
		현)광명시 시설관리공단 이사회 의장
		현)㈜씨엘바이오 부사장

발명과 창업

초 판 발 행 | 2016년 2월 25일
초판3쇄발행 | 2019년 8월 23일

저　　자 | 양원동
발 행 인 | 이성범
발 행 처 | 문운당
주　　소 | 서울시 종로구 혜화로5길 16 (명륜1가 45-3)
전　　화 | (02)762-6010
팩　　스 | 영업 (02)745-0265 / 편집 (02)762-8758
이 메 일 | 영업 munun2@chol.com
편집 munundang@naver.com
홈페이지 | http://munundang.co.kr

ISBN 979-11-5692-201-8 93320

정가 35,000원